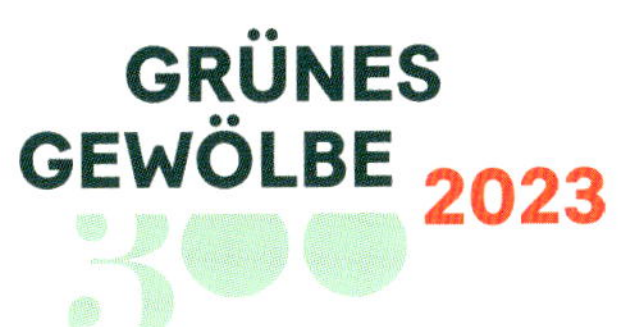

GRÜNES
GEWÖLBE 2023

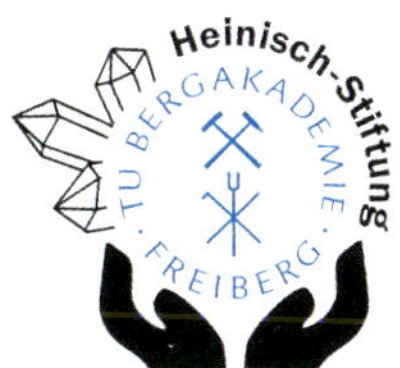

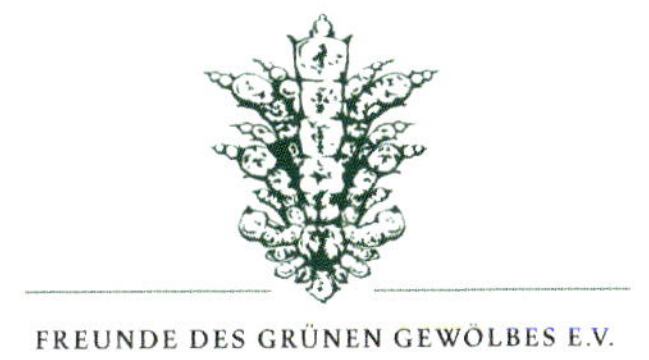

FREUNDE DES GRÜNEN GEWÖLBES E.V.

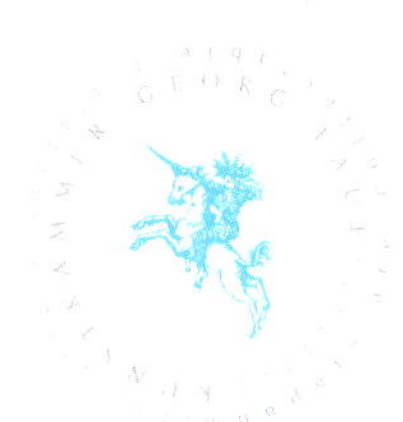

»… die Schönheit der ganzen Welt«

HEINRICH TADDEL UND
SEIN STEINKABINETT
IM GRÜNEN GEWÖLBE

Staatliche Kunstsammlungen Dresden und
Technische Universität Bergakademie Freiberg
Gerhard Heide, Ulf Kempe, Michael Wagner und
Marius Winzeler unter Mitarbeit von Meghan
McNamee

SANDSTEIN

Staatliche
Kunstsammlungen
Dresden

Faszination Schmucksteine: Kunst und Geologie am Dresdner Hof

Das Steinkabinett von Heinrich Taddel

Neue Erkenntnisse zu Steinschnittobjekten in musealen Sammlungen

Vergessene edle Steine

Katalog

Anhang

Zum Geleit

Ausstellung und Publikation *Heinrich Taddel und sein Steinkabinett im Grünen Gewölbe* belegen einmal mehr, welches Potenzial für Gegenwart und Zukunft gerade die über 450-jährige Geschichte der Staatlichen Kunstsammlungen birgt, wenn seit Jahrhunderten überlieferte Sammlungsobjekte mit zeitgenössischen Fragestellungen und innovativen Forschungsmethoden umfassend untersucht, erforscht, interpretiert und vermittelt werden. Inter- und transdisziplinäre Zugänge vermögen ebenso wie künstlerische Auseinandersetzungen ganz neue Perspektiven auf das einzelne Kunstwerk, seinen Sammlungskontext und seine Bedeutung zu eröffnen und im Heute zu präzisieren.

Wenn wir in den Jahren von 2023 bis 2029 den 300. Geburtstag des in einem Prozess über mehrere Etappen entstandenen Grünen Gewölbes feiern, geht es nicht in erster Linie darum, die bis heute Anerkennung und Wertschätzung verdienende Gründungsidee und Dramaturgie Augusts des Starken zu würdigen, sondern vor allem vor dem Hintergrund der langen Geschichte auch darum, den heutigen Stellenwert und die Aktualität des barocken Schatzkammermuseums auszuloten, weiter zu erkunden und nutzbar zu machen.

In diesem Zusammenhang hat ein Vorhaben wie die komplexe Erforschung des bislang wenig wahrgenommenen und völlig unterschätzten Steinkabinetts von Heinrich Taddel im Grünen Gewölbe besondere Bedeutung: Hier wurde ein Referenzwerk für Kunst- und Geowissenschaften neu erschlossen und in seinem sammlungsgeschichtlichen Kontext ebenso wie in seiner weit darüber hinaus ausstrahlenden wissenschaftshistorischen Relevanz zugänglich gemacht.

Seit ihren Anfängen in der um 1560 begründeten kurfürstlichen Kunstkammer sind die Staatlichen Kunstsammlungen Dresden eng mit dem Montanwesen in Sachsen verbunden, das nicht nur Quelle des Reichtums war, der die Sammlungen ermöglicht hat, sondern auch Impulsgeber für technischen Fortschritt, Innovation und letztlich auch Nachhaltigkeit. So wie das Grüne Gewölbe, die Rüstkammer, das Münzkabinett und ebenso die übrigen Sammlungen des heutigen Museumsverbunds ohne edle Steine, Silber, Erz und die mit dem Bergbau verbundene Kultur nicht zu denken sind, kooperieren auch die Forschenden hier seit Jahrzehnten eng mit Akteuren der naturwissenschaftlichen und technischen Institutionen.

Langjährige Kontakte, gegenseitiges Vertrauen und das verbindende leidenschaftliche Interesse an interdisziplinären Themen und transdisziplinären Methoden standen hinter dem Erfolg des aktuellen Vorhabens, in dem Spezialistinnen und Spezialisten der Technischen Universität Bergakademie Freiberg und der Staatlichen Kunstsammlungen Dresden gemeinsame Ziele verfolgten. In dieser Forschungskooperation wird Grundlagenarbeit geleistet, die beiden Institutionen zugutekommt und eine weite Ausstrahlung entfaltet.

Das hier verfolgte Thema ist höchst aktuell, drehen sich doch in der aktuellen musealen Praxis viele Fragen um Provenienzen und Kontextualisierung von Artefakten, um regionale und globale Handelswege und Netzwerke des Wissenstransfers. Exemplarisch leistet die Erforschung des Taddelschen Steinkabinetts einen wichtigen Beitrag dazu, weil die hier gewonnenen Ergebnisse viele Aspekte sehr konkret beleuchten. Woher kommen die Materialien, die hier verwendet wurden? Um welche Materialien handelt es sich überhaupt und welche Namen trugen sie im Lauf der Geschichte bzw. wie benennen wir sie heute naturwissenschaftlich exakt? Unter welchen Bedingungen wurden diese Materialien gewonnen und welchen Wert und welche Bedeutung hatten sie damals und haben sie heute für die Forschung?

Mein Dank gilt allen Beteiligten, die an diesem langjährigen Projekt mitgewirkt haben und es zum Leuchten brachten, wie die vorliegende Publikation und die zugehörige Ausstellung auf schönste Weise zeigen. Für deren Realisierung danke ich im Namen der Staatlichen Kunstsammlungen Dresden und der Technischen Universität Bergakademie Freiberg allen Förderinnen und Fördern, namentlich den Freunden des Grünen Gewölbes e.V., der Heinisch-Stiftung für die TU Bergakademie Freiberg und der Kunstkammer Georg Laue.

MARION ACKERMANN
Generaldirektorin
Staatliche Kunstsammlungen Dresden

Eine Einführung

»in tam exiguis corpusculis totius muni
pulchritudinem coegisse«

»in so winzigen Körperchen die Schönheit der ganzen Welt vereinigt«

1609 veröffentlichte der flämische Chemiker, Arzt, Botaniker und Mineraloge Anselmus de Boodt
sein Hauptwerk *Gemmarum et Lapidum Historia*, worin er 600 Mineralien beschrieb und 233 weitere zumindest erwähnte. Darin verwies er auf seinen Dienstherrn, Kaiser Rudolf II., dessen Steinsammlung er verwaltete und dessen Leibarzt er war: Jener würde nicht nur mithilfe der edlen
und halbedlen Steine seine Würde und Majestät steigern, sondern hätte vielmehr in ihnen »die
Größe und unsagbare Macht Gottes, der in so winzigen Körperchen die Schönheit der ganzen Welt
vereinigt und die Kräfte aller anderen Dinge eingeschlossen zu haben scheint« erkannt. Und
zudem würde er diese Steine betrachten, um »einen gewissen Abglanz und Schimmer der Göttlichkeit immerdar vor Augen zu haben«.[1]

Mögen diese Worte in der an den Kaiser gerichteten Widmung auch schmeichelhaft gemeint
gewesen sein, so bringen sie doch die bis heute geltende Faszination für Geheimnis und Schönheit
seltener Schmuck- und Edelsteine auf den Punkt.[2] Ein Ausschnitt aus dem Zitat dient deshalb
dieser Publikation und der gleichnamigen Ausstellung als Titel und Leitgedanke. Es ist kein Zufall,
dass dabei ein Licht auf die Zeit um 1600 fällt: Der Hof Rudolfs II. in Prag nahm hinsichtlich der
Sammeltätigkeit und künstlerischen Bearbeitung kostbarer Steine eine führende Rolle in Mitteleuropa ein und war zudem ein Brennpunkt für naturwissenschaftliche, alchemistische und
philosophische Studien zu den Steinen, ihrer Wirkung und Bedeutung. Auch die Dresdner Sammlungen erhielten damals aus Prag wesentliche Impulse und Anregungen. Sie wirkten bis ins
18. Jahrhundert nach, als sich in Sachsen mit der 1765 gegründeten Bergakademie in Freiberg
unter Abraham Gottlob Werner ein europäisches Zentrum der Mineralogie[3] entwickelte und in
Dresden mehrere Steinschneider, Juweliere und Goldschmiede der künstlerischen Nutzung und
Bearbeitung edler Steine neues Gewicht verliehen.

Eine herausragende Rolle kommt dabei dem Goldschmied Heinrich Taddel zu, der über Jahre als
Geheimer Kämmerer auch das Geschick des Grünen Gewölbes mitbestimmte, trotzdem aber
bisher zu den großen Unbekannten in der Geschichte der Dresdner Schatzkammer gehört. Ausgangspunkt für die wissenschaftliche Bearbeitung seines Werkes ist sein bislang wenig beachtetes Steinkabinett im Grünen Gewölbe und dessen ursprünglich 214 oder 215 Täfelchen vorwiegend
sächsischer, jedoch auch aus aller Welt stammender Schmucksteinarten. Etliche der dieser
Sammlung zugrunde liegenden Gesteinsproben gingen später in den Besitz des heute dank zahlreicher Publikationen weit besser bekannten Hofjuweliers Johann Christian Neuber über und
fanden in dessen Pretiosen Verwendung. Durch die umfassende Erforschung des Steinkabinetts
mit verschiedenen wissenschaftlichen Fragestellungen konnten zahlreiche Kunstwerke, die einst
aus denselben Gesteinsproben als Gegenstücke gefertigt worden sind, erkannt und nach 200 Jahren
wieder zusammengeführt werden. Zudem gelangen die präzise Benennung und Herkunftsbestimmung weiterer kostbarer Steinschliffe im Grünen Gewölbe, die zum Teil historisch bis in die Zeit

Kaiser Rudolfs II. zurückführen und somit direkt den Bogen zum einleitenden Zitat schlagen. Nicht zuletzt ermöglichte das aktuelle Projekt, dass zahlreiche Steine hinsichtlich Provenienz und wissenschaftlich exakter Ansprache neu erschlossen und nun nach aktuellem Forschungsstand präziser benannt, datiert, lokalisiert und zugeschrieben werden können.

Genau zum Beginn des 300-jährigen Jubiläums des Grünen Gewölbes – mit dessen baulicher Einrichtung am 1. Juni 1723 begonnen worden ist – führen die vorliegende Publikation und die gleichnamige Ausstellung das ungebrochen lebendige und aktuell wichtige Potenzial der historischen Sammlung für zeitgenössische transdisziplinäre Forschung vor Augen. Die hier traditionell verankerte, vom einzelnen Objekt und der Sammlungsgeschichte ausgehende wissenschaftliche Erschließung fand durch darüber hinausführende Untersuchungen und Betrachtungen eine großartige Erweiterung. Umfassende Analysen von Material, Technik und Erhaltungszustand sowie des wissenschaftshistorischen, sammlungsgeschichtlichen und biografischen Kontexts ermöglichten wesentliche neue Erkenntnisse.

Dank eines mehrjährigen Forschungsverbunds, der fachübergreifend zahlreiche Mitarbeiterinnen und Mitarbeiter der TU Bergakademie Freiberg und des Grünen Gewölbe zusammenführt, konnten naturwissenschaftlich und geistes- bzw. kunsthistorisch gleichermaßen bedeutende Ergebnisse erzielt werden.

Nachdem schon seit fast 20 Jahren zwischen den beiden Institutionen Kontakte und gemeinsame Projekte bestanden, legte 2016 ein Vertrag über eine langfristige Kooperation zwischen den Staatlichen Kunstsammlungen Dresden – Grünes Gewölbe und Rüstkammer – und der TU Bergakademie – Institut für Mineralogie und Geowissenschaftliche Sammlungen – eine neue Grundlage für eine intensive inter- und transdisziplinäre Forschung. In einem Resümee über die fünfjährige Zusammenarbeit wurden 2021 die Fragen nach deren Zweck und Ziel folgendermaßen beantwortet:

»Was haben die Museen der Staatlichen Kunstsammlungen und geowissenschaftliche Forschungseinrichtungen an der Bergakademie gemeinsam? Beide beschäftigen sich mit Langzeitprozessen und damit verbundenen Veränderungen in Natur und Gesellschaft. Die für die Geowissenschaften relevanten Zeiträume werden in Jahrmillionen, seltener in Jahrtausenden gemessen – dagegen kaum in Jahrhunderten oder gar Jahrzehnten, die wiederum für kunstgeschichtliche Betrachtungen maßgeblich sind. Finden wir an den jahrhundertealten, kunsthandwerklich hochwertigen Museumsobjekten Jahrmillionen alte Minerale und Gesteine, dann treffen Kunstwissenschaften und Geologie unmittelbar aufeinander.«[4]

Eine Reihe gemeinsamer wissenschaftlicher Publikationen legt Zeugnis ab vom gegenseitigen Nutzen dieser Forschungskooperation.[5] Zudem lieferte diese auch für die international beachtete, gemeinsame Ausstellung zum Dresdner Hofjuwelier Johann Heinrich Köhler im Grünen Gewölbe 2019/20 entscheidende Grundlagen.[6] Dass einerseits das Grüne Gewölbe durch naturwissenschaftlich neu bewertete Steinschnitte in erheblichem Maß profitiert von der Zusammenarbeit, liegt auf der Hand. Aber auch die Bergakademie und ihre reichen historischen Sammlungen erhalten dadurch neue Impulse: »So erwies sich zum Beispiel, dass es bereits Ende des 18. Jahrhunderts direkte Transfers von kunsthistorisch und geologisch relevanten Objekten von Dresden nach

Freiberg gab. Allein diese Tatsache unterstreicht die Bedeutung der Bestände der über Jahrhunderte gewachsenen, naturhistorischen Freiberger Sammlungen nicht nur als wissenschaftlichen wertvollen Beleg, sondern auch als Kulturgut.«[7] Es zeigt sich hier sehr eindrucksvoll, dass sich wissenschaftliche Sammlungen als Forschungsinfrastruktur[8] verstehen und wissenschaftliches Arbeiten nicht nur mit, sondern zwangsläufig auch in den Sammlungen erfolgt. Die Latenz geschlossener, historischer wissenschaftlicher Bestände ist offensichtlich. Sie sind nicht nur für die Wissenschafts- und Technikgeschichte von Bedeutung,[9] sondern ebenso für andere Fachgebiete wie zum Beispiel die Germanistik, Kunst- und Kulturgeschichte.[10]

Gemeinsame Erfahrungen kamen zudem Ausstellungen in Freiberg zugute, nicht zuletzt durch Leihgaben. So wurden hochrangige Exponate wie geschliffene Topase vom Schneckenstein und ein Doppelpokal aus Zöblitzer Serpentinit des Grünen Gewölbes in der Ausstellung *Mineralogische Sammlung Deutschland im Krügerhaus*[11] sowie in der Sonderausstellung *Freibergs Silber – Macht und Gier, Schweiß und Zier* der terra mineralia[12] im Schloss Freudenstein in Freiberg präsentiert. Und umgekehrt standen 2019 für die zeitweilige Intervention von Bertram Haude am »*Mohren*« mit *der Smaragdstufe* im Historischen Grünen Gewölbe sowie für die geowissenschaftlichen Führungen *Auf der Suche nach dem Grün – grüne Steine im Grünen Gewölbe* während der Dresdner Museumsnacht Mineralstufen aus den Freiberger Sammlungen zur Verfügung.

Neben geologischen Artefakten rückte die Verwendung von Glas in den Fokus der gemeinsamen Forschung: In der Vergangenheit wurden einige Glasperlen aus den Beständen der Rüstkammer in vergleichende Untersuchungen zu den aus Stabperlen gefertigten Wandverkleidungen im *Roten Schmelzzimmer* des Schlosses Arnstadt in Thüringen einbezogen.[13] Das dafür ausgewählte Kostüm (Inv.-Nr. RK i 0046) war wohl zusammen mit einem ähnlich gearbeiteten Sattel für höfische Festumzüge (»Inventionen«) bestimmt. Die gesamte Oberfläche des Kleidungsstücks ist mit Hunderten kleinen, röhrenförmigen Glasperlen bestickt. Deren Form, Farbe und chemische Zusammensetzung geben Hinweise auf die Herstellung und Herkunft der Perlen. Bunte Glasflitter, die sich in der Wand- und Deckendekoration des *geheimen secret* in den ehemaligen kurfürstlichen Wohnräumen im ersten Obergeschoss des Westflügels des Dresdner Residenzschlosses erhalten haben, sind für ähnliche Fragestellungen von großem Interesse. Das *secret* war schon in der Vergangenheit Gegenstand denkmalpflegerischer Untersuchungen. Mineralogische Betrachtungen konnten jedoch weitere stoffliche Aspekte und Erkenntnisse hinzufügen.[14]

Ein damit verwandtes Thema ist die Untersuchung von Schleif- und Poliermittelrückständen in den Tiefen radgravierter Dekore an Glas- und Bergkristallobjekten. Hierzu konnten erste Erfahrungen an ausgewählten Museumsobjekten gesammelt werden. Bislang wurde das Hauptaugenmerk auf diverse Schmirgelpulver gelegt, deren Verwendung in der Vergangenheit laut den historischen Quellen eine große Bedeutung beigemessen wurde.

Auch in den nächsten Jahren werden unseren Expertinnen und Experten der Kunstgeschichte, Restaurierung und Geowissenschaften in Dresden und Freiberg die Themen für die gemeinsame Arbeit nicht ausgehen. Gedacht sei etwa an die zahlreichen Objekte aus Heliotrop oder die vielen aus verschiedenen Hartsteinsorten bestehenden prächtigen Florentiner und Prager *pietre-dura*-Arbeiten, welche interessante Fragen zu deren Spezifik und Herkunft aufwerfen.

Eine große Aufgabe liegt nicht nur, aber ganz besonders in der Objektdigitalisierung. Geeignete Methoden sind zwar in den Laboren verfüg- und einsetzbar, eine systematische Digitalisierung ist jedoch vorerst nur begrenzt praktikabel und muss entwickelt werden. Es gilt, nicht nur die Metadaten digital zu erfassen und mit digitalen Abbildungen in Fachdatenbanken[15] abzulegen, sondern auch die stofflich-mineralogischen Daten und Informationen zu ergänzen. Der Vergleich von Objekten verschiedener Sammlungen wäre in völlig neuer Qualität und Quantität möglich. Die Nutzung in der Hochschullehre ist ein weiterer, neuer Aspekt, der sich zwangsläufig ergeben würde. In diesem Zusammenhang sei auf ein Desiderat hingewiesen: Leider verfügt Sachsen bislang über kein Forschungszentrum wie das Rathgen-Forschungslabor in Berlin oder das Doerner Institut in München, die materialübergreifend Untersuchungen an Museumsobjekten durchführen, um unter anderem auf konservierungswissenschaftliche, kunsttechnologische, archäometrische und naturwissenschaftliche Fragestellungen gezielt antworten zu können. Um die transdisziplinäre Forschung, wie sie gerade im vorliegenden Verbund praktiziert wird, noch weiter zukunftsfähig zu machen, wäre aber genau ein solches Institut von großem Nutzen.

In den letzten Jahren hat die Zahl der Veröffentlichungen, die an den Schnittstellen zwischen Kunst- und Geowissenschaften entstanden sind, weltweit stetig zugenommen. Dennoch zeigen die bisher in unserer Kooperation gesammelten und hier kurz umrissenen Erfahrungen, dass die interdisziplinäre Forschung auf diesem Gebiet oft auch heute noch am Anfang steht. Zudem erweist es sich, dass neue Denk- und Handlungskonzepte notwendig sind.

Entscheidend bei jeder Art von wissenschaftlicher Kooperation und fachlichem Austausch sind Dialog und Interaktion zwischen Menschen. Unterschiedliche Fachsprachen erfordern zunächst die Bereitschaft zu einer Kommunikation, die das Ziel gegenseitigen Verstehens und Verständnisses hat. Sodann ist gegenseitige Neugier erforderlich, das Zulassen von Grenzüberschreitungen. Hier ist für die Mineralogen neben breiten stofflichen Kenntnissen vor allem ein tiefes physikalisches Verständnis der analytischen Methoden zwingend, gepaart mit Interesse an Wissenschafts- und Technikgeschichte und auch der Landesgeschichte.

Deshalb möchten wir an dieser Stelle allen Beteiligten große Anerkennung und herzlichen Dank für die gelungene Kooperation aussprechen. Namentlich genannt seien in alphabetischer Reihenfolge aus unseren beiden Institutionen: Eve Begov, Andreas Frauendorf, Michael Gäbelein, Jens Götze, Christin Kehrer, Ulf Kempe, Reinhard Kleeberg, Andreas Massanek, Meghan McNamee, Maria Morstein, Rainer Richter, Dirk Syndram, Martin Wagner, Michael Wagner und Ulrike Weinhold.

Darüber hinaus gilt unser Dank allen Kolleginnen und Kollegen, vor allem mit Jan-Michael Lange und Klaus Thalheim den Senckenberg Naturhistorischen Sammlungen Dresden sowie Christoph Herm der Hochschule für Bildende Künste Dresden, externen Beraterinnen und Beratern, den Leihgeberinnen und Leihgebern der Ausstellung, dem Sandstein Verlag Dresden und last but not least unseren Förderern und Geldgebern.

MARIUS WINZELER UND GERHARD HEIDE

1 De Boodt 1609, S. 7 f. Deutsch zitiert nach der Übersetzung von Neumann 1957, S. 171. **2** Zum Thema vgl. Wenderholm 2019. **3** Kandler 2020; Albrecht 2002; Rösler 1967. **4** Kempe u. a. 2021, S. 110 f. **5** Kempe/Massanek/Wagner/Hammer/Thalheim 2020; Kempe/Wagner/Massanek 2020; Kempe/Massanek/Gäbelein/Kehrer 2023. **6** Syndram/Weinhold 2019. **7** Kempe u. a. 2021, S. 111. **8** Wissenschaftsrat: Empfehlungen zu wissenschaftlichen Sammlungen als Forschungsinfrastrukturen (Drs. 10464-11), Berlin 2011. **9** Zaun 2015. **10** Heide/Baldauf/Massanek/Heide 2019; Heide/Heide 2019; Heide/Massanek/Heide 2018. **11** Dr.-Erich-Krüger-Stiftung 2012. **12** TU Bergakademie Freiberg 2019. **13** Yamna Ramdani: Analysis of glass beads from the »Roten Schmelzzimmer« Arnstadt. Dissertation TU Bergakademie Freiberg, 2023 (Promotionsverfahren eröffnet). **14** Anne Rannefeld: Mineralogische Untersuchungen an Glasflitter der Sammlung Linck, Naturalienkabinett Waldenburg. Bachelorarbeit TU Bergakademie Freiberg, 2021. **15** Sächsische Landes-, Staats- und Universitätsbibliothek Dresden (Hg.): https://sachsen.digital/sammlungen/oryktognostische-sammlung-von-abraham-gottlob-werner sowie https://sachsen.digital/sammlungen/sammlungen-von-abraham-gottlob-werner; Daphne: https://skd-online-collection.skd.museum/; Senckenberg Gesellschaft für Naturforschung (Hg.): AQUiLAgeo, https://webapp.senckenberg.de/aquila-freiberg (14. 4. 2023).

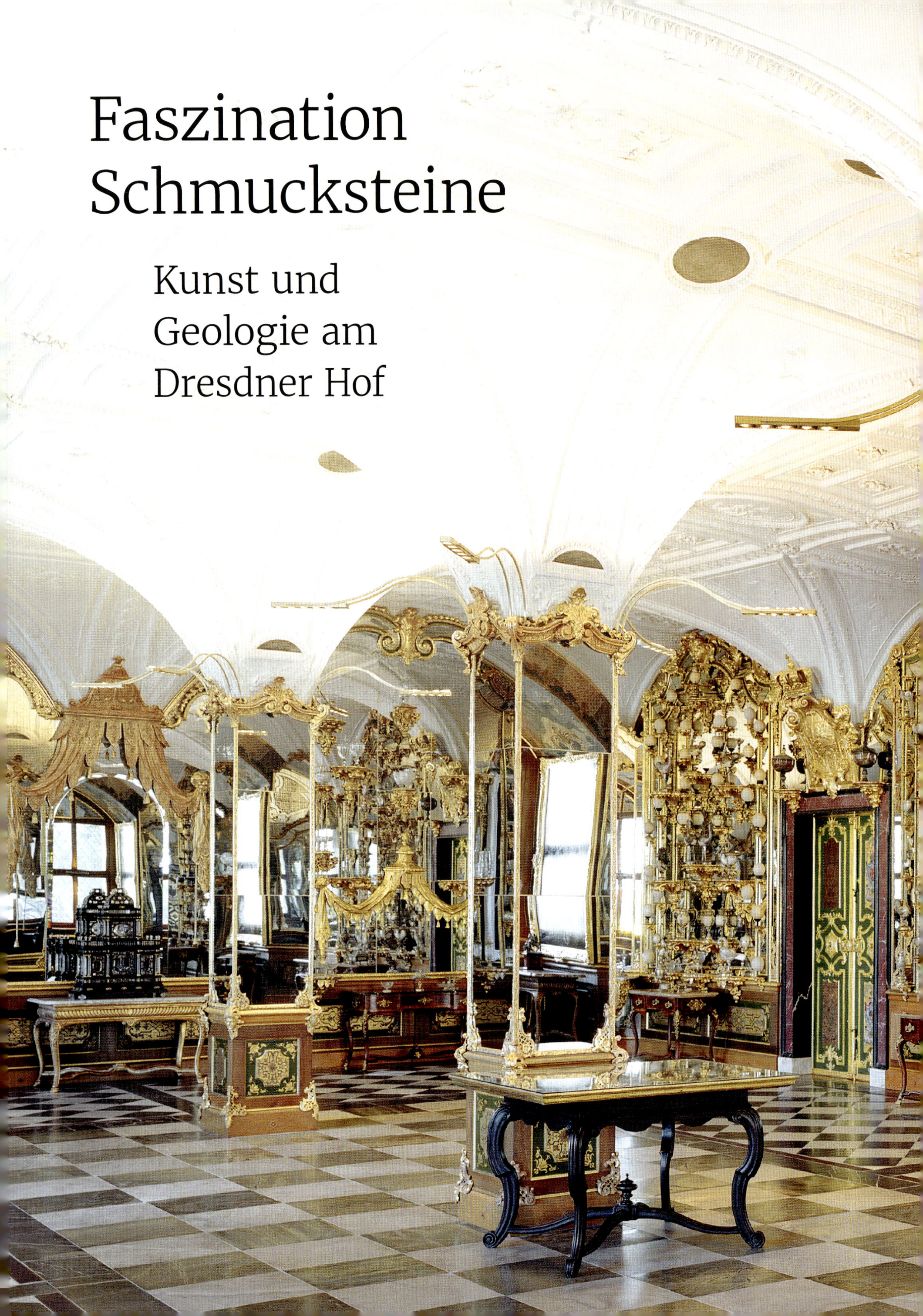

Faszination Schmucksteine

Kunst und
Geologie am
Dresdner Hof

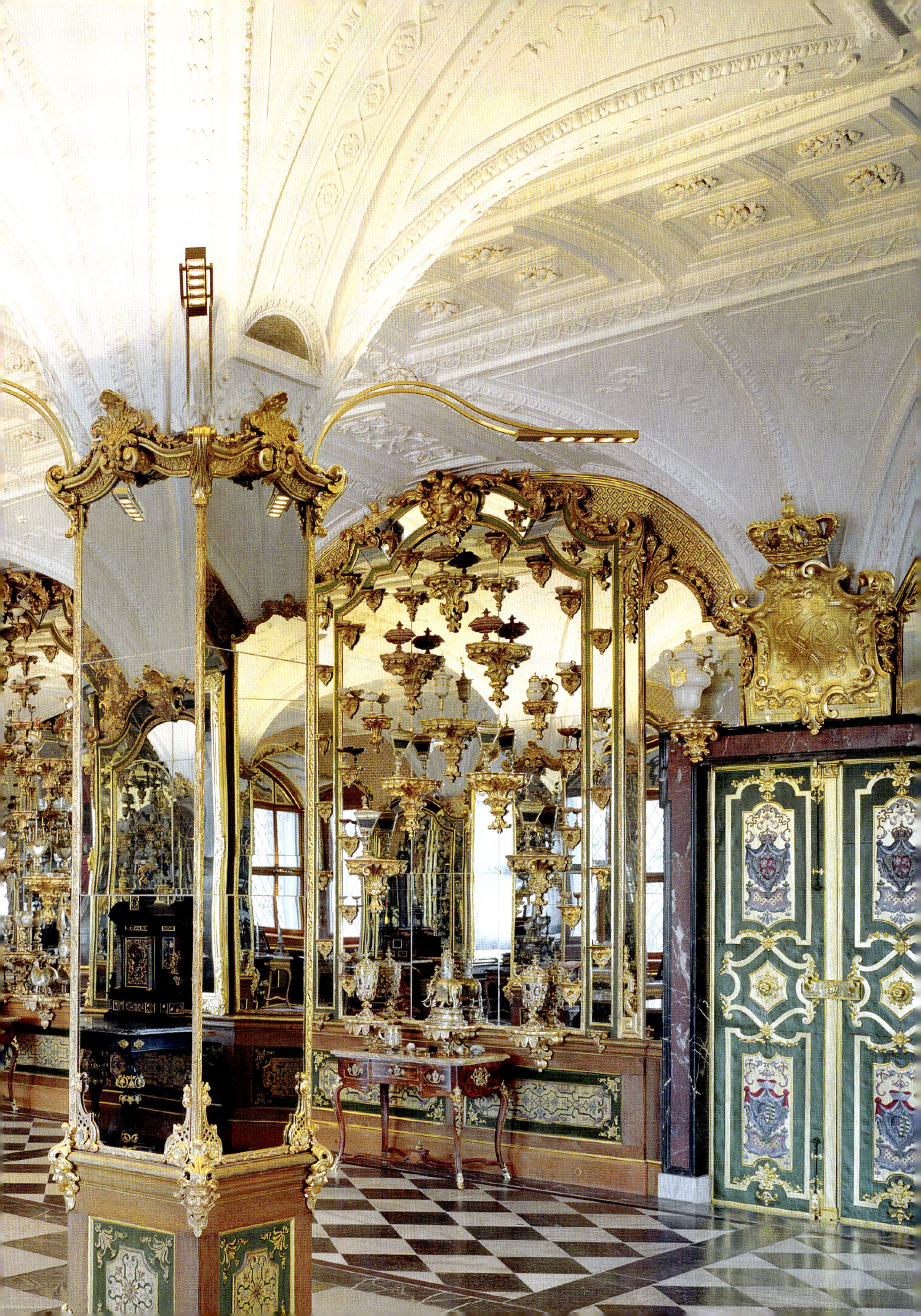

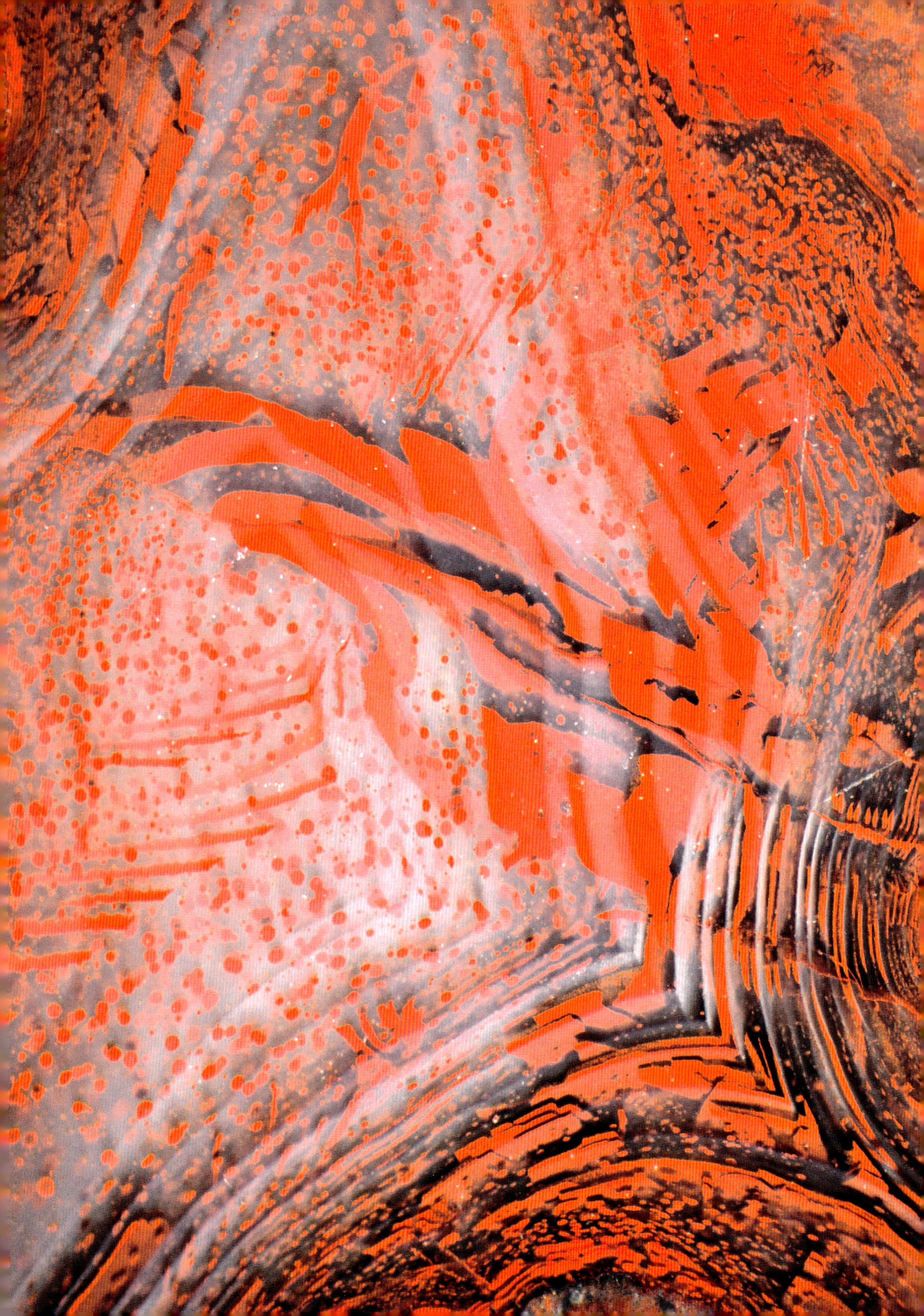

MEGHAN MCNAMEE

Steinschnittobjekte im Grünen Gewölbe

Kunst und Naturschätze als Repräsentationsmittel der sächsischen Kurfürsten

Wer durch die einstigen königlich-kurfürstlichen Sammlungen im Grünen Gewölbe geht, wird mit Hunderten von Werken verschiedener Stile und Materialien konfrontiert, mit Gold und Silber oft in Kombination mit Nautilusgehäusen, Elfenbein, Straußeneiern, Bergkristall, Juwelen und einer großen Vielfalt von Schmucksteinen aus Sachsen und der ganzen Welt. Die Präsenz dieser Steine, insbesondere der sächsischen, hat eine lange Geschichte, die mit der Genese des Grünen Gewölbes eng zusammenhängt. Sachsen, speziell das Erzgebirge, gilt seit jeher als wichtige Bergbauregion, die nicht nur Silber, Zinn, Kobalt, Zink, Blei und andere Metalle, sondern auch Schmucksteine wie Jaspis, Amethyst, Korallenachat und Serpentinit hervorgebracht hat. Diese Steine wurden zu Gefäßen wie etwa Prunkschalen, Tafelaufsätzen, Verzierungen auf Möbeln und anderen kostbaren Kunstgegenständen verarbeitet. Über mehrere Generationen hinweg bauten die jeweiligen Landesherren ihre Sammlungen aus und nutzten Kunstwerke ebenso wie Naturwunder zur Darstellung ihrer persönlichen und politischen Interessen. Dabei kam den sächsischen Bodenschätzen und Gesteinen eine zentrale Bedeutung zur Inszenierung von Reichtum, Macht und Schönheit des eigenen Landes zu.

Die Anfänge der kurfürstlichen Sammlungen im 16. und 17. Jahrhundert

Die Grundlage für die kurfürstliche Schatzkammer wurde Mitte des 16. Jahrhunderts von Moritz, dem ersten Kurfürsten der albertinischen Wettiner, gelegt. Bereits in den Inventaren der Silberkammer von 1543 und 1546 – noch bevor Moritz zum Kurfürsten ernannt wurde – sind Pokale und Becher aus Jaspis sowie Bergkristall verzeichnet.[1] Nach Moritz' Tod setzte sein Bruder und Nachfolger August die Erweiterung der Sammlungen fort und formte den Nukleus dessen, was später zur Kunstkammer und zum Grünen Gewölbe werden sollte. Seine politischen Verbindungen nach Italien prägten sowohl seine Politik als auch seine Sammlungen und die Hofkultur, wie die Präsenz italienischer Künstler, allen voran des umtriebigen Giovanni Maria Nosseni, zeigt. Nosseni wurde 1575 nach Dresden berufen und erhielt eine Sondergenehmigung des Kurfürsten, in den sächsischen Bergwerken nach Marmor und anderen Steinen, darunter Alabaster und Serpentinit, zu suchen, um sie für seine Werke zu verwenden.[2]

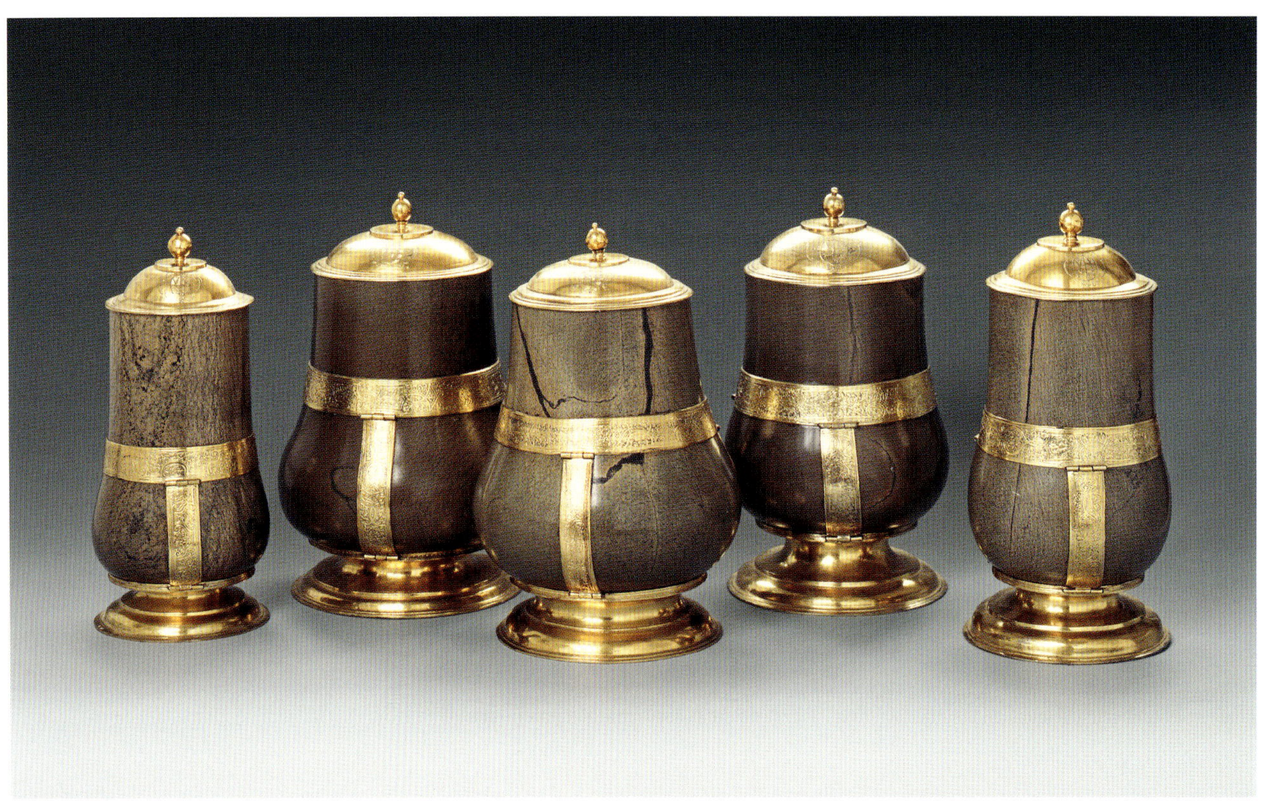

▲ Abb. 1
Prunkgefäße aus Zöblitzer Serpentinit, Urban Schneeweiß
(Goldschmied), Schliff: Zöblitz bei Marienberg in Sachsen,
Fassung: Dresden, kurz vor 1585, H. 28,4–31,3 cm, Grünes
Gewölbe, SKD, Inv.-Nrn. V 386, V 389, V 390, V 397, V 399

▼ Abb. 2
Schale auf einem Delphin, Ottavio Miseroni, Prag,
um 1605–1610, Bergkristall, Gold, Email, H. 12,8 cm,
Grünes Gewölbe, SKD, Inv.-Nr. V 310

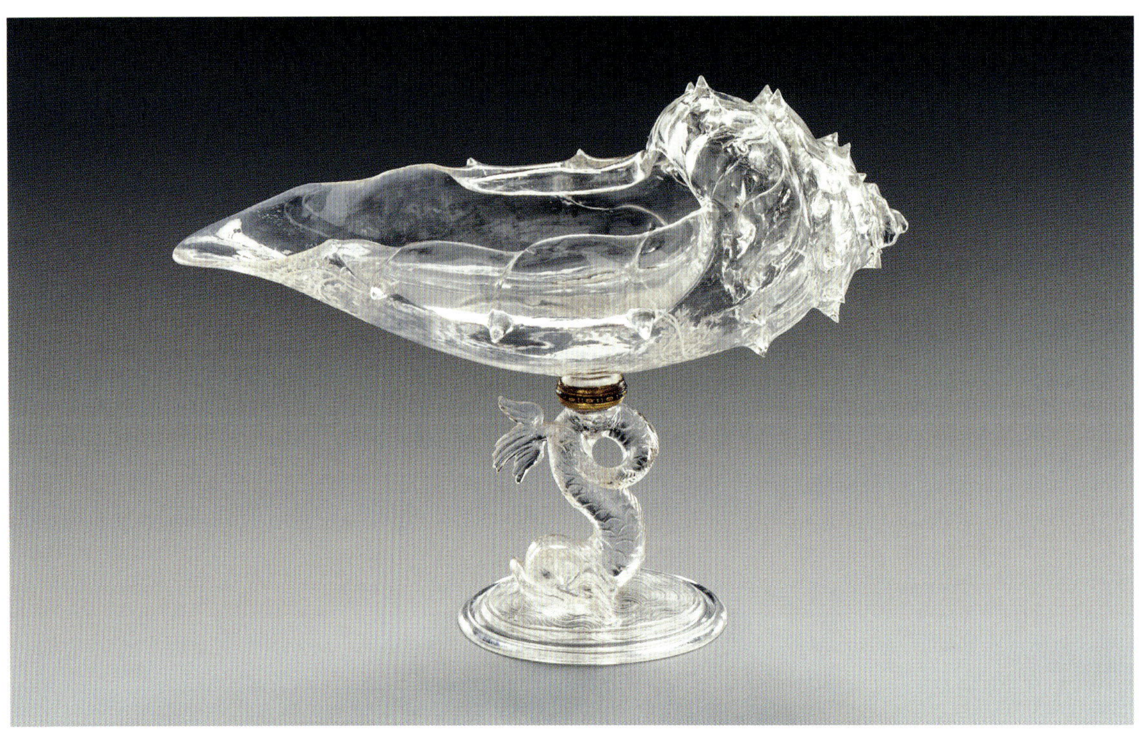

Zu den schon damals vorhandenen Beispielen der Steinschneidekunst gehören mehrere Gefäße aus Alabaster und
aus Zöblitzer Serpentinit mit vergoldeten Silberfassungen
des Dresdner Goldschmieds Urban Schneeweiß (Abb. 1).[3] Die
Gestaltung dieser gedrechselten Gefäße könnte von Nosseni
beeinflusst worden sein, auch wenn der genaue Umfang
seines Wirkens schwer zu definieren ist. Nachweislich hatte
er 1590 die fürstliche Sondergenehmigung erhalten, die
gesamte Schmuckstein- und Marmorproduktion in Sachsen
zu beaufsichtigen, darunter auch die Serpentinitdrechselei
in Zöblitz.[4] Entsprechende Serpentinit- und Alabasterge-
fäße sind neben anderen Goldschmiedearbeiten und Pretiosen im Inventar der Kunstkammer von 1587 aufgeführt.
Christian I. hatte nach seinem Amtsantritt in jenem Jahr
Augusts Sammlung von Instrumenten, wissenschaftlichen
Geräten und Uhren im Dachgeschoss des Westflügels des
Dresdner Residenzschlosses zusehends in eine der Öffent-
lichkeit zugängliche Kunstkammer umgewandelt.[5] Daneben
existierte die Schatzkammer, die »Geheime Verwahrung«,
untergebracht in der Sala terrena, dem Sommergartensaal
des Erdgeschosses, der mit Kupfergrün bemalte Säulenka-
pitelle und Wandfelder aufwies und deshalb das »Grunne
Gewelb« genannt wurde. Dort befanden sich sechs Schränke
mit insgesamt 11144 verzeichneten Gegenständen – Minerale und Steine, Gold- und Silbererze, Korallen, Objekte aus
Bergkristall und Bernstein.[6]

Das Kunstkammer-Inventar von 1587 führt zudem eine
Sammlung von Gesteinsproben auf, die das Ergebnis von
Nossenis Expeditionen in die Bergwerke waren: »ahn Mar-
mell Serpentin Jaspis vnd Amastistenstuffen, welche in
Seiner Churfürstlichen Gnaden Landes mehrenteils zu
befinden und durch Johan Mariam Nossenum probirt vnd
vbergeben worden.«[7] Allerdings blieben nicht alle von Nos-
seni gesammelten Steinproben im Besitz des sächsischen
Kurfürsten, wie dessen Privileg von 1585 belegt. Darin for-
derte er Nosseni auf, weiter Interesse für die sächsischen
Steinvorkommen zu wecken, indem er Proben an andere
Höfe schicken sollte, etwa an die Medici oder den Kaiser in
Prag. Damit warb August für die Schönheit und die Kost-
barkeit der sächsischen Naturschätze über seinen eigenen
Hof hinaus. Das fand seine Fortsetzung noch nach Augusts
Tod durch seinen Enkel Christian II., der 1601 und 1605 von
Nosseni gesammelte Proben aus Marmor und anderen
Schmucksteinen an den Kaiserhof Rudolfs II. nach Prag
schicken ließ.[8]

Rudolf und seine kaiserlichen Schätze hatten zu der Zeit
einen enormen Einfluss auf die Entwicklung der frühneu-
zeitlichen Kunstkammer, darunter auch die kurfürstliche
Sammlung in Dresden. Christian II., der wie August ein
großes Interesse am Sammeln hatte, war während seiner

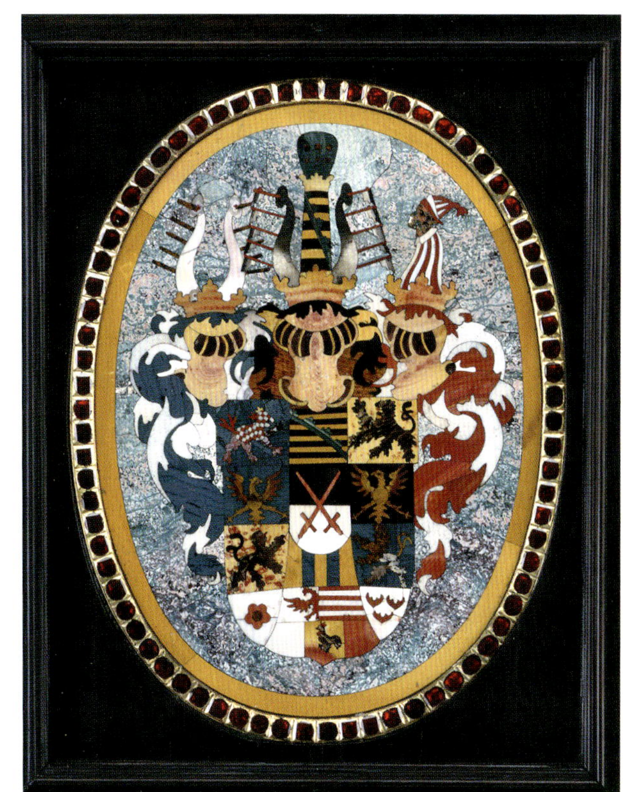

Abb. 3
Kursächsisches Wappen (*commesso di pietre dure*) mit rückseitigem
Ölgemälde auf Jaspis, Castrucci-Werkstatt, Prag, 1604–1607, Jaspis,
Achat, Amethyst, 75 böhmische Granate, Gold, Ebenholzrahmen,
H. 26,5 cm, Grünes Gewölbe, SKD, Inv.-Nr. II 434

beiden Besuche in Prag 1607 und 1610 von der kaiserlichen
Kunstkammer stark beeindruckt. Zu Beginn des 17. Jahrhunderts war Prag neben Florenz und Mailand eines der bedeutendsten Zentren der Steinschneidekunst in Europa. Besonders hervorzuheben sind die von Giovanni Castrucci und
seiner Werkstatt in der Technik des *commesso di pietre
dure* geschaffenen Landschaftsbilder, die als eigenständige
Werke gefertigt oder in Tischplatten und Möbelstücke integriert wurden. Ebenso wichtig waren die mit Reliefs verzierten, geschliffenen ovalen Schalen aus böhmischen Steinen
oder Bergkristall aus der Werkstatt von Ottavio Miseroni.[9]
Drei solcher Bergkristallschalen erwarb der sächsische Kurfürst bei seinen Besuchen in Prag (Abb. 2), und als diplomatisches Geschenk erhielt er vom Kaiser ein auf Stein gemal-
tes Bild des Prager Hofmalers Hans von Aachen mit dem
sächsischen Wappen in *commesso di pietre dure* aus der
Werkstatt der Castrucci auf der Vorderseite (Abb. 3).[10]

Einige dieser von Christian II. für die sächsische Kunstkammer erworbenen Kostbarkeiten konnten von zeitgenössischen Gästen bewundert werden, so etwa vom Augsburger Patrizier und Kunstagenten Philipp Hainhofer, der die Dresdner Kunstkammer 1617 und 1629 besichtigte. Seine Reiseberichte ermöglichen einen Einblick in die historische Präsentation und den Inhalt der Sammlung. In seinem Reisebericht von 1617 werden auch Erze und Steinarbeiten erwähnt, darunter jenes von Rudolf II. geschenkte Steinbild, das Hainhofer als »tauole di remesso mit Landschaften und Sächsischen Wappen« bezeichnete, sowie die große Smaragdstufe, ein kaiserliches Präsent von 1581, und ein Schreibtisch aus Jaspis.[11] In seinem etwas ausführlicheren Reisebericht von 1629 bezeichnete Hainhofer den sechsten Raum der Kunstkammer ausdrücklich als Mineralienkammer, in der Erzstufen, Minerale und Gesteine aus sächsischen Bergwerken ausgestellt waren.[12] Außerdem vermerkte Hainhofer in der vierten Kammer eine Sammlung von Gefäßen und Tafelgeschirr aus Marmor, Alabaster, Serpentinit und anderen sächsischen Steinen – wahrscheinlich einige der Exemplare, die im ersten Kunstkammerinventar von 1587 aufgeführt sind.[13] Wenige Jahre nach Hainhofers zweitem Besuch wurde die Kunstkammer unter Johann Georg I. in den Jahren 1633 und 1640 modernisiert, indem neue Werke aus dem Schatzdepot in die Kunstkammer gebracht und neue Vitrinen zu deren Präsentation aufgestellt wurden.[14] Während der zweiten Hälfte des 17. Jahrhunderts wurden nur wenige Änderungen vorgenommen, weiterhin diente die kurfürstliche Kunstkammer als Ort fürstlicher Repräsentation. Die sächsischen Schätze zogen jedes Jahr Hunderte von Gästen aus ganz Europa an.[15]

Erweiterung und Ausbau zum Schatzkammermuseum unter August dem Starken

Erst zum Ende des 17. Jahrhunderts erlebten Kunst- und Schatzkammer grundlegende Änderungen durch Kurfürst Friedrich August I., genannt August der Starke. Wenige Jahre nach seinem unerwarteten Herrschaftsantritt 1694 gelang es dem Kurfürsten, seinen Status zu erhöhen. 1697 wurde er zum König von Polen und Litauen gewählt. Seine Ambitionen und sein Wunsch, sich als europäischer Monarch darzustellen, manifestieren sich in seinen Kunstsammlungen und -aufträgen. Wie seine Vorgänger August und Christian II. zeigte August der Starke ein besonders großes Interesse an der Erweiterung der fürstlichen Sammlungen. Unter ihm entwickelte sich die Schatzkammer zu einer eindrucksvollen öffentlichen Inszenierung seiner fürstlichen

Macht. Während Augusts fast 40-jähriger Regierungszeit wurde Dresden zu einem der führenden europäischen Kunstzentren des 18. Jahrhunderts.

Eng verbunden mit den Kunstsammlungen Augusts des Starken sind die Werke des Goldschmieds Johann Melchior Dinglinger, der 1698 zum Hofjuwelier ernannt wurde. Dinglinger, der bis zu seinem Tod 1731 am sächsischen Hof wirkte, schuf für den Kurfürst-König eine Reihe bedeutender Werke, darunter das *Goldene Kaffeezeug* (1701), den *Thron des Großmoguls Aureng-Zeb* (1701–1708) und den *Obeliscus Augustalis* (1719–1722), die den prunkvollen Stil des »Augusteischen Barock« prägten. Charakteristisch dafür ist die Verwendung einer Vielzahl von Materialien, zum Beispiel Silber und Gold, Elfenbein, Email sowie Juwelen und Kameen, die höchste Kunstfertigkeit demonstrierten. Eine prominente Rolle spielten auch Prunkschalen, die oft unter Wiederverwendung älterer geschliffener Steingefäße entstanden und mit aufwendigen Montierungen aus Edelsteinen und Email versehen wurden (Abb. 4).

Mit zunehmender Vergrößerung seiner Sammlung beschloss August 1722, diese neu zu ordnen und in ein öffentlich zugängliches Schatzkammermuseum zu überführen. Im Mittelpunkt der Präsentation standen die Hauptwerke Dinglingers, darunter der neu erworbene *Obeliscus Augustalis*, der nicht nur als imposanter Raumschmuck, sondern auch als kraftvolle Herrschaftsdarstellung Augusts diente. An dem Obelisken sind zahlreiche in- und ausländische Schmucksteine verarbeitet worden. Gleichzeitig mit dem Obelisken erwarb der Kurfürst ein Kabinettstück mit einer antiken Kamee von Kaiser Claudius, einige Prunkgefäße sowie eine Sammlung von geschliffenen Steinschalen aus Sardonyx, Granat, Jaspis, Chalcedon und anderen kostbaren Schmucksteinen.[16]

Der Ausbau des Grünen Gewölbes unter August dem Starken erfolgte in zwei Phasen: von 1723 bis 1724 und von 1727 bis 1729. Die ab 1723 erfolgten Veränderungen im Grünen Gewölbe und die Neuordnung der Schätze und Kunstwerke

Abb. 4
Prunkschale mit der Zauberin Medea
Johann Melchior Dinglinger (Goldschmied), Steinschnitt: Mailand, um 1590, Fassung: Dresden, kurz vor 1709, Jaspis, Gold, Email, Diamanten, H. 29,8 cm, Grünes Gewölbe, SKD, Inv.-Nr. VI 93

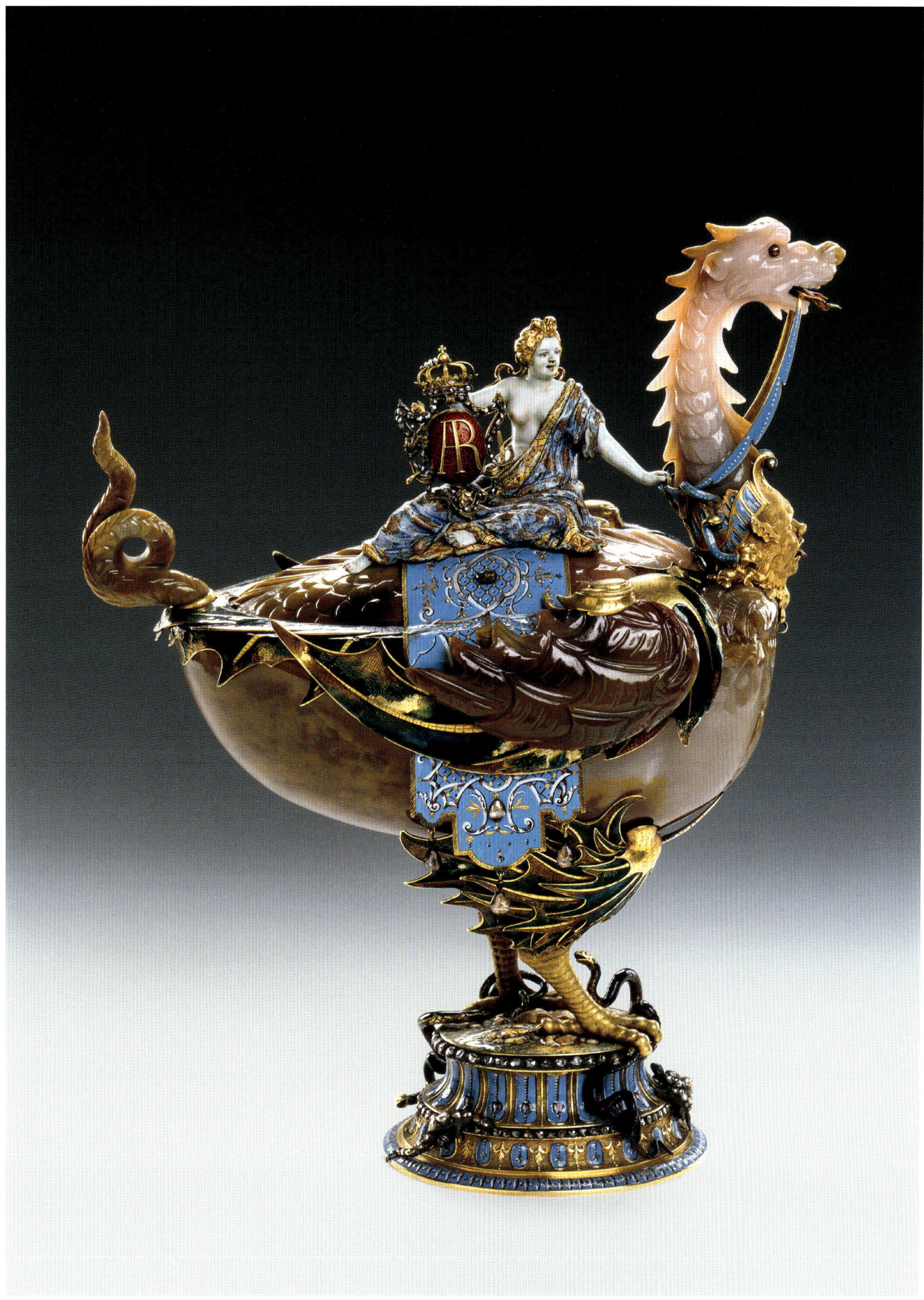

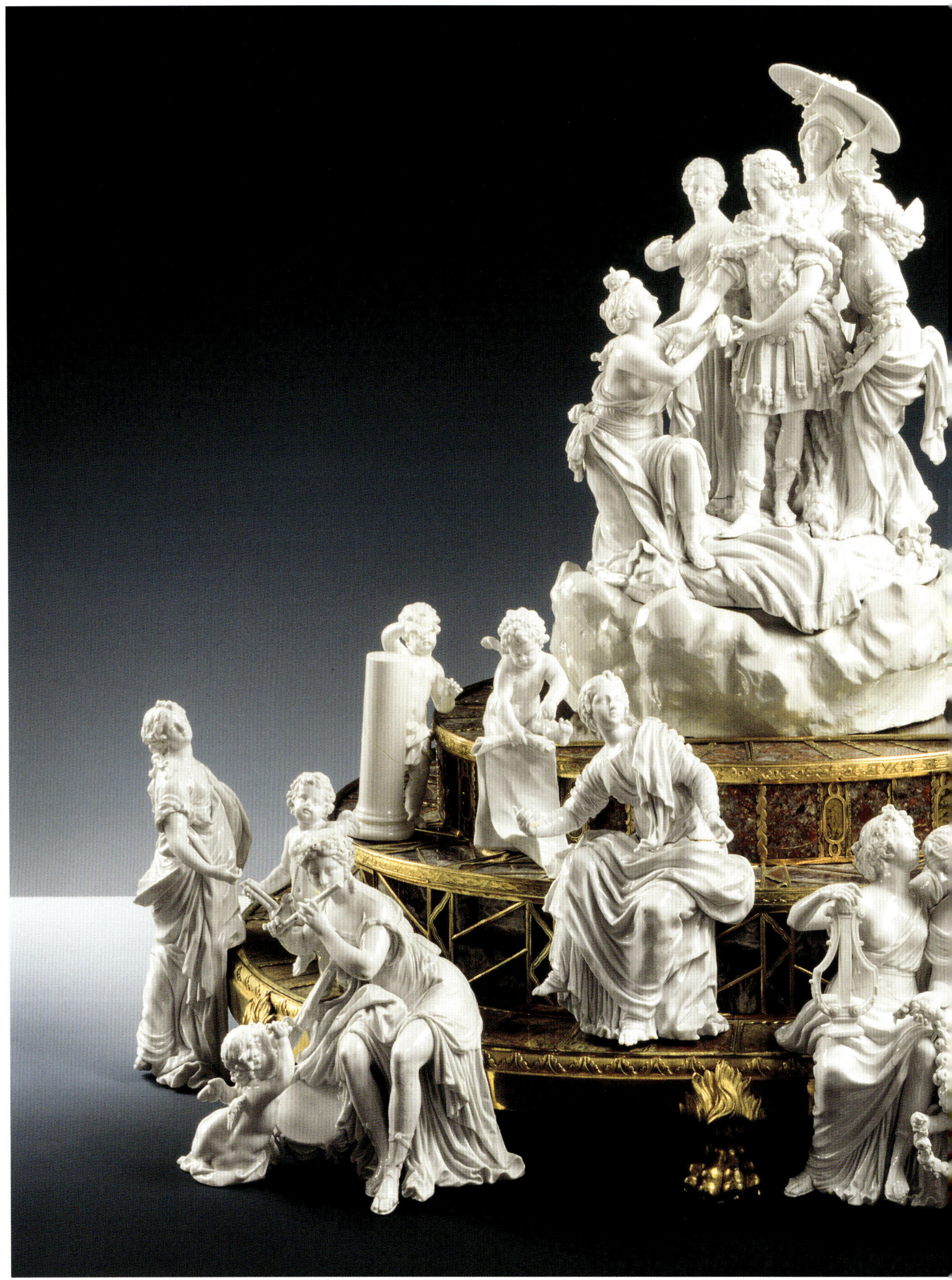

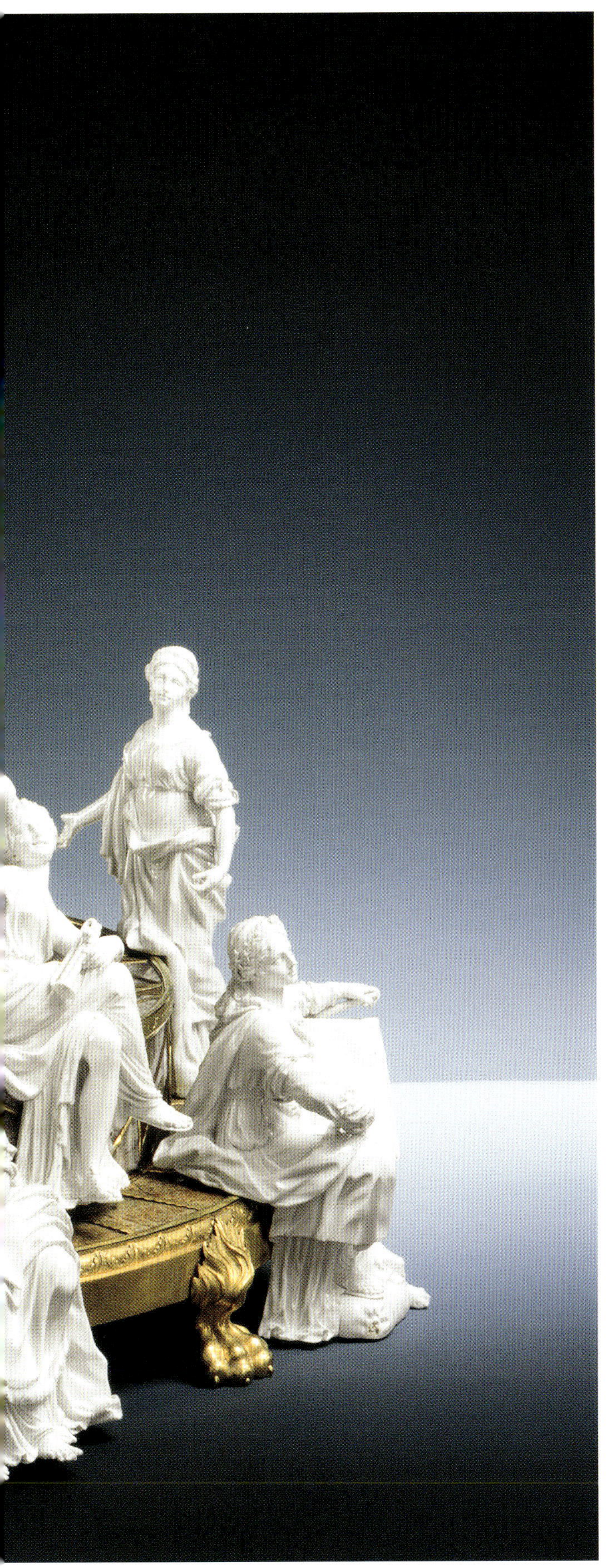

sind in dem vom Herrscher am 1. Januar 1725 unterzeichneten Pretioseninventar dokumentiert. Von den 299 Seiten, die mehr als 1400 Objekte nach Materialien auflisten, sind 50 Seiten den Arbeiten und Gefäßen aus Schmucksteinen gewidmet, ein Zeugnis für die besondere Bedeutung der entsprechenden Objekte in der kurfürstlich-königlichen Sammlung.[17] Wenige Jahre später beschloss August erneut, das Grüne Gewölbe zu erweitern, wofür er persönlich einen Grundriss des Schlosses skizzierte.[18] Im Pretiosensaal sollten die Werke aus Schmucksteinen sowie Bernstein und Bergkristall auf Konsolen und auf Tischen vor den Wänden ausgestellt werden, welche den Eingang zum Silbervergoldeten Zimmer flankieren.[19] Diese Umbau- und Erweiterungsmaßnahmen wurden 1729 abgeschlossen, sodass das Grüne Gewölbe ab 1731 für kleine Besuchergruppen geöffnet werden konnte. Unter ihnen befand sich der Reiseschriftsteller Johann Georg Keyßler, der die erste Beschreibung der Schatzkammer aus Besuchersicht lieferte.[20] Etwa zur selben Zeit, nämlich 1728, als die zweite Phase der Neugestaltung des Grünen Gewölbes erfolgte, beschloss August zudem, die Naturalien aus der Kunst- und Schatzkammer in ein eigenes Mineralienkabinett im neu errichteten Zwinger zu verlegen.[21] Einige Objekte, wie die von Kaiser Rudolf II. geschenkte Smaragdstufe, verblieben jedoch im Grünen Gewölbe. Sie wurde fortan von einer eigens von Balthasar Permoser und dem Goldschmied Johann Melchior Dinglinger geschaffenen Figur präsentiert.[22]

Krieg und Reform in der zweiten Hälfte des 18. Jahrhunderts

Während die Geschichte des Grünen Gewölbes in den ersten Jahrzehnten des 18. Jahrhunderts von den gesteigerten Bedürfnissen fürstlicher Repräsentation unter August dem Starken geprägt war, waren die späteren Jahrzehnte von neuen Strömungen in Kunst und Kultur im Zuge der Aufklärung bestimmt. Das Grüne Gewölbe in seiner von August dem Starken geprägten Gestaltung wurde nur wenige Jahrzehnte später durch zwei Kriege bedroht: den Zweiten Schlesischen Krieg 1744 und den Einmarsch preußischer Truppen während des Siebenjährigen Krieges. Obwohl ein Großteil der Schätze ausgelagert wurde, kam es im Nachgang zu erheblichen Verlusten im Weißsilber- sowie im Silbervergoldeten Zimmer, da die Edelmetalle nach 1772 für schnelles Kapital eingeschmolzen wurden.[23] Inzwischen war auch die Praxis des Sammelns von Kunstschätzen im Dienst imposanter Inszenierungen in Kunst- und Schatzkammern aus der Mode gekommen.[24] Nach dem Ende des Siebenjährigen Krieges wurde unter dem neuen, noch minderjährigen Kurfürsten Friedrich August III. und seinem zunächst die Regierungsgeschäfte übernehmenden Onkel Prinz Franz Xaver ein Programm zum Wiederaufbau Sachsens, das sogenannte Rétablissement, eingeführt. Die Strategie basierte auf einer merkantilistischen Wirtschaftspolitik und setzte auf einheimische Manufakturen und Produktionen, wofür die reichen Erzvorkommen Sachsens eine wichtige Rolle spielen sollten.

Der Wunsch, sächsische Materialien zu verwenden, lässt sich in den Werken der Hofkünstler dieser Zeit beobachten, vor allem in denen von Johann Christian Neuber, der eng mit Heinrich Taddel zusammenarbeitete. Ebenso wie Nosseni fast zwei Jahrhunderte zuvor, erhielten auch Taddel und der Hofsteinschneider Christian Gottlieb Stiehl eine kurfürstliche Sondergenehmigung, um im ganzen Land nach Steinen für ihre Arbeiten zu suchen.[25] Die Werke des Hofgalanteriearbeiters Neuber mit ihren schlichten und klaren Formen stehen ganz im Gegensatz zu dem üppigen Charakter der Pretiosen und Kabinettstücke Dinglingers. Die von Neuber verwendete Zellenmosaiktechnik erinnert an die *pietre-dure*-Arbeiten aus dem späten 16. und frühen 17. Jahrhundert, und seine geordnete und systematische Präsentation sächsischer Steine zeigt das wachsende Interesse an Wissenschaft und Mineralogie in dieser Zeit. Die Tabatieren und andere Galanteriearbeiten, die Taddel und Neuber für den Kurfürsten anfertigten, dienten vor allem als diplomatische Geschenke. So reichte der Einfluss Neubers und seiner Steinschnittarbeiten weit über den sächsischen Hof hinaus, zumal er viele seiner erfolgreich vermarkteten Waren wie Schnupftabakdosen und Accessoires auch an das wachsende wohlhabende Bürgertum in Sachsen und im Ausland verkaufen konnte.[26]

Größere Werke für den sächsischen Hof schuf Neuber oft in Zusammenarbeit mit der Meissener Porzellan-Manufaktur. Das größte und bedeutendste unter ihnen war der dekorative Kamin, der ursprünglich als diplomatisches Geschenk für den geplanten Besuch des Großfürsten von Russland gedacht war, 1786 dann aber in das Grüne Gewölbe gelangte (siehe Kat.-Nr. 10). Neuber schuf zudem eine Reihe von Sockeln für allegorische Figurengruppen aus Porzellan, die Teil eines großen mehrteiligen Tafelaufsatzes zum Geburtstag von Friedrich August III. waren (Abb. 5 – 6, siehe Kat.-Nr. 9).[27] Dieser stellte in der Mitte den Kurfürsten mit einer Personifikation Sachsens und den Musen dar und auf den Seitenteilen Allegorien der sächsischen Wirtschaft und Manufakturen, für die der Bergbau eine wichtige Rolle spielte. Die Kombination von farbigen und reizvoll gemusterten sächsischen Steinen in Zusammenspiel mit dem weißen Meissener Porzellan zelebrierte zwei der spezifischen Handelsgüter Sachsens und betonte die Botschaft der allegorischen Figuren.

Ob als Sockel für allegorische Gruppen oder als dekorative Schalen und Gefäße – die Präsenz von Arbeiten unter Verwendung von Schmucksteinen zieht sich wie ein roter Faden durch die Geschichte der königlich-kurfürstlichen Sammlungen in Dresden. Erze und Gesteine waren nicht nur ein wichtiger Wirtschaftsfaktor, sondern dienten zugleich der Demonstration der heimischen Ressourcen als Grundlage von Wohlstand und Macht. Bis heute zeugen die Kunstwerke im Grünen Gewölbe mit ihren unterschiedlichen Formen und Ausführungen nicht nur von der Schönheit, sondern auch von der historischen Bedeutung der sächsischen Bodenschätze.

1 Sächsisches Hauptstaatsarchiv Dresden (im Folgenden: HStADD), 10036 Finanzarchiv, Loc. 32449, Dresden Nr. 88 (unfol.), fol. 1 r – 8 v; Syndram 2012, S. 20. **2** Thalheim 1998 a, S. 12; Menzhausen 1990, S. 234. **3** Ausst.-Kat. Idar-Oberstein u. a. 1998, S. 103 – 107, Nrn. 2 – 10. **4** Kappel 2004, S. 199. **5** Syndram 2012, S. 22; Syndram/Minning 2010, fol. 163 v – 164 v. **6** Syndram 2007, S. 21; HStADD, 10024 Geheimer Rat (Geheimes Archiv), Loc. 08694/10, Inventar über Schmuck und Silbergeschirr 1541 – 1662, fol. 62 – 91; Syndram 2012, S. 21. **7** Syndram/Minning 2010, fol. 298 r – 301 v; Quellmalz/Karpinski 1990, S. 29 – 30. **8** Kappel 2004, S. 198. **9** Distelberger 2008, S. 28 – 39. **10** Syndram 2007, S. 25 – 26; vgl. Grünes Gewölbe, SKD, Inv.-Nr. V 310. **11** Hainhofer 1833/34, S. 398; Syndram 2012, S. 22. **12** Interessanterweise hat Hainhofer keiner der anderen Kammern einen beschreibenden Titel gegeben, wie er es bei den »Mineral Zimmern« tat. **13** Hainhofer 1901, S. 172, 177. **14** Syndram 2012, S. 23. **15** Zu den Besucherinnen und Besuchern der kurfürstlichen Kunstkammer vgl. Brink 2012. **16** Syndram 2021, S. 14; Syndram 2012, S. 26. **17** Syndram 2012, S. 26 – 27. **18** Syndram 2012, S. 27; Syndram 2021, S. 19, Nr. 9. **19** Syndram 2012, S. 28. **20** Keyßler 1751, S. 1299. **21** Ausst.-Kat. Dresden 2006, S. 6 – 12. **22** Grünes Gewölbe, SKD, Inv.-Nr. VIII 303. **23** Syndram 2021, S. 26 – 27. **24** Die Sammlung des Grünen Gewölbes war nach dem Siebenjährigen Krieg weitgehend abgeschlossen. Der Prunkkamin von 1782 war das einzige Werk Neubers, das zu seinen Lebzeiten in das Grüne Gewölbe gelangte. **25** Kappel 2014, S. 108 – 109. **26** Die heute im Grünen Gewölbe befindlichen, Neuber zugeschriebenen Dosen waren spätere Erwerbungen des frühen 20. Jahrhunderts, Grünes Gewölbe, SKD, Inv.-Nrn. 1933/2, 1924/2, V 628. **27** Ausst.-Kat. Dresden 2012, S. 21 – 30.

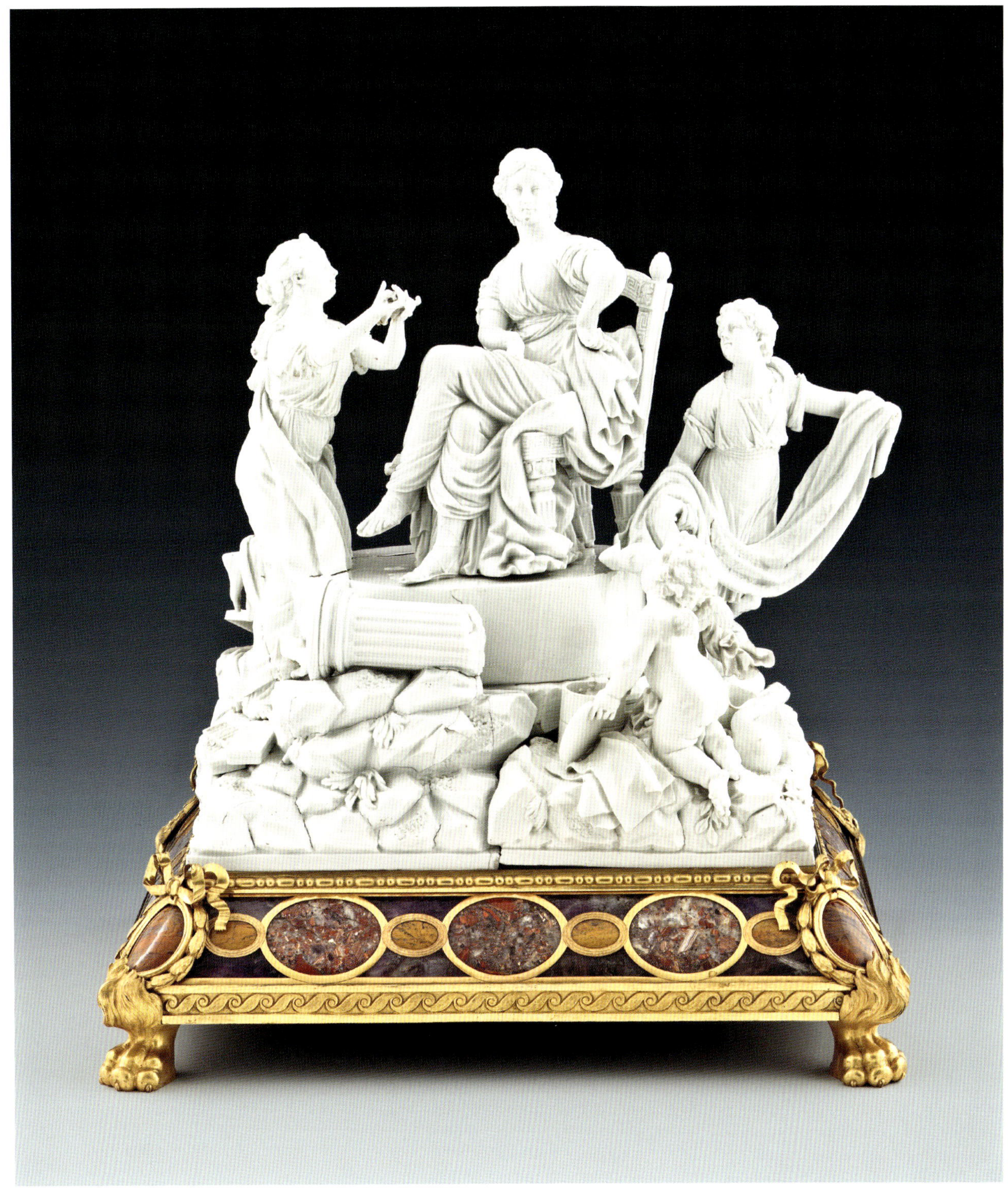

Abb. 6

Porzellangruppe als Allegorie auf die Manufakturen
von Sachsen als Seitenteil des Tafelaufsatzes für
Kurfürst Friedrich August III., Michel Victor Acier
(Modelleur), Johann Christian Neuber (Juwelier),
Meißen, 1775/76, Porzellan, Edelsteine, Holz, Gold-
bronze, H. 75 cm, Figuren: Porzellansammlung, SKD,
Inv.-Nrn. PE 7893 a–d, PE 7891, Sockel: Grünes
Gewölbe, SKD, Inv.-Nr. 1931/1b

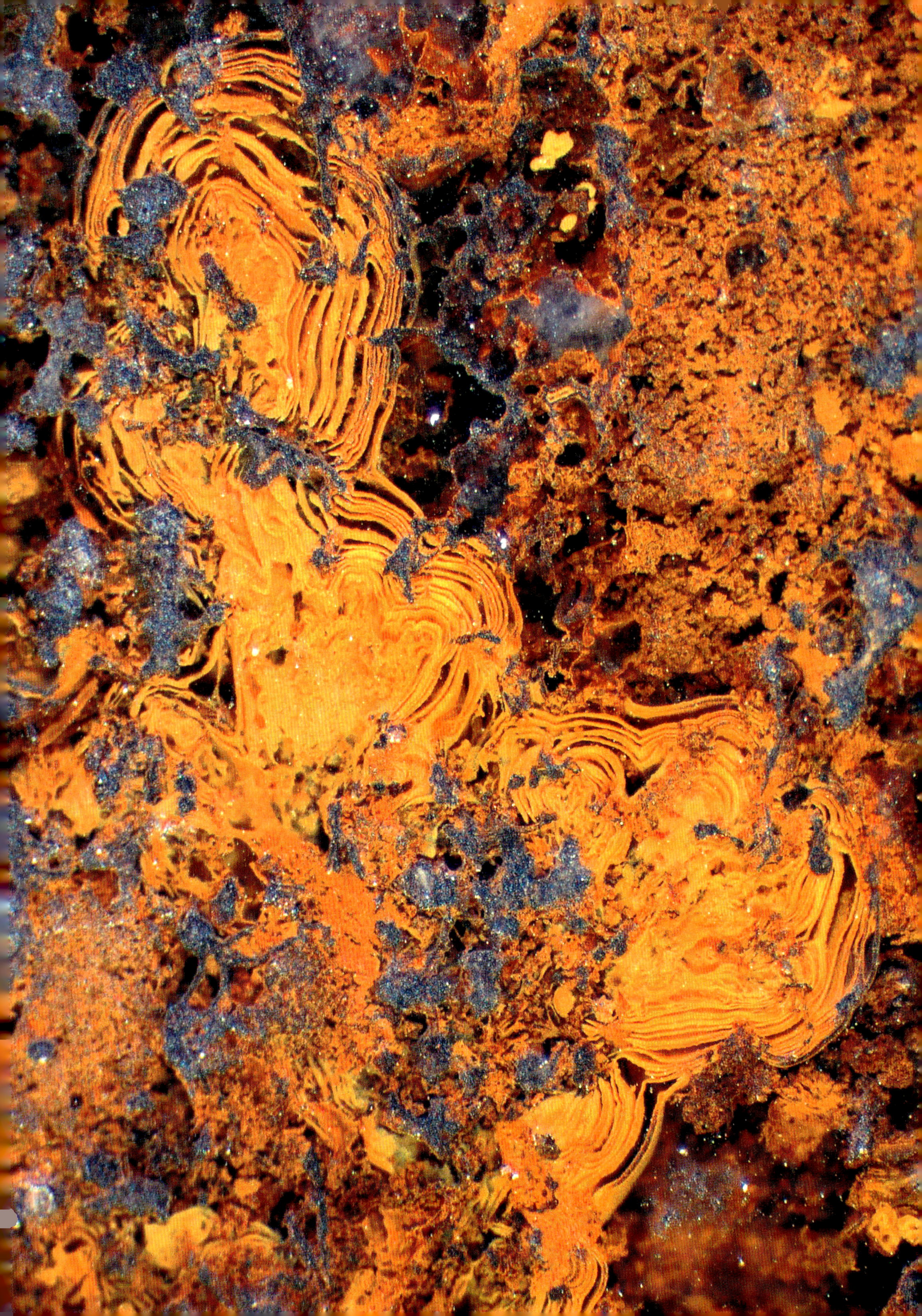

MEGHAN MCNAMEE

Steinkabinette

Sammlungsgegenstand oder Kunstobjekt?

Das Sammeln von Dekor- und Schmucksteinen sowie anderer Naturgegenständen blickt auf eine jahrtausendealte Geschichte zurück und erlebte im späten 18. und frühen 19. Jahrhundert sowohl im Adel als auch im Bürgertum eine Blüte. Bereits die ersten Kunst- und Wunderkammern des späten 16. Jahrhunderts enthielten bemerkenswerte und seltene mineralogische Schätze, so auch die Dresdner Kunstkammer. Im Lauf der Jahrhunderte entwickelten sich diese Bestände zu größeren, systematisch angelegten naturkundlichen Sammlungen, die Minerale und Gesteine sowie Pflanzen- und Tierpräparate umfassten. Sie zeugten von dem rasch wachsenden Interesse der Gesellschaft an der Erforschung der Natur. Die Suche nach Präsentationsformen für diese Bestände führte während des 18. Jahrhunderts zu neuen Lösungen. Es entstanden eine Vielzahl von Tischplatten und Schränken bis hin zu den kunstvoll gestalteten Steinkabinettdosen und -tischen aus dem Umfeld des Dresdner Goldschmieds Johann Christian Neuber. Diese Werke repräsentieren einen dynamischen Dialog zwischen Wissenschaft und Kunst, der ganz aus dem Geist der Aufklärung heraus geführt wurde.

Naturwissenschaftliche Sammlungen im 18. und 19. Jahrhundert

Für viele Sammlerinnen und Sammler des 18. Jahrhunderts waren zunächst die Schönheit und der ästhetische Wert der »Naturalien« von vorrangiger Bedeutung. Sie bestimmten wesentlich die Art und Weise, wie diese Objekte ausgestellt und präsentiert wurden, und zwar meist nach Farbe und Aussehen geordnet und nicht nach Fundort oder Klassifizierung. Dies änderte sich mit den neuen Strömungen der Aufklärung im späten 18. Jahrhundert, als Herkunft und Klassifizierung der Steine eine immer wichtigere Rolle zu spielen begannen.[1] Die Aufbewahrungs- und Präsentationsformen dieser naturkundlichen Sammlungen des 18. Jahrhunderts sind bislang noch nicht systematisch erforscht, bekannt sind lediglich Einzelbeispiele und Informationen aus Inventaren und Verkaufskatalogen. Es scheint jedoch, dass sie üblicherweise in großen Schränken mit Schubladen verwahrt wurden.[2] Tischplatten dienten ebenfalls als beliebte Präsentationsform für diese lehrreichen Sammlungen, zumal bei quadratischen, geschliffenen und polierten Steinen, die auch als Lithotheken bzw. Marmortheken bezeichnet wurden. Sie enthielten ein Sortiment verschiedenartiger Steine, zu denen Kalksteine, Marmor, Jaspis, Achat und andere zählten.[3] Diese Tradition hat ihren Ursprung bereits im Italien des 17. Jahrhunderts.[4]

Eine der für die Forschung größten Herausforderungen ist neben der Untersuchung der unterschiedlichen Präsentationsformen auch die Frage nach den Sammlungskonzepten dieser Zeit. Es gab zahlreiche große und kleine private Kollektionen sowie institutionelle, königliche und kurfürstliche. Ihre Methoden und Ziele konnten sehr unterschiedlich sein. Der Aufbau fürstlicher Sammlungen, wie etwa des Mineralienkabinetts in Dresden, das seinen Ursprung in der kursächsischen Kunstkammer hat und ab 1728 im Zwinger untergebracht war, erfolgte mithilfe von Netzwerken und persönlichen Beziehungen. Diese Kabinette besaßen eine überwiegend repräsentative Funktion, demonstrierten die Beherrschung der Wissenschaft und der Welt und standen daher miteinander in Konkurrenz.[5] Auch wurden sie wesentlich von persönlichen Vorlieben, Reisen und den lokalen Gegebenheiten bestimmt. Dasselbe gilt für die privaten Sammlungen, die aber in der Regel weniger umfangreich waren.[6] Einer der bedeutendsten Sammler im ausgehenden 18. Jahrhundert war der in Freiberg tätige Abraham Gottlob Werner, der ein eigenes, detailliertes Klassifikationssystem für Minerale nach den äußeren Kennzeichen entwickelte. Werners Privatsammlungen gehörten zu seiner Zeit neben der von Johann Wolfgang von Goethe zu den größten ihrer Art in Deutschland. Mineralogische Kollektionen waren im Übrigen nicht ausschließlich Männern vorbehalten. Zu den namhaften privaten Sammlerinnen des 18. und 19. Jahrhunderts gehörten Mademoiselle Clairon, eine französische Schauspielerin, Mademoiselle Papillon, Mary Anning sowie Dr. Dorothea Schlözer, eine der ersten promovierten Frauen in Deutschland.[7] Für Sachsen kann hier die wenig beachtete Kollektion der Gräfin Auguste Charlotte Kielmannsegge genannt werden. Allgemein wurden Mineralsammlungen, ob privat oder institutionell, zu dieser Zeit als Statussymbol und als Demonstration der eigenen Bildung angesehen.

Dresden als Herstellungsort von Steinkabinetten

Die Beliebtheit von Stein- und Mineralsammlungen ist in Deutschland und anderen mitteleuropäischen Ländern auf die zum Teil reichen Schmucksteinvorkommen zurückzuführen. In Sachsen spielte insbesondere das Erzgebirge eine große Rolle. Auch in Dresden entstanden deshalb mehrere wichtige Kollektionen. Dies zeigt sich an den privaten Sammlungen, die der Bibliothekar und Publizist Karl Wilhelm Dassdorf 1782 aufzählt, darunter die des Geheimen Kriegsrats Karl Franz Romanus, des Kammerherrn und Bergwerksrats Heinrich Moritz von Berlepsch und von Christian Gottlieb Pötzsch, Aufseher bei der kurfürstlichen Naturali-

ensammlung.[8] Darüber hinaus gab es in Dresden eine weitere Kollektion im wettinischen Besitz: das Steinkabinett des Goldschmieds und Geheimkämmerers Heinrich Taddel. Die Sammlung bestand ursprünglich aus 214 quadratisch geschnittenen Steinen, jeweils versehen mit einem Papieretikett, das dem Eintrag in einem handgeschriebenen Katalog entsprach. Ursprünglich als Privatsammlung Taddels und als Ergebnis seiner Suche im sächsischen Erzgebirge interpretiert, zeigen nun jüngst entdeckte Dokumente, dass sich das Konvolut bereits zu Beginn des Siebenjährigen Krieges 1757 als Besitz des Kurprinzen Friedrich Christian in dessen Münzkabinett im Taschenbergpalais befand (siehe S. 81). Schon zu dieser Zeit waren die Steinproben in einem aus dem 17. Jahrhundert stammenden italienischen Kabinettschrank mit Bergkristalleinlagen untergebracht (siehe Kat.-Nr. 1). Die Sammlung wurde zusammen mit dem Schrank 1815 in die Kunstkammer und danach 1832 ins Grüne Gewölbe übergeben.

Neue Untersuchungen des Steinkabinetts von Heinrich Taddel deuten darauf hin, dass die rechteckig geschnittenen Tafeln ursprünglich fest montiert waren (siehe S. 78). Als mögliche Vorbilder für die Präsentation der Taddelschen Steinproben kommen Möbelstücke oder Tischplatten in Form von Lithotheken infrage. Diese erfreuten sich im 18. Jahrhundert zunehmender Beliebtheit, auch dank der Tradition junger Adliger, sich auf Bildungsreisen in Form der sogenannten *Grand Tours* durch Europa zu begeben. So befindet sich beispielsweise im Naturkundemuseum Kassel eine Tischplatte mit 144 quadratisch geschliffenen »Marmor«- bzw. Hartgesteinsproben, die Landgraf Friedrich II. von Hessen-Kassel auf seiner Italienreise 1777 auf dem Forum Romanum erworben hatte (Abb. 1).[9] Taddels Kollektion unterscheidet sich von solchen Lithotheken aus Italien vor allem durch die Verwendung von überwiegend sächsischen Steinen. Seine wahrscheinlich im Auftrag des Kurprinzen entstandene Sammlung war weniger von der Vorliebe für die Antike motiviert, sondern schien vielmehr vorbildhaft für die Präsentation auch sächsischer Schmucksteinvorkommen.

Die Produktion von Steinkabinetten unterschiedlicher Art zieht sich durch Taddels Karriere wie auch die seines Nachfolgers, des Hofgalanteriearbeiters Johann Christian Neuber. Neuber, der neben seinen höfischen Aufträgen auch kostbare Gegenstände für das wohlhabende Bürgertum anfertigte, inserierte 1786 im *Intelligenz=Blatt des Journals der Moden*: »Stein-Cabinette von 200 Stück polirten, und der vorzüglichsten Sächsischen Landsteine; das große, in einem darzu gemachten Kasten mit Schubfächern, nebst gedrucktem Verzeichniß kommt 60. Rthlr. Ein dergleichen kleines Stein-Cabinet, ebenfalls von 200 Stück, in einem Kästchen, in Form eines Buchs, nebst Verzeichniß, kommt 25 Rthlr.«[10]

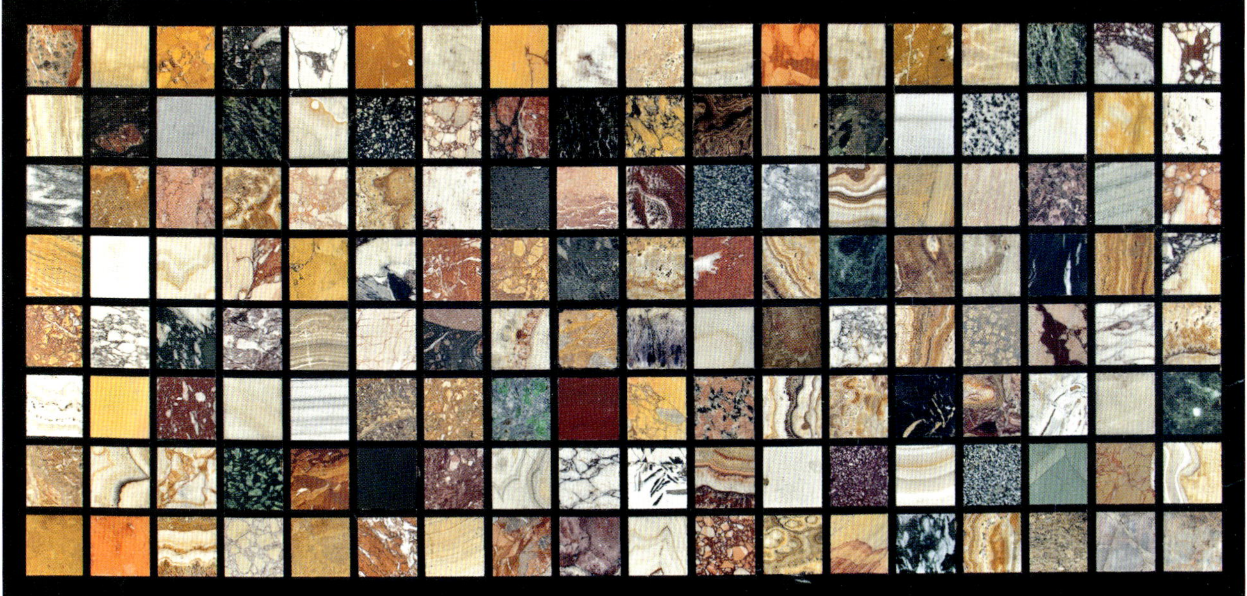

Tischplatte mit 144 »Marmor«-Mustern, erworben
von Landgraf Friedrich II. von Hessen-Kassel
auf dem Forum Romanum 1777, Italien, 2. Hälfte
des 18. Jahrhunderts, verschiedene Gesteine,
80 × 64,5 × 135 cm, Kassel, Naturkundemuseum
(ohne Inv.-Nr.)

Ringstein-Kabinett mit 40 eckigen Steinen in Buch-
form mit dazugehörigem Verzeichnis und einem
goldenen Ring, wohl Sachsen, um 1800, verschiedene
Steine, Pappe, Verzeichnis: Papier aus der Königsteiner
Papiermühle, Steine: 1,7 × 0,9 cm; Schuber: 19,7 × 9,6 cm,
Grünes Gewölbe, SKD, Inv.-Nr. 1968/5

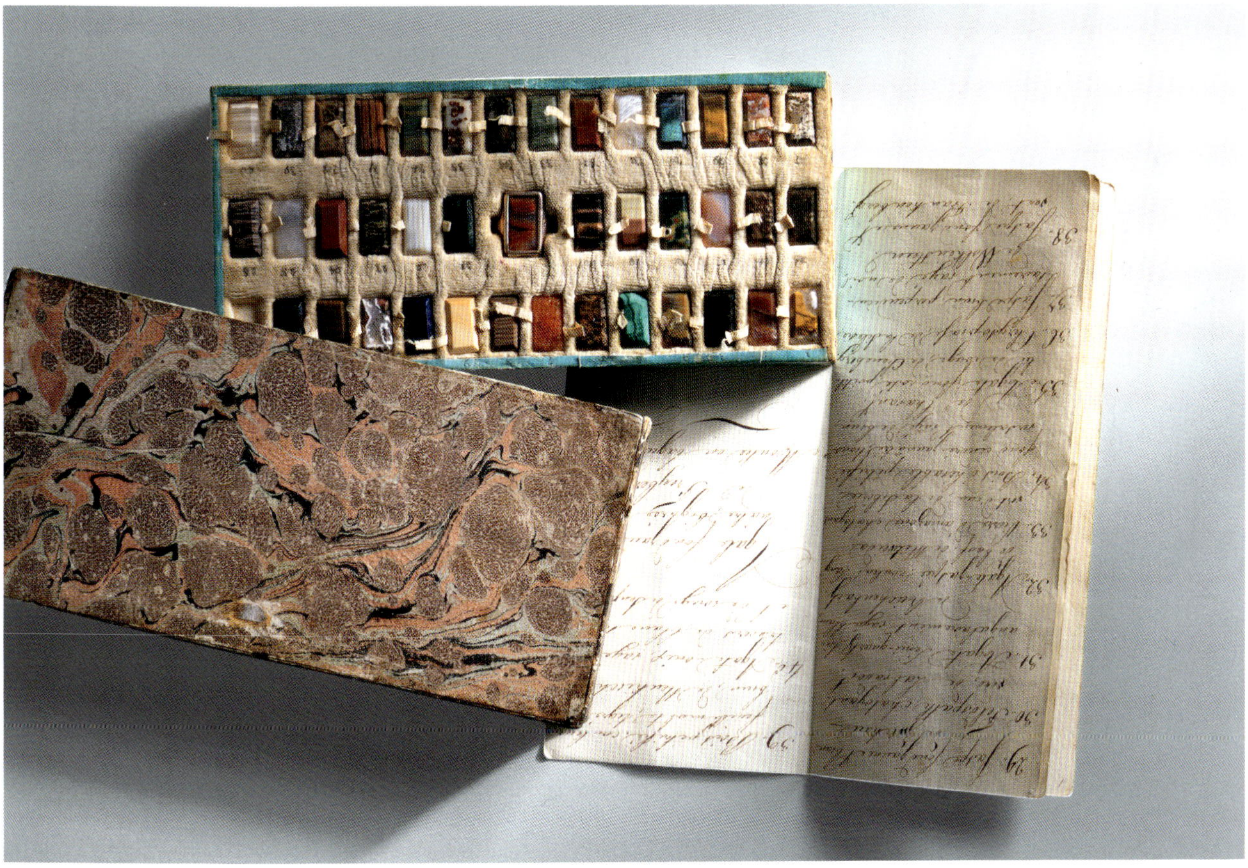

Obwohl keine Exemplare mit genau 200 Steinen erhalten sind, die Neubers Beschreibung entsprechen, weisen die annoncierten Kollektionen Ähnlichkeiten zu einigen erhaltenen Steinkabinetten oder Ringsteinkabinetten auf. Es handelt sich bei Letzteren um Sammlungen von kleinen geschliffenen und polierten Steinen, die in eine beiliegende Ringfassung passen und ebenfalls in kleinen Schachteln mit Schubladen oder in Form von Büchern aufbewahrt wurden; oft war auch ein entsprechender Katalog beigegeben.[11] Ende des 18. und Anfang des 19. Jahrhunderts erfreuten sie sich besonderer Beliebtheit. Die zwei Ringsteinkabinette, die sich heute im Grünen Gewölbe befinden (Abb. 2), können aufgrund der verwendeten Steinarten nicht unmittelbar mit der Werkstatt von Neuber in Verbindung gebracht werden.[12]

Ganz am Ende von Neubers Karriere steht jedoch ein weiteres Steinkabinett, das wahrscheinlich um 1794 oder 1795 entstand, kurz bevor oder nachdem der Goldschmied Bankrott anmelden musste (siehe S. 55). Es handelt sich um zwei Beistelltische (siehe Kat.-Nr. 11), deren Tischplatten Ähnlichkeiten zu in Italien hergestellten Lithotheken aufweisen. Die Steinmuster sind in einen schlichten Rahmen aus vergoldetem Messing gefasst und können mithilfe eines entsprechenden Werkzeugs herausgenommen und näher betrachtet werden. Eine genauere Untersuchung der Steine dieser beiden Tische zeigt, dass die Proben in einigen Fällen aus demselben Fundus stammen wie andere, die Neuber in früheren Arbeiten verwendet hatte.

Steinkabinettdosen aus Dresden

Zu den von Neuber und auch Taddel mit sächsischen Steinen hergestellten Werken gehören nicht nur die bereits erwähnten Steinkabinette, sondern ebenso Galanteriearbeiten, insbesondere Dosen, häufig als Tabatieren oder Bonbonnieren bezeichnet, sowie Schmuckstücke, Stockgriffe und Knöpfe.[13] Diese wurden für den Hof als diplomatische Geschenke geschaffen oder an das zunehmend wohlhabende Bürgertum verkauft, beispielsweise auf der Leipziger Messe. Typisch für die in Dresden im letzten Drittel des 18. Jahrhunderts gefertigten Dosen ist die Verwendung der Zellenmosaiktechnik zur Gestaltung von Landschaften, Architekturen, Blumen und geometrischen Mustern. Zellenmosaik bezeichnet eine Technik, bei der die Steine nicht direkt aneinander gelegt, sondern jeweils in eine eigene Goldfassung eingesetzt werden, sodass einzelne Zellen entstehen, in denen die Plättchen auf der Fassung auch nummeriert und in einem Katalog verzeichnet werden können. Mit diesen

äußerst erfolgreichen Luxuswaren gelang es, das Interesse an der Mineralienkunde mit dem für kunstvolle Arbeiten zu vereinen.

Eine Besonderheit der Steinkabinettdosen ist ihre vielfältige Funktionalität, denn mit ihrer Hilfe konnten Aspekte der Mineralogie und das allgemeine Interesse an der Erforschung der Natur öffentlich demonstriert werden. Diese kleinen Gegenstände wurden im täglichen Leben der Adligen und des Bürgertums verwendet, konnten mit sich geführt und benutzt werden, sei es im privaten Umfeld oder bei gesellschaftlichen Anlässen. Damit wurden sie zu lebendigen Gegenständen der Gesellschaft, *conversation pieces* – Konversationsstücke, die bewundert, diskutiert und verglichen werden konnten. Die Steinkabinette in Form von Kästchen und Tabatieren unterscheiden sich damit von anderen mineralogischen privaten und institutionellen Sammlungen. Diese wurden in Schubladen untergebracht und im räumlichen Kontext mit der Wissenschaft und der Erforschung der Natur gewidmeten Objekten aufbewahrt. Die Dosen lösen sich von diesen räumlichen Grenzen und veranschaulichen, wie die Naturgeschichte im 18. Jahrhundert eine immer wichtigere Rolle in der Kunst und im öffentlichen Leben übernahm.

Neuber selbst bezeichnete diese Art von Dosen als Steinkabinette, wie aus einem Eintrag in seiner Anzeige von 1786 zu entnehmen ist: »Dergleichen ovale und runde Manns- und Damesdosen, als Stein-Cabinets, in Gold gefaßt und gefüttert, von allen Sächsischen Landsteinen, als Carneols, Calcedons, Ametisten, Jaspisen, Agaten und petrifierten Holzern, nummerirt, nebst einem Verzeichnis der Namen und wo sie gefunden werden; eine Mannsdose [kostet] 150. bis 300. Rthlr. Eine Damesdose 90. bis 150. Rthl.«[14] Während in den anderen Einträgen lediglich von «verschiedene[n] Steine[n]» die Rede ist, versuchte er hier, mit der Angabe der Steinsorten eindeutig eine mineralogisch und naturkundlich interessierte Kundengruppe anzusprechen. Die entsprechenden Kataloge für diese Tabatieren waren häufig in französischer Sprache verfasst, was der Mode der Zeit entsprach und den Marktzugang in Frankreich und Russland erleichterte.[15]

Neuber galt lange Zeit als der bedeutendste und oftmals auch einzige Hersteller von Tabatieren in der Zellenmosaiktechnik, einschließlich aller Steinkabinettdosen. Neue Erkenntnisse relativieren diese Zuschreibung jedoch und bringen noch einen anderen Dresdner Goldschmied, Heinrich Taddel, als Erfinder der Steinkabinettdosen in die Diskussion ein. Wie die Abschrift eines Briefes belegt, war Neuber bis mindestens Mai 1773 in Taddels Werkstatt als »erster Arbeiter« tätig, weshalb eine Mitwirkung von

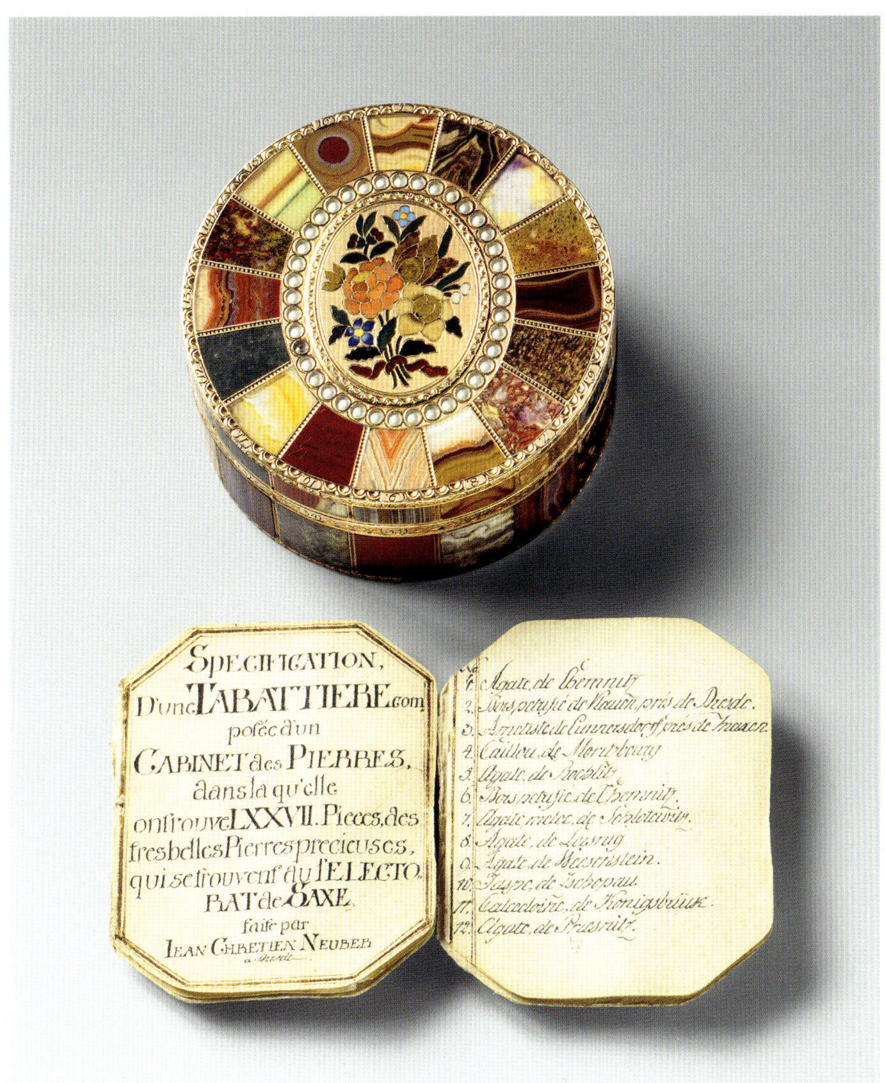

Abb. 3
Runde Dose als Steinkabinett mit Verzeichnis, Johann Christian Neuber, Dresden, um 1770, Gold, sächsische Schmucksteine, Perlimitationen, 3,1 × 7,5 cm, Grünes Gewölbe, SKD, Inv.-Nr. V 628

Taddel bei allen vor 1773 entstandenen und bislang Neuber zugeschriebenen Werken nicht ausgeschlossen werden kann.[16] Die ersten Steinkabinettdosen können bereits in die Zeit vor Neubers Eintritt in die Werkstatt datiert werden, wie Rechnungen und Akten aus dem Nachlass des Prinzen Xaver belegen, der Sachsen zwischen 1763 und 1768 als Administrator regierte. Dies betrifft eines der frühesten Beispiele, eine rechteckige Dose, deren Steinproben in dessen Akten genau aufgelistet sind.[17] Eine alleinige Autorschaft Neubers ist daher eher unwahrscheinlich. Ob Neuber zu dieser Zeit schon in der Werkstatt von Taddel tätig war, ist nicht geklärt.[18] Eine Rechnung für die Reparatur einer Steinkabinettdose aus dem Jahr 1771 ging an Taddel und nicht an Neuber.[19] Auf der Basis dieser neuen Erkenntnisse müssen die frühesten, noch nicht in Zellenmosaiktechnik gefertigten Dosen als Produkte aus der Werkstatt von Heinrich Taddel, und nur eventuell unter Beteiligung von Neuber, neu betrachtet werden.[20]

Ein weiterer Name, der mit den in Dresden hergestellten Steinkabinettdosen in Verbindung gebracht wird, ist Christian Gottlieb Stiehl. Bislang wurden Stiehl und Neuber in der Literatur immer als Konkurrenten bezeichnet.[21] Dies ist jedoch infrage zu stellen, da Stiehl kein Goldschmied, sondern Hof- und Kabinettsteinschneider war, der für die Herstellung solcher Tabatieren mit einem Goldschmied zusammenarbeiten musste. Bereits 1813 deutete Johann Heinrich Füssli in seinem *Allgemeinen Künstlerlexikon* eine Zusammenarbeit zwischen Taddel, Neuber und Stiehl an, und zwar nicht nur bei den Dosen, sondern auch bei Tischen und einem Kamin.[22] In der neueren Literatur wurde diese Angabe bezweifelt und stattdessen behauptet, dass Füssli bloß Stiehl und Neuber verwechselt habe.[23] Dies ist jedoch unwahrscheinlich, da der »Teschen-Tisch« und der Kamin ebenso in Füsslis Eintrag zu Neuber beschrieben sind. Auch in Füsslis Text zu Taddel ist von einer Kooperation zwischen Mosaikarbeiter und Steinschneider die Rede, mit

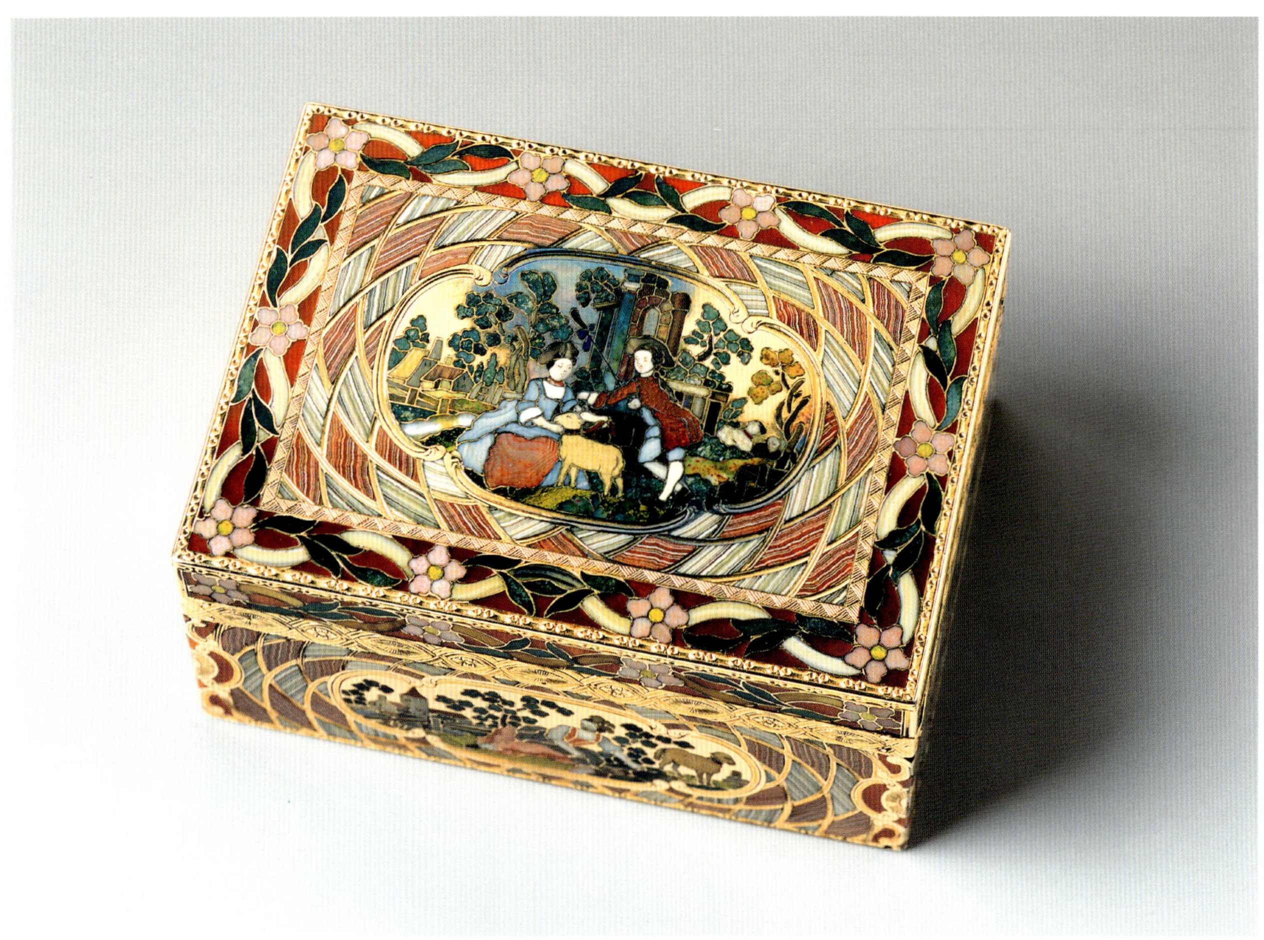

einem Verweis auf den Eintrag zu Stiehl. Füssli schrieb Stiehl zudem die Erfindung der neuen Steinmosaiktechnik zu, die seit dem 20. Jahrhundert fast ausschließlich mit Neuber in Verbindung gebracht wird, eine These, die in Anbetracht von Stiehls Rolle als Steinschneider durchaus plausibel erscheint.[24] Somit wird der Bedarf deutlich, alle in Dresden in der Zeit um 1770 entstandenen Werke, die bisher ausschließlich Neuber zugeschrieben wurden, mit einem anderen Verständnis der Zusammenarbeit zwischen verschiedenen Spezialisten neu zu bewerten.

Bei mehr als einem Viertel der über 200 bisher Neuber zugeschriebenen Tabatieren handelt es sich um Steinkabinettdosen. Sie sind meist kreisförmig oder oval, wobei die blütenblatt- oder strahlenförmig geschliffenen Steinproben von einem zentralen Motiv – einer Kamee, einem Stein, einem Miniaturporträt oder einem Mosaik eines Blumenmusters – ausgehen. Dosen mit Porträts waren vor allem als diplomatische Geschenke geeignet.[25] Das Exemplar im Grünen Gewölbe, das 77 strahlenförmig angeordnete Steine aufweist, arrangiert um ein rundes Medaillon mit einem Blumenstrauß, ist beispielhaft für den in dieser Zeit in Dresden ausgeprägten Stil (Abb. 3). Um das zentrale Medaillon

herum windet sich eine Kette aus Kunstperlen, ein dekoratives Element auch anderer Neuber zugeschriebener Werke. Die bisher mit Stiehl in Verbindung gebrachten Dosen zeigen schuppenförmige Steine, die um einen zentralen Punkt oder ein Motiv gehen und werden von einem gedruckten Katalog begleitet.[26] Die meisten rechteckigen Steinkabinettdosen folgen ebenfalls dieser strahlenförmigen Komposition. Es sind nur wenige Ausnahmen mit Streifen-, Schachbrett- oder Rautenmustern bekannt.[27]

Auch sind Dosen zu erwähnen, die zwar dieser für die Steinkabinette typischen strahlenförmigen Komposition folgen, dabei aber keine Nummerierungen auf den Goldstegen aufweisen und nicht katalogisiert sind.[28] Dies verdeutlicht, dass der Hersteller in einigen Fällen den mineralogischen Aspekt gezielt in den Vordergrund gestellt, in anderen Fällen jedoch einfach den Variantenreichtum von Farbe und Musterung der Steine genutzt hat, um marktfähige Luxusgüter zu schaffen. Bei anderen Beispielen wurden immer wieder die gleichen Steinsorten verwendet und mit der Farbigkeit und Richtung der Bänderung gespielt, um dynamische, ansprechende geometrische Muster zu erzeugen. Die Tabatiere mit einer Hirtenszene im Grünen Gewölbe ist ein wunderbares Beispiel für die visuell auffälligen Muster, die durch die Verwendung nur weniger Steinsorten entstanden (Abb. 4). Der Reiz und die Besonderheit dieser in Dresden produzierten Dosen liegen in der Fähigkeit ihrer Schöpfer, die natürliche Schönheit eines jeden Steins zu interpretieren und mit ihr zu spielen, um atemberaubende und einzigartige Kompositionen zu schaffen, die Liebhaberinnen und Liebhaber von Kunst und Wissenschaft bis heute gleichermaßen ansprechen.

Kunstvolle Steinkabinetttische aus Dresden

Im Lauf seiner Karriere führte die Werkstatt Neubers auch größere Projekte aus. Besonders bedeutend sind die beiden bisher bekannten Steinkabinetttische, welche das Konzept und die Komposition der kleineren Dosen aufgreifen und in einem größeren Format präsentieren.[29] Hier wurden ausschließlich sächsische Steine mit anderen dekorativen Elementen kombiniert, um Werke zu schaffen, welche die eleganten Formen der Möbel jener Zeit mit dem Interesse an mineralogischen Sammlungen verbanden. Das früheste Exemplar ist ein Konsoltisch, der im Jahr 1774 dem Kurfürsten Friedrich August III. von seiner Gattin als Geschenk überreicht wurde und sich zunächst im Fasanenschlösschen in Moritzburg befand.[30] Er besteht aus vergoldetem Holz und ist an den Beinen und am Sockel mit Steinen und Kunstperlen sowie mit Plaketten aus Meissener Porzellan mit bunten Chinoiserie-Motiven verziert. Die Tischplatte war mit zwei weiteren Porzellanplättchen und Kunstperlen aus Bergkristall am Rand sowie einem Arrangement aus verschiedenen geschliffenen Steinen versehen. Insgesamt wies die Tischplatte aus dem Fasanenschlösschen 132 sächsische Hartsteinsorten in Form von Plättchen auf, die um das zentrale, aus sächsischen Flussperlen gestaltete Motiv – das gekrönte Monogramm des Kurfürsten – strahlenförmig angeordnet waren.

Zeitgleich mit den ersten Steinkabinetttischen Neubers entstand außerhalb von Sachsen ein weiterer Tisch, der in der Literatur als die erste nummerierte Lithothek bezeichnet wird.[31] Er war ein Geschenk des spanischen Königs Karl III. an den französischen König aus dem Jahr 1774 und besteht aus 108 Mustern spanischen Marmors.[32] Wie bei der Tischplatte im Fasanenschlösschen ging es auch hier darum, die landeseigenen Varietäten zu präsentieren und nicht dem antiken »Marmor« zu huldigen, wie die Bezeichnung »Collection des Marbres D'Espagne, Envoyée [Marmorsammlung aus Spanien. Gesendet]« am unteren Rand belegt. Die Steinmuster sind allerdings nicht fortlaufend nummeriert, sondern weisen scheinbar willkürlich verteilte Zahlen auf. Vermutlich existierte ursprünglich ein Heft, in dem die Logik der Anordnung erklärt und die Proben identifiziert wurden.[33] Ein weiteres in Frankreich hergestelltes Beispiel für ein Steinkabinett in Form eines Möbels ist der Sekretär von Jean-François Leleu aus der Zeit um 1775, der sich heute in einer Privatsammlung befindet. Seine Vorderseite präsentiert eine Steinsammlung, die in zwei Teile aufgeteilt ist: Die obere Hälfte zeigt ein Raster aus zwölf mal zwölf oval geschnittenen Steinen, die untere Hälfte besitzt das gleiche Format, ist aber mit quadratischen Steinen bestückt. Beide Hälften tragen jeweils die Überschrift »Tavolo overo iconologia [Tabelle über Ikonologie]«, und an den Rändern der Vorderseite befinden sich nummerierte Listen zur Bestimmung der einzelnen Exemplare.[34] Diese beiden Beispiele verdeutlichen, wie sich die von Neubers Werkstatt für den sächsischen Kurfürsten hergestellten Tische, obwohl sie auch von dem Bedürfnis getrieben waren, neue Präsentationsformen für Mineraliensammlungen zu finden, dennoch stilistisch von den anderen in Europa zu dieser Zeit hergestellten Steinkabinetten unterscheiden.

Der zweite sächsische Steinkabinetttisch, der bekannteste in Neubers Œuvre, ist der »Breteuil-« oder »Teschen-Tisch«. Kurfürst Friedrich August III. hatte ihn 1780 Louis Charles Auguste Le Tonnelier, Baron de Breteuil, als diplomatisches Geschenk überreicht, um dessen Rolle im Frieden von Teschen von 1779 zu würdigen, mit welchem der Bayerische Erbfolgekrieg beendet wurde (Abb. 5).[35] Wie der erwähnte Konsoltisch im Fasanenschlösschen entstand auch der Breteuil-Tisch mit seinen fünf von Johann Eleazar Zeissig (genannt Schenau) gemalten Porzellantafeln mit allegorischen Szenen des Friedens in Zusammenarbeit mit der Meissener Porzellan-Manufaktur. Seine Beine und der Fries sind mit oval geschliffenen Hartsteinen, Schmucksteinen aus Bergkristall und Girlanden aus vergoldeter Bronze verziert. Auf der Tischplatte stehen das Weiß und Grau des Porzellans im Kontrast zu den eindrucksvollen Farben der Steine, die sich von der zentralen Tafel ausbreiten. Ein zugehöriger Katalog ist in einer der Schubladen untergebracht.[36]

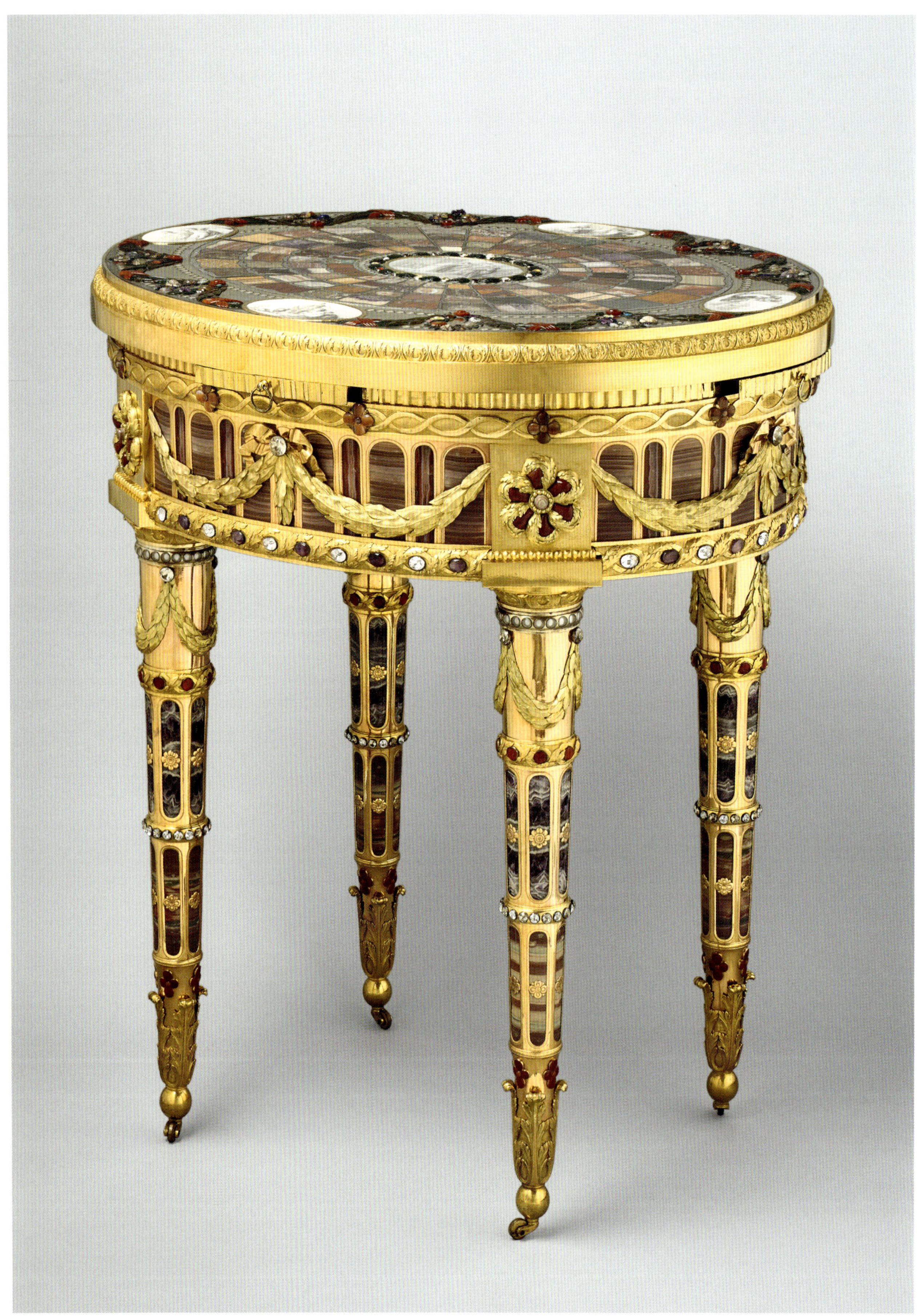

Die Anordnung der Gesteinsproben auf dem Tisch folgt nicht ihrer Fundstelle oder Klassifizierung, sondern in erster Linie ihrer Farbigkeit. Die einzelnen Plättchen sind nach ihrer Position auf dem Objekt nummeriert. Ein Blick auf die Tischplatte verdeutlicht die Vielfalt der verwendeten Steine, was wiederum zeigt, dass es den Dresdner Künstlern bei diesen Kabinetten darum ging, neben der Schönheit auch die Bandbreite und den Reichtum der sächsischen Bodenschätze zu präsentieren.

Resümee

Die Vielfalt dieser Objekte, von den als diplomatische Geschenke dienenden Tischen bis hin zu den kleineren Knöpfen und Dosen, zeugt davon, wie weit verbreitet das Interesse an Mineralogie und Naturgeschichte in allen Gesellschaftsschichten war, von Fürstenhöfen bis hin zum wohlhabenden Bürgertum. Diese einzigartigen Kunstgegenstände spiegeln das gleiche naturwissenschaftliche Interesse wider wie die mineralogischen Sammlungen, ob institutionell oder privat. Sie standen im Zentrum des spannenden Dialogs zwischen Kunst und Wissenschaft, der für das Zeitalter der Aufklärung prägend war.

1 Mouquin 2012, S. 71. **2** Mouquin 2012, S. 79. **3** Mouquin 2012, S. 83. **4** Mouquin 2012, S. 84. **5** Vogel 2015, S. 306. **6** Ein Beispiel ist die Analyse von Ernst Hamm zu Goethe und seinen privaten mineralogischen Sammlungen: Hamm 2001. **7** Mouquin 2012, S. 72; Hamm 2001, Nr. 3, Fn. 20. **8** Dassdorf 1782, S. 580–581; Thalheim 2012, S. 300. **9** URL: www.kassel.de/einrichtungen/naturkundemuseum/sammlungen-und-archive/inhaltsseiten/geowissenschaften.php (14.11.2022); Werthmann/Kurz 2014, S. 65; Werthmann/Kurz 2023 [im Druck]. **10** Intelligenz=Blatt des Journals der Moden, Nr. 5, Mai 1786, S. XLI, in: Ausst.-Kat. Dresden 2012, S. 68. **11** Huber 2012, S. 90–99; Kugel 2012, S. 381–383, Nrn. RK 1–RK 21. **12** Grünes Gewölbe, SKD, Inv.-Nrn. 1924/1, 1968/5. Ich danke Ulf Kempe für den Hinweis und die Bereitstellung seines Fachwissens über die im Ringsteinkabinett verwendeten Steine. **13** Ein Verzeichnis von den bisher Neuber zugeschriebenen Werken mit Abbildungen findet sich im Anhang von Kugel 2012, S. 334–378. **14** Journal des Luxus und der Moden, Nr. 5, Mai 1786, S. XXXIX–XXXX, in: Ausst.-Kat. Dresden 2012, S. 66–67. **15** Thalheim 2012, S. 301. **16** Brief von 31.5. 1773, vgl. dazu: Kempe/Enge 2020, S. 175. **17** Kempe/Enge 2020, S. 173; Dose: Privatbesitz New York, in: Kugel 2012, S. 360, Nr. 143. **18** Neuber lernte sechs Jahre lang bei Johann Friedrich Trechtaon (1752–1758) und vollendete sein Meisterwerk 1762. Über seinen Werdegang von 1758 bis 1767 ist wenig bekannt: Poindront 2012, S. 104–105. **19** Kempe/Enge 2020, S. 173. **20** Die Dosen sind heute im Louvre (Inv.-Nr. OA63) und in Privatbesitz, abgebildet in: Kugel 2012, Nrn. 141, 142. **21** Kugel 2012, S. 223; Kappel 2014, S. 109–110. **22** Füssli 1813, S. 1740. **23** Poindront/Kugel 2012, S. 225. **24** Füssli 1813, S. 962, 1740, 1802; zu den anderen Steinschneidern, die in Dresden mit Taddel und Neuber an der Herstellung dieser Dosen und anderer Werke gearbeitet haben könnten, gehören Johann Georg Klette, Johann Veit Döll und Gottfried Benjamin Tettelbach: Kappel 2014, S. 110. **25** Kugel 2012, Nrn. 72, 82, 110–133. **26** Dieser in Kopenhagen von Martin Hallager 1775 gedruckte Katalog liegt zwei bekannten Exemplaren bei und trägt den Titel *CATALOGUE de toutes les PIERRES et PETRIFICATIONS de la Saxe […] par CHRETIEN GOTTLIEB STIEHL à Dresden.* Der Name des Goldschmieds oder der Werkstatt, mit der Stiehl zusammengearbeitet hat, wird nicht genannt. Vgl. Kugel 2012, Nrn. S4, S5; Kappel 2014, S. 110. **27** Kugel 2012, Nrn. 188, 191, 193. **28** Kugel 2012, Nrn. 70, 77, 78. **29** Die in diesem Abschnitt besprochenen Tische wurden bisher ausschließlich Neuber zugeschrieben. Allerdings muss man auch davon ausgehen, dass die Werke in Zusammenarbeit mit anderen Handwerkern entstanden sind. Dazu gehören Tischler, Porzellanarbeiter und -maler sowie Steinschneider, deren Identitäten meist unklar bleiben. **30** Die Tischplatte ist seit den 1920er-Jahren verschollen, der Tisch befindet sich mit einer Kopie der einstigen Platte in Privatbesitz. Vgl. Wagner 2019 und Constensoux 2012. **31** Mouquin 2012, S. 84. **32** Heute Paris, Musée national d'Histoire naturelle. Welcher französische König hier gemeint ist, bleibt unklar. Ludwig XVI. wurde nach dem Tod seines Großvaters Ludwig XV. 1774 gekrönt. **33** Mouquin 2012, S. 84–85. **34** Mouquin 2012, S. 84. **35** Poindront/Constensoux 2012; Thalheim 2012, S. 300–321; Kappel 2012 b; Thalheim 2018 a, S. 35–62. **36** Ein Verzeichnis der einzelnen Steine mit dem entsprechenden Katalogtext findet sich im Anhang von Kugel 2012, S. 322–333.

Abb. 5

Tisch aus dem Besitz des Baron de Breteuil,
Johann Christian Neuber, Dresden, 1780,
vergoldete Bronze, verschiedene Schmucksteine,
Meissener Porzellan, Holz, 81,5 × 70,5 × 57,4 cm,
Paris, Musée du Louvre, Inv.-Nr. OA 12547

Das
Steinkabinett
von Heinrich Taddel

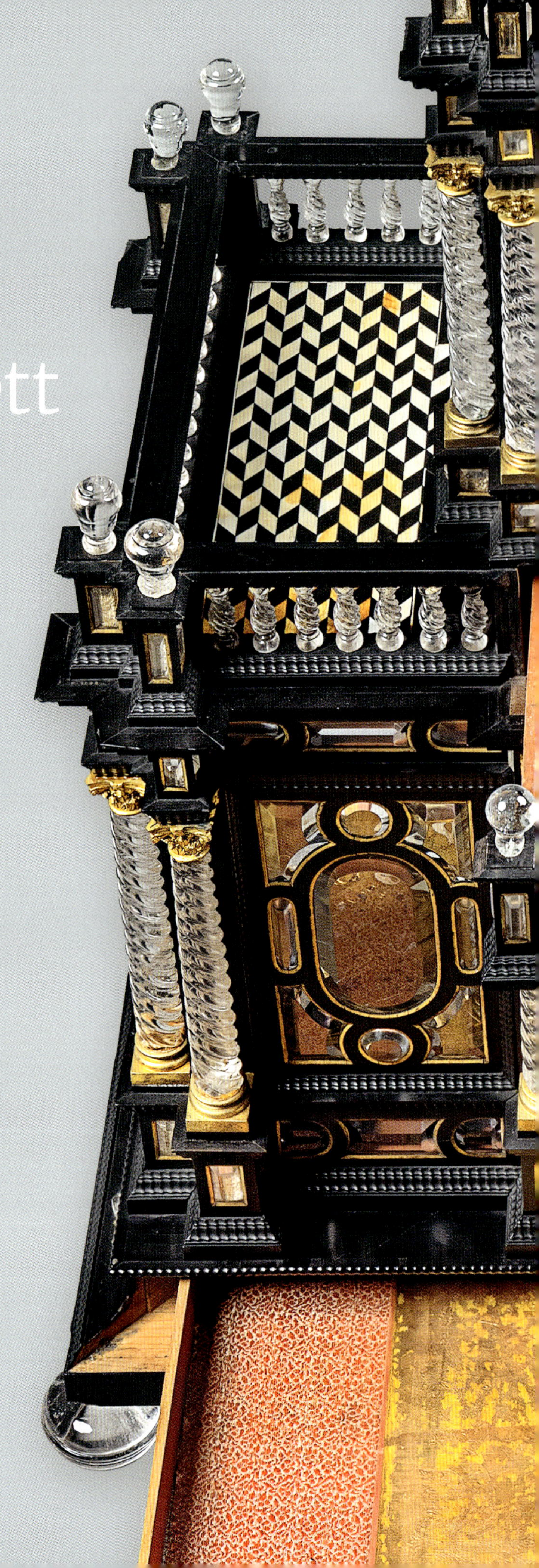

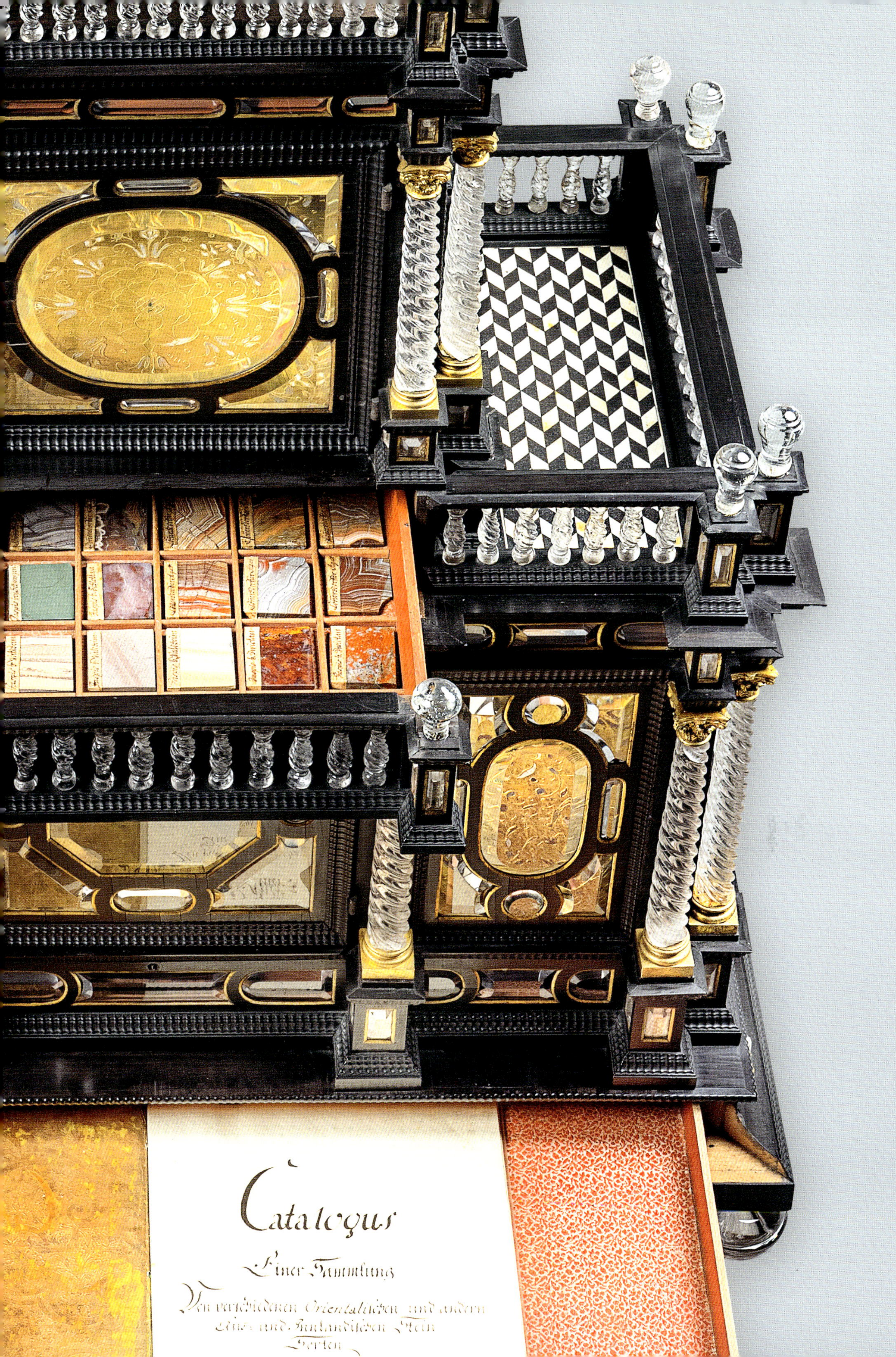

Catalogus
Einer Sammlung
Von verschiedenen Orientalischen und andern
Aus- und Innlandischen Stein
Sorten

Bildkatalog des Taddelschen Steinkabinetts

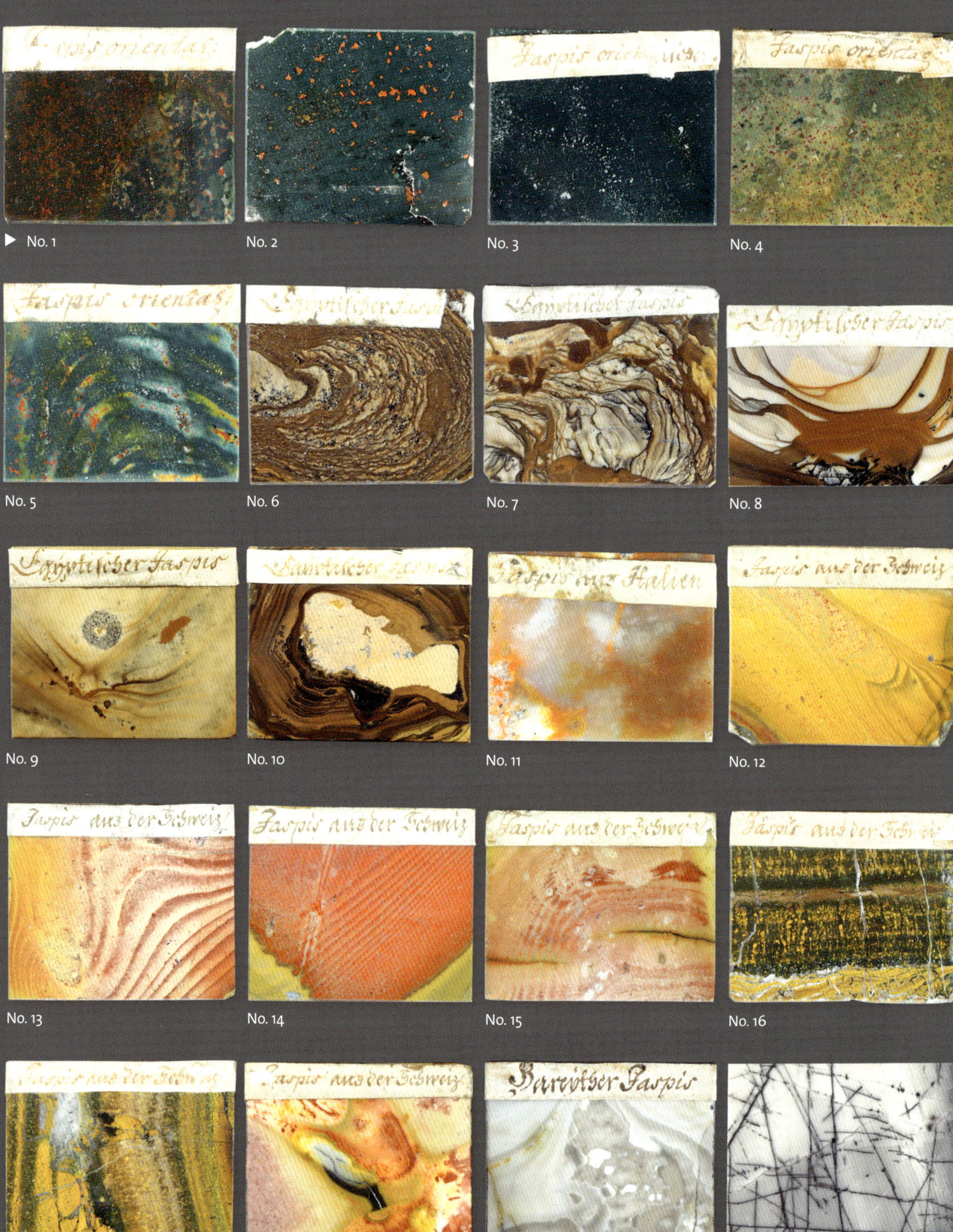

No. 1

No. 2

No. 3

No. 4

No. 5

No. 6

No. 7

No. 8

No. 9

No. 10

No. 11

No. 12

No. 13

No. 14

No. 15

No. 16

No. 17

No. 18

No. 19

No. 20

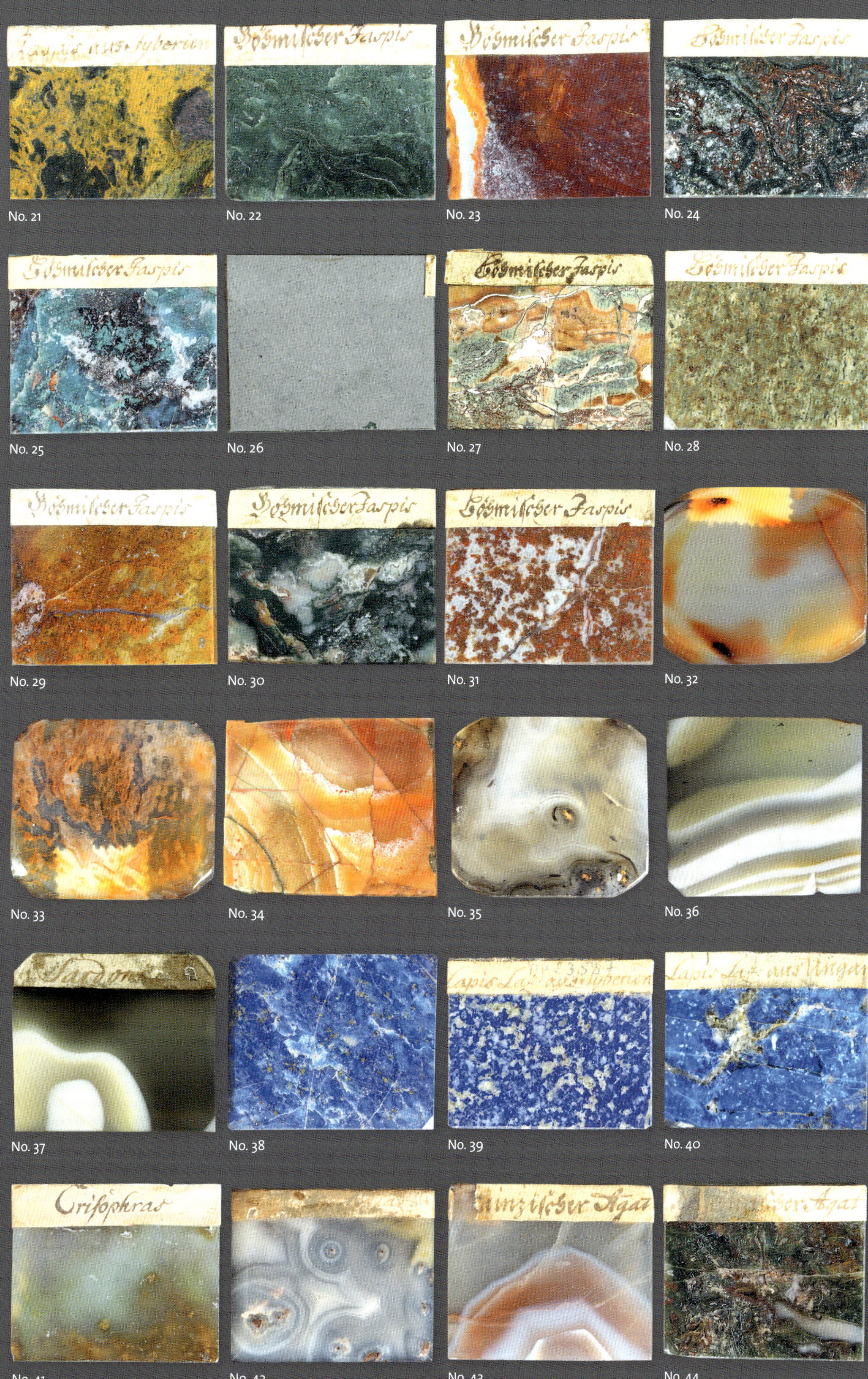

No. 21 No. 22 No. 23 No. 24

No. 25 No. 26 No. 27 No. 28

No. 29 No. 30 No. 31 No. 32

No. 33 No. 34 No. 35 No. 36

No. 37 No. 38 No. 39 No. 40

No. 41 No. 42 No. 43 No. 44

»Innländische [Sächsische] Steine«

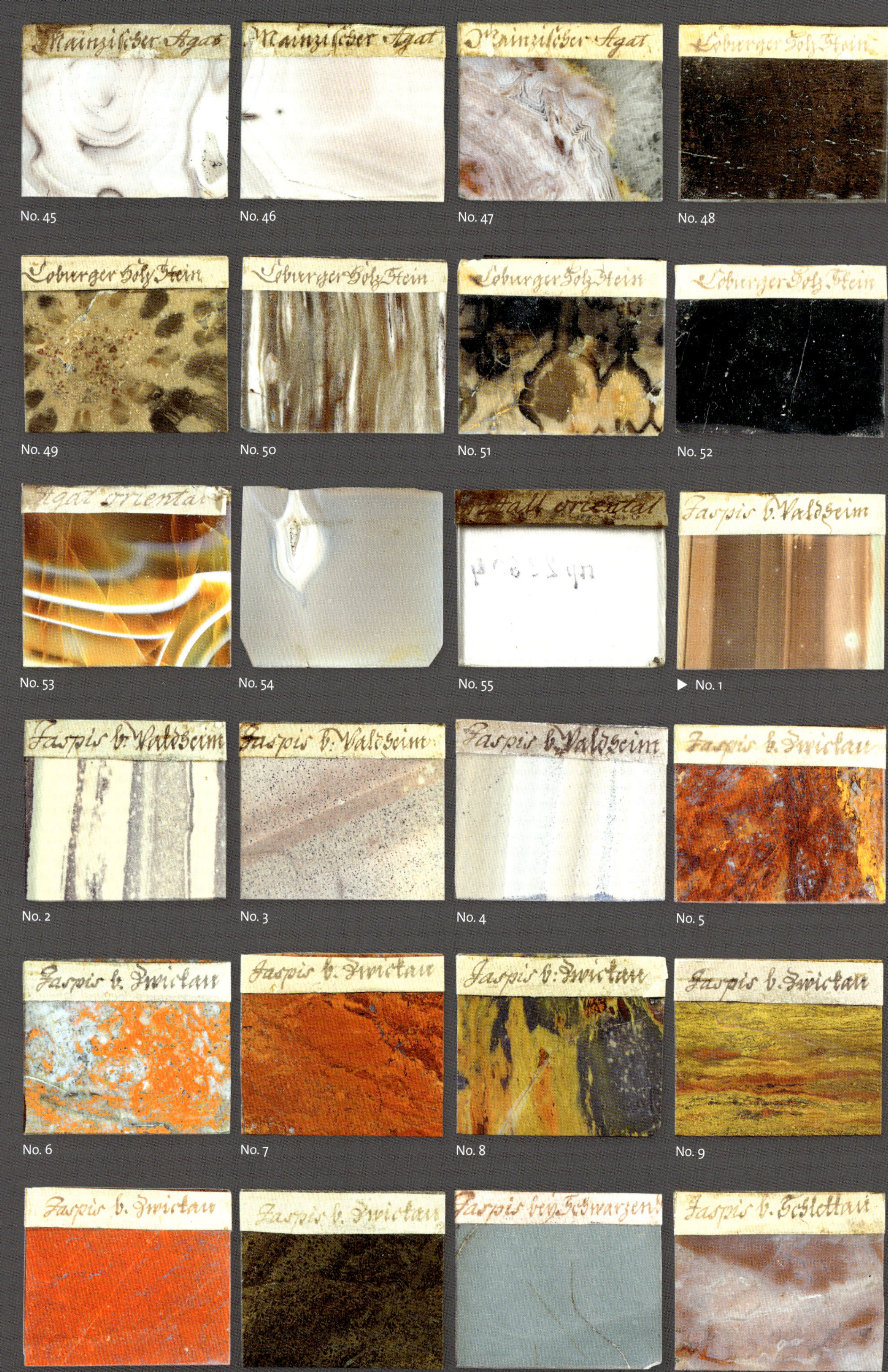
No. 45
No. 46
No. 47
No. 48
No. 49
No. 50
No. 51
No. 52
No. 53
No. 54
No. 55
▶ No. 1
No. 2
No. 3
No. 4
No. 5
No. 6
No. 7
No. 8
No. 9
No. 10
No. 11
No. 14
No. 16

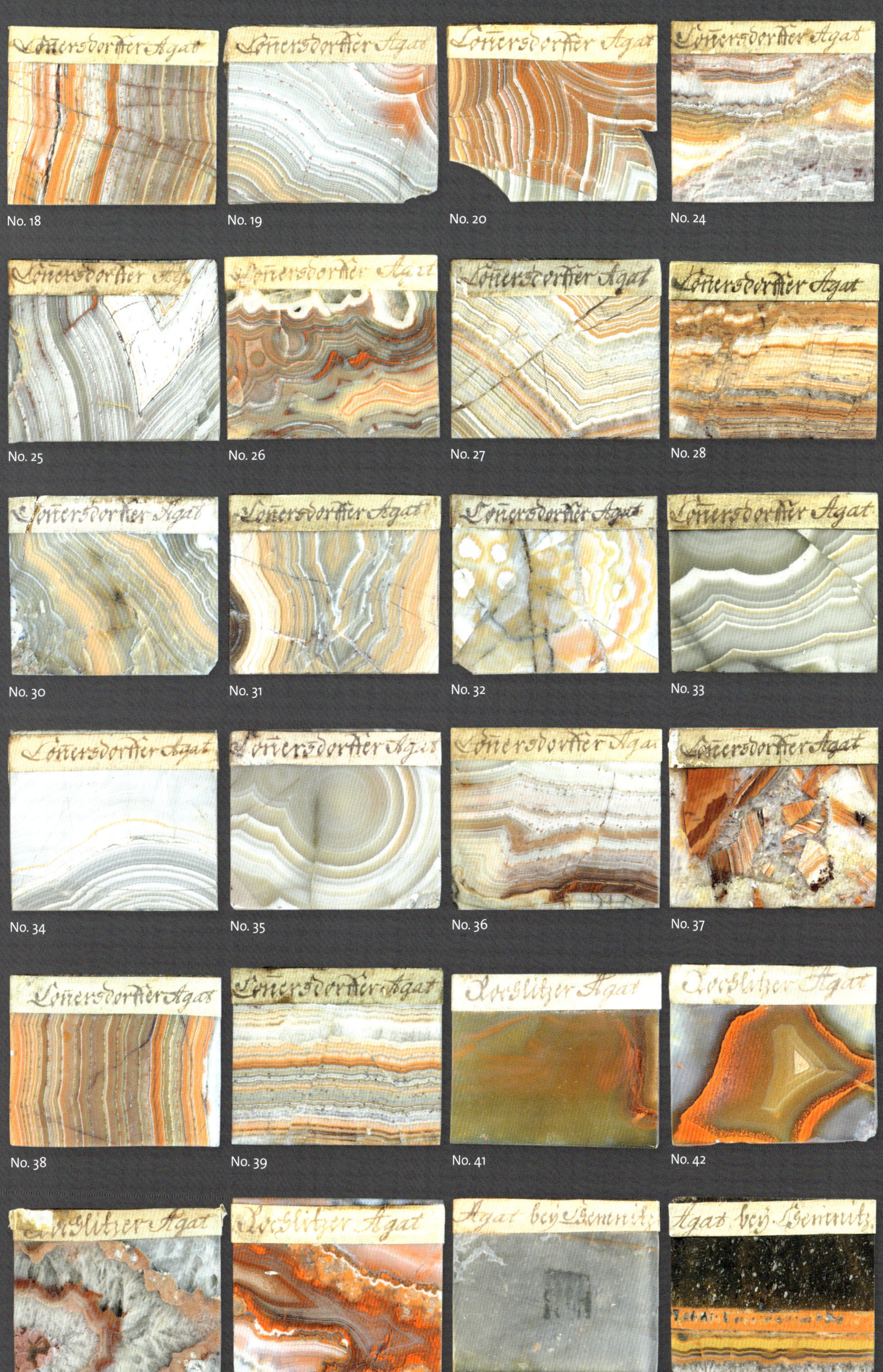

No. 18 No. 19 No. 20 No. 24
No. 25 No. 26 No. 27 No. 28
No. 30 No. 31 No. 32 No. 33
No. 34 No. 35 No. 36 No. 37
No. 38 No. 39 No. 41 No. 42
No. 43 No. 44 No. 45 No. 46

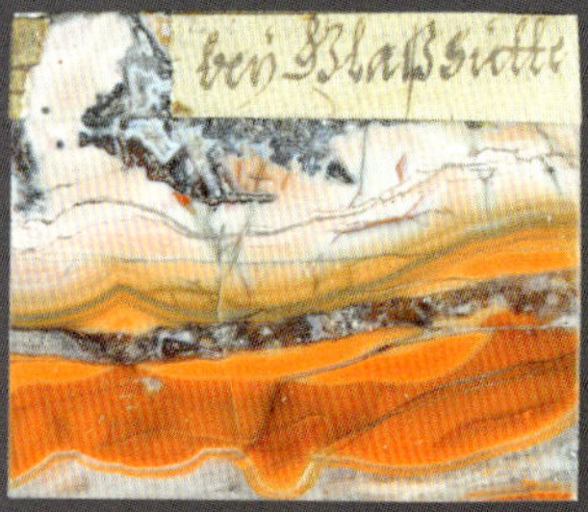

No. 47

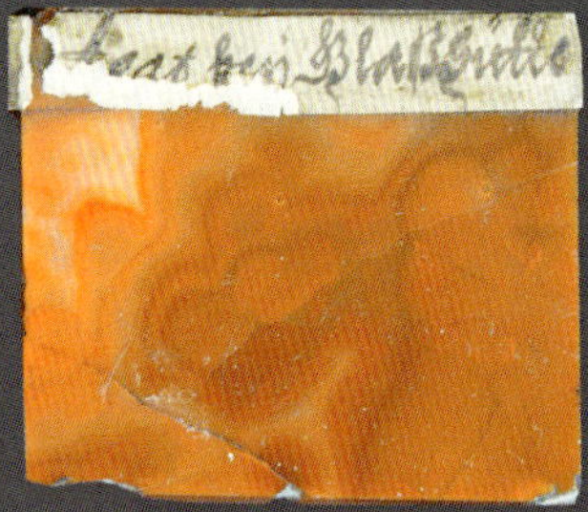

No. 48

No. 49

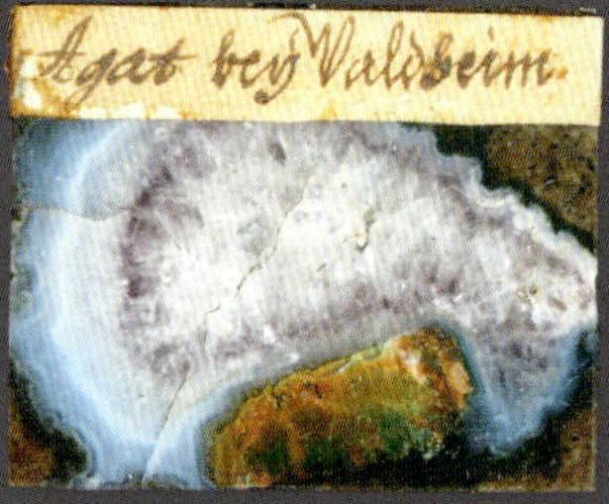

No. 50

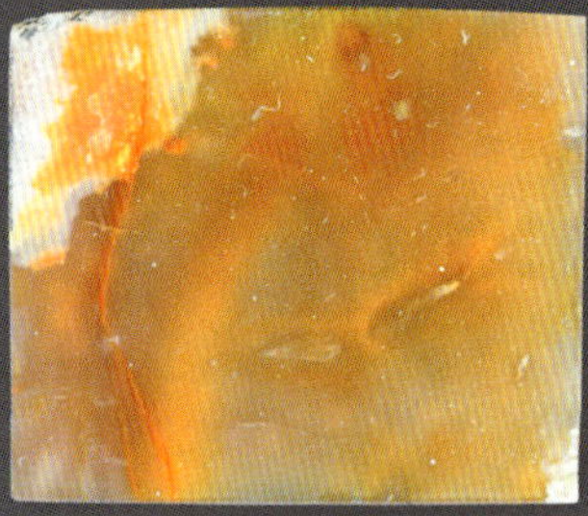

No. 51

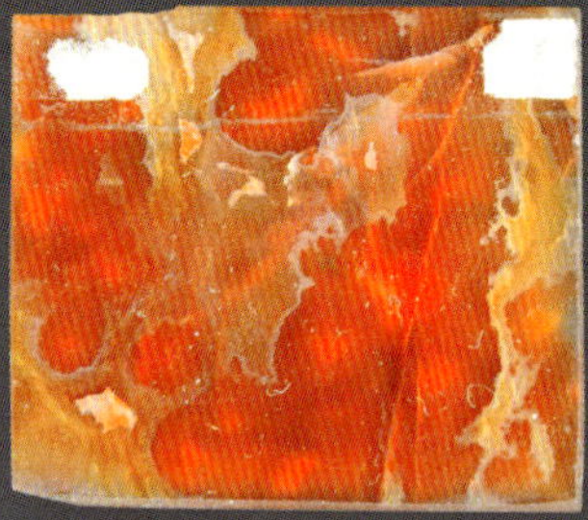

No. 52

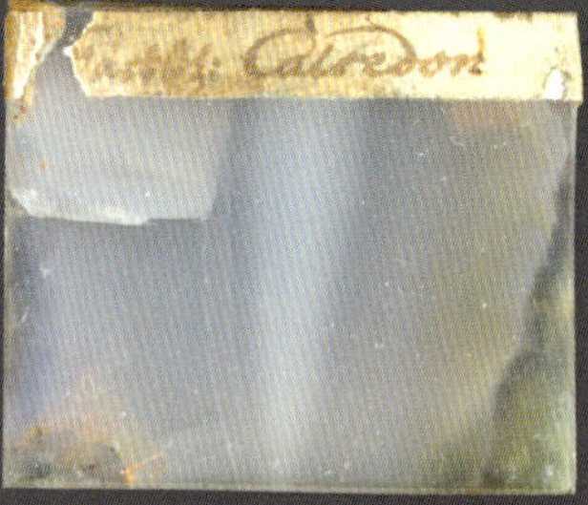

No. 54

No. 55

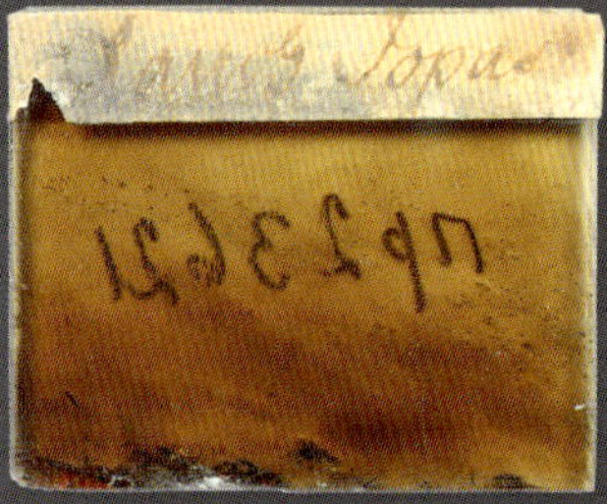

No. 56

No. 57

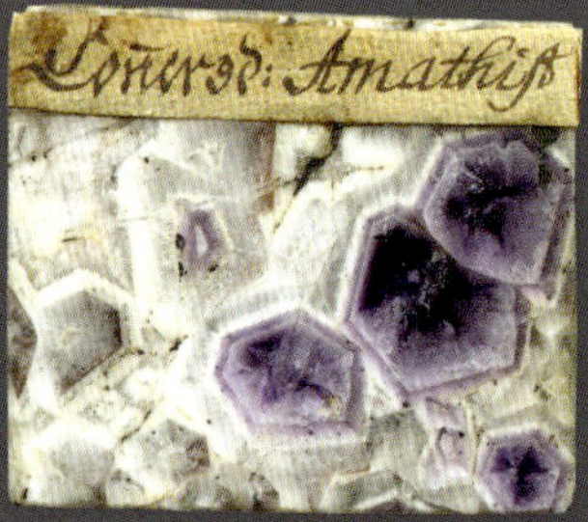

No. 58

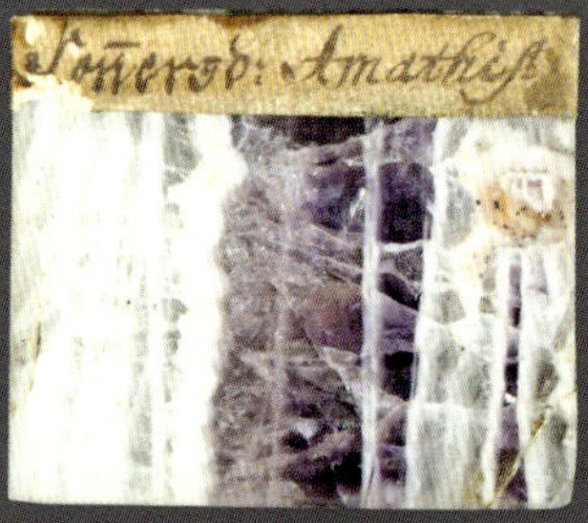

No. 59

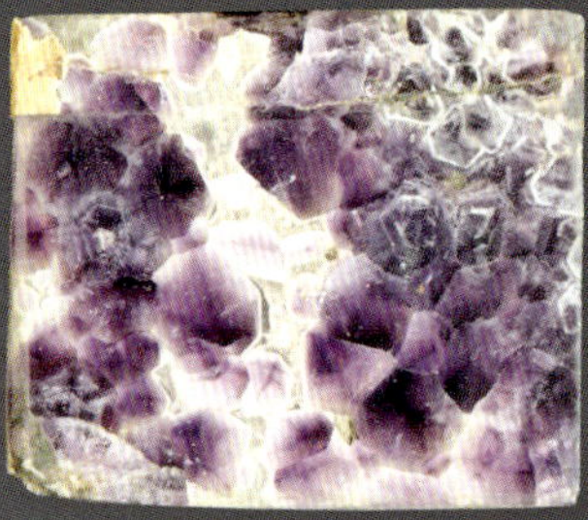

No. 60

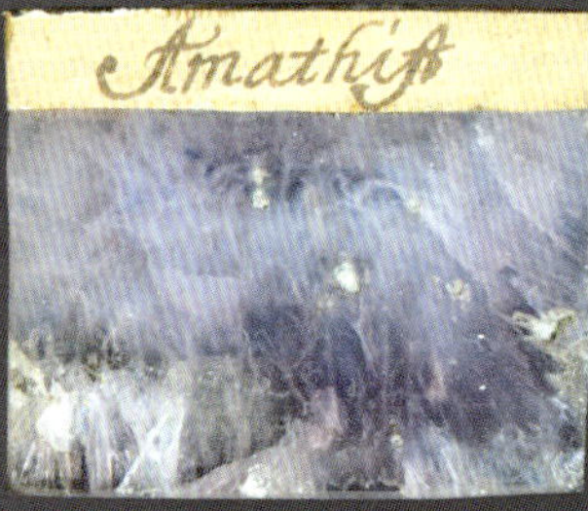

No. 61

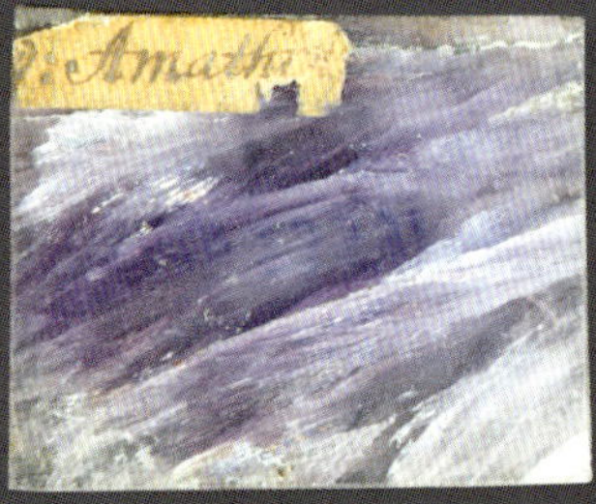

No. 62

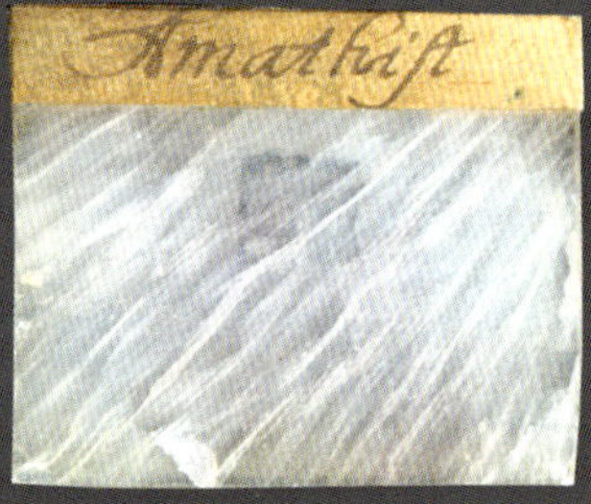

No. 63

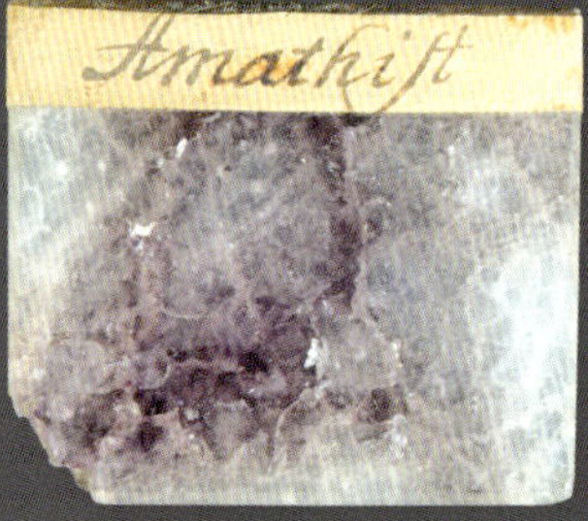

No. 64

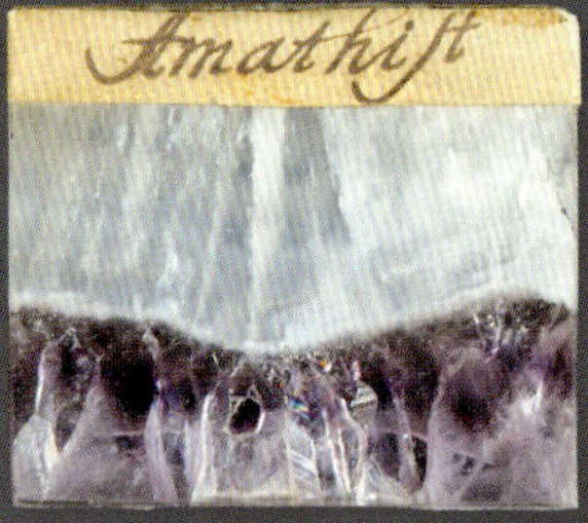

No. 65

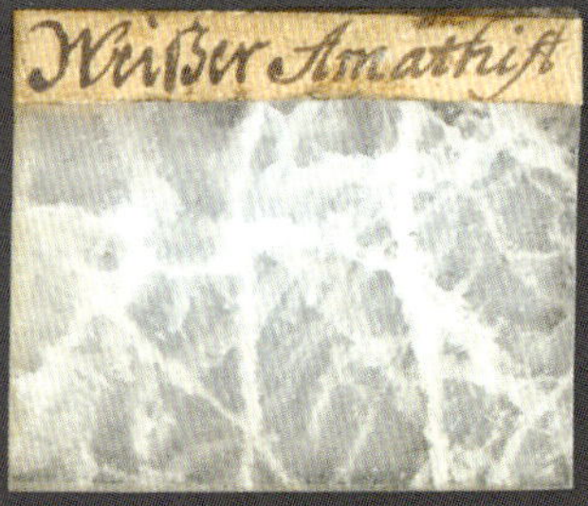

No. 66

No. 67

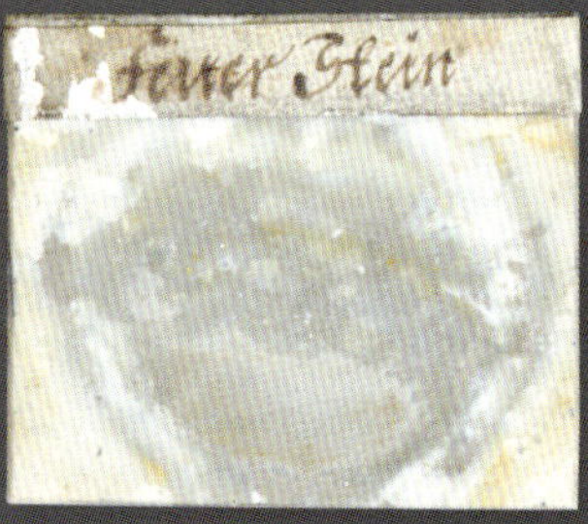

No. 68

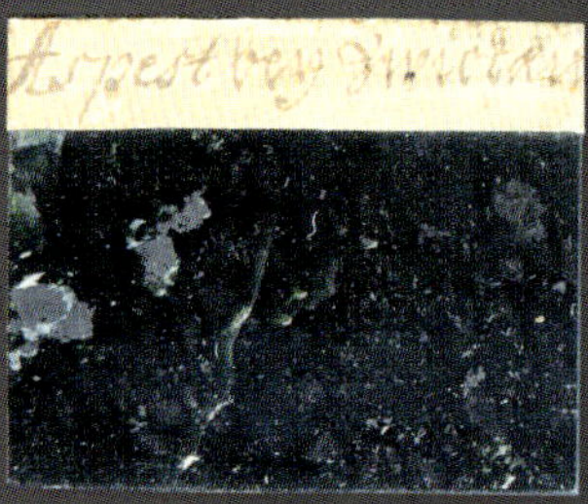

No. 69

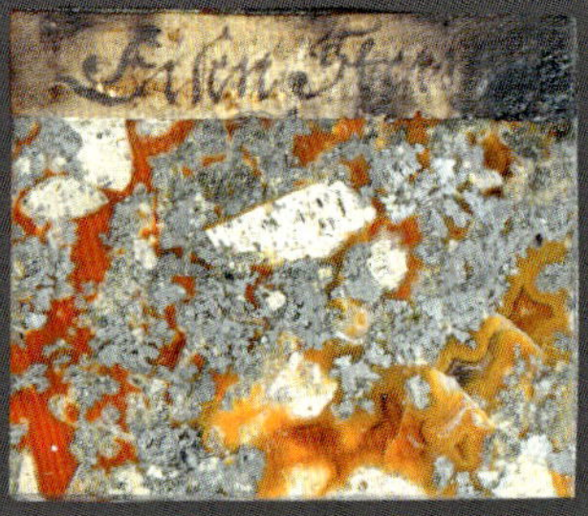

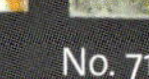

No. 70

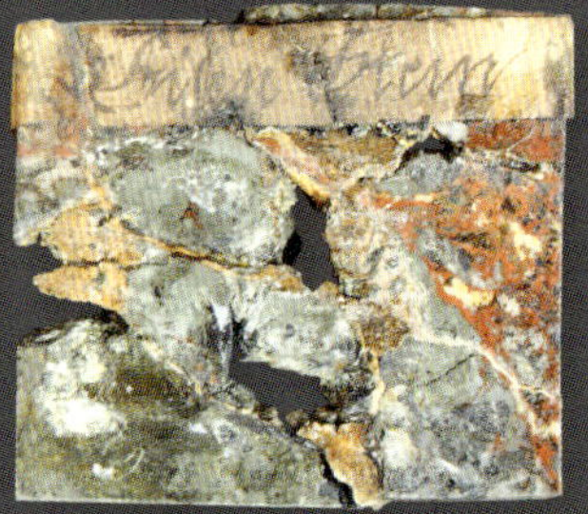

No. 71

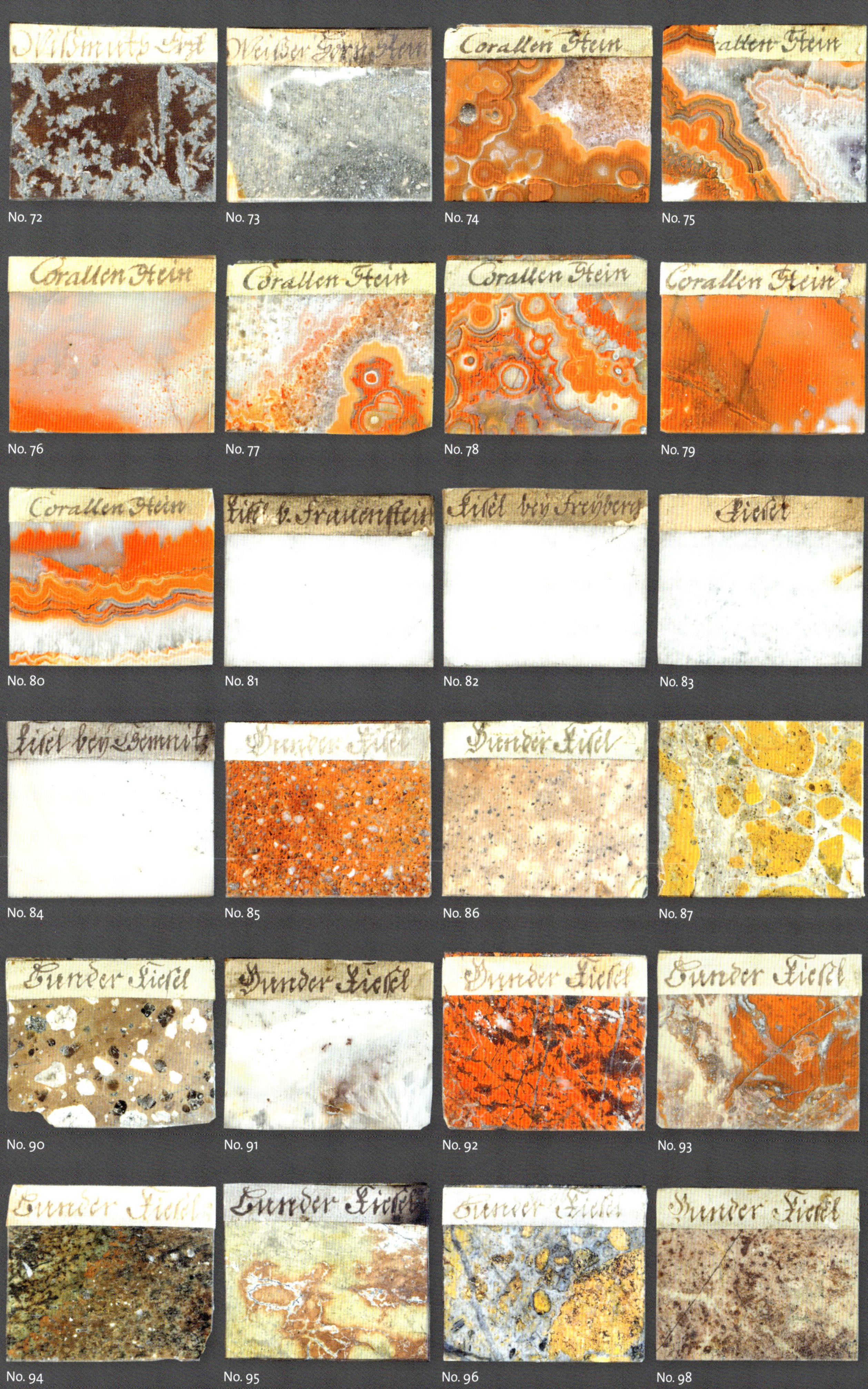

No. 72   No. 73   No. 74   No. 75

No. 76   No. 77   No. 78   No. 79

No. 80   No. 81   No. 82   No. 83

No. 84   No. 85   No. 86   No. 87

No. 90   No. 91   No. 92   No. 93

No. 94   No. 95   No. 96   No. 98

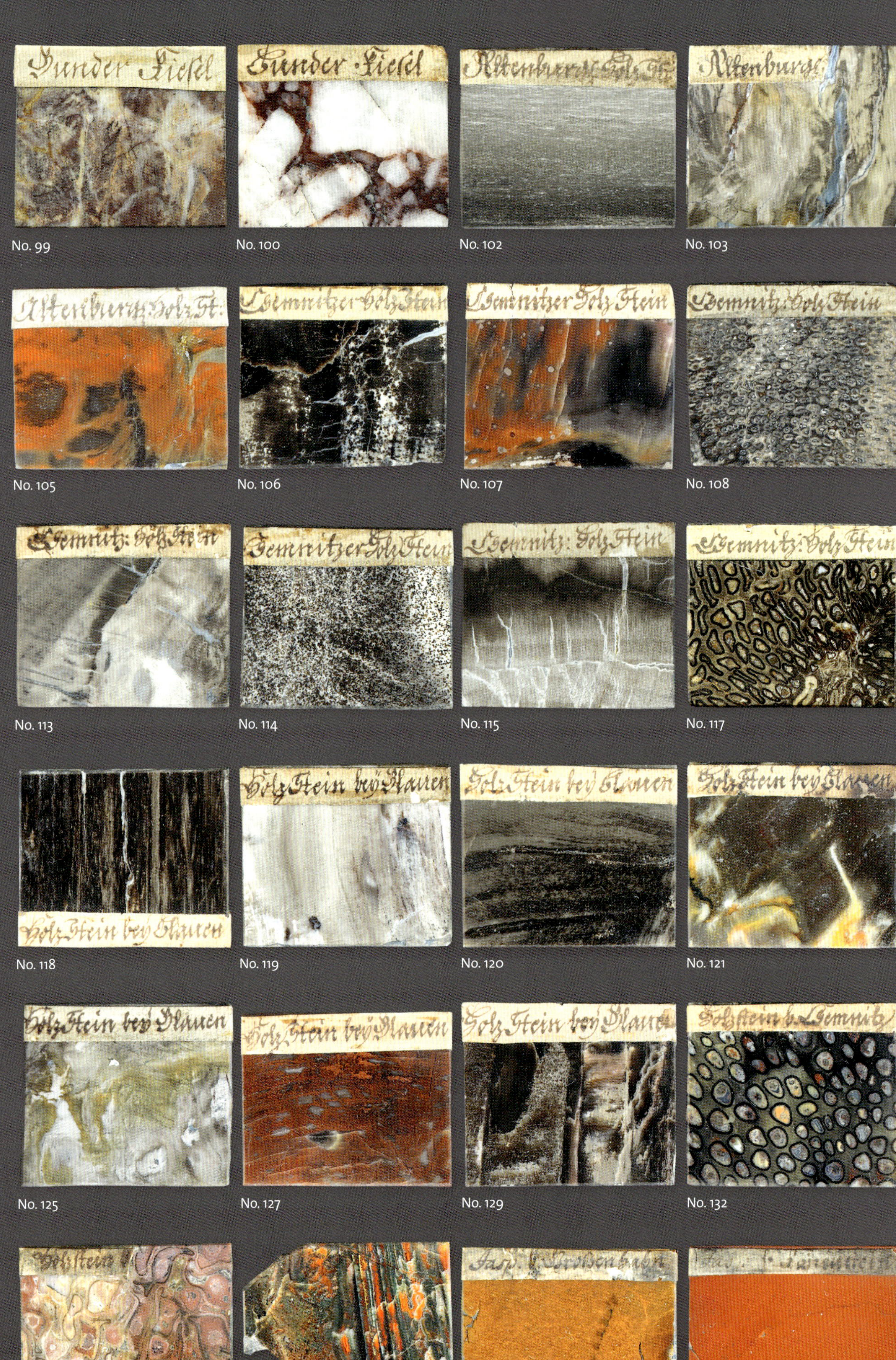

No. 99 No. 100 No. 102 No. 103
No. 105 No. 106 No. 107 No. 108
No. 113 No. 114 No. 115 No. 117
No. 118 No. 119 No. 120 No. 121
No. 125 No. 127 No. 129 No. 132
No. 133 No. 134 No. 135 No. 136

No. 137

No. 138

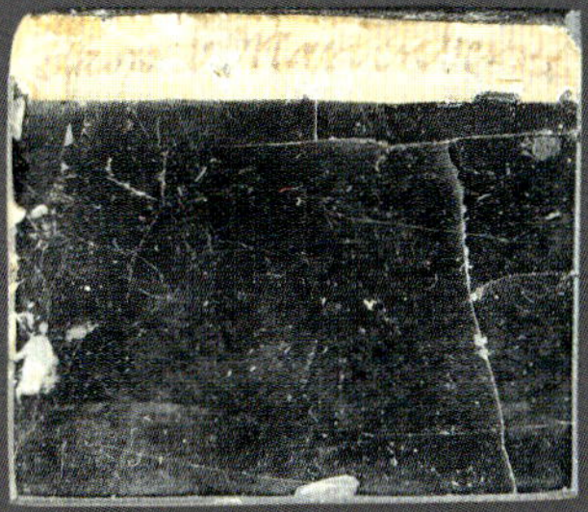

No. 140

No. 141

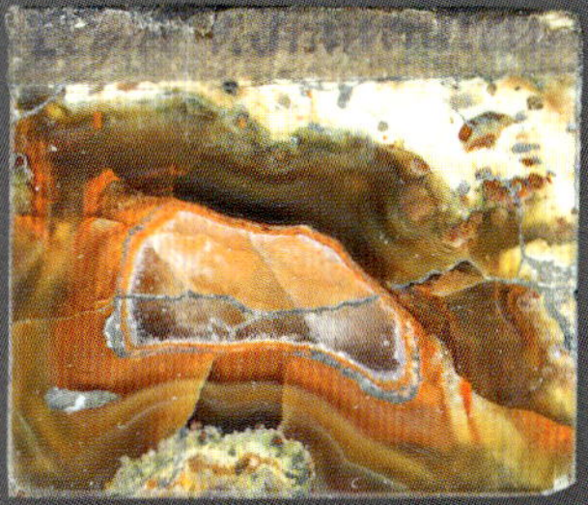

No. 143

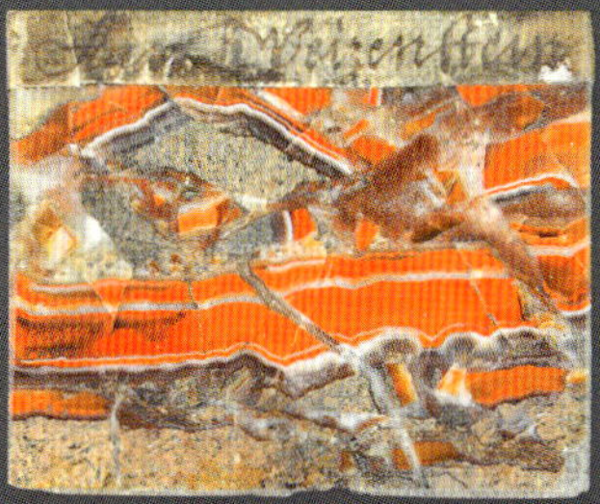

No. 144

No. 146

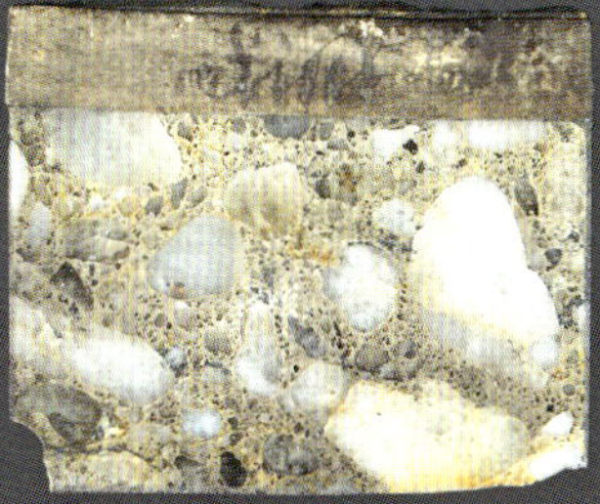

No. 148

No. 149

No. 150

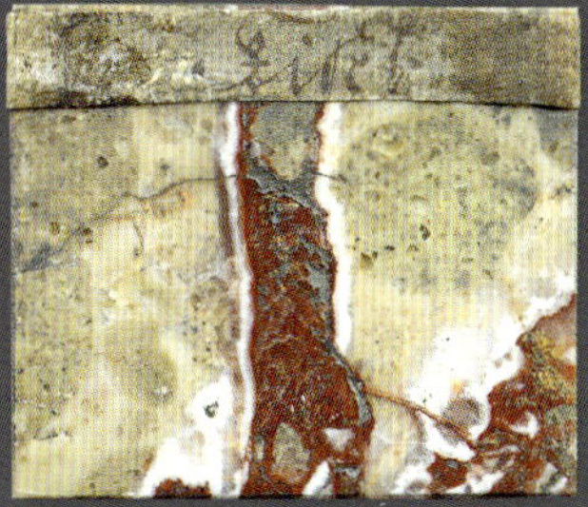

No. 151

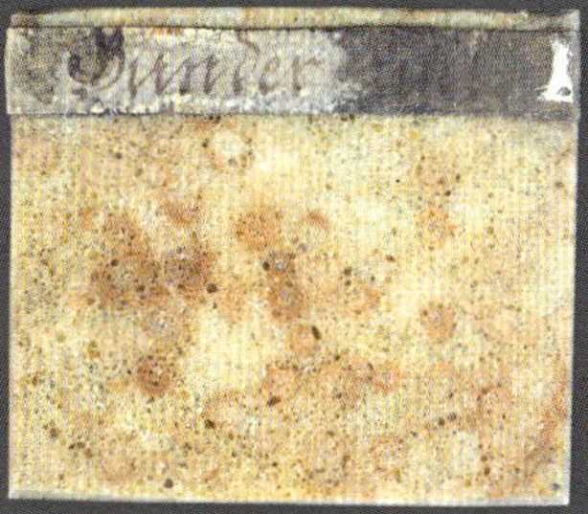

No. 153

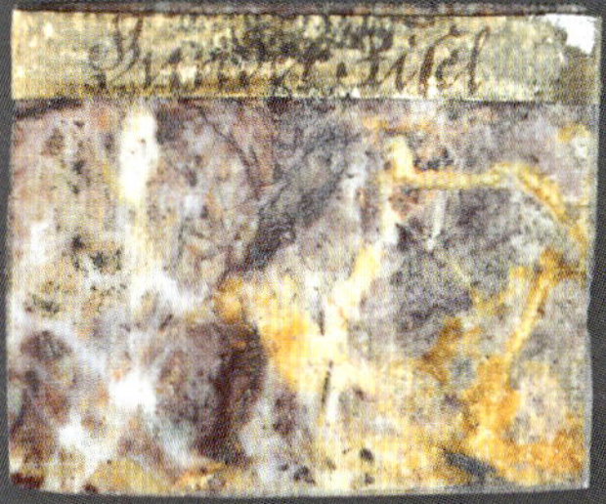

No. 154

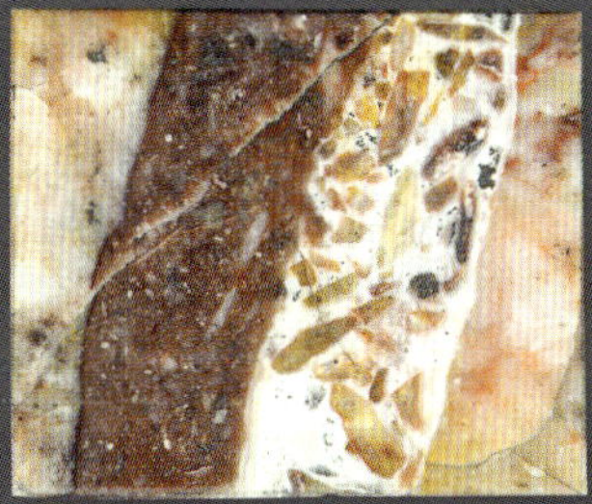

No. 156

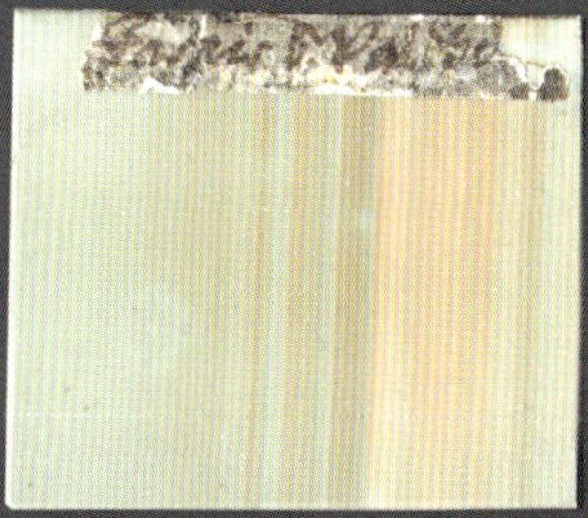

No. 159

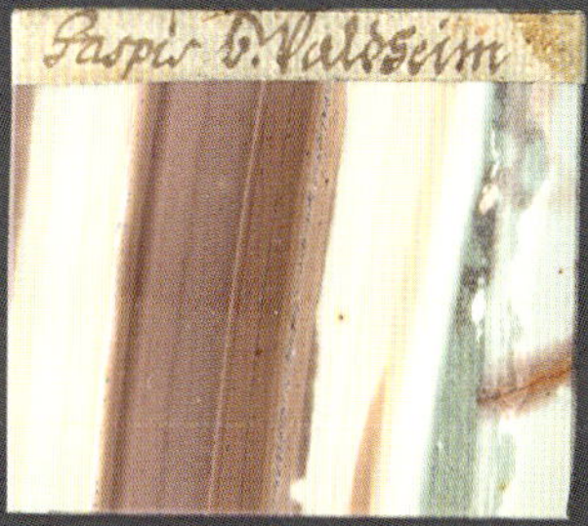

No. 160

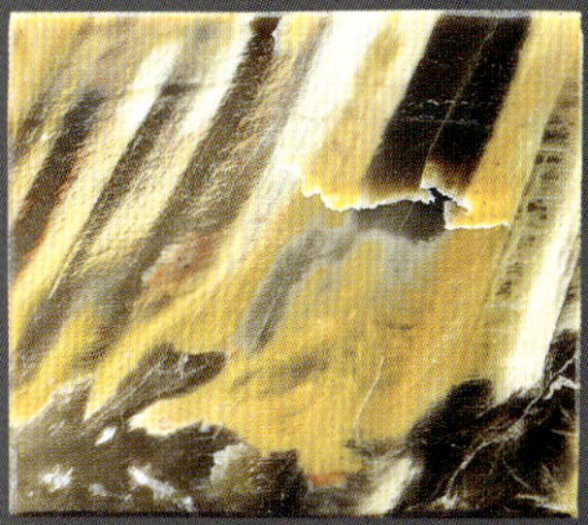

▶ No. 1

No. 2

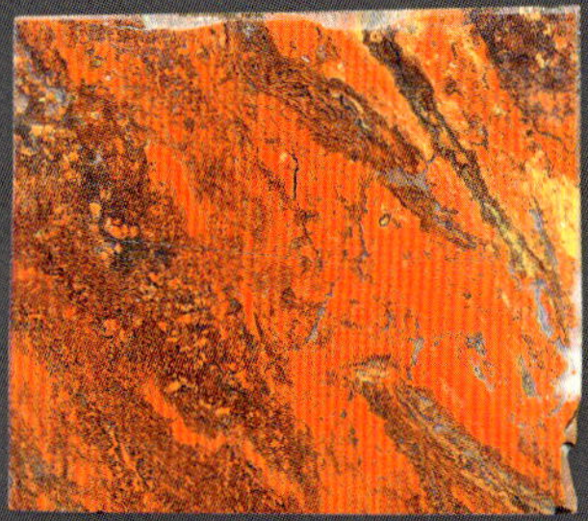

No. 3

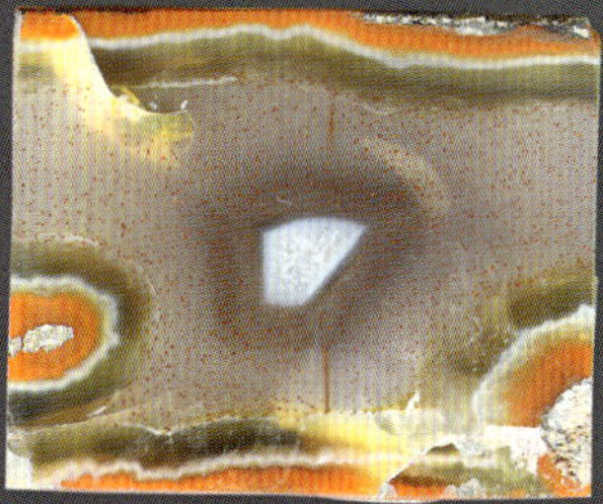

No. 4

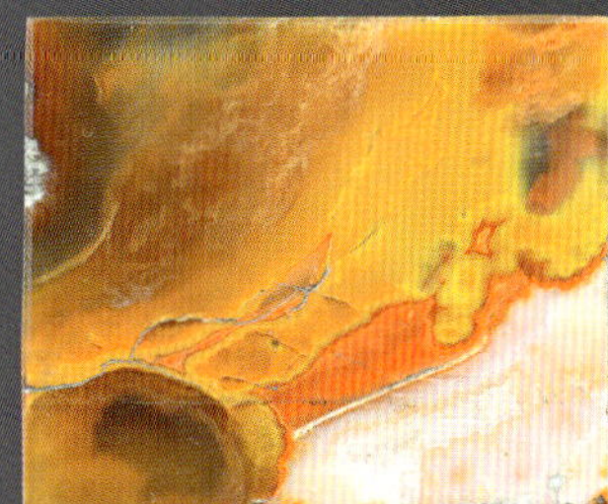

No. 5

Nicht zugeordnete Steine

Catalogus

Orientalische und andere Ausländische Steine I

No: 1. Ein orientalischer grüner Jaspis.
2. Einer dto. dergl.
3. Einer dergl.
4. Einer dergl.
5. Noch ein dergl. oriental: grüner Jaspis
6. Ein Jaspis aus Egypten im Nildraben,
7. Einer dto. dergl.
8. Einer dergl.
9. Einer dto. dergl.
10. Ein dergl. Egyptischer Jaspis
11. Ein Jaspis aus Italien,
12. Ein Jaspis aus der Schweitz an der Italiänischen Gränze
13. Einer dto. dergl.
14. Ein dto. dergl. Jaspis
15. Einer dergl.
16. Einer dergl.
17. Ein dergl. dto.
18. Noch ein dergl. Schweizischer Jaspis
19. Ein Und. Jaspis aus Bareuth,
20. Ein Und. dto. dergl.
21. Ein Jaspis aus Tyberien,
22. Ein Jaspis aus Toscana
23. Ein dergl. dto.

No: 24. Ein Jaspis aus Toscana
25. Einer dto. dergl.
26. Einer dergl.
27. Einer dto. dergl. dafer,
28. Ein dergl. Jaspis
29. Einer dto. dergl.
30. Ein dergl.
31. Noch ein dergl. Schweizischer Jaspis
32. Ein Und rother orientalischer Carniol
33. Ein dergl. oriental: weiß und rother Carniol
34. Ein dergl. dto.
35. Ein Und orientalischer Mocco Stein
36. Ein orientalischer Sardonix
37. Ein dergl. orienta: Sardonix
38. Ein Und orientalischer Lapis Lazuli
39. Ein Und Lapis Lazuli aus Syberien,
40. Ein Und Lapis Lazuli aus Ungarn,
41. Ein Und Grisophras aus Schlesien,
42. Ein Und orientalischer Agat
43. Ein Agat hinter Frankfurth am Mayn bey Mainz
44. Ein dto. dergl. dafer,

No: 45. Ein Agat hinter Frankfurth am Mayn bey Mainz
46. Ein dto. dergl.
47. Ein dergl. Agat dafer,
48. Ein Und Holz Stein bey Coburg,
49. Ein dergl.
50. Ein dto. dergl. dafer
51. Ein dergl. Holz Stein
52. Noch ein dergl. Coburger Holz Stein
53. Ein orientalischer Agat
54. Ein orientalischer Calcedon
55. Ein orientalischer Cristall,

Innländische Steine

No: 1. Ein Jaspis bey Waldheim,
2. Ein Stück do. dergl.
3. Ein dergl.
4. Noch ein dergl. Jaspis dießer
5. Ein Jaspis bey Zwickau,
6. Ein do. dergl. dießer
7. Ein Stück do. dergl.
8. Einer do. dergl.
9. Ein dergl. Zwickauischer Jaspis
10. Ein dergl. Jaspis
11. Noch ein dergl. Jaspis bey Zwickau,
12. Ein Jaspis bey Plauen, zwischen Freyberg und Chemnitz,
13. Ein do. dergl. dießer
14. Ein Stück Jaspis bey Schwarzenberg,
15. Ein Stück Jaspis bey Schlettau,
16. Ein dergl. Jaspis dießer,
17. Noch ein dergl. do.
18. Ein Agat bey Lauterdorf,
19. Einer do. dergl.
20. Ein do. Agat,
21. Ein dergl. Lauterdorfer Agat,
22. Ein do. dergl.

Innländische Steine

No: 23. Ein Agat bey Lauterdorf
24. Ein do. dergl.
25. Ein dergl.
26. Ein dergl. Agat dießer,
27. Einer dergl.
28. Einer do. dergl.
29. Einer dergl.
30. Ein dergl. Lauterdorfer Agat
31. Einer do. dergl.
32. Ein dergl. Agat
33. Ein do. dergl.
34. Einer dergl.
35. Ein dergl. Agat dießer
36. Ein dergl. do.
37. Ein dergl.
38. Ein dergl. Lauterdorfer Agat
39. Noch ein dergl. Agat bey Lauterdorf
40. Ein Agat bey Rochlitz,
41. Einer dergl. dießer,
42. Einer do. dergl.
43. Einer do. dergl.
44. Noch ein dergl. Agat bey Rochlitz,
45. Ein Agat bey Chemnitz,

Innländische Steine

No: 46. Ein dergl. Agat bey Chemnitz,
47. Ein dergl. Agat bey Glaßhütte,
48. Ein eben dergl. Agat bey Glaßhütte,
49. Ein schwarzer Agat bey Zwickau
50. Ein Agat bey Waldheim,
51. Ein Sächß. Carniol
52. Ein do. dergl.
53. Ein dergl. Sächß. Carniol
54. Ein Sächß. Calcedon
55. Ein Stück Cristall bey Schneeberg,
56. Ein Stück Rauch Topas bey Schneeberg,
57. Ein Stück Rauch Topas bey Altenberg,
58. Ein Amathißt bey Lauterdorf
59. Ein dergl. Amathißt dießer
60. Noch ein dergl. Lauterdorfer Amathißt,
61. Ein Amathißt bey Frohnstein an der Böhmischen Grenze,
62. Ein Stück dergl.
63. Noch ein Stück dergl. dießer,
64. Ein Stück Amathißt bey Freyberistdorf
65. Ein dergl. weiß und blauer Amathißt dießer,

Innländische Steine

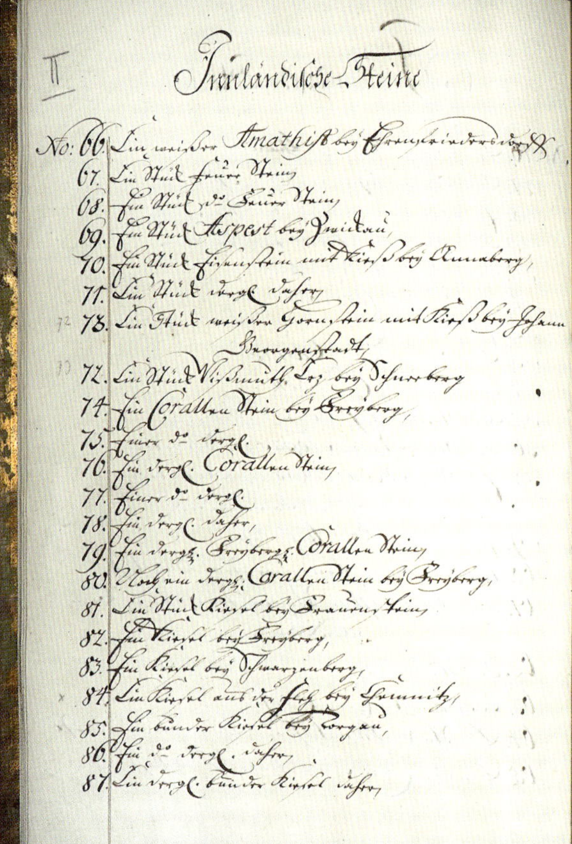

No: 66. Ein weißer Amathist bey Frauenwalderdorff
67. Ein Stück feurer Stein
68. Ein Stück do. feurer Stein,
69. Ein Stück Aspest bey Zwickau
70. Ein Stück Feuerstein mit Kieß bey Annaberg,
71. Ein Stück dergl. dafer,
73. Ein Stück weißer Hornstein mit Kieß bey Johann Georgenstadt
72. Ein Stück Wißmuth Ertz bey Schneeberg
74. Ein Corallen Stein bey Freyberg,
75. Feuer do. dergl.
76. Ein dergl. Corallen Stein,
77. Feuer do. dergl.
78. Ein dergl. dafer,
79. Ein dergl. Freyberg. Corallen Stein,
80. Noch ein dergl. Corallen Stein bey Freyberg,
81. Ein Stück Kiesel bey Braunstein,
82. Ein Kiesel bey Freyberg,
83. Ein Kiesel bey Schwarzenberg,
84. Ein Kiesel aus der Flöh bey Chemnitz,
85. Ein bunder Kiesel bey Torgau,
86. Ein do. dergl. dafer,
87. Ein dergl. bunder Kiesel dafer,

Innländische Steine

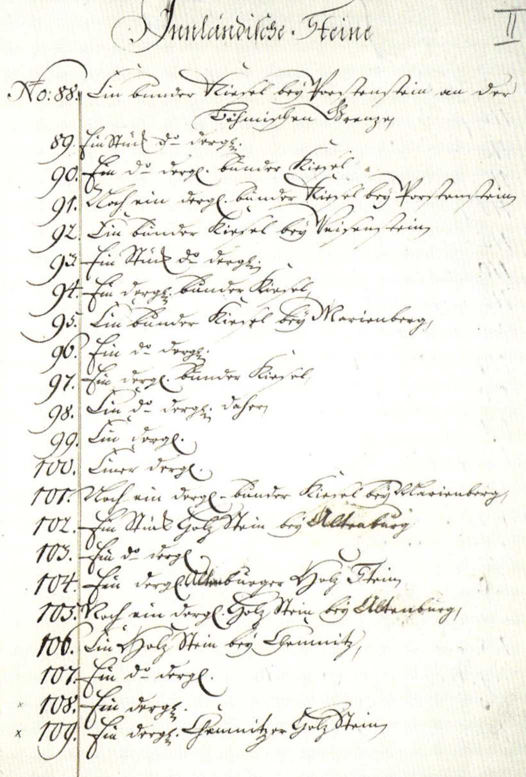

No: 88. Ein bunder Kiesel bey Forchenstein an der Schneeischen Grenze
89. Ein Stück do. dergl.
90. Ein do. dergl. bunder Kiesel
91. Noch ein dergl. bunder Kiesel bey Forchenstein
92. Ein bunder Kiesel bey Wurzenstein
93. Ein Stück do. dergl.
94. Ein dergl. bunder Kiesel
95. Ein bunder Kiesel bey Marienberg,
96. Ein do. dergl.
97. Ein dergl. bunder Kiesel,
98. Ein do. dergl. dafer
99. Ein dergl.
100. Einer dergl.
101. Noch ein dergl. bunder Kiesel bey Marienberg,
102. Ein Stück Holz Stein bey Altenburg
103. Ein do. dergl.
104. Ein dergl. Altenburger Holz Stein,
105. Noch ein dergl. Holz Stein bey Altenburg,
106. Ein Holz Stein bey Chemnitz,
107. Ein do. dergl.
108. Ein dergl.
109. Ein dergl. Chemnitzer Holz Stein,

Innländische Steine

No: 110. Ein Holz Stein bey Chemnitz,
111. Ein dergl.
112. Ein do. dergl.
113. Ein dergl. Holz Stein,
114. Ein do. dergl.
115. Ein dergl.
116. Ein dergl. Chemnitzer Holz Stein,
117. Noch ein dergl. Holz Stein bey Chemnitz,
118. Ein Holz Stein hinter Clauen bey Dresden
119. Ein do. dergl.
120. Ein dergl.
121. Ein dergl.
122. Ein dergl. Holz Stein,
123. Ein do. dergl.
124. Ein dergl. dafer,
125. Ein do. dergl.
126. Ein dergl. Clauinscher Holz Stein,
127. Ein do. dergl.
128. Ein dergl.
129. Noch ein dergl. Holz Stein bey Clauen
130. Ein dergl. Holz Stein dafer,
131. Ein aber dergl. Holzstein aus Clauen

Innländische Steine

No: 132. Ein Holz Stein bey Chemnitz,
133. Ein dergl. Holzstein dafer,
134. Ein Jaspis bey Radeberg,
135. Ein Jaspis bey Brochensofen
136. Ein Jaspis bey Königstein,
137. Ein Jaspis bey Waldheim,
138. Ein Jaspis bey Rieben zwischen Freyberg und Chemnitz,
139. Ein Jaspis an der Böhm. Grenze,
140. Ein Jaspis bey Marienberg,
141. Ein Jaspis bey Reichenau im Voigtlande,
142. Ein Agat bey Laurosdorff
143. Ein Agat bey Braunstein,
144. Ein Agat bey Wiesenstein,
145. Ein Agat bey Rosslitz,
146. Ein Calcedon bey Rosslitz,
147. Ein Margrafit, oder so genannter Kobalt bey Freyberg,
148. Ein sandigter Kiesel bey Moritzburg,
149. Ein Kiesel aus der Weißritz,
150. Ein do. dergl. Kiesel dafer,

I

Funländische Steine

No: 151. Ein Kisel aus der Weißereitz
152. Ein do. bunter Kisel dahero
153. Ein dergl. bunter Kisel
154. Ein do. dergl.
155. Ein dergl.
156. Ein eben dergl. bunter Kisel
157. Noch ein dergl. bunter Kisel aus der Weißereitz
159. Jaspis von Valtzhein
160. Jaspis von Valtzhein

»Orientalische und Ausländische Steine«

historische Nr.	historische Ansprache	moderne Ansprache	Fundort	Inv.-Nr.
No: 1	orientalischer grüner Jaspis	Heliotrop	Indien	I 15 a/1
No: 2	orientalischer grüner Jaspis	Heliotrop	Indien	I 15 a/2
No: 3	orientalischer grüner Jaspis	Plasma	Indien	I 15 a/3
No: 4	orientalischer grüner Jaspis	Heliotrop	Indien	I 15 a/4
No: 5	orientalischer grüner Jaspis	Heliotrop	Indien	I 15 a/5
No: 6	Jaspis aus Egypten im Niel Strohm	Hornstein	Ägypten	I 15 a/6
No: 7	Jaspis aus Egypten im Niel Strohm	Hornstein	Ägypten	I 15 a/7
No: 8	Jaspis aus Egypten im Niel Strohm	Hornstein	Ägypten	I 15 a/8
No: 9	Jaspis aus Egypten im Niel Strohm	Hornstein	Ägypten	I 15 a/9
No: 10	Jaspis aus Egypten im Niel Strohm	Hornstein	Ägypten	I 15 a/10
No: 11	Jaspis aus Italien	Jaspis	Ziegenberg/Kozákov bei Turnov/Turnau, Böhmen	I 15 a/11
No: 12	Jaspis aus der Schweitz an der Italiänischen Grenze	Hornstein	Südbaden	I 15 a/12
No: 13	Jaspis aus der Schweitz an der Italiänischen Grenze	Hornstein	Südbaden	I 15 a/13
No: 14	Jaspis aus der Schweitz an der Italiänischen Grenze	Hornstein	Südbaden	I 15 a/14
No: 15	Jaspis aus der Schweitz an der Italiänischen Grenze	Hornstein	Südbaden	I 15 a/15
No: 16	Jaspis aus der Schweitz an der Italiänischen Grenze	Jaspis	Giuliana, Sizilien	I 15 a/16
No: 17	Jaspis aus der Schweitz an der Italiänischen Grenze	Jaspis	Giuliana, Sizilien	I 15 a/17
No: 18	Jaspis aus der Schweitz an der Italiänischen Grenze	Hornstein	Südbaden	I 15 a/18
No: 19	Jaspis aus Bareyth	Hornstein	unbekannt	I 15 a/19
No: 20	Jaspis aus Bareyth	verschweißter vulkanischer Aschetuff	unbekannt	I 15 a/20
No: 21	Jaspis aus Syberien	Jaspis	Giuliana, Sizilien	I 15 a/21
No: 22	Jaspis aus Böhmen	Jaspis	Kozákov bei Turnov, Böhmen	I 15 a/22
No: 23	Jaspis aus Böhmen	Jaspis	Kozákov bei Turnov, Böhmen	I 15 a/23
No: 24	Jaspis aus Böhmen	Jaspis	Kozákov bei Turnov, Böhmen	I 15 a/24
No: 25	Jaspis aus Böhmen	Jaspis	Kozákov bei Turnov, Böhmen	I 15 a/25
No: 26	Jaspis aus Böhmen	gebranntes Gestein (»Porzellanit«)	Nordböhmen, Gebiet Teplitz/Teplice oder Karlsbad/Karlovy Vary	I 15 a/26
No: 27	Jaspis aus Böhmen	Trümmerjaspis	Kozákov bei Turnov, Böhmen	I 15 a/27
No: 28	Jaspis aus Böhmen	Sodalith-Phonolith	Neuhof/Nový Dvůr bei Teplice, Böhmen	I 15 a/28
No: 29	Jaspis aus Böhmen	Jaspis	Kozákov bei Turnov, Böhmen	I 15 a/29
No: 30	Jaspis aus Böhmen	Jaspis	Kozákov bei Turnov, Böhmen	I 15 a/30
No: 31	Jaspis aus Böhmen	Jaspis	ungeklärt, evtl. Kozákov bei Turnov, Böhmen	I 15 a/31
No: 32	rother orientalischer Carniol	gebrannter Karneol	ungeklärt, evtl. Gujarat, Indien	I 15 a/32
No: 33	orientalischer weiß und rother Carniol	gebrannter Karneol	ungeklärt, evtl. Gujarat, Indien	I 15 a/33
No: 34	orientalischer weiß und rother Carniol	Achat	Schlottwitz, Müglitztal	I 15 a/34

historische Nr.	historische Ansprache	moderne Ansprache	Fundort	Inv.-Nr.
No: 35	orientalischer Mocco Stein	Chalcedon (»Mokkastein«)	Harda, Madhya Pradesh, Indien	I 15 a/35
No: 36	orientalischer Sardonix	Achat	unbekannt	I 15 a/36
No: 37	orientalischer Sardonix	Achat	unbekannt	I 15 a/37
No: 38	orientalischer Lapis Lazali	Lapislazuli	Badachschan, Hindukusch, Afghanistan	I 15 a/38
No: 39	Lapis Lazali aus Syberien	Lapislazuli	Badachschan, Hindukusch, Afghanistan	I 15 a/39
No: 40	Lapsi Lazali aus Ungarn	Lapislazuli	Badachschan, Hindukusch, Afghanistan	I 15 a/40
No: 41	Crisophras aus Schlesien	Chrysopras	Schlesien, Polen	I 15 a/41
No: 42	orientalischer Agat	Achat (Chalcedon)	Harda, Madhya Pradesh, Indien	I 15 a/42
No: 43	Agat hinter Frankfurth am Mayn bey Mainz	Achat	Nahe-Gebiet, Idar-Oberstein	I 15 a/43
No: 44	Agat hinter Frankfurth am Mayn bey Mainz	Jaspis, teils als Moosachat	ungeklärt, evtl. Kozákov bei Turnov, Böhmen	I 15 a/44
No: 45	Agat hinter Frankfurth am Mayn bey Mainz	Achat	Nahe-Gebiet, Idar-Oberstein	I 15 a/45
No: 46	Agat hinter Frankfurth am Mayn bey Mainz	Achat	Nahe-Gebiet, Idar-Oberstein	I 15 a/46
No: 47	Agat hinter Frankfurth am Mayn bey Mainz	Achat	Nahe-Gebiet, Idar-Oberstein	I 15 a/47
No: 48	Holz Stein bey Coburg	verkieseltes Holz	ungeklärt	I 15 a/48
No: 49	Holz Stein bey Coburg	verkieseltes Holz	ungeklärt	I 15 a/49
No: 50	Holz Stein bey Coburg	verkieseltes Holz	ungeklärt	I 15 a/50
No: 51	Holz Stein bey Coburg	verkieseltes Holz	ungeklärt	I 15 a/51
No: 52	Holz Stein bey Coburg	verkieseltes Holz	ungeklärt	I 15 a/52
No: 53	orientalischer Agat	Achat	unbekannt	I 15 a/53
No: 54	orientalischer Calcedon	Chalcedon (mit Achat)	unbekannt	I 15 a/54
No: 55	orientalischer Cristall	Bergkristall	unbekannt	I 15 a/55

»Innländische Steine«

historische Nr.	historische Ansprache	moderne Ansprache	Fundort	Inv.-Nr.
No: 1	Jaspis bey Waldheim	verschweißter vulkanischer Asche-tuff (»Gnandsteiner Bandjaspis«)	Streitwald bei Kohren-Salis	I 15 b/1
No: 2	Jaspis bey Waldheim	verschweißter vulkanischer Asche-tuff (»Gnandsteiner Bandjaspis«)	Streitwald bei Kohren-Salis	I 15 b/2
No: 3	Jaspis bey Waldheim	verschweißter vulkanischer Asche-tuff (»Gnandsteiner Bandjaspis«)	Streitwald bei Kohren-Salis	I 15 b/3
No: 4	Jaspis bey Waldheim	verschweißter vulkanischer Asche-tuff (»Gnandsteiner Bandjaspis«)	Streitwald bei Kohren-Salis	I 15 b/4
No: 5	Jaspis bey Zwickau	Jaspis (als Moosachat)	Rüsdorf bei St. Egidien	I 15 b/5
No: 6	Jaspis bey Zwickau	Jaspis (als Moosachat)	Rüsdorf bei St. Egidien	I 15 b/6
No: 7	Jaspis bey Zwickau	Jaspis (als Moosachat)	Rüsdorf bei St. Egidien	I 15 b/7
No: 8	Jaspis bey Zwickau	Jaspis (als Moosachat)	Rüsdorf bei St. Egidien	I 15 b/8
No: 9	Jaspis bey Zwickau	Jaspis (als Moosachat)	Rüsdorf bei St. Egidien	I 15 b/9
No: 10	Jaspis bey Zwickau	Jaspis (als Moosachat)	Rüsdorf bei St. Egidien	I 15 b/10
No: 11	Jaspis bey Zwickau	verkieseltes Holz (evtl. sog. »Elefantenjaspis«)	ungeklärt, evtl. Nahe-Gebiet, Idar-Oberstein	I 15 b/11
No: 12	Jaspis bey Oedern, zwischen Freyberg und Chemnitz			Verlust

| --- | --- | --- | --- | --- |
No: 13	Jaspis bey Oedern, zwischen Freyberg und Chemnitz			Verlust
No: 14	Jaspis bey Schwarzenberg	verkieselter vulkanischer Tuff	ungeklärt, Kornit	I 15 b/14
No: 15	Jaspis bey Schlettau			Verlust
No: 16	Jaspis bey Schlettau	Chalcedon (Jaspis »Stephanstein«)	ungeklärt, evtl. Nahe-Gebiet, Idar-Oberstein	I 15 b/16
No: 17	Jaspis bey Schlettau			Verlust
No: 18	Agat bey Connersdorff	Achat	Schlottwitz, Müglitztal	I 15 b/18
No: 19	Agat bey Connersdorff	Achat	Schlottwitz, Müglitztal	I 15 b/19
No: 20	Agat bey Connersdorff	Achat	Schlottwitz, Müglitztal	I 15 b/20
No: 21	Agat bey Connersdorff			Verlust
No: 22	Agat bey Connersdorff			Verlust
No: 23	Agat bey Connersdorff			Verlust
No: 24	Agat bey Connersdorff	Achat	Schlottwitz, Müglitztal	I 15 b/24
No: 25	Agat bey Connersdorff	Achat	Schlottwitz, Müglitztal	I 15 b/25
No: 26	Agat bey Connersdorff	Achat mit Quarz	Schlottwitz, Müglitztal	I 15 b/26
No: 27	Agat bey Connersdorff	Achat	Schlottwitz, Müglitztal	I 15 b/27
No: 28	Agat bey Connersdorff	Achat	Schlottwitz, Müglitztal	I 15 b/28
No: 29	Agat bey Connersdorff	Achat	Schlottwitz, Müglitztal	I 15 b/29
No: 30	Agat bey Connersdorff	Achat	Schlottwitz, Müglitztal	I 15 b/30
No: 31	Agat bey Connersdorff	Achat	Schlottwitz, Müglitztal	I 15 b/31
No: 32	Agat bey Connersdorff	Achat	Schlottwitz, Müglitztal	I 15 b/32
No: 33	Agat bey Connersdorff	Achat	Schlottwitz, Müglitztal	I 15 b/33
No: 34	Agat bey Connersdorff	Achat	Schlottwitz, Müglitztal	I 15 b/34
No: 35	Agat bey Connersdorff	Achat	Schlottwitz, Müglitztal	I 15 b/35
No: 36	Agat bey Connersdorff	Achat	Schlottwitz, Müglitztal	I 15 b/36
No: 37	Agat bey Connersdorff	Trümmerachat	Schlottwitz, Müglitztal	I 15 b/37
No: 38	Agat bey Connersdorff	Achat	Schlottwitz, Müglitztal	I 15 b/38
No: 39	Agat bey Connersdorff	Achat	Schlottwitz, Müglitztal	I 15 b/39
No: 40	Agat bey Rochlitz			Verlust
No: 41	Agat bey Rochlitz	Achat	Wiederau bei Rochlitz	I 15 b/41
No: 42	Agat bey Rochlitz	Achat	Wiederau bei Rochlitz	I 15 b/42
No: 43	Agat bey Rochlitz	Achat	ungeklärt, evtl. Wiederau bei Rochlitz	I 15 b/43
No: 44	Agat bey Rochlitz	Achat	Wiederau bei Rochlitz	I 15 b/44
No: 45	Agat bey Chemnitz	Quarz	unbekannt	I 15 b/45
No: 46	Agat bey Chemnitz	Vulkanischer Tuff mit Achat und Quarz	ungeklärt, evtl. Chemnitz-Altendorf	I 15 b/46
No: 47	Agat bey Glaßhütte	Jaspis (mit Achat und Quarz)	Schlottwitz, Müglitztal	I 15 b/47
No: 48	Agat bey Glaßhütte	Achat	ungeklärt, evtl. Schlottwitz, Müglitztal	I 15 b/48
No: 49	schwarzer Agat bey Zwickau	verkieseltes Holz	unbekannt	I 15 b/49
No: 50	Agat bey Waldheim	Gesteingeode mit Achat, Quarz und Amethyst	ungeklärt, evtl. Raum Chemnitz	I 15 b/50
No: 51	Sächßischer Carniol	Gebrannter Karneol (Achat)	Schlottwitz, Müglitztal	I 15 b/51
No: 52	Sächßischer Carniol	Gebrannter Karneol	Unbeklärt, evtl. Schlottwitz Müglitztal	I 15 b/52

| --- | --- | --- | --- | --- |
No: 53	Sächßischer Carniol			Verlust
No: 54	Sächßischer Calcedon	Chalcedon	unbekannt	I 15 b/54
No: 55	Cristall bey Schneeberg	Bergkristall	unbekannt	I 15 b/55
No: 56	Rauch Topas bey Schneeberg	Rauchquarz	unbekannt	I 15 b/56
No: 57	Rauch Topas bey Altenberg	Rauchquarz	Zinnwald bei Altenberg	I 15 b/57
No: 58	Amathist bey Connersdorff	Quarz (teils Amethyst)	Schlottwitz, Müglitztal	I 15 b/58
No: 59	Amathist bey Connersdorff	Quarz (Amethyst)	Schlottwitz, Müglitztal	I 15 b/59
No: 60	Amathist bey Connersdorff	Quarz (teils Amethyst)	Schlottwitz, Müglitztal	I 15 b/60
No: 61	Amathist bey Porstenstein an der Böhmischen Grenze	Quarz (Amethyst)	Heidelbach bei Purschenstein, Erzgebirge	I 15 b/61
No: 62	Amathist bey Porstenstein an der Böhmischen Grenze	Quarz (Amethyst)	Heidelbach bei Purschenstein, Erzgebirge	I 15 b/62
No: 63	Amathist bey Porstenstein an der Böhmischen Grenze	Quarz (Amethyst)	Heidelbach bei Purschenstein, Erzgebirge	I 15 b/63
No: 64	Amathist bey Ehrenfriedersdorff	Quarz (Amethyst)	Wiesenbad bei Annaberg	I 15 b/64
No: 65	weiß und blauer Amathis bey Ehrenfriedersdorff	Quarz (teils Amethyst)	Wiesenbad bei Annaberg	I 15 b/65
No: 66	weißer Amathist bey Ehrenfriedersdorff	Quarz	Wiesenbad bei Annaberg	I 15 b/66
No: 67	Feuer Stein	Hornstein (Feuerstein)	unbekannt	I 15 b/67
No: 68	Feuer Stein	Hornstein (Feuerstein)	unbekannt	I 15 b/68
No: 69	Aspest bey Zwickau	Serpentinit	unbekannt	I 15 b/69
No: 70	Eisenstein mit Kieß bey Annaberg	Sulfide und Gneisbruchstücke im Quarzgang	Markus-Röhling-Stolln, Frohnau bei Annaberg	I 15 b/70
No: 71	Eisenstein mit Kieß bey Annaberg	Gangbrekzie mit Sulfiden	ungeklärt, evtl. Markus-Röhling-Stolln, Frohnau bei Annaberg	I 15 b/71
No: 72	Wißmuth Erz bey Schneeberg	Wismutsulfide (Bi-Co-Ni) in Jaspis	Weißer Hirsch, Schneeberg-Neustädtl	I 15 b/72
No: 73	weißer Hornstein mit Kieß bey Johann Georgenstadt	Oxidierte Sulfide in Chalcedon und Quarz	unbekannt	I 15 b/73
No: 74	Corallen Stein bey Freyberg	Achat, Quarz (»Korallenachat«)	Halsbach bei Freiberg	I 15 b/74
No: 75	Corallen Stein bey Freyberg	Jaspis mit Achat (teils Amethyst; »Korallenachat«)	Halsbach bei Freiberg	I 15 b/75
No: 76	Corallen Stein bey Freyberg	Jaspis mit Achat (»Korallenachat«)	Halsbach bei Freiberg	I 15 b/76
No: 77	Corallen Stein bey Freyberg	Jaspis mit Achat (»Korallenachat«)	Halsbach bei Freiberg	I 15 b/77
No: 78	Corallen Stein bey Freyberg	Jaspis mit Achat (»Korallenachat«)	Halsbach bei Freiberg	I 15 b/78
No: 79	Corallen Stein bey Freyberg	Jaspis mit Achat (»Korallenachat«)	Halsbach bei Freiberg	I 15 b/79
No: 80	Corallen Stein bey Freyberg	Jaspis mit Achat (»Korallenachat«)	Halsbach bei Freiberg	I 15 b/80
No: 81	Kiesel bey Frauenstein	metamorpher Quarz	unbekannt	I 15 b/81
No: 82	Kiesel bey Freyberg	metamorpher Quarz	unbekannt	I 15 b/82
No: 83	Kiesel bey Schwarzenberg	Hydrothermaler Quarz	unbekannt	I 15 b/83
No: 84	Kiesel aus der Fleh bey Chemnitz	Chalcedon	unbekannt	I 15 b/84
No: 85	bunder Kiesel bey Torgau	Explosionsbrekzie	Pinge bei Seiffen, Erzgebirge	I 15 b/85
No: 86	bunder Kiesel bey Torgau	Rhyolith oder Dacit	unbekannt	I 15 b/86
No: 87	bunder Kiesel bey Torgau	vulkanische Brekzie	unbekannt	I 15 b/87
No: 88	bunder Kiesel bey Porstenstein an der Böhmischen Grenze			Verlust

| --- | --- | --- | --- | --- |
No: 89	bunder Kiesel bey Porstenstein an der Böhmischen Grenze			Verlust
No: 90	bunder Kiesel bey Porstenstein an der Böhmischen Grenze	Dacit	unbekannt	I 15 b/90
No: 91	bunder Kiesel bey Porstenstein an der Böhmischen Grenze	Chalcedon, Quarz	unbekannt	I 15 b/91
No: 92	bunder Kiesel bey Weisenstein	Trümmereisenstein	unbekannt	I 15 b/92
No: 93	bunder Kiesel bey Weisenstein	Jaspis, Chalcedon	unbekannt	I 15 b/93
No: 94	bunder Kiesel bey Weisenstein	Sodalith-Phonolith	Nový Dvůr bei Teplice, Böhmen	I 15 b/94
No: 95	bunder Kiesel bey Marienberg	Explosionsbrekzie	unbekannt	I 15 b/95
No: 96	bunder Kiesel bey Marienberg	Gangbrekzie mit Dolomit und Arsenmineralen	unbekannt	I 15 b/96
No: 97	bunder Kiesel bey Marienberg			Verlust
No: 98	bunder Kiesel bey Marienberg	umgewandelter vulkanischer Tuff	unbekannt	I 15 b/98
No: 99	bunder Kiesel bey Marienberg	Hydrothermale Gangbrekzie	unbekannt	I 15 b/99
No: 100	bunder Kiesel bey Marienberg	Quarzgangbrekzie mit Hämatit (»Wurststein«)	Wiesenbad bei Annaberg	I 15 b/100
No: 101	bunder Kiesel bey Marienberg			Verlust
No: 102	Holz Stein bey Altenburg	verkieseltes Holz	unbekannt	I 15 b/102
No: 103	Holz Stein bey Altenburg	verkieseltes Holz	unbekannt	I 15 b/103
No: 104	Holz Stein bey Altenburg			Verlust
No: 105	Holz Stein bey Altenburg	verkieseltes Holz	unbekannt	I 15 b/105
No: 106	Holz Stein bey Chemnitz	verkieseltes Holz	unbekannt	I 15 b/106
No: 107	Holz Stein bey Chemnitz	verkieseltes Holz	ungeklärt, evtl. Chemnitz	I 15 b/107
No: 108	Holz Stein bey Chemnitz	verkieseltes Holz	Chemnitz	I 15 b/108
No: 109	Holz Stein bey Chemnitz			Verlust
No: 110	Holz Stein bey Chemnitz			Verlust
No: 111	Holz Stein bey Chemnitz			Verlust
No: 112	Holz Stein bey Chemnitz			Verlust
No: 113	Holz Stein bey Chemnitz	verkieseltes Holz	unbekannt	I 15 b/113
No: 114	Holz Stein bey Chemnitz	verkieseltes Holz	unbekannt	I 15 b/114
No: 115	Holz Stein bey Chemnitz	verkieseltes Holz	unbekannt	I 15 b/115
No: 116	Holz Stein bey Chemnitz			Verlust
No: 117	Holz Stein bey Chemnitz	verkieseltes Holz	Chemnitz	I 15 b/117
No: 118	Holz Stein hinter Blauen bey Dreßden	verkieseltes Holz	unbekannt	I 15 b/118
No: 119	Holz Stein hinter Blauen bey Dreßden	verkieseltes Holz	unbekannt	I 15 b/119
No: 120	Holz Stein hinter Blauen bey Dreßden	verkieseltes Holz	unbekannt	I 15 b/120
No: 121	Holz Stein hinter Blauen bey Dreßden	verkieseltes Holz	unbekannt	I 15 b/121
No: 122	Holz Stein hinter Blauen bey Dreßden			Verlust
No: 123	Holz Stein hinter Blauen bey Dreßden			Verlust
No: 124	Holz Stein hinter Blauen bey Dreßden			Verlust
No: 125	Holz Stein hinter Blauen bey Dreßden	verkieseltes Holz	unbekannt	I 15 b/125
No: 126	Holz Stein hinter Blauen bey Dreßden			Verlust
No: 127	Holz Stein hinter Blauen bey Dreßden	verkieseltes Holz	unbekannt	I 15 b/127
No: 128	Holz Stein hinter Blauen bey Dreßden			Verlust
No: 129	Holz Stein hinter Blauen bey Dreßden	verkieseltes Holz	unbekannt	I 15 b/129

historische Nr.	historische Ansprache	moderne Ansprache	Fundort	Inv.-Nr.
No: 130	Holz Stein hinter Blauen bey Dreßden			Verlust
No: 131	Holz Stein hinter Blauen bey Dreßden			Verlust
No: 132	Holz Stein bey Chemnitz	verkieseltes Holz	Chemnitz	I 15 b/132
No: 133	Holz Stein bey Chemnitz	verkieseltes Holz	Chemnitz	I 15 b/133
No: 134	Jaspis bey Radeberg	Jaspis	Kozákov bei Turnov, Böhmen	I 15 b/134
No: 135	Jaspis bey Großenhahn	Jaspis	unbekannt	I 15 b/135
No: 136	Jaspis bey Königstein	Jaspis	Geisingberg bei Altenberg	I 15 b/136
No: 137	Jaspis bey Waldheim	verschweißter vulkanischer Aschetuff	Streitwald bei Kohren-Salis	I 15 b/137
No: 138	Jaspis bey Oedern, zwischen Freyberg und Chemnitz	vulkanisches Effusivgestein	unbekannt	I 15 b/138
No: 139	Jaspis an der Böhmischen Grenze			Verlust
No: 140	Jaspis bey Marienberg	Chalcedon, evtl. verkieseltes Holz	unbekannt	I 15 b/140
No: 141	Jaspis bey Reichenau im Voigtlande	eisenreicher Jaspis	unbekannt	I 15 b/141
No: 142	Agat bey Connersdorff			Verlust
No: 143	Agat bey Frauenstein	Achat	ungeklärt, evtl. Wiederau bei Rochlitz	I 15 b/143
No: 144	Agat bey Weizenstein	Trümmerachat mit Nebengestein	Schlottwitz, Müglitztal	I 15 b/144
No: 145	Agat bey Rochlitz			Verlust
No: 146	Calcedon bey Rochlitz	Chalcedon	unbekannt	I 15 b/146
No: 147	Ein Marquasit, oder sogenannter Kobald bey Freyberg			Verlust
No: 148	fleckigter Kiesel bey Moritzburg	Quarzkonglomerat	ungeklärt, evtl. Eiszeitschotter nördlich von Dresden	I 15 b/148
No: 149	Kiesel aus der Weiseritz	Chalcedon	unbekannt	I 15 b/149
No: 150	Kiesel aus der Weiseritz	Chalcedon	unbekannt	I 15 b/150
No: 151	Kiesel aus der Weißeritz	Gangbrekzie mit Chalcedon und Nebengestein	unbekannt	I 15 b/151
No: 152	Kiesel aus der Weißeritz			Verlust
No: 153	Kiesel aus der Weißeritz	Sandstein	ungeklärt, evtl. Plauenscher Grund bei Dresden	I 15 b/153
No: 154	Kiesel aus der Weißeritz	Quarzgangbrekzie mit Chalcedon	unbekannt	I 15 b/154
No: 155	Kiesel aus der Weißeritz			Verlust
No: 156	Kiesel aus der Weißeritz	Quarzgangbrekzie mit Chalcedon	unbekannt	I 15 b/156
No: 157	Kiesel aus der Weißeritz			Verlust
No: 159	Jaspis von Waldheim	verschweißter vulkanischer Asche-tuff (»Gnandsteiner Bandjaspis«)	Streitwald bei Kohren-Salis	I 15 b/159
No: 160	Jaspis von Waldheim	verschweißter vulkanischer Asche-tuff (»Gnandsteiner Bandjaspis«)	Streitwald bei Kohren-Salis	I 15 b/160

Nicht zugeordnete Steine

historische Nr.	historische Ansprache	moderne Ansprache	Fundort	Inv.-Nr.
		verkieseltes Holz	unbekannt	I 15 c/1
		Gabbro-Schiefer	unbekannt	I 15 c/2
		Jaspis (mikroskopisch Moosachat)	unbekannt	I 15 c/3
		Achat	unbekannt	I 15 c/4
		Achat	unbekannt	I 15 c/5

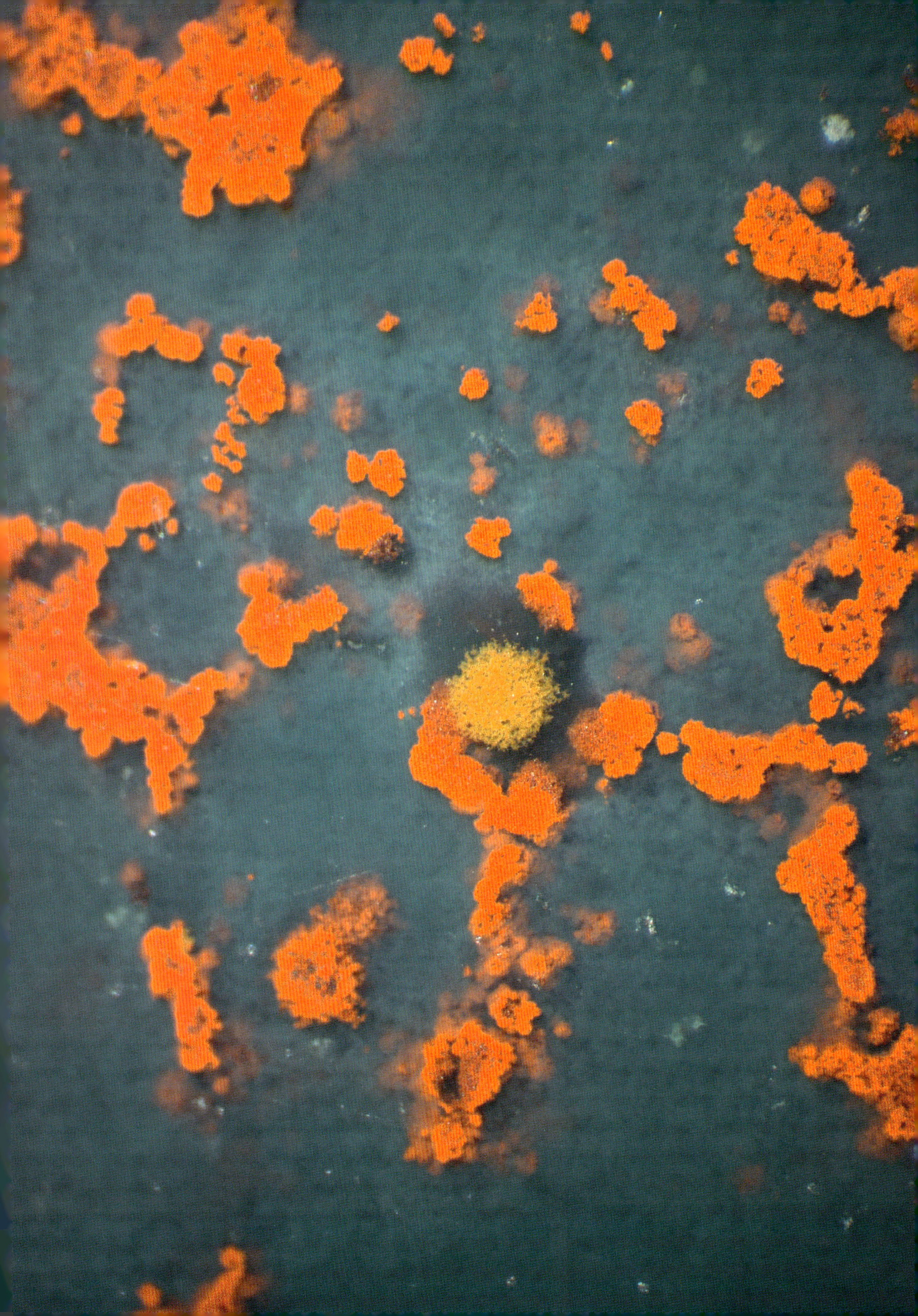

Heinrich Taddel

Goldschmied, Freimaurer, Geheimer Kämmerer und Inspektor des Grünen Gewölbes

Der Name des Goldschmieds und Geheimen Kämmerers Heinrich Taddel (1715–1794) ist heute nur noch wenigen Fachleuten und Interessierten bekannt. Dabei war er mehr als 45 Jahre lang bis zu seinem Tod im Auftrag des Dresdner Hofes mit der Betreuung des damals schon weithin bekannten Grünen Gewölbes betraut.[1] Im Vorfeld seiner spätestens 1748 erfolgten Aufnahme in den Hofdienst muss es Taddel zudem in kurzer Zeit gelungen sein, durch seine Tätigkeit eine geachtete Position unter den zahlreichen in Dresden ansässigen Goldschmieden einzunehmen. So wird er bereits 1743 anlässlich eines Hauskaufs im Häuserbuch der Stadt als »Hof-Galanterie-Arbeiter« bezeichnet, also als anerkannter sächsischer Hoflieferant.[2] Umso erstaunlicher ist es, dass über sein Schaffen und seine Werke bisher kaum gesicherte Mitteilungen vorliegen.

Heinrich Taddel blieb bis heute stets im Schatten des von ihm protegierten, eine Generation jüngeren Juweliers und Goldschmieds Johann Christian Neuber, obwohl er in der Hierarchie bei Hof als Geheimer Kämmerer und später auch als Inspektor des Grünen Gewölbes weit höher stand als jener erst seit 1785 dort angestellte Hofjuwelier.[3] Entgegen der immer wieder kolportierten Behauptung war Neuber nicht mit der Tochter von Taddel verheiratet, war also nicht sein Schwiegersohn. Auch hatte Neuber seine Lehre in Dresden von 1752 bis 1758 nicht bei Taddel, sondern bei dem aus Stockholm stammenden Goldschmied Johann Friedrich Trechtaon absolviert. Nach seinen Wanderjahren erhielt Neuber 1762 die Bürgerrechte in Dresden, wurde Mitglied der Gold- und Silberschmiedeinnung und 1767 erstmals als Hofgalanteriearbeiter genannt.[4]

Inzwischen wissen wir, dass Neuber offensichtlich über längere Zeit, spätestens seit 1773, wahrscheinlich aber schon seit den 1760er-Jahren, in der Werkstatt von Taddel angestellt war.[5] Taddel übernahm 1791 sogar eine Hypothek auf Neubers Haus, in dem sich damals auch dessen Werkstatt befand. Der Tod von Heinrich Taddel im Jahr 1794 besiegelte den endgültigen finanziellen Bankrott von Neuber im Folgejahr, nachdem der beruflich eigentlich erfolgreiche und weit über Dresden hinaus bekannte Goldschmied und Hofjuwelier bereits vorher in größere finanzielle Schwierigkeiten geraten war.[6]

Ein erster biografischer Bericht über Heinrich Taddel wurde 2012 in der bisher umfassendsten Monografie über Johann Christian Neuber publiziert.[7] In dem darin enthaltenen Katalog sind insgesamt 224 damals bekannte Objekte aufgelistet, die entweder von Neuber selbst signiert oder ihm zugeschrieben worden sind. Meistens handelt es sich dabei um Golddosen mit unterschiedlichem Hartsteinbesatz, aber auch um andere, stilistisch ähnlich gestaltete Galanteriewaren wie Uhrenketten, Knöpfe und Stockknäufe sowie um zwei große Tafelaufsätze, zwei Prunktische und einen Kamin. Im Gegensatz dazu wird in jener Publikation jedoch kein einziges gesichertes Werk von Heinrich Taddel genannt – mit Ausnahme des Steinkabinetts im Grünen Gewölbe, das allerdings irrtümlich als eine »mit 214 kleinen polierten Tafeln besetzte Box« beschrieben ist.[8]

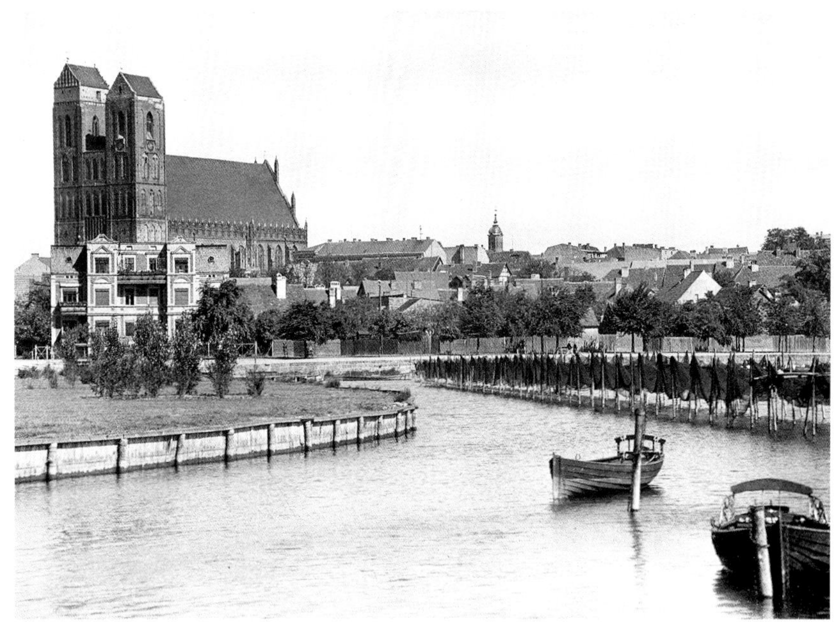

Blick vom Ückersee auf die Marienkirche
in Prenzlau, um 1930. In der Marienkirche
wurde Taddel 1715 getauft.

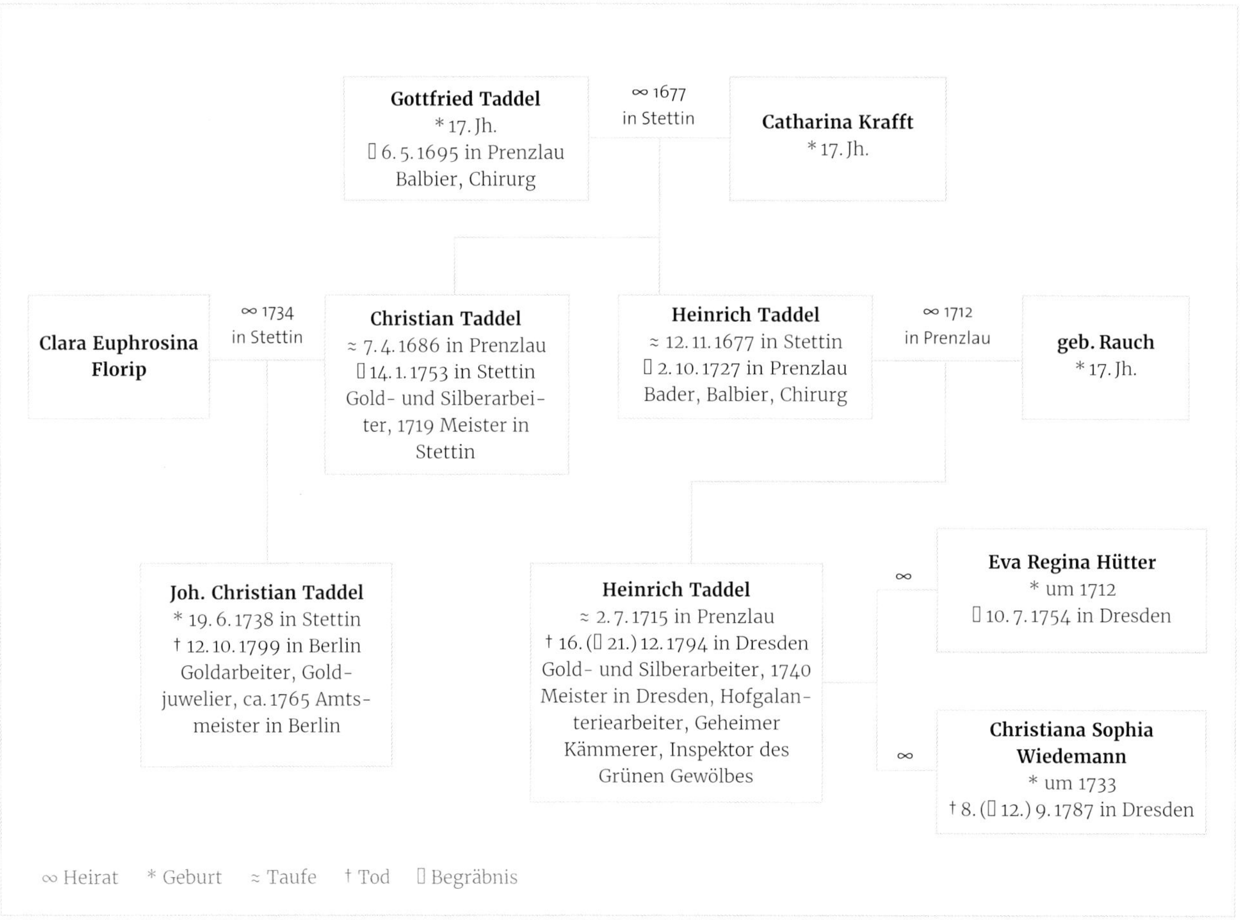

Gottfried Taddel
* 17. Jh.
⎕ 6. 5. 1695 in Prenzlau
Balbier, Chirurg

∞ 1677
in Stettin

Catharina Krafft
* 17. Jh.

Clara Euphrosina Florip

∞ 1734
in Stettin

Christian Taddel
≈ 7. 4. 1686 in Prenzlau
⎕ 14. 1. 1753 in Stettin
Gold- und Silberarbei-
ter, 1719 Meister in
Stettin

Heinrich Taddel
≈ 12. 11. 1677 in Stettin
⎕ 2. 10. 1727 in Prenzlau
Bader, Balbier, Chirurg

∞ 1712
in Prenzlau

geb. Rauch
* 17. Jh.

Joh. Christian Taddel
* 19. 6. 1738 in Stettin
† 12. 10. 1799 in Berlin
Goldarbeiter, Gold-
juwelier, ca. 1765 Amts-
meister in Berlin

Heinrich Taddel
≈ 2. 7. 1715 in Prenzlau
† 16. (⎕ 21.) 12. 1794 in Dresden
Gold- und Silberarbeiter, 1740
Meister in Dresden, Hofgalan-
teriearbeiter, Geheimer
Kämmerer, Inspektor des
Grünen Gewölbes

∞

Eva Regina Hütter
* um 1712
⎕ 10. 7. 1754 in Dresden

∞

Christiana Sophia Wiedemann
* um 1733
† 8. (⎕ 12.) 9. 1787 in Dresden

∞ Heirat   * Geburt   ≈ Taufe   † Tod   ⎕ Begräbnis

Familientafel von Heinrich Taddel

Die Herkunft und das Geburtsjahr von Heinrich Taddel blieben bisher weitgehend unklar. Aus den Unterlagen zur Einbürgerung in Dresden ist bekannt, dass er aus Brandenburg zugezogen war. Sein Geburtsjahr wurde mit 1714 angegeben, da er 80 Jahre alt gewesen sein soll, als er 1794 starb.[9] Zusätzliche Recherchen erlauben uns nun, seine frühe Familiengeschichte zumindest teilweise zu rekonstruieren. Tatsächlich stammte Heinrich Taddel aus Prenzlau in der brandenburgischen Uckermark und wurde am 2. Juli 1715 in der dortigen Marienkirche getauft, ist also kurz zuvor in jenem Jahr geboren (Abb. 1).[10] Der Großvater, Gottfried Taddel, »Barbierer von Stettin bürtig« übersiedelte mit seiner Familie – wahrscheinlich aufgrund der weitgehenden Zerstörung der Hauptstadt von Schwedisch-Pommern durch preußische Truppen – nach Prenzlau und wurde am 28. August 1682 dort eingebürgert.[11] Sein Sohn, der Vater des zukünftigen Goldschmieds, mit Namen ebenfalls Heinrich Taddel, war noch während der Belagerung von Stettin im November 1677 zur Welt gekommen (Abb. 2).[12] Nichtsdestotrotz wurde Letzterer bei der späteren Erlangung der Bürgerrechte am 9. September 1709 in Prenzlau im Bürgerbuch als »Barbierer, alhier gebürtig« bezeichnet.[13] Sein Bruder Christian Taddel, der Onkel unseres späteren Goldschmieds, wurde am 7. April 1686 in Prenzlau getauft. Dieser schlug statt der Laufbahn eines Barbiers die eines Goldschmieds ein und erhielt am 8. August 1719 in Stettin den Meisterbrief der Goldschmiedeinnung.[14] Am 18. April 1712 heiratete Heinrich Taddel senior in Prenzlau eine Frau Rauch, deren Vorname im Traubuch nicht genannt wurde. Die nächste Familiennachricht datiert vom 2. Oktober 1727, als in Prenzlau »Herr Heinrich Taddel, Chirurgus« bestattet wurde, womit zweifellos der Vater des späteren Goldschmieds gemeint war.[15] Der Beruf eines Barbiers war in dieser Zeit dem des Baders, Chirurgen oder Feldschers nah verwandt, sodass die Bezeichnungen mitunter gleichbedeutend benutzt wurden.[16] In den zeitgenössischen Quellen aus Norddeutschland finden sich mehrere Personen gleichen Familiennamens unter diesen Berufsbezeichnungen, weshalb man wohl von einer entsprechenden Familientradition ausgehen kann.

Heinrich Taddel junior war mit dem Tod des Vaters zwölfjährig zum Halbwaisen geworden. Wie sein weiterer Lebensweg bis zur Übersiedlung nach Dresden verlaufen ist, kann bislang nur vermutet werden. Zunächst hatte er wohl in Prenzlau die Lateinschule besucht, die erst 1704 vergrößert worden war und sich unter dem damaligen Rektor Levin Leopold Procopius eines guten Rufes erfreute.[17] Später kam

Taddel möglicherweise bei Verwandten in Berlin oder in Stettin unter, wo er bei seinem Onkel Christian eine Goldschmiedelehre absolviert haben könnte.[18]

Umzug nach Dresden: Heinrich Taddel als Goldschmied und Freimaurer

Spätestens seit dem 30. Juni 1740 war Taddel mit Erlangung der Bürgerrechte als »Gold- und Silberschmied« in Dresden ansässig.[19] Er war zu diesem Zeitpunkt fast 25 Jahre alt. In der Folgezeit lässt er sich regelmäßig in den Verzeichnissen der Gold- und Silberschmiedeinnung nachweisen. Die Quellen überliefern zudem drei Lehrlinge. Die ersten beiden, Carl Christian Stoll und Johann Friedrich Raunich, begannen 1743 bzw. 1744 ihre Lehre.[20]

1743 war ein bedeutendes Jahr im Leben von Heinrich Taddel: Am 24. September kaufte er für 6 750 Taler ein Haus auf der Breiten Gasse 19 in der Dresdner Altstadt (heute im Bereich der Altmarkt-Galerie).[21] Der Kauf belegt den beträchtlichen finanziellen Spielraum, über den er bereits verfügte. So erscheint er 1746 in einer Liste von 25 Hoflieferanten im Zusammenhang mit den Kosten für zahlreiche Pretiosen und Juwelen, die dem Hof geliefert, aber noch nicht bezahlt worden waren. Die offenen Rechnungen sollten zur Leipziger Ostermesse beglichen werden.[22]

Ebenfalls im Jahr 1743 wurde Heinrich Taddel unter dem Brudernamen »Caesar« in die 1738 gegründete Freimaurerloge *Zu den drei goldenen Schwertern* aufgenommen.[23] Diese Mitgliedschaft spielte gewiss eine nicht unbedeutende Rolle bei seinem Aufstieg am sächsischen Hof. In den Dresdner Freimaurerlogen jener Zeit hatten sich Adlige, Hofangestellte und Militärs, die überwiegend nicht aus dem alten sächsischen Adel stammten, zusammengeschlossen. Für sie bildeten die Logen ein verlässliches Netzwerk, um sich in der höheren Gesellschaft behaupten zu können.[24] Zum Großmeister der Loge *Zu den drei goldenen Schwertern* war 1741 Friedrich August Graf Rutowski gewählt worden, ein illegitimer Sohn Augusts des Starken.[25] 1747 wurde Taddel zum Schatzmeister und 1748 zum Ersten Aufseher der Loge bestellt. Noch 1772 ist er als Mitglied der Loge belegt.[26] Es lässt sich zudem nachweisen, dass zum Ende des 18. Jahrhunderts einige Mitglieder der Loge unter Beteiligung von Heinrich Taddel und des Hofmarschalls und Meisters zum Stuhl, Freiherr Joseph Friedrich zu Racknitz, Rohsteinmaterial zur Schmucksteinverarbeitung und als Sammlungsobjekte untereinander ausgetauscht haben.[27]

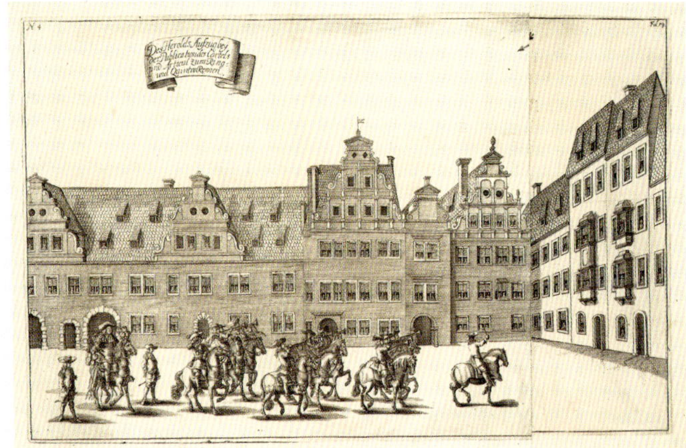

Abb. 3

Der Aufzug des Herolds mit Verkündung eines Kartells und Artikels zum Ring- und Quintanrennen in Dresden im Jüdenhof mit dem Gewandhaus und Kurfürstlichen Regimentshaus, Gabriel Tzschimmer, 1680, Radierung, Kupferstich in zwei Platten, 30,7 × 47,8 cm, Kupferstich-Kabinett, SKD, Inv.-Nr. A 157603

Das Wohnhaus von Heinrich Taddel aus zwei Gebäudeteilen befindet sich am rechten Rand der linken Platte.

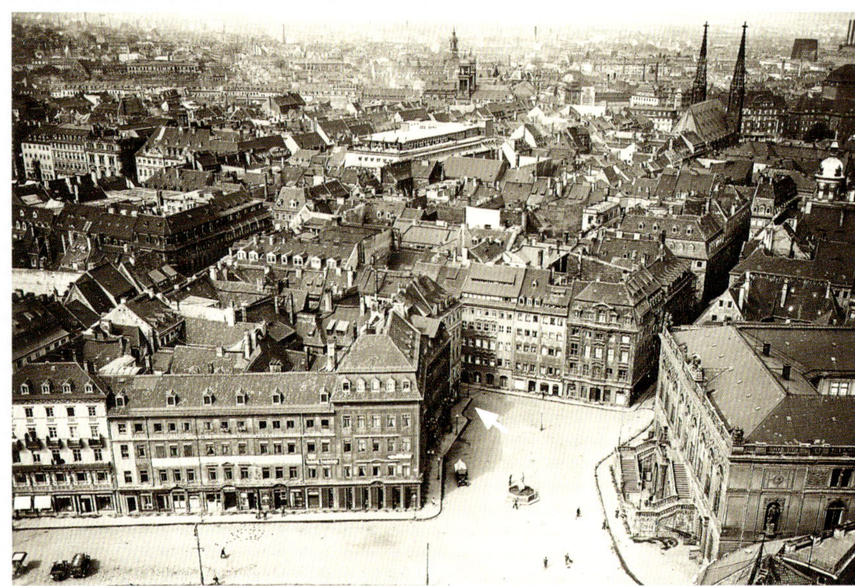

Abb. 4

Das Wohnhaus von Heinrich Taddel (Pfeil) 1930 im Zentrum von Dresden vor der Zerstörung im Zweiten Weltkrieg.

Abb. 5

Blick vom Neumarkt in die Landhausstraße. Das Haus von Taddel ist links vom Denkmal für Friedrich August II. zu sehen, Stadtarchiv Dresden, 17.6.2.3 Nr. 74

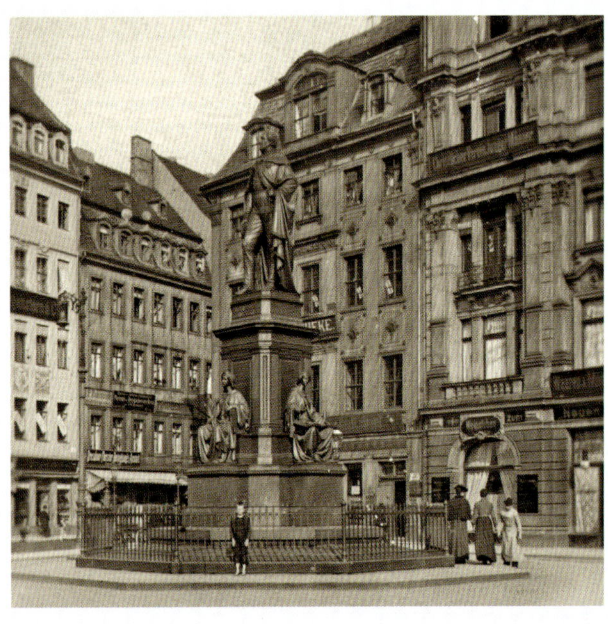

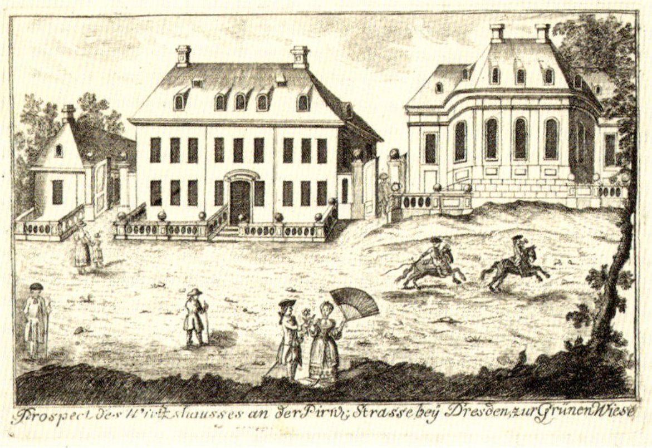

Abb. 6

Das Freigut »Zur Grünen Wiese« mit Gasthof und Lusthaus (rechts) in Gruna bei Dresden, Friedrich Gottlob Schlitterlau, um 1770, Radierung, Kupferstich, 13,0 × 20,6 cm, Kupferstich-Kabinett, SKD, Inv.-Nr. A 1995-4324

Nach seiner Ernennung zum Geheimen Kämmerer 1748
tätigte Taddel mehrere Immobiliengeschäfte. So verkaufte
er das Haus in der Breiten Gasse 1753 wieder.[28] Schon vorher
hatte er zudem mehrere andere Häuser bzw. Grundstücke
erworben. Er kaufte 1752 für 12 500 Taler ein Haus am
Jüdenhof/Ecke Frauengasse (Dresden-Altstadt, Nähe Neumarkt, Abb. 3, 4)[29] und für 14 000 Taler ein weiteres Gebäude
in der Landhausstraße 1 (ebenfalls Dresden-Altstadt, Nähe
Neumarkt, Abb. 5), das er 1787 kurz vor dem Tod seiner Ehe-
frau wieder veräußerte.[30] Bereits seit 1751 besaß er außerdem das Freigut *Grüne Wiese* in Gruna nahe dem Großen
Garten, auf dem ein Landhaus mit Gasthof, die spätere
Grüne Aue, und ein kleiner Park entstanden waren (Abb. 6).[31]

Nach Meinung früherer Autoren war Taddel in Dresden
nicht als Goldschmied, sondern nur als Händler von Juwelen und Pretiosen tätig. Selbst die von ihm signierten
Dosen sollen ausnahmslos von anderen Goldschmieden
hergestellt worden sein. Unter anderem wird darauf verwiesen, dass er sehr unregelmäßig und selten Lehrlinge
bei sich aufnahm. Zudem wurde irrtümlich angenommen,
dass Taddel die in der Liste von 1746 erwähnten Juwelen
auf der Leipziger Messe nur weiterverkauft und nicht
selbst gefertigt hatte.[32] Es ist jedoch schon länger bekannt,
dass er vor dem 12. Januar 1751 ein von ihm selbst geschaf-
fenes, reich mit Diamanten besetztes Ordenskreuz des
polnischen Weißen-Adler-Ordens an den sächsischen Hof
geliefert hatte.[33]

Wie bereits erwähnt, wurde Taddel schon frühzeitig der
Titel eines Hofgalanteriearbeiters verliehen. Die entsprechende Urkunde »vor den Goldarbeiter Heinrich Taddel«
ist auf den 2. Dezember 1743 datiert (Abb. 7).[34] In der dazu
am 24. Oktober an den Kurfürsten und polnischen König aus
Leipzig gerichteten Bittschrift schrieb Taddel, dass er sein
»weniges vermögen aus den Preußischen Landen gezogen,
und unter Dero [des sächsischen Kurfürsten] allerhöchste
Protection […] [sich] begeben, auch in procinctu stehe […]
in Dreßden ein eigenthümliches Hauß zuerkauffen«.
Bemerkenswert ist, dass Taddel in diesem Zusammenhang
bereits auf die königlich-kurfürstliche Anerkennung seiner
Arbeiten verweisen konnte: »Da ich nun die Gnade gehabt
Ew. Königl. Majestät und Dero Königl. Frau Gemahlin Majestät einige Stücke von meiner Arbeit allerunterthänigst
zuverkauffen, und zu Aufnahme meiner Profession mir sehr
dienlich wäre, wenn Ew. Königl. Majestät mir das Praedicat
Dero Hof Galanterie-Arbeiters, allergädigst zuertheilen
geruhen möchten.«[35] Auch pflegte der Geheime Kämmerer
in der Folge zu Kurprinz Friedrich Christian Kontakte, die
offensichtlich teils persönliche Züge annahmen. So geht aus
den die Privatschatulle des Prinzen betreffenden Rechnun-

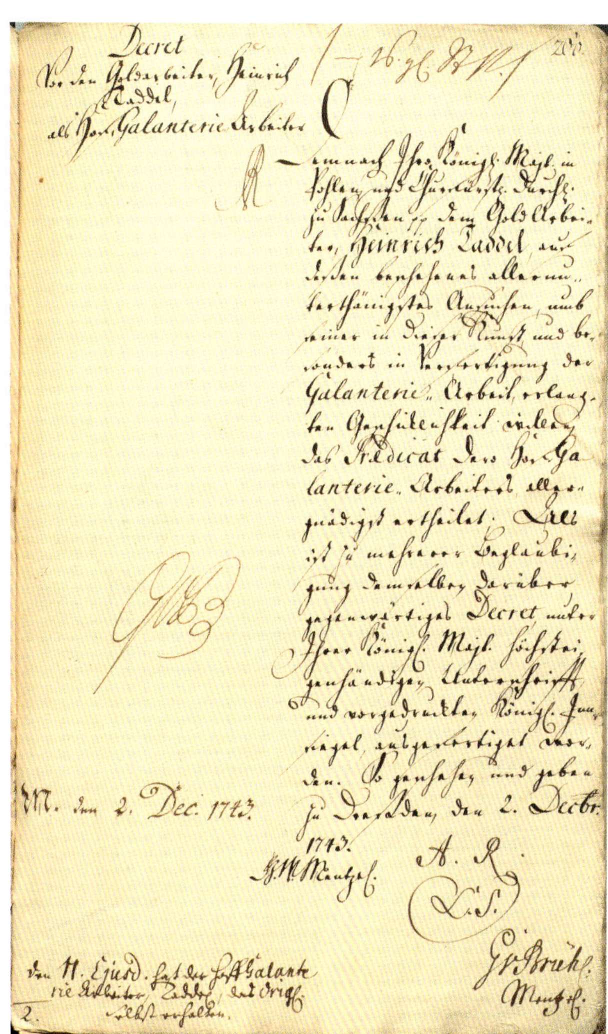

Abb. 7
Reinschrift der Urkunde zur Verleihung des Titels
als Hofgalanteriearbeiter an Heinrich Taddel
vom 2. Dezember 1743, HStADD, 10026 Geheimes
Kabinett, Loc. 896/14 (1740–1743), fol. 260

gen hervor, dass »dem H. Goldarbeiter Taddel vor eine
gelieferten Schmuck von Brilianten und Schmaragde« am
31. Oktober 1748 die beträchtliche Summe von 1155 Talern
und für »eine Tabattiere von Lapis Lazuli in Gold« am
1. April 1750 nochmals 66 Taler gezahlt wurden. Am 9. August
sowie 7. und 23. September desselben Jahres besuchte der
Prinz die *Grüne Wiese*, unter anderem zum Kartenspiel, wie
aus den abgerechneten »Discretionen« (Trinkgeldzahlun-
gen) hervorgeht.[36] Am 16. Juli 1759, also schon während des
Siebenjährigen Krieges, übersandte Taddel dann an Friedrich Christian eine wohl selbstgezüchtete Melone, wofür der
Überbringer 16 Groschen Trinkgeld erhielt.[37]

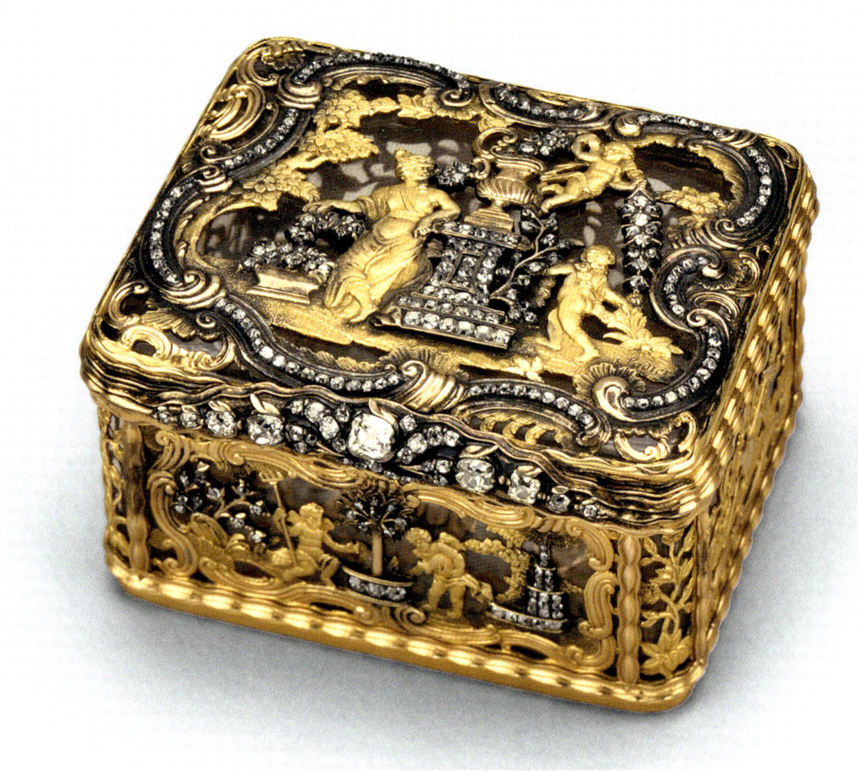

Es erscheint im Lichte dieser Faktenlage geboten, die heute noch fassbaren Goldschmiedearbeiten von Taddel für die zukünftigen Forschungen besser zu erschließen. Im Folgenden sollen dazu einige erste Versuche unternommen werden. Da Heinrich Taddel und Johann Christian Neuber über mehrere Jahrzehnte auf das Engste und zum Teil sogar in einer Werkstatt zusammengearbeitet haben, sind ihre Werke oder die jeweiligen Anteile an diesen naturgemäß nur schwer voneinander zu trennen. Auf diesen Umstand wurde bereits früher verwiesen mit der Schlussfolgerung, dass die Existenz von durch den älteren und erfahreneren Heinrich Taddel maßgeblich gestalteten und signierten Arbeiten durchaus wahrscheinlich sei.[38] Die Forschung war schon seit Längerem damit konfrontiert, dass drei stilistisch und technisch sehr ähnlich oder identisch gestaltete Tabakdosen kurz hintereinander jeweils von Heinrich Taddel bzw. von Johann Christian Neuber signiert worden sind. Sie zeigen Miniaturmosaiken in der später für Neuber so typischen Zellenmosaiktechnik unter Verwendung mehrerer farbiger Hartsteinsorten.[39] Angesichts der engen Werkstattbeziehung Taddels und Neubers kann dies leicht erklärt werden: Die goldgefassten Steindosen waren in der Regel das Werk mehrerer Spezialisten. Sie entstanden in enger Kooperation von Goldarbeitern und Steinschneidern. Die Signatur verweist daher auf den Meister, der den größten Anteil am Zustandekommen des betreffenden Objekts hatte.[40]

Will man das Werk von Heinrich Taddel genauer fassen, so muss auch berücksichtigt werden, dass er spätestens seit Ende 1772 nicht mehr selbst als Goldschmied arbeitete, obwohl er noch eine eigene Werkstatt betrieb.[41] In den gedruckten zeitgenössischen Verzeichnissen wird er wohl deshalb nicht mehr unter den Dresdner Goldschmieden erwähnt.[42] Wahrscheinlich erfolgte die Aufgabe der Tätigkeit als Goldarbeiter sogar schon etwas früher, um 1769, als der letzte Lehrling Christian Friedrich Gebauer die Werkstatt verlassen hatte.[43]

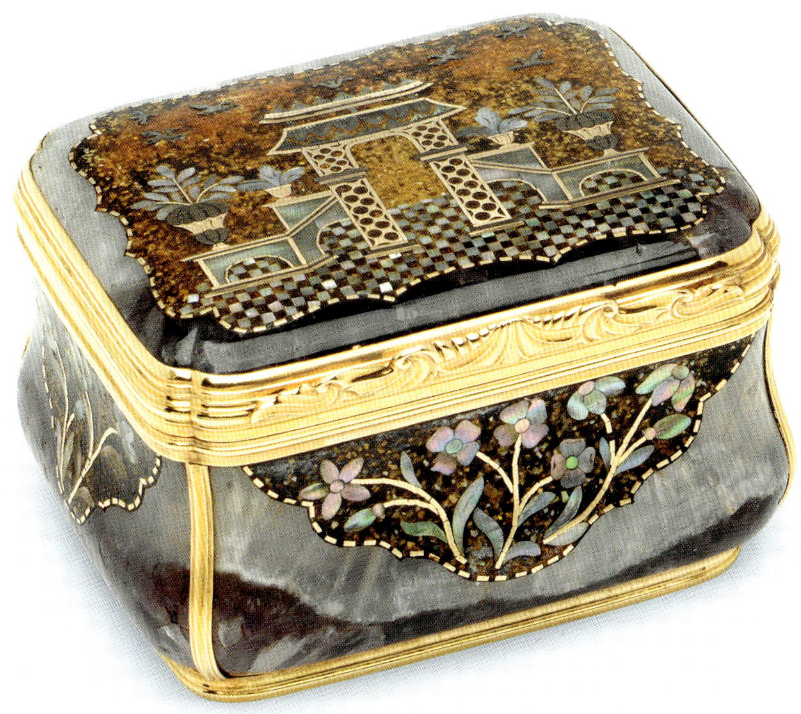

Abb. 9
Tabatiere, Heinrich Taddel, Dresden, um 1750,
Quarz, Amethyst, Gold, Muschelschalen,
7,1 × 5,6 × 4,3 cm, London, Victoria & Albert
Museum, Inv.-Nr. Loan:Gilbert.400-2008

Gesicherte Werke Taddels und mögliche Zuschreibungen

Bisher sind drei von Taddel signierte Golddosen bekannt, die sich in Privatbesitz, in London und in der St. Petersburger Eremitage befinden. Für eine von ihnen, eine längsovale Dose mit typischen Schäferszenen in Hartsteinmosaik, ist durch den Zusatz »Ao 1769« zur Signatur »Taddel à Dresde« auch das Entstehungsjahr überliefert. Sie steht somit höchstwahrscheinlich am Endpunkt seines künstlerischen Schaffens als Goldarbeiter. Die anderen beiden sind stilistisch in die Zeit um 1740 bzw. um 1750 zu datieren.[44] Die frühere, heute in St. Petersburg aufbewahrte Dose weist einen aus Bergkristall gefertigten, rechteckigen Korpus auf und ist à *cage* (wörtlich: käfigartig) in eine opulent gestaltete, netzartige dichte Goldfassung eingeschlossen (Abb. 8). Mit Rocaillen und reichem Diamantbesatz verziert, stellt die durchbrochene Fassung allegorische Szenen mit Flora umgeben von Putten, Vasen, Pflanzen und Girlanden dar. Die aufwendig gearbeiteten Figuren sind ihrerseits mit dem Namen »Sadier« signiert. Eventuell könnte es sich dabei um Otto Christian Sahler handeln, einen aus Augsburg stammenden Graveur, der 1752 in Dresden erwähnt wird und um 1764 Hofgraveur wurde, 1770 jedoch nach Berlin übersiedelte.[45]

Ausgehend von diesem signierten Werk kann Taddel eine ähnlich gestaltete Dose mit Vögeln und Pflanzenmotiven, ebenfalls in der Eremitage, zugeordnet werden.[46] Weiterhin zeigen einige andere, in der Literatur als Dresdner Werke aufgeführte Dosen stilistische Ähnlichkeiten mit diesen beiden in St. Petersburg verwahrten. Insbesondere betrifft dies die aus typischem Wiesenbader Amethyst geschnittenen Exemplare, für die man ebenfalls eine Verbindung zu Taddel vermuten darf.[47]

Aus solchem Wiesenbader Amethyst besteht auch die dritte von Taddel signierte Dose, die heute im Londoner Victoria & Albert Museum aufbewahrt wird (Abb. 9).[48] Der Steinschneider nutzte in diesem Fall sehr geschickt den scharfen farblichen Kontrast zwischen dunkelviolettem, grobkristallinem Amethyst und feinfaserig-trüb weißem Milchquarz, der für das Wiesenbader Vorkommen charakteristisch ist. Die Form der Dose wurde der natürlichen weiß-violetten Farbverteilung des Steines genau angepasst und das Unter-

Abb. 10
Tabatiere, Heinrich Taddel zugeschrieben,
Dresden, um 1750, Quarz, Gold, Muschel-
schalen, 8,9 × 6,7 × 2,9 cm, London,
Victoria & Albert Museum, Inv.-Nr.
LOAN:GILBERT.402-2008

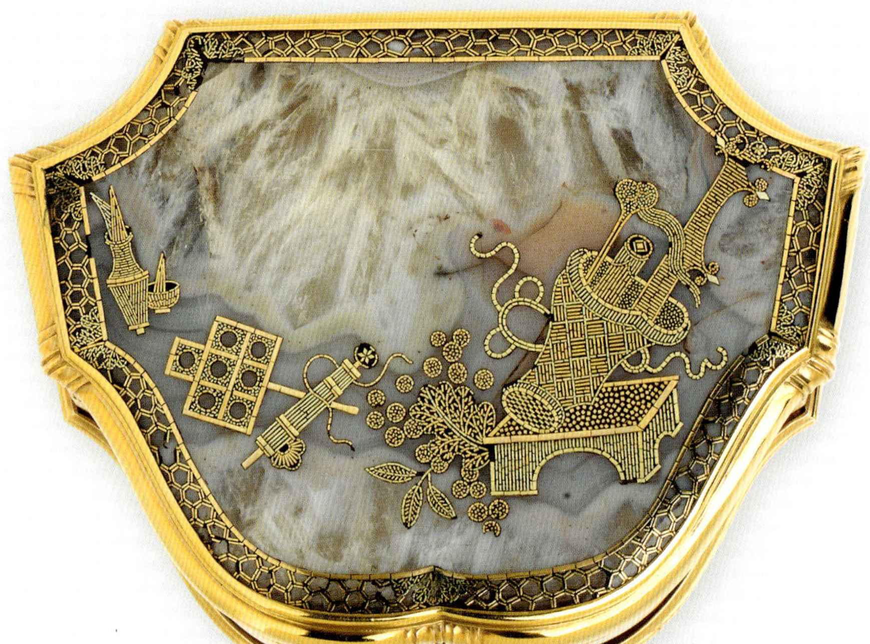

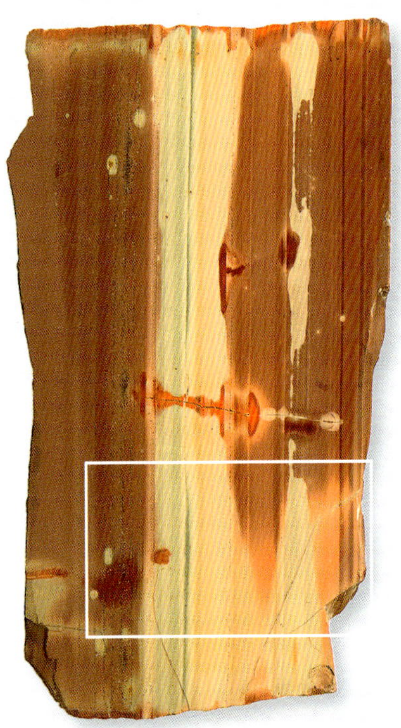

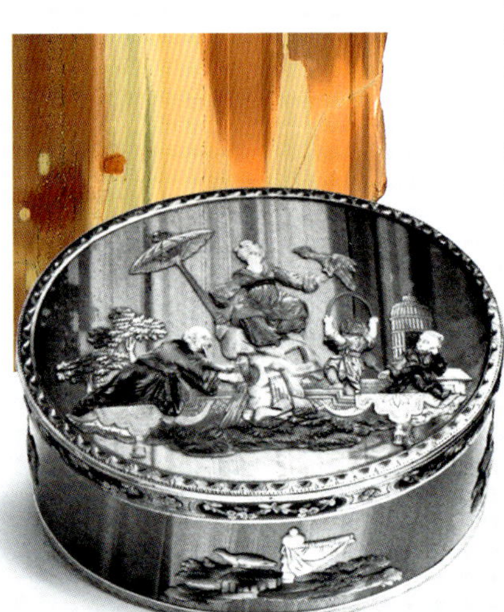

Abb. 11
Gegenstücke aus »Gnandsteiner Bandjaspis«:

Rechts: Tabatiere mit Motiv nach Antoine
Watteaus *Idole de la Déesse Ki Mao Sao*, um
1719, Werkstatt Heinrich Taddel, Dresden, Mitte
18. Jahrhundert, »Gnandsteiner Bandjaspis«,
Gold, Inkrustationen mit Muscheln, Perlmutt,
Schmucksteinen, 8,3 × 6,6 × 3,6 cm, Privatbesitz

Links: Beleg aus »Gnandsteiner Bandjaspis«,
15,0 × 8,5 cm, Senckenberg Naturhistorische
Sammlungen Dresden, Inv.-Nr. Min 6495 Sa
(Altbestand vor 1806)

teil entsprechend bauchig (*à bombé*) geschnitten. Die recht schlichte Goldfassung umfasst lediglich die Kanten der Dose. Die Oberflächen des Deckels und der Wandungen sind hingegen technisch sehr aufwendig gestaltet worden. Eine chinoise Architekturkulisse und Blumen aus verschiedenen Muscheln (teils Perlmutt) und mit Goldeinlagen wurden so in das Gestein inkrustiert, dass eine einheitlich glatte Oberfläche aus Stein und Mosaik entstand. Möglicherweise weisen die Inkrustationen auf den damals in Meißen tätigen Porzellan- und Hofmaler Johann Martin Heinrici hin, der in den 1750er-Jahren ähnliche Applikationen auf Porzellan und Metall ausgeführt haben soll.[49]

Diese charakteristischen Merkmale gestatteten die Zuschreibung einer weiteren Dose an Taddel. Das ebenfalls in London befindliche Exemplar wurde in Form einer Kartusche aus einem Stück leicht rosa gefärbten grobkristallinen Quarzgesteins geschnitten (Abb. 10).[50] Auch hier sind die Kanten und Wandungen in ähnlicher Manier in Gold gefasst, während der Deckel und der Boden in derselben Inkrustationstechnik verziert sind. Der Dekor zeigt auf der Oberseite einen chinoisen Löwen und am Boden Darstellungen asiatischer Möbel, Schrift- bzw. Bilderrollen, eines Wolkengongs oder Fächers und anderer chinoiser Utensilien.[51]

In London befindet sich eine dritte Taddel zuzuschreibende Dose. Sie wurde ähnlich dem frühen Exemplar aus der Eremitage rechteckig mit abgeschrägten Ecken geschnitten, besteht aber nicht aus Bergkristall, sondern aus Lapislazuli. Alle Außenflächen sind wie Deckel und Unterseiten bei den beiden vorher beschriebenen Dosen mit chinoisen Motiven in derselben Einlegetechnik mit Muscheln und Gold versehen.[52] Analog könnten Taddel einige weitere Tabatieren aus Hartsteinen mit Inkrustationen zugeordnet werden.[53]

Eine genauere Betrachtung legt nahe, dass diese Inkrustationen tatsächlich von der Hand Heinricis stammen könnten. Nicht nur ist die angewandte Technik dieselbe, sondern es wiederholen sich einige Motive in exakt derselben Form und in derselben Handschrift auf verschiedenem Material.[54] So tauchen Gegenstände wie ein chinesischer Stuhl, die Bilderrollen und der Fächer bzw. Wolkengong sowohl auf den beiden aus Stein geschnittenen, nicht signierten Londoner Dosen als auch auf einer japanische Lackmalerei imitierenden Metallschachtel auf.[55] Die bildlichen Darstellungen werden bei Letzterer durch regelmäßig unterbrochene Goldstege eingefasst – genau wie bei der von Taddel signierten Londoner Dose. Dass Taddel und Neuber mit der Meissener Porzellan-Manufaktur zusammengearbeitet haben, belegt ein Etui (*Carnet de bal*) aus Porzellan, das in Größe, Aufbau,

Funktion und Stilistik mit fünf anderen teils von Neuber verdeckt signierten Etuis übereinstimmt – bis hin zu der gut lesbar gestalteten Inschrift »Souvenir«.[56]

Ausgehend von den drei von Taddel signierten Dosen erscheint es somit möglich, über stilistische Betrachtungen und Analysen des Materials weitere seiner Werke erschließen zu können. So lässt sich ihm zum Beispiel auch eine oval geschnittene Dose aus »Gnandsteiner Bandjaspis« zuweisen.[57] Die Bänderung des Gesteins wiederholt sich exakt bei mehreren anderen Werken, die in Zusammenhang mit Taddel und Neuber stehen (Abb. 11). Dazu gehören zwei Tafeln aus dem Steinkabinett von Heinrich Taddel, die Sockel der Prunkvasen am sogenannten *Neuber-Kamin* und eine weitere Dose aus »Bandjaspis« (siehe Kat.-Nr. 8). Sie alle wurden aus nur einem, ungewöhnlich großen Rohstein geschnitten. Auch ähnelt die Goldfassung dieser Dose stilistisch anderen Pretiosen, die unbestritten mit Taddel und Neuber in Zusammenhang gebracht werden können. Die Oberseite und die Seitenflächen der Dose sind wiederum mit Muscheln, Perlmutt und Schmucksteinen im chinoisen Stil inkrustiert. Eine ganz ähnliche Zuschreibung an die Werkstatt von Heinrich Taddel ist über das verwendete Steinmaterial für eine rechteckig geschnittene Dose aus Schlottwitzer Bandachat im Rijksmuseum Amsterdam möglich (Abb. 12). Der Achat kann wegen seiner spezifischen Bänderung einem großen Rohstein zugeordnet werden, von dem Teile sowohl im Taddelschen Steinkabinett als auch in Werken Neubers zu finden sind (siehe S. 101, Abb. 9).[58]

Die Zusammenschau der bisher dargelegten Erkenntnisse legt nahe, dass Heinrich Taddel zwischen 1739/40 bis etwa 1769 in Dresden als Goldschmied tätig gewesen und sein Werk umfangreicher ist als bisher bekannt war bzw. angenommen wurde. Sein beruflicher Erfolg beruhte einerseits auf der raschen Anpassung an den sich ändernden Zeitgeschmack – vom Ausgang des Barocks mit reich mit Diamant besetzten Dosen über das verspielte Rokoko mit seinen typisch europäischen Chinoiserien bis hin zu den bereits klassizistischen Mikromosaiken mit Schäferszenen, Architekturkulissen und Tier- sowie Blumendarstellungen. Eine weitere Ursache seines Aufstiegs ist aber wohl auch in der engen Zusammenarbeit mit anderen talentierten Künstlern zu suchen, die neue, innovative Techniken in seine Werke einbrachten. Zu ihnen zählten möglicherweise der Hofgraveur Otto Christian Sahler und der Porzellan- und Hofmaler Johann Martin Heinrici, auf jeden Fall aber der Goldschmied Johann Christian Neuber.

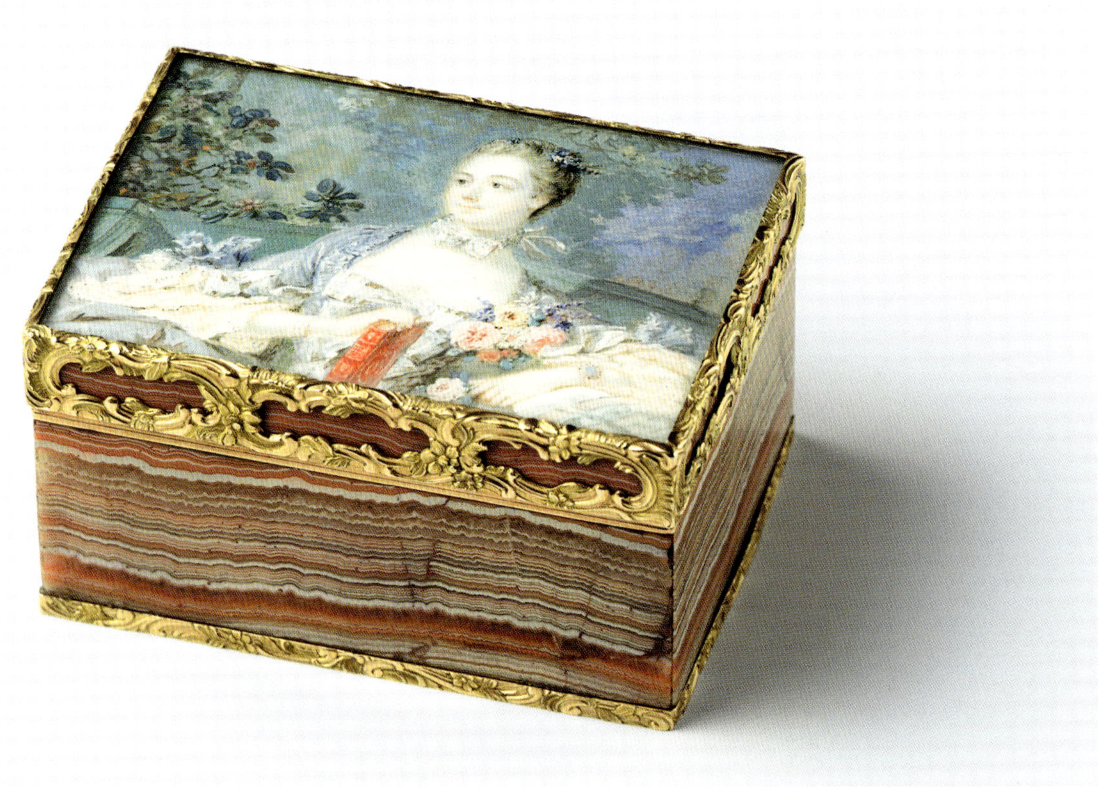

In Taddels Werken ist jedoch auch eine Konstante feststell-bar. Diese besteht in der prominenten Verwendung von Hartsteinen unter häufiger, aber nicht ausschließlicher Nutzung von einheimischem sächsischen Material. Ein für die erforderlichen Steinschneidearbeiten besonders wichtiger Partner von Taddel und zunächst wohl auch von Neuber war offensichtlich der im kurfürstlichen Naturalienkabinett tätige Christian Gottlieb Stiehl. Dieser wurde 1753 zum Hofsteinschneider ernannt und lässt sich im sächsischen Hof- und Staatskalender von 1765 bis 1792 im Naturalienkabinett nachweisen.[59] Stiehl hat in den 1770er-Jahren die wohl frühesten sogenannten Steinkabinettdosen mit seinem Namen versehen.[60] Diese von ihm als Steinschneider maßgeblich definierten Dosen zeigen auffällig viele Stilelemente, die für die Werke von Taddel und Neuber ebenfalls typisch sind,

was die enge Zusammenarbeit aller drei Hofkünstler eindrücklich belegt.[61] Diese dürfte sich auch auf weitere Werke erstreckt haben.[62]

Neben Heinrici, der um 1769/70 nicht mehr zu Verfügung stand, ist eine Kooperation mit mindestens einem weiteren Maler anzunehmen, der Vorlagen für die um 1770 mit Landschaftsszenen verzierten Dosen lieferte. Hier kommt unter anderem Christian Wilhelm Ernst Dietrich, genannt Dietricy, infrage.[63] Aber auch grafische Vorlagen und Werke weiterer Landschaftsmaler könnten als Inspirationen gedient haben. Ein Vergleich der heute bekannten elf in der Technik des Mikromosaiks gefertigten Stücke zeigt, dass die entsprechende Ausführung bei der von Taddel 1769 signierten Dose noch von vergleichsweise einfacherer Art ist. Man kann daher vermuten, dass es sich hierbei um eine der ersten, wenn nicht die erste Dose dieses Typs handelt und weitere Exemplare dann unter Weiterentwicklung und Vervollkommnung der Technik sowie unter der wachsenden Beteiligung von Johann Christian Neuber entstanden sind.

Durch seine Anstellung bei Hof und den Betrieb einer eigenen größeren Werkstatt, welche Galanterie- und Juwelierartikel für adlige Auftraggeber und den Dresdner Hof ausführte, hatte sich Heinrich Taddel im Laufe der Jahre eine solide finanzielle Basis geschaffen. Wie erwähnt, war er in seiner Funktion als Geheimer Kämmerer schon seit 1748 auch für die Aufsicht über das Grüne Gewölbe zuständig und führte spätestens seit 1763 den Titel eines Inspektors.[64] Für das Grüne Gewölbe waren kurz nach dem Siebenjährigen Krieg bis zu sieben Inspektoren gleichzeitig zuständig. Neben einem regelmäßigen wöchentlichen Wechsel im turnusmäßigen Dienst bedingte dies zugleich eine Aufteilung der Arbeit unter den Kämmerern entsprechend ihrer beruflichen Qualifikation. So war der französische Uhrmacher Jean François Poncet, der zwischen 1765 und 1804 im Grünen Gewölbe nachweisbar ist, insbesondere für die Betreuung der Prunkuhren zuständig. Die Juweliere und Goldschmiede Franz Buresch, Heinrich Taddel, André Jacques Pallard und Franz Michael Diespach kümmerten sich hingegen um den Juwelenschmuck.[65] Die Oberaufsicht hatte bei Eintritt von Taddel 1748 bereits seit längerer Zeit Christian Friedrich Schlötter inne, der nach seinem Ausscheiden 1765 noch bis 1776 als Emeritus weiterbezahlt wurde. An dessen Stelle trat bis 1768 der aus dem böhmischen Adel stammende Franz Buresch von Greifenbach.[66] Spätestens ab 1769 scheint Heinrich Taddel für die Oberaufsicht über das Grüne Gewölbe zuständig gewesen zu sein – also genau ab dem Zeitpunkt, als er vermutlich seine eigene Tätigkeit als Goldarbeiter einstellte.[67]

Eine Vorstellung über Taddels Tätigkeit als Geheimer Kämmerer gibt das *Journal der Geheimen Verwahrung oder sogenannten Grünen Gewölbes*, das den Zeitraum nach dem Tod Augusts des Starken im Februar 1733 bis zum April 1782 umfasst.[68] In diesem wurden jeweils auf der rechten bzw. linken Hälfte der entsprechenden Seiten alle Vorgänge des Eingangs (»Vermehrung«) bzw. des Ausgangs (»Abgangs«) aus der Geheimen Verwahrung, aber auch wichtige in diesem Zusammenhang erlassene Verordnungen oder andere Vorgänge dokumentiert.[69] Die Geheimen Kämmerer waren für die korrekte Ausgabe und Annahme der Juwelen und Pretiosen oder anderer Wertsachen sowie für die ordnungsgemäße Schließung und Siegelung in der Verwahrung verantwortlich und bestätigten dies mit ihrer Unterschrift. Offensichtlich wurde das Grüne Gewölbe in dieser Zeit vor allem als sicherer Aufbewahrungsort sowie Staatstresor und weniger als Museum betrachtet. So gab, wie Taddel unter dem 6. Januar

1748 notierte, »die Frau Obersthoff Meisterin Gräwin von Colowrat« einen Koffer in Verwahrung.[70] Am 13. November selbigen Jahres hinterlegte der König seinen von Akzisenrat Hoffmann gesiegelten Schrankschlüssel im Grünen Gewölbe, was Taddel quittierte.[71]

Der erste Eintrag von Heinrich Taddel im Journal bezog sich auf die Rückgabe der kompletten sogenannten Rauten- oder Diamantrosengarnitur, die am 14. Februar 1748 vom Geheimen Kämmerer Franz Buresch an die Königin übergeben worden war.[72] Bereits am 26. Februar hatte Taddel laut Journal an die fünf sächsischen Prinzen anlässlich der Fastnacht Teile der Rubin-, Saphir- und Karneolgarnituren und einige einzelne Diamanten herausgegeben. Aus dem St.-Andreas-Orden wurden dabei zwei Brillanten herausgebrochen, sodass nach der Rückgabe am Folgetag einige Reparaturen durch den Hofjuwelier Johann Melchior Dinglinger notwendig wurden.[73]

Am 20. Juli 1756 notierte Taddel im Journal, dass er auf königlichen Befehl an die Kurprinzessin eine Schnalle aus der Rubingarnitur verliehen habe, die »am 4. August wieder abgeholt werden soll«. Daneben befindet sich mit dem Eintrag »Zurück geholtt. Taddel« die Bestätigung für die Rückgabe.[74] Kurz darauf änderte sich die Situation für die Geheimen Kämmerer dramatisch, als am 29. August 1756 die Preußische Armee ohne Kriegserklärung in Sachsen einmarschierte und der Siebenjährige Krieg begann. Dabei geriet auch die bisherige strenge chronologische Abfolge in der Aktenführung zunehmend durcheinander. Die Wege der damals vier für die Geheime Verwahrung zuständigen Kämmerer trennten sich. Auf Befehl des Kurfürsten und gemäß der Weisung von Premierminister Brühl floh Franz Buresch mit den Juwelengarnituren, Edelsteinen aus dem Vorrat sowie dem Arkanum für das Meissener Porzellan und einigen anderen wichtigen Dokumenten aus Dresden nach Warschau, nachdem er diese Wertsachen am 30. und 31. August 1756 abends im Grünen Gewölbe in Empfang genommen hatte.[75] Der Kämmerer und Juwelier André Jacques Pallard erhielt auf eigenen Wunsch schon am 7. Juli 1756 seinen Abschied und kehrte nach Genf zurück, wo sein Bruder, der mit einer Empfehlung nach England ebenfalls vom sächsischen Dienst entbundene Hofjuwelier Jean Jacques Pallard, seit etwa 1750 mit der Umgestaltung und Neufassung der Diamantrosengarnitur beschäftigt war. Die entsprechenden Arbeiten an der Garnitur waren allerdings bereits vor dem Krieg praktisch zum Erliegen gekommen. Da sich zu Beginn der Kampfhandlungen in Sachsen eine große Menge von Diamantschmuck und ungefassten Diamanten zur Umarbeitung bzw. in Zahlung genommen bei Pallard in der Schweiz befand, verblieb ein wesentlicher Teil des sächsischen

Staatsschatzes an Diamanten mit Ausbruch des Siebenjährigen Krieges in Genf. Von besagter Garnitur wurden nur die
schon nach Dresden gelieferten 110 Knöpfe und der Brust-
stern des Weißen-Adler-Ordens von Buresch nach Warschau gebracht.[76]

Christian Friedrich Schlötter und Heinrich Taddel hielten
sich weiterhin in Dresden auf. In der Folge erwarb sich
Taddel große Verdienste bei der Bewahrung der Kunstschätze aus dem Grünen Gewölbe. Erst sehr spät, am
13. September 1759, wurde »Auf allerhöchsten Befehl Ihro
Majt. unsers Allergnaedigsten Königs und ferner mündliche
hohe Anordnung Ihro Königl. Hoheit der Chur Prizeßin« ein
Teil der in der Geheimen Verwahrung in verschiedenen
Räumen verbliebenen Objekte von Schlötter und Taddel in
größerer Eile in neun Kisten »eingepacket und nach der
Festung Königstein transportiert«, wie die dazu von beiden
signierte »Specifikation« belegt. Dazu kamen drei Koffer,
die unter anderem Petschaften enthielten. Am 3. Juli 1760
brachte Taddel dann diese Kisten »auf aller Högsten befel
aus Warschau« vom Königstein wieder zurück nach Dresden, wo sie »Eingepackt im grünen gewölbe stehen geblieben«, wie er im Journal vermerkte. Dann, »in waerendem
Bombardemet von Dresden« durch die preußischen Truppen vom 13. bis zum 22. Juli 1760, hatte Taddel die »Specificirten Kisten und Sachen in Königlichem Reithaus in Neu-
stat gebragt«, wo sich eine Gelegenheit ergab, sie zurück
auf die Festung Königstein zu transportieren, was er am
25. Juli 1760 im Journal festhielt. Erst am 19. März 1763
konnte der Geheime Kämmerer dann notieren: »Habe alle
oben Specificirten sachen wieder von der festung König
Stein abgeholet und allens wieder im Königl. Grünen
Gewolbe zur fer Wahrung gebragt. Taddel.«[77]

Am 19. September 1759 wurden laut Journal auf Befehl des
Kurprinzen Christian zwei weitere Kisten unter den Nummern zehn und elf fast ausschließlich mit Bergkristallobjekten aus dem Pretiosenzimmer gefüllt und per Schiff auf den
Königstein transportiert. Die entsprechenden Listen wurden
von Taddel geschrieben, aber nicht signiert.[78] Er dokumen-
tierte an derselben Stelle außerdem sechs versiegelte Koffer
des Kurprinzenpaars, vier Kisten mit Wertsachen der 1757
verstorbenen Königin Maria Josepha und eine königliche
Schatulle, die alle auf Befehl des Kurprinzenpaars mit demselben Schiff in Richtung Königstein abgesandt wurden.
Einen weiteren Transport von zwei Kisten mit Silberobjek-
ten aus dem Marschallamt und sechs weiteren Kisten des
Kurprinzenpaars vermerkte Taddel am 9. Oktober – wiederum ohne Unterschrift.[79]

Wohl an den Folgetagen nach der Verschickung der ersten
neun Kisten auf den Königstein wurden durch Schlötter
und Taddel ausgewählte Objekte aus den verschiedenen
Räumen des Grünen Gewölbes genommen und in Kisten
verpackt, die dann in »den kleinen Tobacks Keller geset-
zet« wurden. Aus der ersten Kiste mit Objekten aus dem
Juwelenzimmer entnahmen die beiden Kämmerer am
16. März 1760 die Inventare des Grünen Gewölbes und
brachten sie nachträglich auf den Königstein.[80] Die Rückführung und Einordnung aller aus dem Grünen Gewölbe
ausgelagerten Objekte nach Kriegsende nahm dann laut
Journal mehrere Jahre in Anspruch.

Nach dem Krieg, am 1. Dezember 1764, gab Heinrich Taddel
seine Schlüssel zum Grünen Gewölbe beim Kämmerer Pierre
Pierrart ab, der sie in einer Schublade im Juwelenzimmer
hinterlegte, »wo andere Schlüssel mehr liegen«. Erst am
28. Dezember 1765 wurden Taddel seine Schlüssel vom
Kämmerer Franz Diespach wieder ausgehändigt. Grund für
seine lange Abwesenheit war allerdings kein dienstlicher
Auftrag. Vielmehr meldete sich Heinrich Taddel am 1. Januar
1766 »Nach dem Aller gnädigst mir Erteilletten Ein järrig-
tem Uhrlaub Zu her Stellung meiner gesundheit« zum
Dienstantritt zurück.[81]

Am 6. Januar 1767 hinterlegte Heinrich Taddel wiederum
seinen versiegelten Hauptschlüssel im Grünen Gewölbe bei
Diespach, diesmal, um in einer schwierigen Mission nach
Genf zu reisen. Auf Weisung des regierenden sächsischen
Administrators Prinz Xaver sollte der Geheime Kämmerer
die bei Jean Jacques Pallard verbliebenen Teile der Diamantrosengarnitur nach Dresden zurückholen. Taddel führte
zwei ihm gegen Bescheinigung überreichte originale Listen
mit sich, wovon die eine unter »No: 7« noch am selben
Tag von Oberkämmereisekretär Müller kopiert worden war.
Die verbliebenen Dokumente und Kopien zu dieser Angelegenheit sowie die Übernahmebescheinigung von Taddel
wurden zusammen mit der betreffenden Verordnung und
einem Reskript des Prinzen Xaver im Grünen Gewölbe hinterlegt. Die Rückgabe des Schlüssels ist im Journal nicht
fixiert, könnte aber am 5. März zusammen mit der Rückgabe der Originallisten erfolgt sein. Am selben Tag fand
beim Oberkammerherrn Graf von Bosen eine Zusammen-
kunft statt, bei der »die Rauten, so Herr Commercin-Raht
Pallard noch in Händen gehabt, durch Herrn Tatteln aber
zurück gebracht wurden« begutachtet, gewogen und auf
Vollständigkeit geprüft wurden. Der entsprechende Vermerk im Journal stammte von Diespach, der neben Taddel
und Oberkämmereisekretär Müller an dem denkwürdigen
Treffen teilgenommen hatte. Die im Journal erstellte entsprechende Liste umfasst 30 Steine, welche durch Müller

auch in eine Registratur eingetragen wurden, die er am
26. März im Grünen Gewölbe hinterlegte.[82] Allerdings
scheint die Angelegenheit damit noch nicht abgeschlossen
gewesen zu sein. Am 22. April 1767 fixierte Heinrich Taddel
umfängliche Umbauten und Erneuerungen an den Schließ-
anlagen des Grünen Gewölbes, bevor er am Folgetag wiederum bei Diespach »die Haupt-Schlisseln« versiegelt in
Verwahrung gab. Erst am 6. Oktober 1767 bekam er sie von
Pierre Pierrart wieder ausgehändigt. Offensichtlich ist
Taddel mindestens noch zwei Mal nach Genf gereist. Über
die genaueren Hintergründe schweigt das Journal. Am
6. Mai nahm Taddel in der Expeditionsstube des Grünen
Gewölbes zusammen mit Diespach und Müller unter Aufsicht des Geheimrats Gartenberg und des Akzisenrats Smitt
sowie unter Hinzuziehung des Juden Löwe eine Schätzung
der 30 zurückgebrachten Diamanten vor. Die von Müller
abgefasste Schätzung wurde von Taddel, Diespach und
Löwe unterschrieben und zusammen mit den einzeln nummerierten und gewogenen Diamanten von Gartenberg und
Smitt versiegelt, bevor sie in die Geheime Verwahrung
gebracht wurden – zusammen mit einem neuen Reskript
vom 4. und einem entsprechenden Befehl von Prinz Xaver
vom 5. Mai. Wahrscheinlich diente die Schätzung dazu, die
endgültigen Modalitäten der Rückgabe der Diamanten mit
Pallard in Genf auszuhandeln. Am 7. Oktober 1767 notierte
Heinrich Taddel im Journal, dass er seinen Dienst im
Grünen Gewölbe wieder angetreten habe.[83]

In älteren Publikationen wurde fälschlicherweise angegeben, dass Taddel 1769 verstorben sei.[84] Unkorrekt ist auch
die Angabe, er hätte schon am 6. Dezember 1767 sein Amt
als Inspektor an den aus dem Hofstaat des Prinzen Xaver
stammenden Dominicus Bussy übergeben.[85] Heinrich
Taddel blieb bis zu seinem Tod 1794 Geheimer Kämmerer
und Inspektor im Grünen Gewölbe. Durch ein Dekret des
Prinzen vom 21. Mai 1768 erhielt Taddel aber offensichtlich
wegen seiner herausragenden Verdienste eine Sonderstel-
lung unter den Inspektoren. Am 5. Dezember 1767 wurde
Dominicus Bussy auf Anweisung des Prinzen-Administra-
tors durch Taddel, Pierrart, Diespach und den Oberkämmereisekretär Müller in sein neues Amt als Kämmerer und
Inspektor eingeführt. Gleichzeitig blieb er aber weiter wie
bisher Kammerzahlmeister im Hofstaat des Prinzen Xaver.
Taddel vermerkte in seinem letzten Eintrag in das Journal
des Grünen Gewölbes weiter, dass Bussy am 6. Dezember
den Dienst im Grünen Gewölbe angetreten habe.[86] Wie aus
dem Journal ersichtlich ist, übernahm Dominicus Bussy
viele Aufgaben von den anderen Inspektoren, ohne jedoch
deren Positionen einzunehmen. Ein halbes Jahr später
notierte der neue Kämmerer (Abb. 13): »Den 8ten July 1768
Hat der Hr. Ober-Cämmerey-Secretaire Muller die Copia

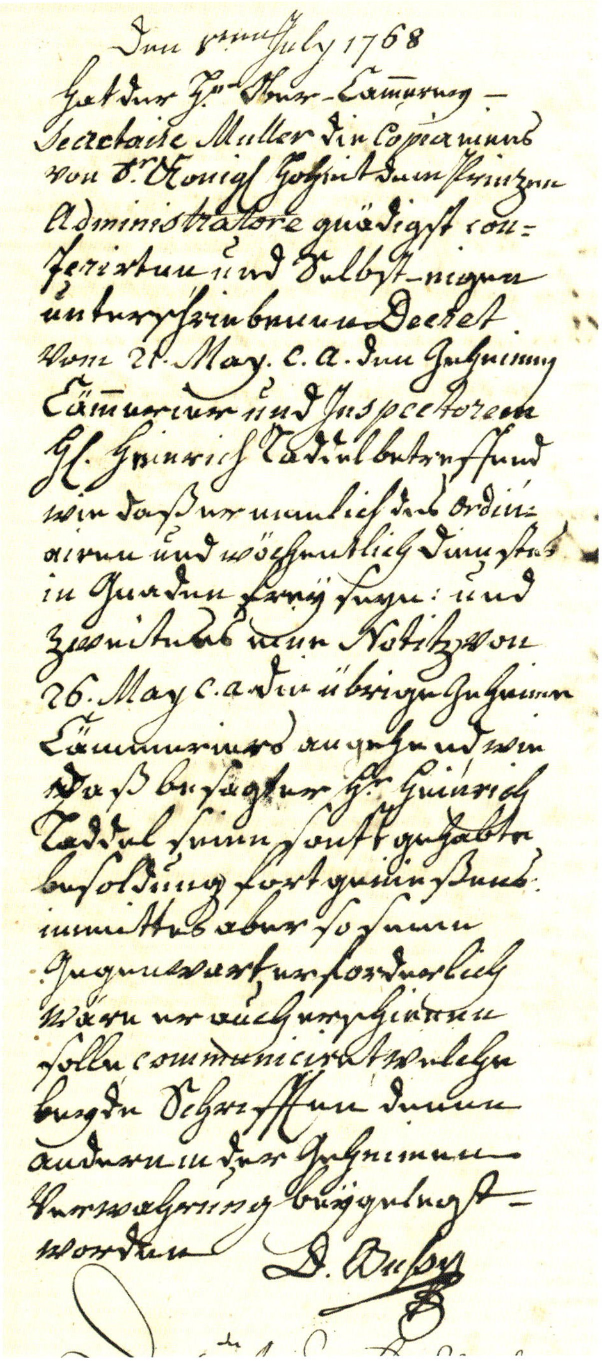

Abb. 13

Eintrag zum kurfürstlichen Dekret zu
Heinrich Taddel betreffend vom 21. Mai 1768,
in: Journal des Grünen Gewölbes 1733–1782,
fol. 202 r

eines von Sr. Konigl. Hoheit dem Prinzen Administratore gnädigst conferierten und selbst-eigen unterschriebenen Decret vom 21. May c.a. den Geheimen Cämmerier und Inspectorem H. Heinrich Taddel betreffend wie daß er nemlich des ordinairen und wöchentlich Dienstes in Gnaden frey seyn und zweitens eine Notitz von 26. May c.a. die übrigen Geheimen Cämmeriers angehend wie daß besagter Hr. Heinrich Taddel seine sonst gehabte Besoldung fort genießend inmittes aber so sener Gegenwart erforderlich wäre er auch erscheinen solle communiciret welche beyde Schrifften denen anderen in der Geheimen Verwahrung beygelegt worden D. Bussy.«[87]

Es erstaunt nicht, dass auch nach der Abdankung von Prinz Xaver im Herbst 1768 und seiner Übersiedlung nach Frankreich noch längere Zeit intensive Geschäftsbeziehungen des Prinzen zu Heinrich Taddel bestanden haben. Der Inspektor Dominicus Bussy erfüllte seinerseits in Dresden weiterhin bis zu seinem Tod 1776 die ihm aus Frankreich von Xaver übermittelten Aufträge.[88]

Taddel und seine Bedeutung als Kenner sächsischer Schmucksteine

Neben der Sachkenntnis im Umgang mit Goldschmiedearbeiten und Juwelen hatte Taddel gegenüber allen anderen Geheimen Kämmerern ein Alleinstellungsmerkmal aufgrund seiner Beschäftigung mit verschiedenen in- und ausländischen Hartsteinsorten, unter anderem im Zusammenhang mit seinem im Grünen Gewölbe erhaltenen Steinkabinett und der Verwendung von Schmucksteinen in seinen Galanterien. Darauf weist das ihm 1764 durch den Prinzen Xaver erteilte umfängliche Privileg hin, überall in Sachsen nach »Edelgesteinen frey und ungehindert schürfen« zu dürfen.[89] Bislang wurde angenommen, dass sich Taddel erst danach intensiv mit der Suche und Gewinnung von sächsischen Schmucksteinen befasst hatte, was sich im Ergebnis in dem überlieferten Steinkabinett manifestiert haben soll. Die eingehendere Untersuchung des Kabinetts selbst belegt jedoch, dass Taddel bei der schon vor 1757 entstandenen umfangreichen Sammlung wohl ausschließlich auf bereits in Dresden vorhandenes Material zurückgegriffen hatte, dessen genaue Herkunft ihm zum Teil unbekannt war (siehe S. 73–85). Nur für den »Carneol Bruch« bei Chemnitz-Rottluff beantragte der Geheime Kämmerer 1768 nachweislich eine Konzession, die durch den Prinz-Administrator am 16. April auch gewährt wurde. Im September 1775 verzichtete Taddel dann zugunsten des von ihm protegierten Johann Christian

Neuber auf dieses Vorrecht.[90] Die bisher erschlossenen Akten zu den Vorkommen von sogenanntem »Bandjaspis« bei Gnandstein sowie von Achat und Amethyst im Müglitztal bei Schlottwitz zeigen, dass Heinrich Taddel auf der Grundlage seiner Generalvollmacht Einzelkonzessionen für die Gewinnung von Rohmaterial für qualifizierte Steinschneider erwirken konnte, die dann einmalig an den entsprechenden Orten nach Schmucksteinen schürfen durften. Da dieses Verfahren manchmal zu Missverständnissen mit den Beamten vor Ort führte, beantragte er später beim zuständigen Bergkollegium gemäß der seit dem Erlass des Edelsteinmandats von 1732 üblichen Praxis immer auch zusätzlich einen entsprechenden Pass für die Steinsucher.[91] Ein Gewährsmann von Heinrich Taddel bei derartigen Unternehmungen war der ebenfalls in Dresden ansässige Steinschneider Johann Christoph Uhmann.

Uhmann besaß ebenso das Vertrauen des regierenden Prinzen Xaver und nach dessen Abdankung des Kurfürsten Friedrich August III. Er war bereits vor dem Siebenjährigen Krieg aktiv und erhielt am 27. Oktober 1753 und am 27. Juli 1754 durch das Bergamt Glashütte jeweils einen Schürfschein zur Gewinnung von Schlottwitzer Achat und Amethyst. Im September 1768 schloss Uhmann mit dem Geheimen Rat Rudolph von Bünau, der als Herr auf Schloss Weesenstein seit dem 13. September 1755 über eine entsprechende Konzession zur Steingewinnung auf seinem eigenen Grund und Boden verfügte, einen Pachtvertrag zum Brechen von Rohmaterial ab. Da dies jedoch dem 1732 erlassenen sächsischen Edelsteinmandat widersprach, entzog Xaver dem Grafen daraufhin am 29. Oktober die Konzession. Das gewonnene Material wurde eingezogen und kam in die Geheime Verwahrung unter die Obhut von Heinrich Taddel. Bereits vorher, am 8. Juni 1768, hatte Prinz Xaver Uhmann mit der Sicherstellung von Material beauftragt, das von Ziegelmeister Schreyer aus Pirna an derselben Stelle illegal gebrochen worden war. Uhmann musste danach den Bruch verfüllen, um weitere Diebstähle zu verhindern.[92] Am 10. August 1769 beauftragte der Kurfürst Johann Christoph Uhmann, den Mannheimer Steinschneider Emanuel Zimmermann auf dessen Suche nach geeigneten Steinen für das Tabernakel in der dortigen Schlosskirche ins Gebirge nach Schlottwitz und Gnandstein zu begleiten. Im April 1770 reiste Uhmann dann in den Gnandsteiner Wald, um für Taddel selbst »Gnandsteiner Bandjaspis« zu beschaffen.[93] Im Oktober 1771 sandten Heinrich Taddel und der Inspektor des Naturalienkabinetts im Zwinger, Christian Ernst Birkhan, den Steinschneider wiederum ins Müglitztal.[94] Vermutlich hat Johann Christoph Uhmann alle seine Aufgaben zur Zufriedenheit der Auftraggeber erfüllt. Am 17. Dezember 1774 wurde er zum sächsischen Edelsteininspektor ernannt – ein Amt, in dem ihm ab 1784 der Begründer der modernen Mineralogie und Professor an der Bergakademie Freiberg, Abraham Gottlob Werner, nachfolgen sollte – und blieb es bis zu seinem Tod am 31. März 1777.[95]

Die Kenntnisse von Taddel bezüglich der Gewinnung und Verarbeitung von Edel- und Schmucksteinen manifestieren sich auch in einem von ihm 1770 verfassten internen Bericht über die Kunst des Edelsteinschleifens in Sachsen. In dieser Schrift hielt er fest, dass viele Edelsteinschleifer in der Friedrichstadt ansässig waren, unter anderem der bereits erwähnte Christian Gottlieb Stiehl, einige andere auch im Erzgebirge, und dass es in Dresden damals zwei Meister gab, die Diamanten bearbeiten konnten.[96]

Taddel starb am 16. Dezember 1794 in seinem Haus am Jüdenhof. Bei der Beerdigung auf dem alten Johannisfriedhof am 21. Dezember läuteten die Glocken der Kreuzkirche für 20 Taler eine halbe Stunde lang.[97] Taddel hinterließ seinem Alleinerben Christian Heinrich Weinlig ein bedeutendes Vermögen. Es wurde vermutet, dass Weinlig der Schwiegersohn von Taddel gewesen ist.[98] Tatsächlich traten Heinrich Taddel bzw. seine Frau Christiana Sophia 1784 und 1785 jeweils als erste Taufpaten für die Kinder des seit 1774 verheirateten Ehepaars Christian Heinrich und Friederike Wilhelmine Weinlig (geb. Hertel) in Erscheinung.[99] Das Haus in der Seegasse 42, in dem Johann Christian Neuber bis dahin gewohnt und gearbeitet hatte, ging in den Besitz Weinligs über. 1797 wird Hof- und Justizkanzleisekretär Christian Friedrich Weinlig als einer der dortigen Bewohner und Hof- und Justizrat Weinlig als Besitzer angegeben. Im ehemaligen Laden von Neuber befand sich nun eine Konditorei.[100]

Taddels vor dem Siebenjährigen Krieg entstandenes Steinkabinett überdauerte in einem Renaissance-Prunkschrank fast 200 Jahre: zunächst in der Münzsammlung, später in der Kunstkammer und seit 1832 schließlich im Grünen Gewölbe. Diese ursprünglich prächtig in Tombak gefasste Sammlung war der Vorläufer der vier heute von Johann Christian Neuber bekannten Steinkabinettstische und der ebenfalls von jenem hergestellten zahlreichen Steinkabinettdosen, die den Hofgoldschmied Neuber bis heute berühmt gemacht haben, während Taddel selbst weitgehend in Vergessenheit geriet.

1 Holzhausen 1935, S. 24; Arnold 2001, S. 241. **2** Stadtarchiv Dresden, Carl Hollstein, Historisches Häuserbuch der Stadt Dresden 1521–1847 (Irene Lichtenstein, maschinenschriftliche Abschrift, 1980, Bd. 1, S. 390–391); Poindront/Kugel, 2012, S. 221. Taddel war kein »Hoflieferant« im Sinne des entsprechenden Hoftitels. Er konnte aber seine eigenen Arbeiten dem Hof verkaufen. **3** Kempe/Enge 2020, S. 171–175. Die gehobene Stellung von Taddel am Dresdner Hof illustriert auch die durch ein detailliertes »Arrangement« überlieferte Sitzordnung während einer Theateraufführung von 1755, die Taddel die Loge Nr. 3 in der dritten Etage des Hoftheaters zuwies, vgl. Mücke 2003, S. 70–73. **4** Sponsel 1919; Holzhausen 1966, S. 45; Arnold 1988, S. 59; Poindront/Kugel 2012, S. 220; Poindront 2012, S. 104. **5** Kempe/Enge 2020, S. 175. **6** Arnold 1988, S. 63; Poindront 2012, S. 107. **7** Poindront/Kugel 2012, S. 220–222. **8** Poindront/Kugel 2012, S. 222. **9** Poindront/Kugel 2012, S. 220. In früheren Arbeiten wird bereits Prenzlau bzw. »Prenzlow« als Geburtsort genannt, vgl. Holzhausen 1935, S. 24; Holzhausen 1966, S. 79; Arnold 2001, S. 244. **10** Evangelisches Landeskirchliches Archiv Berlin, Tauf-, Trau- und Sterberegister von St. Marien zu Prenzlau (1677–1719), S. 601. Das Geburtsdatum ist nicht erwähnt. **11** Stadtarchiv Prenzlau, 1.5 Bürgerschaft, Rep. 93, Bürgerbuch 1680–1688, fol. 1682. **12** Evangelisches Zentralarchiv in Berlin (EZA), EZA 980/4088, Stettin St. Nikolai-Johanniskirche Taufen 1637–1732, S. 423 (1677). **13** Stadtarchiv Prenzlau, 1.5 Bürgerschaft, Rep. 94, Bürgerbuch 1688–1745, S. 70. Für die Mitteilung der Akteninhalte zu den Bürgerrechten von Heinrich Taddel (senior) und Gottfried Taddel danken die Autoren herzlich der Archivarin Evelyne Brauchler, Stadtarchiv Prenzlau. **14** Evangelisches Landeskirchliches Archiv Berlin (ELAB), 3.5.7 Kirchenbuchbestände im ELAB; Mikrofilme, Alt-Sprengel Eberswalde, Prenzlau, Gesamtkirchenbuch von St. Marien zu Prenzlau (1677–1719), S. 131; Scheffler 1980, S. 445, 446, Nr. 118. **15** Evangelisches Landeskirchliches Archiv Berlin, Tauf-, Trau- und Sterberegister Prenzlau (1720–1804). **16** Der Beruf des Barbiers beinhaltete nicht nur Hygiene- und Schönheitsbehandlungen wie die Haar- und Bartpflege, sondern auch medizinische Eingriffe wie Zahnbehandlungen, Aderlässe oder kleinere Operationen. **17** Rehbein 1929; Nagel 1993. **18** Urkundliche Belege für einen Aufenthalt von Heinrich Taddel in Stettin ließen sich bisher nicht finden. Leider sind die Akten der Stettiner Goldschmiedeinnung seit 1945 verschollen (freundliche Mitteilung von Witold Mijal, Archiwum Państwowe w Szczecinie AP, Staatsarchiv Stettin). Geht man von einer gewöhnlichen Lehrzeit von 5 bis 7 Jahren und weiteren 6 üblichen Wander- und Gesellenjahren aus, die vor der Annahme des Meisterstücks liegen mussten, dann hätte Heinrich Taddel tatsächlich 1727 oder 1728, im Alter von 12 oder 13 Jahren, seine Goldschmiedelehre begonnen. **19** Stadtarchiv Dresden, 2.1.3-C.XXI.18 r (B); Der Stadt Dresden Bürgerbuch (= chronologisches Verzeichniß der Bürgerrechts-Ertheilungen vom 1. Mai 1714 an bis zum 30. December 1769), fol. 143 r: »den 30. Jun. 1740/H. Heinrich Tattel aus Brenzlow in Brandenburgisch/geb. beyde Gold und Silber- Arbeiter, welcher/zugleich den Goldschmidts Eyd abgeleget«. **20** Poindront/Kugel 2012, S. 220. **21** Hollstein 1906–1924, Bd. 1, S. 390–391; Poindront/Kugel 2012, S. 220. **22** Sächsisches Hauptstaatsarchiv Dresden (im Folgenden: HStADD), Geheimes Kabinett 10026, Loc. 354/3, fol. 538–540; Arnold 2001, S. 96. Von den 25 aufgelisteten Posten war die an Heinrich Taddel auszuzahlende Summe von 8 904 Talern die größte und übertraf die meisten anderen offenen Beträge bei Weitem. **23** Peuckert 1883, S. 243. Der Name der Loge variierte über die Jahre wegen der Abspaltung neuer Logen bzw. wegen Vereinigungen anderer Logen mit der Schwerterloge. **24** Peuckert 1883, S. 22; Kranke 2000, S. 15. **25** Peuckert 1883, S. 20–21. Rutowski war aus der Verbindung mit der türkischen Mätresse Fatima hervorgegangen und wurde 1724 von August dem Starken legitimiert. **26** Peuckert 1883, S. 229, S. 214 f. **27** Kempe/Thalheim/Wagner/Massanek 2021, S. 40–42. **28** Hollstein 1906–1924, Bd. 1, S. 390–391. **29** Hollstein 1906–1924, Bd. 2, Halbband 2, S. 10–11. **30** Hollstein 1906–1924, Bd. 4, Halbband 1, S. 258–259. **31** Hasche 1783, S. 454. Am 17. Oktober 1780 verkauft Taddel die *Grüne Wiese* an Friedrich Wilhelm von Ferber. HStADD, 10036 Finanzarchiv, Loc. 37904, Rep. XLVII Dresden, Nr. 184, fol. 93. Der Freiherr war von 1772 bis 1797 Vorsteher des Freimaurerinstituts in Friedrichstadt und seit 1763 Mitglied derselben Loge wie Taddel. Peuckert 1883, S. 225, 245. **32** Poindront/Kugel 2012, S. 222; Kugel 2012, S. 226–232. **33** Arnold 2001, S. 38. **34** HStADD, 10026 Geheimes Kabinett, Loc. 896/14 (1740–1743), fol. 260. **35** HStADD, 10026 Geheimes Kabinett, Loc. 896/14 (1740 1743), fol. 261 a. **36** HStADD, 10026 7/57 Rechnungen der Hof- und Staatsbehörde, III. Band Einnahme und Ausgabe königl. Hoheit des Chur Prinzens zu Sachßen Chatoullen Gelder von 1748 bis 1750. **37** HStADD, 10076 7/60 Rechnungen der Hof- und Staatsbehörde, Einnahme und Ausgabe königl. Hoheit des Chur Prinzens zu Sachßen Chatoullen Gelder von 1757 bis 1762. **38** Kappel 2014, S. 108. **39** Kugel 2012, S. 123–179. Eine von Taddel signierte Dose ist von diesem mit 1769, eine von Neuber verdeckt signierte Dose entsprechend auf 1770 datiert worden. **40** So wurde der 1782 im Auftrag von Camillo Graf Marcolini fertiggestellte Prunkkamin von Neuber signiert, obwohl auch Schenau und mehrere Porzellanmodelleure an dessen Gestaltung maßgeblich beteiligt waren (siehe Kat.-Nr. 10). Zur traditionellen Trennung zwischen Steinschnitt- und Goldschmiedearbeiten vgl. Kempe/Enge 2020, S. 165. **41** Kempe/Enge 2020, S. 171–175. **42** Poindront/Kugel 2012, S. 222. **43** Poindront/ Kugel 2012, S. 220; Holzhausen 1966, S. 79. **44** Snowman 1990, S. 300; Truman 1991, S. 182–183. **45** Kugel 2012, S. 132. **46** Snowman 1990, S. 311. Diese Dose ist nicht, wie bei Kugel 2012, S. 132, angegeben, von Taddel signiert. Beide Dosen werden bereits bei Sponsel 1919, S. 14, erwähnt. **47** Snowman 1990, S. 313, Abb. 646, S. 314, Abb. 648, S. 316, Abb. 657–659, S. 317, Abb. 660, S. 318, Abb. 666 und 667, S. 319, Abb. 670. Auffällig ist die häufige Darstellung von Ruinenarchitekturen in Verbindung mit chinoisen Themen. Eine stilistisch ähnliche Dose, vermutlich aus Idar-Obersteiner Achat geschnitten und in üppiger, mit Diamanten besetzter Goldfassung mit Schäferszenen, wurde Taddel zugeschrieben: Verst.-Kat. Christies, London, 13050 Magnificent Gold Boxes from a Private Collection, 7. 7. 2016, Lot 225, www.christies.com/en/lot/lot-6008884 (4. 7. 2022). **48** Truman 1991, S. 182–183. Besagte Dose: London, Victoria & Albert Museum, Inv.-Nr. Loan:Gilbert.400-2008(2009). **49** Truman 1991, S. 183. Truman erwähnt in Verbindung mit Heinrici nur Inkrustationen auf Porzellan. Zwei Dosen aus Metall, die japanische Lackmalereien imitieren und Johann Martin Heinrici zugeschrieben werden, befinden sich im Metropolitan Museum of Art, New York (Inv.-Nr. 2019.283.106 a – c), und im Smithsonian Design Museum (Inv.-Nr. 1994-129-5). Für die Inkrustationen wurden hierbei neben Perlmutt, Muschel und Gold auch Kupfer, Messing, gefärbte Steine und Email verwendet. Heinrici war in Meißen als Porzellanmaler tätig und wurde 1755 zum Hofmaler ernannt. **50** Truman 1991, S. 184–185; Snowman 1990, S. 313, Abb. 647. **51** Die Autoren danken Cordula Bischoff für ihre Hilfe bei der exakten Bestimmung der dargestellten Objekte. **52** London, Victoria & Albert Museum, Inv.-Nr. Loan:Gilbert.404-2008, Truman 1991, S. 186–187; Snowman 1990, S. 300, Abb. 612. **53** Dazu gehört eine rechteckige Dose, die aus Bergkristall geschnitten, unter Verwendung von vier Goldsorten gefasst und mit chinoisen Szenen aus bemaltem Perlmutt geschmückt ist. Das an der Griffleiste montierte Blumenmotiv aus mehrfarbigem Gold findet sich auch an anderen Dosen von Taddel bzw. Neuber wieder. Aukt.-Kat. Christie's, 6674 The Dr Anton C. R. Dreesmann Collection Gold Boxes, 11. 4. 2002, Lot 908, www.christies.com/lot/lot-a-saxon-gold-mounted-rock-crystal-and-burgau-lacquer-3879779 (29. 12. 2020). Diese Tabakdose ähnelt wiederum einer Dose mit chinoisen Szenen in der Sammlung Thyssen-Bornemisza, bei der die Oberflächen der Perlmutteinlagen gleichfalls mit farbigen Malereien versehen sind. Snowman 1990, S. 305, Abb. 622. **54** Diese lässt sich für Heinrici, wie schon erwähnt, außer auf Porzellan auch auf Metall nachweisen (vgl. Anm. 49). **55** Verst.-Kat. Christie's, Paris, 3578 Le cabinet de curiosités de Jacques et Galila Hollander, 16. 10. 2013, Lot 266, www.christies.com/en/auction/le-cabinet-de-curiosit-s-de-jacques-et-galila-hollander-24570 (26. 6. 2022). **56** Ausst.-Kat. Düsseldorf/Dresden 1997, S. 103, Nr. 68; vgl. auch: https://robbig.artsolution.net/details/848294/17603/goldmontiertes-porzellan-etui-a-tablettes (23. 6. 2022). Die Porzellanmalerei wurde unter Vorbehalt Johann Georg Loehnig zugeschrieben; zu den Etuis von Neuber vgl. Kugel 2012, S. 370–371, Nrn. 194–198. **57** Snowman 1990, S. 314, Abb. 650; damals im Kunsthaus Lempertz in Köln. Leider wurde von der Dose nur ein Schwarzweißfoto publiziert; der »Bandjaspis« aus dem Streitwald bei Wolftitz ist in Wirklichkeit ein polierbarer vulkanischer Aschetuff (siehe S. 147–150). **58** Auf dem Deckel der Dose unter Glas ein Miniaturporträt von Madame de Pompadour nach einem Gemälde von François Boucher von 1756 (München, Bayerische Staatsgemäldesammlung, Inv.-Nr. HUW 18). Der Maler der Miniatur ist unbekant. Bereits 1960 brachte Holzhausen die Dose in einem Aufsatz in Verbindung mit Dresden und bezeichnete den Stein als Schlottwitzer Bandachat, vgl. Holzhausen 1960, S. 18–20; die Autoren danken Meghan McNamee für den Hinweis auf diese Dose. **59** Ab 1776 wird Stiehl in den Quellen wie vorher schon der Steinschneider Johann George Klette als Hof- und Kabinettsteinschneider bezeichnet. Zur

Ernennung von Stiehl zum Hofsteinschneider vgl. Poindront/Kugel 2012, S. 223. **60** Als Steinkabinettdosen werden Tabatieren in der Zellenmosaiktechnik bezeichnet, in der in etwa gleich große, auf den verbindenden Goldstegen nummerierte Stücke quasi wie eine Sammlung von Schmucksteinen in Miniatur in geometrischer Anordnung eingefasst wurden. Beiliegende Kataloge bezeichneten Ansprache und Fundorte – ganz wie beim Steinkabinett von Heinrich Taddel. **61** Besonders deutlich wird dies für eine der wohl frühesten Steinkabinettdosen (datierbar auf 1768), die von Stiehl im beigelegten Verzeichnis bezeichnet wurde, vgl. Aukt.-Kat. Sotheby's, London, L20333 A Treasury of Vertu, 10. 12. 2020, Lot 12, www.sothebys.com/en/buy/auction/2020/a-treasury-of-vertu-important-gold-boxes-from-a-private-family-collection/a-very-rare-gold-and-pietra-dura-steinkabinett (4. 7. 2022); auch in: Kugel 2012, S. 380, Nr. S8. **62** Auf die Kooperation zwischen Stiehl, Taddel und Neuber wies schon Füssli 1813, S. 1740, hin, siehe S. 29. **63** Dietrich war seit 1724 in Dresden wohnhaft, wurde in seinen frühen Jahren von Johann Alexander Thiele gefördert und 1741 zum Hofmaler ernannt. **64** Ulli Arnold vermutete, dass Heinrich Taddel 1748 den bisherigen Hofjuwelier Johann Melchior Dinglinger in seiner Position ersetzte, der wiederum 1736 die Nachfolge von Johann Heinrich Köhler angetreten hatte. Arnold 2001, S. 241–242 und 244. **65** Arnold 2001, S. 241–242, 244. **66** Arnold 2001, S. 241. **67** Unklar ist die Funktion, die Franz Michael Diespach, der Kammerdiener bei der Kurfürstenwitwe Maria Antonia war, ausfüllte. Dieser ist ab 1765 an letzter Position als Geheimer Kämmerer und Inspektor im Grünen Gewölbe nachweisbar, erscheint aber als einziger nach 1769 nur noch als Geheimer Kämmerer ohne den Titel eines Inspektors. Möglicherweise wurde er mit dem Eintritt von Dominicus Bussy im selben Jahr wie Taddel teilweise von seinen Aufgaben im Grünen Gewölbe freigestellt. **68** Journal des Grünen Gewölbes 1733–1782, HStADD 10009, Kunstkammer, Sammlungen und Galerien (»Journal was seider 1733 von 3. February bey an der Geheimen Verwahrung oder sogenannten Grünen Gewölbe befohlen und verrichtet wurde«, Titel teils unleserlich, Dauerleihgabe des Sächsischen Hauptstaatsarchivs Nr. 14 an das Grüne Gewölbe Dresden.); die Autoren danken Ulrike Weinhold für den Hinweis auf das Journal. **69** Journal des Grünen Gewölbes 1733–1782, fol. 1 v und 203 v. In Wirklichkeit beginnt das Journal erst mit der Aufsiegelung der Verwahrung am »3. Marty 1733. vormittags 10. Uhr« und der Entnahme mehrerer Juwelen durch den Oberkammerherrn Graf von Friese. **70** Das Datum ist vermutlich nicht korrekt und bezieht sich auf den 6. Juni, da mehrere vorhergehende und nachfolgende Einträge bereits auf Mai bzw. Juni 1748 datiert sind. Ohne Datum vermerkt Heinrich Taddel später gegenüber diesem Eintrag: »Dieser Kufer ist wiederum abgehohlt worden. Taddel« **71** Journal des Grünen Gewölbes 1733–1782, fol. 128 v und 128 r. **72** Journal des Grünen Gewölbes 1733–1782, fol. 125 v: »In Martiy 1748 habe ich die rauhen Garnitur. Nebst Knöpf lögher: von nemliger Garnetur bei Ihro: Mayis. Die Konigin richtig Empfangen. Heinrich Taddel.«. Mit seinem vollen Namen zeichnete Taddel übrigens nur in den Anfangsmonaten seines Dienstes, später in der Regel mit seinem Nachnamen, manchmal sogar nur mit einem kurzen »T«. **73** Journal des Grünen Gewölbes 1733–1782, fol. 125 r–126 r; Arnold 2001, S. 252–253. **74** Journal des Grünen Gewölbes 1733–1782, fol. 157 v. **75** Journal des Grünen Gewölbes 1733–1782, fol. 166 v–167 v und 175 v–177 v. **76** Arnold 2001, S. 176–177, 180; die Garnituren kehrten im März 1763 nach Dresden zurück und wurden von Buresch schrittweise wieder an die Geheime Verwahrung übergeben (vgl. Journal des Grünen Gewölbes 1733–1782, fol. 157 v). Danach sind eine Reihe von Reparaturen durch den Goldschmied Seiffert erfolgt (fol. 157 r). **77** Journal des Grünen Gewölbes 1733–1782, fol. 158 v–163 v. Die Liste der Objekte in den neun Kisten umfasst etwa 350 Positionen. Im Juli 1760 handelte Taddel vermutlich auf eigene Faust, da er sich in seiner Notiz vom 25. Juli nicht wie sonst auf eine mündliche oder schriftliche Weisung beruft. **78** Die Liste umfasst ungefähr 40 Positionen. Journal des Grünen Gewölbes 1733–1782, fol. 163 r–164 r. **79** Journal des Grünen Gewölbes 1733–1782, fol. 165 v–r. Die sechs Koffer und die Schatulle des Kurprinzenpaars wurden durch den Geheimen Kämmerer Pierre (Peter) Joseph Pierrart übergeben, der seinen Dienst also spätestens 1759 und nicht erst, wie bei Arnold 2001, S. 241, angegeben, 1764 angetreten haben muss (vgl. Journal des Grünen Gewölbes 1733–1782, fol. 172 v). Die verschiedenen Transporte zum Königstein wurden laut der Einträge im Journal durch jeweils einen der Aufwärter des Grünen Gewölbes Johann Christian Leschke, Donath Rose oder Johann Christian Noack begleitet. **80** Journal des Grünen Gewölbes 1733–1782, fol. 168 v–171 v. Die

Liste umfasst 62 Positionen, ist von Christian Friedrich Schlötter und Heinrich Taddel unterschrieben, aber nicht datiert worden. Ein weiterer Eintrag legt nahe, dass die Verwahrung im Tabakskeller am 22. September 1759 abgeschlossen war. **81** Journal des Grünen Gewölbes 1733–1782, fol. 187 v und 193 v. **82** Journal des Grünen Gewölbes 1733–1782, fol. 196 v–197 r. Am 26. März 1767 erhielt der Haupteingang der Verwahrung ein neues Schloss. Die Kopie der zweiten Liste mit Diamantrosen von Pallard (No 9) beendet Müller erst am 5. Mai (fol. 199 v). **83** Journal des Grünen Gewölbes 1733–1782, fol. 198 v–199 r, 200 r. **84** Snowman 1990, S. 322; Truman 1991, S. 171. **85** Holzhausen 1935, S. 24. **86** Journal des Grünen Gewölbes 1733–1782, fol. 200 r–201 v. **87** Journal des Grünen Gewölbes 1733–1782, fol. 202 r. Entsprechend wurde Taddel im Januar 1771 zu Reparaturen am Diamantbesatz an der Epaulette aus der Diamantrosengarnitur und am Marschallstab herangezogen. Die Reparatur am Marschallstab wurde dann jedoch durch den Juwelier Ignatus Hibel (im Journal bezeichnet als »Hubel«) ausgeführt. Taddel trat in letzterem Fall als Mittelsmann auf (Journal des Grünen Gewölbes 1733–1782, fol. 213 r). Mit dem Ausscheiden von Taddel und Diespach aus dem täglichen Dienst im Grünen Gewölbe wechseln die Einträge im Journal vollständig vom Deutschen ins Französische. Die Autoren danken Ulrike Weinhold und Theresa Witting für die Hilfe bei den entsprechenden Übersetzungen. **88** Kempe/Enge 2020, S. 171–175. **89** Quellmalz/Karpinski 1990, S. 70 und 192. **90** Jentsch/Riedel 1968, S. 12–14. **91** HStADD, 10036 Finanzarchiv, Rep. 09, Sect. 1, Nr. 2929, fol. 122 a–137 a; Schwarzer 2016, S. 60–61. So erhoben mehrere Beamte schriftlich Anklage gegen den Steinschneider Johann Christoph Uhmann, als dieser am 28. Oktober 1771 im Auftrag von Heinrich Taddel und des Inspektors des Kurfürstlichen Naturalienkabinetts Christian Ernst Birkhan in Schlottwitz Rohmaterial gewinnen wollte, sich aber vor Ort nur auf eine mündliche Instruktion berufen konnte. **92** Schwarzer 2016, S. 49–61. **93** HStADD, 10036 Finanzarchiv, Rep. 09, Sect. 1, Nr. 2929, fol. 122 r–137 r. **94** Schwarzer 2016, S. 61. **95** Jentsch/ Riedel 1968, S. 7. **96** Arnold 2001, S. 172–173; der Bericht wurde am 21. August 1770 registriert. **97** Landeskirchliches Archiv Dresden, Kirchenbuchverfilmung KV 94, Kirchenbezirk Dresden, KB 260, Bestattungsbuch der Kreuzkirche Dresden 1794–1796, fol. 89 v. **98** Poindront/Kugel 2012, S. 222. In dieser Publikation wurde die Schreibweise »Weinlich« anstelle von »Weinlig« verwendet. **99** Just 1967, S. 39–45 (Ehe S. 41, Taufen S. 42, 43); Stadtarchiv Dresden, 2.4.1 Gerichtsakten, Nr. 9070, Acta Judicialia Herrn Heinrich Taddels nachgelaßene Grundstücken, und deren Gesuchte Belehnung betr: 1794 (Film 2056), fol. 44–46 (betreffs Testament). Weinlig war demnach Universalerbe, der sich als Jurist um die Vollstreckung des Testaments kümmern sollte. Er erhielt insbesondere die beiden Häuser (Taddels Wohnhaus am Jüdenhof und Neubers Wohnhaus in der Seegasse) und zahlte zumindest ein an das Haus vom Jüdenhof gebundenes Legat aus. Ein weiteres Legat von 1 000 Talern ging an die Armenschule der Freimaurer in Friedrichstadt, vgl. Gehe 1845, S. 95, Punkt 7. **100** Ferber 1797, S. 10.

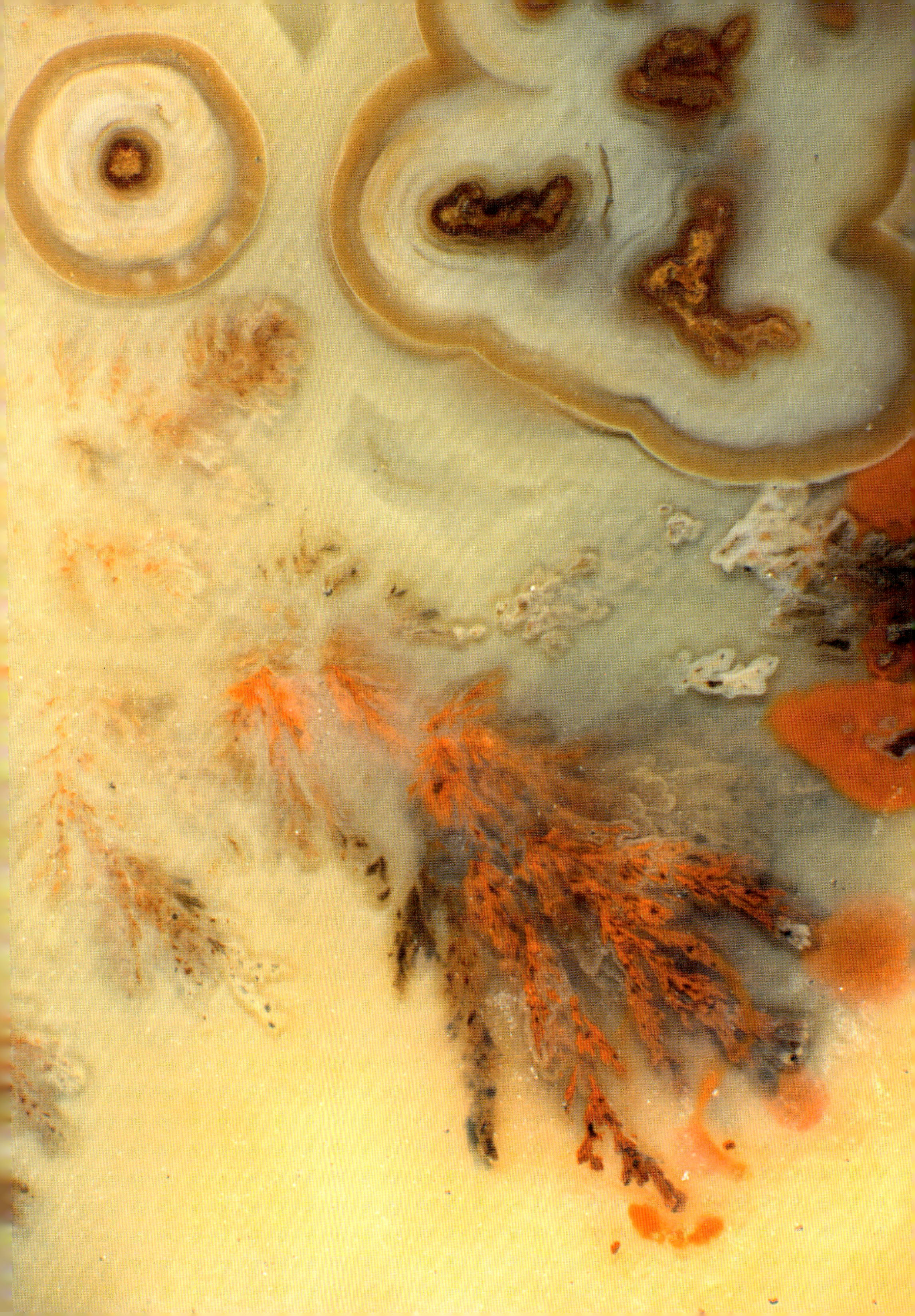

ULF KEMPE, MICHAEL WAGNER

Das wechselvolle Schicksal des Steinkabinetts von Heinrich Taddel

Eine Sammlung polierter Steintafeln: 214 oder 215 Steine?

Zu Beginn der Untersuchungen im Jahr 2017 lag uns das Steinkabinett von Heinrich Taddel in Form von 184 einzelnen Tafeln vor. Diese sind bis auf einige Ausnahmen im Format 4,0 × 3,3 cm rechteckig zugeschnitten und einseitig poliert. Zu der Sammlung hat sich darüber hinaus ein aufwendig gestalteter handschriftlicher Originalkatalog mit dem Titel *Catalogus Einer Sammlung Von verschiedenen Orientalischen und andern Aus- und Innländischen Stein Sorten* erhalten (Abb. 1).[1] Dieser ist undatiert, trägt jedoch auf der Titelseite den Namen des Goldschmieds und Geheimen Kämmerers Heinrich Taddel (zur Biografie siehe S. 55–72). Die Sammlung ist in zwei Gesteinsgruppen unterteilt. Teil I widmet sich den »orientalischen und ausländischen« (d. h. den nicht-sächsischen) Sorten, während Teil II den weitaus größeren Bestand aus den sächsischen Fundstellen umfasst.

Jede Steintafel des Kabinetts ist am oberen Rand mit einem Papieretikett versehen worden, auf dem handschriftlich mit Tinte Material und Herkunft analog zum Originalkatalog, jedoch in verkürzter Form notiert sind (Abb. 3 oben). Bedauerlicherweise sind die Beschriftungen im Laufe der Jahrhunderte teilweise unleserlich geworden. Darüber hinaus wurden einige der Papierbanderolen beschädigt, sind unvollständig oder fehlen ganz.

Auf den Rückseiten der Tafeln befindet sich eine Vielzahl von Sekundärnummern und Etikettierungen aus dem 20. Jahrhundert, die sich während unserer Untersuchungen leider häufig als unsicher oder auch falsch herausgestellt haben. Auf der Rückseite der oben genannten Tafel ist beispielsweise noch die fehlerhafte Sekundärnummer »142« zu sehen, die nachträglich mit Bleistift zu »140« korrigiert wurde (Abb. 3 unten).[2] Bei den »ausländischen« Steinen fehlen solche Nummerierungen jedoch nahezu vollständig. Stattdessen ist auf deren Rückseiten entsprechend ihrer Auflistung im Originalkatalog eine römische »I« vermerkt worden. Nur bei wenigen Stücken wie zum Beispiel einigen Achaten aus dem Raum Idar-Oberstein, verkieseltem Holz aus der Umgebung von Coburg oder der einzigen Tafel aus schlesischem Chrysopras sind die entsprechenden Katalognummern notiert worden. An dieser Stelle ist anzumerken, dass es sich auch bei den römischen Nummern »I« und »II« im Katalog um nachträglich mit Bleistift eingefügte Sekundärnummern handelt. Da aber sowohl die »ausländischen« als auch die »sächsischen« Steine im Katalog jeweils mit der laufenden Nummer 1 beginnen, ist für eine klare Unterscheidung der lose aufbewahrten Tafeln unter Einschluss beider Bestandsgruppen eine eindeutige Trennung über diese zusätzliche Angabe unabdingbar.

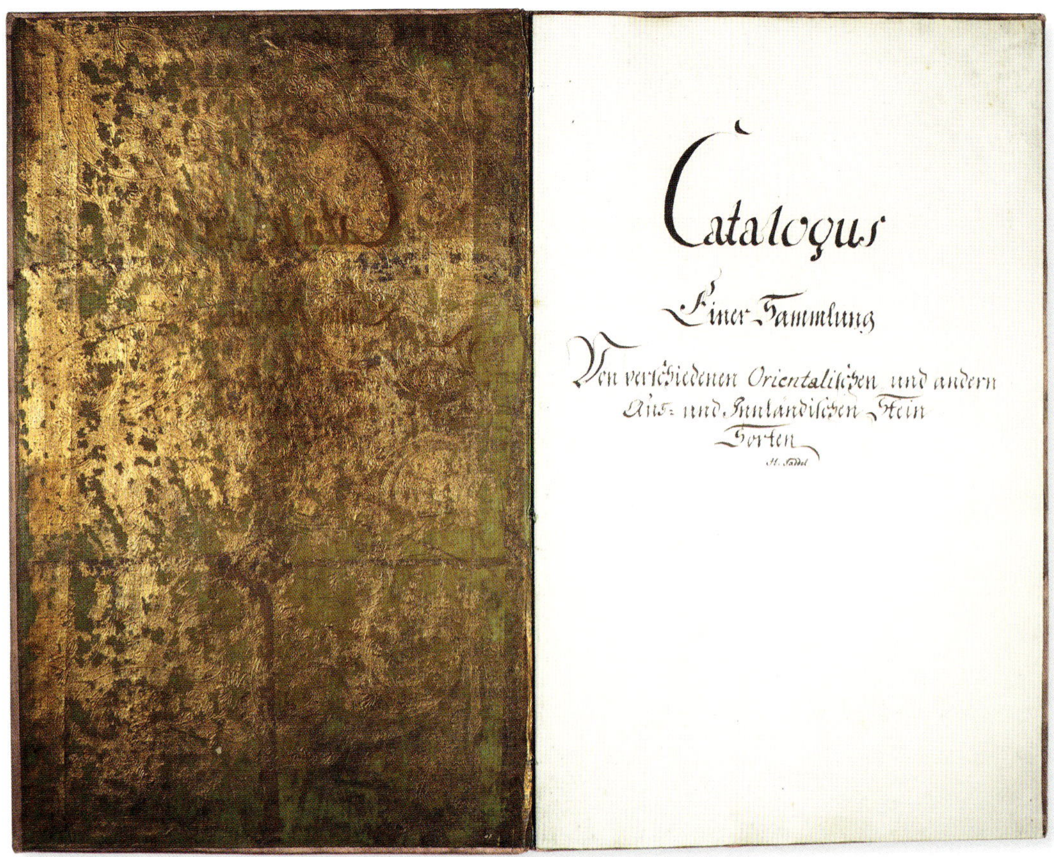

Abb. 1

Titelblatt des Originalkatalogs der Sammlung von Heinrich Taddel,
Dresden, vor 1757, Grünes Gewölbe, SKD, Inv.-Nr. I 15 d. Die Prägungen
auf der Innenseite des Deckels bestehen aus goldfarbenem Tombak.

In der Vergangenheit sind bereits mehrfach Versuche einer wissenschaftlichen Aufarbeitung und der Neuordnung des Taddelschen Steinkabinetts unternommen wurden. Jedoch zeigte sich zu Beginn unserer Arbeit schnell, dass die korrekte Zuordnung der einzelnen Tafeln zum Katalog, auch aufgrund vermeidbarer Fehler während der Lagerung des gesamten Konvoluts im Depot, über die Jahre zu großen Teilen verloren gegangen war.[3] Die interdisziplinären Forschungen am Steinkabinett im Rahmen der Kooperation der Staatlichen Kunstsammlungen Dresden – Grünes Gewölbe und der TU Bergakademie Freiberg bilden nunmehr die Grundlage für eine genauere Zuordnung jeder einzelnen Steintafel in Konkordanz mit dem Originalkatalog. Ebenso wichtig ist es, für eine dauerhaft sichere Aufbewahrung Sorge zu tragen, die den geltenden Vorgaben der präventiven Konservierung entspricht und über eine Inventarisierung der einzelnen Steintafeln ein Vertauschen innerhalb des Deponierungssystems zukünftig ausschließt.

Zunächst folgte die Neuordnung der Sammlung den gut sichtbaren Nummerierungen auf den Rückseiten der Tafeln sowie den Bezeichnungen von Material und Herkunft auf den Vorderseiten der Etiketten im Abgleich mit dem Katalog. Laut diesem enthielt das Kabinett 55 Nummern »ausländischer« und 160 Nummern »sächsischer« Steine, also insgesamt 215 Positionen. Da im Katalog die Nummer 158 übersprungen ist, bleibt unklar, ob es nicht von Anfang an nur 159 »sächsische« Steine waren. Es gibt jedoch sowohl im Katalog als auch in der Sammlung selbst noch weitere Ungereimtheiten. So sind bei den »sächsischen« Steinen die Positionen 72 und 73 in der Reihenfolge ihrer Aufführung im Katalog vertauscht. Es kann deshalb letztlich auch nicht ganz ausgeschlossen werden, dass es ursprünglich doch 160 Tafeln waren und die Tafel auf der Position 158 im Katalog nicht festgehalten wurde.

Auf der letzten Seite des Katalogs ist unter Angabe von ursprünglich 215 Stücken mit Bleistift der Verlust von zwei sächsischen und einer »ausländischen« Steintafel zu einem unbekannten, früheren Zeitpunkt dokumentiert (Abb. 2). 1919 gab der damalige Direktor des Grünen Gewölbes, Jean Louis Sponsel, nur noch einen vorhandenen Bestand von 178 Einzelstücken an.[4] Warum sich heute immerhin 185 Proben dem Kabinett zuordnen lassen und somit sieben mehr als noch bei Sponsel vermerkt, lässt sich bisher nicht schlüssig erklären.

Von den uns anfangs vorliegenden 184 Tafeln wurde ein Stück aus russischem Malachit aus dem Konvolut entfernt, da es sowohl unter Berücksichtigung seiner Bearbeitung als auch wegen des Fehlens jeglicher Hinweise auf Malachit im Originalkatalog nicht Bestandteil des Steinkabinetts gewesen sein kann. Zudem waren die heute weltweit bekannten Malachitvorkommen im Ural zum Zeitpunkt der Entstehung der Sammlung von Taddel noch nicht erschlossen. Zwei andere, bislang im Depot des Grünen Gewölbes separat aufbewahrte Tafeln wurden hingegen zusätzlich in die Sammlung aufgenommen (Abb. 4). Die Etiketten und Nummern unter Zusatz einer römischen »I« (für die »ausländischen« Steine) verweisen auf die Zugehörigkeit zum Taddelschen Steinkabinett.[5] Somit umfasst das Kabinett gegenwärtig 185 Stücke. Überraschend war in diesem Zusammenhang die Feststellung, dass es offensichtlich noch vor der Verbringung in die Sowjetunion 1945 zu den Verlusten in der Sammlung gekommen sein muss: Jede einzelne Steintafel ist mit einer russischen Inventarnummer versehen worden, die in den meisten Fällen auch heute noch auf den Stücken erhalten geblieben ist. Diese Nummerierung folgt aber leider nicht der dem Katalog entsprechenden Ordnung.

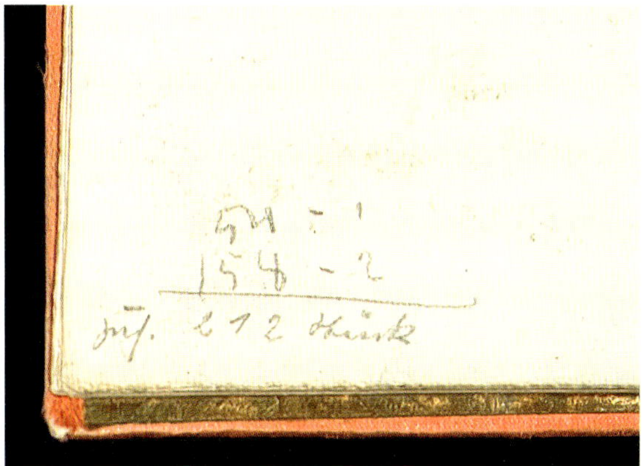

Vergessene Zahlen: die »Ur-Nummern«

Während der Untersuchungen des Kabinetts stellte sich unerwartet heraus, dass es noch ein weiteres, augenscheinlich früheres und dem Originalkatalog folgendes System der Nummerierung der Gesteinstafeln gegeben hat. Zunächst wurden entsprechende Aufschriften nur auf drei der erhaltenen Papieretiketten bemerkt (Abb. 3 oben). Ihre Bedeutung wurde klarer, als im Zuge der mikroskopischen Arbeiten an den Gesteinen immer häufiger auch auf anderen Tafeln Nummern entdeckt werden konnten, die meist nur noch sehr schlecht neben den Gesteins- und Ortsbezeichnungen auf den Papieretiketten sichtbar waren. Letztere wurden mit einer lumineszierenden Eisengallustinte aufgebracht und dabei die alten Nummerierungen mit nichtlumineszierender Tinte teilweise überschrieben. Vermutlich diente die ursprüngliche Nummerierung der Orientierung bei der Verwendung der Tafeln nach einem vorher festgelegten Ordnungsschema. Derartige Vornummerierungen von Teilstücken waren im 18. Jahrhundert ein häufiger angewandtes Verfahren bei der Montage von komplexeren technischen Instrumenten oder Kunstobjekten. Interessant ist, dass diese alten Nummern meist dann deutlicher sichtbar sind, wenn das Papier der Etiketten merkliche Verunreinigungen oder Farbveränderungen aufweist. Zahlreiche weitere »Ur-Nummern« konnten später bei gezielten Nachforschungen aufgefunden werden. Eine bessere Visualisierung und damit korrekte Entzifferung wurde in vielen Fällen aber erst durch die von Papierrestaurator Carsten Wintermann erstellten, speziell auf die Erfassung alter Schriften zugeschnittenen Multispektralaufnahmen erreicht. Bei dem abgebildeten Beispiel einer Tafel aus Sizilianischem Jaspis (im Katalog bezeichnet als »Jaspis aus der Schweitz an der Italiänischen Grenze«) wurde die mit Tinte geschriebene »No: 12« erst unter spezifischer UV-Anregung sichtbar (Abb. 5).

Die uns heute dadurch zur Verfügung stehenden 96 »Ur-Nummern« erlauben eine genaue Zuordnung der entsprechenden Tafeln zum Originalkatalog. Zahlreiche bislang fehlerhafte Positionierungen konnten somit korrigiert werden.

Wie war die ursprüngliche Präsentation des Steinkabinetts? Überlegungen zum Aufbau der Sammlung

Während der mikroskopischen Betrachtung der Steintafeln mit dem Ziel der Gesteins- bzw. Mineralbestimmung fielen oft Spuren von Vergoldung auf, die sich an den Schmalseiten

Abb. 3
Tafel aus dem Steinkabinett No: 140 der sächsischen
Steine, »Jaspis aus Marienberg«, Grünes Gewölbe,
SKD, Inv.-Nr. I 15 b/140.

Oben: Auf der Vorderseite des historischen Etiketts
ist hell gut die Aufschrift »No:140« zu erkennen.

Unten: Die Rückseite weist neben dem briefmarken-
förmigen Etikett Reste einer Kittmasse mit Holz und
Spuren von Tomback auf.

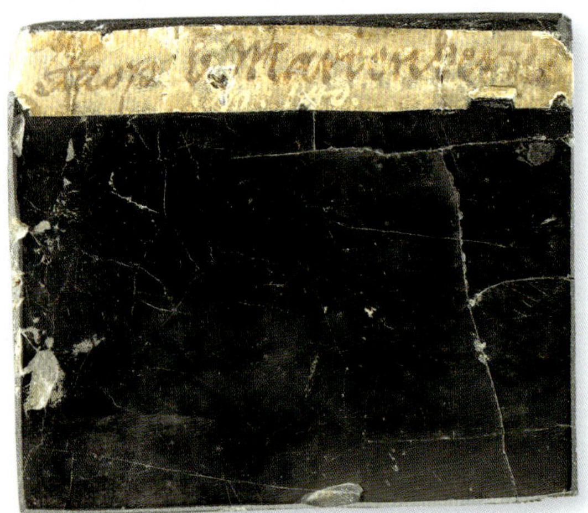

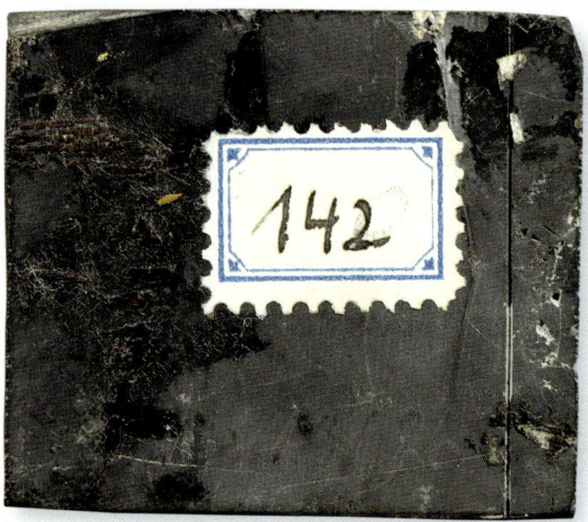

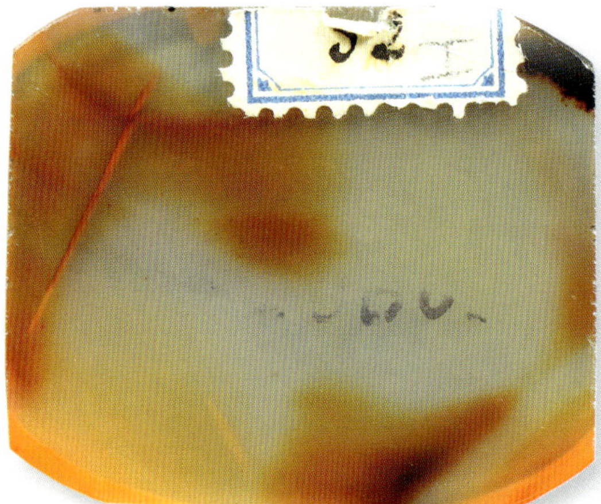

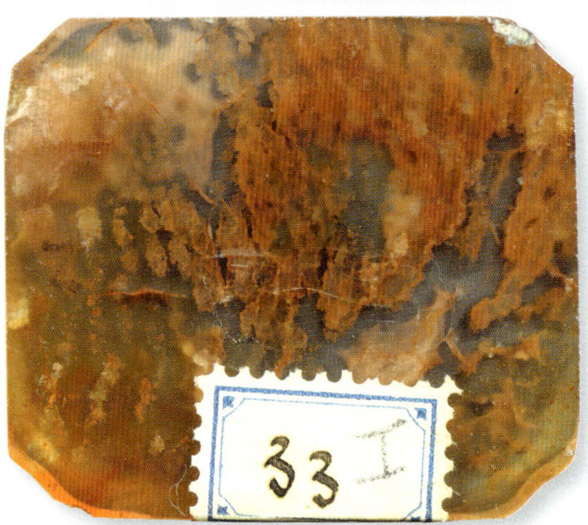

Abb. 4
Zwei Tafeln aus Karneol, aus den
Depotbeständen dem Steinkabinett
von Heinrich Taddel zugeordnet,
Grünes Gewölbe, SKD,
Inv.-Nrn. I 15 a/32, I 15 a/33

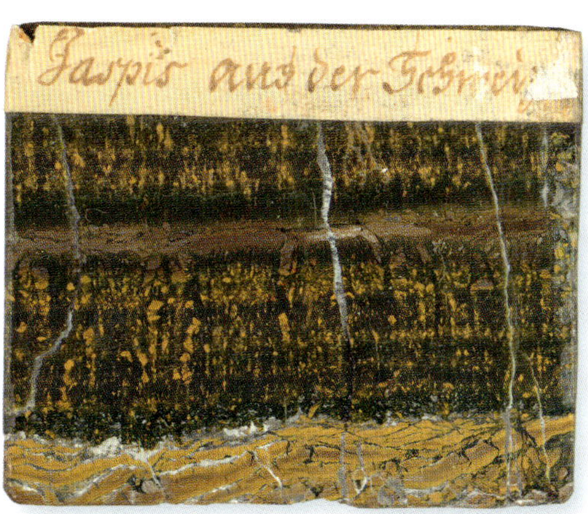

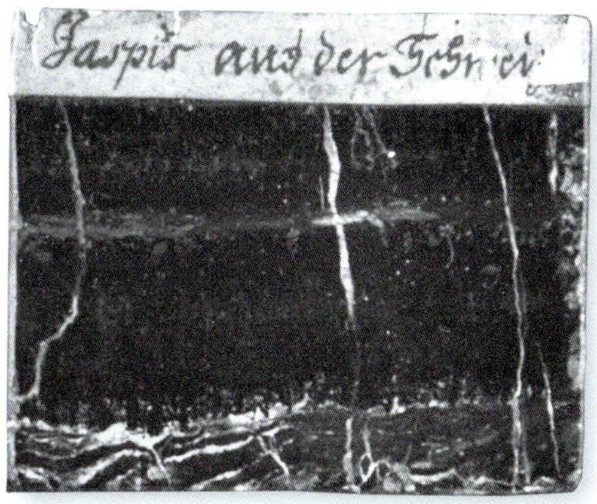

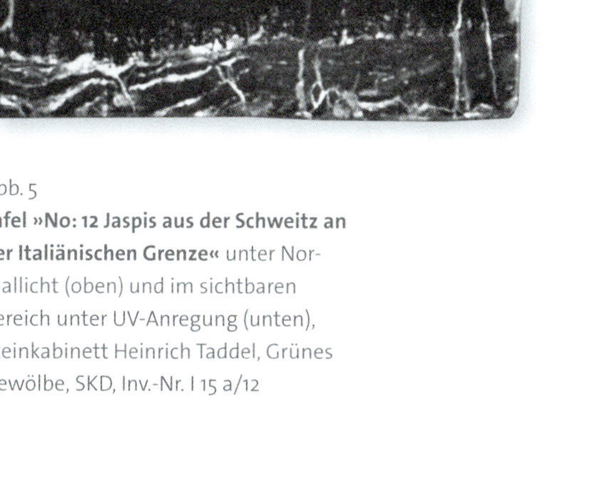

Abb. 5
Tafel »No: 12 Jaspis aus der Schweitz an der Italiänischen Grenze« unter Normallicht (oben) und im sichtbaren Bereich unter UV-Anregung (unten), Steinkabinett Heinrich Taddel, Grünes Gewölbe, SKD, Inv.-Nr. I 15 a/12

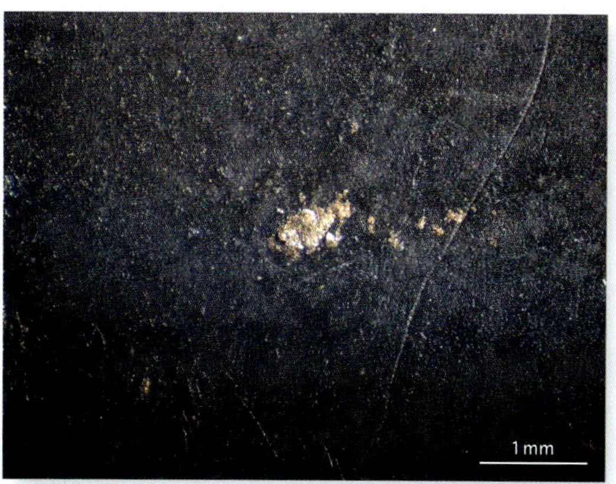

Abb. 7
Reste von Tombak auf der Rückseite der Tafel No: 140, Steinkabinett Heinrich Taddel, Grünes Gewölbe, SKD, Inv.-Nr. I 15 b/140 (Detail)

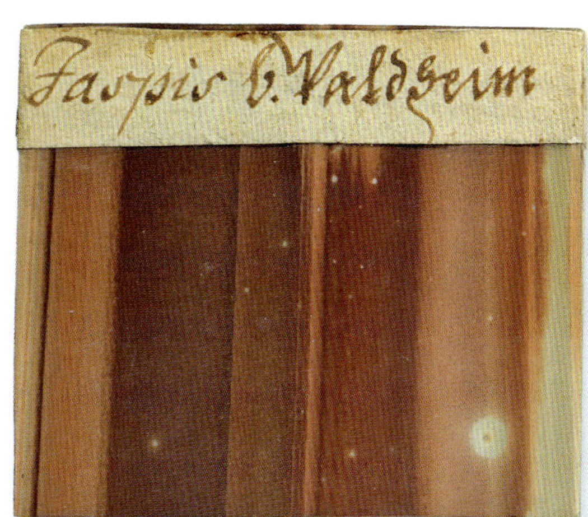

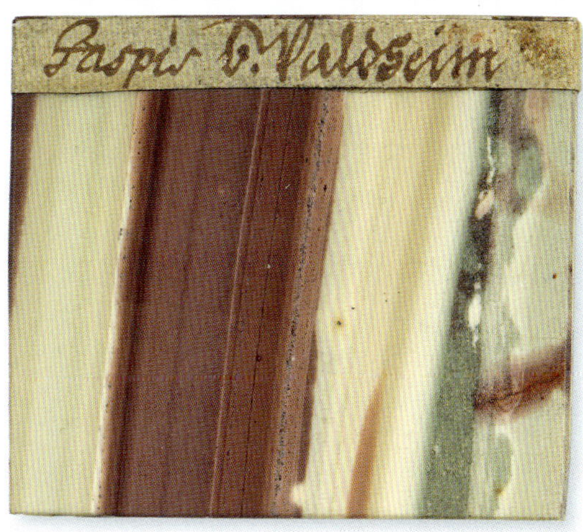

Abb. 6
Zwei Tafeln, bezeichnet als »Jaspis bei Waldheim«, aus demselben Rohstück von sogenanntem »Gnandsteiner Bandjaspis«, Steinkabinett Heinrich Taddel, Grünes Gewölbe, SKD, Inv.-Nrn. I 15 b/1, I 15 b/160. Dass beide Stücke von einem Rohstein stammen, ist nicht sofort offensichtlich.

oder auf den Rückseiten der Tafeln, manchmal aber auch auf den polierten Schauseiten und sogar auf den aufgeklebten Papieretiketten erhalten haben (Abb. 3, 7). Bei Untersuchungen unter dem Rasterelektronenmikroskop und mittels Hand-RFA (Röntgenfluoreszenzanalyse) erwiesen sich diese vermeintlichen Vergoldungsreste jedoch als Tombak, eine goldfarbene Legierung aus Kupfer und Zink, die je nach den Mischungsanteilen der beiden Metalle verschiedene Goldsorten imitieren kann. Auch die Prägungen in den Innendeckeln des Katalogs bestehen aus Tombak. In zwei Fällen konnten auf den Schauseiten der Tafeln mit dem Rasterelektronenmikroskop zusätzlich noch winzige anhaftende Messingpartikel nachgewiesen werden. Optisch gut sichtbar findet sich auf den Rückseiten einiger Steine eine meist graue, manchmal auch schwarze Kittmasse. In einem Fall (No: 140, »Jaspis bey Marienberg«) ließen sich daran anhaftend Reste von Holz nachweisen (Abb. 3).

Diese Befunde deuten darauf hin, dass sich das Steinkabinett ehemals ebenso prächtig wie der zugehörige Katalog präsentiert haben muss. Da die Nummerierung der »ausländischen« und »inländischen« Steine jeweils mit der Zahl 1 beginnt, ist keine eindeutige Unterscheidung zwischen den beiden Gruppen in einer losen Präsentation anhand der Etiketten möglich, ein Umstand, der ebenfalls darauf hinweist, dass ursprünglich eine klare Unterscheidung durch eine feste Einbindung etwa in einer Rahmung gegeben war. Denkbar wäre eine rechteckige oder runde Holzkonstruktion, die an den Seiten und zwischen den Steintafeln mit Messingstegen verziert war. Durch eine Fassung in Tombak wurde eine kostbare, goldähnliche Farbwirkung erreicht. Bei den Rahmungen könnte es sich zum Beispiel um eine oder zwei Tischplatten gehandelt haben. Für eine rechteckige Anordnung wären allerdings 55 »ausländische« und 160 (und nicht 159) »sächsische« Steine vonnöten gewesen. Denkbar wäre ebenso eine aufklappbare größere Schatulle in Form einer Lithothek. Solche repräsentativen Gesteinssammlungen kamen Mitte des 18. Jahrhunderts in Italien in Mode.[6]

Dass eine bestimmte Anzahl von Steintafeln erreicht werden sollte, lässt sich aus der Betrachtung des Aufbaus der Sammlung und dabei insbesondere des größeren »sächsischen« Teils schließen. So umfasste das in dem Kabinett befindliche Konvolut von Schlottwitzer (»Connersdorffern«) Achaten aus dem Müglitztal im Erzgebirge die stattliche Anzahl von 22 Stücken (No: 18 bis 39, davon mindestens 18 erhalten). Dazu kommen noch drei Amethyste von demselben Fundort (No: 58 bis 60, alle erhalten) und zwei Tafeln von Schlottwitzer Trümmerachat, für die als Herkunft »bey Glashütte« (und damit das damals zuständige Bergamt) angegeben ist (No: 47 und 48, beide vorhanden). Ein weiterer »Conners-

dorffer Agat« folgte in der Nummerierung im Kabinett erst viel später unter Nummer 142 (heute Verlust). Der »Gnandsteiner Bandjaspis« (welcher in Wirklichkeit kein Jaspis, sondern ein vulkanischer Aschetuff ist, siehe S. 147–150) erscheint mit vier Belegen unter der irreführenden Bezeichnung »Jaspis bey Waldheim« ganz am Anfang der Sammlung und noch einmal mit zwei Tafeln an deren Ende. Dabei stammt die letzte Tafel (No: 160) von demselben Rohstein wie die erste (No: 1) – ein Umstand, der für die Betrachtenden allerdings nicht offensichtlich ist (Abb. 6; siehe S. 103–106). Ein weiterer rötlicher »Bandjaspis« (allerdings ohne sichtbare Bänderung) befindet sich unter der Nummer 137 in der Mitte des Konvoluts – ebenfalls unter der Bezeichnung »Jaspis bey Waldheim«. Bei mehreren Steinsorten, für die augenscheinlich die Herkunft nicht oder nicht mehr bekannt war, wurden im »sächsischen« Teil des Katalogs angebliche Funde als Geschiebe oder Flusskiesel (»Kiesel« für abgerollten Quarz und »bunde Kiesel« für gefärbte Gesteine) angegeben, etwa von der Elbe »bey Torgau«, aus dem Erzgebirge »bey Porstenstein an der böhmischen Grenze« (Purschenstein), »bey Marienberg« und »bey Weisenstein« (Weesenstein) oder aus dem Plauenschen Grund »aus der Weißeritz« – insgesamt finden sich 32 derartige Positionen im Katalog. Die Korrektheit dieser Angaben lässt sich wegen des suggerierten sekundären Vorkommens in oder nahe von Fließgewässern im Einzelnen schwer überprüfen. Ein Stück einer rötlichen Explosionsbrekzie aus der Pinge in Seiffen im Erzgebirge erscheint im Verzeichnis unter der Bezeichnung »bunder Kiesel bey Torgau« (No: 85).[7] Eine aus einem Phonolith aus der Umgebung von Teplice in Böhmen geschnittene Tafel trägt die Aufschrift »bunder Kiesel bey Weisenstein«, soll also laut Katalog aus dem Müglitztal bei Weesenstein stammen (No: 94). Ein Stück vom »Wurststeinfelsen« in Wiesenbad bei Annaberg-Buchholz im Erzgebirge wird als »bunder Kiesel« bei Marienberg verortet (No: 100). Leider ließ sich die wirkliche Herkunft solcher »Kiesel« nur in einigen wenigen Fällen im Nachhinein exakter bestimmen.

Auch bei den »ausländischen« Steinen finden sich Hinweise darauf, dass ein bestimmter Umfang der Sammlung angestrebt wurde. In diesem Teil des Steinkabinetts gibt es mehrere Tafeln, die sowohl im Format als auch in der Behandlung des Schliffes deutliche Abweichungen von den sonst eingehaltenen Standards zeigen, was im »sächsischen« Teil eher selten der Fall ist. Dies betrifft aber nur die zweite Hälfte der Abteilung der »ausländischen« Steine. Häufig kann dabei von der Größe der Stücke und Art der Bearbeitung zweifelsfrei auf eine Zweitverwendung des entsprechenden Materials geschlossen werden (Abb. 4). Es handelt sich bei diesen Tafeln ausschließlich um im Katalog als »orientalisch« bezeichnete Sorten von Karneol, »Moccastein« (einem dendritischen Achat), Sardonyx, Achat und Chalcedon, für die zum Zeitpunkt der Anlegung des Kabinetts offensichtlich kein Zugriff auf entsprechendes Rohmaterial vorhanden und deren Fundorte nicht bekannt waren.

Für einige inländische Steinsorten wie Feuerstein oder den »sächsischen Karneol« ist die geografische Herkunft im Katalog ebenfalls nicht angegeben. Derartige Ungenauigkeiten und die fehlerhaften Angaben in den Beschreibungen legen nahe, dass es sich bei dem Steinkabinett nicht wie bisher vermutet um eine persönliche Mustersammlung von Heinrich Taddel handeln kann.[8] Diese mehrfach geäußerte Annahme beruhte auf der Kenntnis über eine weitreichende Konzession zur Suche und Ausbeutung sächsischer Edel- und Schmucksteine, die Taddel vom kurfürstlichen Administrator, dem Prinzen Xaver von Sachsen 1764 erhalten hatte. Es lässt sich jedoch nicht belegen, dass Taddel zum Zeitpunkt der Zusammenstellung der Sammlung bereits über ein vertieftes Wissen über die sächsischen Schmucksteinvorkommen verfügt hat. Im Gegenteil sprechen die Fakten ganz dafür, dass die Sammlung aus in der Residenzstadt vorhandenem Material hauptsächlich zu Repräsentationszwecken zusammengetragen wurde, um die Belesenheit ihres Besitzers und sein Interesse an einem der damals im gehobenen Adel und Bürgertum äußerst populären Zweige der Naturkunde, der Mineralogie, zu demonstrieren.

Versuch einer Datierung: die verwendeten Schmucksteinsorten

Die Analyse der im Taddelschen Steinkabinett befindlichen sowie der dort fehlenden Gesteinssorten erlaubt es, erste Überlegungen zur Entstehungszeit der bisher undatierten Sammlung anzustellen. So enthält das Kabinett wie oben erwähnt unter der Nummer 41 der »ausländischen« Steine einen Chrysopras von Kosemitz/Koźmice oder von Gläsendorf/Szklary nördlich von Frankenstein/Ząbkowice Śląskie in Schlesien (Abb. 8). Eine ausführliche Abhandlung von 1805 zur Geschichte des schlesischen Chrysopras, dem Lieblingsschmuckstein Friedrichs II. von Preußen, findet sich bei Johann Ludwig Georg Meinecke.[9] Nach der Überlieferung soll das Vorkommen in Kosemitz 1740 von einem preußischen Offizier während des Ersten Schlesischen Krieges entdeckt worden sein, obwohl auch von früheren Funden um 1737 berichtet wird. Die Versuche der aufeinanderfolgenden Grundeigentümer der Windmühle am Kosemitzer Berg, die Nutzung des Chrysoprases durch Lieferungen von Rohmaterial an den preußischen Hof in Gang zu bringen, blieben zunächst ohne Erfolg. Auch die daraufhin veranlass-

ten Untersuchungen durch Bergrat Johann Gottlob Lehmann auf Weisung des preußischen Königs 1754 änderten daran zunächst wenig. Das war nicht nur eine Folge der Wirrungen während des Siebenjährigen Krieges. Es ist darüber hinaus sehr schwierig, in den silifizierten Serpentiniten ausreichende Mengen und größere Stücke von hartem und somit schleifwürdigem Material zu finden. Durch die Berichte von Lehmann gelangte die Kenntnis über das Vorkommen von Chrysopras am Kosemitzer Berg in die zeitgenössische Literatur. Die Gewinnung des Chrysoprases als Schmuckstein kam mit den Bemühungen des preußischen Oberbergrats Carl Abraham Gerhard, einem der späteren Gründer der Berliner Bergakademie, nach 1769 stärker voran. Seit Anfang der 1770er-Jahre taucht schlesischer Chrysopras dann sowohl in den in Deutschland gedruckten mineralogischen Abhandlungen als auch in Versteigerungskatalogen von Berliner Naturaliensammlungen auf.[10] Preußische Staatsgrabungen im großen Stil, die den Ruhm des schlesischen Chrysoprases begründeten, fanden aber erst ab 1781 statt. Die Tafel aus einem »Stück Chrysopras aus Schlesien« im Taddelschen Steinkabinett kann somit kaum vor den ersten ernsthaften Bemühungen um dessen Gewinnung ab 1754 nach Dresden gelangt sein. Wahrscheinlicher erscheint zunächst aber ein noch etwas späterer Zeitpunkt Mitte bis Ende der 1760er- oder Anfang der 1770er-Jahre, als die politischen Beziehungen zwischen Sachsen und Preußen sowie die Möglichkeiten eines Zugriffs auf das Material besser geworden waren.[11]

Ein weiterer interessanter Befund, der eine zeitliche Einordnung des Steinkabinetts erlaubt, ist die Bestimmung eines sogenannten Porzellanits. Das Gestein wurde ab Ende des 18. Jahrhunderts als »Porzellanjaspis« bezeichnet. Bei der zugehörigen Tafel ist das Etikett bis auf die Befestigungsspuren leider vollständig verlorenen gegangen (Abb. 8). Es handelt sich um ein dichtes, lavendelblau-graues, feinkörniges Gestein, das aus tonigen Sedimenten durch eine Umwandlung bei sehr hohen Temperaturen entstanden ist. Solche heute als »gebrannte Gesteine« bezeichnete Bildungen enthalten zum Teil noch fossile Pflanzenabdrücke. Sowohl der eigentlich eindrückliche Begriff »Porzellanit« als auch die irreführende Bezeichnung »Porzellanjaspis« sind in der modernen Fachliteratur obsolet. Im letzten Drittel des 18. Jahrhunderts waren in Sachsen besonders die nordböhmischen Vorkommen bei Teplitz/Teplice, Bilin/Bílina und Karlsbad/Karlovy Vary bekannt. Seltener wird in dieser Zeit von Funden in Planitz bei Zwickau und nahe Duttweiler bei Saarbrücken berichtet.[12] Die Begriffe »Porzellanit« oder »Porzellanjaspis« tauchen im Katalog nicht auf. Unter Berücksichtigung der Gesteinsansprache lässt sich das Stück aus der Sammlung von Taddel im Katalog eigentlich nur der einzigen offenen Position unter der

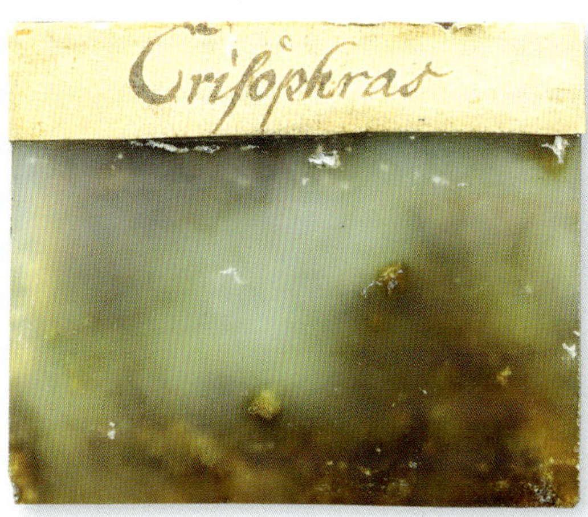

»Tigerstein« am Sockel für den zentralen Teil
des Tafelaufsatzes für Friedrich August III.,
Johann Christian Neuber, Dresden 1775,
Grünes Gewölbe, SKD, Inv.-Nr. 1931/1a

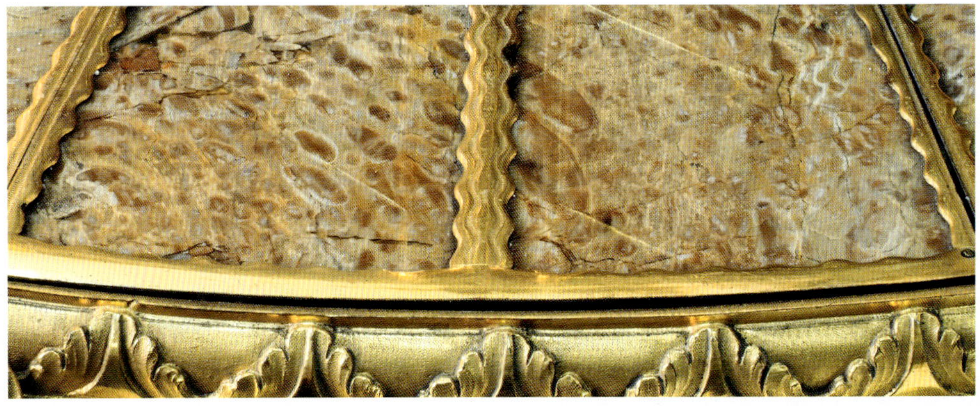

Kategorie »Jaspis aus Böhmen« zuordnen. Zeitlich sind die erste Auffindung und Beschreibung der gebrannten Gesteine in Böhmen schwer einzugrenzen, da diese offensichtlich zunächst fälschlicherweise einfach unter die große Gruppe der verschiedenen Ausbildungen von Jaspis gerechnet wurden. So könnte es sich bei dem von Johann Friedrich Gmelin in seinem *Natursystem des Mineralreiches* von 1777 erwähnten »streifigten Jaspis« »gelblich mit grauen Bändern bey Töplitz« um »Porzellanit« gehandelt haben.[13] Besondere Aufmerksamkeit erhielten die kuriosen Bildungen Ende des 18. Jahrhunderts im Zusammenhang mit dem Basaltstreit zwischen Plutonisten und Neptunisten, wobei als Quelle für die offensichtlich extreme Erhitzung des Gesteins entsprechend entweder die basaltischen Laven oder die spontan entstandenen »Erdbrände« in den in diesen Gebieten auftretenden Kohleflözen angesehen wurden.[14] Als Neptunist kam der bekannte Freiberger Mineraloge und spätere Edelsteininspektor Abraham Gottlob Werner bei einer Reise nach Böhmen 1777 ebenfalls zu dem Schluss, dass sich die Tonschiefer bei Erdbränden zu porzellanartigen Gesteinen umgewandelt haben müssen. In seiner im selben Jahr abgefassten Schrift *Über die Gebirgsarten* verwendete er in diesem Zusammenhang erstmalig den Begriff »Porzellanjaspis«.[15] Das Werk wurde jedoch erst 1787 gedruckt. In Werners Version der Übersetzung des bekannten Lehrbuchs der Mineralogie des schwedischen Naturforschers Axel von Kronstedt von 1780 wird das Gestein von den dort einzeln und explizit aufgeführten böhmischen Fundpunkten von »Porzellanjaspis« jedoch noch ohne diese spezielle Bezeichnung aufgeführt und wie bisher üblich einfach der großen Gruppe des Jaspis zugerechnet.[16] Der Begriff »Porzellanjaspis« setzte sich nach dem Erscheinen der Abhandlung von Werner *Über die Gebirgsarten* im Jahr 1787 dann sehr schnell durch. Somit ist die Entstehung des Steinkabinetts von Heinrich Taddel nach der Entdeckung dieser spezifischen Gesteinsart, jedoch vor ihrer Benennung als »Porzellanjaspis« durch Abraham Gottlob Werner anzusetzen.

Ein anderes merkwürdiges vulkanisches Gestein in Sachsen wurde ebenfalls erstmals Ende des 18. Jahrhunderts detaillierter beschrieben: der sogenannte Pechstein, der im Triebischtal oberhalb von Meißen, in der Gegend von Bräunsdorf bei Dresden sowie bei Spechtshausen am Rand des Tharandter Waldes gefunden wird. Der Pechstein besteht hauptsächlich aus natürlichem vulkanischem Glas, das trotz seines hohen Alters von ungefähr 300 Millionen Jahren auch heute noch als solches erhalten ist, während historische Gläser zum Beispiel aus Mesopotamien oder dem antiken Rom durch Alterung meistens bereits zerfallen sind. Die erste ausführliche Darstellung der Pechsteinvorkommen aus dem Triebischtal von 1773 geht auf Christian Gottlieb Pötzsch zurück.[17] Der Goldschmied und Hofjuwelier Johann Christian Neuber hat Ende des 18. Jahrhunderts Pechstein und Einschlüsse aus dem Pechstein in seinen Steinkabinettdosen, die eine Gesteinssammlung in einer kleinen Golddose vereinen, sowie in seinen größeren Werken wie dem zwischen 1775 und 1776 entstandenen großen Tafelaufsatz für Kurfürst Friedrich August III. (siehe Kat.-Nr. 9) und seinem Prunkkamin (siehe S. 224 – 227) verwendet. Dabei wurde insbesondere der sogenannte »Tigerstein« von Korbitz, ein gelblich-bräunlicher, umgeschmolzener vulkanischer Gesteinseinschluss im Pechstein mit attraktiver Musterung, häufig an prominenter Stelle eingesetzt (Abb. 8). Im Steinkabinett von Heinrich Taddel fehlen allerdings sowohl der Pech- als auch der »Tigerstein«. Dies ist insofern bemerkenswert, als Neuber ansonsten in seinen zahlreichen Arbeiten im Wesentlichen dieselben Gesteinsarten eingesetzt hat, die auch schon im Steinkabinett von Heinrich Taddel enthalten waren. In vielen Fällen lässt sich sogar belegen, dass Neuber für seine Arbeiten ein und dasselbe Rohstück zur Verfügung stand, das schon im Steinkabinett von Heinrich Taddel verwendet wurde (siehe S. 95 – 107). Da inzwischen bekannt ist, dass Neuber spätestens seit 1773 in der Werkstatt von Taddel tätig (siehe S. 28 und 55)[18] und damals auch das Pechsteinvorkommen bekannt war, kann die Entstehung des Taddelschen Steinkabinetts in die Zeit vor 1775 datiert werden.

Auf eine Entstehung des Kabinetts sogar noch vor 1770 weist zudem ein bisher nicht berücksichtigter Akteneintrag im sächsischen Finanzarchiv hin. Am 25. April 1770 bat Heinrich Taddel den zuständigen Bergsekretär Lichtwer um eine Genehmigung, durch den Dresdner Steinschneider Johann Christoph Uhmann »sogenannten Bandstein« im »Bruche bey Wolfftitz im genanntsteiner Walde« für eine von ihm geplante Verwendung holen lassen zu dürfen. Nachdem der »Bandjaspis« im Katalog zum Steinkabinett noch fälschlich »bey Waldheim« verortet wurde (ein Irrtum, der unter den Naturaliensammlern dieser Zeit relativ verbreitet war),[19] zeigt sich Heinrich Taddel im April 1770 über den korrekten Fundort wohl unterrichtet.[20]

Die Herkunft des Steinkabinetts – bisheriger Kenntnisstand

Aktuell ist das Steinkabinett unter der Nummer 1937/2 inventarisiert. Im Zugangsbuch des Grünen Gewölbes ist unter dieser Nummer eine »Sammlung sächsischer und anderer Gesteine in Art Neubers um 1790« verzeichnet, die 1937 in Chemnitz angekauft wurde.[21] Das würde bedeuten, dass die Sammlung erst kurz vor dem Zweiten Weltkrieg in das Museum gelangt wäre. Unsere Recherchen ergeben aber, dass die Inventarnummer wohl nach der Rückführung aus der Sowjetunion im Jahr 1958 falsch zugeordnet wurde. Tatsächlich lässt sich nachweisen, dass das Steinkabinett bereits 1832 aus der Kunstkammer in das Grüne Gewölbe gelangt war.[22] Aufbewahrt wurde es in einem prunkvollen Kabinettschrank aus Ebenholz mit facettierten Bergkristallplatten (siehe Kat.-Nr. 1) zusammen mit einer großen Bergkristallkugel.[23] Diese Kugel war ein Geschenk des Herzogs Emanuel Philibert von Savoyen an Kurfürst August und gelangte vor 1580 in die Kunstkammer. Laut einem Revisionseintrag im Pretioseninventar des Grünen Gewölbes von 1819 kam sie allerdings erst nachträglich (um 1848) zusätzlich zur Gesteinssammlung in den Kabinettschrank.[24] Der Kunstkammerschrank fand erstmalig 1679/80 in der sogenannten Weckschen Chronik Erwähnung.[25] Im Inneren des Schrankes befinden sich von außen nicht erkennbar mehrere verschließbare, mit rot-silberner Seide ausgekleidete und nachträglich durch schmale Holzstege unterteilte Schubfächer zur Aufnahme und Präsentation der Steinsammlung (Abb. 9). Diese Art der Aufbewahrung demonstriert die hohe Wertschätzung, die das Steinkabinett mindestens bis zum Anfang des 19. Jahrhunderts genossen haben muss. Von den sechs im Bergkristallschrank vorhandenen Fächern sind nur fünf für die Aufnahme der Steintafeln entsprechend umgearbeitet worden. Sie bieten Platz für insgesamt 192 Stücke. Das sind 22 bzw. 23 weniger, als laut

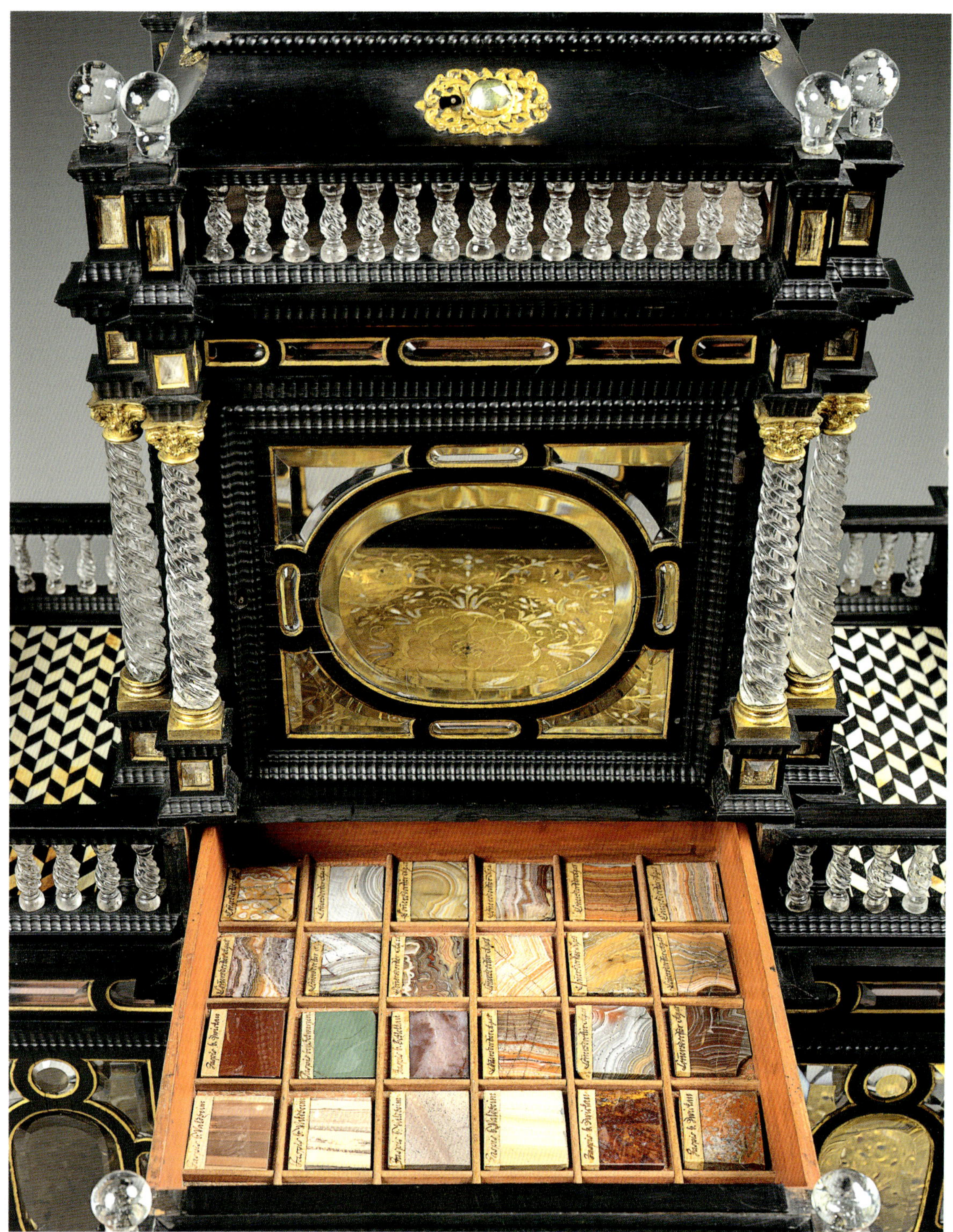

Katalog bei der Zusammenstellung in der Sammlung vorhanden gewesen sind. Man könnte daher vermuten, dass ein Teil des Steinkabinetts schon nach der Entnahme aus der ursprünglichen, fest gebundenen Präsentation nicht mit in den Prunkschrank gelangt ist.[26]

Wann, für wen und zu welchem Zweck die Sammlung angelegt wurde, bleibt aber zunächst unklar.

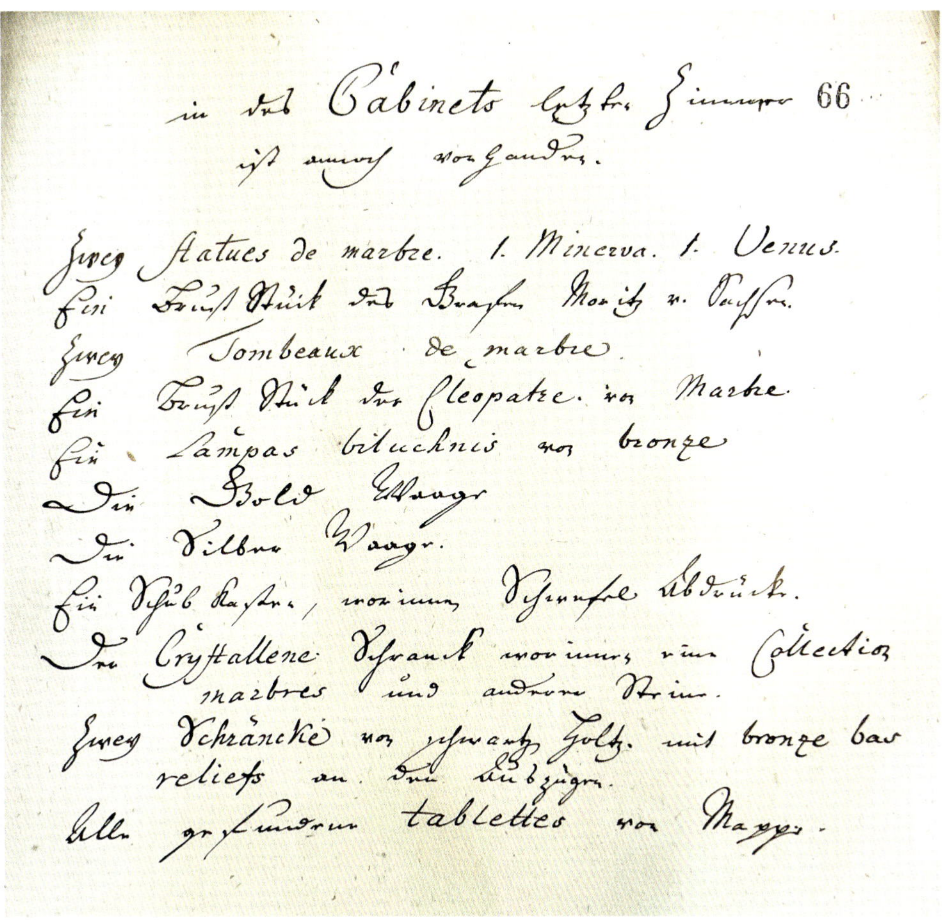

Das wechselvolle Schicksal des Steinkabinetts: neue archivalische Quellen

Da die archivalischen Nachweise das Vorhandensein der Sammlung in einem Prunkschrank aus der Kunstkammer belegen, ist anzunehmen, dass sich das Steinkabinett von Heinrich Taddel schon länger – wenn nicht sogar seit seiner Entstehung – im Besitz des sächsischen Hofes befunden hat.

Der früheste bisher bekannte schriftliche Nachweis der Sammlung von 1815 findet sich in einem Nachtrag zum Kunstkammerinventar von 1741. In einer Notiz des Kämmerei-Sekretärs der Kämmerei-Expedition, Karl Gebhard, ist festgehalten worden, dass der Kunstschrank aus Ebenholz am 6. November 1815 auf Weisung von Friedrich August III. vom 4. November aus dem Königlichen Münzkabinett an die Kunstkammer abgegeben wurde – zusammen mit einer »Sammlung von Agaten, Jaspisen und Kiesln«.[27] Zusätzliche Recherchen in nicht inventarisierten Akten des Münzkabinetts für die Jahre von 1810 bis 1830 haben diesen Vorgang bestätigt.[28]

In den Akten des Münzkabinetts findet sich jedoch noch ein weiterer wichtiger, aber undatierter Eintrag. Dieser steht offensichtlich in Zusammenhang mit der in dem zugehörigen Aktenteil detailliert erfassten Verpackung der numismatischen Handbibliothek des Münzkabinetts und einiger antiker Pretiosen in insgesamt fünf Kisten. Wie mehrere Einträge in denselben Akten belegen, ist dieser Vorgang Teil der im Zusammenhang mit dem Siebenjährigen Krieg erst im Frühjahr 1757 erfolgten Sicherung des damals Kurprinzlichen Münzkabinetts. Die Sammlung war zu diesem Zeitpunkt in mehreren Räumen des Kurprinzenpalais auf dem Taschenberg, dem heutigen Taschenbergpalais, aufgestellt. Unter der Rubrik »in des Cabinets letzten Zimmer ist annoch vorhanden« wird an neunter Position nach Statuen und Büsten aus Marmor, antiken Marmorsärgen, Gebetslampen, einer Gold- und einer Silberwaage sowie einer Sammlung von Schwefelabdrücken von Gemmen auch »der Crystallene Schrank worinnen eine Collection Marbres und anderer Steine« aufgeführt (Abb. 10).[29]

Es stellt sich heraus, dass die Sammlung durch Heinrich Taddel für den Kurprinzen Friedrich Christian angelegt worden sein muss und zwar noch vor dem Siebenjährigen Krieg. Über 150 Jahre wurde sie dann in besagtem Bergkristallschrank aus Ebenholz aufbewahrt. Es bleibt aber zunächst offen, wo sie sich während des Krieges und bis zur musealen Neugestaltung des Japanischen Palais, wohin das Münzkabinett im Jahr 1786 überführt wurde, befunden hat. Nach den hier ausgewerteten Akten waren Teile des Münzkabinetts ab 1771 im Weißsilberzimmer des Grünen Gewölbes im Residenzschloss aufgestellt worden.[30]

Jedenfalls gelangte der Schrank mit der Gesteinssammlung 1815 aus der Münzsammlung, die in dieser Zeit im Japanischen Palais auf der anderen Elbseite aufbewahrt wurde, in die Kunstkammer im Dresdner Zwinger und wurde dort im Inventar registriert. Bei der endgültigen Auflösung der Kunstkammer wurde am 6. Juli 1832 der Eintrag von 1815 gelöscht. Gleichzeitig ist dabei die Überführung des Kunstschranks mitsamt den darin befindlichen Objekten in das Grüne Gewölbe vermerkt worden. Ab 1913 lassen sich diese dort im neu gestalteten Eingangsraum des Museums, dem sogenannten »Kaminzimmer«, nachweisen und ab 1927 dann im Pretiosensaal.[31]

In der Zeit des Nationalsozialismus kam es 1936 zu einer folgenschweren Entscheidung. Wie dem Jahresbericht des Grünen Gewölbes von Erich Haenel und der im selben Jahr erschienenen aktualisierten Ausgabe seines Museumsführers zu entnehmen ist, wurden die »sächsischen« Steine nach der Ausstellung *Sächsisches Edelgestein* im Sommer 1936 aus dem Schrank herausgenommen und seither daneben auf einem separaten Tisch präsentiert.[32] Es ist anzunehmen, dass hierbei auch die neueren Nummerierungen auf den Rückseiten der Etiketten angebracht wurden. Sehr wahrscheinlich ging in diesem Zusammenhang die ursprüngliche Ordnung der Sammlung zumindest teilweise verloren. Möglicherweise lässt sich zudem die Häufung der Schäden und Verluste im »sächsischen« Teil der Sammlung aus dem Umstand seiner offenen Auslegung auf einem Tisch erklären. Wie es scheint, hat das Steinkabinett aber auch während dieser Präsentation immer noch keine eigene Inventarnummer erhalten, weshalb es sich nach der Rückführung aus der Sowjetunion den historischen Inventaren nicht mehr korrekt zuordnen ließ.

Einige andere »deutsche« der ursprünglich »ausländischen« Steine wurden 1936 wohl aus ideologischen Gründen zusätzlich in die öffentliche Ausstellung einbezogen und erhielten deshalb ebenfalls eine entsprechende Katalognummer auf den Rückseiten der Steintafeln. Wie erwähnt betrifft dies den schlesischen Chrysopras, das Coburger Holz

und den Achat von Idar-Oberstein. Im Jahr 1945 gelangte das Steinkabinett zusammen mit den anderen Kunstwerken aus dem Grünen Gewölbe in die Sowjetunion. Nach seiner Rückkehr 1958 wurde es wie viele andere Objekte magaziniert. Seit der Eröffnung des Neuen Grünen Gewölbes 2004 ist eine Auswahl von 16 Steinen aus dem Steinkabinett im Neuber-Saal dauerhaft ausgestellt.

Schlussbetrachtungen

Die Untersuchung des Taddelschen Steinkabinetts und die parallel vorgenommenen Quellenforschungen belegen, dass diese unikale Sammlung wesentlich früher entstanden ist, als bislang angenommen wurde: noch vor dem Siebenjährigen Krieg, in einem Zeitraum zwischen 1740, als Heinrich Taddel offiziell das Bürgerrecht in Dresden erhalten hatte, und 1757, als es erstmals schriftlich nachweisbar ist. Damit wird auch die These bestätigt, dass es nicht als Mustersammlung für Heinrich Taddel selbst diente, sondern repräsentative Zwecke erfüllen sollte. Adressat und vielleicht auch Auftraggeber des Steinkabinetts in einer offensichtlich zunächst festen, prunkvollen Präsentation war höchstwahrscheinlich der Kurprinz Friedrich Christian von Sachsen, in dessen Besitz es sich 1757 befand.

Die genauere Untersuchung und historische Einordnung des Steinkabinetts von Heinrich Taddel zeigt, dass es nicht losgelöst betrachtet werden kann von den zahlreichen erhaltenen Werken wie Steinkabinettdosen, den Prunktischen, Tafelaufsätzen und dem Prunkkamin, die heute nahezu ausnahmslos Johann Christian Neuber zugeschrieben werden. Vielmehr ist das Kabinett als unmittelbarer Vorläufer all dieser Objekte und insbesondere der Steinkabinetttische und -dosen anzusehen. Die neuen Erkenntnisse belegen außerdem eindrücklich das Zusammenwirken zwischen Taddel und Neuber in der Zeit nach dem Siebenjährigen Krieg. Gleichzeitig demonstriert das Steinkabinett die hohe Wertschätzung, die die Naturwissenschaften und speziell die Mineralogie von der zweiten Hälfte des 18. Jahrhunderts bis in das 19. Jahrhundert hinein auch in den höchsten gesellschaftlichen Kreisen genossen haben. Dass die Sammlung augenscheinlich für den Kurprinzen und späteren Kurfürsten Friedrich Christian angefertigt wurde, wirft außerdem ein neues Licht auf dessen persönliche Interessen und Ambitionen. Es muss zukünftigen Forschungen vorbehalten bleiben, eine entsprechende Neubewertung des Steinkabinetts von Taddel in diesem Kontext vorzunehmen.[33]

1 In einen Buchdeckel von roter Seide mit goldfarbenen Prägungen auf den Innendeckeln sind vier Blätter eingebunden. Der Katalog listet nach dem Titelblatt auf acht von 16 vorhandenen Seiten insgesamt 214 Positionen von Schmuck- und Edelsteinen auf. **2** Diese Nummern wurden meist mit Kugelschreiber oder manchmal auch mit Farb-, Blei- oder Tintenstift in neuzeitlicher Handschrift notiert. Bei manchen Tafeln sind auf den Rückseiten anstelle der verlorenen Originaletiketten briefmarkenförmige Aufkleber mit den entsprechenden Nummern angebracht worden oder die Zahl wurde direkt auf die Gesteinstafel geschrieben. **3** Zuletzt wurde eine Bearbeitung 2003 und 2008 durch Klaus Thalheim (Senckenberg Naturhistorische Sammlungen Dresden) begonnen; sie konnte aber aufgrund verschiedener Umstände nicht abgeschlossen werden. **4** Sponsel 1919, S. 5. **5** Die Nummern 32 und 33 erlauben eine stofflich korrekte Zuordnung der Tafeln zum Katalog als Karneole. Die vom allgemeinen Standard abweichende Form und Bearbeitung der Tafeln belegt eine Zweitverwendung des Materials. **6** Ausst.-Kat. New York 2008, S. 284, Nr. 103. **7** Die Zinnlagerstätten im Erzgebirge sind häufig an vertikale, schlauchförmige Strukturen gebunden, die durch den explosionsartigen Austritt vulkanischer Gase entstanden sind und in denen die Ursprungsgesteine vollständig zertrümmert wurden – unter Bildung sogenannter Explosionsbrekzien. **8** Ausst.-Kat. Dresden 2012, S. 14; Ausst.-Kat. Idar-Oberstein u. a. 1998, S. 174; Kappel 2014, S. 107. **9** Meinecke 1805, S. 1–120. **10** Schröter 1774, S. 127–130; Anonymus 1773, S. 51; Anonymus 1774 a, S. 3. **11** Einen weiteren Anhaltspunkt liefert eine aus schlesischem Chrysopras roh zugeschnittene, jedoch nicht ausgearbeitete Tabakdose aus den Sammlungen des Meininger Herzogs Anton Ulrich. Die Sammlung war mit dem Tod des Herzogs 1763 praktisch abgeschlossen. Das Stück befindet sich heute im Naturhistorischen Museum Schloss Bertholdsburg Schleusingen (Inv.-Nr. AU 4480). Schmidt 2020, S. 108. **12** Reuss 1790, S. 87–88; Lenz 1791, S. 52; Emmerling 1793, S. 240–243. **13** Gmelin 1777, S. 595. **14** Plutonisten betrachteten die Gesteine als Produkte vulkanischer Prozesse, während die Neptunisten annahmen, dass sich ursächlich alle diese Gesteine als Sedimente aus dem Meer gebildet haben. **15** Werner 1787, S. 23–24. **16** Werner 1780, S. 144. **17** Poetzsch 1779, S. 1–138. **18** Kempe/Enge 2020, S. 156–179. **19** Freiesleben 1829, S. 50; Anonymus 1774 b, S. 62, Nr. 293. **20** Sächsisches Hauptstaatsarchiv Dresden (im Folgenden: HStADD), 10036 Finanzarchiv, Rep. 09, Sect. 1, Nr. 2929, fol. 123 r; die Autoren danken Martin Wagner für den Hinweis auf diesen Akteneintrag. **21** Zugangsinventar seit 1875, Eintrag im Jahr 1937: »4.1.37; Sammlung sächs. u. and. Gesteine in Art Neubers um 1790«. **22** Sponsel 1919, S. 4–5; Ausst.-Kat. Dresden 2012, S. 14; Kappel, 2014, S. 107–108. Hier wurde irrtümlich angegeben, dass der zugehörige Kabinettschrank zusammen mit dem Steinkabinett aus den Privatgemächern des Kurfürsten in die Kunstkammer gelangt sei. **23** Die Bergkristallkugel wird heute separat im Neuen Grünen Gewölbe ausgestellt: Inv.-Nr. V 174. **24** Grünes Gewölbe, Inventar Pretiosenzimmer 1819, S. 198, No. 114: »[…] unter diesen Gegenständen fand sich bei der Revision vom 18. Okt. [?] 1848 noch eine Chrystallkugel.« **25** Weck 1680, S. 35 (im dritten Gemach der Kunstkammer genannt). **26** Sponsel gibt an, dass sich die Sammlung Anfang des 20. Jahrhunderts in fünf von sechs Fächern des Schrankes befunden hat: Sponsel 1919, S. 5; Sponsel 1921, S. 5 beschreibt die Situation so: »Die architektonischen Zwischenglieder des Tempelbaus enthalten Kästchen, in denen eine Steinsammlung in Platten gleicher Größe aus Achat, Jaspis und Kieselarten aufbewahrt ist.« **27** Nachtrag im Kunstkammerinventar von 1741, fol. 447 v, No. 3: »Ein kleiner schranck von schwarzen ebenholz mit eingelegten cristal gläsern. In demselben befindet sich eine sammlung von agaten, jaspisen und kieseln. Dieser schrank ist in gemäsheit hoher verordnung von 4. November 1815 aus dem königlichen münz cabinet zur kunstkammer am 6. eiusdem mensis et anni abgegeben worden. Am 6. july 1832 zum grünen gewölbe abgegeben.« **28** Sowohl der durch den Freiherrn Johann Georg Friedrich von Friesen unterschriebene Befehl an den Inspektor des Münzkabinetts Johann Gottfried Lipsius vom 4. November 1815 als auch die Empfangsbestätigung für das »Schränkgen von Ebenholz mit CrystallGläsern ausgesezt, worinnen sich eine Sammlung von geschliffenen Agathen befindet« durch Bergrat Seyffert vom 6. November haben sich in diesen gebundenen, aber nicht nummerierten Akten erhalten. Gebhard ist in seiner Funktion als Kämmereisekretär in den Adressbüchern Dresdens zwischen 1812 und 1820 belegbar. Inspektor der Kunstkammer in Personalunion mit der Inspektion des Mathematisch-Physikalischen Salons war in dieser Zeit der Uhrmacher, Astronom und Geodät Bergrat Johann Heinrich Seyffert, vgl. dazu: Scheppach 1812, S. 10 und 12; Scheppach 1820, S. 3.

29 Akten das Münzkabinett betreffend 1708–1819, fol. 66 v. Das Einpacken der eigentlichen Münzsammlung erfolgte nach einer ebenfalls hier gefundenen Akte am 18. April 1757 (fol. 50 v). Die fünf Kisten mit der numismatischen Bibliothek wurden am 3. März 1764 im Japanischen Palais erstmals wieder geöffnet, um einige wichtige Unterlagen zu entnehmen (fol. 68 v–70 v). **30** Akten das Münzkabinett betreffend 1708–1819, fol. 74 v–127 r. Dass auch die Taddel-Sammlung in das Weißsilberzimmer gelangt sein könnte, deutet eine »Registratura« vom 17. August 1764 an, nach der die am 3. März im Japanischen Palais entnommenen Schriften wieder in die Kisten zurückgelegt wurden, die Kisten selbst aber »in das Grüne Gewölbe, und zwar in das Seiten Gewölbe linkerhand im Vorhause« gebracht wurden (fol. 71 v). **31** Die Bezeichnung »Kaminzimmer« verweist auf die Aufstellung des Prunkkamins von Johann Christian Neuber (Inv.-Nr. I 51, siehe Kat.-Nr. 10) in diesem Raum; Sponsel 1915, S. 4–5; Sponsel 1921, S. 5; Haenel 1927, S. 9. **32** HStADD, 11125 Ministerium des Kultus und des öffentlichen Unterrichts, Nr. 19003, fol. 255–258; Haenel 1937, S. 11–12. **33** Die Tradition der Anlegung von Steinkabinetten bis hin zu Prunktischplatten, ursprünglich im Kontext der Präsentation von sogenannten »antiken Marmorsorten«, entstand im frühen 18. Jahrhundert vor allem in Italien und verbreitete sich durch die damals üblichen Kavalierstouren über ganz Europa (siehe S. 26). Von 1738 bis 1740 hatte auch Friedrich Christian eine ausgedehnte Italienreise unternommen. Bemerkenswert sind in diesem Zusammenhang zudem seine finanzielle Unterstützung für Winkelmann in Rom und die in der zitierten Akte aus dem Münzkabinett teilweise überlieferte Raumausstattung in seiner Residenz im Taschenbergpalais.

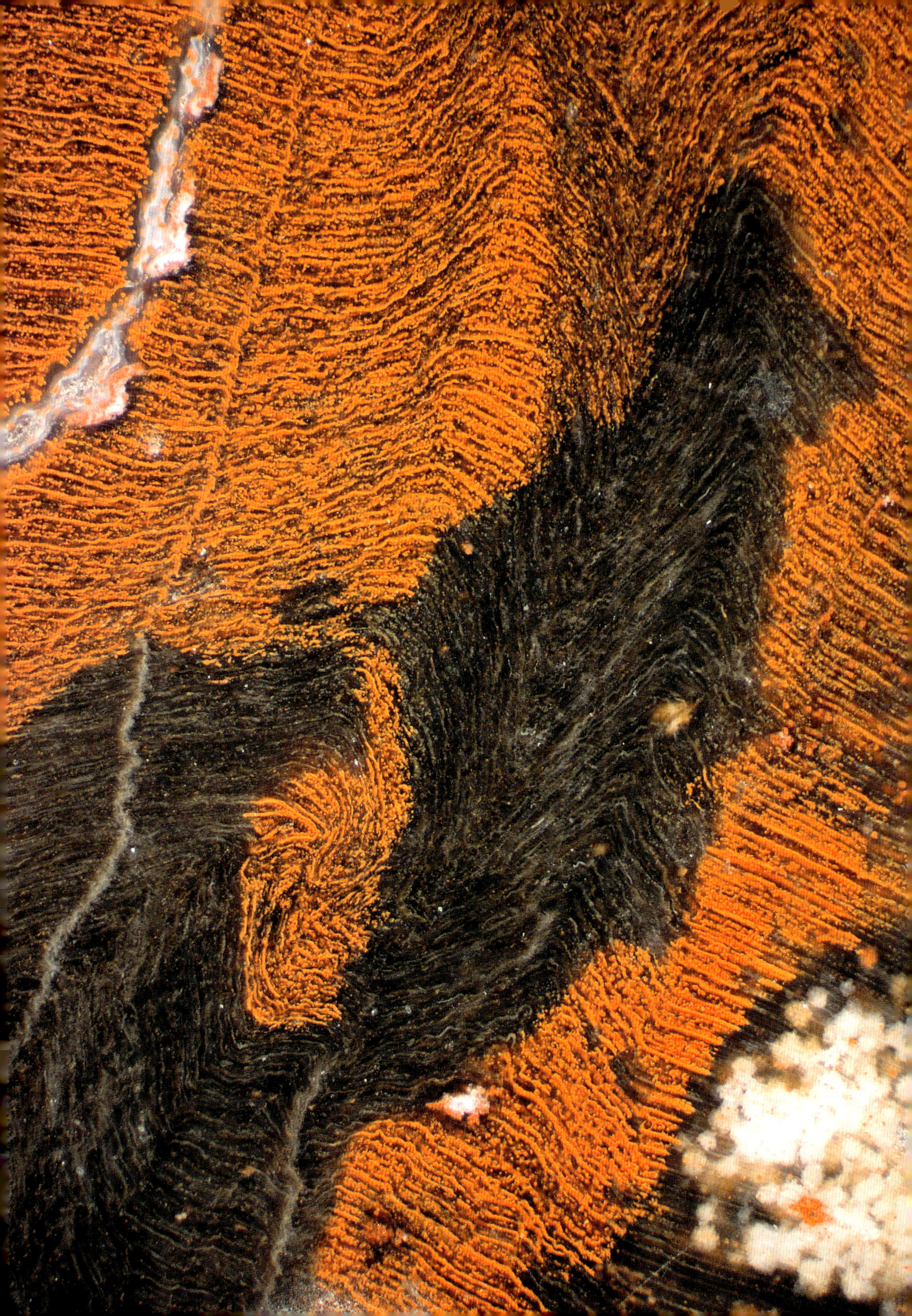

MICHAEL WAGNER, ULF KEMPE

Die Restaurierung und Neuordnung des Steinkabinetts von Heinrich Taddel

Die Restaurierung eines kulturhistorisch wertvollen Objekts beinhaltet im Allgemeinen die Wiederherstellung eines historischen Zustands, der im Lauf der Zeit beschädigt oder verloren gegangen ist. Die Arbeit konzentriert sich dabei vorrangig auf die Konsolidierung der Originalsubstanz.

Welche spezialisierten Fachbereiche im Restaurierungsvorhaben zu beteiligen sind, wird maßgeblich von der Materialität des jeweiligen Gegenstands bestimmt. Das Steinkabinett von Heinrich Taddel im Grünen Gewölbe besteht aus verschiedenen geschnittenen und polierten Gesteinstafeln, auf denen historische Beschriftungsetiketten aufgeleimt wurden. Allein diese spezifische Materialkombination von Stein und Papier erforderte eine Zusammenarbeit der Fachbereiche Kunsthandwerk, Stein und Papier unter der Expertise der Mitarbeiterinnen und Mitarbeiter des Grünen Gewölbes, des Kupferstich-Kabinetts und der Skulpturensammlung der Staatlichen Kunstsammlungen Dresden.

Die Intention, sich dem sogenannten Taddelschen Steinkabinett im Detail zu widmen, basiert auf einem 2016 geschlossenen Kooperationsvertrag zwischen den Staatlichen Kunstsammlungen Dresden und der TU Bergakademie Freiberg, welcher in seiner Präambel unter anderem die interdisziplinäre, museale Bestandserforschung zum Inhalt hat. Im vorliegenden Fall erhoffte man sich, die historisch überlieferte Katalogisierung durch naturwissenschaftlich unterstützte Untersuchungsmethoden besser auf Plausibilität prüfen und darauf aufbauend die einzelnen Steintafeln korrekt zuordnen zu können.

Dass diese projektbezogene interdisziplinäre Kooperation des Expertenteams aus den Fachbereichen Mineralogie, Kunstwissenschaft und Restaurierung über die Arbeit mit dem Steinkabinett hinaus zu weitreichenden neuen Erkenntnissen innerhalb des eigenen Sammlungsbestands an Steinschnittobjekten führen würde und sich zudem eine neue Methodik für kunsthistorische Fragen zur Objektzuschreibung ableiten lassen sollte, war anfänglich kaum abzusehen – die diesbezüglichen aktuellen Forschungsergebnisse werden in dem hier vorliegenden Katalog vorgestellt.

Neben einer ersten groben Vorsortierung aller noch erhaltenen Steintafeln nach mineralogischen und restauratorischen Kriterien anhand des originalen, handschriftlich verfassten Katalogs erfolgten zunächst die Fotodokumentation des Vorzustands jeder einzelnen Steintafel mit Vorder- und Rückseite sowie die Erfassung aller verfügbaren Daten in einer digitalen Auflistung mit fortlaufender Nummerierung konkordant zum Originalkatalog. Die sich anschließenden geowissenschaftlichen Untersuchungen des Steinkabinetts im Hinblick auf eine möglichst exakte mineralogische Bestimmung und die Zuordnung des jeweiligen Fundpunkts bzw. der Lagerstätten ebenfalls in Abgleich mit dem Katalog bildete den aufwendigsten Teil des Projekts.

Die notwendigen Restaurierungsarbeiten sowie die Maßnahmen zur präventiven Konservierung folgten weitestgehend erst nach Abschluss aller vorherigen naturwissenschaftlichen Untersuchungen an den Steintafeln.

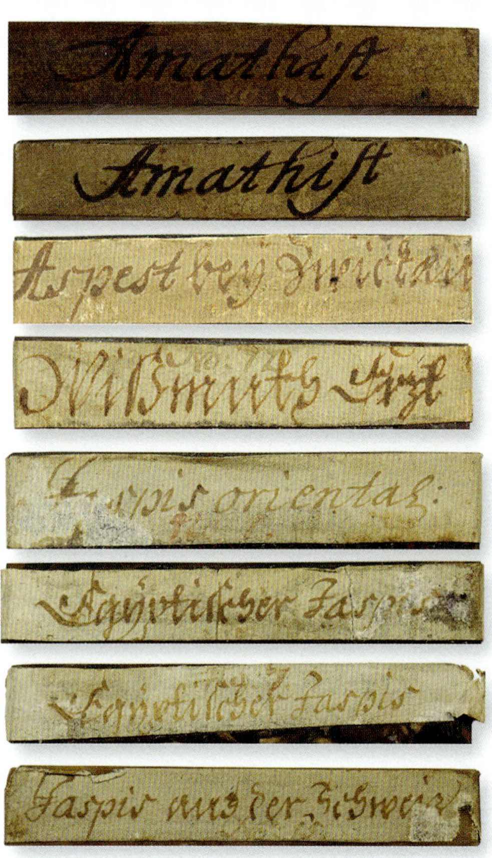

Abb. 1

Auswahl von unterschiedlichen Handschriften
auf den Etikettierungen der Steintafeln.

Viertes Etikett von oben: eine der gut erkennbaren »Ur-Nummern« No: 72, Grünes Gewölbe,
SKD, Inv.-Nr. I 15 b/72

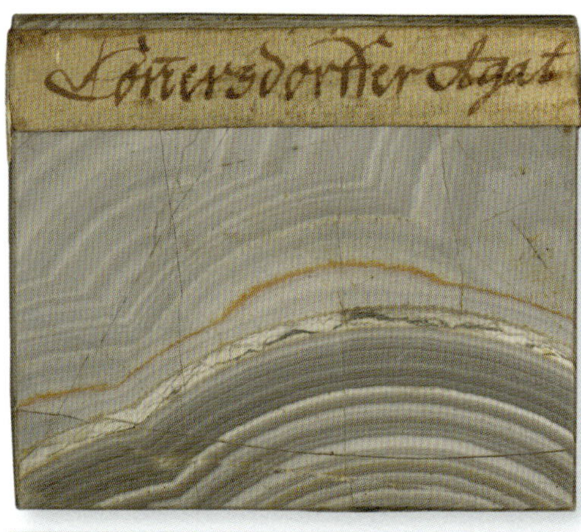

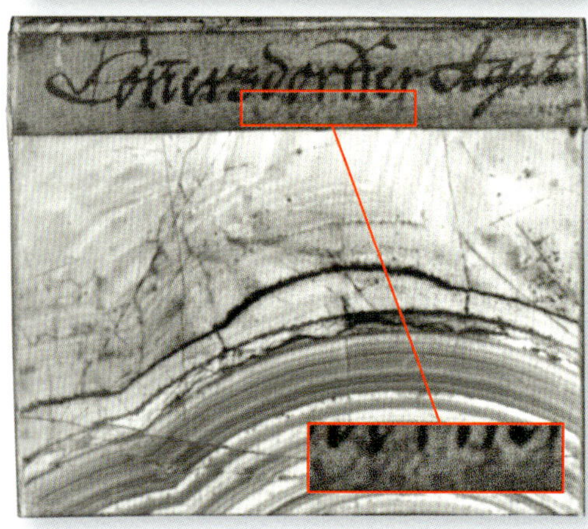

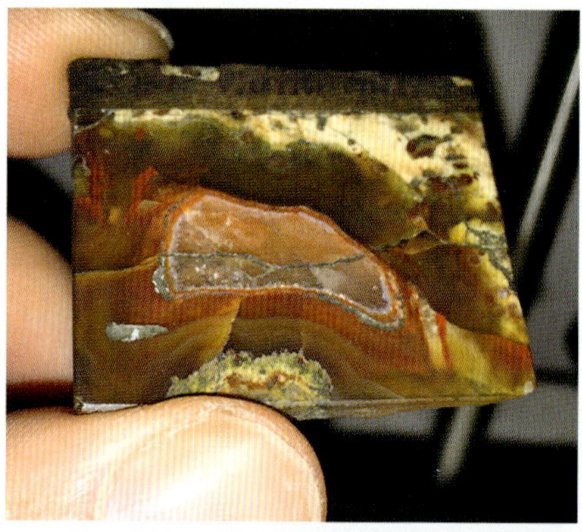

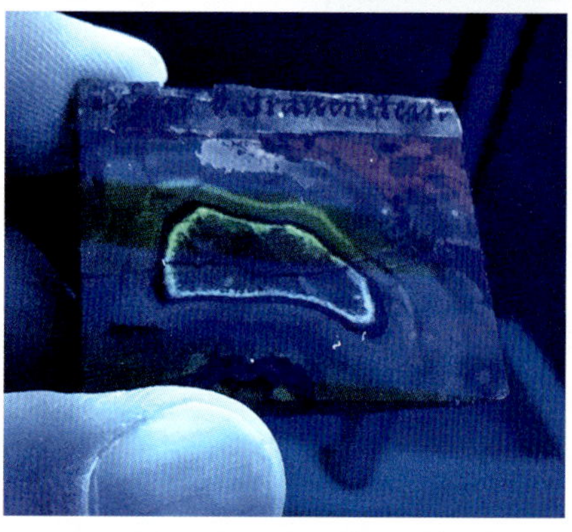

Abb. 2

No: 143 »Ein Agat bey Frauenstein« unter
natürlichem (oben) und langwelligem UV-Licht
(315–380 nm; unten), Grünes Gewölbe, SKD,
Inv.-Nr. I 15 b/143.

Die heute unleserliche Beschriftung wurde unter
langwelligem UV-Licht (315–380 nm) wieder
sichtbar. Ebenfalls zu sehen ist das natürliche
Fluoreszenzverhalten von Uranylgruppen
(grünlich-blau) im Gestein entlang der Grenze
des Achats zum Quarzkern.

Abb. 3

**Multispektralaufnahmen eines »Agat bey
Connersdorff«** (oben unter sichtbarem Licht,
unten im Ultraviolett-Kanal UVL 365 nm) mit
Detailausschnitt der unter Tageslicht nicht
sichtbaren »Ur-Nummer« No: 34, Grünes
Gewölbe, SKD, Inv.-Nr. I 15 b/34

Heinrich Taddel verzeichnete im Katalog insgesamt 159 »sächsische« sowie 55 »ausländische« Steine, von denen sich bis heute noch 185 Positionen erhalten haben. Die Größe der rechteckigen Steintafeln ist mit 4,0 × 3,3 cm weitestgehend identisch. Nur in wenigen Einzelfällen weicht das Maß zum Teil deutlich davon ab. Dagegen variiert die Materialstärke erheblich von 1,9 mm bis 5,3 mm. Das Gewicht der einzelnen Steine schwankt zwischen 5,7 g und 17,9 g.

Die Vorsortierung bildete die Basis für die Visualisierung der Verluste bzw. der problematischen Positionen. Die Ausgangssituation beinhaltete neben eindeutigen Zuordnungen und einigen offenkundigen Verlusten von Gesteinstafeln eine nicht unerhebliche Anzahl an Tafeln, deren Beschriftungsetiketten beschädigt, unleserlich oder über die Zeit auch komplett verloren gegangen sind. Mehrere Tafeln ließen sich zunächst generell nicht zuordnen.

Die Aufschriften auf den Etiketten weisen unterschiedliche Handschriften auf. Ebenso unverkennbar variiert deren Papierqualität, weshalb davon auszugehen ist, dass entweder mehrere Personen bei der Beschriftung mitgewirkt haben oder einige der Etiketten bereits frühzeitig erneuert wurden (Abb. 1). Dabei fällt auf, dass keine der Handschriften mit der Auflistung im Katalog übereinstimmt (siehe S. 44 – 47).

Einen weiteren Schwerpunkt der Untersuchungen bildete die Entzifferung der unleserlichen Beschriftungen. Wie sich herausstellen sollte, haben sich auf den Papieretiketten deutlich mehr ältere Katalognummerierungen erhalten als von uns ursprünglich angenommen – oftmals überlagert von den später vermerkten Angaben zur Bezeichnung und zur Herkunft der jeweiligen Steinprobe. Ließen sich die mit Eisengallustinte notierten Katalogangaben unter UV-Licht effizient anregen, sodass diese selbst unter extrem nachgedunkelten Überleimungen wieder sichtbar wurden, funktionierte diese Methode für die sogenannte »Ur-Nummerierung« leider nicht, da die hierfür verwendete Tinte kaum Fluoreszenzverhalten aufweist (Abb. 2). Anfänglich war die ursprüngliche Nummerierung noch am besten durch eine vergrößerte Betrachtung der hochaufgelösten Digitalaufnahmen am PC-Monitor und gleichzeitigen Abgleich am Original unter dem Mikroskop erkennbar. Den endgültigen Durchbruch lieferten aber erst Multispektralaufnahmen der Beschriftungen auf allen Etiketten. Hierfür wurden mittels spezieller Kameratechnik mehrere Belichtungsreihen im sichtbaren Lichtbereich kombiniert mit Infrarot- und UV-Fotografie angefertigt, wie an dem Beispiel der Tafel No: 34 »Agat bey Connersdorff« gezeigt wird (Abb. 3, siehe S. 113 – 115).[1]

Nachdem so zahlreiche weitere »Ur-Nummern« sichtbar wurden, ließ sich eine Vielzahl von Steintafeln mit gleicher Ansprache des Fundpunkts viel einfacher in Übereinstimmung mit den historischen Katalognummern bringen. Wie hilfreich dies war, verdeutlicht am eindrücklichsten das Konvolut von 22 einheitlich bezeichneten »Connersdorfer Agaten«, die daraufhin wieder in schlüssiger Reihenfolge einsortiert werden konnten (Abb. 4).

Neben der klassischen Befundanalyse und der Betrachtung des Gesteinsmaterials unter dem Mikroskop wurden bei unklarer Befundlage zusätzliche zerstörungsfreie materialwissenschaftliche Untersuchungen zur Feststellung der chemischen Zusammensetzung der Gesteine notwendig. Messungen mittels Röntgenfluoreszenzanalyse (RFA) zur Elementbestimmung erfolgten vor Ort im Museum. Im Einzelfall fanden weiterführende EDX-Analysen (Energiedispersive Röntgenspektroskopie) am Feldemissions-Rasterelektronenmikroskop im Institut für Geologie an der TU Bergakademie Freiberg statt (siehe S. 110).

Alle aus den durchgeführten Untersuchungen gewonnenen Erkenntnisse wurden für jede Steintafel in einem Kommentartext zusammengeführt. Dieser bildet zusammen mit zwei Tabellen, welche die Stammdaten jeder einzelnen Position analog der Unterteilung der Sammlung in »sächsische« und »ausländische« Steine im Originalkatalog erfassen, die Basis für die finale Neuordnung der Steinsammlung.

Letztendlich ließen sich nur noch fünf Steintafeln, deren Beschriftungen komplett verloren gegangen sind, nicht eindeutig dem Katalog zuordnen, obwohl sie definitiv zum Steinkabinett gehören müssen. Entweder passten die historischen Angaben der Verlustpositionen nicht zum Material und/oder die passenden Stellen waren bereits durch andere Steintafeln mit gesicherter Zuordnung belegt bzw. waren mehrere denkbare Zuordnungen möglich. Daher war am Ende eine inhaltlich korrekte Einordung nicht gegeben. Bestehende Fehlstellen nur annähernd stimmig mit den genannten Steintafeln zu besetzen, wurde als inkonsequent verworfen. Stattdessen fiel die Entscheidung, diese Stücke mit separaten Inventarnummern an das Ende der Sammlung zu stellen.

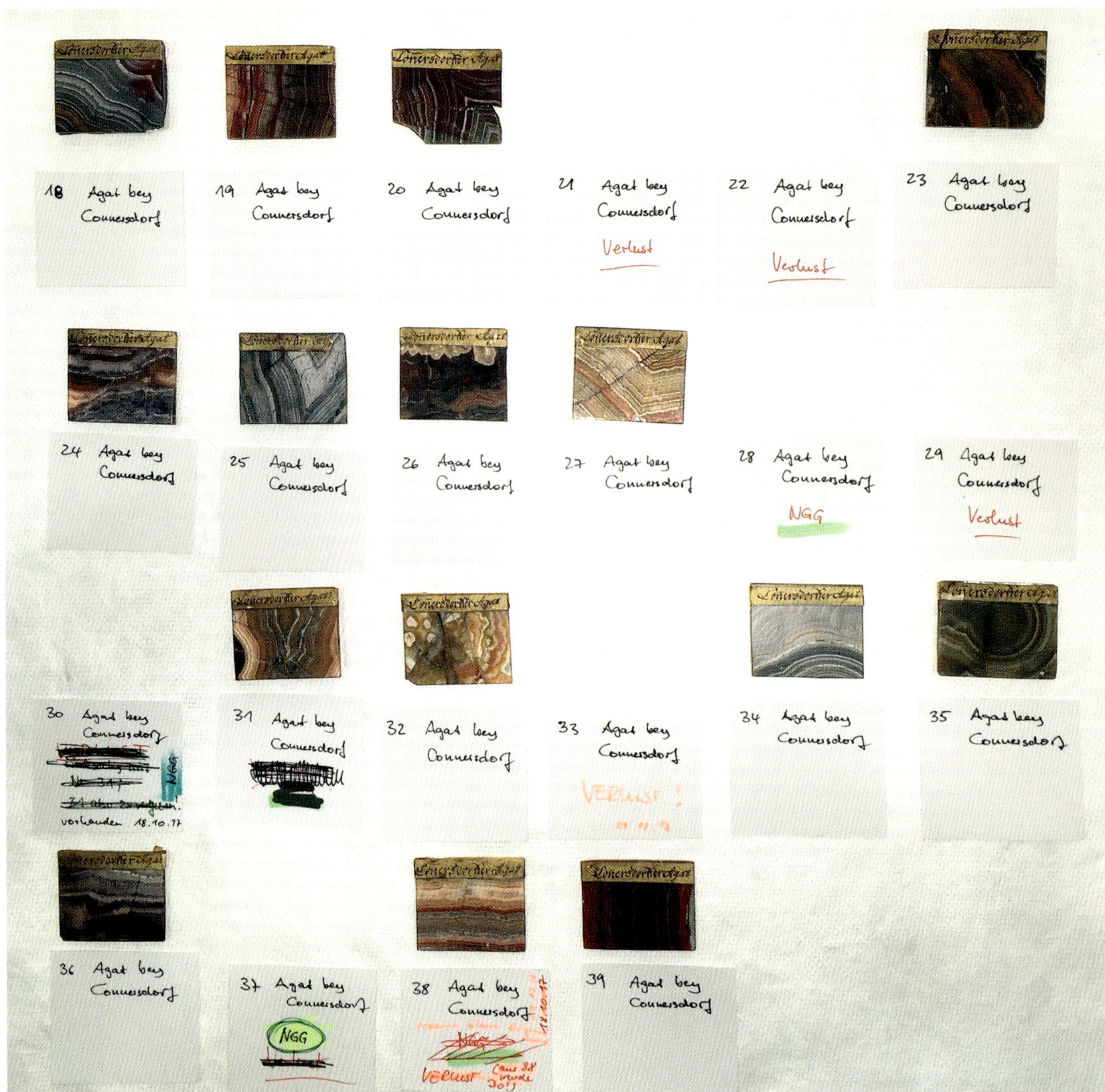

Restaurierung und präventive Konservierung

Die restauratorischen Maßnahmen konzentrierten sich vorrangig auf die Sicherung und Erhaltung der fragilen Beschriftungsetiketten, die teilweise von den Steintafeln abzufallen drohten und insgesamt substanziell gefährdet waren. Probeklebungen mit Nitrozelluloseleimen erzielten nicht die gewünschte Haftung der Etiketten auf den glatten Steinoberflächen. Sehr gute Ergebnisse ergab der Einsatz von verdünntem, kalt rektifiziertem Fischleim, womit letztendlich alle Sicherungsmaßnahmen durchgeführt wurden.[2] Dieses Material entspricht zudem auch mehr dem histori-

schen Befund, der die Verwendung von tierischen Leimen nachgewiesen hatte. Auf zusätzliche Reinigungsmaßnahmen des Papiers wurde zugunsten der Erhaltung der vielfach kaum noch erkennbaren ursprünglichen Nummerierung verzichtet.

Der Erhaltungszustand der Steintafeln selbst war bis auf wenige Ausnahmen weniger bedenklich, da deren stabile Materialbeschaffenheit und die höhere Beständigkeit gegenüber Umwelteinflüssen nur im Einzelfall für Restaurierungsbedarf sorgte. Das spröde Verhalten der Gesteinstafeln führte im Laufe der Jahre allerdings zu Materialverlusten an den Ecken und Kanten oder teilweise zum Zerbrechen einzelner Steine.

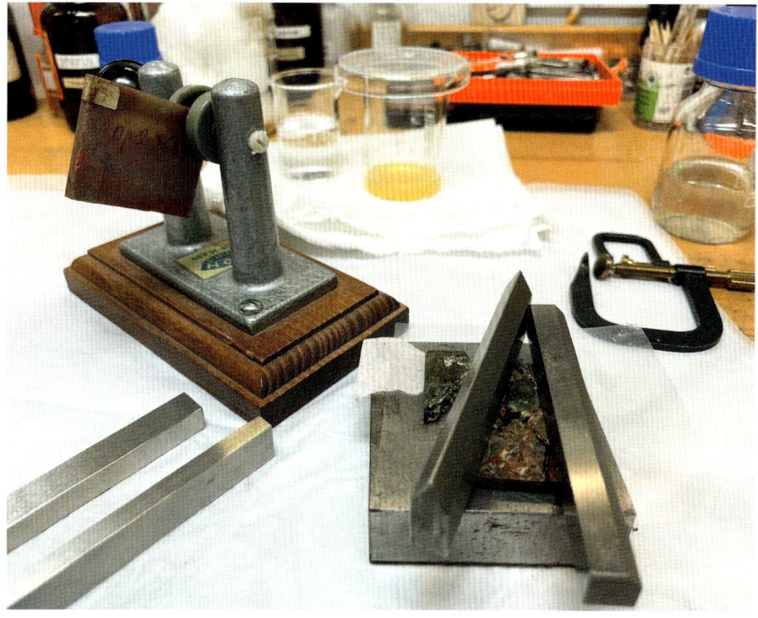

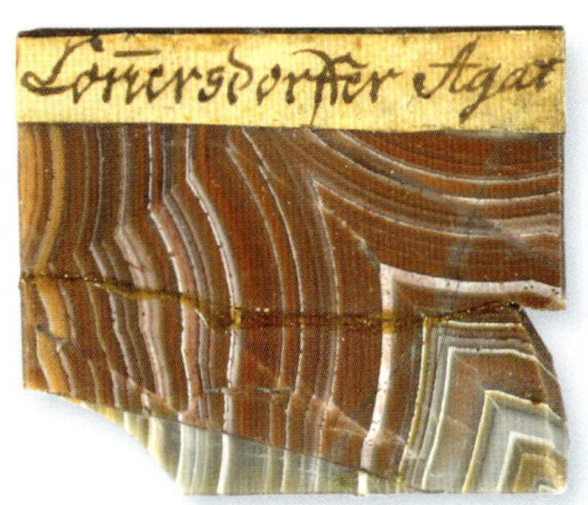
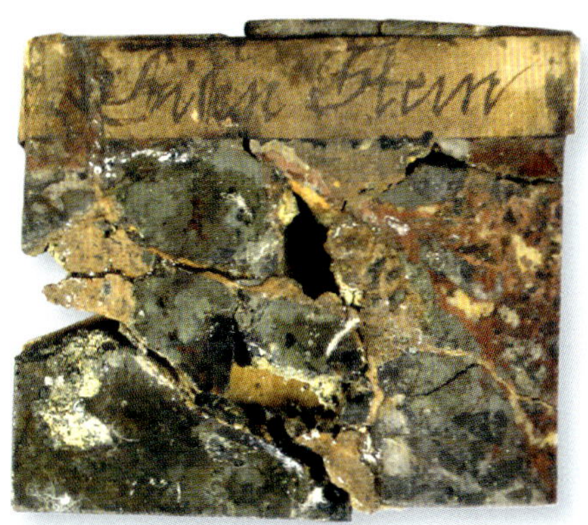
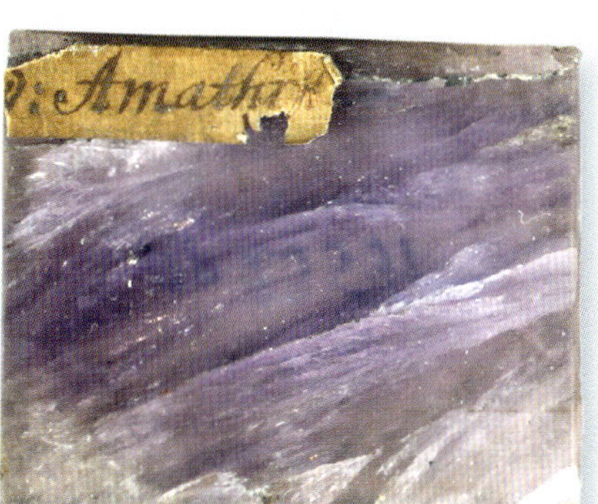
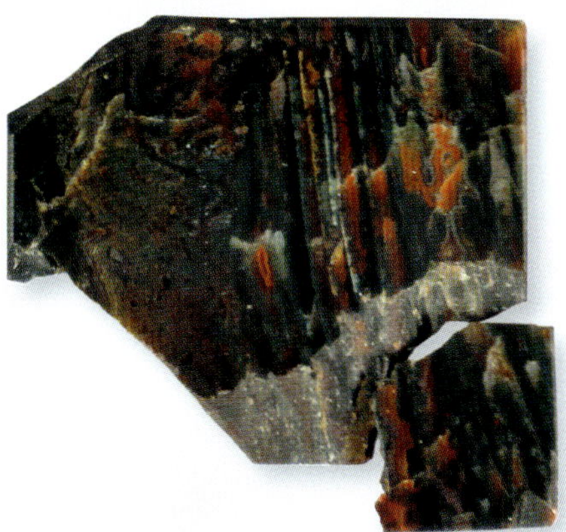

Abb. 6

Steintafeln mit Restaurierungsbedarf
(Vorzustand)

Oben links: ein Schlottwitzer (»Connersdorfer«) Achat mit schlechter Verleimung
(No: 20)

Oben rechts: der sulfidische »Eisenstein«
mit einer älteren Notsicherung (No: 71)

Unten links: Purchensteiner Amethyst mit
teilweise abgelöstem Papieretikettrest
(No: 62)

Unten rechts: »Jaspis bei Radeberg«
(No: 134), in Wirklichkeit ein Jaspis vom
Kozakov in Böhmen. Das Teilstück rechts
unten konnte in den Depotvorräten der
Restaurierungswerkstatt gefunden und
zugeordnet werden
Grünes Gewölbe, SKD, Inv.-Nrn. I 15 b/20, I 15
b/71, I 15 b/62, I 15 b/134

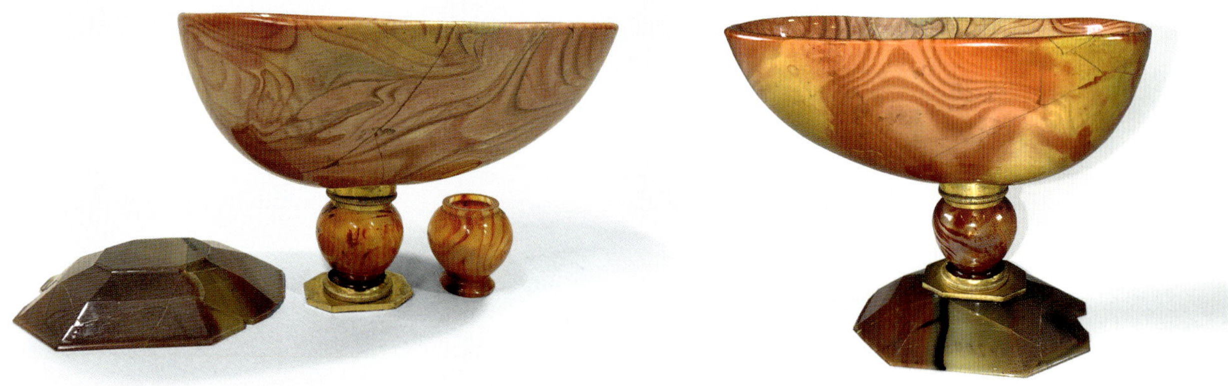

Eine Ausnahme bildete eine einzelne, sehr stark beschädigte Steintafel. Diese bedurfte einer gesonderten Stabilisierung und Sicherung. Hierbei handelt es sich um einen sogenannten Eisenstein (»Innländische Steine«, No: 71: »Ein Stück Eisenstein mit Kieß bey Annaberg«). Dessen mechanischer Zusammenhalt war im vorliegenden Fall durch die Inhomogenität des Gesteins, besonders durch den hohen Anteil an Tonmineralen an den Korngrenzen, nicht mehr gegeben. Die Sulfide innerhalb des Gesteins blieben hingegen weitestgehend intakt. Die Neuverklebung der Steintafel erfolgte in mehreren Durchgängen mit einem Acrylharz (Paraloid B72) (Abb. 5).

Darüber hinaus waren an anderen Tafeln vor allem alte Bruchstellen zu stabilisieren sowie ungenügend ausgeführte Schellack-Verleimungen an zerbrochenen Steinen zu lösen und neu zu verkleben (Abb. 6).

Um zukünftig Verwechslungen oder Vertauschungen im Umgang mit dem Steinkabinett zu vermeiden, erhält jede Tafel ihre eigene individuelle Inventarnummer in Konkordanz zum Originalkatalog. Die Sammlung wird nunmehr im Inventar numerisch dem Kunstkammerschrank zugeordnet, in dem sie nachweislich seit 1757 im damaligen Münzkabinett verwahrt wurde (siehe S. 81).

Speziell angefertigte Archivboxen aus Museumskarton werden nach Abschluss der Restaurierungs- und Konservierungsarbeiten gewährleisten, dass alle nicht in der Dauerausstellung gezeigten Teile des Steinkabinetts einen sicheren Präventivschutz und Aufbewahrungsort im Museumsdepot erhalten.

Die wissenschaftliche und restauratorische Beschäftigung mit der Steinsammlung führte parallel bereits zu weiteren Restaurierungsmaßnahmen an Steinschnittobjekten aus dem Bestand des Grünen Gewölbes. So ließ sich im Depotbestand unter den Kunstwerken ohne Inventarnummer durch gezielte Inventarrecherchen der bisher fehlende Fuß zu einer nicht ausstellungsfähigen Schale aus Hornstein ermitteln (Abb. 7).[3] Die Kuppa selbst ist stark beschädigt und erfuhr bereits im 19. Jahrhundert eine qualitativ hochwertige Restaurierung, wobei die Bruchkanten sauber retuschiert wurden. Die Originalteile von Schaft und Fuß schienen aber irreparabel beschädigt worden zu sein und haben sich nicht erhalten. Nach dem Auffinden des zugehörigen Fußes stellte sich nun heraus, dass die Kuppa im Zuge der frühen Restaurierung einen Schaft und einen Fuß aus bereits vorhandenen Steinschnittobjekten aus dem Museumsbestand erhalten hatte. Durch die erneute Zusammenführung wird die Fußschale zu einem klassischen *Pasticcio* des 19. Jahrhunderts.[4] Bemerkenswert dabei ist, welche Wertschätzung dem Gesteinsmaterial der zerstörten Kuppa seinerzeit entgegengebracht worden sein muss, ohne die sich der Aufwand der Wiederherstellung nur schwer erklären ließe. Die Kuppa wurde aus einem besonders großen, farblich außerordentlich schön gebänderten Stück Hornstein geschnitten und fasziniert bis heute selbst im versehrten Zustand. Den Schaft bildet ein kleines rundes Gefäß aus Karneol, dessen Pendant sich bis heute im Depotbestand des Grünen Gewölbes erhalten hat.[5]

Als Fuß dient eine flache, achteckig geschliffene Achatschale, die dafür umgedreht verwendet wurde. Die schlichte Fassung zwischen Kuppa, Schaft und Fuß besteht aus vergoldetem Messing.

Im Steinkabinett von Heinrich Taddel finden sich im Teil der »ausländischen« Steine gleich fünf Exemplare des gleichen Gesteinsmaterials, aus dem auch die Kuppa der Schale besteht. Im Katalog sind sie als »Jaspis aus der Schweiz nahe der italiänischen Grenze« beschrieben (No: 12, 13, 14, 15, 18). Die Bezeichnung Jaspis ist historisch betrachtet korrekt. Gänzlich falsch ist allerdings die Fundortangabe. Das Material stammt nachweislich aus dem Fundgebiet um Schlingen-Liel im südlichen Schwarzwald, dessen Vorkommen bereits seit der Renaissance überregionale Bekanntheit als »Badischer Jaspis« oder »Bohnerzjaspis« erlangt hat.[6] Die heutige Bezeichnung als (sekundär gefärbter) Hornstein oder schlicht als Feuerstein klingt weit weniger fantasievoll, entspricht aber dem heute aktuellen geowissenschaftlichen Terminus. Zukünftig sollten die historischen Materialbezeichnungen daher entsprechend gelesen, verstanden und im entsprechenden Kontext korrekt weiterverwendet werden.

Abschließende Betrachtungen

Ausgehend von den 2016 im Kooperationsvertrag der TU Bergakademie Freiberg und des Grünen Gewölbes vereinbarten Aufgabenstellungen hat sich durch die gemeinsame interdisziplinäre Forschung der vergangenen Jahre eine fachspezifische Expertise entwickelt, die es uns heute erlaubt, die gewonnenen Erkenntnisse auf den gesamten musealen Bestand an Steinschnittobjekten und darüber hinaus auch in der sammlungsübergreifenden Forschung anwenden zu können.

Objektbezogene sowie regional- und kunstgeschichtliche Zusammenhänge lassen sich dadurch vielfach genauer nachzeichnen. Insbesondere wurde deutlich, dass die exakte geowissenschaftliche Bestimmung von Material und Fundpunkt zudem wichtige Informationen für eine genauere Zuschreibung und Datierung liefern kann (siehe S. 109–115).

Ganz beiläufig avanciert nun das Taddelsche Steinkabinett mit seinen 185 erhaltenen Tafeln zum zahlenmäßig umfangreichsten Objekt im Bestand des Grünen Gewölbes und überflügelt damit eines der wohl berühmtesten barocken Kabinettstücke der Sammlung – den Hofstaat des Großmoguls von Johann Melchior Dinglinger, dessen vielteiliges Werk »lediglich« aus insgesamt 165 Einzelteilen besteht.[7]

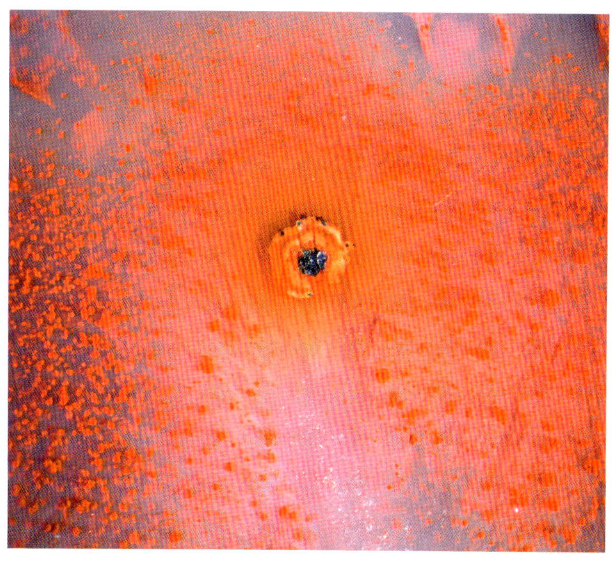

Abb. 8

Mikroskopaufnahme des Deckels einer ungefassten Tabakdose aus Achat (»Korallenstein«) von Halsbach bei Freiberg, Grünes Gewölbe, SKD, Inv.-Nr. 1939/1

Über die Arbeit zum Steinkabinett von Heinrich Taddel hinsichtlich der Bestimmung von sächsischen und anderen Schmucksteinen und deren spätere Weiterverwendung durch den Hofjuwelier Johann Christian Neuber hinaus hält das Gesteinsmaterial allein bereits faszinierende Einblicke in einen ganz eigenen unbekannten Mikrokosmos bereit, der sich allerdings erst bei der mikroskopischen Betrachtung zur Gänze erschließt. Die Imagination, die von dieser mikroskopischen Welt ausgeht, beflügelt nicht nur die Fantasie. Diese Welt im Kleinen ist ein Wunder unserer Natur, deren Ästhetik alle Betrachtenden staunend zurücklässt und deren Schutz ebenso selbstverständlich sein sollte wie die Erhaltung der aus diesem edlen Material geschaffenen Kunstwerke (Abb. 8).

1 An dieser Stelle sei Carsten Wintermann, Restaurator in der Klassik Stiftung Weimar, der sich seit vielen Jahren intensiv mit diesem Themengebiet beschäftigt und die Anfertigung der Aufnahmen übernommen hat, herzlich gedankt. **2** Kalt rektifizierter Fischleim ist bei Raumtemperatur flüssig und kann ohne Erhitzen verarbeitet werden; verwendet wurde Fischleim der Fa. Kremer, Aichstetten. **3** Grünes Gewölbe, SKD, Inv.-Nr. V 542. **4** Der Begriff *Pasticcio* (Plural *Pasticci*) oder *Pastiche* (französisch) bezeichnet in der Kunst ein Werk, in dem unterschiedliche Teile willkürlich miteinander kombiniert werden. **5** SKD, Grünes Gewölbe, Inv.-Nr. V 3 www. **6** Kaiser 2013, S. 295 und 336–366. **7** Warncke 1988, S. 160.

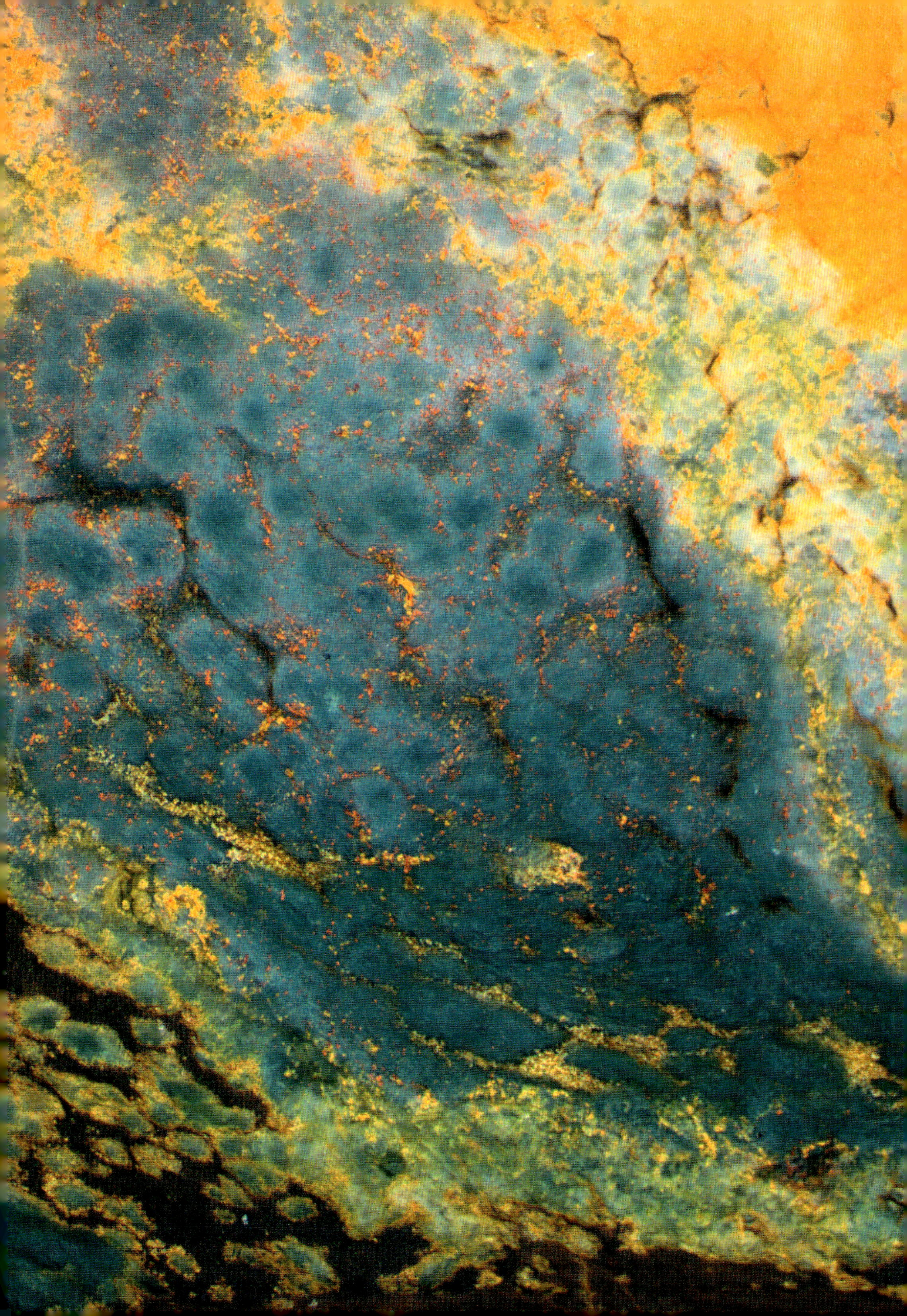

ULF KEMPE, ANDREAS MASSANEK, KLAUS THALHEIM, MICHAEL WAGNER

Gegenstücke

Durch den Steinschnitt getrennt – nach Jahrhunderten wiedervereint

Im Rahmen der Erforschung des Steinkabinetts von Heinrich Taddel wurden auch die Steinkabinetttische aus dem Schloss Mosigkau bei Dessau eingehender untersucht. Die dabei gewonnenen Erkenntnisse erlauben eine Zuschreibung dieser Möbelstücke an die Werkstatt des Dresdner Hofjuweliers Johann Christian Neuber (siehe S. 229 – 233). Bei der Betrachtung der auf den Tischplatten präsentierten herausnehmbaren Gesteinstafeln fiel auf, dass sie in der Regel als Paare aus einem Rohstück geschnitten worden sind. Die Tafeln bilden meist spiegelbildliche, direkte Gegenstücke von einer Schnittebene oder Parallelschnitte, wie an dem Beispiel zweier Paare aus Schlottwitzer Trümmerachat demonstriert werden kann (Abb. 1). In ganz ähnlicher Weise sind die nahezu quadratischen Tafeln aus sogenanntem Silberachat von Johanngeorgenstadt im Erzgebirge gefertigt worden, die sich in verschiedenen Teilen der Mineralogischen Sammlungen der TU Bergakademie Freiberg erhalten haben (Abb. 2). Nach der Überlieferung waren sie für einen Konsoltisch gedacht, der wohl ebenfalls Neuber zuzuordnen ist (siehe S. 127 – 131). Diese beiden Beispiele belegen, dass es bei einer charakteristischen Musterung der Schmucksteine durchaus möglich ist, im Nachhinein zu bestimmen, welche bearbeiteten Hartsteine zu demselben Ausgangsstück gehören.[1]

Selbst bei der längeren Betrachtung von herausragenden Steinschnittobjekten in den Vitrinen der Museen wird meist nicht klar, wie schwierig es ist, größere attraktive und bearbeitbare Rohsteine in den Brüchen oder Bergwerken zu gewinnen. Bei den hier im Mittelpunkt stehenden Hartsteinen sind besonders die häufigen Rissbildungen ein Problem.[2] Wie in anderen Zentren der Steinschneidekunst in Europa wurden deshalb auch in Dresden gute Funde sorgfältig aufbewahrt und sparsam eingesetzt.[3] Über große Vorräte von vorrangig aus sächsischen Fundorten stammenden Schmucksteinen verfügte der Goldschmied Johann Christian Neuber, wie der überlieferte Versteigerungskatalog seiner Werkstatt von 1795 belegt.[4] Aus diesem ist zudem ersichtlich, dass sich Neuber selbst nicht mit den notwendigen Steinschnittarbeiten beschäftigte, die stets von externen qualifizierten Steinschneidern ausgeführt wurden. Er selbst hatte sich auf Goldschmiedearbeiten zur Fertigung von Galanteriewaren unter Verwendung von Hartsteinen spezialisiert. Sein Rohmaterial stammte unter anderem aus dem sporadischen Abbau in zwei Brüchen bei Schlottwitz und Chemnitz-Altendorf, für den er jeweils mehrjährige Konzessionen besaß.[5] Wie im Weiteren gezeigt werden soll, ist ein nicht unbedeutender Teil bearbeitbarer Steine jedoch auch auf anderen Wegen in seine Hände gelangt, so zum Beispiel über seinen Mentor, den Goldschmied und Geheimen Kämmerer Heinrich Taddel.[6]

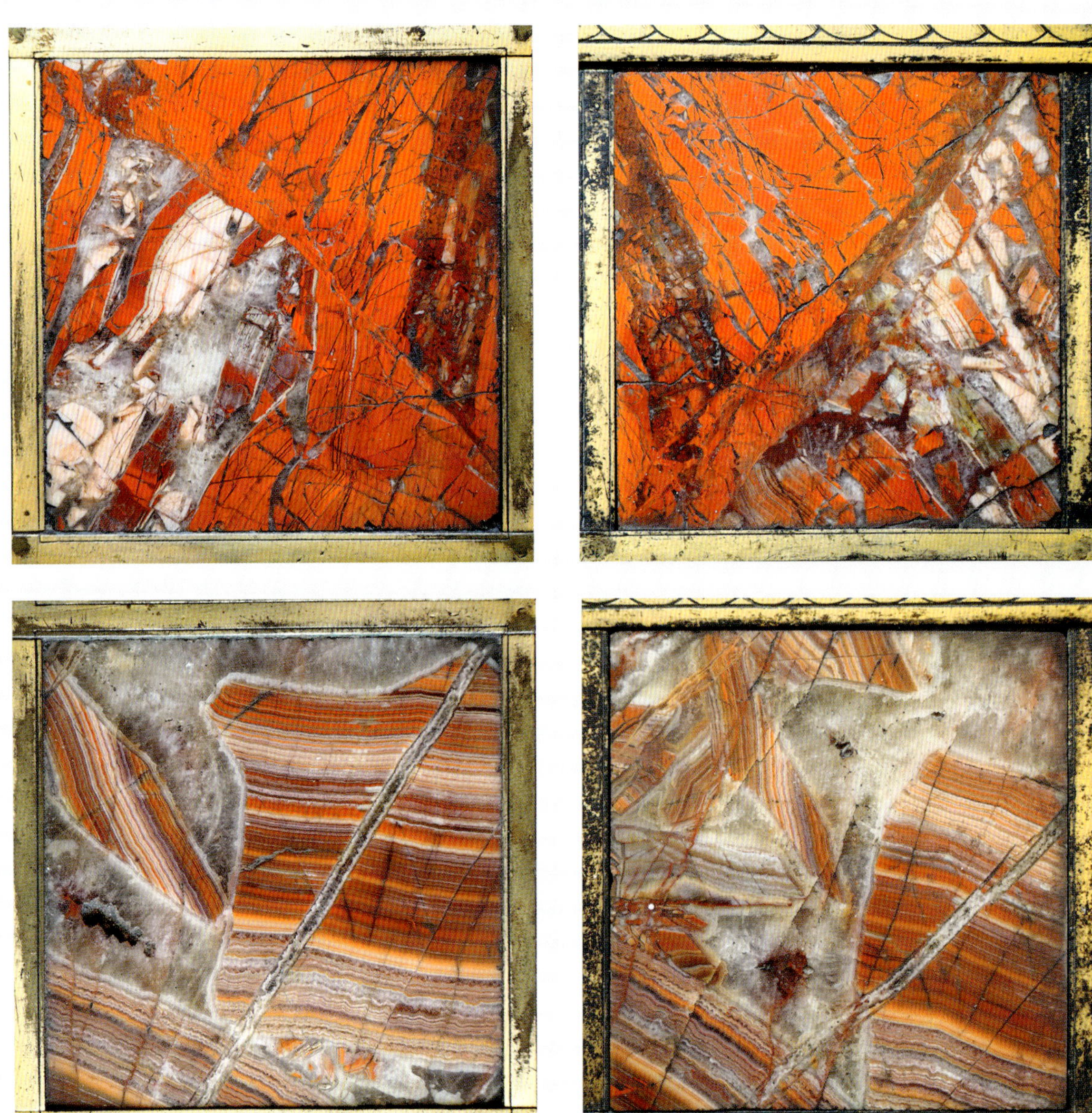

Abb. 1

Zwei Paare von herausnehmbaren Steintafeln aus Schlottwitzer Trümmerachat von zwei Sammlungstischen mit
Steinbesatz, Werkstatt Johann Christian Neuber, Dresden,
um 1795, Tafeln jeweils 6,5 × 6,5 × 0,7 cm, Schloss Mosigkau,
Inv.-Nrn. Mos 993 (jeweils links), Mos 994 (jeweils rechts)

Oben: Die beiden spiegelbildlich geschnittenen Tafeln
stellen direkte Gegenstücke von einer Schnittebene dar.

Unten: Beide Belege sind Parallelschnitte von einem Stück.

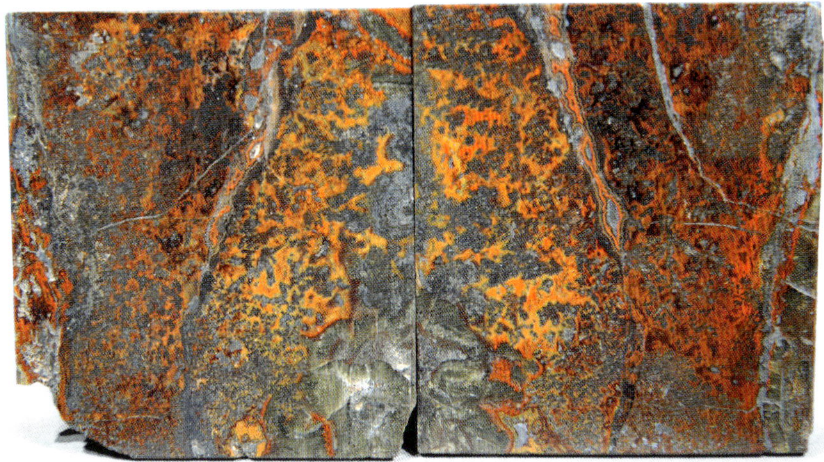

Abb. 2

Zwei polierte spiegelbildliche Tafeln aus sogenanntem
Silberachat, Tafeln jeweils 5,2 × 4,8 × 0,2 cm, TU Bergakademie Freiberg, Inv.-Nr. WeSa 110025 (Originalnummer:
1096), MiSa 85501

Der Beleg links stammt aus der historischen Edelsteinsammlung von Abraham Gottlob Werner, die rechte Tafel
befand sich nicht inventarisiert in der Vorratssammlung
der Mineralsammlung, die aus der von Werner begründeten Freiberger Mineralienniederlage hervorgegangen ist.

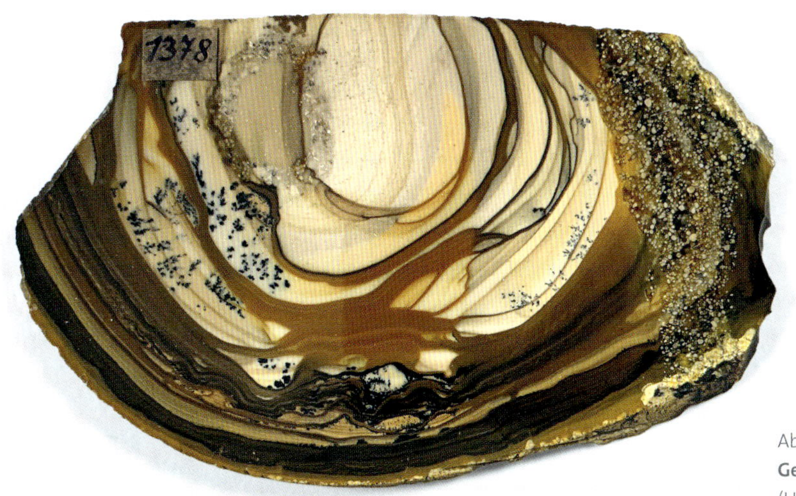

Abb. 3

Gegenstücke aus einem sogenannten Nilkiesel
(Hornstein) aus Ägypten:

Unten: Tafel No: 8 der »ausländischen« Steine
aus dem Steinkabinett Heinrich Taddel, 4,0 × 3,0 × 0,4 cm,
Grünes Gewölbe, SKD, Inv.-Nr. I 15 a/8

Oben: Beleg aus der »oryctognostischen« Sammlung
von Werner, 8,6 × 5,1 × 0,4 cm, TU Bergakademie Freiberg,
Inv.-Nr. WeSa 101378 (Originalnummer in der Wernersammlung: 1378)

Die charakteristischen Strukturen in beiden Stücken
wiederholen sich spiegelbildlich.

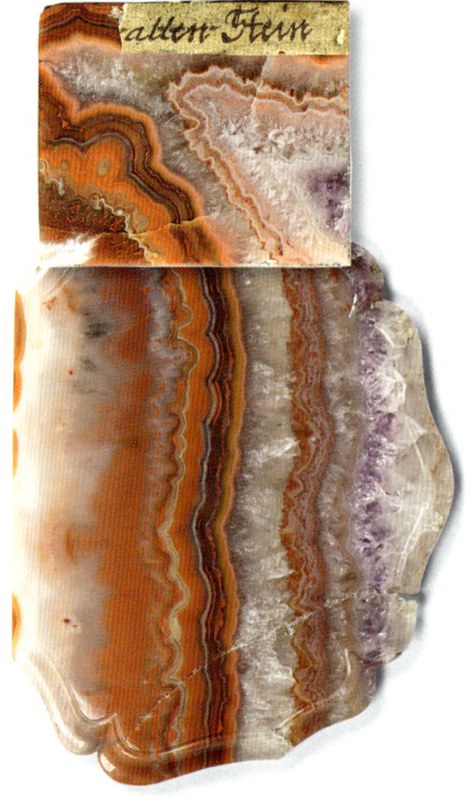

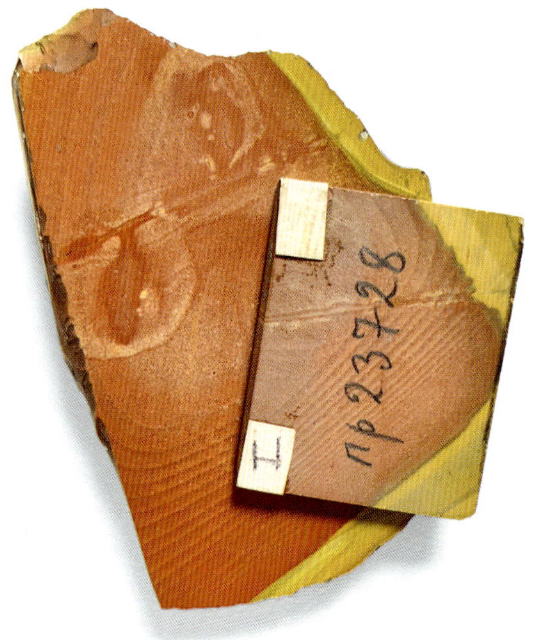

Abb. 4

Gegenstücke aus Hornstein: Tafel No: 14 der »ausländischen«
Steine, bezeichnet als »Jaspis aus der Schweiz an der italieni-
schen Grenze«, Steinkabinett Heinrich Taddel, 4,0 × 3,3 × 0,3 cm,
Grünes Gewölbe, SKD, Inv.-Nr. I 15 a/14; Beleg aus der
»oryctognostischen« Sammlung Werner, 8,3 × 5,5 × 1,0 cm,
TU Bergakademie Freiberg, Inv.-Nr. WeSa 101369
(Originalnummer in der Wernersammlung: 1369)

Gegenstücke aus »Korallenachat« von Halsbach bei Freiberg:
Tafel No: 75 der »sächsischen« Steine, Steinkabinett Heinrich
Taddel, 3,9 × 3,3 × 0,5 cm, Grünes Gewölbe, SKD, Inv.-Nr. I 15 b/75;
Deckel einer ungefassten Dose, Grünes Gewölbe, SKD,
Inv.-Nr. 1939/1

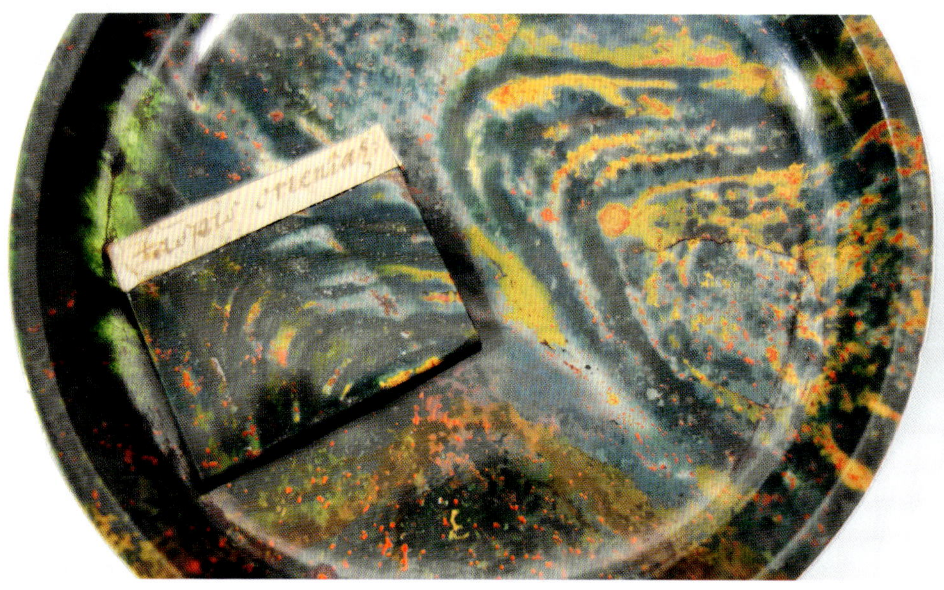

Abb. 6

Gegenstücke aus klassischem indischem Heliotrop: Tafel No: 5
der »ausländischen« Steine, Steinkabinett Heinrich Taddel,
4,0 × 3,3 × 0,3 cm, Grünes Gewölbe, SKD, Inv.-Nr. I 15 a/5; flacher
Teller aus Heliotrop, Grünes Gewölbe, SKD, Inv.-Nr. V 29a

In beiden Objekten ist der indische Heliotrop von Tankarra in
Gujarat als »Buntjaspis« mit grünen, roten und gelben Farbtönen
ausgebildet. Die charakteristischen Muster wiederholen sich
spiegelbildlich.

Im Steinkabinett von Heinrich Taddel befinden sich unter den sogenannten »ausländischen« Steinen zwei Tafeln, deren direkte Gegenstücke noch heute in der systematischen, ehemals privaten »oryctognostischen« Sammlung von Abraham Gottlob Werner in Freiberg verwahrt sind. In einem Fall handelt es sich um einen der im 18. Jahrhundert äußerst populären Nilkiesel, von denen allein im Taddelschen Kabinett fünf Belege vorhanden sind. Nilkiesel sind eine besondere Form von sekundären kugeligen Hornsteinbildungen, die in den Sedimenten der ägyptischen Wüsten vorkommen.[7] Seit dem Beginn des 18. Jahrhunderts wurden sie von Reisenden vorrangig entlang der Ufer des Nils gesammelt und in größeren Mengen nach Europa gebracht.[8] Der Nilkiesel der abgebildeten Tafel No: 8 unter den »ausländischen« Steinen aus dem Steinkabinett von Heinrich Taddel bildet das direkte Gegenstück eines Belegs aus der »oryctognostischen« Sammlung von Abraham Gottlob Werner (Abb. 3).

Ein anderer, bereits seit der Renaissance intensiv genutzter Schmuckstein, der ebenfalls zu den Hornsteinen gehört, ist der attraktiv gefärbte sogenannte Badische oder Markgräfler Jaspis.[9] Diese farbigen Hornsteinknollen kommen in den Kalksteinen bei Schlingen und Liel in Südbaden vor.[10] Im Steinkabinett von Heinrich Taddel wird das ebenfalls durch fünf Tafeln vertretene Material fälschlich als »Jaspis aus der Schweiz an der italienischen Grenze« bezeichnet – gemeinsam mit zwei weiteren Tafeln, die in Wirklichkeit aus Sizilianischem Jaspis von Giuliana geschnitten wurden.[11] Auch in diesem Fall bildet eine der Tafeln des Badischen Hornsteins aus dem Steinkabinett (No: 14 der »ausländischen« Steine) das spiegelbildliche Gegenstück zu einer Tafel in der »oryctognostischen« Sammlung von Abraham Gottlob Werner in Freiberg. Diese wurde im nachträglich erstellten Katalog entsprechend der Klassifikation von Werner etwas irreführend als »roter ägyptischer Jaspis« verzeichnet (Abb. 4). Die beiden Gegenstücke zu den Taddelschen Belegen sind vermutlich über Johann Christian Neuber nach dessen Bankrott über die Freiberger Mineralienniederlage in die Sammlung von Abraham Gottlob Werner gelangt.[12]

Anders liegen die Verhältnisse bei einer Tafel des Steinkabinetts aus sogenanntem Korallenachat oder Korallenstein von Halsbach bei Freiberg. Seine Nutzung als Schmuckstein ab etwa 1797 geht zurück auf die Initiative von Ehrenfried Walther von Tschirnhaus, einem der Erfinder des sächsischen Porzellans.[13] Die Gesteinstafel bildet das Gegenstück zu einer ungefassten Dose, die im Grünen Gewölbe verwahrt wird und deren Korpus und Deckel aus einem Stück geschnitten wurden. Generell sind die Abfolgen in der Bänderung des Halsbacher Achats immer dieselben. Bei der Taddelschen Steinkabinettstafel und der Dose stimmen sie jedoch bis in das letzte Detail überein (Abb. 5). Die Dose wurde erst 1939 in Idar-Oberstein beim Heimatforscher Ernst Falz für das Grüne Gewölbe angekauft. Auch weil sie offensichtlich nie eine der üblichen Goldfassungen erhielt, könnte sie aus der Sammlung des Herzogs Anton Ulrich von Sachsen-Meinigen stammen, der derartige Dosen ohne Fassungen in großem Umfang gesammelt hat.[14] Nach der Revolution im November 1918 und der Abdankung des letzten Herzogs wurden um 1920 größere Teile seiner Sammlung an den Juwelier Philipp Gräf d. J. in Idar verkauft, der vorher Hoflieferant des Sachsen-Meining'schen Herrscherhauses gewesen war.[15] Bei der Tafel aus dem Steinkabinett handelt es sich also entweder um ein aus den Resten nach der Fertigung der Dose oder ein gleichzeitig bei deren Bearbeitung gewonnenes Belegstück.

Im Depotbestand des Grünen Gewölbes befindet sich ein in einfachen Formen geschnittenes Koppchen zusammen mit einem flachen Teller (Abb. 6). Beide sind aus klassischem indischem Heliotrop geschnitten. Sie bestehen in Gänze aus Stein und haben keine Goldschmiedefassungen erhalten. Der Heliotrop zeigt auf dem Teller ein ungewöhnlich geschwungenes, farbiges Motiv. Derartig intensiv gefärbte, attraktive Ausbildungen von Heliotrop werden in den historischen Beschreibungen häufig auch als »Buntjaspis« bezeichnet. Genau dasselbe Muster wie auf dem Teller findet sich auf einer von fünf Tafeln aus indischem Heliotrop bzw. Plasma im Steinkabinett von Heinrich Taddel.[16] Die polierten Oberflächen beider Objekte erweisen sich als spiegelbildliche Wiederholungen derselben Struktur. Der Befund ist auch deshalb von Interesse, weil über das Alter und die Herkunft von Teller und Koppchen bisher keine Angaben vorlagen. Nunmehr kann angenommen werden, dass beide Objekte vor oder spätestens um 1757 in Dresden gefertigt worden sein müssen, denn in diesem Jahr lässt sich das Taddelsche Steinkabinett erstmals in den Akten des Münzkabinetts nachweisen.[17]

Abb. 7

Gegenstücke aus Schlottwitzer Bandachat:

Links unten: 12 × 11 × 2 cm, Senckenberg Naturhistorische Sammlungen Dresden, Inv.-Nr. Min 4955 Sa

Rechts oben: Beleg aus der »oryctognostischen« Sammlung von Werner, 6,0 × 6,2 × 1,3 cm, TU Bergakademie Freiberg, Inv.-Nr. WeSa 101189 (Originalnummer in der Wernersammlung: 1189)

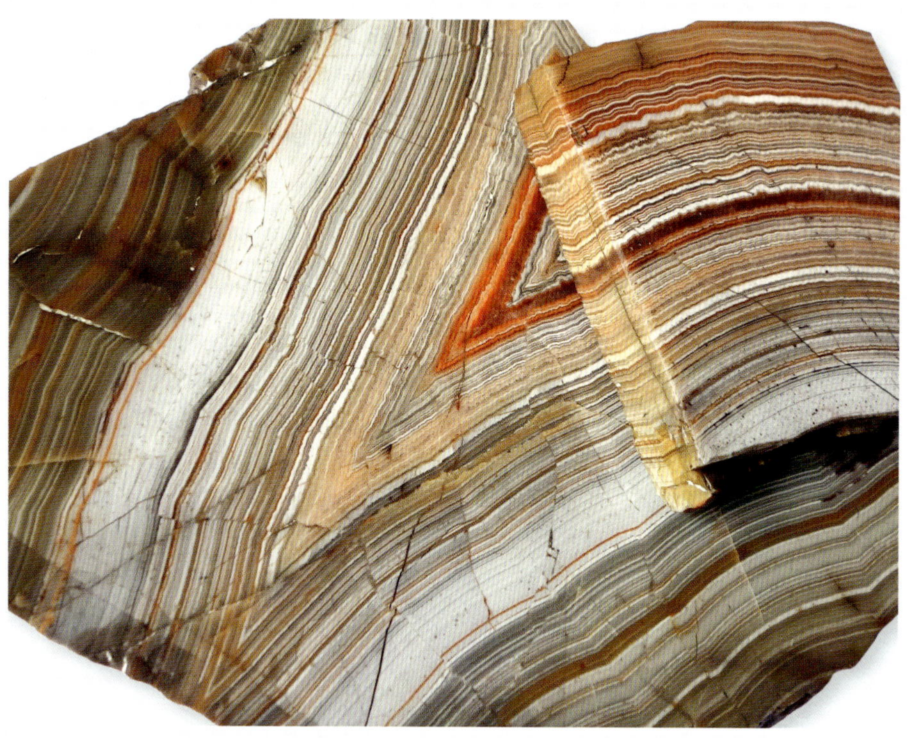

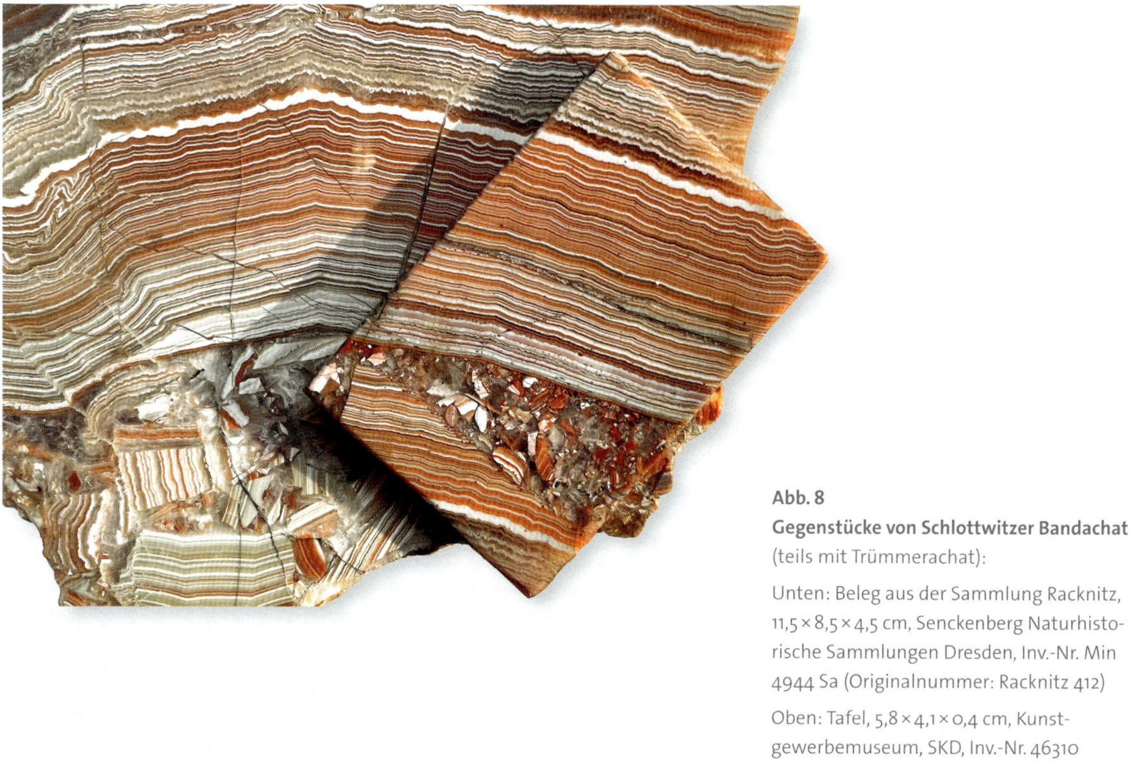

Abb. 8

Gegenstücke von Schlottwitzer Bandachat (teils mit Trümmerachat):

Unten: Beleg aus der Sammlung Racknitz, 11,5 × 8,5 × 4,5 cm, Senckenberg Naturhistorische Sammlungen Dresden, Inv.-Nr. Min 4944 Sa (Originalnummer: Racknitz 412)

Oben: Tafel, 5,8 × 4,1 × 0,4 cm, Kunstgewerbemuseum, SKD, Inv.-Nr. 46310

Schlottwitzer Achat

Wie oben erwähnt, verfügte Johann Christian Neuber zwischen 1775 und 1795 über eine Lizenz für den Abbau von Achat und Amethyst auf der Cunnersdorfer Flur im Müglitztal in der heutigen Ortslage von Schlottwitz. Ein ungewöhnlich großes Stück des dort anzutreffenden Materials, das Neuber an vielen seiner bekannten Kunstwerke verwendet hat, stand jedoch offensichtlich schon lange vor dessen Tätigkeit als Goldschmied in Dresden Heinrich Taddel zur Verfügung.

Ein großes Reststück dieses Achats befindet sich heute im Museum für Mineralogie und Geologie der Senckenberg Naturhistorischen Sammlungen in Dresden. Es stammt aus dem historischen Altbestand der damals kurfürstlich-königlichen sächsischen Mineralsammlung von vor 1806. Wie genau es in die Kollektion gelangte, lässt sich nicht mehr feststellen. Drei weitere Belege sind in der vor 1814 entstandenen »oryctognostischen« Sammlung von Abraham Gottlob Werner in Freiberg erhalten geblieben (Abb. 7). Eines der Freiberger Stücke und ein zusätzlicher Beleg aus der Sammlung in Dresden zeigen, dass in dem Material nicht nur der typische Bandachat, sondern auch der berühmte Trümmerachat von Schlottwitz vertreten ist.[18] Bei den Trümmerachaten ist der ursprüngliche Achat durch tektonische Prozesse in größere und kleinere scharfkantige Stücke zerbrochen und danach durch neu gebildeten Quarz wieder verheilt worden. Das Problem der Entstehung dieses merkwürdigen Achatgesteins rief Ende des 18. Jahrhunderts rege Diskussionen in den naturkundlich interessierten Kreisen hervor, an denen auch Johann Wolfgang von Goethe beteiligt war. Den beiden Belegen mit Trümmerachat aus Freiberg und Dresden lässt sich noch eine weitere Tafel im Kunstgewerbemuseum der Staatlichen Kunstsammlungen Dresden im Schloss Pillnitz zuordnen (Abb. 8).

Das Stück aus Band- und Trümmerachat aus den Senckenberg Naturhistorischen Sammlungen stammt aus der am Ende des 18. Jahrhunderts berühmtesten und größten Dresdner Privatsammlung des Oberhofmarschalls Joseph Friedrich Freiherr zu Racknitz. Wie dieser auf dem erhaltenen Originaletikett vermerkt hat, war der Vorbesitzer Johann Carl Schlipalius, ein Sammler und Händler von Mineralen, der als Kanzeleikopist zwischen 1779 und 1794 in sächsischen Staatsdiensten stand.[19] Die Sammlung Racknitz gelangte 1805/06 nach langjährigen Verhandlungen durch Ankauf in die kurfürstlich-königliche sächsische Mineralsammlung. Wie bereits angemerkt, muss der Rohstein, von dem alle diese beschriebenen Stücke stammen, schon mindestens

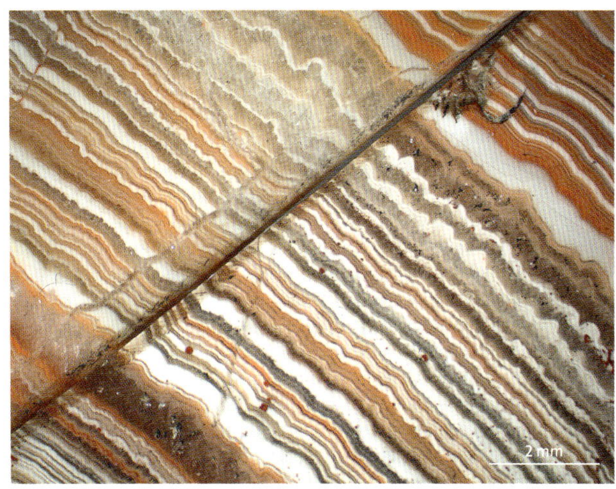

Abb. 9

**Mikroskopische Aufnahmen von Gegenstücken
aus Schlottwitzer Bandachat.**

Links oben: Tafel No: 27 der sächsischen Steine, Steinkabinett Heinrich Taddel, Grünes Gewölbe, SKD, Inv.-Nr. I 15 b/27

Rechts unten: Stück aus der »oryctognostischen« Sammlung von Werner, TU Bergakademie Freiberg, Inv.-Nr. WeSa 101189 (Originalnummer: 1189).

Die Bänderungen in beiden Belegen stimmen auch unter dem Mikroskop bis in das kleinste Detail überein.

seit 1757 in Dresden vorhanden und im Besitz von Heinrich Taddel gewesen sein. Denn bei einer der Tafeln aus Schlottwitzer Material in dessen Steinkabinett mit der No: 27 handelt es sich um einen weiteren Parallelschnitt von demselben Stück (Abb. 9).[20]

Offensichtlich ist dieser bemerkenswerte Schlottwitzer Band- und Trümmerachat später von Taddel an Neuber weitergegeben worden. Mehrere Teile davon lassen sich an seinen Werken nachweisen. Der Achat findet sich zum Beispiel an einer Schale hinter dem großen Porzellanadler über der Feuerungsöffnung am ursprünglich von Neuber signierten Prunkkamin von 1782 im Grünen Gewölbe (Abb. 10). Aber auch an vielen seiner zahlreich erhaltenen Steinkabinettdosen, die bis zu 140 sächsische Schmucksteine vereinen, wurde das Gestein verwendet (Abb. 11).[21] Darüber hinaus lassen sich an weiteren Objekten und in anderen Sammlungen heute noch Belege desselben Achats nachweisen, so auf den oben beschriebenen Steinkabinetttischen in Schloss Mosigkau bei Dessau mit zwei als Paar geschnittenen Tafeln, im Naturhistorischen Museum Wien und in der Freiberger Mineralogischen Hauptsammlung.[22]

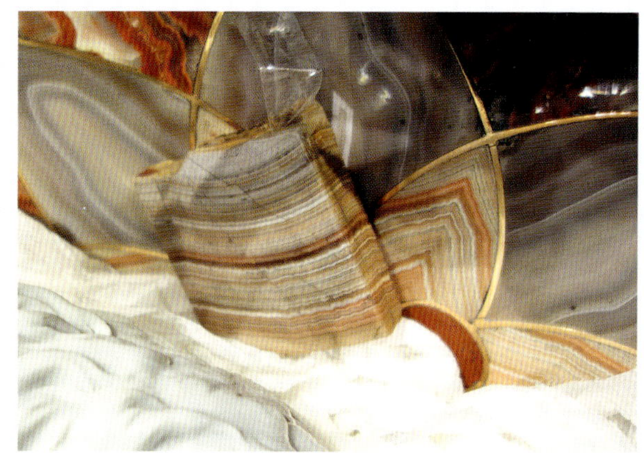

Abb. 10

Gegenstücke von Schlottwitzer Bandachat:

Vorn: Beleg aus der »oryctognostischen« Sammlung von Werner, TU Bergakademie Freiberg, Inv.-Nr. WeSa 101189 (vgl. Abb. 7 und 9)

Hinten: Bandachat an der Schale hinter dem Porzellanadler am Prunkkamin, Johann Christian Neuber, Dresden, 1782, Grünes Gewölbe, SKD, Inv.-Nr. I 51 (Detail)

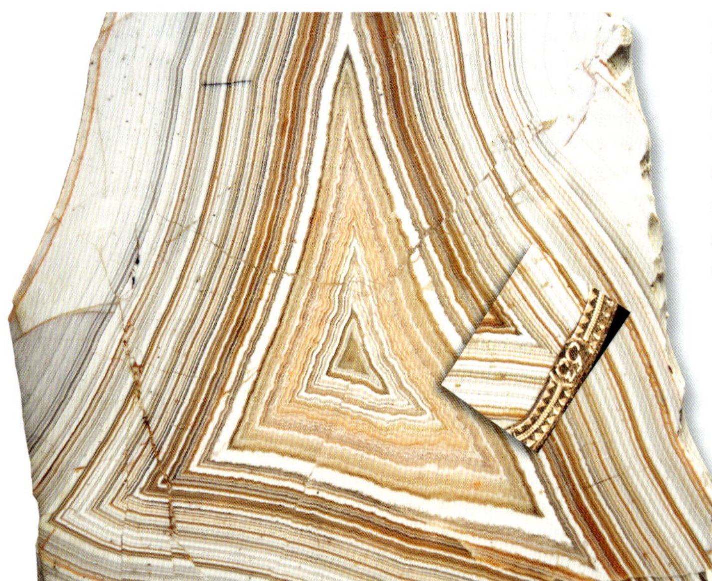

Abb. 11

Gegenstücke aus Schlottwitzer Bandachat:

Hinten: Beleg aus der »oryctognostischen« Sammlung von Werner, 9,0 × 6,5 × 0,7 cm, TU Bergakademie Freiberg, Inv.-Nr. WeSa 101188 (Originalnummer: 1188)

Vorn: Detailausschnitt, Steinkabinettdose, Johann Christian Neuber, London, Victoria & Albert Museum, Inv.-Nr. M.126:1&2-1917

Abb. 12

Gegenstücke von Schlottwitzer Bandachat:

Hinten: großes Reststück, 20 × 16 × 5 cm, Senckenberg Naturhistorische Sammlungen Dresden, Inv.-Nr. Min 4918 Sa

Darauf oben: Achattafel aus der Edelsteinsammlung von Werner, TU Bergakademie Freiberg, 5,9 × 4,1 × 0,2 cm, Inv.-Nr. WeSa 110000 (Originalnummer: 1071)

Mittig: Achat aus der Edelsteinsammlung von Werner, 4,1 × 4,5 × 0,4 cm, TU Bergakademie Freiberg, Inv.-Nr. WeSa 109997 (Originalnummer: 1068)

Unten: Achattafel aus der Edelsteinsammlung von Werner, 4,9 × 2,9 × 0,2 cm, TU Bergakademie Freiberg, Inv.-Nr. WeSa 109998 (Originalnummer: 1069)

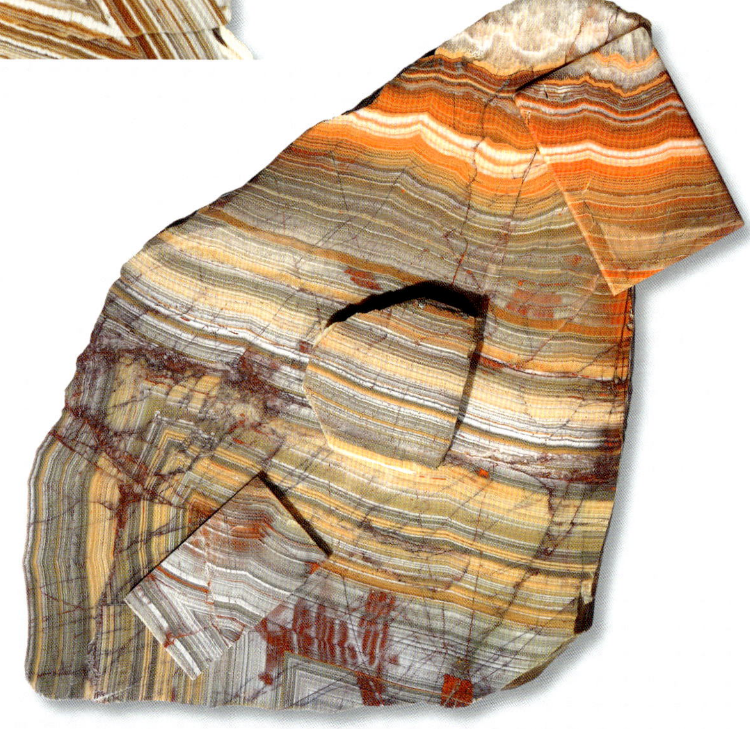

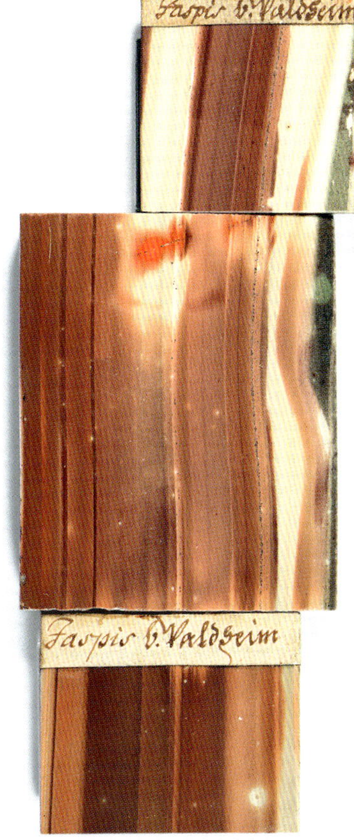

Abb. 13
Gegenstücke aus »Gnandsteiner Bandjaspis«:

Mittig: Tafel, 5,9 × 4,8 × 0,6 cm, Edelsteinsammlung Werner, TU Bergakademie Freiberg, Inv.-Nr. WeSa 110050 (Originalnummer: 1121)

Zwei Tafeln aus dem Steinkabinett von Heinrich Taddel: No: 1 (unten) und No: 160 (oben), bezeichnet »Jaspis bey Waldheim«, 4,0 × 3,3 × 0,3 cm bzw. 3,9 × 3,3 × 0,4 cm, Grünes Gewölbe, SKD, Inv.-Nr. I 15 b/1, I 15 b/160

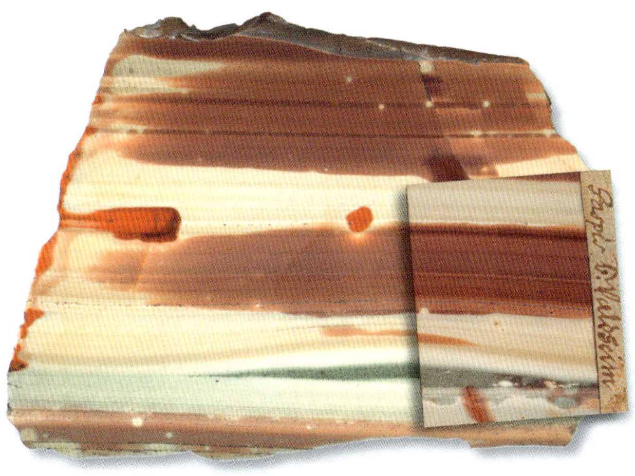

Abb. 14
Gegenstücke aus »Gnandsteiner Bandjaspis«:

Hinten: Beleg aus der »oryctognostischen« Sammlung von Werner, 9,3 × 6,5 × 1,3 cm, TU Bergakademie Freiberg, Inv.-Nr. WeSa 101395 (Originalnummer in der Wernersammlung: 1395)

Darauf: No: 160, Steinkabinett Heinrich Taddel, 3,9 × 3,3 × 0,4 cm, Grünes Gewölbe, SKD, Inv.-Nr. I 15 b/160

Es existieren noch weitere Beispiele von Gegenstücken, die aus anderem Ausgangsmaterial von Schlottwitzer Bandachat geschnitten worden sind. Verwiesen sei hier auf ein ebenfalls bereits vor 1757 von Taddel verwendetes, ungewöhnlich großes Rohstück aus farbigem Bandachat, von dem wiederum ein großes Reststück in den Senckenberg Naturhistorischen Sammlungen in Dresden erhalten geblieben ist.[23] Auch dieses Reststück stammt nachweislich aus der Sammlung des Freiherrn zu Racknitz. Das Material lässt sich zudem im Steinkabinett von Heinrich Taddel in den Tafeln No: 25 und 38 und sowohl in der »oryctognostischen« als auch in der Edelsteinsammlung von Werner nachweisen (Abb. 12).[24] Neuber verwendete seinerseits Parallelschnitte dieses optisch ebenfalls auffälligen Achats am großen Sockel unter der zentralen Vase des Prunkkamins von 1782 und in den Steinkabinetttischen in Mosigkau.

Gnandsteiner Bandjaspis

Bei dem »Gnandsteiner Bandjaspis« handelt es sich nicht um einen Jaspis, wie der Name suggeriert, sondern um einen farbig gebänderten, verschweißten vulkanischen Aschetuff aus Westsachsen (siehe S. 147 – 149). Heinrich Taddel verfügte bereits vor 1757 über ein ungewöhnlich großes Rohstück dieses Gesteins, allerdings ohne dessen korrekten Fundort zu kennen. Im Katalog zu seinem Steinkabinett sind zwei Tafeln aus diesem Material unter den Nummern 1 und 160 fälschlich als »Jaspis bei Waldheim« verzeichnet worden.[25] Dass beide aus einem gemeinsamen Ausgangsstück geschnitten wurden, erschließt sich bei der Betrachtung des Steinkabinetts nicht sofort. Denn obwohl die Bänderung des Gesteins immer die gleiche bleibt, kann sich bei diesem Tuff die Färbung innerhalb der Bänder stark verändern. Diese Besonderheit des »Bandjaspis« von Gnandstein kann mithilfe einer weiteren rechteckig geschnittenen Tafel illustriert werden, die sich in der Edelsteinsammlung von Werner in Freiberg erhalten hat (Abb. 13).[26]

Weiteres Material von demselben Rohstück mit der auffälligen Färbung und den charakteristischen Bandabständen, die einem Strichcode ähneln, taucht wie die eben beschriebenen beiden Bandachate von Schlottwitz sowohl in den historischen Mineralsammlungen in Dresden und Freiberg als auch in den Werken von Neuber mehrfach auf. In den Senckenberg Naturhistorischen Sammlungen und in der »oryctognostischen« Sammlung von Werner in Freiberg haben sich jeweils

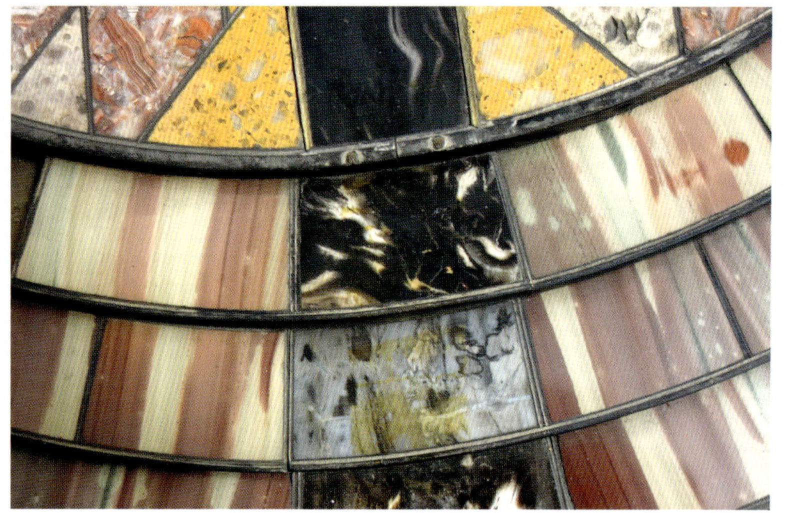
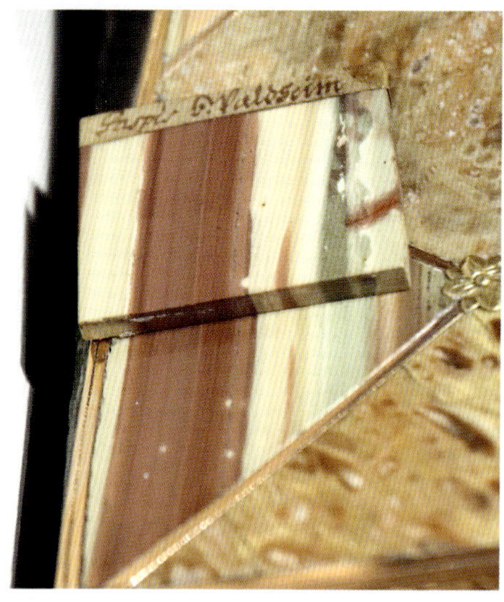

Abb. 15.1

»Gnandsteiner Bandjaspis« zusammen mit verkieseltem
Holz (mittig), Schlottwitzer Trümmerjaspis, Meißner »Tigerstein« und »Moritzburger Kiesel« (oben) am Postament für
einen Porzellanrundtempel aus dem großen Tafelaufsatz
für Friedrich August III., Johann Christian Neuber, Dresden,
1776, Grünes Gewölbe, SKD, Inv.-Nr. 1931/1d

Abb. 15.2

Gegenstücke aus »Gnandsteiner Bandjaspis«
(hinten) zusammen mit Meißner Tigerstein am zen-
tralen Vasenpostament des Prunkkamins (linke Seite),
Neuber, Dresden, 1782, Grünes Gewölbe, SKD, Inv.-Nr.
I 51; darauf Tafel No: 160, Steinkabinett Heinrich
Taddel, Grünes Gewölbe, SKD, Inv.-Nr. I 15 b/160

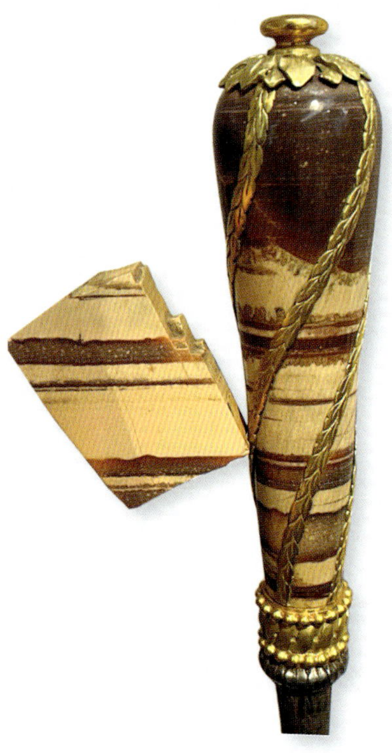
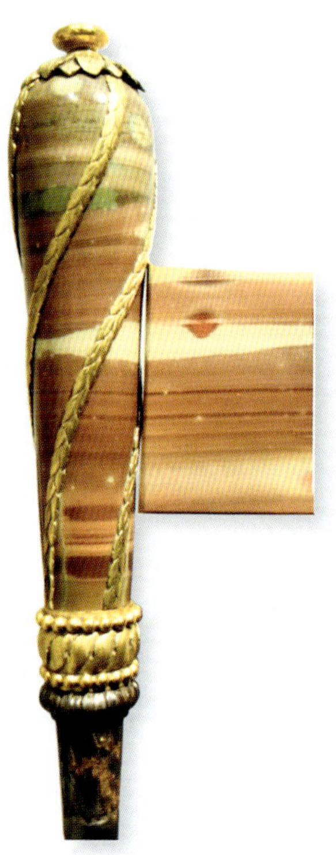
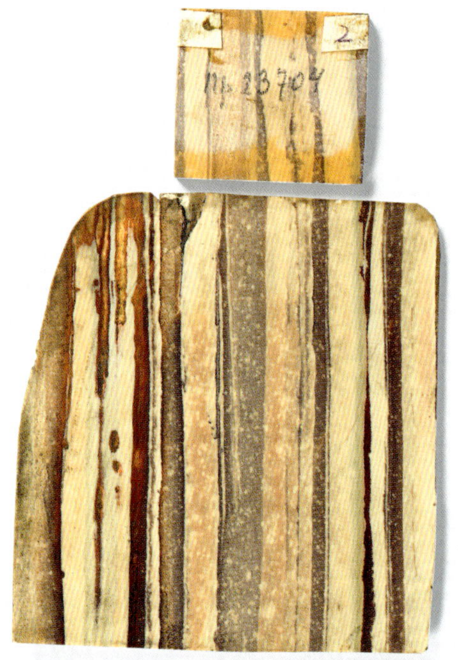

Abb. 16.1

Gegenstücke aus »Gnandsteiner Bandjaspis«:
Griffe für Zangen und Haken zum Prunkkamin,
Neuber, Dresden, 1782, Grünes Gewölbe, SKD,
Inv.-Nr. I 51; Tafel aus der Edelsteinsammlung
von Werner, 5,9 × 4,8 × 0,6 cm, 4,3 × 3,1 × 0,6 cm,
TU Bergakademie Freiberg, Inv.-Nrn. WeSa 110050
(Originalnummer: 1121; rechts); WeSa 110055
(Originalnummer: 1126; links)

Abb. 16.2

Gegenstücke aus »Gnandsteiner Bandjaspis«:
Oben: Tafel No: 2, Steinkabinett Heinrich Taddel,
Grünes Gewölbe, SKD, Inv.-Nr. I 15 b/2; dünne, ein-
seitig polierte Tafel aus der »oryctognostischen«
Sammlung von Werner, 9,0 × 8,4 × 0,4 cm,
TU Bergakademie Freiberg, Inv.-Nr. WeSa 101393
(Originalnummer: 1393)

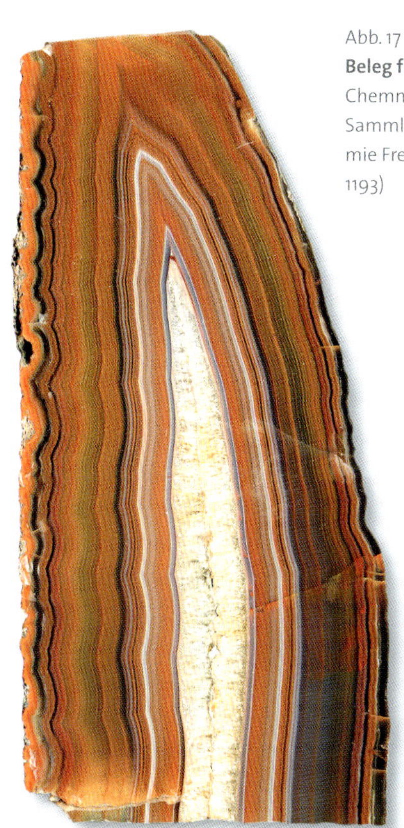

Abb. 17

Beleg für die farbige Ausbildung des Achats von Chemnitz-Altendorf aus der »oryctognostischen« Sammlung Werner, 14,0 × 7,3 × 1,8 cm, TU Bergakademie Freiberg, Inv.-Nr. MiSa 101193 (Originalnummer: 1193)

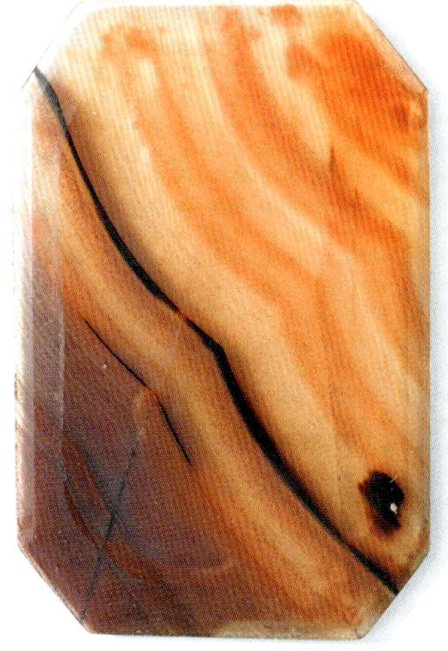

Abb. 18

Ein Dosendeckel und drei Gegenstücke aus Chemnitzer Achat:

Links: historischer Dosendeckel aus Chemnitzer Achat in der Edelsteinsammlung von Werner, 6,6 × 4,4 × 0,3 cm, TU Bergakademie Freiberg, Inv.-Nr. WeSa 110002 (Originalnummer: 1073)

Rechts: drei Stücke von einem Ausgangsstück Chemnitzer Achat, 8,5 × 4,7 × 0,3 cm (links oben), 6,8 × 4,3 × 0,2 cm (rechts oben), 12,0 × 5,0 × 1,0 cm (unten), TU Bergakademie Freiberg, Inv.-Nrn. WeSa 101194 (Originalnummer: 1194, links), WeSa 110003 (Originalnummer: 1074, rechts), Senckenberg Naturhistorische Sammlungen Dresden, Inv.-Nr. Min 6701 Sa (unten)

Die beiden oberen Teile sind Bruchstücke einer ursprünglich beidseitig polierten Tafel und stammen aus der »oryctognostischen« Sammlung und der Edelsteinsammlung Werner. Das untere Stück stammt aus der Sammlung Racknitz, der Taddel als Vorbesitzer vermerkte.

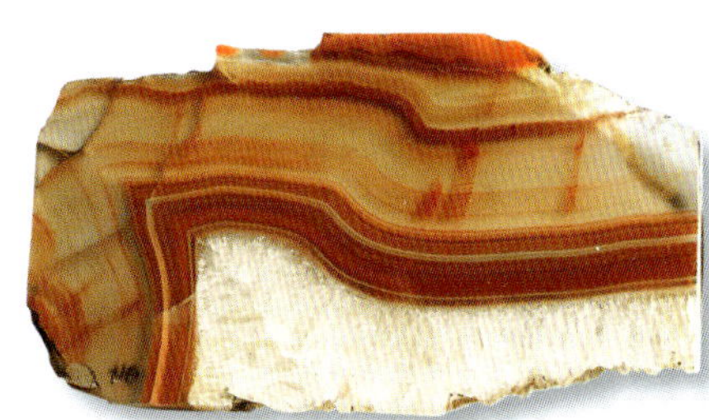

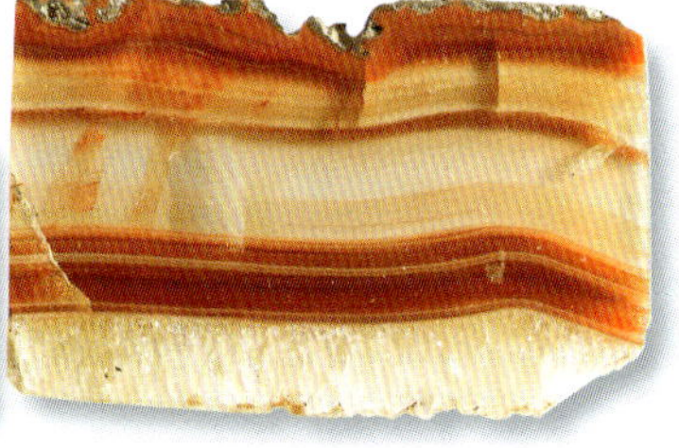

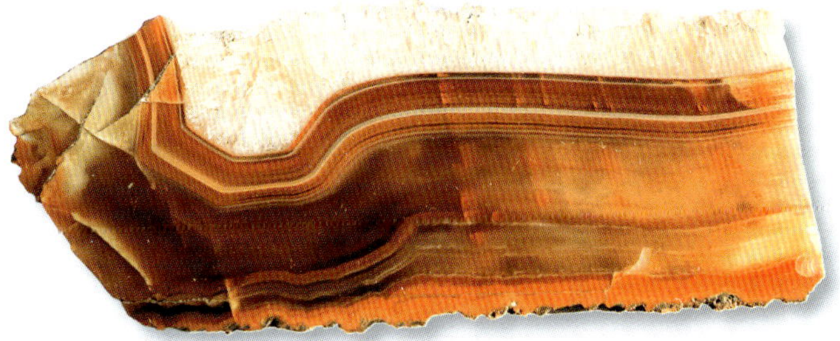

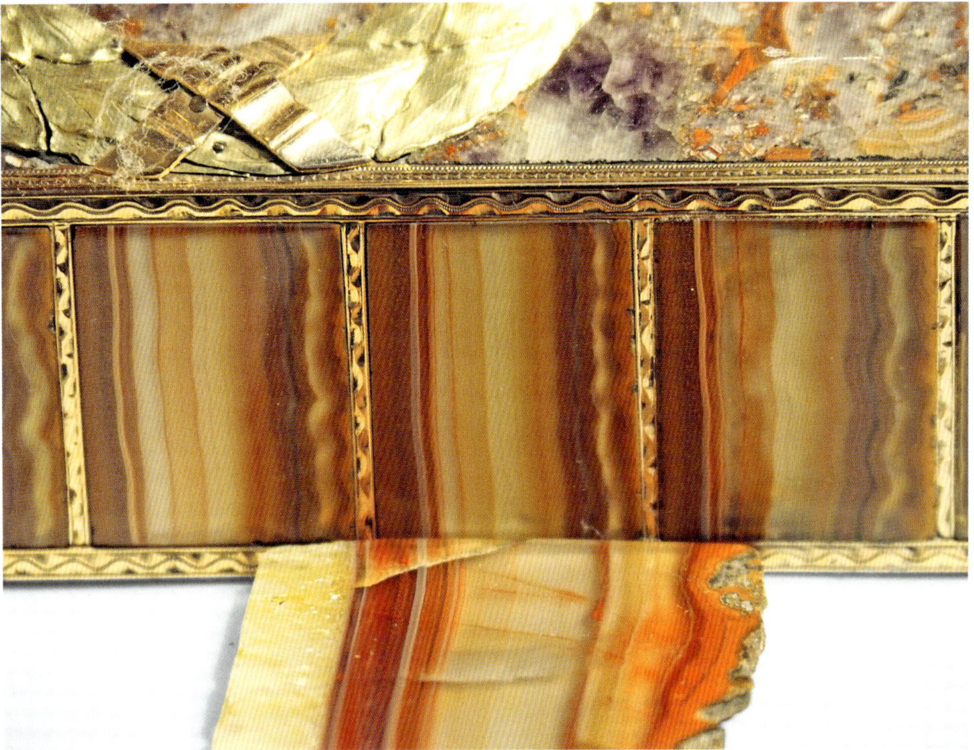

mindestens zwei solcher Belege erhalten (Abb. 14). Johann Christian Neuber verwendete seinerseits denselben »Bandjaspis« an den runden Endpostamenten für zwei Tempel des großen Tafelaufsatzes für Friedrich August III. von 1776 (siehe Kat.-Nr. 9). Auch an dem schon mehrfach erwähnten Prunkkamin sind an beiden Seiten des mittleren Vasenpostaments größere Stücke dieses »Bandjaspis« zu sehen (Abb. 15). Kleine Belege desselben Steins setzte Neuber in seinen Steinkabinettdosen ein. Nicht zuletzt finden sich zwei als Paar geschnittene Tafeln auf den Steinkabinetttischen aus der Werkstatt von Neuber in Mosigkau (siehe Kat.-Nr. 11).

Auch von diesem ungewöhnlich großen Stück »Bandjaspis« können noch weitere Belege in anderen Sammlungen gefunden werden. So gibt es in der historischen Mineralsammlung des Naturkundemuseums Bamberg, deren Anfänge bis in die letzte Dekade des 18. Jahrhunderts zurückreichen, zwei Belege, die sich besagtem Rohstein zuordnen lassen.[27]

Wie bei dem Schlottwitzer Achat gibt es bei Taddel und Neuber noch einige weitere typische Stücke von Gnandsteiner Material, für die sich mehrere Gegenstücke identifizieren lassen. Eine fleckig-bräunliche Variante des Gesteins wird durch die Tafel Nummer 2 der sächsischen Steine in Taddels Steinkabinett repräsentiert. Ein sehr dünnes Reststück dieses »Bandjaspis« befindet sich in der »oryctognostischen« Sammlung von Werner. Neuber hat dasselbe Material an den Griffen der Ofenhaken und -zangen für den Prunkkamin von 1782 und in seinen Steinkabinettdosen eingesetzt (Abb. 16).[28]

Achat von Chemnitz–Altendorf

Auf Antrag erhielt Heinrich Taddel 1768 eine Konzession zur Nutzung der sogenannten Karneolbrüche bei Chemnitz-Altendorf, die 1775 von ihm auf Johann Christian Neuber überging.[29] Der in den dortigen vulkanischen Tuffen auftretende Achat ist größtenteils grau und bräunlich gefärbt. Seltener sind auffälligere gelbe und rote Färbungen (Abb. 17).[30] Typisch für den Chemnitzer Achat ist der grobkristalline Quarz im Zentrum der flachen, länglichen Chalcedonbildungen. In den Senckenberg Naturhistorischen Sammlungen in Dresden und in den Sammlungen von Werner in Freiberg sind drei Belegstücke erhalten, die aus demselben Ausgangsstück geschnitten worden sind. In der Edelsteinsammlung von Werner existiert zudem ein Dosendeckel aus ähnlichem Material (Abb. 18). Das Dresdner Stück stammt wiederum aus der Sammlung des Freiherrn zu Racknitz. Auf dem originalen Etikett ist Heinrich Taddel als Vorbesitzer vermerkt.

Analoges Material des Chemnitzer Achats hat Neuber an seinem Kamin an den Sockeln der kleineren Prunkvasen verwendet. Es kann nicht ausgeschlossen werden, dass auch diese dünnen Plättchen aus demselben Rohstück wie die drei beschriebenen Belege in den Sammlungen in Dresden und Freiberg geschnitten wurden (Abb. 19).

Die Wege der Steine

Die hier angeführten Beispiele für Gegenstücke, die vor Jahrhunderten durch die Steinschneider voneinander getrennt wurden, illustrieren, dass für uns heute noch die Möglichkeit besteht, die Wege zu rekonstruieren, die das Steinmaterial seit diesem Zeitpunkt genommen hat. So kann belegt werden, dass zahlreiche Rohstücke oder Teile davon, die Heinrich Taddel für sein Steinkabinett verwendet hat, sowohl an den zunächst in dessen Werkstatt tätigen Johann Christian Neuber als auch an den in derselben Dresdner Freimaurerloge wie Taddel verkehrenden Freiherrn Joseph Friedrich zu Racknitz weitergegeben wurden. Welche Rolle der Kanzleikopist Schlipalius in diesem Austausch gespielt hat, bleibt bisher unklar, da seine Bezugsquellen noch weitgehend unbekannt sind. Sicher ist, dass er ebenfalls zahlreiche Stücke an Racknitz weitergegeben hat. Viele Halbzeuge und Rohmaterial kamen nach der Versteigerung von Neubers Werkstatt 1795 in die Mineralienniederlage der Bergakademie Freiberg und von dort in die Sammlungen von Werner. Auch Racknitz mag bei der Auktion in Neubers Haus das eine oder andere Stück erworben haben. Mit dem Ankauf der Kollektion des Oberkammerherrn zu Racknitz durch den sächsischen Hof 1805/06 ist Originalmaterial von Taddel und Neuber in die heutigen Senckenberg Naturhistorischen Sammlungen in Dresden gelangt und dort erhalten geblieben.

1 Kempe/Thalheim/Wagner/Massanek 2021, S. 31. **2** Vgl. hierzu auch die Ausführungen zum Altenberger und Rüsdorfer Jaspis sowie zum »Gnandsteiner Bandjaspis« in diesem Katalog. **3** In Florenz hat sich in der seit der Renaissance existierenden Steinschneidewerkstatt, dem heutigen Opificio delle Pietre Dure, ein ganzes Archiv derartiger auf Vorrat gesammelter Steine erhalten, vgl. dazu auch: Kempe/Thalheim/Wagner/Massanek 2021, S. 31. **4** Anonymus 1795. **5** Jentsch/Riedel 1968, S. 12–14; Sächsisches Hauptstaatsarchiv Dresden (im Folgenden: HStADD), Geheimes Kabinett 10026, Sect. 1, Nr. 2469, fol. 24 und 31; Quellmalz/Karpinski 1990, S. 71–72. **6** Kempe/Thalheim/Wagner/Massanek 2021, S. 40; Kempe/Massanek/Wagner/Hammer/Thalheim 2020, S. 331. **7** Hornsteine sind knollige, nachträglich in kalkigen Sedimenten oder Sandsteinen entstandene Konkretionen aus Chalcedon, bei deren Bildung fossile Muscheln und Schalenreste eine wichtige Rolle spielen. Bei der Bestimmung als Hornstein ist daher der Nachweis eingeschlossener Fossilien entscheidend. Die bekannteste Form der Hornsteinbildungen sind die Feuersteine. **8** Schmidt 2020, S. 248–255. **9** Wegen seiner Assoziation mit den dortigen Eisenerzen wird der Hornstein auch als »Bohnenerzjaspis« bezeichnet. **10** Kaiser 2013, S. 25–107; Schmidt 2020, S. 202–209. **11** Kempe/Thalheim/Wagner/Massanek 2021, S. 31–32 und 42–43. **12** Vgl. Anmerkung 4. **13** Quellmalz/Karpinski 1990, S. 12. Bis dahin wurde der dortige Achat als Zündstein unter anderem für Gewehrschlösser verarbeitet. **14** Schmidt 2020, S. 179–181. **15** Schmidt 2020, S. 114–115. **16** Als Heliotrop (auch »Blutstein« genannt) wird ein grüner Jaspis mit punktförmigen roten Hämatit-Einschlüssen bezeichnet. Im klassischen indischen Heliotrop kommen aber auch intensive Gelbfärbungen durch sekundäre Neubildungen von Goethit vor. Der grüne indische Jaspis ohne Einschlüsse von Hämatit wird Plasma genannt. Vgl. dazu: Kempe/Wagner/Massanek 2020. **17** Akten das Münzkabinett betreffend 1708–1819, fol. 66 v. **18** Senckenberg Naturhistorische Sammlungen Dresden, Inv.-Nr. Min 4955 Sa; Mineralogische Sammlung, TU Bergakademie Freiberg, Inv.-Nr. WeSa 101189 (Originalnummer in der Wernersammlung: 1189). **19** Kempe/Thalheim/Wagner/Massanek 2021, S. 35 und 40–41. **20** Im Katalog der Sammlung von Taddel waren ursprünglich insgesamt allein 23 Achate von Schlottwitz verzeichnet. **21** Abgebildet ist der Vergleich eines Stückes mit der Nummer 53 aus einer heute im Victoria & Albert Museum in London verwahrten Dose (Inv.-Nr. M.126:1&2-1917) mit dem größeren Reststück aus der »oryctognostischen« Sammlung von Abraham Gottlob Werner in Freiberg (Inv.-Nr. WeSa 101188; Originalnummer: 1188), dessen polierte Oberfläche einen Parallelschnitt zu dem Stück aus den Senckenberg Naturhistorischen Sammlungen in Dresden bildet (Inv.-Nr. Min 4955 Sa, vgl. Abb. 7). Das originale Verzeichnis von Neuber zu der Steinkabinettdose ist leider nicht erhalten. **22** Die Inventarnummer des Wiener Stückes ist Ag 585, es stammt aus dem musealen Altbestand von vor 1806. Als Herkunft ist im Originalkatalog irrtümlich Rochlitz in Sachsen angegeben. Die Autoren danken Vera Hammer für die Angaben zur Provenienz des Stückes. Der Beleg aus der Freiberger Hauptsammlung hat die Inventarnummer MiSa 51064. Für das aus der Sammlung Staute in Halle/Saale wohl vor dem Zweiten Weltkrieg angekaufte Stück hat der Vorbesitzer auf dem Etikett als Herkunft kurioserweise den »Altai an der russisch-chinesischen Grenze« angegeben. **23** Senckenberg Naturhistorische Sammlungen Dresden, Inv.-Nr. Min 4918 Sa. **24** Grünes Gewölbe, SKD, Inv.-Nrn. I 15 b/25, I 15 b/38; Edelsteinsammlung Werner, TU Bergakademie Freiberg, Inv.-Nrn. WeSa 110000 (Originalnummer: 1071), WeSa 109997 (Originalnummer: 1068), WeSa 109998 (Originalnummer: 1069). **25** Grünes Gewölbe, SKD, Inv.-Nrn. I 15 b/1, I 15 b/160. **26** TU Bergakademie Freiberg, Inv.-Nr. WeSa 110050 (Originalnummer: 1121). Auf der Rückseite der Freiberger Tafel hat sich der Rest einer Aufschrift erhalten, die irrtümlich auf eine Herkunft von Rochlitz verweist. Vgl. Anm. 22. **27** Naturkundemuseum Bamberg, Inv.-Nrn. 1742 (Katalog Haupt) /236 (Katalog Fischer), 1745 (Katalog Haupt) /237 (Katalog Fischer). Die Autoren danken Herrn Matthias Mäuser für die Möglichkeit zur Arbeit in der Bamberger Sammlung. **28** Der rechts abgebildete Griff (Abb. 16.1) stammt von demselben großen Rohstein wie die Tafeln No. 1 und 160 aus dem Steinkabinett von Heinrich Taddel, Grünes Gewölbe, SKD, Inv.-Nrn. I 15 b/1, I 15 b/160. **29** Jentsch/Riedel 1968, S. 12–14. **30** Ein ähnliches Stück wie in Abb. 17 aus dem Altbestand der Senckenberg Naturhistorischen Sammlungen in Dresden von vor 1806 ist vermutlich das entsprechende Gegenstück (Inv.-Nr. Min 6698 Sa).

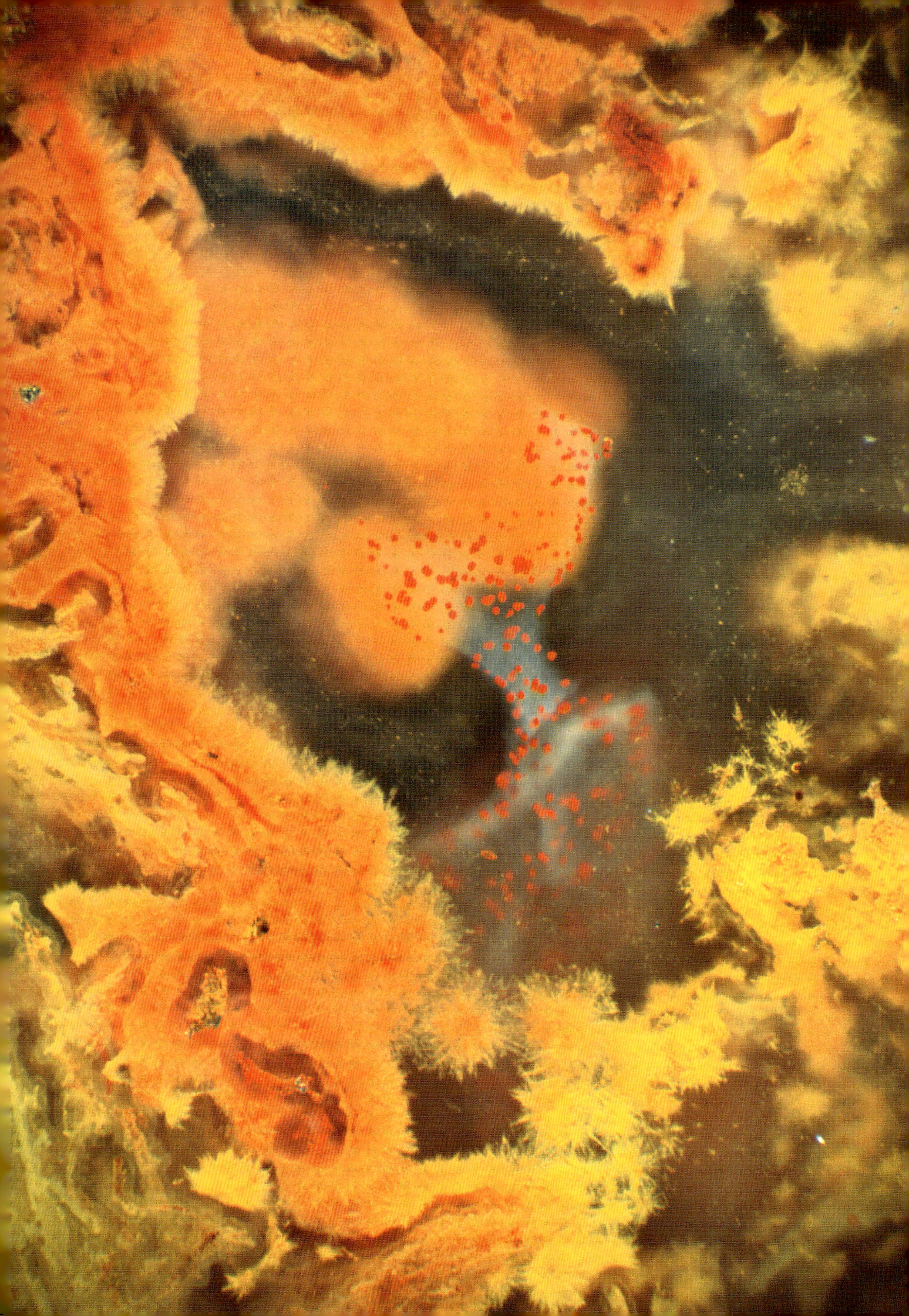

ULF KEMPE, MICHAEL WAGNER, ULRIKE WEINHOLD, REINHARD KLEEBERG

An der Schnittstelle zwischen Kunstgeschichte und Naturwissenschaften

Untersuchungen am Steinkabinett von Heinrich Taddel

In den letzten Jahrzehnten sind Kulturgüter wie historische Gebäude, Gemälde oder Juwelen verstärkt in das Blickfeld auch der naturwissenschaftlichen Forschung gerückt. Bei den Untersuchungen des Steinkabinetts von Heinrich Taddel standen dabei insbesondere Aufgabenstellungen im Fokus, die an der Nahtstelle zwischen Kunstgeschichte und den Geowissenschaften liegen. Aber ebenso mussten verschiedene restauratorische Aspekte wie die Sicherung der fragilen originalen Papieretiketten und die Neuverklebung einzelner gebrochener Steintafeln ausreichende Berücksichtigung finden. Neben einer Neuordnung des Kabinetts in möglichst großer Annäherung an den erhaltenen Originalkatalog interessierten die ursprüngliche Art und der Zweck der Präsentation der Schmucksteine ebenso wie die bisher weitgehend unbekannte Entstehungszeit dieser einzigartigen Gesteinssammlung. Nicht zuletzt lieferten die gewonnenen Erkenntnisse über die Herkunft der einzelnen Stücke unerwartet viele neue Einblicke in den Stellenwert der Naturkunde und insbesondere der Mineralogie in der Hofkultur Sachsens in der zweiten Hälfte des 18. Jahrhunderts. Darüber hinaus konnten auf dieser Grundlage neue Hinweise zu Herkunft und Geschichte einzelner Kunstobjekte aus dem Bestand des Grünen Gewölbes gewonnen werden. Für die Zuschreibung und Datierung von Steinschnitt und Goldschmiedefassungen für Steinschalen oder andere Gefäße ist das Wissen um den Fundort eines

Gesteins bzw. das Wissen um den Zeitraum seines Abbaus eine wesentliche Hilfe, zumal die Silber- oder Goldmontierungen zumeist keine Marken tragen. So kann die kunsthistorische Analyse durch die teilweise von naturwissenschaftlichen Methoden gestützten mineralogischen Kenntnisse ganz wesentlich untermauert bzw. ergänzt und mitunter auch korrigiert werden (siehe S. 119–126). Auch für die Datierung des Taddelschen Steinkabinetts war das Wissen um den Verwendungszeitraum bestimmter Steinarten von essenzieller Bedeutung.

Im Rahmen der von vornherein interdisziplinär angelegten Arbeiten bewährte es sich schnell, kunsthistorische, restauratorische und naturwissenschaftliche Methoden direkt miteinander zu verknüpfen. Keiner der methodischen Ansätze wäre für sich genommen zielführend gewesen. Sie sollen daher hier gemeinsam in einer kurzen Zusammenschau vorgestellt werden.

Am Anfang der Untersuchungen standen die Fragen nach der korrekten geowissenschaftlichen Benennung der 185 heute noch erhaltenen Gesteinsproben des Kabinetts und der möglichst genauen Bestimmung der geografischen Lage der entsprechenden Schmucksteinvorkommen. Neben umfangreichen Recherchen in historischen Sammlungen und in der Literatur sowie gezielten Geländearbeiten sind die obligatorischen optischen Beobachtungen einschließlich der ausführlichen Betrachtung unter dem Binokularmikroskop dafür in vielen Fällen nicht ausreichend gewesen. Für eine eindeutige Bestimmung des Materials sind in der Regel nicht nur die Kenntnis der optischen Merkmale wie der Farbe und der Gesteinsstrukturen, sondern auch die Feststellung der chemischen Zusammensetzung der Gesteine und die Diagnose der beteiligten Minerale unabdingbar.

Eine besondere Herausforderung in dieser Hinsicht stellt die analytische Untersuchung von Museumsobjekten wie im gegebenen Fall am Taddelschen Steinkabinett dar, da diese nur unter Einsatz sogenannter nichtinvasiver Methoden erfolgen darf.[1] Die meisten in den Geowissenschaften traditionell angewandten Verfahren zur chemischen Analyse und Strukturbestimmung haben die Entnahme von größeren Materialproben zur Voraussetzung und können hier deshalb nicht zum Einsatz kommen. Als mögliche Alternative bieten sich verschiedene spektroskopische Methoden an, die ihrerseits allerdings meist nur qualitative oder halbquantitative Resultate liefern können. Auch muss berücksichtigt werden, dass solche Messungen häufig die Verwendung von ionisierender Strahlung zur Voraussetzung haben. Diese führt zwar meist keine mechanischen Veränderungen oder Zerstörungen herbei, kann aber unter bestimmten Bedingungen Materialeigenschaften wie zum Beispiel die Farbe erheblich beeinflussen.

Bestimmung der chemischen Zusammensetzung

Zur Untersuchung der Elementgehalte in den Gesteinen und Mineralen kamen zwei Methoden zum Einsatz. Bei der flächenhaften Geometrie der Steintafeln konnten gute Ergebnisse sowohl mit der Hand-RFA (Röntgenfluoreszenzanalyse) als auch mit dem analytischen Rasterelektronenmikroskop erzielt werden. Bei der RFA handelt es sich um ein Verfahren, bei dem ein fokussierter Röntgenstrahl bekannter Energie mit einem Durchmesser von nur wenigen Millimetern auf die Probe gerichtet wird (Abb. 1).[2] Bei der Wechselwirkung mit den in dem Gestein vorhandenen chemischen Elementen entstehen sekundäre charakteristische Röntgenstrahlen, die gemessen und auch annähernd quantifiziert werden können. Bei den meist geringen Korngrößen der hier untersuchten Gesteine kann das Ergebnis solcher Messungen mit einer sogenannten Gesamtgesteinsanalyse verglichen werden, bei der eine repräsentative Menge des Materials untersucht wird, was den Abgleich mit den Ergebnissen der klassischen quantitativen Analyse bekannter

Gesteine erlaubt. Auf diesem Wege gelang zum Beispiel der Herkunftsnachweis für einen vulkanischen Phonolith aus Teplitz/Teplice in Böhmen, der laut Katalog angeblich ein »sächsischer« Kiesel aus dem Müglitztal sein sollte (siehe S. 179).[3] Die relativ geringe Größe der Steintafeln gestattete darüber hinaus eine Messung in der Bleikammer, was neben einer höheren Strahlungssicherheit während der Arbeit auch die Detektion der Röntgensignale im Gasstrom und somit den Nachweis von Magnesium ermöglicht. Dadurch war es trotz einer ungewöhnlich transparenten Ausbildung und der erstaunlich guten Politur möglich, einen grünlichen »Aspest bei Zwickau« wegen seines hohen Magnesiumgehalts als Serpentinit zu identifizieren.[4]

Allerdings konnte in vielen Fällen auch die RFA nicht für eine zweifelsfrei korrekte Gesteinsansprache sorgen. So war nach der Untersuchung des oben erwähnten Phonoliths aus Teplitz zunächst nur klar, dass es sich dabei um ein aluminiumreiches Gestein handeln muss. Wegen der ungewöhnlichen lagigen und kugeligen Ausbildung und der vermeintlichen Herkunft aus dem Müglitztal wurde jedoch für das Gestein anfangs eine metamorphe Bildung wie zum Beispiel ein Gneis vermutet. Der vulkanische Charakter konnte erst durch die Untersuchung mit dem Rasterelektronenmikroskop aufgeklärt werden (Abb. 2).[5] Bei diesem Gerät wird ein hochfokussierter Elektronenstrahl mit Energien von 15 bis 20 Kiloelektronenvolt (KeV) im Hochvakuum auf die Probe gerichtet und kann zur Bilderzeugung mithilfe der reflektierten oder der neu entstehenden Sekundärelektronen auch über deren Oberfläche gescannt werden. Durch die bei den verwendeten niedrigen Stromstärken von nur einigen Hundert Picoamper sehr hohe Ortsauflösung von bis zu wenigen Mikrometern konnte nicht nur die mikroskopische Gesteinsstruktur im Bild der rückgestreuten Elektronen dargestellt werden. Ähnlich wie bei der RFA entstehen auch unter Elektronenbeschuss in der Probe charakteristische Röntgenstrahlen, die eine quantitative Bestimmung der Mineralzusammensetzung über die Analyse ihrer Energien (Energiedispersive Röntgenstrahlanalyse, EDX) zulässt. Oft lassen sich auf diese Weise die einzelnen in den Gesteinen auftretenden Minerale nachweisen, auch wenn diese nur in geringen Mengen vorhanden sind. So gelang zunächst die korrekte Bestimmung des »bunden Kiesels aus dem Müglitztal« als Phonolith (zu Deutsch: Klingstein), einer relativ seltenen vulkanischen Bildung, die aber nicht nur im Egergraben, sondern auch in der Lausitz und im Erzgebirge auftritt (siehe S. 179–185).[6] Erst danach ließen die ungewöhnliche Ausbildung und die chemische Zusammensetzung des Gesteins auf die Herkunft aus der Umgebung von Teplitz schließen. Ein anderer »bunder Kiesel bei Torgau« konnte über den Nachweis von Turmalin und Topas in einer

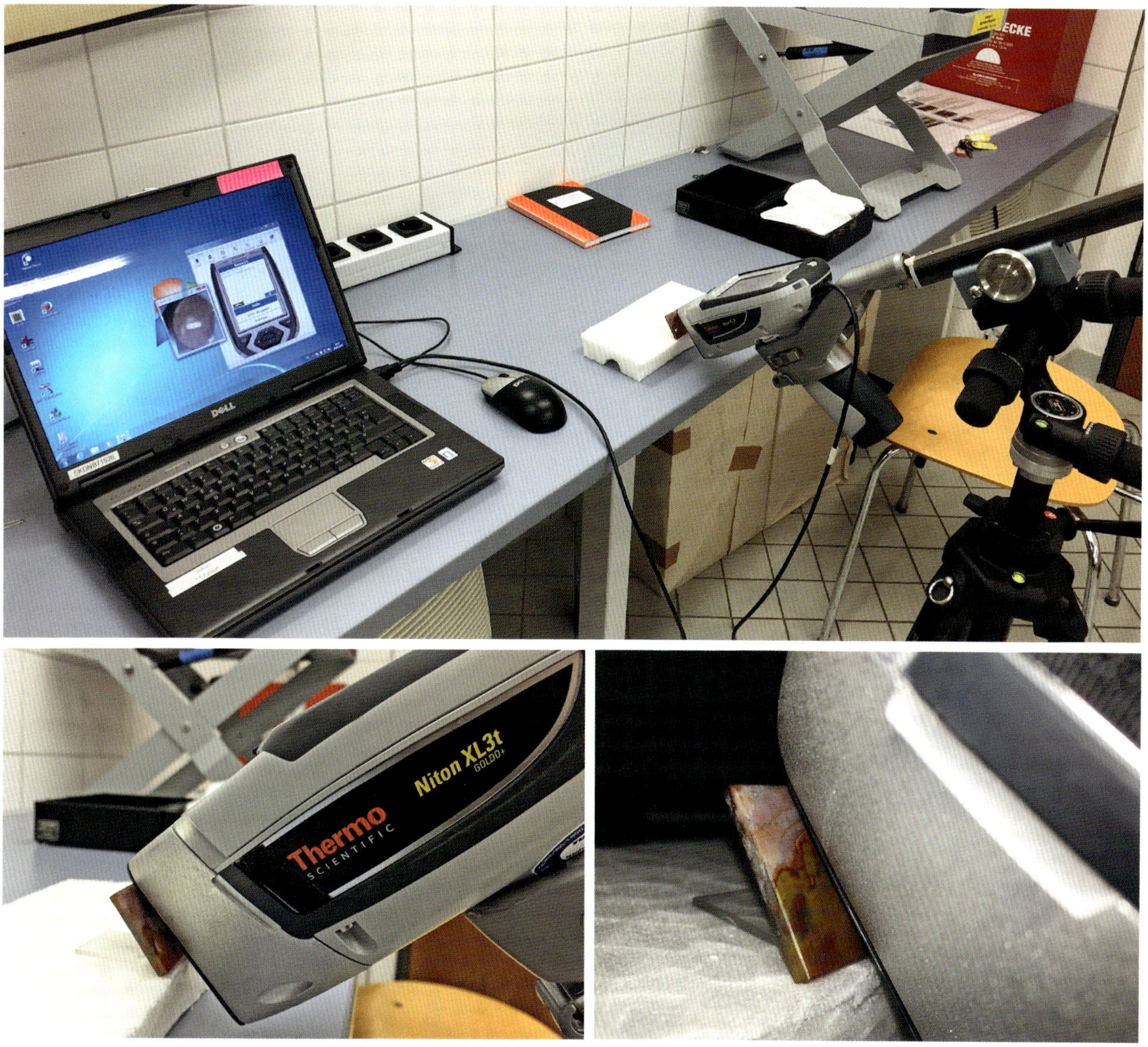

Abb. 1

**Während der Messungen an einer nicht zuordenbaren
Tafel** aus dem Steinkabinett von Heinrich Taddel
mit der Hand-RFA (Röntgenfluoreszenzanalyse) unter
Verwendung einer transportablen Niton XLT3t von
Thermo Fisher Scientific

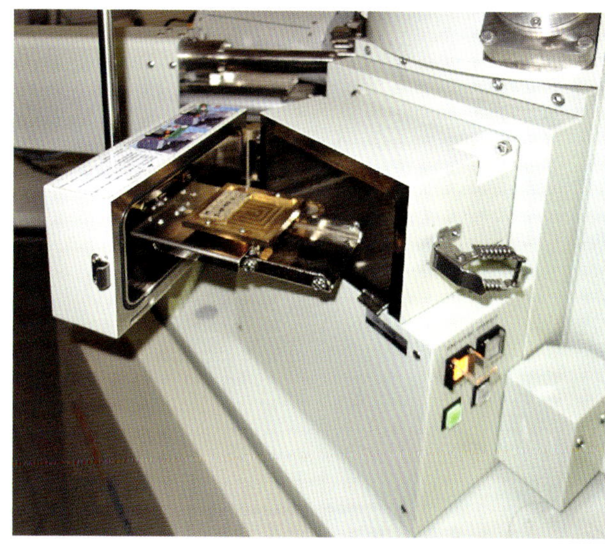

Abb. 2

**Steintafel aus dem Taddelschen Steinkabinett
in der Vakuumschleuse** des Rasterelektronenmikroskops JSM 7001F von Jeol (Japan) im Geologischen
Institut der TU Bergakademie Freiberg

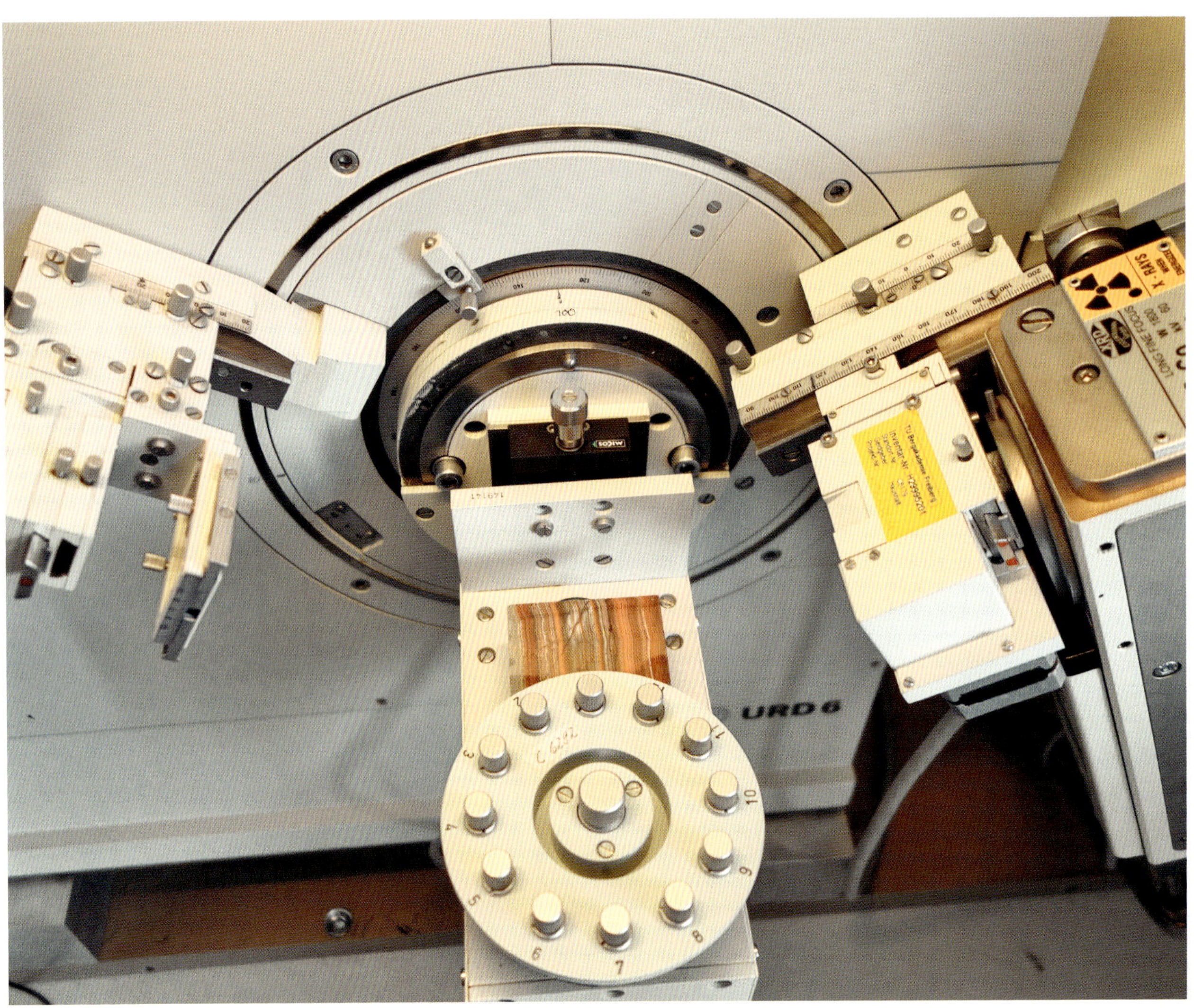

Abb. 3
Historische Steintafel aus der Edelsteinsammlung
von Abraham Gottlob Werner an der TU Bergakademie
Freiberg auf dem horizontalen Probenhalter des
Röntgendiffraktometers XRD 3000TT der Firma
Seifert im Mineralogischen Institut der Universität

Greisenbrekzie mithilfe des Rasterelektronenmikroskops und den Vergleich mit Sammlungsmaterial seinem korrekten Fundort in der Pinge bei Seiffen im Erzgebirge zugeordnet werden.[7] Über eine Mittelung von Analysen über größere Flächen bei geringen Korngrößen können auch mit der EDX Resultate erzielt werden, die mit Gesamtgesteinsanalysen vergleichbar sind.

Normalerweise wäre eine Untersuchung der meisten Gesteine in einem Rasterelektronenmikroskop mit Hochvakuum allerdings von vornherein ausgeschlossen, da geologische Materialien in der Regel nicht ausreichend elektrisch leitend sind, was zu einer starken Aufladung der Oberfläche unter dem Elektronenstrahl führt. Deshalb hätten die Steintafeln routinemäßig mit einer dünnen, elektrisch leitenden Schicht wie zum Beispiel mit Kohlenstoff bedampft werden müssen, was schon deshalb ausgeschlossen ist, weil sich diese Bedampfung später nicht wieder vollständig entfernen lässt. Mit dem in Freiberg zur Verfügung stehenden Feldemissionsgerät ist es jedoch bei geschickter Wahl der Analysebedingungen in vielen Fällen möglich, stärkere Aufladungen ohne eine derartige Beschichtung der Probenoberflächen zu verhindern, was eine Untersuchung der meisten Gesteine erlaubte.

Bestimmung von Mineralstrukturen mit der Röntgendiffraktometrie (XRD)

Leider ist die Kenntnis der chemischen Mineralzusammensetzung oft nicht ausreichend für deren eindeutige Identifizierung. Bei gleicher chemischer Zusammensetzung kann es sich nämlich auch um verschiedene Minerale handeln. So bestehen zum Beispiel Quarz und Opal beide weit überwiegend aus Siliziumdioxid (SiO_2). In solchen Fällen sind für die Bestimmung zusätzliche Informationen zu charakteristischen Merkmalen oder zur Kristallstruktur notwendig. In den Geowissenschaften wird für die Feststellung der Struktur meist die »Pulver«-Röntgendiffraktometrie eingesetzt, welche die Analyse von Proben bei Korn- bzw. Kristallitgrößen im Zehnermikrometerbereich erlaubt. Bei den hier betrachteten polykristallinen Schmucksteinen wie zum Beispiel Heliotrop oder Achat ist diese Voraussetzung bereits für die festen Ausganggesteine erfüllt, sodass bei einer planen Oberfläche auch die Anwendung eines Pulverdiffraktometers infrage kommt, ohne dass das Gestein wie sonst üblich vorher mechanisch zerkleinert werden muss. Unter bestimmten Voraussetzungen wie ausreichender Homogenität und genügend kleiner Korngröße im bestrahlten Probenvolumen erlaubt das Verfahren auch eine Quantifizierung des Mineralbestands (Abb. 3).[8]

Einordnung der Resultate durch Quellenforschung und kunsthistorische Betrachtungen

Die bisher vorgestellten analytischen Verfahren wurden von historischen Nachforschungen begleitet, die sich zunächst vor allem auf die Provenienz des Steinkabinetts richteten. Wie die in diesem Band zusammengefassten Erkenntnisse zur Herkunft und Datierung des Steinkabinetts von Heinrich Taddel zeigen, ist es nicht möglich, auf der Basis der naturwissenschaftlichen Untersuchungen allein eine korrekte historische Einordnung der Sammlung vorzunehmen (siehe S. 73–85). Das Grüne Gewölbe bietet bei derartigen Fragestellungen eine vergleichsweise sehr gute Ausgangslage, denn es verfügt über zahlreiche historische Inventare, die im späten 16. Jahrhundert, frühen 18. Jahrhundert und 19. Jahrhundert angelegt wurden.[9] Ergänzend ist dabei immer auch der Blick über die Grenzen dieser Schatzkammer hinweg notwendig. Im Fokus stehen hier besonders die Inventare der Dresdner Kunstkammer, aus der 1832 große Bestände in die Sammlung des Grünen Gewölbes gelangten, aber auch die Inventare der Rüstkammer und des Münz-kabinetts, denn zwischen diesen Institutionen fand immer wieder ein Austausch von Objekten statt. Zusätzliche Hinweise können Reiseberichte und historische Chroniken geben, wie etwa diejenige von Anton Weck von 1680, die teilweise detaillierte Beschreibungen der Räume aus der Perspektive von Gästen liefern.

Bei der Sichtung und Auswertung der erwähnten Quellen ist gleichwohl Vorsicht geboten, wie gerade angesichts des Taddelschen Steinkabinetts klar wird. Die Tatsache, dass dieses bis vor Kurzem – fälschlicherweise, wie sich im Laufe des Projekts zeigen sollte – als Zugang aus dem Jahr 1937 geführt wurde, verstellte lange Zeit den Blick auf die tatsächliche Provenienz des Konvoluts aus der Kunstkammer. Insbesondere kriegsbedingte Verlagerungen von Beständen brachten die Ordnung immer wieder durcheinander, sodass die Sammlung nach der Rückführung aus der Sowjetunion im Jahr 1958 falsch zugeordnet wurde und eine irreführende Inventarnummer erhielt.

Als weitere Quelle ist darüber hinaus das sogenannte *Journal des Grünen Gewölbes* von großem Interesse, in dem zwischen 1733 und 1782 Bewegungen von Objekten verzeichnet wurden.[10] Diese betreffen Ein- und Ausgänge aufgrund von Reinigungen, Überarbeitungen sowie Reparaturen oder der Verwendung von Werken im Rahmen der höfischen Repräsentation.[11] Im Fall der Forschungen zum Steinkabinett hält das Journal wichtige Informationen über die konkreten Tätigkeiten Heinrich Taddels als Geheimer Kämmerer des Grünen Gewölbes bereit. Der tagebuchähnliche, informelle Charakter dieser Quelle bringt es mit sich, dass die nicht selten in Eile hingekritzelten Einträge zuweilen schwer lesbar sind – eine Tatsache, welche deren Nutzung im Vergleich mit den zumeist sehr säuberlich geschriebenen Inventaren erschwert.

Sichtbarmachung von schwer leserlichen Texten mithilfe von Multispektralaufnahmen

Bei der Auswertung von alten, mit Tinte auf Papier geschriebenen Texten tritt neben den Schwierigkeiten beim Lesen der verschiedenen Handschriften häufig das Problem der schlechten Lesbarkeit durch die Alterung oder Schädigung des Papierträgers und der Tinte auf. In einigen Fällen kann hier die fotografische Dokumentation mit speziellen Aufnahmetechniken helfen. Bei dem Steinkabinett von Heinrich Taddel stand die Entzifferung einer frühen, teilweise überschriebenen Nummerierung auf den Originaletiketten der

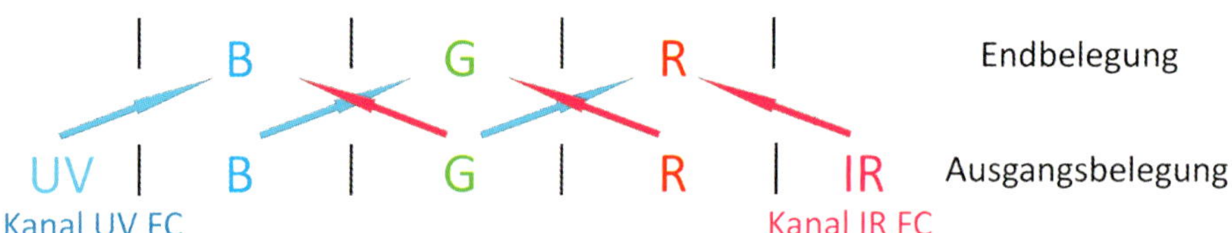

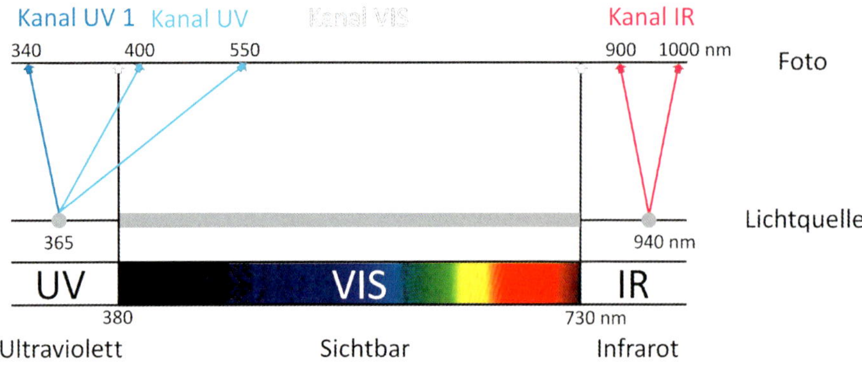

Abb. 4

Schematische Darstellung der sechs zur
Untersuchung der historischen Etiketten
der Taddelschen Steintafeln verwendeten
Multispektralkanäle.

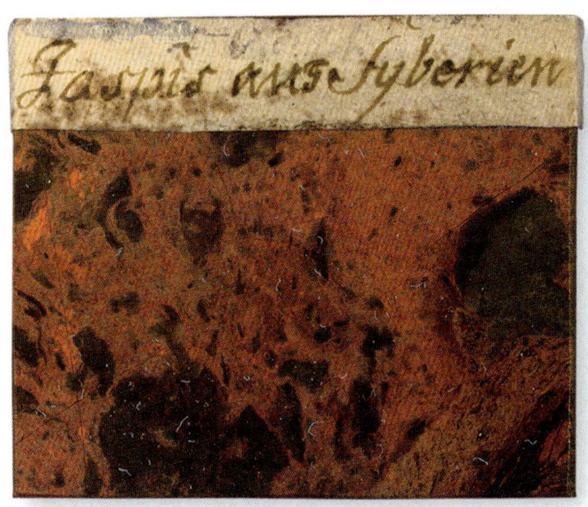

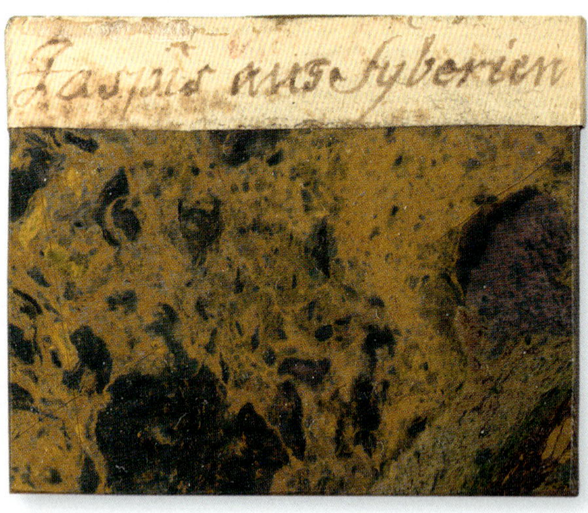

Abb. 5

Gegenüberstellung einer Multispektralaufnahme
im Kanal UV-FC (links) mit dem Kanal VIS (rechts).
Die ursprüngliche Nummer (No: 21) über der
historischen Etikettenbeschriftung der Steintafel
(»Jaspis aus Syberien«) wird im UV-Signal eindeutig lesbar.

Steintafeln im Vordergrund. Nur in wenigen Fällen waren die entsprechenden Zahlen unter dem Mikroskop oder auf hochaufgelösten Fotos noch gut lesbar. Bei den hier durchgeführten Untersuchungen wurden sechs verschiedene Arten von Multispektralaufnahmen verwendet.[12] Neben den üblichen Fotos mit der Beleuchtung und Dokumentation im sichtbaren Bereich wurde dabei eine Erweiterung in den ultravioletten und in den infraroten Bereich des Lichtes angestrebt (Abb. 4 unten).[13] Die Aufnahmen im sichtbaren Licht wurden zusätzlich mit den Aufnahmen im Ultraviolett und im Infrarot kombiniert, wobei nach einer RGB-Zerlegung der VIS-Aufnahme der grüne Kanal auf Rot, der blaue Kanal auf Grün und der UV-Kanal auf Blau (sogenannter Kanal UV-FC) bzw. der grüne Kanal auf Blau, der rote Kanal auf Grün und der IR-Kanal auf Rot (Kanal IR-FC) gelegt wurden (Abb. 4 oben). In der Praxis erwiesen sich besonders die Aufnahmen mit UV-Anteilen als nützlich, sodass zahlreiche Nummern noch zu identifizieren waren und eine entsprechend sichere Zuordnung der Tafeln zum Originalkatalog erreicht werden konnte (Abb. 5).

Wie die hier vorgestellten Beispiele aus dem Grünen Gewölbe illustrieren, verfügt die moderne Wissenschaft bei der Untersuchung hochkarätiger Museumsobjekte inzwischen über einen ganzen Werkzeugkasten von Methoden, die in jedem konkreten Fall entsprechend angepasst genutzt werden können, um die bei der Klärung der Geschichte und Herkunft der Kunstgegenstände auftretenden Fragen besser zu beantworten. Die Arbeiten haben aber auch gezeigt, dass wir in dieser Hinsicht noch eher am Anfang des Weges stehen.

Das Gerät erlaubt eine gefahrlose horizontale Lage der Gesteinstafeln während der Messungen. Durch die Wahl geeigneter Divergenzblenden und eine sorgfältige manuelle Positionierung konnten rechteckige, einige Quadratmillimeter große Bereiche der planen polierten Probenoberflächen untersucht werden.   **9** Für eine Übersicht über die Inventare vgl. Lieber 1979.   **10** Sächsisches Hauptstaatsarchiv Dresden (im Folgenden: HStADD), 10009 Kunstkammer, Sammlungen und Galerien [Nr. nicht belegt]. Ein späteres Journal deckt den Zeitraum von 1851 bis etwa 1890 ab. HStADD, 10009 Kunstkammer, Sammlungen und Galerien [Nr. nicht belegt].   **11** Verzeichnet sind etwa Entnahmen von Silbergefäßen für Buffets sowie von Juwelengarnituren, die bei Festlichkeiten getragen wurden.   **12** URL: www.xatra.de/projekte/sichtbarmachung-verblasster-schriften (6.1.2023); die Multispektralaufnahmen wurden von Carsten Wintermann, xatra GmbH, Weimar, ausgeführt. Die Autorin und Autoren danken Herrn Wintermann für die Hinweise zu den optischen Parametern der verwendeten Spektralkanäle.   **13** Sichtbarer Bereich: Kanal VIS mit weißer LED-Beleuchtung und der Fotografie im Spektralbereich von 380 bis 730 nm; ultravioletter Bereich: Kanal UV mit Beleuchtung bei 365 nm und Aufnahme zwischen 400 und 550 nm bzw. UV 1 mit Beleuchtung bei 365 nm und Aufnahme von 340 bis 400 nm; infraroter Bereich: Kanal IR mit Beleuchtung bei 940 nm und Fotodokumentation zwischen 900 und 1 000 nm.

1 »Nichtinvasiv« bedeutet, dass an den Objekten keinerlei dauerhafte Schädigungen erlaubt sind. Allerdings werden bei der Untersuchung von Edelsteinen und Gemälden heute in einigen Fällen noch mikroinvasive Methoden angewandt, die zu minimalen, mit dem Auge nicht sichtbaren Zerstörungen der Materialsubstanz führen.   **2** Die RFA-Messungen mittels einer transportablen Niton XLT3t von Thermo Fisher Scientific konnten direkt vor Ort in der Restaurierungswerkstatt der Rüstkammer ausgeführt werden, was eine relativ große Anzahl von Messungen erlaubte. Zum Abgleich wurden einige Proben bekannter Zusammensetzung, wie zur Kontrolle der Siliziumgehalte ein Bergkristall, mitgemessen.   **3** Grünes Gewölbe, Inv.-Nr. I 15 b/94.   **4** Grünes Gewölbe, Inv.-Nr. I 15 b/69.   **5** Die Untersuchungen erfolgten mit einem Mikroskop JSM 7001F von Jeol (Japan). Für die EDX-Analysen wurde dabei ein Quantax 400 von Bruker benutzt. Wegen des vom Grünen Gewölbe weiter entfernten Standorts im Geologischen Institut der TU Bergakademie Freiberg und der längeren Untersuchungsdauer konnten nur einige wenige Steintafeln so detailliert untersucht werden.   **6** Grünes Gewölbe, Inv.-Nr. I 15 b/94.   **7** Grünes Gewölbe, Inv.-Nr. I 15 b/85. Unter Greisenbildungen versteht man die intensive Umwandlung von Gesteinen unter Bildung von Quarz und Glimmern. Brekzien sind mechanisch, zum Beispiel durch die Wirkung vulkanischer Explosionen, zerbrochene Gesteine, die durch die Füllungen der entstandenen Risse und Hohlräume mit neuen Mineralen (hier insbesondere durch Quarz) wieder zu einem festen Material zusammengefügt wurden.   **8** Die Untersuchungen wurden mit einem Röntgendiffraktometer XRD 3000TT der Firma Seifert durchgeführt.

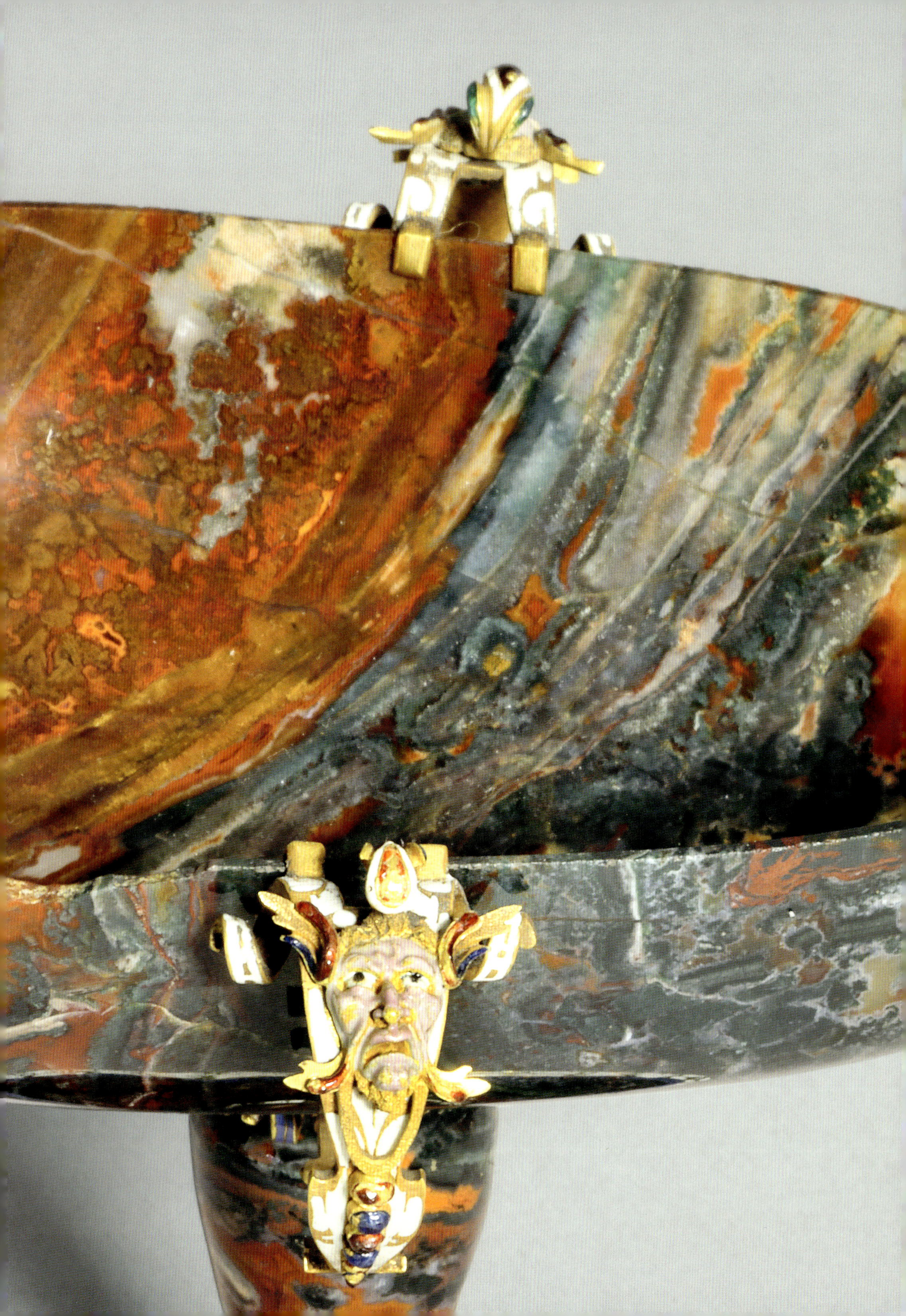

Neue Erkenntnisse zu Steinschnittobjekten

In den musealen Sammlungen

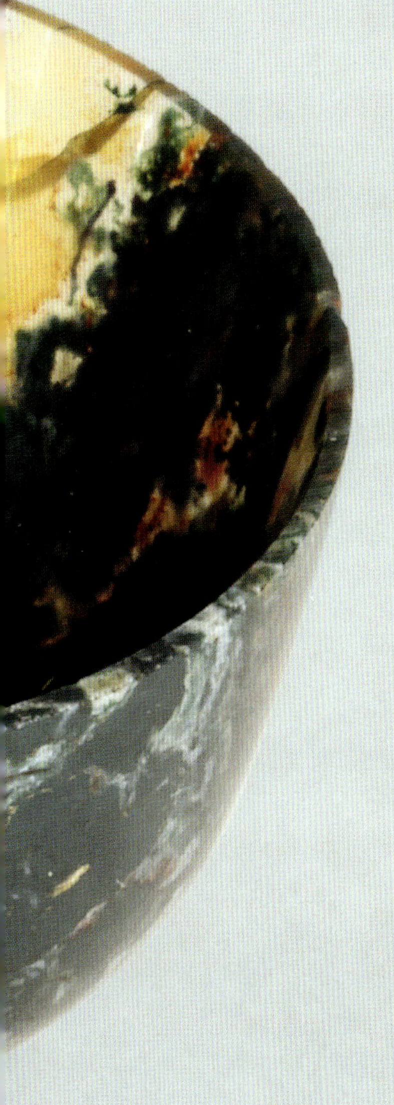

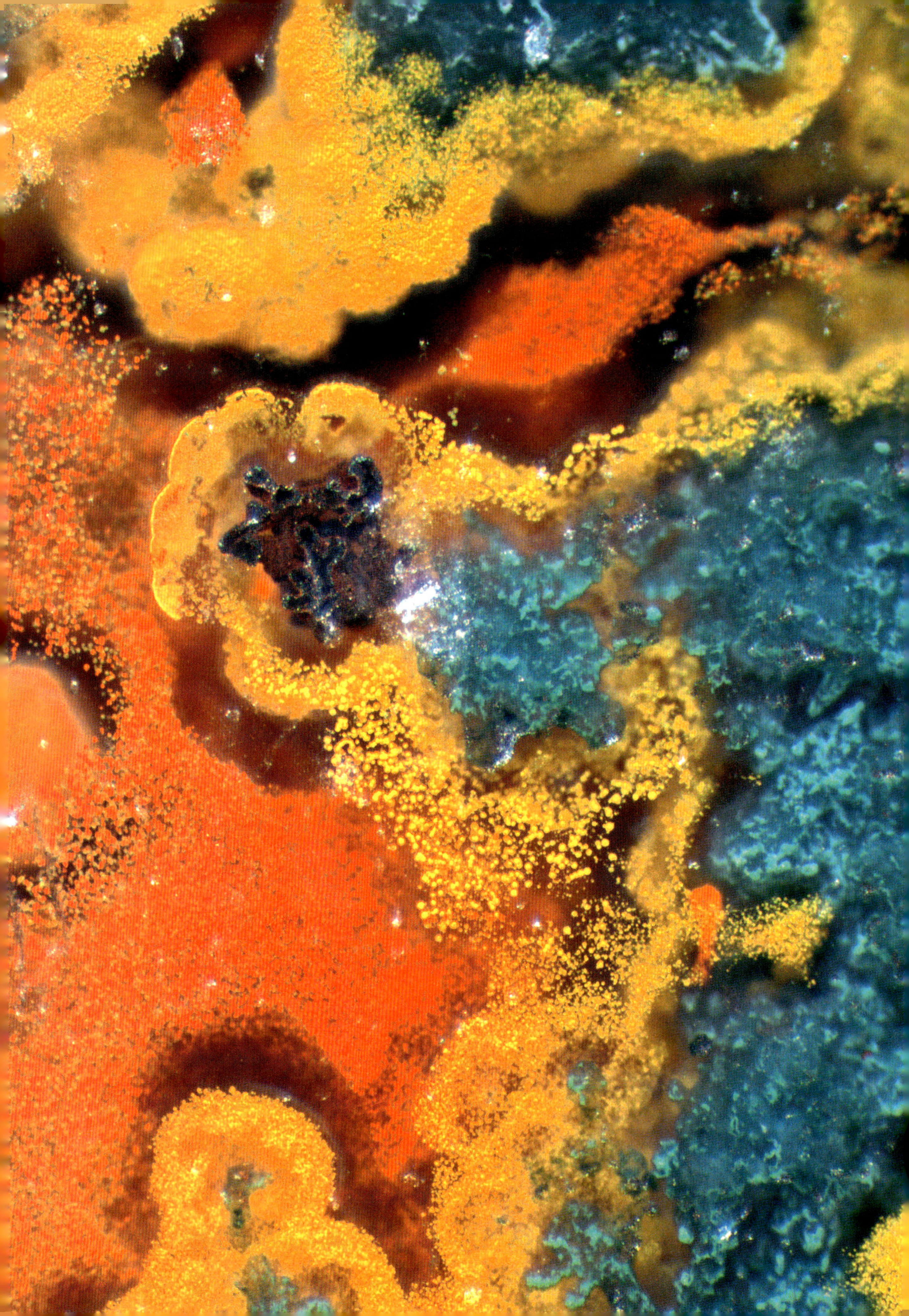

ULF KEMPE, MICHAEL WAGNER

Die Neuentdeckung eines Werkes von Ottavio Miseroni und Jan Vermeyen

Die Blüte der Stein- und Gefäßschnittkunst in Prag unter der Herrschaft Kaiser Rudolfs II.

Während der Herrschaft von Rudolf II. als Kaiser des Heiligen Römischen Reiches am Ende des 16. bzw. am Anfang des 17. Jahrhunderts erlebte Prag einen einzigartigen Aufschwung der Wissenschaften und Künste, nachdem die Stadt zur ständigen Residenz erwählt worden war. Namhafte Persönlichkeiten aus ganz Europa, darunter die Astronomen Tycho Brahe und Johannes Kepler, der Leibarzt, Botaniker, Mineraloge und Chemiker Anselmus de Boodt, der Bronzebildhauer Adriaen de Vries, aber auch die Maler Giuseppe Arcimboldo, Bartholomäus Spranger und Hans von Aachen sowie viele andere Wissenschaftler, Handwerker und Künstler kamen in dieser Zeit in die böhmische Hauptstadt.

Einen herausragenden Platz im künstlerischen Schaffen der Prager Hofwerkstätten unter Rudolf II. nahm die Verarbeitung von Edel- und Schmucksteinen ein. Der Stein- und Gefäßschnitt erreichte hier ab 1588 durch die Mitglieder der Mailänder Steinschneiderdynastie Miseroni, insbesondere durch Ottavio Miseroni, eine in seiner technischen Perfektion und künstlerischen Gestaltung bis dahin ungekannte Qualität. In den Prager Werkstätten der Castrucci entstanden zudem ab etwa 1590 hochwertige Steineinlegearbeiten in *comesso di pietre dure*, einer in Mailand, Rom und Florenz entwickelten Technik.[1]

Viele der bekannten Werke von Ottavio Miseroni werden heute im Kunsthistorischen Museum in Wien verwahrt, weitere im Louvre in Paris und an einigen anderen Orten. Hochwertige Prager Steinschneidearbeiten finden sich auch in Dresden. So wird im Grünen Gewölbe an prominenter Stelle eine große gefußte Steinschale aus Jaspis präsentiert, die von Ottavio Miseroni in Prag geschnitten und dort vom Hofgoldschmied Jan Vermeyen gefasst worden ist.[2] Für dieses in der Vergangenheit häufig als »Schale aus Heliotrop« bezeichnete Objekt konnte inzwischen nachgewiesen werden, dass für die Kuppa anstelle von klassischem indischem Heliotrop ein ungewöhnlich großes Stück von gelblich-grünem Jaspis aus der Gegend von Giuliana im südlichen Teil des sizilianischen Berglands sowie für den Fuß ein »böhmischer Jaspis« aus dem Böhmischen Paradies um Turnau/Turnov südlich von Reichenberg/Liberec verwendet wurden.[3] Die Schale stammt aus den Kunstsammlungen der Weißenfelser Herzöge und gelangte nach dem Aussterben dieser sächsischen Nebenlinie 1746 nach Dresden und in der Folge in das Grüne Gewölbe.[4]

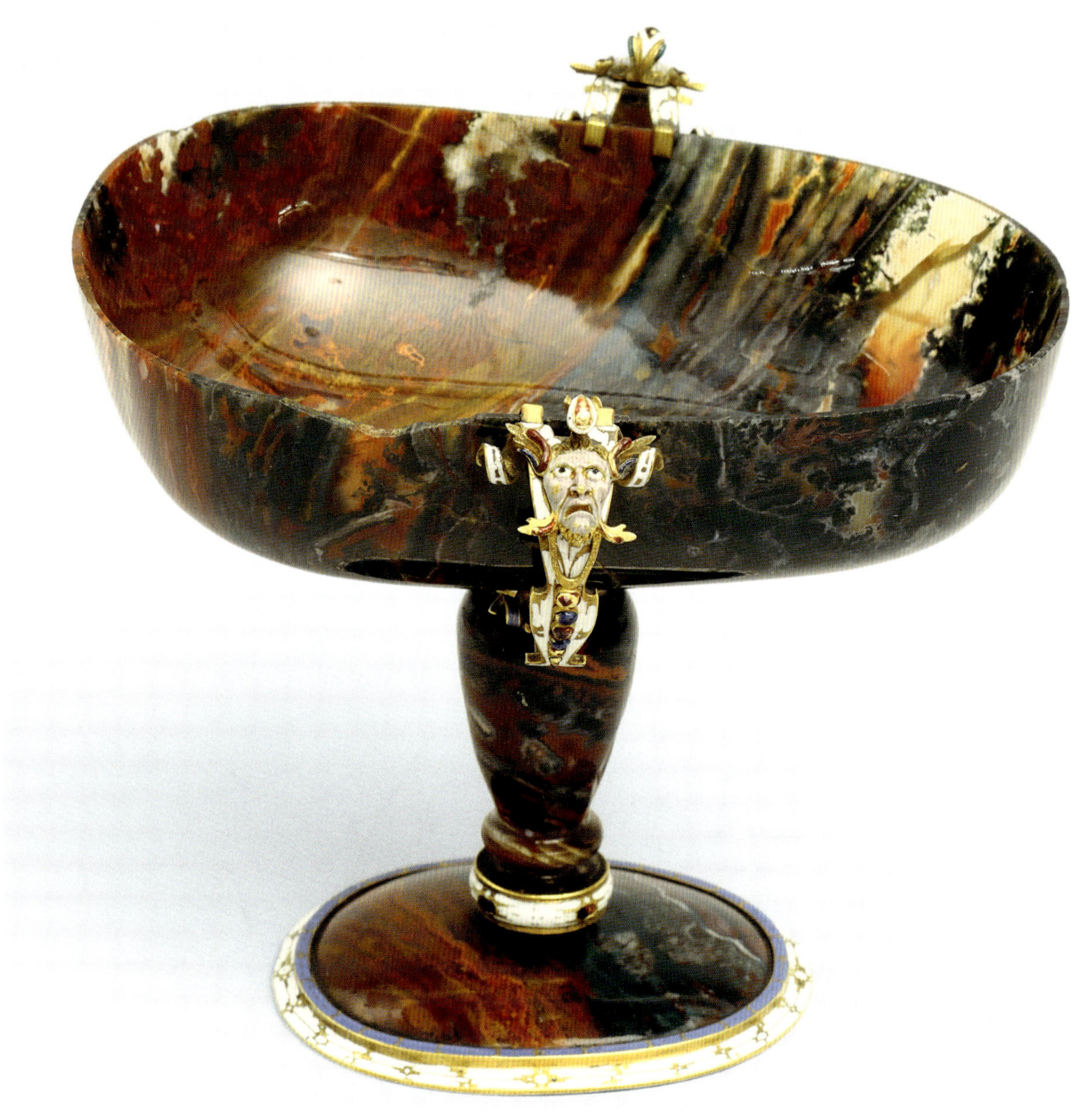

Abb. 1
Gefußte ovale Schale mit Angriff und Henkel, Ottavio
Miseroni, Jan Vermeyen, Prag, um 1600, böhmischer
Jaspis, Gold, Email, H. 9,5 cm, Grünes Gewölbe, SKD,
Inv.-Nr. V 97
Auffällig ist die extreme Dünnwandigkeit der Kuppa, die
das Material teils fast durchsichtig erscheinen lässt.
Erkennbar ist auch, dass Kuppa, Angriff und Fuß aus
einem Rohstein geschnitten wurden.

Eine bisher unbeachtete
Steinschale im Bestand des
Grünen Gewölbes

Auf den Konsolwänden im Pretiosensaal des Grünen
Gewölbes sowie im anschließenden Eckkabinett sind zahlreiche weitere Steinschalen ausgestellt. Darunter befindet
sich eine in Gold gefasste und emaillierte, auffällig dünnwandig gearbeitete Henkelschale aus buntem Jaspis
(Abb. 1). Neben wenigen beschreibenden Angaben zu den
verwendeten Materialien (Moosachat, Gold, Email) sowie
zu Abmessungen und Gewicht (H. 9,5 cm, B. 10,7 cm,
T. 10,7 cm, 135 g) waren bislang zu diesem Objekt keine
Informationen zur Provenienz, zu Entstehungszeit oder
-ort und zu den ausführenden Künstlern bekannt. Die
Schale ist erstmalig im Pretioseninventar von 1725 nachweisbar.[5] Aus den nachfolgenden Inventaren von 1819 und
1875 sind die verfügbaren Angaben in die heutige Daten-
bank übernommen worden.

Beschreibung von Aufbau
und Fassung der Schale

Die Schale besteht aus drei separaten Teilen: einer längso-
valen Kuppa mit flachem Boden, einem balusterförmigen
Angriff und einem sehr flachen, von der Unterseite hohlge-
schliffenen ovalen Fuß. Die sparsam-elegante Goldfassung
ist ornamental gestaltet. Großflächig eingesetztes weißes
Email dominiert den Gesamteindruck. Die weißen und goldenen Farbtöne werden partiell behutsam durch blaues und
rotes Email akzentuiert. Der in Weiß gefasste Standring, am
Innenrand in Blau abgesetzt, zeigt umlaufend durch feine
Goldstege gestaltete geometrische Muster. In einem ähnlichen Duktus sind die Fassungen an den beiden größeren
Profilringen am oberen und unteren Ende des Angriffs ausgearbeitet worden. Auch hier dominiert die weiß-goldene
Farbgebung. Ein sparsam eingesetztes, rot-transluzides
Email imitiert darauf insgesamt sechs goldgefasste Edelsteine. Zwei volutenförmig eingerollte Henkel zieren die
beiden Seiten der Kuppa. Beide enden in einer Spangenfassung am ungefassten oberen Rand der Schale. Die Henkel
sind wie der Schalenfuß außen mit opak-weißem Email und
geometrischen Goldornamenten verziert und tragen je fünf
aneinander gereihte, cabochonartige Edelsteinimitate aus
rotem und blauem Email. Gestalterisch werden sie von je
einem Maskaron dominiert, deren Gesichtszüge vom Inkarnat bis hin zur Feinzeichnung von Augen und Mund äußerst
detailliert ausgearbeitet wurden. Das Inkarnat besteht aus
altrosa-opakem Email, die Augen sind weiß und schwarz

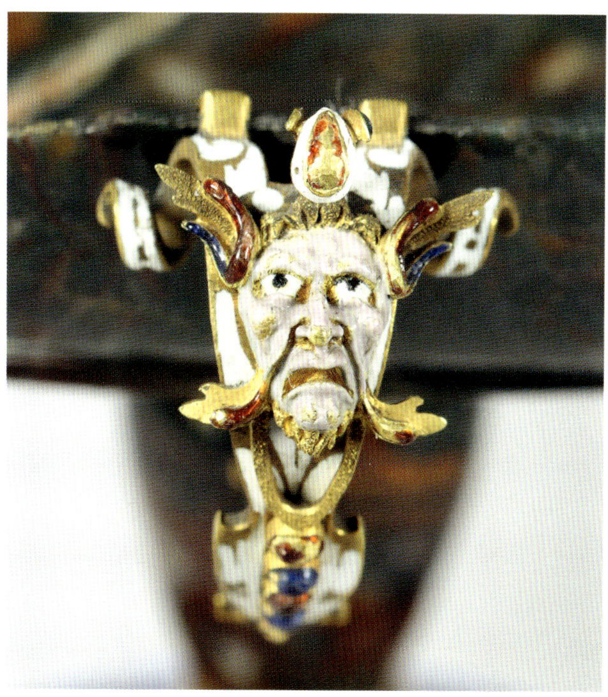

Abb. 2

Maskaron an einem Henkel der Schale. Inkarnat,
Augen, Kopfputz und Haare sind mit verschieden-
farbigem, teils transluzidem Email gestaltet.
Grünes Gewölbe, SKD, Inv.-Nr. V 97 (Detail)

gehalten, während der Mund nicht emailliert ist und von der
Farbe des Goldgrunds bestimmt wird. Eine Art »Kopfputz«
auf den Maskarons mit roten Edelsteinimitaten bildet den
oberen Abschluss der Henkel (Abb. 2).

Gesteinsbestimmung

Die spezifische Materialstruktur von Kuppa, Angriff und Fuß
der Schale macht ihre Fertigung aus nur einem einzigen
größeren Stück Jaspis offensichtlich (Abb. 1). Das dabei verwendete Gestein lässt sich als sogenannter »böhmischer
Jaspis« bestimmen, der in der Gegend von Turnau in Nordostböhmen, insbesondere am Ziegenberg/Kozákov gefunden
wird (Abb. 3). Hier wurde das Material vor allem in der Zeit
Rudolfs II. in beträchtlichem Umfang und zum Teil auch
untertägig gewonnen. Der »böhmische Jaspis« tritt am
Ziegenberg in einer großen Vielfalt auf, die mehrere tief-
grüne Varietäten, weiß-grünen, sogenannten »Kräuterjaspis« und zahlreiche andere Varianten umfasst. Im vorliegenden Fall haben wir es mit einer eher selteneren Ausbildung zu tun, die sich am Rande einer Störungszone gebildet
haben muss, was wohl den auffällig lagigen Aufbau des

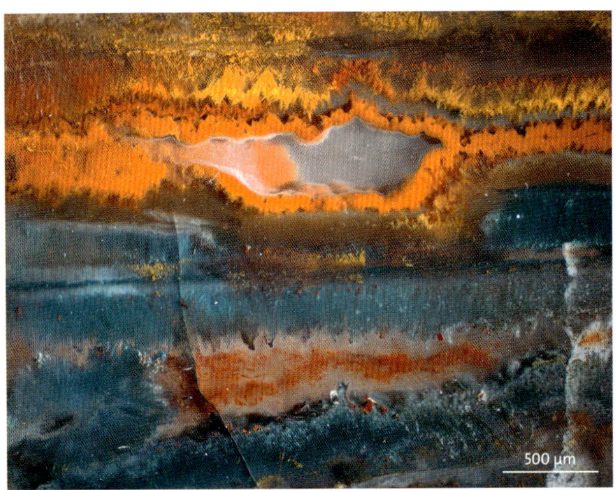

Abb. 3
Detail der Kuppa: Das Gestein zeigt die typischen
Mikrostrukturen des Jaspis vom Ziegenberg in
Nordostböhmen mit einer blättrigen und strahligen
Ausbildung der rot, gelb und grün färbenden
Mineraleinschlüsse von Hämatit, Goethit und
Seladonit, Grünes Gewölbe, SKD, Inv.-Nr. V 97

Ausführende Künstler

Das verwendete Material, die Charakteristik des Steinschnitts und die stilistischen Merkmale der Fassung erlauben über den Vergleich mit anderen Objekten auch eine Zuschreibung der Schale. Die Verwendung von »böhmischem Jaspis« als Schmuckstein ist, wie bereits geschildert, charakteristisch für die Prager Steinschneidewerkstätten in der Zeit vor und unmittelbar nach dem Dreißigjährigen Krieg und erreichte unter der Herrschaft von Rudolf II. eine Blütezeit. Allerdings wurde das Material aus Böhmen nachweislich auch gehandelt und zum Beispiel an italienische Werkstätten in Mailand und Florenz geliefert. Die hohe Qualität des Steinschnitts und die Nutzung von »böhmischem Jaspis« deuten auf einen italienischen Steinschneider aus der bekannten Miseroni-Dynastie, insbesondere auf den in Prag tätigen Ottavio Miseroni hin.

Im Zeitraum von 1612, dem Todesjahr von Rudolf II., bis 1648, dem Jahr des Westfälischen Friedens, gelangten viele der ursprünglich mindestens 59 Steinschneidearbeiten von Ottavio Miseroni aus Prag nach Wien.[6] Die in der Kunstkammer in Prag verbliebenen Objekte fielen dann zum Ende des Krieges mehrheitlich dem Prager Kunstraub von 1648 zum Opfer, als schwedische Truppen die Kleinseite sowie die Burg eroberten und auf Anweisung Königin Christinas von Schweden in großem Umfang Kulturschätze wie Bücher, Gemälde, Skulpturen und Juwelierarbeiten nach Stockholm verbrachten. Während der Sonderausstellung *Bellum et Artes* 2021 im Dresdner Residenzschloss, die sich mit der Rolle der Kunst und dem Schicksal von Kunstobjekten während des Dreißigjährigen Krieges beschäftigte, konnte eine solche damals aus der Prager Kunstkammer entwendete Steinschale näher betrachtet werden (Abb. 4).[7] Diese Schale ähnelt in Material und Gestaltung der hier besprochenen Jaspisschale V 97 in besonderer Weise. Auch sie wurde vollständig aus einem einzigen großen Stück von lagig-grünem, teils rötlichem Jaspis vom Ziegenberg gearbeitet, der bisher irrtümlich als Heliotrop bezeichnet wurde. Wie bei der Schale aus dem Grünen Gewölbe ist die Kuppa extrem dünnwandig. Der Jaspis erscheint dadurch durchscheinend und in den ungefärbten Bereichen beinahe durchsichtig. Der obere Rand der Schale ist zusätzlich leicht eingezogen, was eine besondere Meisterschaft bei der Fertigung verlangte. Dieses charakteristische Motiv lässt sich an einigen anderen von Ottavio Miseroni geschnittenen Schalen wiederfinden. Im vorliegenden Fall bietet sich hier Platz für einen kleinen goldenen Vogel mit weißem Gefieder aus Email. Die heute in Stockholm aufbewahrte Pretiose wird aufgrund ihrer Herkunft aus dem Prager Kunstraub und anhand stilistischer Analogien mit gesicherten Werken Ottavio Miseroni zugeschrieben.

Gesteins zur Folge hat. Alle drei Teile der Schale bestehen ungefähr zur Hälfte aus überwiegend grünlichem Jaspis, während die andere Hälfte von einer am Ziegenberg weniger häufig anzutreffenden gelblich-roten Farbvarietät gebildet wird. Sowohl die mikroskopisch erkennbare nadelige oder tafelige Ausbildung der farbigen Einschlüsse von rotem Hämatit, gelbem Goethit und grünen Silikaten als auch die lokalen Achatbänderungen im stellenweise farblosen Chalcedon sind charakteristisch für den damals auch häufig in den Prager Steineinlegearbeiten verwendeten »böhmischen Jaspis«.

Steinschnitt

Neben der extrem geringen Wandungsstärke sind vor allem die Exaktheit des Steinschnitts und die hohe Qualität der Politur der Schale auffällig. Am oberen Rand der Kuppa beträgt die Materialstärke lediglich 1,8 bis 2,7 mm. Auch der Fuß ist ähnlich dünn geschliffen. Angesichts der subtilen Gestaltung der Schale ist es als Glücksfall zu bewerten, dass bisher nur geringe Schäden am oberen Rand der Kuppa zu verzeichnen sind. Aufgrund der perfekten Ausarbeitung erscheint der sonst trübe und undurchsichtige Jaspis durchscheinend, stellenweise sogar transparent. Die Farben des Gesteins treten dadurch für die Betrachtenden wesentlich leuchtender in Erscheinung als bei anderen Pretiosen, die ebenfalls aus »böhmischem Jaspis« gefertigt wurden.

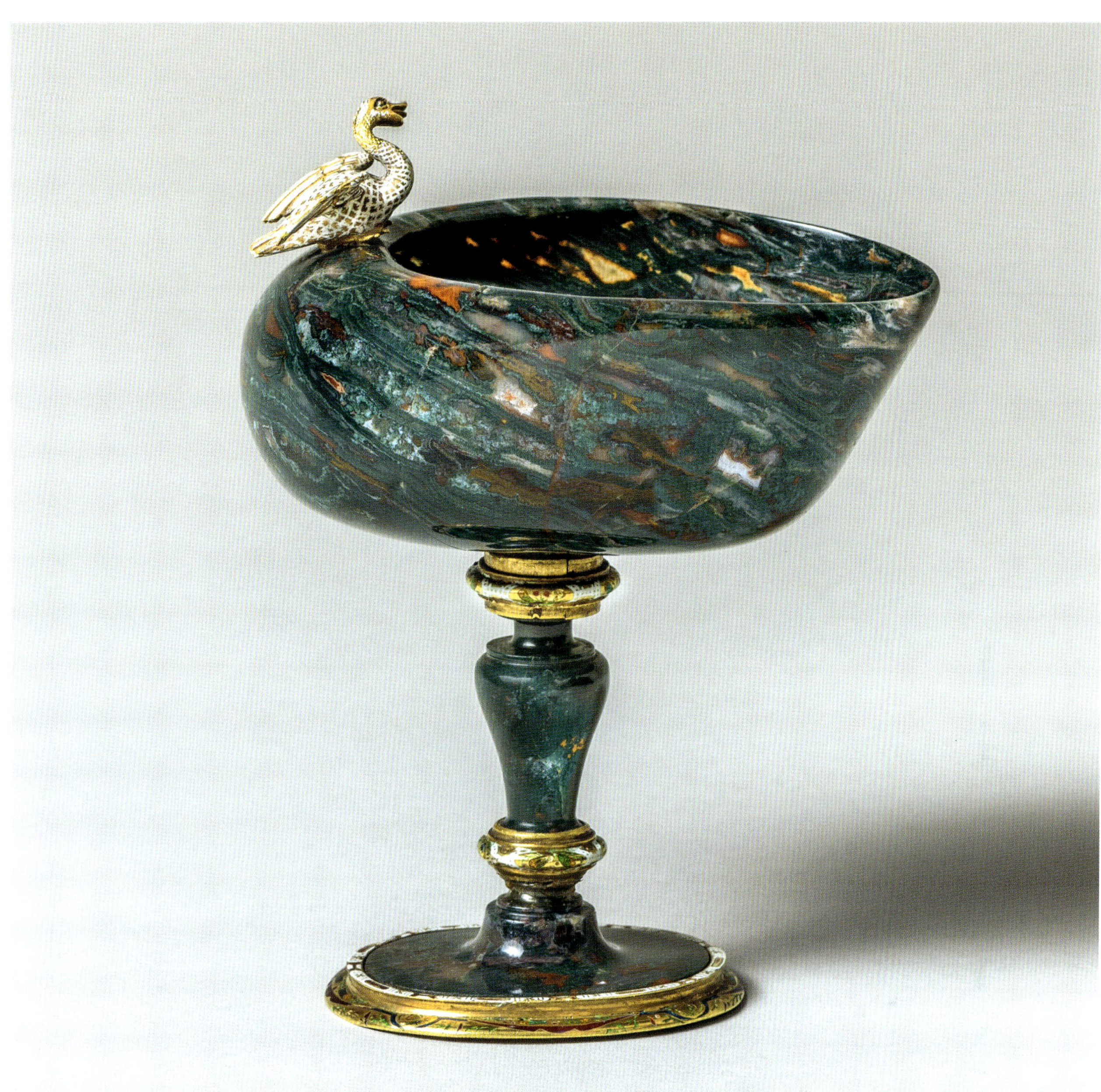

Abb. 4
Gefußte Steinschale mit Vogel, zugeschrieben an
Ottavio Miseroni und Jan Vermeyen, Prag, um 1600,
böhmischer Jaspis vom Ziegenberg in Nordböhmen,
Gold, Email, 11,9 × 9,2 × 6,7 cm, Stockholm,
Kungliga Husgerådskammaren, Inv.-Nr. HGK S 71

Da bisher keine Mailänder Steinschnittobjekte aus »böhmischem Jaspis« bekannt geworden sind, ist eine Prager Herkunft aus der Werkstatt des Ottavio Miseroni für die hier
vorgestellte Dresdner Schale V 97 ebenfalls mehr als wahrscheinlich. In der Wiener Kunstkammer sind zehn Steinschalen aus »böhmischem Jaspis« nachweisbar, die alle
Ottavio Miseroni zugeschrieben werden, auch wenn in zwei
Fällen eine mögliche Mitarbeit von seinem Bruder Giovanni,
der teils in Prag und teils in Mailand tätig gewesen ist, vermutet wird.[8] Die Autorschaft von Ottavio Miseroni wird darüber hinaus wesentlich durch die Gestaltung der Goldfassung
gestützt, die mit großer Sicherheit dem aus den südlichen
Niederlanden stammenden Prager Hofgoldschmied Jan Vermeyen zuzuschreiben ist. Im Kunsthistorischen Museum in

123

Wien sind zahlreiche aus Stein geschnittene Gefäße erhalten, welche die fruchtbare Zusammenarbeit zwischen Ottavio Miseroni und Vermeyen in der Zeit zwischen 1592 und 1606 belegen.[9] Wie bei der Stockholmer und der hier besprochenen Dresdner Fußschale besitzen viele von ihnen die für Ottavio Miseroni typischen balusterförmigen Angriffe mit Ringwulsten, die fast immer mit schmalen Fassungen in Goldemail versehen sind. Ebenso kann man an der häufig auftretenden flachen Ausführung des Fußes mit einem breiten Standring aus Gold und Email dieselbe Handschrift erkennen.[10] Bei den in Wien verwahrten Schalen lassen sich darüber hinaus ganz ähnliche Verzierungen wiederfinden, wie zum Beispiel schmale horizontale Bänder aus weißem opakem Email mit kurzen senkrechten Goldstegen oder breitere Bänder mit goldenen halbkreis- oder halbmondförmigen Ornamenten.

Die filigran gearbeiteten Henkel der Dresdner Schale mit den auffälligen Maskarons zeigen deutliche Parallelen zu einigen Fassungen an den Ottavio Miseroni und Jan Vermeyen zugeschriebenen Pretiosen. Hier ist die berühmte, allerdings wesentlich aufwendiger gestaltete Wiener »Schale mit Schlangenhenkeln« (vor 1608) besonders zu erwähnen.[11] Sie

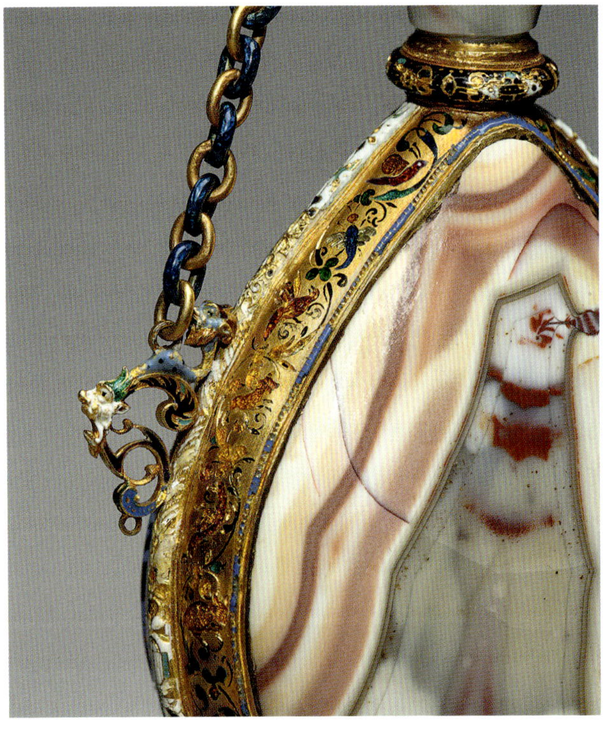

besitzt ebenfalls eine ganz ähnliche Spangenfassung. Bemerkenswert ist weiterhin die aufgrund ihrer extremen Dünnwandigkeit durch Rudolf Distelberger unter Vorbehalt Ottavio Miseroni zugeschriebene »Schale aus Chalcedon«, die sich ebenfalls in Wien befindet (um 1600–1605).[12] An einem Flakon aus Achat (Prag, um 1600–1610, der Achat wahrscheinlich aus dem Raum Idar-Oberstein), der aus der französischen Sammlung des Barons Rothschild stammt, sind seitlich zwei der Dresdner Schale sehr ähnliche Maskarons angebracht. Die Fassung des Flakons wird ebenso dem Umkreis von Jan Vermeyen zugeschrieben (Abb. 5).[13]

Eine Abgrenzung der Fassungen Vermeyens von denjenigen der in den Mailänder Miseroni-Werkstätten gefertigten Steinschalen ist nicht nur durch das Material der Schalen oder den Stil der Fassungsornamente möglich. Auch durch die in Mailand insgesamt wesentlich opulentere Gestaltung, die häufig die Verwendung von echten Edelsteinen einschließt, wird eine andere Handschrift fassbar. Schwieriger ist eine klare Trennung von den Arbeiten des späten Vermeyen-Schülers Andreas Osenbruck, da dieser den Stil seines Lehrmeisters offenbar geschickt nachgeahmt hat. Leider sind bisher nur sehr wenige Informationen über sein Leben oder gesicherte Werke bekannt geworden, sodass genauere Aussagen heute noch nicht möglich sind. Überliefert ist die Mitarbeit von Osenbruck an der Gestaltung der Krone von Rudolf II.[14]

Ausblick

Der Fall einer Steinschale im Grünen Gewölbe, die sich den Prager Steinschneidewerkstätten um 1600 zuordnen lässt, ist beispielhaft dafür, dass die interdisziplinäre Zusammenarbeit neue Impulse bei Fragen nach Herkunft und Provenienz der Objekte geben kann. Wie auch bei den Untersuchungen an einer ungefassten Steinschale aus indischem Heliotrop gab letztendlich die Bestimmung des verwendeten geologischen Materials den entscheidenden Anstoß für die Nachforschungen über die Herkunft der Pretiose.[15] Der hier erstmals eingehender beschriebenen Jaspisschale von Ottavio Miseroni und Jan Vermeyen lässt sich darüber hinaus noch ein weiteres Steinschnittobjekt aus dem Grünen Gewölbe zur Seite stellen. Aus ganz ähnlich gefärbtem »böhmischen Jaspis« wurde wahrscheinlich ebenfalls in Prag ein kleines Steinschälchen geschnitten, das aber ohne Fassung geblieben ist (Abb. 6). Die asymmetrische Gestaltung des Henkels und der fließende Übergang vom Henkel zum Schalenrand finden ihre Entsprechung in bereits bekannten Schalen aus den Miseroni-Werkstätten in Wien.[16]

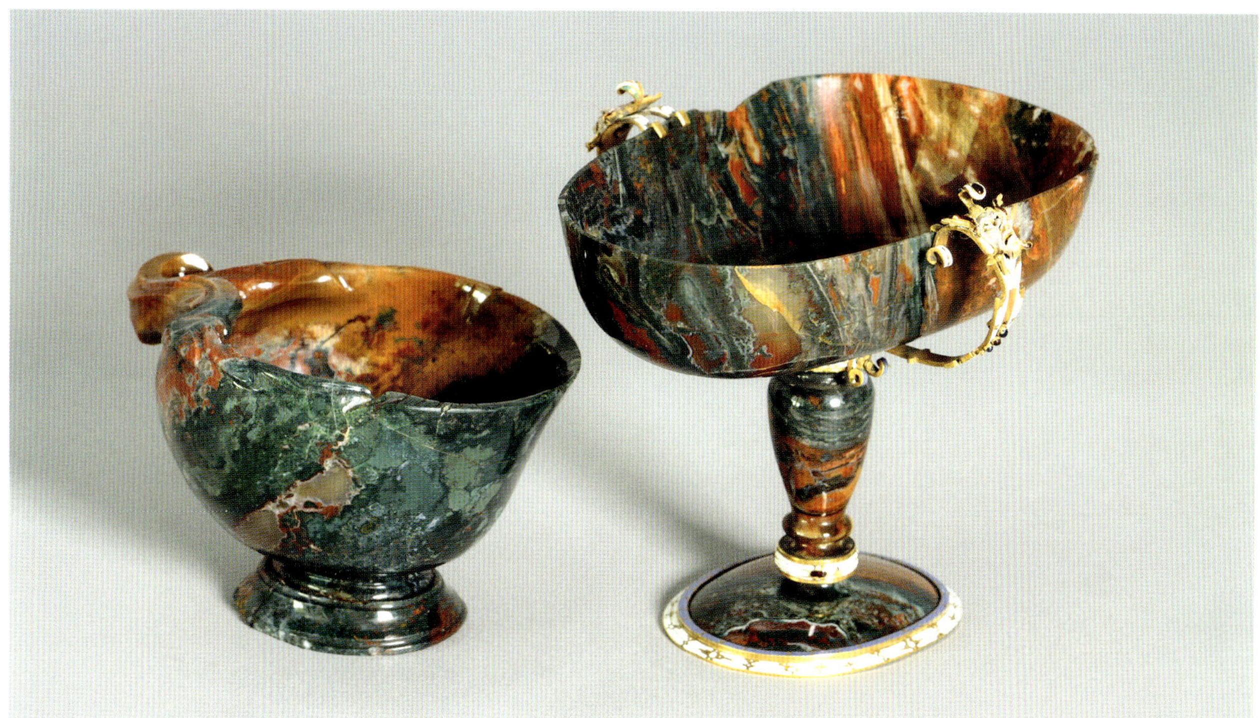

Gefußte Schale aus böhmischem Jaspis (V 97) mit einer
weiteren ungefassten Schale, Miseroni-Werkstatt,
Prag, um 1600, Jaspis vom Ziegenberg, H. 5,6 cm, Grünes
Gewölbe, SKD, Inv.-Nr. V 28

Steinschnitt und Politur des Schälchens sind allerdings von etwas geringerer Qualität, was eine unmittelbare Zuschreibung an Ottavio Miseroni fraglich erscheinen lässt.

Wie die beiden Schalen nach Dresden gelangt sind, bleibt vorerst offen. Bei einigen Anfang des 18. Jahrhunderts neu in Dresden gefassten Pretiosen scheinen Steinschnittarbeiten aus der Renaissance, die möglicherweise aus Mailand oder Prag stammen, wiederverwendet worden zu sein.[17] Es wäre aufschlussreich, durch entsprechendes Quellenstudium mehr über die Wege zu erfahren, welche all diese Objekte von Mailand, Wien oder Prag aus nach Dresden genommen haben. Für einige waren wohl die engeren Beziehungen zwischen Kaiser Rudolf II. und dem sächsischen Kurfürsten Christian II. ausschlaggebend, wie das 1607 vom Kaiser dem Kurfürsten überreichte, als Steineinlegearbeit in der Prager Castrucci-Werkstatt gefertigte kursächsische Wappen mit einem rückseitigen Bild von Hans von Aachen belegt.[18] Zu vielen anderen Objekten fehlen uns leider bislang noch konkrete Anhaltspunkte, um diese Wege genauer nachzeichnen zu können.

1 Neumann 1957, S. 157–202; Fischer 1971, S. 1–36; Ausst.-Kat. Wien 2002, S. 244–322; Distelberger 2008, S. 28–39. 2 Grünes Gewölbe, Inv.-Nr. V 19; Kappel 1994, S. 132; Ausst.-Kat. Idar-Oberstein u. a. 1998, S. 89–90; Kappel/ Weinhold 2007, S. 47. 3 Kempe/Wagner/Massanek 2020, S. 119–133. 4 Kappel 2009, S. 110–111. 5 Pretioseninventar 1725, fol. 141 v, »No: 17. Ein braun röthlicht und grün Jaspis Schaälgen, etwas tieff, auf dergleichen Fuß das Schaälgen hat zwey Henckel von Gold und weiß geschmelzt, oben als zwey alte Frazen Köpffe mit zwey goldtenen Ohren, der Fuß mit drey goldtenen weißen Reiffgen eingefaßt«. 6 Neumann 1957, S. 176. 7 Nemrarová 2021, S. 87–104, Abb. 8. Die Schale ist im Katalog als »Grüner Pokal mit Vogelskulptur« bezeichnet. 8 Ausst.-Kat. Wien 2002, S. 263–264. 9 Ausst.-Kat. Wien 2002, S. 244–322. 10 Kunsthistorisches Museum Wien, Inv.-Nrn. KK 1650, KK 1871, KK 1920, KK 1962, KK 1987, KK 2062, KK 6866. 11 Kunsthistorisches Museum Wien, Inv.-Nr. KK 1692; www.khm.at/objektdb/detail/86140 (7. 6. 2022). 12 Kunsthistorisches Museum Wien, Inv.-Nr. KK 1665; Ausst.-Kat. Wien 2002, S. 264–265, Nr. 147. Die Fähigkeit, Steinschalen mit Wandstärken von weniger als zwei bis etwa drei Millimetern zu fertigen, ist ein augenfälliges Qualitätsmerkmal des Steinschnitts von Ottavio Miseroni. Auch eine in Kassel aufbewahrte Schale aus böhmischem »Kräuterjaspis« weist eine nur wenige Millimeter dicke Wandung auf, vgl. Ausst.-Kat. New York 2008, S. 236, Nr. 76. 13 Der Flakon wurde 2021 in der Galerie Kugel in Paris angeboten und inzwischen in Privatbesitz verkauft: www.galeriekugel.com/en/oeuvres/flacon-en-pierre-dure-monte-en-or-emaille (31. 8. 2021). 14 Distelberger 1988, S. 449–452. 15 Kempe/ Wagner/Massanek 2020, S. 119–133. 16 Kunsthistorisches Museum Wien, Inv.-Nrn. KK 1962, KK 1987, KK 2062. 17 Kempe/Wagner/Massanek 2020, S. 132. 18 Grünes Gewölbe, Inv.-Nr. II 434; Kappel/Weinhold 2007, S. 109.

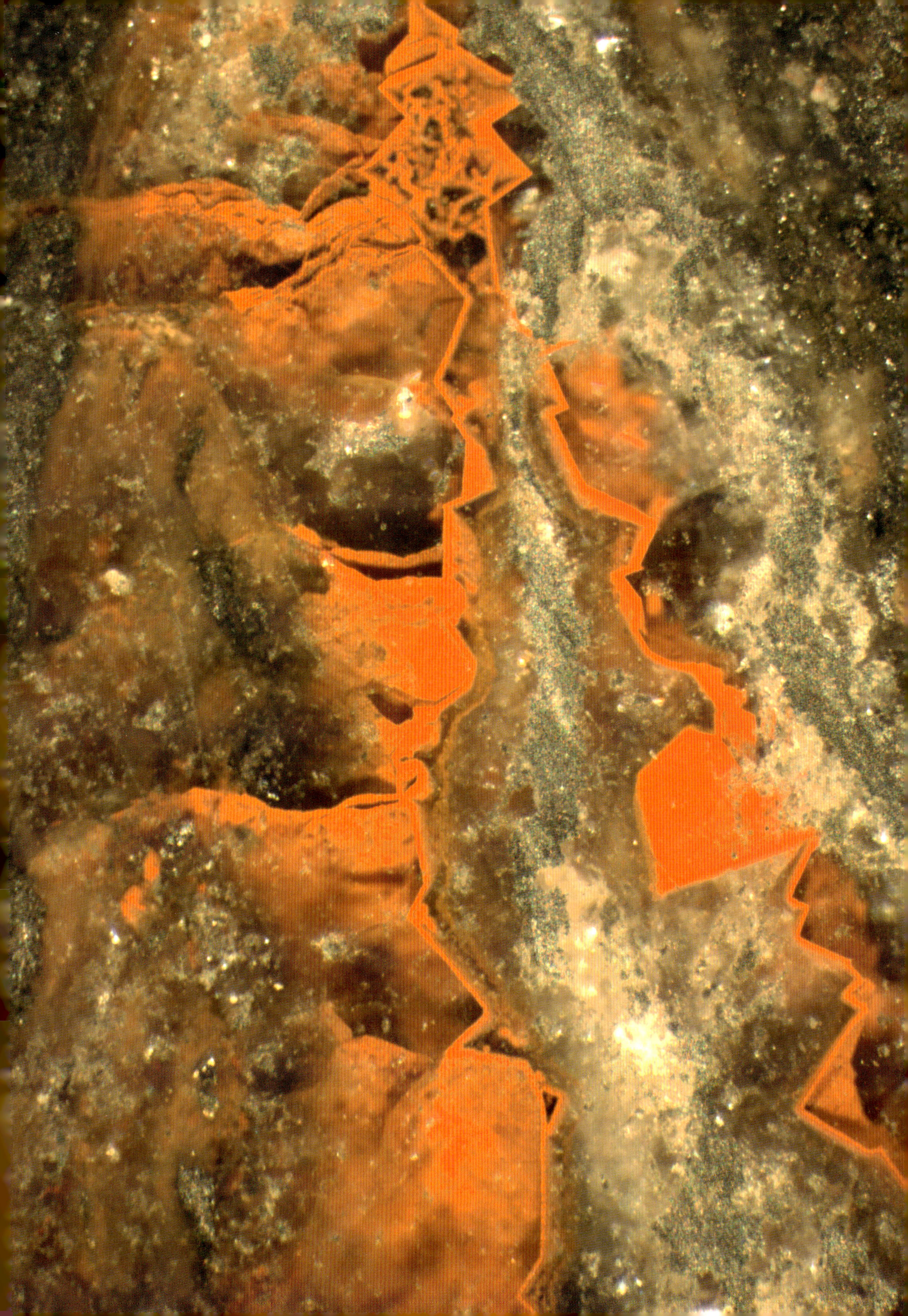

ULF KEMPE, ANDREAS MASSANEK, MICHAEL GÄBELEIN

»Silberachat« von Johanngeorgenstadt

Schmuckstein für einen Konsoltisch im Dresdner Residenzschloss

Bei dem ungewöhnlichen Silbererz aus den Gruben der Ganglagerstätte am Fastenberg in Johanngeorgenstadt, das als »Silberachat« oder auch als »Silberjaspis« bezeichnet wird, handelt es sich weder um Achat noch um Jaspis im modernen Sinn.[1] Wie genaue Untersuchungen gezeigt haben, besteht die Matrix des Gesteins überwiegend aus gewöhnlichem Gangquarz, der jedoch durch unterschiedliche Einschlüsse anderer Minerale eine sehr vielfältige Färbung aufweisen kann. Makroskopisch erinnern die farbenfrohen Gangfüllungen in der Tat stark an einen Jaspis. Aber auch die auffällig glänzenden dendritischen Einwachsungen im Quarz und Chalcedon erweisen sich bei der Analyse nicht als reines, »gediegenes« Silber, wie bisher angenommen wurde.[2] Vielmehr tritt metallisches Silber hier nur als Umwandlungsprodukt des dominierenden, sehr instabilen Silbersulfids Akanthit auf.[3]

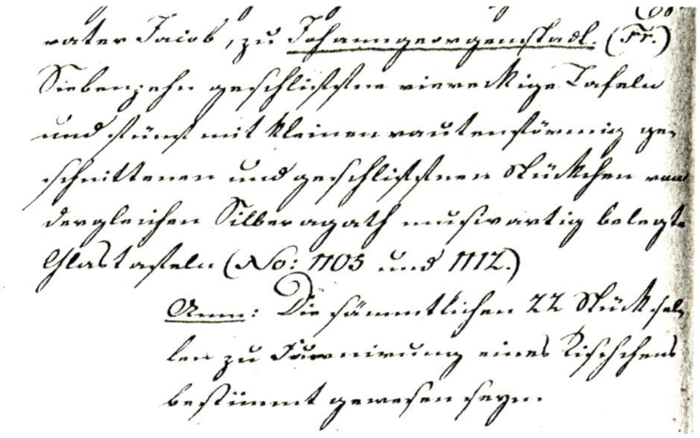

Abb. 1

Eintrag zu den »Silberachaten« im nach 1815 entstandenen Katalog zur Edelsteinsammlung von Abraham Gottlob Werner. Unten die Anmerkung: »Die sämmtlichen 22 Stück sollen zu Furnierung eines Tischchens bestimmt gewesen seyen.«

»Silberachat« in historischen sächsischen Mineralsammlungen und ein Konsoltisch für den sächsischen Kurfürsten

Insgesamt sieben größere Belege von »Silberachat« mit jeweils einer geschnittenen und polierten Schauseite lassen sich im historischen Bestand des Mineralogischen und Geologischen Museums der Senckenberg Naturhistorischen Sammlungen Dresden nachweisen,[4] dagegen findet sich nur ein vergleichbares Stück in der Ende des 18. bis Anfang des 19. Jahrhunderts entstandenen »oryctognostischen« Sammlung von Abraham Gottlob Werner, die heute in den Mineralogischen Sammlungen der TU Bergakademie Freiberg aufbewahrt wird.[5] Die kleinere Edelsteinsammlung Werners enthielt laut Katalog ursprünglich die beträchtliche Anzahl von 22 als Halbzeuge geschnittene und polierte Objekte aus »Silberachat«, die sich in der Mehrzahl bis

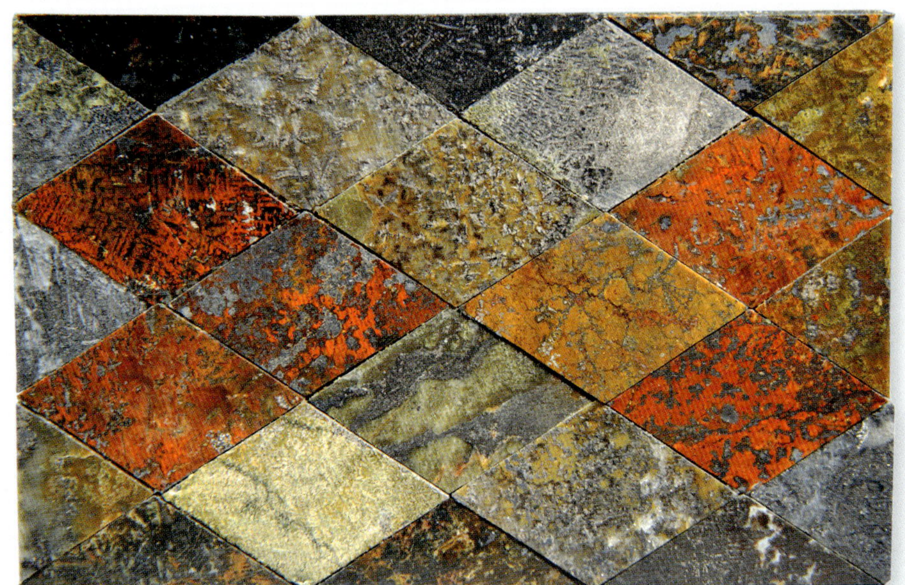

Abb. 2
Eine von vier erhaltenen Glasplatten
mit bereits arrangiertem »Silberacht«
für den Ziertisch, 9,5 × 6,1 × 0,4 cm,
TU Bergakademie Freiberg,
Inv.-Nr. WeSa 110034
(Originalnummer: 1105)

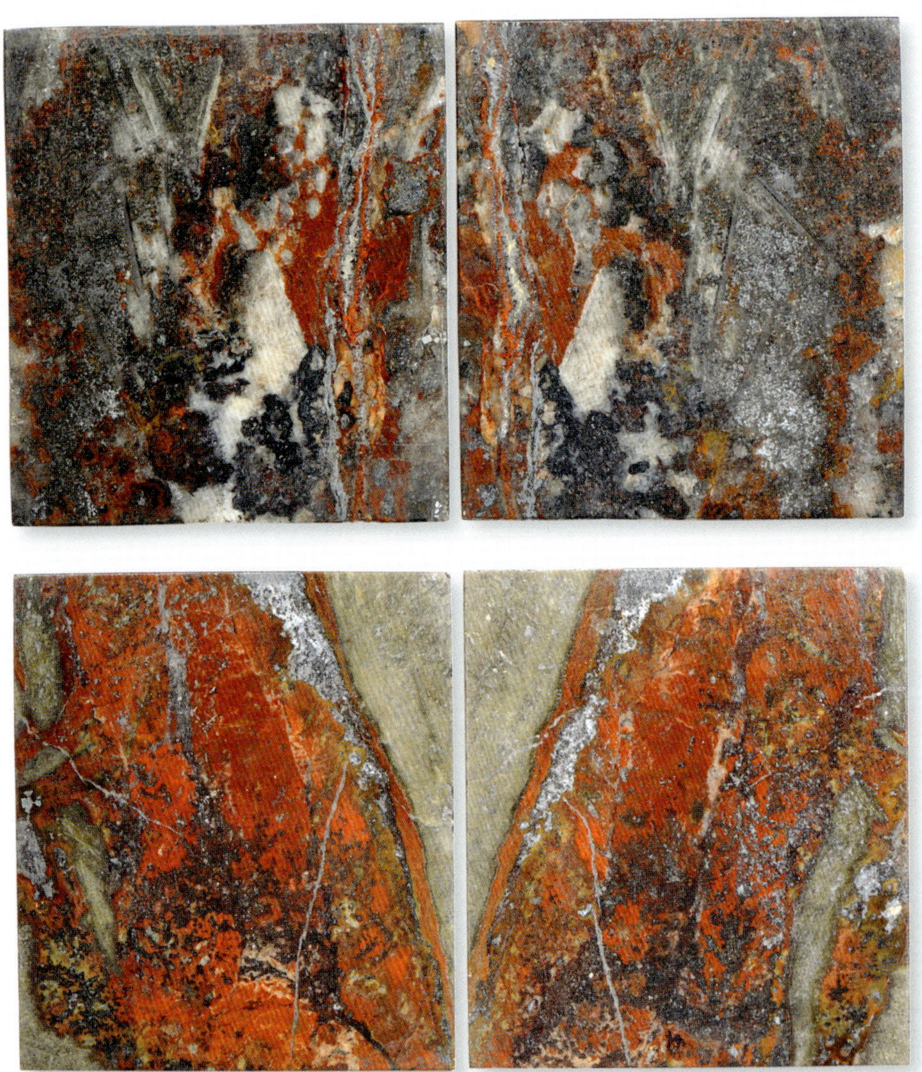

Abb. 4
**Vier als Paare spiegelbildlich geschnit-
tene Tafeln** aus »Silberachat«, die sich
nicht inventarisiert in der Vorratssammlung fanden, jeweils 5,2 × 4,8 × 0,2 cm,
TU Bergakademie Freiberg, Inv.-Nrn.
MiSa 85496, 85497, 85498, 85499

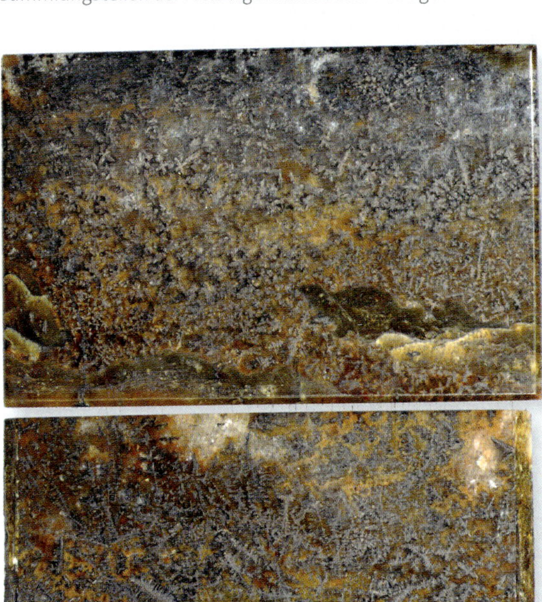
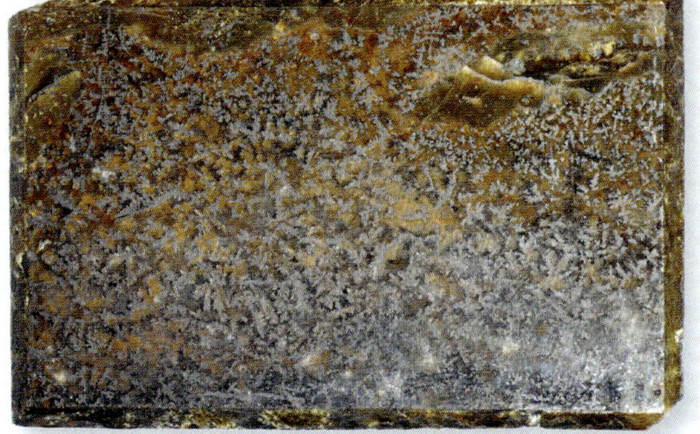

Drei Teile für eine Dose geschnitten aus einem
Stück »Silberacht«, B. 7,5 cm, TU Bergakademie
Freiberg, Inv.-Nrn. MiSa 838 (Mitte), MiSa 836 (unten),
ohne Inv.-Nr. (oben)

Die drei Stücke fanden sich in zwei verschiedenen
Sammlungsteilen der Freiberger Mineralsammlungen.

heute erhalten haben. Nach einer mündlichen Überlieferung, die in dem Anfang des 19. Jahrhunderts nachträglich
erstellten Sammlungskatalog schriftlich festgehalten
wurde, waren diese Stücke »zu Furnierung eines Tischchens bestimmt gewesen« (Abb. 1).[6] In der Dresdner Sammlung gibt es geschnittenen und polierten »Silberachat« nur
in Form einer ungefassten Platte zu einer Dose. Diese
gelangte mit der am Ende des 18. Jahrhunderts in Dresden
bedeutendsten Mineralsammlung des sächsischen Oberhofmarschalls Freiherr Joseph Friedrich zu Racknitz durch
Ankauf 1805/06 in die damals kurfürstlich-königliche
Dresdner Kollektion.[7]

In der Edelsteinsammlung von Werner sind besonders fünf
Glasplatten von Interesse, von denen sich vier erhalten
haben. Auf das Glas sind mosaikartig einzelne rautenförmig
geschnittene Plättchen aus »Silberachat« aufgeklebt,
wobei die grauen, grünen, braunen, roten und gelben Färbungen in bewussten Kontrast zueinander gesetzt wurden
(Abb. 2). Diese vier erhaltenen Fragmente vermitteln einen
optischen Eindruck von der künstlerischen Gestaltung des
im Sammlungskatalog erwähnten zugehörigen Tisches. In
der Vorratssammlung der Mineralogischen Sammlungen
der Bergakademie, in der Hauptsammlung und in der
»oryctognostischen« Sammlung von Werner konnten
kürzlich einige weitere bearbeitete Halbzeuge gefunden
werden, darunter drei Teile zu einer Dose (Abb. 3),[8] aber vor
allem mehrere weitere quadratische, in einheitlicher Größe
geschnittene Platten, die schon in der Edelsteinsammlung
von Werner nachgewiesen wurden und laut Katalog ebenfalls für die Gestaltung des Tisches aus »Silberachat«
bestimmt gewesen sein sollen (Abb. 4).

Anhand der gedruckten Überlieferungen aus dem 18. Jahrhundert lässt sich zeigen, dass im Zeitraum von 1763 bis
ungefähr 1770 die Nutzung von »Silberachat« für Juwelierartikel und der Verkauf an interessierte Sammler zeitweilig
einträglicher gewesen sein müssen als die sonst übliche
Verwendung des Erzes zur Silbergewinnung.[9] Aus denselben
Quellen geht hervor, dass aus dem Material neben Galanteriewaren auch ein kompletter Konsoltisch für den sächsischen Kurfürsten gefertigt wurde. Leider lässt sich der Zeitpunkt der Entstehung dieses Tisches bisher nur sehr ungenau auf vor 1787 eingrenzen, da er in diesem Jahr erstmalig
in der *Chursächsischen Staatskunde* von Carl Gottlob Rößig
erwähnt wurde.[10]

Ein weiterer Tisch von
Johann Christian Neuber?

Erst 1829 wird im *Magazin für die Oryctographie von Sachsen* als Autor des Konsoltischs der schon damals berühmte Johann Christian Neuber namentlich genannt: »Bekannt ist insbesondere ein vom Hofjuwelirer [sic.] Neubert daraus [aus dem »Silberachat«] für den Hof verfertigter Consoltisch.«[11] Leider lassen sich bisher weder die Fertigung dieses heute vermutlich verlorenen Tisches durch Neuber noch seine Aufstellung im Dresdner Residenzschloss sicher belegen. Es gibt allerdings mehrere Hinweise, die die Existenz eines solchen außergewöhnlichen, von Johann Christian Neuber hergestellten Prunkmöbels wahrscheinlich machen. Zunächst war der Hofjuwelier der einzige Dresdner Goldschmied, der in dieser Zeit für einen derartig spezifischen Auftrag infrage kam. Neuber hat nachweislich zwei weitere Prunktische aus Schmucksteinen geschaffen – einen zwischen 1772 und 1774 für den sächsischen Kurfürsten, der dann im Fasanenschlösschen bei Moritzburg aufgestellt wurde,[12] und einen weiteren, der als diplomatisches Geschenk des Dresdner Hofes an den französischen Botschafter Louis Charles Auguste le Tonnelier Baron de Breteuil im Zusammenhang mit dem Frieden von Teschen von 1779 diente (siehe S. 32, Abb. 5).[13] In der vorliegenden Publikation werden darüber hinaus zwei vom Ende des 18. Jahrhunderts stammende Sammlungstische in Schloss Mosigkau bei Dessau vorgestellt, die nach neueren Erkenntnissen beide ebenfalls der Werkstatt von Johann Christian Neuber zuzuschreiben sind (siehe Kat.-Nr. 11). Auf den Tischplatten werden bei diesen Ziermöbeln je 60 unterschiedliche Gesteinsproben präsentiert. Dazu wurden aus ein und demselben Gestein je zwei quadratische Tafeln als direkte Gegenstücke geschnitten – in ganz ähnlicher Art und Weise, wie das auch für die in den Freiberger Sammlungen aufgefundenen quadratischen Tafeln aus »Silberachat« festzustellen ist (Abb. 4).[14]

Wie erwähnt, erfolgte die Nutzung des »Silberachats« als Schmuckstein in der zweiten Hälfte des 18. Jahrhunderts nachweislich nur über einen relativ kurzen Zeitraum. Ebenso hat Neuber den »Silberachat« lediglich in wenigen seiner berühmten, als Steinkabinette in Miniatur gestalteten Tabakdosen mit beigelegten Verzeichnissen verwendet. Von zwölf solcher Tabatieren mit erhaltenen Verzeichnissen, die bisher näher untersucht werden konnten, enthielt nur eine ein Stück »Silberachat«, während eine zweite laut Katalog insgesamt sogar 14 »Silberachate« aufwies. In letztem Fall wurden den Stücken aber zum Teil unrealistische Fundorte wie Freiberg, Annaberg, Geyer und Altenberg zugewiesen. In Geyer und Altenberg ist über die Jahrhunderte kein Silber, sondern fast ausschließlich Zinn gewonnen worden, während in Freiberg und Annaberg zwar Silbergruben in Betrieb waren, das Silbererz dort aber nicht in der Form von »Silberachat« vorkam. Laut Neubers Verzeichnis sollen nur vier der 14 in dieser Dose eingesetzten »Silberachate« aus Johanngeorgenstadt stammen.[15] Aber auch der bereits erwähnte, ebenfalls von Neuber gefertigte sogenannte Teschen-Tisch von 1780 weist unter den Nummern 23 und 118 zwei im zugehörigen Verzeichnis als »Silberachat« bezeichnete Stücke von Johanngeorgenstadt auf.

Nicht nur die Verwendung des Materials durch Neuber, sondern ebenso die nähere Betrachtung der vielen in den Freiberger Sammlungen erhaltenen Halbzeuge aus »Silberachat« deutet auf seine Urheberschaft für den in der Literatur erwähnten Konsoltisch hin. Auffällig ist, dass sich die zahlreichen rechtwinklig geschnittenen Platten breit verstreut über die verschiedenen Sammlungsteile, in der »oryctognostischen« sowie der Edelsteinsammlung von Werner, der Vorratssammlung und der mineralogischen Hauptsammlung finden lassen. Der historische Teil des heutigen Sammlungsvorrats geht wesentlich auf die nach 1945 aufgelöste sogenannte Freiberger Mineralienniederlage zurück, welche Werner zwischen 1780 und 1784 mit dem Ziel aufgebaut hatte, leichter neues Belegmaterial auch für seine privaten Sammlungen beschaffen zu können.[16] Wie sich inzwischen in mehreren Fällen nachweisen lässt, stammt ein bedeutender Teil der Belege in Letzteren aus der Mineralienniederlage. Aus dieser wurden insbesondere im Laufe des 19. Jahrhunderts auch viele Stücke, die sich heute in der mineralogischen Hauptsammlung befinden, übernommen, wie anhand der erhaltenen Etiketten belegt werden kann. Was Neuber anbetrifft, so erlitt er 1795 nach dem Tod seines Gönners, des Geheimen Kämmerers Heinrich Taddel, einen offiziellen Privatbankrott, der ihn zwang, im selben Jahr seine Werkstatt zu versteigern. Im Zuge der mehrtägigen Auktion gelangten größere Mengen von bearbeitetem und unbearbeitetem Steinmaterial in die Freiberger Mineralienniederlage und von dort teilweise in die Sammlungen von Werner.[17] Es ist somit sehr wahrscheinlich, dass die geschnittenen und polierten Stücke von »Silberachat«, die sich in den Freiberger Sammlungen erhalten haben, ebenfalls aus dem einstigen Bestand von Neuber stammen.

Ein weiterer Umstand macht die Autorschaft von Neuber für den in den gedruckten Quellen erwähnten Konsoltisch aus »Silberachat« wahrscheinlich. Bei einer bis heute erhaltenen, ungewöhnlich großen und im Stil eines Steinkabinetts gestalteten Dose vom Ende des 18. Jahrhunderts wurden die einzelnen Stücke nicht in Trapez- oder Rechteckform wie sonst bei den späten Steinkabinettdosen von Neuber üblich, sondern als Rauten geschnitten und in Goldstegen gefasst. Die Dose stammt aus dem Umfeld von Johann Christian Neuber und ist mit »Chretien Frederic Neuber à Dresde« signiert.[18] Die Proportionen und Maße der Rauten entsprechen erstaunlich exakt denen aus »Silberachat«, die sich aufgeklebt auf vier Glasplatten in der Edelsteinsammlung von Werner erhalten haben. Bei den »Silberachaten« wie bei der Dose sind die verschiedenfarbigen Steine in direkten Kontrast zueinander gesetzt worden, was auch für die nachweislich von Johann Christian Neuber selbst gefertigten Dosen typisch ist.

Zukünftige Quellenforschungen könnten es ermöglichen, den wahrscheinlich von Neuber für den Kurfürsten geschaffenen Konsoltisch aus »Silberachat« eindeutig nachzuweisen, der das umfangreiche Werkverzeichnis dieses herausragenden Künstlers um eine weitere bedeutende Arbeit erweitern würde.

erhalten. Für MiSa 836 ist auch dieses noch vorhanden: »Gediegen Silber, rechtwinklig gestrickt in Hornstein von Johanngeorgenstadt. Sog. Silberachat. Breithaupt.« Die Tafeln sind einheitlich 75 mm hoch. **9** Kempe/Massanek/Wagner/Hammer/Thalheim 2020, S. 326–327. **10** »Weil es eine gute Politur annahm, und überaus artig aussah; so wurden davon allerhand Galanterien, und besonders auch ein Consoltisch für den Churfürsten verfertigt.«, in: Rößig 1787, S. 103; »Das Ganze hat ein vortreffliches Ansehn und nimmt eine schöne Politur an, daher vor einiger Zeit ein Consol-Tisch für den Kurfürsten aus solchem durchstrickem Hornstein verfertigt worden ist.«, in: Gilbert 1792, S. 778–779. Carl Rößig war Jurist und Professor an der Universität Leipzig. Ludwig Gilbert absolvierte das Dessauer Philanthropin und unterrichtete Physik und Chemie an den Universitäten in Halle und Leipzig. Er besaß eine Sammlung von Kupferstichen, Mineralen und physikalischen Instrumenten. **11** Freiesleben 1829, S. 63. Leider gibt der Autor keine Quelle für diese Feststellung an. **12** Wagner 2019, S. 85–97; die Tischplatte ging Anfang der 1920er-Jahre verloren. Das heute restaurierte Untergestell mit einer mithilfe von modernem Laserdruck imitierten Nachbildung der Tischplatte mit der Steineinlegearbeit auf der Oberseite befindet sich gegenwärtig in der Galerie Kugel Paris. **13** Constensoux 2012, S. 282–299; Thalheim 2018 a, S. 35–62. Der Tisch ist inschriftlich auf 1780 datiert. Er befindet sich seit dem Verkauf durch die Eigentümer im Jahr 2015 im Pariser Louvre und wurde am ursprünglichen Aufstellungsort durch eine weitgehend durch Laserdruck hergestellte Kopie ersetzt. **14** Die Tafeln auf den Mosigkauer Sammlungstischen messen 6,5 × 6,5 × 0,7 cm. Die Maße der quadratisch geschnittenen Platten aus Silberjaspis in den Freiberger Sammlungen betragen 5,0 × 5,0 × 0,8 cm. **15** Kempe/Massanek/Wagner/Hammer/Thalheim 2020, S. 329–330. Im bisher umfangreichsten Katalog der Arbeiten von Neuber von Alexis Kugel erscheinen die derzeit in Privatbesitz befindlichen Dosen unter den Nummern 154 und 155 und werden stilistisch auf um 1780 bis 1785 datiert, vgl. Kugel 2012, S. 363, Nrn. 154, 155. **16** Petzak 2020, S. 139–148. **17** Kempe/Massanek/Wagner/Hammer/Thalheim 2020, S. 331–332; Kempe/Thalheim/Wagner/Massanek 2021, S. 40–43. **18** Die Signatur weist wohl auf die unverheiratete Tochter Neubers Christina Friederica Neuber hin, die möglicherweise in der Werkstatt ihres Vaters gearbeitet hat, vgl. dazu Kugel 2012, S. 370, Nr. 193.

1 Achat würde eine sichtbare Bänderung aufweisen, bei Jaspis handelt es sich um sehr feinkristallines Material (Chalcedon), das durch Mineraleinschlüsse gefärbt und undurchsichtig erscheint. **2** Dendritisch = baumartig. **3** Kempe/Massanek/Wagner/Hammer/Thalheim 2020, S. 321–330. Am Fastenberg wurde der »Silberachat« im 18. Jahrhundert mehrfach in verschiedenen Gruben angetroffen. Akanthit wurde in denselben Gängen in massiverer Ausbildung damals als »Glaserz« bezeichnet. Die Umwandlung des Silbersulfids Akanthit (Ag_2S) in gediegenes Silber konnte während den Untersuchungen auch direkt im Vakuum unter der Wirkung des Elektronenstrahls im Rasterelektronenmikroskop beobachtet werden. **4** Thalheim 2016, S. 42–48. **5** Abraham Gottlob Werner war Lehrer an der Bergakademie in Freiberg und gilt als Mitbegründer der Mineralogie als selbständige Wissenschaft. **6** »[Silberagath] No:1096 bis 1114. Blutrother, gelblich- und röthlich-brauner gemeiner Jaspis, gelblich-, rauch-, grünlich-grauer Hornstein und graulichweißer oder gelblich- und rauch-grauer Quarz, in kleinen Parthien und ohne bestimmte Begrenzung durcheinander gewachsen, und *in dieser innigen Mengung einen Agath darstellend*, welcher wiederum von gediegenem Silber, theils eingesprengt, theils in Adern, theils gestrickt und regelmäßig baumförmig reichlich durchzogen wird. In einigen Parthien ist an die Stelle des früher wahrscheinlich vorhanden gewesenen gestrickten gediegenen Silbers, blutrother gemeiner Jaspis getreten, der also nunmehr in gestrickter Gestalt sich darstellt. Von Gotthelf Schaller, einige vielleicht auch von Adolphus oder Erzvater Jakob, zu *Johanngeorgenstadt.* (Fr.) Siebzehn geschliffene viereckige Tafeln und fünf mit kleinen rautenförmig geschnittenen und geschliffenen Stückchen von dergleichen Silberagath musirartig belegte Glastafeln (No: 1105 und 1112). Anm.: Die sämmtlichen 22 Stück sollen zu Furnierung eines Tischchens bestimmt gewesen seyn.« Das Kürzel »Fr.« bezieht sich auf Johann Carl Freiesleben. Unterstreichungen im Original. Die Katalogseiten sind nicht nummeriert. Der Katalog wurde ab 1815 im Laufe mehrerer Jahre von einigen Schülern Werners erstellt. Vgl. Kempe/Massanek/Wagner/Hammer/Thalheim 2020, S. 321–323. **7** Ausst.-Kat. Dresden 2006, S. 46–53; Auch Johann Wolfgang von Goethe war mit Racknitz bekannt und besichtigte mehrfach seine Sammlung. **8** Die in der Abbildung obere Tafel stammt aus der »oryctognostischen« Sammlung von Abraham Gottlob Werner, wurde im Katalog jedoch nicht erfasst und besaß daher keine Inventarnummer. Die anderen beiden Stücke sind in der Mineralogischen Hauptsammlung unter MiSa 838 (Mitte) und MiSa 836 (unten) inventarisiert. Zu beiden haben sich Etiketten aus dem Jahr 1890 bzw. 1885 mit Verweis auf entsprechende ältere Etiketten von Kustos Johann Friedrich August Breithaupt

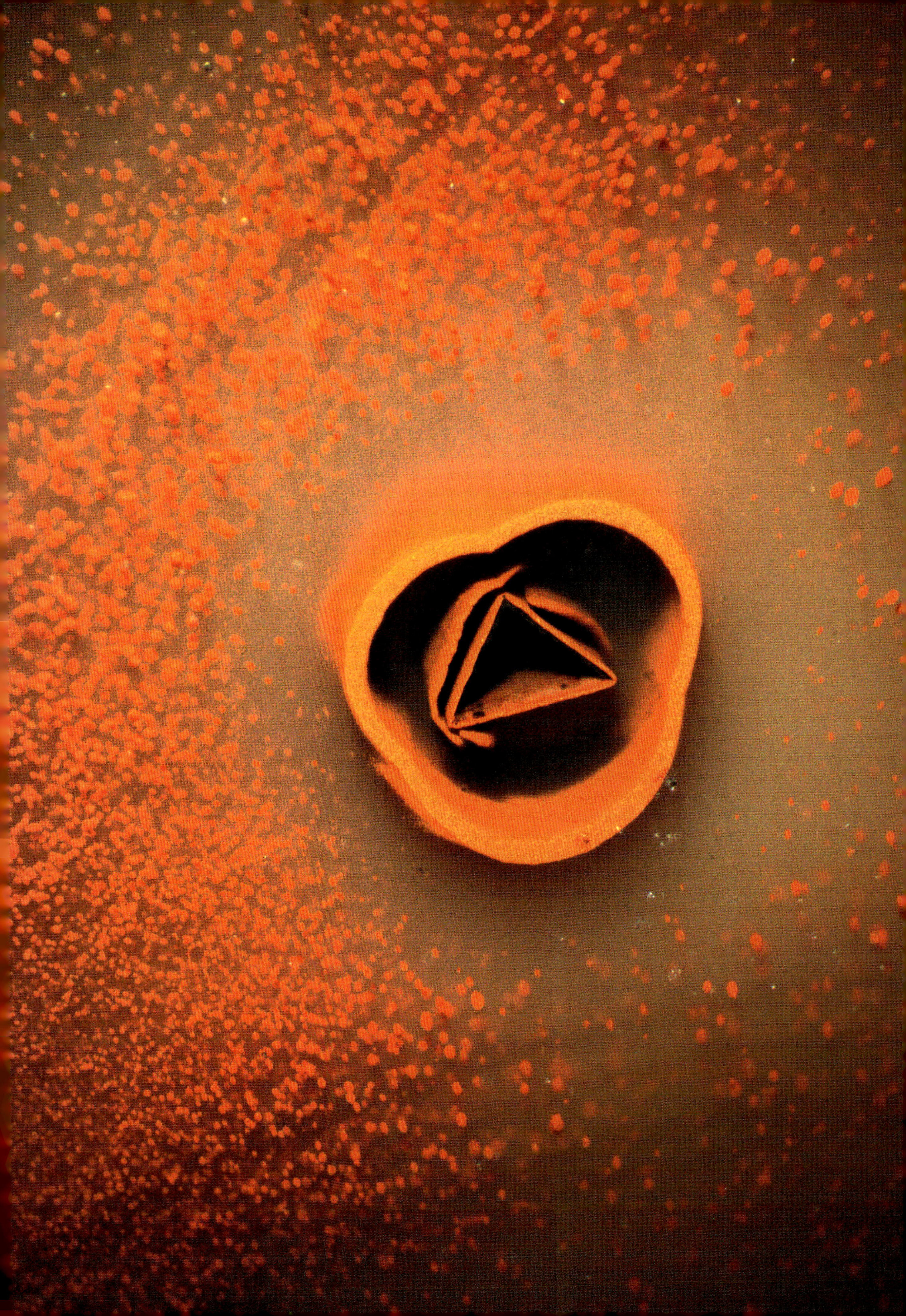

MICHAEL J. KAISER

Geschliffene Spielmarken

Glücksgewinn aus Achat und Jaspis

Zum gehobenen Lebensstil europäischer Adelshöfe gehörten Glücksspiele ebenso wie etwa die Jagd oder der Besuch des Theaters zur gesellschaftlichen Unterhaltung. Der einfachen Bevölkerung wurde das Glücksspiel dagegen wiederholt mit der Begründung verboten, dass sie nicht zum geselligen Vergnügen, sondern aus Gewinnsucht spielte und sich dabei selbst zu ruinieren drohte.[1]

Im späten 18. Jahrhundert geläufige Kartenspiele der Adligen West- und Mitteleuropas waren *Landsknecht*, *Piquet*, *Brelan*, *Bassette*, *Comète* und *Pharao*.[2] Besonders beliebt war das auch als *Ombre* oder *Lomber* bezeichnete Spiel *Hombre* (Spanisch: Mann). Vom 16. bis ins 19. Jahrhundert war es in verschiedenen Varianten verbreitet, die für drei (*Renegado*), vier (*Quadrille*) oder fünf (*Cinquillo*) Personen ausgerichtet waren. Gespielt wurde mit 40 Karten, bestehend aus vier Farbserien mit den Werten As, König, Dame, Bube und Zwei bis Sieben. Die Regeln ähnelten dem des heutigen *Bridge*, von dem *Hombre* im 19. Jahrhundert abgelöst wurde. Um den Reiz des Kartenspiels zu vergrößern, wurden Einsätze in Form von Geld oder Spielmarken erhoben, die aus einem Mindestbetrag bestanden und während des Spielverlaufs erhöht werden konnten.[3]

Letztere, auch als Jetons oder veraltet als Dantes bezeichnet,[4] waren meist aus Karton, Holz oder Knochen gefertigt. Sie konnten unterschiedliche Formen aufweisen, einfarbig oder mit bunten Motiven bemalt sein. Dabei ging deren Gestaltung oft weit über ihre funktionalen Ansprüche hinaus. Besonders kostbar waren Spielmarken aus Perlmutt und in ihrer Herstellung am aufwendigsten sind jene aus Achat und Jaspis.

Zur Aufbewahrung der Kartenspiele und Marken gab es bisweilen kunstvoll gestaltete Kästen. Für die Spielvariante *Quadrille* waren die Jetons darin in vier Schachteln sortiert. Jeder Spieler erhielt jeweils Marken einer bestimmten Form oder Farbe zugeteilt. Es gab zudem Sets mit gleichzeitig unterschiedlichen Farben und Formen, bei denen jeder Form ein vereinbarter Wert zukam.[5]

Ein besonders schönes Beispiel eines Spielmarkenkästchens kam im Jahr 2018 in Bamberg zur Versteigerung. Gemäß seiner stilistischen Merkmale wurde es vermutlich um 1880/1900 in Frankreich produziert. Es besteht aus einem in Gold und Rosé bemalten, in vier Felder unterteilten Holztableau, in das vier bemalte Schatullen eingesetzt sind. Deren Deckel zeigen polychrome Lithografien mit Personen in idyllischer Landschaft (Abb. 1).[6]

In den Schatullen sind zahlreiche Spielmarken aus Achat und Jaspis des Saar-Nahe-Gebiets, aus Kieselholz sowie vier fischförmige Jetons aus Perlmutt enthalten. Erstere Gruppe zeigt drei unterschiedliche Formen: länglich, kreisförmig

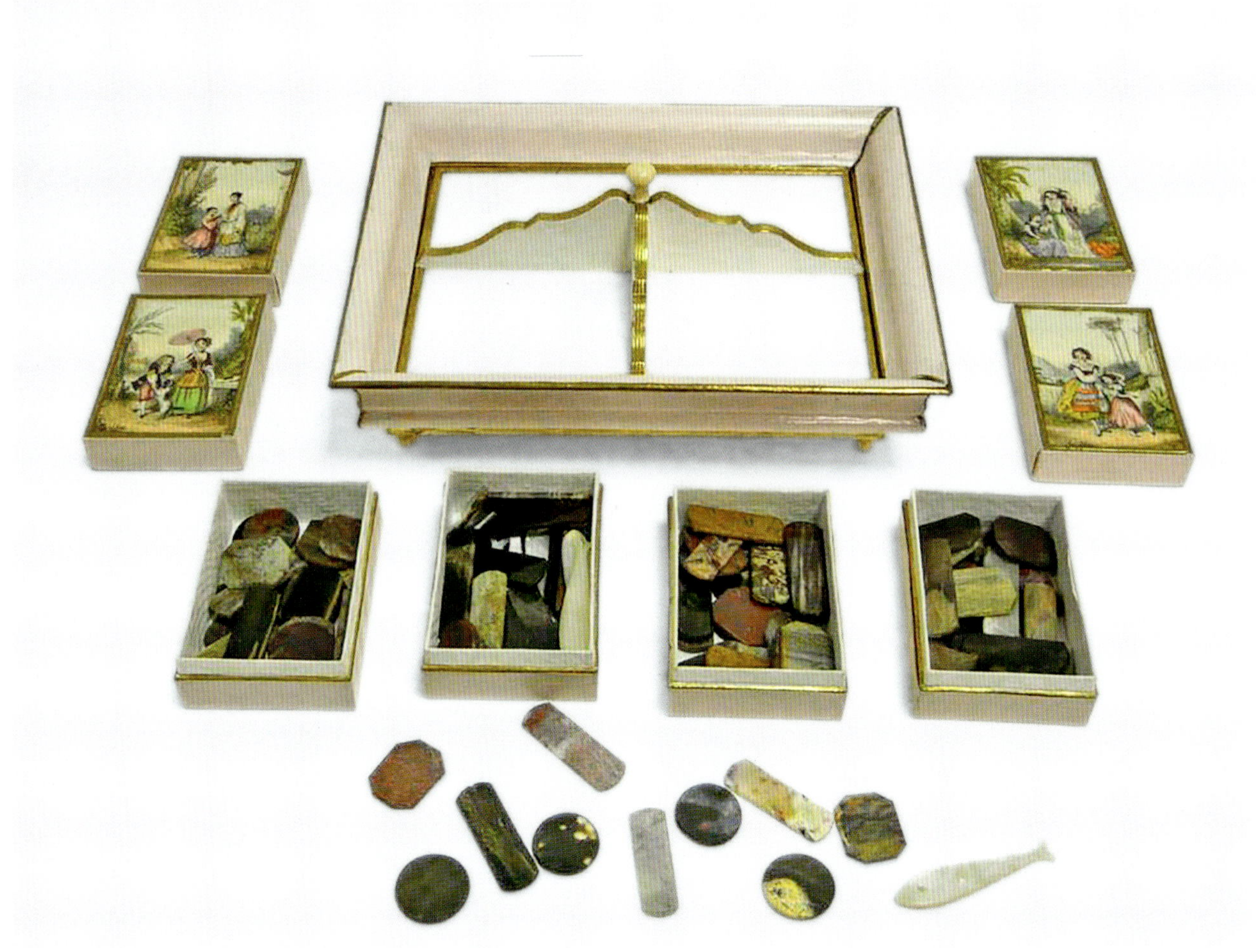

und achteckig. Es ist anzunehmen, dass ihnen verschiedene Zählwerte zugeordnet waren. Am höchsten standen vermutlich die fischförmigen Jetons, da jedem der vier möglichen Spieler nur einer davon ausgeteilt werden konnte.

Die aus Schmucksteinen geschliffenen Spielmarken sind heute Raritäten. Wenn solche Stücke zusammen mit ihrem Behältnis erhalten sind, ist das ein besonderer Glücksfall. Hierzu gehört auch eine Gruppe von 27 Jetons im Historischen Museum Basel, die in einem grünen Baumwollsäckchen aufbewahrt sind. Sie bestehen aus verschiedenen Achat- und Jaspisvarietäten des Saar-Nahe-Gebiets und

einmal aus einem Kieselholz. Unter den Formen befinden sich 17 Dreiecke, sechs Kreisscheiben und vier längliche Plättchen, denen vermutlich verschiedene Werte zugeordnet waren. Es ist aber sicher nur ein Teil des ursprünglichen Bestands erhalten. Die Jetons wurden wahrscheinlich 1917 mit einem größeren Konvolut von angeblich aus Basler Besitz stammendem Spielzeug erworben. Ihre Zugehörigkeit zu einem bestimmten Spiel ist nicht ersichtlich. Vermutlich dienten sie primär dem Kartenspiel und wurden später auch bei anderen Gelegenheiten eingesetzt.[7]

Die Gestalt der aus Achat und Jaspis gefertigten Spielmarken ist unscheinbar. Sind sie erst einmal aus ihrem Kontext gelöst, führen sie meist nur noch ein Schattendasein. So wurde im Depot der Mineraliensammlung der TU Bergakademie Freiberg erst im Sommer 2018 eine ganze Serie von geschliffenen Spielmarken identifiziert. Lange Zeit war die Funktion der kreisförmig, dreieckig und länglich zugerichteten Schmucksteinplättchen unerkannt geblieben, und so dienten sie bisweilen als kleine farbenfrohe Gastgeschenke und Tauschobjekte. Die ersten Exemplare hatten die beiden

Mineralogen Ulf Kempe und Michael Gäblein in einer kleinen Schachtel entdeckt, deren Etikett einen Hinweis auf weitere Stücke gab. Recherchen brachten daraufhin auch in anderen Sammlungsteilen Spielmarken zutage.

Das bis heute bekannte Freiberger Konvolut besteht aus 45 kreisrunden Plättchen, 14 länglichen Exemplaren mit runden Enden und zwölf Dreiecken (Abb. 2).[8] Die Jetons sind überwiegend aus Chalcedon sowie aus Achat- und Jaspisvarietäten des Saar-Nahe-Gebiets hergestellt. Unter den Dreiecken befinden sich zudem je ein Exemplar aus Kieselholz und Nilkiesel. Bei Letzterem handelt es sich um einen gelbbraun gefleckten und gebänderten Silex aus Ägypten, der besonders im 18. und 19. Jahrhundert kunstgewerblich verarbeitet wurde.[9]

Herzog Anton Ulrich und seine Leidenschaften

Die größte bekannte Sammlung an Spielmarken aus Achat und Jaspis besaß einst Herzog Anton Ulrich von Sachsen-Meiningen. Im Alter von 19 bis 21 Jahren hatte er auf seiner *Grand Tour*, einer über zwei Jahre dauernden Kavaliersreise von 1705 bis 1708, in Italien die Pracht verschiedenster Dekor- und Schmucksteine kennengelernt. In Florenz war er besonders von den farbenfrohen *pietra-dura*-Arbeiten begeistert, deren Herstellung er im September

1707 in den Uffizien beobachten konnte. Von diesen Eindrücken angeregt, begann er selbst, geschliffene Musterproben von Schmuck- und Dekorsteinen zu sammeln, mit denen er ein persönliches Kabinett begründete. Auch auf seinen späteren Reisen lernte Anton Ulrich verschiedene Steinarbeiten kennen und nutzte jede sich ihm bietende Gelegenheit, Einkäufe für seine Sammlung zu tätigen, die nach und nach auf über 5 000 Einzelstücke anwuchs. Den Schwerpunkt bildeten dabei gefasste und ungefasste Tabatieren aus Achat und Jaspis, die es dem Herzog besonders angetan hatten.[10]

Während seiner Reisen nach Prag 1723 und 1725 kaufte Anton Ulrich unter anderem Becher, Schalen, Tabatieren und Hemdknöpfe aus Chalcedon, Achat, Karneol und Jaspis sowie verschiedene kleinere Artikel aus böhmischem Topas, einem gebrannten Rauchquarz. Unter den Achatwaren befanden sich 236 als *Dantes* bezeichnete Spielmarken. Sie sind in einer Gepäckauflistung genannt, die 1728 im Rahmen des Umzugs des Herzogs von Wien nach Meiningen erstellt wurde.[11]

Abb. 2
Geschliffene Spielmarken, 18./Anfang 19. Jahrhundert, verschiedene Gesteine, Mineraliensammlung TU Bergakademie Freiberg, ohne Inv.-Nrn.

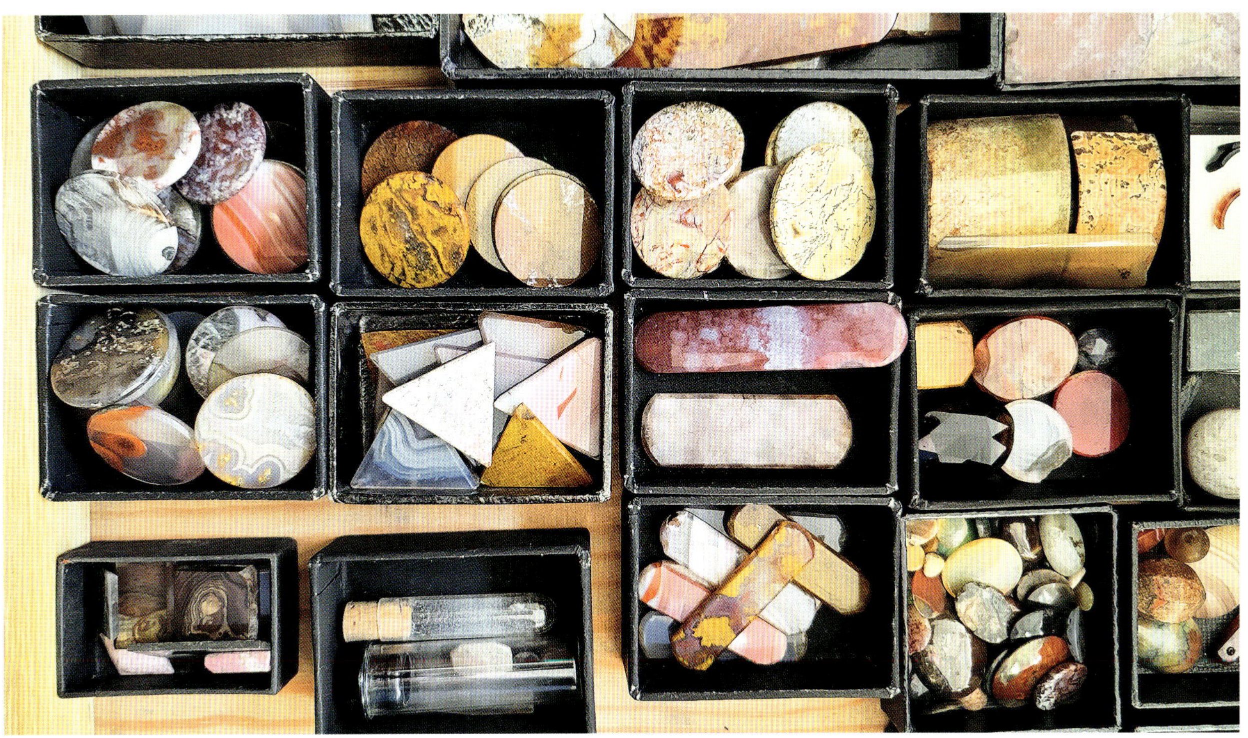

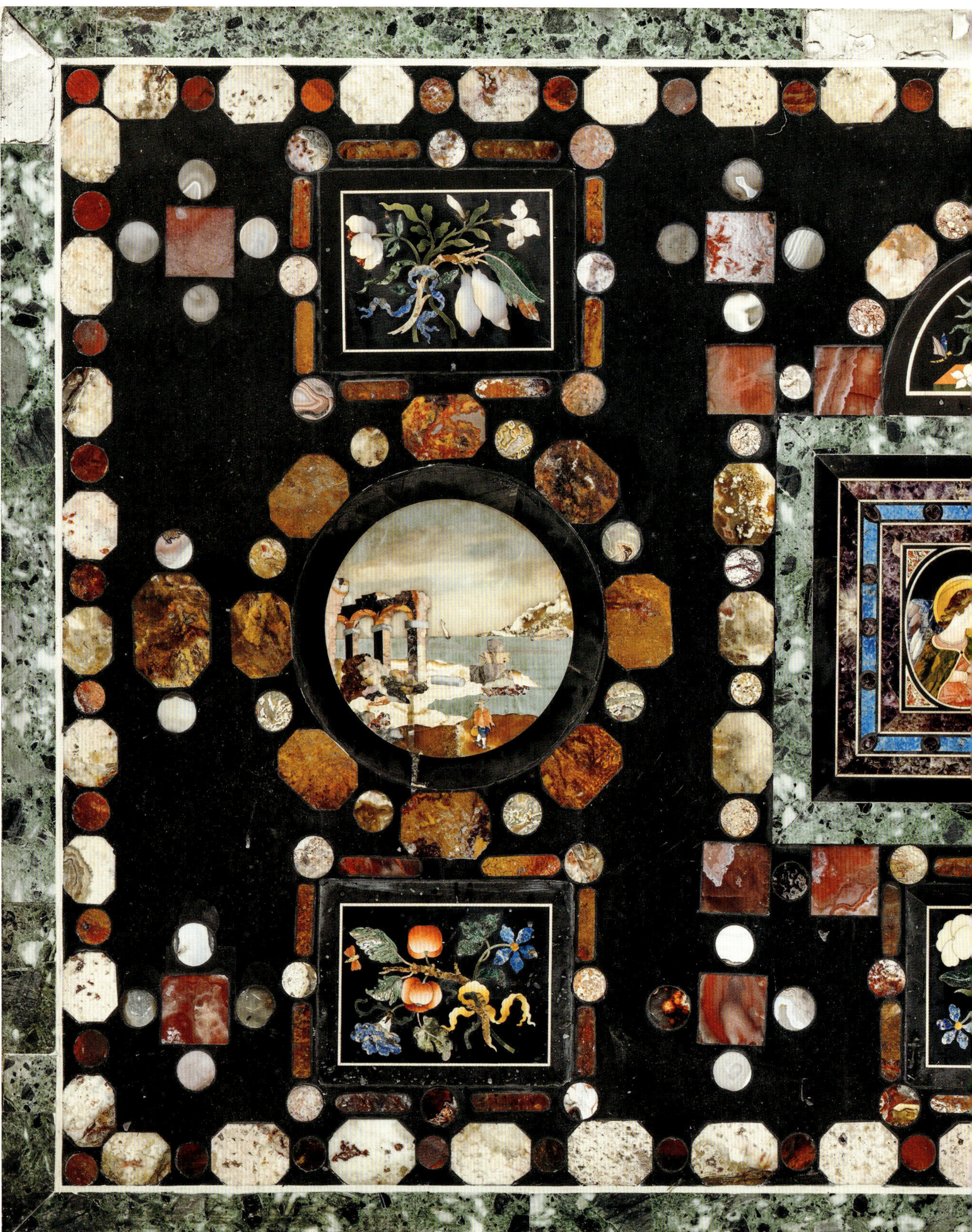

Das Antependium am Altar des Sanktuariums
in der Schlosskirche in Rastatt, geschmückt mit
kleinen kreisförmigen und länglichen Plättchen
oder Jetons, die normalerweise für Kartenglücks-
spiele Verwendung fanden, um 1720, Rastatt,
Schlosskirche

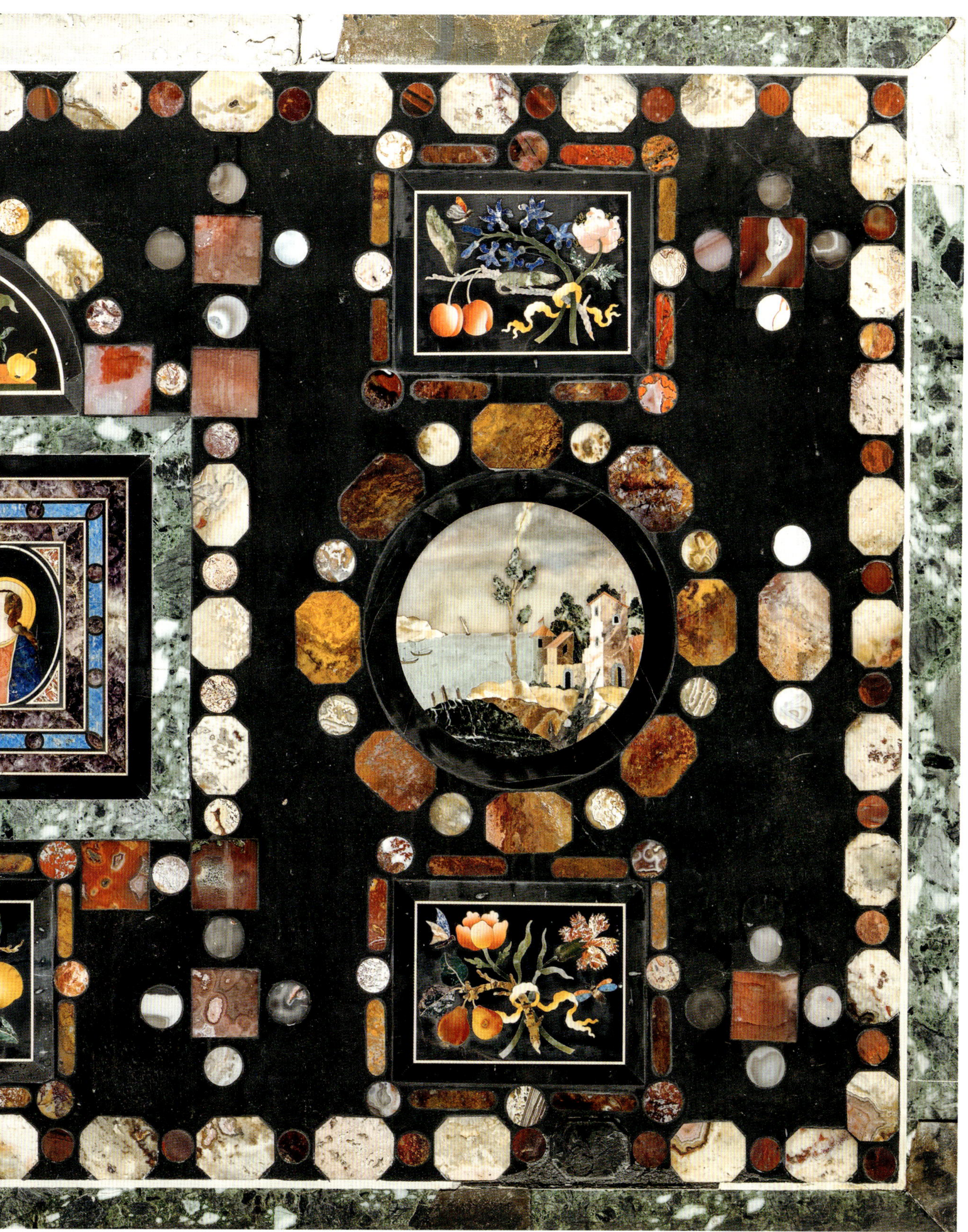

Verfolgt man die Liste weiter, so ist ihr zu entnehmen, dass der Herzog auch in Wien zahlreiche Edel- und Schmucksteinwaren eingekauft hat. 1727 erstand er bei dem dort am Hof beschäftigten Kaufmann Dressel neben verschiedenen Dosen und anderen Dingen die enorme Menge von »397 Stück Dantes«.[12] Jüngere Einkäufe von Spielmarken sind nicht mehr nachzuweisen.[13]

Insgesamt erwarb Anton Ulrich in Prag und Wien 633 Spielmarken. In den Sammlungsbeständen des Herzogs im Naturhistorischen Museum Schloss Bertholdsburg in Schleusingen im Landkreis Hildburghausen, Thüringen haben sich hiervon etwa 50 geometrisch zugeschnittene Exemplare (rund, quadratisch, dreieckig, länglich mit gerundeten Enden) erhalten (Abb. 4). Die verschiedenen Achat- und Jaspis-Rohmaterialien stammen offensichtlich aus dem Saar-Nahe-Gebiet.

Es ist nicht überliefert, ob die von Anton Ulrich eingekauften Spielmarken auch eine praktische Verwendung gefunden haben oder ob deren Erwerb allein seiner Sammelleidenschaft geschuldet war. Er selbst spielte das damals bei Männern und Frauen gleichermaßen beliebte Kartenspiel *Hombre*, wie es für seine Reise nach Düsseldorf gegen Ende 1719 überliefert ist. Der Herzog verbrachte damit unter anderem die Zeit mit der Gemahlin des Kurfürsten von der Pfalz, Anna Maria Luisa de' Medici, die mit ihm die Freude an farbenfrohen Schmuck- und Edelsteinen teilte.[14]

Das Kartenspiel gehörte für Anton Ulrich auch während seiner Zeit in Wien zwischen 1725 und 1733 zu seinen beliebten und regelmäßig betriebenen Freizeitaktivitäten. Hierfür traf er sich gern mit der Familie seines Vermieters Baron Pilati und jener des Grafen von Walderode.[15] Sicherlich kamen bei diesen vergnüglichen Treffen auch Jetons zum Einsatz.

Dekorativ: Spielmarken in der Schlosskirche Rastatt und in Schloss Favorite

Eine für Spielmarken aus Achat und Jaspis höchst ungewöhnliche Verwendung haben zahlreiche Exemplare in der zum Residenzschloss der Markgrafen von Baden-Baden gehörigen Kirche Zum Heiligen Kreuz in Rastatt in Baden Württemberg gefunden. Dabei handelt es sich um die größte bis heute an einem Ort erhaltene Menge von solchen Stücken.

Die Gestaltung des im ersten Drittel des 18. Jahrhunderts errichteten Sakralbaus stand unter Leitung der sehr religiösen Markgräfin Sibylla Augusta.[16] Ihre Vorliebe für farbenfrohe Schmuck- und Edelsteine spiegelt sich in der inneren Ausschmückung der Schlosskirche sowie in der etwa zeitgleichen Einrichtung eines prächtigen *pietra-dura*-Kabinetts im Lustschloss Favorite, das nur wenige Kilometer südöstlich von Rastatt errichtet worden war.[17]

Von Interesse ist hier die 1719/20 in der Schlosskirche eingerichtete Kapelle des Leidens Christi (Sanktuarium). Das Antependium des dazugehörigen Altars besteht aus einer großen Stuckmarmorplatte, in die neun *pietra-dura*-Tafeln eingelassen sind, die von verschiedenartigen Einlegeplättchen aus Achat- und Jaspissteinen umkränzt sind (Abb. 3). Die Komposition und die zentrale Bildtafel mit Darstellungen des Verkündigungsengels und Marias wird von Leisten aus grün-weißem Buntmarmor umrahmt.[18] Die übrigen Tafeln zeigen Landschaften, Früchte und florale Motive, wie sie in gleicher Art auch für die Ausschmückung von Schloss Favorite Verwendung gefunden haben.

Betrachtet man die Einlegeplättchen genauer, so lassen sich verschiedene standardisierte Formen unterscheiden: 154 kleinere kreisrunde und 40 langschmale Plättchen mit gerundeten Enden, die den oben aufgeführten Spielmarken entsprechen, sowie 77 etwas größere achteckige Täfelchen mit abgeschrägten Rändern und 16 scharfkantig zugeschnittene Quadrate.[19] Letztere entsprechen Mustertäfelchen von Schmuck- und Dekorsteinen, wie sie im 18. und frühen 19. Jahrhundert unter anderem für Lithotheken angefertigt wurden.[20]

Im vorgelagerten Fußpodest waren 68 weitere kreisförmige Spielmarken eingelassen, von denen 13 verloren gegangen sind. Von den dort ebenfalls vorhandenen achteckigen Schmuckplatten sind nur sechs Exemplare erhalten. Ob diese ursprünglich auch als Spielmarken gedacht waren, ist heute nicht mehr eindeutig zu bestimmen.

Die gestalterische Leitung der Schlosskirche hat Sibylla Augusta persönlich übernommen und auch ihre Ideen zu Materialien und handwerklichen Ausführungen formuliert.[21] Es wurden dabei gern Elemente zusammengefügt, die ursprünglich für ganz andere Zwecke produziert worden waren.[22] Dies trifft auch auf die Auswahl der zahlreichen Achat- und Jaspisplatten als Zierelemente des Sanktuariums zu. Dass es sich dabei zum großen Teil um für Glücksspiele verwendbare Spielmarken handelt, hat die fromme Markgräfin offenbar nicht gestört.

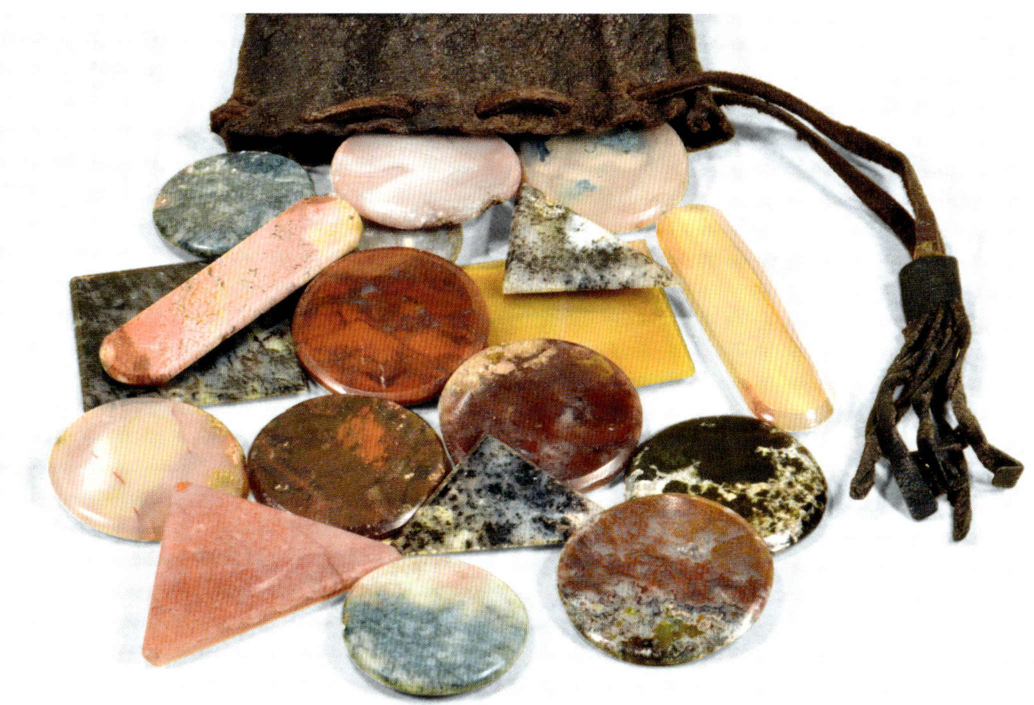

Sie selbst scheint dem Spiel auch nicht abgeneigt gewesen zu sein. So finden sich in dem Scagiola-Boden des *pietra-dura*-Zimmers in Schloss Favorite mehrere Spielkarten und ein Damebrett dargestellt (Abb. 5).[23] In Letzteres sind anstelle der Spielsteine geschliffene Jetons aus Achat und Jaspis eingelassen, von denen 24 Kreisscheiben jenen der zur Residenz gehörigen Schlosskirche entsprechen. Die Ecken des Damebretts zeigen zudem vier dreieckige Jetons.[24] In dem Scagiola-Boden sind noch zahlreiche weitere Spielmarken und zwei achteckige Platten in symmetrischen Kompositionen eingelassen, von denen ein geringer Teil im Rahmen von Restaurierungsarbeiten durch farbig hinterlegte Glasplättchen ersetzt wurde. Rund 20 der original erhaltenen Exemplare bestehen überraschenderweise aus dem gleichen grün-weißen Buntmarmor *Verde antico* aus Thessalien,[25] wie er für das Antependium des Sanktuariums in der Schlosskirche verwendet wurde. Es ist davon auszugehen, dass diese Stücke speziell für die Deko-

ration des Fußbodens angefertigt wurden, um fehlende Spielmarken aus Achat und Jaspis zu ergänzen. Zusammen mit den Jetons des Damebretts liegt die ursprüngliche Gesamtzahl der Spielmarken bei 166 Stück, darunter 98 kreisförmige, 20 dreieckige und 46 längliche Exemplare mit gerundeten Enden sowie zwei achteckige Scheiben. Damit wurden in der Schlosskirche und in Schloss Favorite insgesamt 426 Spielmarken dekorativ eingesetzt. Ihre Rohmaterialien stammen überwiegend aus dem Saar-Nahe-Gebiet. Nach einer Begutachtung von Gerhard Holzhey befinden sich darunter aber auch wenige kreisförmige Stücke, die offenbar aus Geröllachaten der Gegend von Baden-Baden hergestellt sind.[26]

Resümee

Die überlieferten Spielmarken bestehen mit wenigen Ausnahmen aus den von Natur aus oft farbenfrohen Achat- und Jaspisvarietäten des Saar-Nahe-Gebiets. Es ist daher anzunehmen, dass sie überwiegend – aber sicher nicht ausschließlich – in Schleifmühlen des berühmten Edelsteinzentrums Idar-Oberstein im Landkreis Birkenfeld in Rheinland-Pfalz gefertigt wurden. Schriftliche Hinweise auf die dortige Produktion von Spielmarken geben Cosimo Ales-

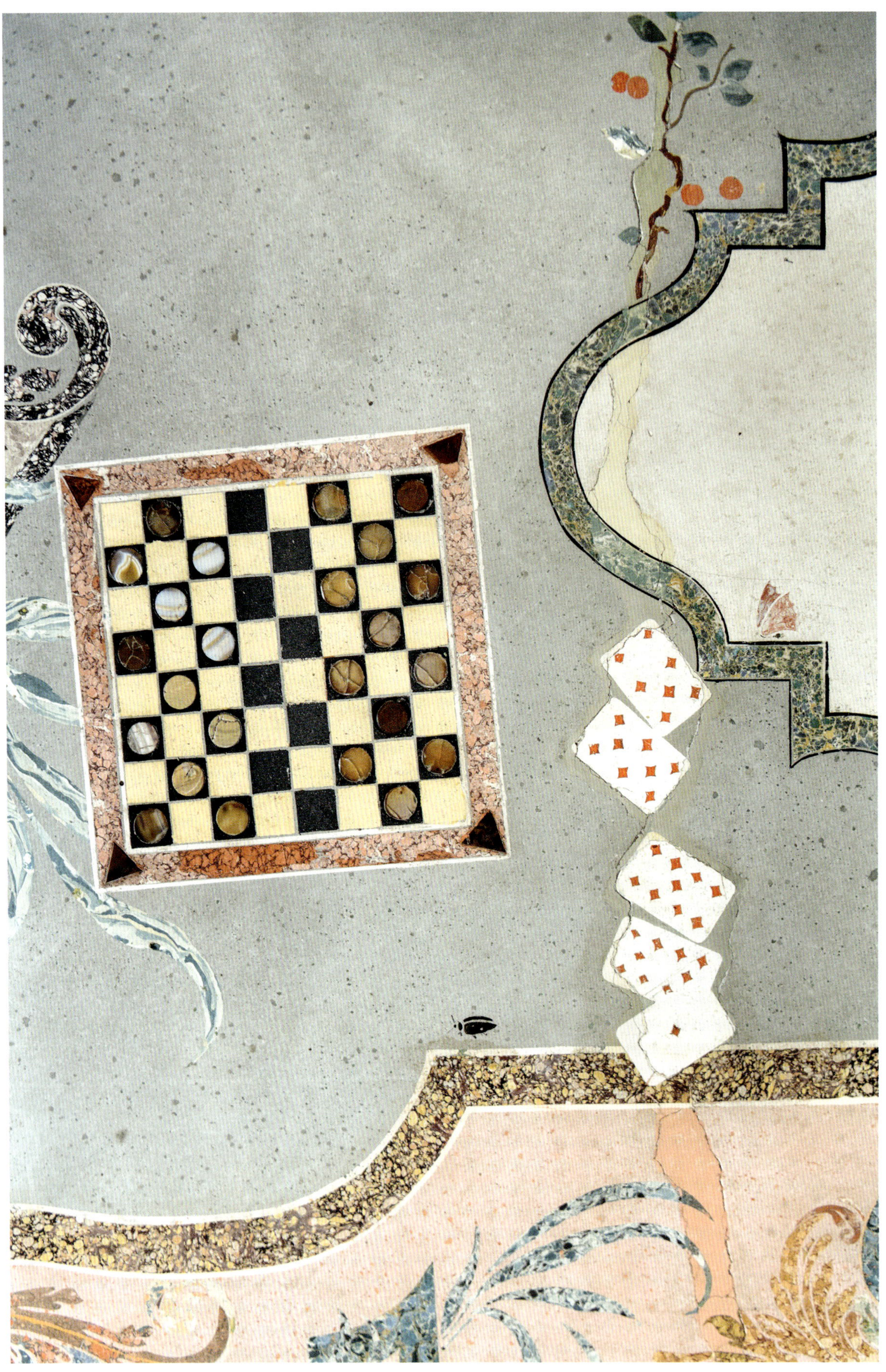

sandro Collini 1777, August E. J. Barnstedt 1832 und 1845 sowie G. Lange 1868.[27] Welche spezifischen Schmucksteine für die Zurichtung von Spielmarken herangezogen wurden und woher diese stammten, ist in den historischen Quellen allerdings nicht genannt. Neben den heimischen Rohmaterialien kommen hierfür seit Anfang des 19. Jahrhunderts auch künstlich eingefärbte Achate aus Brasilien infrage. Sie standen vom Biedermeier bis in die Gründerzeit in großer Mode und verdrängten die zuvor dominante Verarbeitung von Achaten des Saar-Nahe-Gebiets fast vollständig.[28]

Die in das 18. Jahrhundert datierten Spielmarken aus Schleusingen und Rastatt bestehen zum Hauptteil aus denselben Rohmaterialien wie jene der Auktion in Bamberg, des Historischen Museums Basel und der Freiberger Mineraliensammlung. Auch das Formenspektrum der Jetons ist nahezu identisch, wenngleich quadratische Marken nur in der Sammlung in Schleusingen und achteckige Stücke nur mit dem Kästchen der Auktion in Bamberg überliefert sind.

In allen Konvoluten dominieren Achate des Saar-Nahe-Gebiets, während gleichzeitig brasilianische Achate vollständig fehlen. Damit ist auch für die Spielmarken aus Basel, Freiberg und jene der Auktion in Bamberg eine Datierung ins 18. bis frühe 19. Jahrhundert wahrscheinlich. Letztere sind folglich älter als ihr Aufbewahrungsgefäß, das vielleicht speziell für sie angeschafft wurde. Es kam aber möglicherweise auch nur zufällig zu der bestehenden Kombination, die gleichermaßen für das Kartenspiel *Quadrille* und das diesem nachfolgende *Bridge* geeignet war. Die widerstandsfähigen Spielmarken aus Achat, Jaspis und Kieselholz wurden demnach über mindestens zwei Generationen hinweg nicht nur weiter gereicht, sondern sie kamen offenbar auch weiterhin zum spielerischen Einsatz. Ähnliches ist für die 1917 in Basel erworbenen Jetons anzunehmen, die einem französischen Lotteriespiel des ausgehenden 18. Jahrhunderts sekundär beigelegt waren.[29]

1 Köger 2008, S. 64. 2 Ebd. 3 Parlett 1990, S. 197–202. 4 Vgl. Schmidt 2020, S. 50. 5 Vgl. Baudot 1994, Nr. 201; Kopplin 1998, S. 138–141; Köger 2008, Nrn. 7, 14. 6 Verst.-Kat. Richter & Kafitz, Bamberg, 24. 2. 2018, Lot VE6014, www. richter-kafitz.de/auktionen/auktion/23.html (21. 12. 2022). Für den freundlichen Hinweis auf das versteigerte Spielmarkenkästchen danke ich Michael Wagner. 7 Kaiser 2009, S. 34–37. Die Maße der 27 Basler Spielmarken betragen: Dreiecke, L. 2,5–3,9 cm; Kreisscheiben, Dm. 2,1–2,7 cm; längliche Plättchen mit abgerundeten Enden, L. 3–3,6 cm. 8 Die Maße der 71 Freiberger Spielmarken betragen: Dreiecke, L. 2,6–3,6 cm; Kreisscheiben, Dm. 2,4–3,1 cm; längliche Plättchen mit abgerundeten Enden, L. 4,0–6,5 cm, B. 1,0–1,8 cm. Die Dicke der Jetons beträgt regulär zwischen 0,2 und 0,3 cm. Für alle Angaben zu den Spielmarken der Mineraliensammlung Freiberg danke ich Ulf Kempe. 9 Jeckel 2010, S. 60; Schmidt 2020, S. 248–255. 10 Schmidt 2020, S. 16–26, 30. 11 Schmidt 2020, S. 49–50. 12 Schmidt 2020, S. 55–56. Vgl. Geheimes Archiv, XV T. 49, 194, in: Kaiser 2003, S. 1140. 13 Vgl. Schmidt 2020, S. 63–66. 14 Schmidt 2020, S. 34. 15 Schmidt 2020, S. 54. 16 Gensichen 2008, S. 75. 17 Grimm 2008 a, S. 135. Für die schöne Möglichkeit, die Schlosskirche in Rastatt und das *pietra-dura*-Zimmer in Schloss Favorite begutachten zu können, danke ich Frau Dr. Sandra Eberle, Staatliche Schlösser und Gärten Baden-Württemberg. 18 Gensichen 2008, S. 78–79. 19 Die Maße der Rastatter Spielmarken betragen: Kreisscheiben, 2,4–3,4 cm; längliche Plättchen mit abgerundeten Enden, L. 4,7–6,5 cm, B. 1,0–1,5 cm. Die achteckigen Platten sind 5,1–8,1 cm lang und 3,8–0,7 cm breit; die Quadrate besitzen Kantenlängen von 5,1–5,3 cm. 20 Kaiser 2009, S. 37–40; Schmidt 2022, S. 35–52. In den Sammlungsbeständen des Staatlichen Museums für Naturkunde in Karlsruhe befinden sich Steinschliffe, die in ihrer Größe und Machart mit den Rastatter Stücken identisch sind: Es handelt sich um eine Serie von quadratischen Mustertäfelchen (darunter Jaspisse und Jaspachate aus Sizilien), drei achteckige Platten (B15/5, Inv.-Nr. 9550, 9555, 9559), und drei kreisrunde Spielmarken (B16/5, Inv.-Nr. 9551). Die Rohmaterialien der achteckigen Platten sind mit jenen in Rastatt nicht identisch. Es ist aber zu vermuten, dass sie ebenfalls aus dem 18. Jahrhundert stammen. Eine im Museum vorhandene *pietra-dura*-Tafel mit Papagei (P4, Inv.-Nr. 9568) erinnert an Stücke im Florentiner Kabinett von Schloss Favorite. 21 Grimm 2008 b, S. 63. 22 Gensichen 2008, S. 79. 23 Für diesen freundlichen Hinweis danke ich Ulf Kempe. 24 Die Seitenlängen der dreieckigen Plättchen betragen 3,5–3,7 cm. 25 Vgl. Price 2007, S. 186. 26 Holzhey 2008, S. 85–86. 27 Collini 1777, S. 379; Barnstedt 1832; Barnstedt 1845, S. 139; Lange 1868, S. 74; Jerusalem 2003 b, S. 32–33; Bank 2004, S. 23. 28 Vgl. Jerusalem 2003 a, S. 18–21; Ausst.-Kat. Idar-Oberstein 2016; Spielmarken dieser Art sind allerdings bislang nicht bekannt geworden. 29 Kaiser 2009, S. 34–37.

Abb. 5
Darstellung von Spielkarten und einem mit Achatjetons belegten Damebrett auf dem Scagiola-Boden im Florentiner Kabinett, Ende 1720er-Jahre, Rastatt, Schloss Favorite

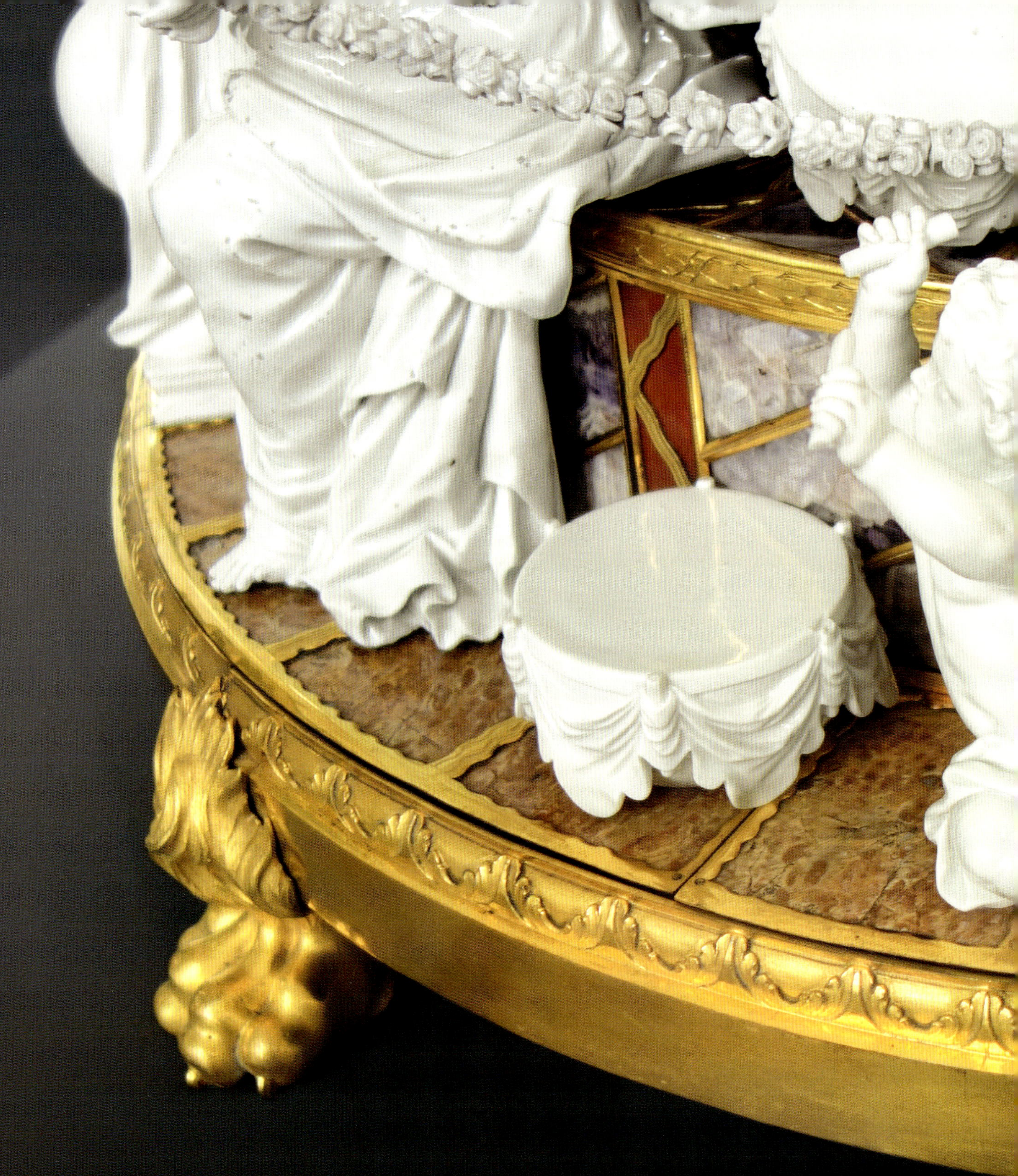

Vergessene edle Steine

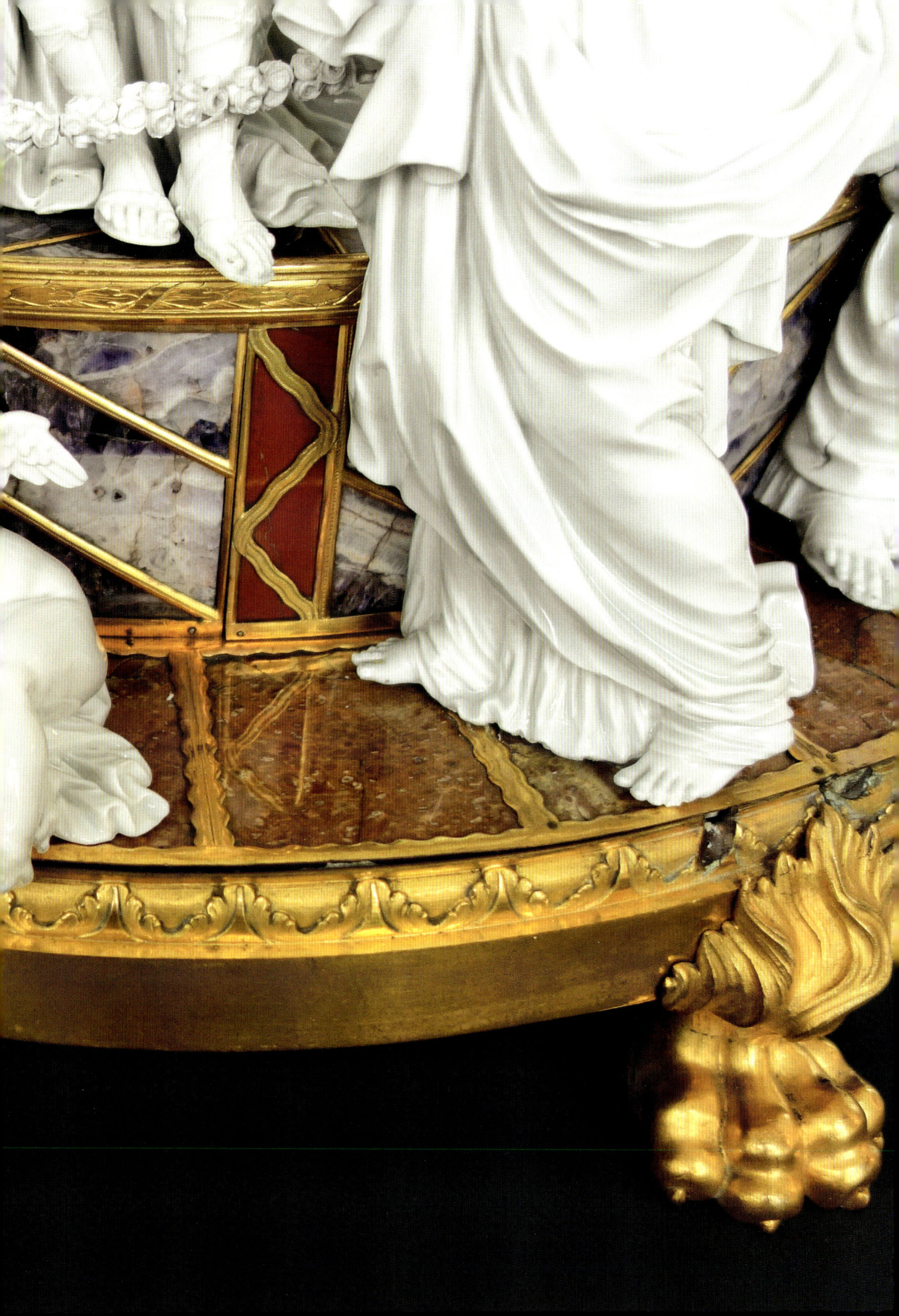

Vergessene edle Steine

Sachsen zählt zu den bedeutenden Zentren der historischen Verwendung von Schmuck- und Edelsteinen in Europa. Und dies nicht nur, aber auch weil die Region des Erzgebirges und die umliegenden Gebiete reich an entsprechenden Vorkommen sind. Verantwortlich dafür sind aus geologischer Sicht die weite Verbreitung intensiver erzbildender Prozesse und eine starke vulkanische Aktivität an der Grenze zwischen Karbon und Perm vor rund 300 Millionen Jahren. In Sachsen ist es jedoch trotz einiger entsprechender Ansätze nie zur Herausbildung einer größeren Edelsteinindustrie gekommen, wie das im Raum Idar-Oberstein geschehen ist.

Die Bewertung des genutzten geologischen Materials als Schmuck- bzw. Edelsteine hat sich im Lauf der Jahrhunderte stark verändert. So sind die Vorkommen von Zirkon in der Göltzsch im Vogtland und von Topas im Schneckensteinfelsen bei Tannenberg aus heutiger Sicht die einzigen bedeutenden sächsischen Edelsteinvorkommen, während zur Zeit der Entstehung des Taddelschen Steinkabinetts auch Bergkristalle, Rauchquarze und Amethyste in diese Kategorie fielen.

Auf der Grundlage von Archivrecherchen durch Lothar Riedel konnte der Dresdner Geologe und langjährige Mitarbeiter des Staatlichen Museums für Mineralogie und Geologie Werner Quellmalz 1990 einen ersten Überblick über die Nutzung sächsischer Schmuck- und Edelsteine geben. Seine Publikation gilt bis heute als Standardwerk auf diesem Gebiet.[1] Entsprechend dem jetzigen Forschungsstand sind aber auch einige Ergänzungen und Korrekturen angebracht.[2] Hier sollen daher einige ausgewählte Schmucksteinvorkommen näher beleuchtet werden, über deren Nutzung bisher wenig berichtet oder deren Verwendung gänzlich übersehen wurde.

1 Quellmalz/Karpinski 1990. 2 Kempe/Enge 2020.

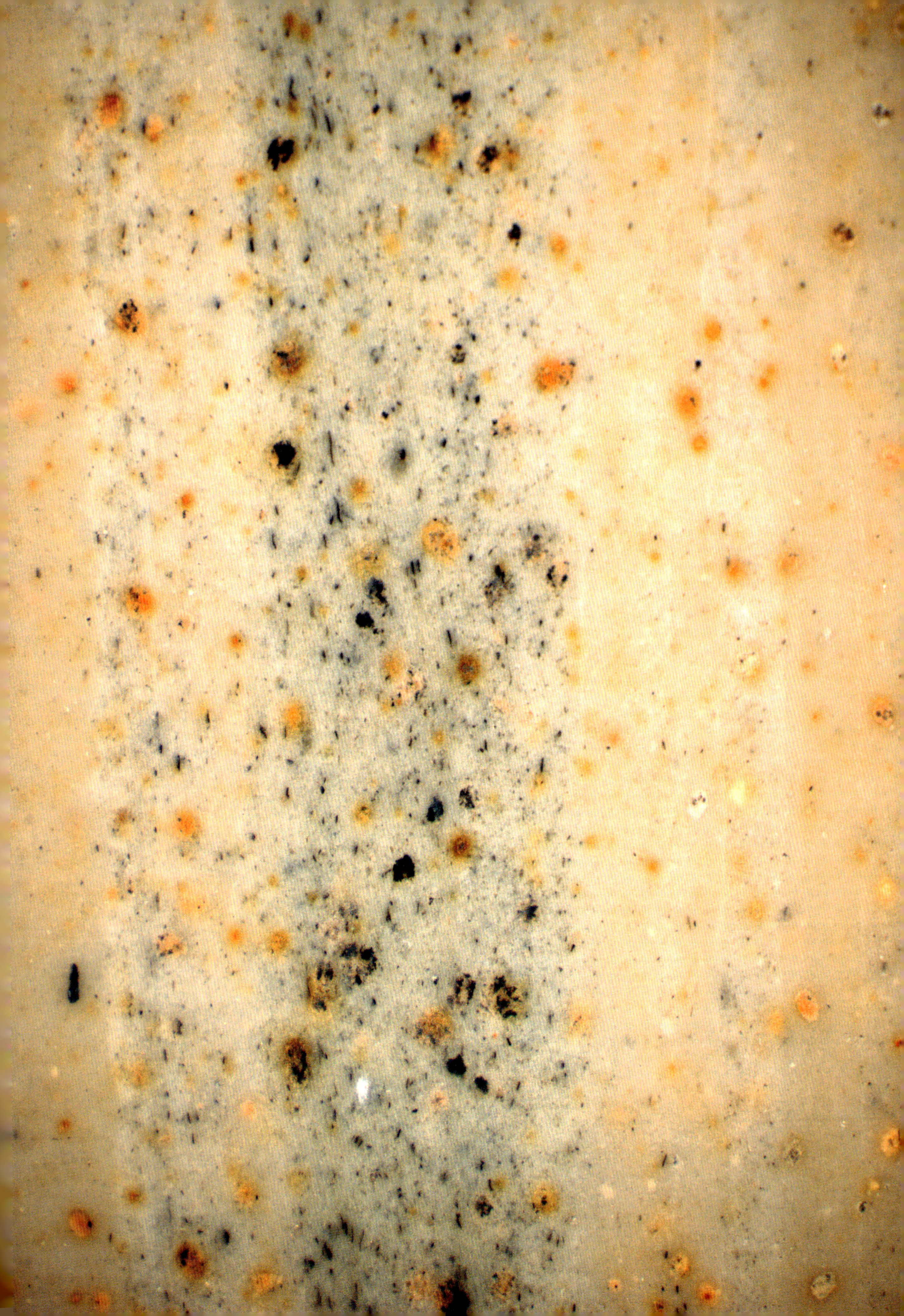

ULF KEMPE, MARTIN WAGNER, MICHAEL WAGNER

Die historische Nutzung des »Gnandsteiner Bandjaspis«

Im Westen des Freistaats Sachsen, etwa in der Mitte des Ortsdreiecks Frohburg – Kohren-Sahlis – Gnandstein befindet sich im Streitwald in der Nähe des ehemaligen Ritterguts Wolftitz das historische Fundgebiet für den sogenannten »Gnandsteiner Bandjaspis«. In Wirklichkeit handelt es sich bei dem »Bandjaspis« allerdings nicht um ein Chalcedon- oder Quarzgestein, sondern um einen sehr feinkörnigen verschweißten vulkanischen Aschetuff aus dem Oberen Rotliegenden, der sich teilweise so gut polieren lässt wie die häufig genutzten »echten« Silikagesteine Jaspis, Chalcedon, Achat, Karneol, verkieseltes Holz oder Heliotrop.[1] Der »Bandjaspis« kann auf eine im Vergleich mit den anderen sächsischen Hartsteinvorkommen wesentlich längere Nutzungsgeschichte zurückblicken, obgleich diese bisher nur wenig erforscht ist.[2] Die geografische Lage des Fundorts ist bereits seit Längerem allgemein bekannt.[3]

Das Material wurde ähnlich wie Feuerstein wahrscheinlich schon seit der späten Altsteinzeit und bis in die späte Jungsteinzeit zur Herstellung von Werkzeugen verwendet. Bisher bekannte archäologische Funde konzentrieren sich auf das Gebiet um Rochlitz etwas östlich des Gnandsteiner Vorkommens und reichen von Ostthüringen bis in die Meißner Gegend. Besonders bemerkenswert sind die qualitätvollen Flachbeile wie ein in der Nähe von Ronneburg aufgefundenes Exemplar.[4] Wegen der wechselnden Härte und Sprödigkeit des Gesteins ist es aber oft fraglich, ob es sich dabei um Gebrauchs- oder um Repräsentationsgegenstände gehandelt hat. Inwieweit die im Streitwald heute noch nachweisbaren alten Pingen und Schächte nur dem neuzeitlichen Abbau oder schon der prähistorischen Nutzung zuzuordnen sind, muss nach den neuesten, von Andreas Kinne zusammengefassten Erkenntnissen zunächst weiter offenbleiben.[5]

Wahrscheinlich war das Gnandsteiner Vorkommen wegen seiner frühen Nutzung auch in der Renaissance bekannt. Georgius Agricola erwähnt in der postum erschienenen zweiten Ausgabe seiner *De natura fossilium* von 1558 in einer allgemeinen Beschreibung des sächsischen Jaspis auch den Ort »Coram«, der mit der nahen Stadt und Burg Kohren in Zusammenhang gebracht wird, als eine der bekannten Fundstellen.[6] Konkrete Nutzungsbeispiele aus dieser Zeit sind bisher allerdings nicht bekannt geworden. Die erste genauere schriftliche Nachricht über das Hartsteinvorkommen bei Kohren, die uns überliefert ist, stammt vom Juni des Jahres 1715, als der Steiger Gottfried Sättler aus Ansprung in Wolftitz mit der Gewinnung von »Marmorproben« beschäftigt war.[7] Gemeint ist damit die Untersuchung des hiesigen Tuffs auf seine Verwendbarkeit als Schmuckstein.[8] Der seit 1692 in den Akten nachweisbare Sättler hat noch Ende desselben Jahres die kurfürstliche Erlaubnis erhalten, in den erzgebirgischen Gruben nach verwertbaren Gesteinen zu suchen. Im Zug seiner Arbeiten kam es zur Entdeckung des im 18. Jahrhundert europaweit bekannten Achatvorkommens von Wiederau bei Rochlitz. Der »Gnandsteiner Bandjaspis« wurde auf königlichen Befehl vom 3. Oktober 1715 weiter untersucht und noch im Herbst desselben Jahres gebrochen.[9] Johann Carl Freiesleben gab an, dass das Gestein nochmals 1753 auf landesherrliche Kosten gewonnen wurde.[10] Die Akten für die Zeit nach dem Siebenjährigen Krieg legen bis zum Ende des 18. Jahrhunderts auch weiterhin nur eine sporadische Nutzung des Vorkommens bei Kohren nahe. Heinrich Taddel erhielt 1764 vom sächsischen Administrator Prinz Xaver die Erlaubnis, überall in Sachsen nach »Edelgesteinen frey und ungehindert schürfen« zu dürfen.[11] In der Praxis gab ihm dieses Privileg unter anderem die Möglichkeit, sowohl für die Verwendung für seine

Aufgaben im Grünen Gewölbe als auch für den eigenen Bedarf Rohmaterial zu beschaffen. Er konnte aber ebenso für andere beim Kammer- und Bergkollegium die kurzzeitige Genehmigung zur Nutzung von bestimmten sächsischen Schmucksteinen erwirken. Am 10. August 1769 hatte der sächsische Kurfürst Friedrich August III. auf Anfrage des Pfälzer Kurfürsten Karl IV. Theodor dessen Hofsteinschneider Emanuel Zimmermann erlaubt, in Begleitung des sächsischen Steinschneiders Johann Christoph Uhmann bei Gnandstein und auch bei Schlottwitz im Müglitztal im Osterzgebirge Material für ein geplantes Tabernakel in der Hofkapelle in Mannheim zu brechen. Die Brüche mussten nach den Arbeiten wieder zugeschüttet werden, um dem häufig beklagten Diebstahl vorzubeugen.[12] In den darauffolgenden Jahren beantragte Taddel beim sächsischen Bergkollegium für die jeweils zeitlich befristete Gewinnung von »Bandstein im genanntsteiner Walde« am 25. April 1770, 10. Mai 1771 sowie am 24. September 1773 die Ausstellung von Pässen für die in Dresden und in der nahe gelegenen Friedrichstadt ansässigen Steinschneider Johann Christoph Uhmann, Johann Georg Schlägel und Gottlob Benjamin Köchel, was vom Kollegium entsprechend genehmigt wurde. Uhmann sollte dabei Material für Taddel selbst (»[…] mir vor bemeldten Steine zu meinen Gebrauch indem ich auch deßen anitzo benöthiget bin […]«) beschaffen.[13]

Obwohl das Vorkommen im Streitwald nachweislich seit spätestens Anfang des 18. Jahrhunderts wieder genutzt worden ist, kennen wir heute nur relativ wenige Objekte, an denen der »Bandjaspis« aus der Frohburger Gegend tatsächlich als Schmuckstein verwendet wurde. Ein Grund dafür ist sicher die Sprödigkeit des Materials, die den Steinschnitt zur Herausforderung macht. Prominente Nutzungsbeispiele lassen sich vor allem aus der zweiten Hälfte des 18. Jahrhunderts finden. Sehr umfangreich wurde das Gestein von Johann Christian Neuber an einem Tafelaufsatz von 1775 und an seinem Prunkkamin von 1782 eingesetzt (siehe S. 104).[14] »Gnandsteiner Bandjaspis« findet sich ebenso an den zahlreichen sogenannten Steinkabinettdosen von Neuber.[15] Als Fundorte für den sächsischen »Bandjaspis« wurden dabei wahlweise Wolftitz, Gnandstein, Kohren oder Frohburg angegeben.[16] Bisher sind aber nur wenige historische Tabakdosen bekannt, die in Gänze aus »Gnandsteiner Bandjaspis« geschnitten wurden.[17] Eine derartige Dose konnte 2021 für den Bestand des Grünen Gewölbes erworben werden (siehe Kat.-Nr. 8). Ein Vergleich der Bänderung und Farbigkeit der Dose mit zwei Tafeln aus dem Steinkabinett von Taddel belegen, dass diese in der Werkstatt von Taddel aus demselben Ausgangsmaterial gefertigt wurden (siehe S. 218, Abb. 2). Insgesamt sieben Belege für den »Gnandsteiner Bandjaspis« haben sich im Steinkabi-

nett von Heinrich Taddel von vor 1757 erhalten. Im dazugehörigen handschriftlichen Katalog wurde das Material noch irrtümlich als »Jaspis bey Waldheim« bezeichnet.

Im historischen Teil der Geowissenschaftlichen Sammlungen der TU Bergakademie Freiberg haben sich mehrere teilweise bearbeitete Stück von »Bandjaspis« aus der Kohrener Gegend aus dieser Epoche erhalten. Aller Wahrscheinlichkeit nach sind diese nach der Versteigerung von Neubers Werkstatt 1795 über die Freiberger Mineralienniederlage in die private Sammlung von Abraham Gottlob Werner gelangt, wo sie sich heute befinden. Eines der einseitig polierten Stücke mit einem auf den 26. August 1817 datierten Etikett von der nachträglichen Katalogisierung der Sammlung weist auf der Rückseite Bearbeitungsspuren auf, die Hinweise auf das aufwendige Verfahren zur Dünnung des relativ spröden Materials geben (Abb. 1).

Es bleibt zu hoffen, dass in Zukunft bei der Suche in den verschiedenen deutschen und anderen europäischen Sammlungen weitere Nutzungsbeispiele für dieses optisch unverwechselbare sächsische Gestein gefunden werden können.

1 Silikagesteine bestehen vorrangig aus SiO2, die Hauptbestandteile sind Quarz, Chalcedon und Moganit.　**2** Auch im Standardwerk von Werner Quellmalz und Jürgen Karpinski beruhend auf den Archivrecherchen durch Lothar Riedel werden dazu kaum Angaben gemacht, vgl. Quellmalz/Karpinski 1990, S. 9 und 84.　**3** Beck/Dietze 1996, S. 289–300.　**4** Quellmalz/Karpinski 1990, S. 9 und 113; Kinne 2018, S. 5–6.　**5** Andreas Kinne vermutet, dass ein Teil der heute noch sichtbaren Abbaue teils aus prähistorischer Zeit stammen könnte. Diese könnten später die Aufmerksamkeit wieder auf das Vorkommen gelenkt haben.　**6** Agricola 1558, S. 297; Agricola 1958, S. 177, 301–302, Anm. 2; Kohren wurde 1934 mit Sahlis als Kohren-Sahlis vereinigt und ist heute eingemeindeter Ortsteil der Stadt Frohburg.　**7** Jentsch/Riedel 1968, S. 8.　**8** »Marmore« wurden seit der Antike und werden teilweise bis heute in Architektur, Kunsthandwerk und in der Archäologie alle polierfähigen Gesteine genannt, ganz unabhängig von ihrer konkreten chemischen oder mineralogischen Zusammensetzung und ihrer korrekten wissenschaftlichen Bezeichnung. Neben echtem Marmor oder Kalkstein fallen darunter auch viele verschiedene Hartgesteine wie zum Beispiel Jaspis, Porphyr oder Granit.　**9** Sächsisches Hauptstaatsarchiv Dresden (im Folgenden: HStADD), 10036 Finanzarchiv, Rep 09, Sect. 1, Loc. 36179, Nr. 2927, fol. 89 und 105; Lahl 1987, S. 5 und 8.　**10** Freiesleben 1829, S. 49–50.　**11** HStADD, 10036 Finanzarchiv, Rep. 09, Sect. 1, Nr. 2929, fol. 9 r–10 r; Quellmalz/Karpinski 1990, S. 70 und 192.　**12** HStADD, 10036 Finanzarchiv, Rep. 09, Sect. 1, Nr. 2929, fol. 122 v.　**13** HStADD, 10036 Finanzarchiv, Rep. 09, Sect. 1, Nr. 2929, fol. 122 r–137 r.　**14** Kappel 2012 c, S. 247–255; Thalheim 2018 b, S. 63–84; Kempe/Massanek/Wagner/Hammer/Thalheim 2020, S. 298–301, 320–321.　**15** Diese originellen Tabakdosen stellen eine in Mosaikform mit Gold gefasste Miniatursammlung sächsischer Schmucksteine dar und wurden von einem beigelegten handschriftlichen Katalog komplettiert.　**16** Kempe/Massanek/Wagner/Hammer/Thalheim 2020, S. 329–330.　**17** Eine aus »Gnandsteiner Bandjapis« geschnittene Dose (S. 62, Abb. 11) wurde 1966 von Snowman publiziert: Snowman 1966, Abb. 508; Snowman 1990, S. 314, Abb. 650, siehe S. 217.

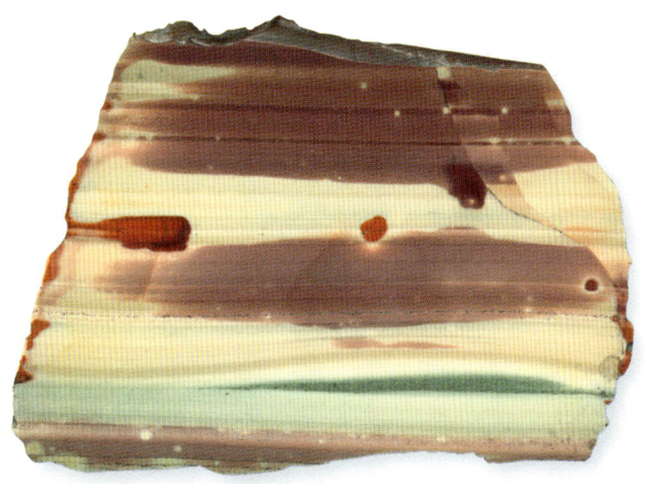

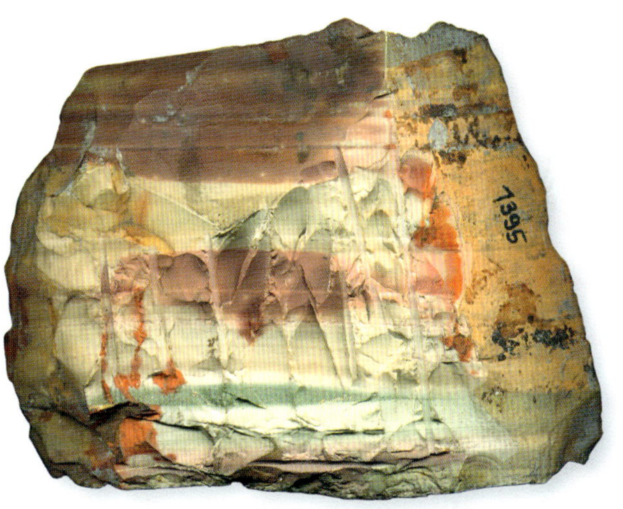

Abb. 1

»Gnandsteiner Bandjaspis«:

Oben: Ein einseitig poliertes Belegstück aus der historischen »oryctognostischen« Sammlung von Werner mit Originaletikett von 1817

Unten: Auf der Rückseite sind Spuren einer Bearbeitung zu sehen, B. 6,5 cm, TU Bergakademie Freiberg, Inv.-Nr. WeSa 101395 (Originalnummer: 1395)

Der »Carniol-Bruch« von Chemnitz-Altendorf und der tiefrote Jaspis vom Geisingberg bei Altenberg

Bei der Auswahl natürlicher farbiger Gesteine zur Gestaltung der im 18. Jahrhundert populären Galanteriewaren wie Dosen, Uhrenketten und Stockknöpfe oder größerer Pretiosen wie Tafelaufsätzen fiel Materialien mit roten Farbtönungen natürlicherweise eine besondere Rolle zu, da sie die unwillkürliche Aufmerksamkeit der Betrachtenden auf sich ziehen können. Allerdings war im Unterschied zu den relativ zahlreichen Vorkommen von weicheren rotfarbigen Kalksteinen und Marmoren die Auswahl der hierfür zur Verfügung stehenden härteren Schmucksteinsorten nicht nur in Sachsen stark eingeschränkt. Dies traf insbesondere dann zu, wenn für die Fertigung größere Stücke benötigt wurden.

Als Edelsteine konnten im 18. Jahrhundert intensiv rot gefärbte, wenngleich teure Rubine und Spinelle aus Sri Lanka oder Granate aus Böhmen und Indien verwendet werden, die aber nur im letzteren Fall und sehr selten Größen bis in den Zentimeterbereich liefern. Auch die weniger kostspieligen, traditionell weiter verbreiteten gebrannten Karneole aus Indien waren in ihrer in Europa üblicherweise gehandelten kugeligen Form meist nicht mehr als wenige Zentimeter groß. Trotzdem kann man an den Werken aus dem Umkreis der Goldschmiede Heinrich

Taddel und Johann Christian Neuber häufig den zum Teil großflächigeren Einsatz von tiefrot gefärbten Hartsteinen beobachten.[1]

Rote Färbungen kommen in einigen sächsischen Achaten vor, so in dem seit Anfang des 18. Jahrhunderts genutzten Vorkommen von sogenanntem Korallenachat in Halsbach bei Freiberg oder dem von Neuber von 1775 bis 1795 gepachteten Achatbruch bei Schlottwitz im Müglitztal. Solche Achate vermitteln jedoch keine homogen rote Farbwirkung. Auch bei dem ebenfalls im 18. Jahrhundert genutzten Rüsdorfer Jaspis gibt es häufig rote Färbungen. Diese sind aber meist mit gelben Farben kombiniert oder durchmischt. Zudem ist der Jaspis hier als Mikromoosachat ausgebildet, also in Form von feinsten baumartigen, dendritischen Einwachsungen der farbigen Eisenoxide und -hydroxide in den farblosen oder grauen Chalcedon. Dadurch entsteht ein makroskopisch eher unruhiger, bewegter Farbeindruck. Die in den Arbeiten von Neuber verwendeten roten Steine erscheinen dagegen homogen und dicht tiefrot gefärbt. Bei oberflächlicher Betrachtung könnte man darum annehmen, dass es sich hierbei immer um ein und dasselbe Material handelt.

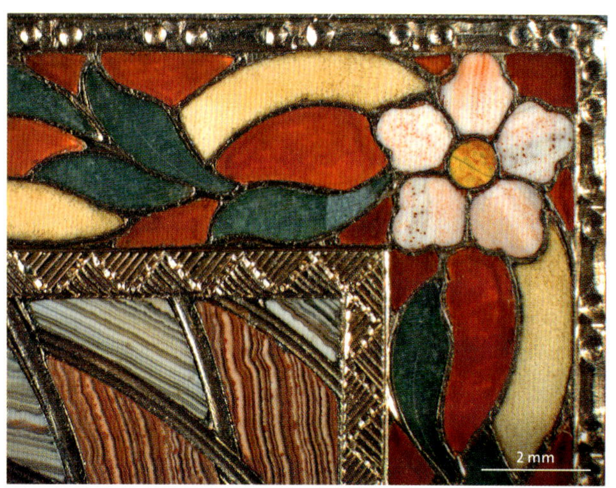

Abb. 1
Rechteckige Dose mit Schäferszenen, Detail des
äußeren Bodens, Johann Christian Neuber, Dresden,
1770, Gold, Schlottwitzer Bandachat, Karneol,
Idar-Obersteiner Jaspis, indisches Plasma und
Heliotrop, Grünes Gewölbe, SKD, Inv.-Nr. 1933/2
(Detail)

Bei der Untersuchung des Steinkabinetts von Heinrich
Taddel fiel auf, dass einige der in ihm enthaltenen sächsischen Steine gebrannt worden sind. Dies trifft auf mindestens zwei überwiegend rot gefärbte Achate von Schlottwitz
zu, bei denen im historischen Originalkatalog als Fundort
»bey Glashütte« angegeben wurde, und auf zwei Karneole,
die den »sächsischen Karneolen« des Katalogs zugeordnet
werden. Eine nähere Untersuchung der im Grünen Gewölbe
aufbewahrten und von Neuber gefertigten Galanterien –
einer Dose, einer Uhrkette, eines Stockknopfs und mehrerer
Knöpfe – belegt, dass der damals auch am Grünen Gewölbe
tätige Hofjuwelier bei kleineren Objekten durchweg gebrannte
Karneole verwendet hat (Abb. 1). Allerdings handelt es sich
nicht um klassischen indischen Karneol.[2] Das Material lässt
sich stattdessen mit einiger Sicherheit dem historischen
Fundgebiet bei Chemnitz-Altendorf zuordnen, wo Heinrich
Taddel zwischen 1768 und 1775 eine Konzession auf den
sogenannten »Carniol-Bruch« besaß, die dann ab 1775 von
ihm auf Johann Christian Neuber überging (Abb. 2).[3] In den
dort auftretenden, flach lagernden linsenförmigen Bildungen im vulkanischen Tuff kommt nur untergeordnet und
randlich rötlich-braun gefärbter Chalcedon in Form gering-
mächtiger Bänder von meist weniger als einem Zentimeter
Stärke vor. Die Befunde legen nahe, dass der von Neuber
verwendete ziegelrot gefärbte Karneol gebrannter Chalcedon aus Chemnitz sein könnte. Es sind bislang allerdings
keine urkundlichen Belege dafür bekannt, dass man im
Sachsen des 18. Jahrhunderts die Technik des Umfärbens von

Chalcedon und Jaspis durch Erhitzen unter reduzierenden
Bedingungen gekannt und genutzt hat. Einen möglichen
Hinweis darauf gibt jedoch ein Schreiben des Goldschmieds
und Edelgestein-Inspektors Christian Richter aus Schneeberg an August den Starken aus dem Jahr 1714. Darin berichtet Richter über den »beygehenden Chalcedonos Sub. No. 2.
welcher sich auch in Carniol verwandeln dürfte«, den er
»bey Chemnitz zu Altendorff auf eines Bauers Feld angetroffen«.[4] Das Fundgebiet liegt heute innerhalb des über-
bauten Stadtgebiets von Chemnitz.[5]

Karneole waren von Neuber 1782 auch an seinem Prunkkamin (siehe Kat.-Nr. 10) zur Umrahmung der rechteckigen
Seitenfelder neben der Feuerungsöffnung verwendet
worden. Im frühesten Inventareintrag von 1818 werden sie
entsprechend als »376. Stück Carneolen« beschrieben,
leider ohne nähere Angaben zu ihrer Herkunft. Von diesen
haben sich 48 nach der teilweisen Zerstörung des Kamins
1945 bis heute erhalten.[6] An anderen Stellen des Kamins, wie
an der den mittigen Porzellanadler hinterfangenden Schale
und an den Postamenten der beiden größeren Mittelvasen,
wurde jedoch roter Jaspis eingesetzt, der im Inventar von
1818 auch korrekt als »rother Jaspis« bezeichnet ist.[7] Dasselbe Material findet sich bereits sieben Jahre früher zusammen mit Schlottwitzer Amethyst auf der mittleren Ebene des
zentralen Sockels des großen Tafelaufsatzes von Neuber aus
dem Jahr 1776 (siehe Kat.-Nr. 9). Sowohl am Kamin als auch
am Tafelaufsatz sind die mosaikartig eingefügten Stücke
von rotem Jaspis deutlich größer als die anderweitig verwendeten Karneole (Abb. 3). Ebenso finden sich an Neubers
in Mosaikform gearbeiteten Golddosen mit bis zu rund 140
verschiedenen Gesteinssorten, die auf den einfassenden
Goldstegen nummeriert und in einem beigelegten Katalog
beschrieben sind, Stücke desselben Jaspis. Die Dosen stellen
damals modische Steinkabinette in Miniaturform dar.[8]
Besonders bemerkenswert ist der Umstand, dass die Erfinder der Steinkabinettdosen Heinrich Taddel, Christian Gottlieb Stiehl und Johann Christian Neuber ausschließlich sächsische Hartsteine und nicht die allgemein geschätzten klassischen Sorten verwendet haben, die aus echten oder mut-
maßlich antiken Spolien aus dem Stadtgebiet von Rom
gewonnen und in den üblichen Steinkabinetten oder Prunktischplatten präsentiert wurden. In allen zwölf bisher untersuchten Steinkabinettdosen, zu denen ein mit »Neuber à
Dresde« gezeichneter Katalog erhalten geblieben ist, weist
der rote Jaspis dieselben Merkmale auf wie das an Tafelaufsatz und Kamin verwendete Gestein. In den zugehörigen
Dosenverzeichnissen ist er in der Regel als »Jaspe de Altenberg« beschrieben worden (Abb. 4).

Abb. 2

Mikroaufnahmen mit Gegenüberstellung von gebranntem ziegelrotem Karneol in einem Mikromosaik (Mitte) auf dem Deckel einer von Neuber signierten Dose von 1770 (Grünes Gewölbe, SKD, Inv.-Nr. 1933/2) mit rötlich-bräunlichem Originalmaterial von Chemnitz-Altendorf

Oben: Sammlungen der TU Bergakademie Freiberg, Inv.-Nr. MiSa 8526 mit Originaletikett von Weisbach.
Unten: Sammlung Pönitz, Fund 2004

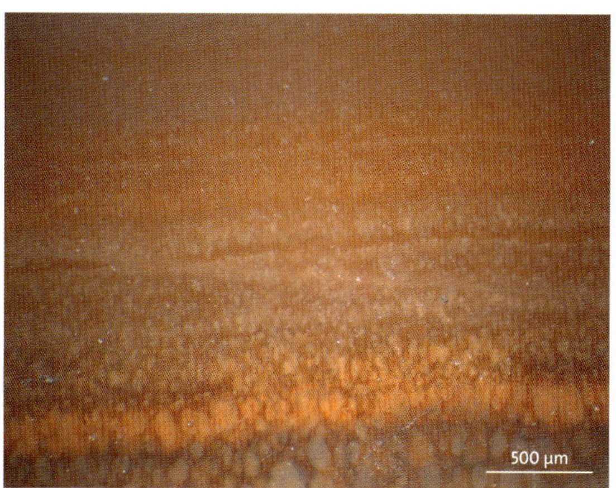

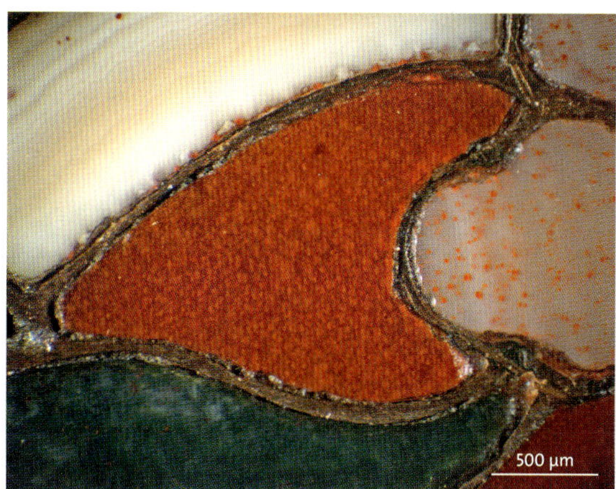

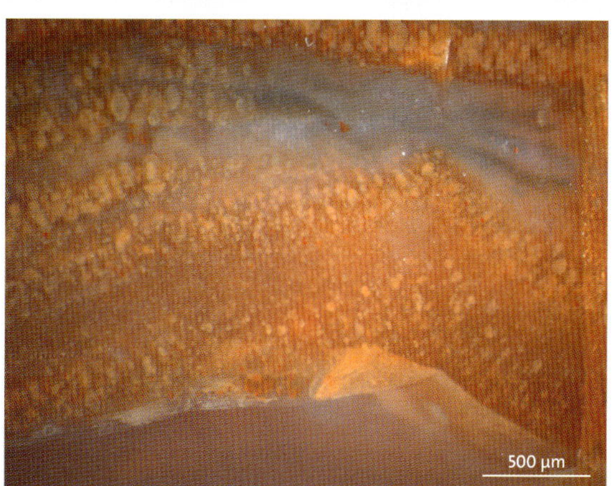

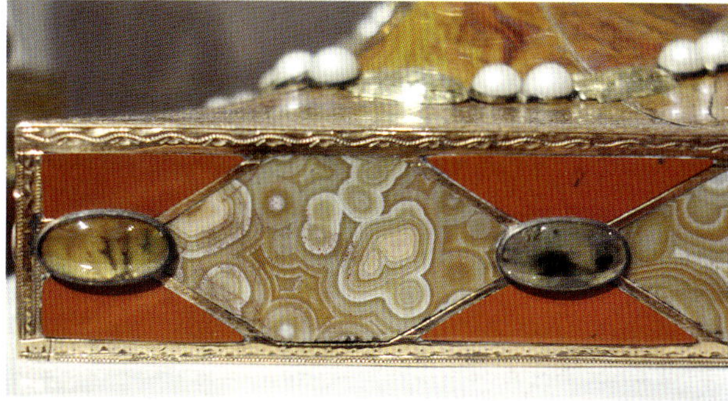

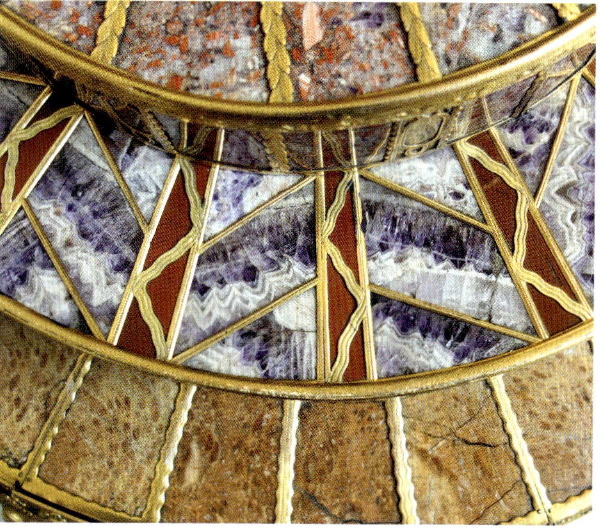

Abb. 3
Oben: **Prunkkamin,** Johann Christian Neuber, Dresden, 1782, Gold, verschiedene Gesteine, Grünes Gewölbe, SKD, Inv.-Nr. I 51
Detailaufnahme des Sockels der linken Mittelvase mit Altenberger Jaspis (rot) kombiniert mit als »Augenachat« geschliffenem Bandachat von Schlottwitz (gelb-braun) und besetzt mit Cabochons aus indischem Moosachat

Unten: **Tafelaufsatz** für Kurfürst Friedrich August III., Johann Christian Neuber, Dresden, 1775, Schmucksteine, Bronze, Holzkorpus, Spiegel, Grünes Gewölbe, SKD, Inv.-Nr. 1931/1a
Detailaufnahme des zentralen Postaments mit Altenberger Jaspis, Schlottwitzer Amethyst (Mitte), Schlottwitzer Trümmerachat (oben) und »Tigerstein« von Korbitz bei Meißen (unten)

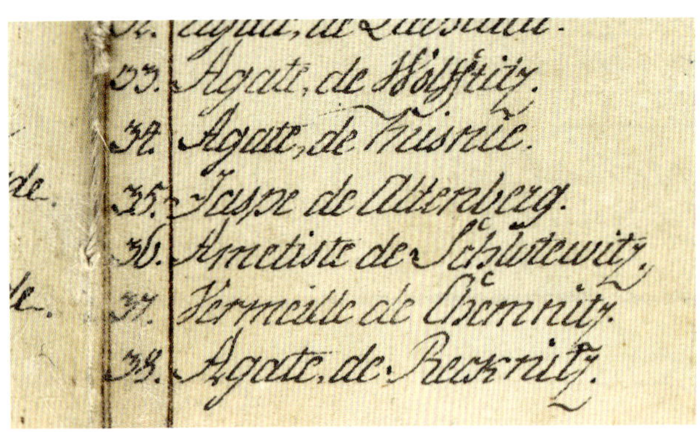

Abb. 4
Detailaufnahme eines »Neuber a Dresde« gezeichneten Verzeichnisses zu einer Steinkabinettdose mit Eintrag zu rotem Jaspis als »No 35. Jaspe de Altenberg«, Johann Christian Neuber, Dresden, Ende 18. Jahrhundert, Gold, sächsische Schmucksteine, Perlimitationen, Grünes Gewölbe, SKD, Inv.-Nr. V 628

In der gedruckten Literatur vom Ausgang des 18. bis zum Beginn des 19. Jahrhunderts finden sich mehrere Hinweise auf roten Jaspis von Altenberg. In seiner Version von *Cronstedts Versuch einer neuen Mineralogie* beschrieb Wiedeman 1760 unter dem eisenhaltigen Jaspis an zweiter Stelle »stahlderben oder feinkörnigen«, »röthlich braunen« Jaspis von Altenberg.[9] Die Ausführungen wurden fast wörtlich 1770 und 1777 in Morten Brünnichs Version von Cronstedt und in Johann Friedrich Gmelins Mineralogie wiederholt.[10] 1786 und 1787 wurde der Jaspis von Altenberg dann beinahe gleichlautend in einigen wirtschaftsgeografischen Abhandlungen aufgeführt, so bei Carl Gottlob Rößig in seiner 1787 erschienenen *Chursächsischen Staatskunde*, aber auch schon 1786 im *Neuen geographischen Magazin* von Johann Ernst Fabri und wiederum 1787 in der *Handlungszeitung* von Johann Adolph Hildt. Beschrieben ist er als »dunkelrother Jaspis«, der »zu Altenberg auf dem Communstollen« gebrochen wird.[11] Bei der Katalogisierung der umfangreichen Sammlung des verstorbenen kursächsischen Berghauptmanns Papst von Ohain durch Abraham Gottlob Werner wurde 1791 unter der Nummer 2393 zudem ein Beleg von »Gemeinem Jaspis«, »rötlichbraun mit inliegenden Sienitstücken« von Altenberg erfasst.[12] Der dortige offensichtlich untertägige Abbau ist vermutlich spätestens um die Jahrhundertwende zum Erliegen gekommen. Auch Johann Carl Freiesleben nahm 1828 noch an, dass es sich bei dem zu diesem Zeitpunkt bereits verbrochenen Stollen nahe dem Geisingberg vielleicht um den »Altenberger alten Communstolln« handeln könnte, in dem der Jaspis »hochroth« auftritt.[13]

In den Sammlungen der TU Bergakademie Freiberg finden sich mehrere Belege von derartigem Jaspis. In der Hauptsammlung ist ein kleineres Stück erhalten, das von Kustos Albin Julius Weisbach 1888 aus der Freiberger Mineralienniederlage übernommen wurde. Das originale Etikett der Mineralienniederlage weist auf den genaueren Fundort hin: »Jaspis aus dem Quarzporphyr am Neufang östlich von Altenberg«.[14] Auf den dortigen Halden südöstlich des Geisingbergs kann man heute noch Stücke des entsprechenden Rohmaterials finden (Abb. 5). In der geologischen Landesaufnahme durch Karl Dalmer 1890 wurde die zugehörige untertägige Auffahrung als »Kugelstollen« bezeichnet.[15] Der Kugelstollen ist bis heute teilweise erhalten geblieben. Nach neueren Erkenntnissen wurde er ab etwa 1750 angelegt und erreichte 1753 eine Länge von ungefähr 150 Metern mit einem Lichtloch. Bis 1823 war er als sogenanntes Beilehn Teil der Roten Zeche, zu deren Wasserlösung er beitragen sollte, ohne die Abbaue je erreicht zu haben.[16] Inwieweit bei der Anlage des Stollens eine Gewinnung des hier in einer geologischen Störungszone auftretenden Jaspis beabsichtigt war, ist unklar.[17] Es muss aber angemerkt werden, dass das Vorkommen bei Altenberg schon spätestens 1715 während der intensiven Sucharbeiten nach sächsischen Hartsteinen im gesamten Erzgebirge im Auftrag von August dem Starken bekannt geworden ist.[18] Die Nutzung des Materials im 18. Jahrhundert verdankte sich daher wesentlich den zahlreichen unausgeführten Bauplänen des polnischen Königs und sächsischen Kurfürsten nach dem großen Schlossbrand von 1701. Bei den vorgesehenen großzügigen Schlossneu- bzw. -umbauten einschließlich des Zwingerprojekts sollten in größerem Umfang Boden und Wandverkleidungen unter Verwendung sächsischer Dekorsteine und insbesondere von Jaspis geschaffen werden.[19] In seiner Biografie von Johann Friedrich Böttger berichtete Carl August Engelhardt, dass »für denselben Zweck [die Ausgestaltung von Schloss und Zwinger mit polierten sächsischen Gesteinen] zu Altenberg ein Stollen zu Gewinnung einer vorzüglich schönen Jaspisart getrieben werden« sollte.[20]

Ein seltenes Beispiel für die Nutzung als Schmuckstein aus dieser Zeit konnte erst vor Kurzem in der Dresdner Porzellansammlung identifiziert werden. Dort hat sich eine kleine, 1928 angekaufte silbergefasste rotbraune Jaspisdose erhalten (siehe Kat.-Nr. 5).[21] Das Material wurde bisher als Böttgersteinzeug angesprochen. Da Zweifel an der Richtigkeit dieser Bestimmung aufkamen, wurde im Jahr 2000 eine eingehende Untersuchung mit verschiedenen Methoden der Protonenstrahlanalyse durchgeführt. Die Ergebnisse legten nahe, dass es sich bei dem Gestein in Wirklichkeit um einen Jaspis handeln könnte. Trotzdem war die Bezeichnung als

Böttgersteinzeug vorerst weiter beibehalten worden.[22] Mikroskopische Untersuchungen und neue Vergleichsmessungen mit der Hand-RFA an der Dose und an Proben von Altenberger Jaspis beweisen, dass die Ansprache als eisenreicher Jaspis korrekt ist. Die etwas ungewöhnliche Dosenform lässt sich wahrscheinlich auf die geschickte Ausnutzung der ursprünglichen Ausbildung des Rohsteins zurückführen. So finden sich an einigen Stellen offene kleine Hohlräume mit Tonmineralfüllungen, die die ehemalige Oberfläche der Jaspisbildung markieren. Die Größe der Dose und der in der den Porzellanadler hinterfangenden Schale am Neuberkamin verwendeten Stücke weist zugleich auf die maximale Größe von gewinnbarem Jaspis am Geisingberg hin, die gut mit den Beobachtungen an den heutigen Haldenfunden korrespondiert. Die optische Analogie zu keramischem Böttgersteinzeug unterstreicht die ungewöhnlich dichte und homogene Färbung des rotbraunen Jaspis von Altenberg. Trotzdem stellt sich die Frage, ob eine eindeutige Zuordnung des Materials der Dose zum Fundort am Geisingberg wirklich möglich ist, da die Bildung von eisenreichem Jaspis in den Ganglagerstätten des Erzgebirges – wenn auch nicht in dem bei Altenberg anzutreffenden Umfang – nichts Ungewöhnliches ist.

Zur Feststellung möglicher charakteristischer Merkmale des Jaspis von Altenberg wurden umfangreichere mikroskopische und analytische Untersuchungen an historischem Sammlungsmaterial aus der Mineralienniederlage und an Neufunden durchgeführt.[23] Obwohl der Altenberger Jaspis sehr einheitlich und homogen wirkt, lassen sich makroskopisch doch Variationen in der Färbungsintensität beobachten (Abb. 5). Sehr viel größer ist die Varianz aber in den mikroskopischen Strukturen, die Fließphänomene, helle und dunkle Mineraleinschlüsse sowie mit schwarzen Dendriten gefüllte Rissbildungen einschließt. Chemisch besteht das Material zu ungefähr 85 bis 95 Gewichtsprozent aus Siliziumoxid (SiO_2) und enthält meist zwischen einem und zwei Gewichtsprozent Eisenoxid (Fe_2O_3).[24] Mineralogisch handelt

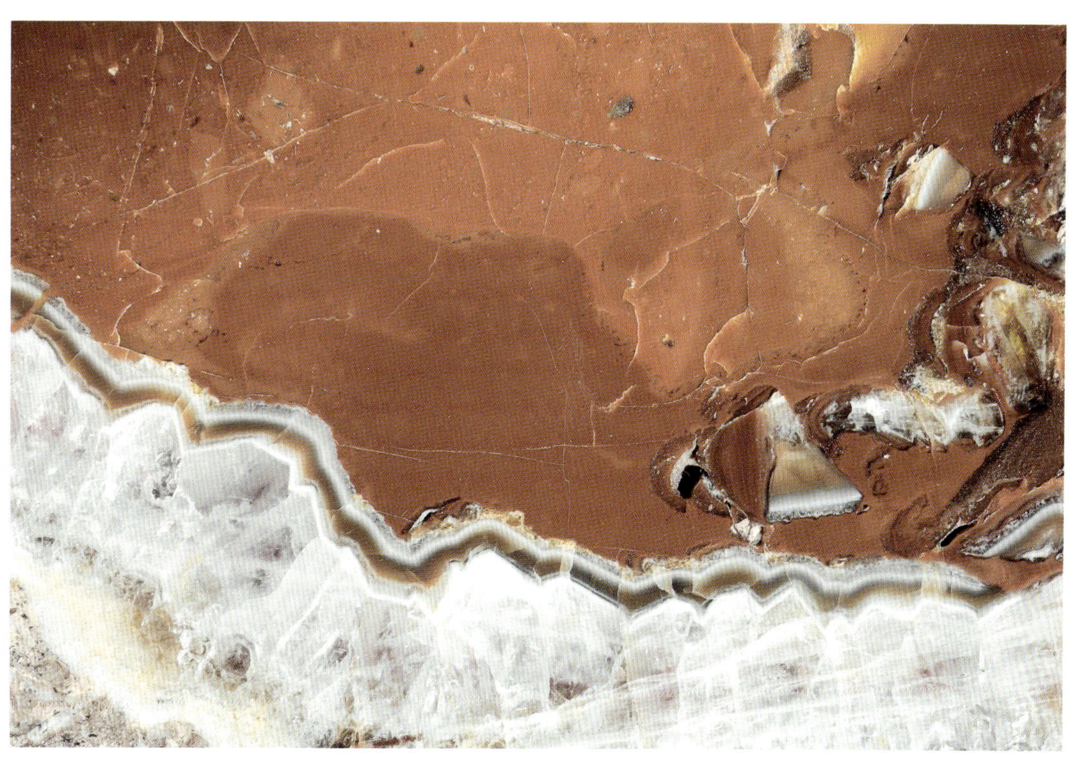

Abb. 5

Neufund von Altenberger Jaspis vom Neufang am Geisingberg (geschnitten und poliert). Das Stück zeigt Variationen in der Färbungsintensität sowie Achatbänder und größere Amethystkristalle am Kontakt zum brekziierten Nebengestein (unten links).

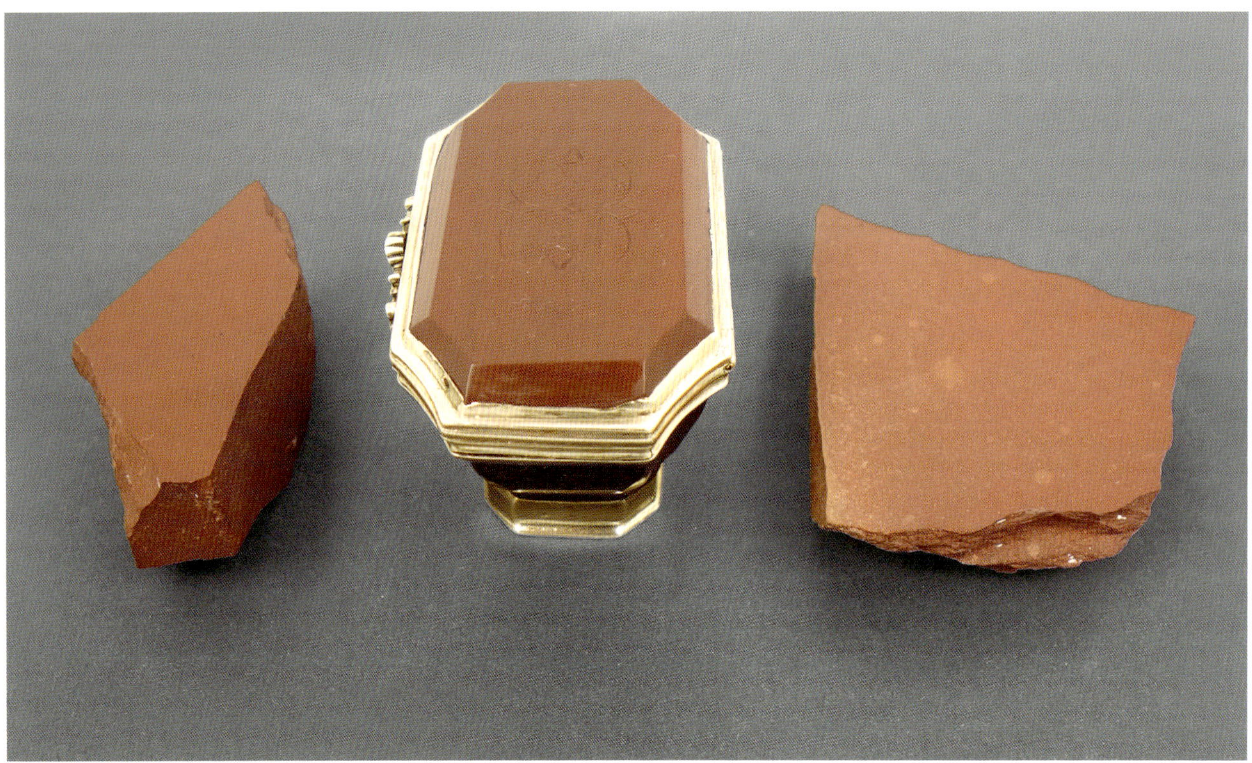

Abb. 6

Vergleich der Jaspisdose aus Altenberger Jaspis mit
zwei historischen Stücken aus der ehemaligen Freiberger
Mineralienniederlage.

Mitte: Tabakdose, wohl deutsch, 18. Jahrhundert, Gold,
Jaspis, H. 4,8 cm, Dresden, Porzellansammlung, SKD,
Inv.-Nr. PE 833.

Links und rechts: Vorrat der Mineralsammlungen der
TU Bergakademie Freiberg, ohne Inv.-Nrn.

es sich bei Korngrößen von unter zehn Mikrometern um sehr feinkörnige Verwachsungen von hydrothermalem Quarz, der die hohe Härte und Polierfähigkeit des Gesteins gewährleistet, mit plättchenförmigem Hämatit, der die charakteristische Färbung hervorruft.[25] Bemerkenswerter sind jedoch die gemessenen Gehalte an Aluminiumoxid (Al_2O_3) zwischen drei und zehn Gewichtsprozent und von Kaliumoxid (K_2O) zwischen 0,1 und 0,9 Prozent. Verantwortlich dafür ist das Auftreten eines Schichtsilikats, vermutlich von Illit.[26] Chemisch werden in dem Jaspis außerdem Spuren von Kalzium, Titan, Barium und Zirkonium nachgewiesen. Dies korrespondiert mit dem rasterelektronenmikroskopischen Nachweis von Kalzium-Seltenerd-Aluminium-Phosphaten (Florencit und Crandallit), Titanoxid (wahrscheinlich Rutil), Baryt und Zirkon. Außerdem wurden selten Xenotim, Ferberit und ein nicht identifiziertes Nickelarsenid gefunden.[27] Die Mineralogie des Jaspis erweist sich somit als erstaunlich

vielfältig. Der Mineralisationsstil entspricht den späten Hydrothermalphasen der Greisenbildung in den benachbarten Zinnstöcken des Zinnwalder Bergwerks.[28]

Im Material der Dose in der Dresdner Porzellansammlung lassen sich sowohl mit der Hand-RFA als auch mit den Protonenstrahlverfahren neben Silizium und Eisen entsprechende Gehalte an Aluminium, Kalium, Titan und Zirkonium nachweisen. Somit erscheint die Ansprache des Gesteins als Altenberger Jaspis als gerechtfertigt, zumal auch die optischen Merkmale wie Körnung, Farbton und charakteristische Mikrorisse übereinstimmen (Abb. 6).

Die hier vorgestellten Beispiele belegen, dass der rotbraune Jaspis von Altenberg im 18. Jahrhundert als Schmuckstein verwendet worden ist. Es bleibt zu hoffen, dass in der Zukunft noch mehr Kunstgegenstände und Sammlungsobjekte, die unter Einsatz dieses auffälligen Materials geschaffen wurden, identifiziert werden können.[29] Auch zu den historischen Umständen des untertägigen Abbaus am Geisingberg sind noch weitere Untersuchungen wünschenswert. Denn nur in wenigen Fällen, wie etwa bei dem seinerzeit europaweit bekannten Achat von Wiederau bei Rochlitz oder dem Wiesenbader Amethyst, kam es im 18. Jahrhundert in Sachsen zu der aufwendigen und kostspieligen Anlage von Stollen und Schächten mit dem Ziel der Schmucksteinegewinnung.

1 Vgl. zum Beispiel die in dem umfangreichen Katalog von Alexis Kugel abgebildeten Golddosen und andere Pretiosen: Kugel 2012, S. 334–383. **2** Klassischer indischer Karneol hat – wie der Name bereits suggeriert – eine fleischfarbene Tönung. Die färbenden Pigmente sind flockig im Chalcedon verteilt. Der in den Arbeiten von Neuber verwendete Karneol ist dagegen ziegelrot gefärbt. Die Verteilung der sehr kleinen isometrischen oder plattigen farbigen Einschlüsse ist eher dicht. Selten können auch größere kugelige Strukturen beobachtet werden, wie sie für den natürlichen, orange- bis braun-rot gefärbten Karneol von Chemnitz typisch sind (vgl. Abb. 2). **3** Jentsch/Riedel 1968, S. 12–14. **4** Sächsisches Hauptstaatsarchiv Dresden (im Folgenden: HStADD), 10036 Finanzarchiv, Rep. 09, Sect. 1, Loc. 36179, Nr. 2927, fol. 92–93; Quellmalz/Karpinski 1990, S. 39. **5** Jentsch/Riedel 1968, S. 3. Eine Reihe von Neufunden derartigen Materials konnte durch Sammler im Jahr 2004 beim Bau eines Parkplatzes nahe einem Supermarkt auf der Rudolf-Krahl-Straße gemacht werden. **6** Eine optische Prüfung des Materials lässt zunächst keine sichere Herkunftsbestimmung zu, auch weil die Steine während der Zerstörung des Schlosses 1945 offensichtlich extrem hohen Temperaturen ausgesetzt gewesen sind. **7** Klaus Thalheim gibt an, dass es sich bei dem Material am Kamin um »rötlichbraunen Jaspis von Altenberg« handelt. Interessanterweise bezeichnete Jean Louis Sponsel das Gestein als Karneol, vgl. Thalheim 2018 b, S. 73, 87. **8** »Herr Hof-Juwelier Neubert besizt viel schöne und seltne Steine, vorzüglich alle inländischen. Er verfertigt, mit außerordentlicher Geschicklichkeit, verschiedene Arten von Galanterie-Arbeiten, vorzüglich aber sehr schöne, aus seltnen Steinen zusammen gesezte Tabatieren; besonders werden seine Stücken, die er en mosaique arbeitet, von allen Kennern bewundert«, in: Dassdorf 1782, S. 581; Kugel 2012, S. 360–370. **9** Wiedeman 1760, S. 68. **10** Brünnich 1770, S. 77; Gmelin 1777, S. 590. **11** Rößig 1787, S. 103; Fabri 1786, S. 104; Hildt 1787, S. 50. **12** Werner 1791, S. 274. **13** Freiesleben 1828, S. 9. **14** Im Vorrat der Sammlung haben sich noch einige kleinere polierte historische Belege aus der Mineralienniederlage erhalten, die hier für genauere Untersuchungen herangezogen wurden. In der Freiberger Lithothek werden darüber hinaus zwei große Kisten mit altem Rohmaterial verwahrt. **15** Dalmer 1890; Freiesleben bezeichnet 1829 die Auffahrung am Neufang dann ebenfalls als Kugelstollen, Freiesleben 1829, S. 57; Auffahrungen werden alle unterirdisch durch den Bergbauvortrieb geschaffenen horizontalen oder geneigten Hohlräume wie Stollen, Strecken und Querschläge genannt. **16** Schilka/Ehrt/Wenzel 2022, S. 40–41. **17** Als Störungszonen werden in der Geologie Strukturen verstanden, entlang derer Gesteine tektonisch zerstört und blockweise gegeneinander versetzt (»gestört«) worden sind. **18** HStADD, 10036 Finanzarchiv, Rep. 09, Sect. 1, Loc. 36179, Nr. 2927, fol. 89; Lahl 1987, S. 5. **19** Pohlack 2009, S. 10; Lahl 1987, S. 3–6. **20** Engelhardt/Engelhardt 1837, S. 569. **21** Porzellansammlung, SKD, Inv.-Nr. PE 833. Stilistisch wird diese Dose auf um 1714 bzw. auf die erste Hälfte des 18. Jahrhunderts datiert. **22** Verwendet wurde die Protonensonde im Helmholz-Zentrum Dresden-Rossendorf (PIXE, PIGE und RBS, d. h. die sekundären Röntgen- und Gammastrahlen sowie die Rutherford-Rückstreu-Spektrometrie); Mäder 2000, S. 1–6. In einem Ausstellungskatalog von 2009 ist das Gestein bereits korrekt als Jaspis bezeichnet: Ausst.-Kat. Dresden 2009, S. 38, 40, 146, Nr. 7. **23** Die Hand-RFA-Messungen (Röntgenfluoreszenzanalyse) und die Röntgendiffraktometrie (XRD) wurden dankenswerterweise von Michael Wagner und Reinhard Kleeberg durchgeführt. Optische Mikroskopie, analytische Rasterelektronenmikroskopie und Ramanspektroskopie erfolgten durch den Autor. **24** Die Angaben beziehen sich auf die Ergebnisse von Flächenanalysen mit der EDX am Rasterelektronenmikroskop, da die Hand-RFA zu ungenaue Werte lieferte. In einigen stark porösen, nicht polierbaren Stücken erreicht der Eisenoxidgehalt etwa 20 Prozent. **25** Der Jaspis besteht aus Quarz und nicht aus Chalcedon. XRD und Ramanspektroskopie liefern keine Hinweise auf das Auftreten von Moganit oder auf entsprechende häufige Verzwillingungen im Quarz. **26** Nach der Röntgendiffraktometrie (XRD) handelt es sich um einen 2M1-Glimmer, lokale EDX-Analysen und die Gesamtgesteinsanalysen zeigen allerdings, dass es sich bei den geringen Kaliumgehalten nicht um Muskovit, sondern um Illit handeln muss, der sonst meist in der 1M-Modifikation auftritt. 2M1-Illite sind in Sedimenten als detritische Bildungen und auch in Hydrothermalmineralisationen bekannt. **27** Florencit ($CeAl_3[PO_4]_2(OH)_6$), Crandallit ($CaAl_3[PO_4]_2(OH)_7$), Rutil ($\alpha\text{-}TiO_2$), Baryt ($Ba[SO_4]$), Zirkon ($Zr[SiO_4]$), Xenotim ($Y[PO_4]$), Ferberit ($Fe[WO_4]$), Nickelarsenid ($NiAs$). **28** Kempe/Wolf/Sala 1999, S. 120. Dieser Befund stellt die traditionelle Zuordnung der entsprechenden Gangbildungen um den Geisingberg zu den postvariszischen Gangmineralisationen infrage, vgl. Weinhold 2002, S. 75. **29** Kürzlich konnten von uns zwei Steinkabinetttische in Schloss Mosigkau (Inv.-Nrn. Mos 993, Mos 994) untersucht werden, bei denen unter anderem auch Jaspis von Altenberg verwendet wurde, siehe Kat.-Nr. 11.

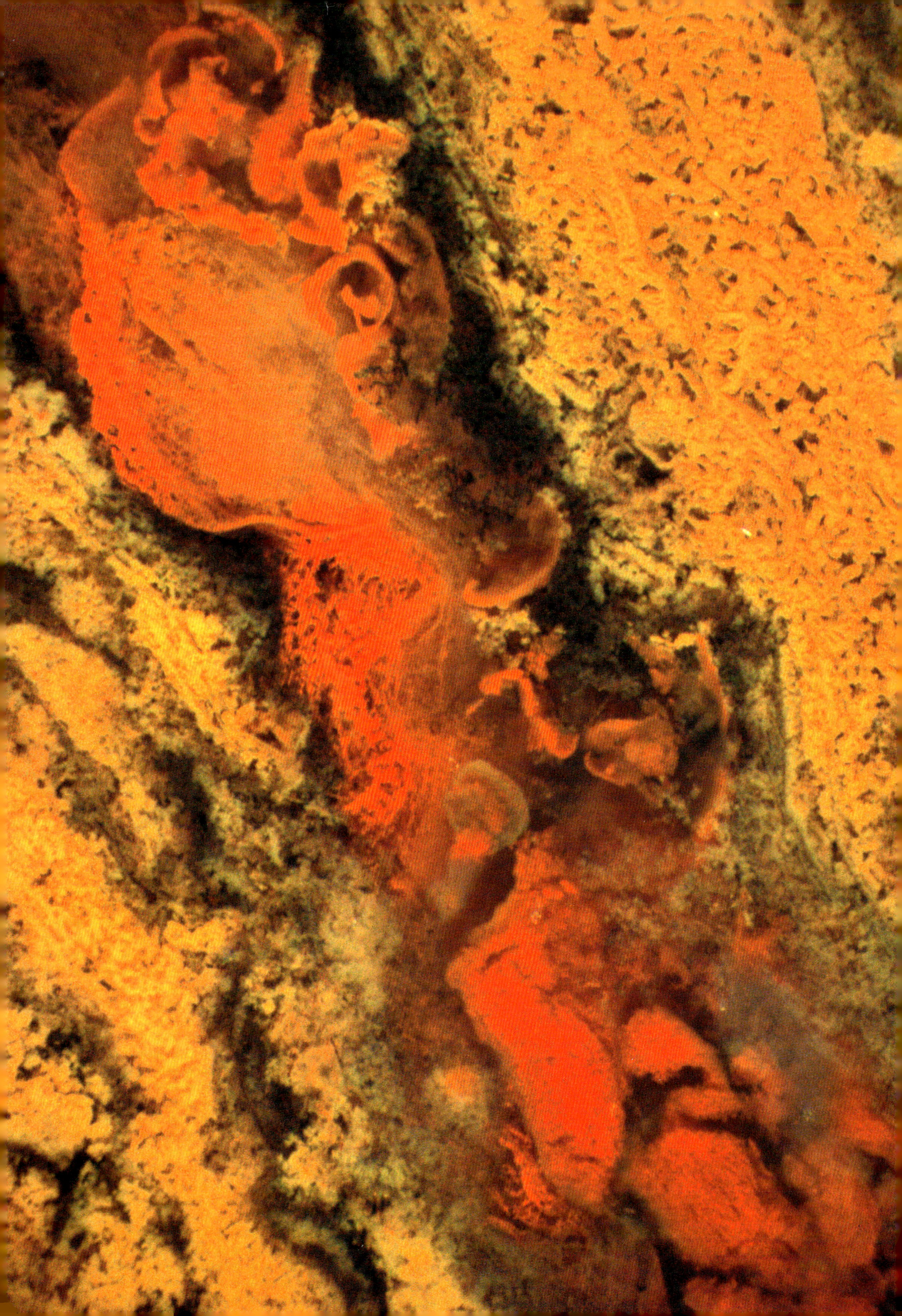

ULF KEMPE, BERND LAHL

Gelb-roter Jaspis aus Rüsdorf bei St. Egidien

Die achatführenden, wegen ihrer Form und Färbung als »Porphyrkugeln« bezeichneten rundlichen vulkanischen Bildungen aus dem Gebiet zwischen St. Egidien und Hohenstein-Ernstthal sind unter Mineralsammlern seit Längerem wohlbekannt und bis heute begehrt. Sie finden sich innerhalb des dem Erzgebirge vorgelagerten Beckens westlich von Chemnitz im Bereich der Aufschlüsse der quarzreichen Tuffablagerungen der Planitzer Schichten des Unterrotliegenden. In der modernen Wissenschaft werden vulkanische Sonderbildungen dieser Art »Lithophysen« genannt. Da sie härter und widerstandsfähiger sind als das umgebende Gestein des stärker porösen vulkanischen Ignimbrits[1], werden sie während der Verwitterung im Lockergestein freigelegt. In ihrem Inneren können eine, seltener auch zwei oder mehr stern- bis mandelförmige Achatbildungen enthalten sein, die meist erst beim Aufschneiden der Kugeln sicht- und erlebbar werden.

Viel weniger Interesse als die Achate erfährt der ebenfalls hier anzutreffende bunte, meist rot und gelb gefärbte Jaspis, der in neuerer Zeit nur in wenigen Publikationen einige Aufmerksamkeit gefunden hat.[2] Als historischer Schmuckstein ist jedoch eben dieser Jaspis von Bedeutung, während die Achate bis heute praktisch reine Sammlerobjekte geblieben sind. Stellenweise tritt der Jaspis auch innerhalb der Achatkugeln, meistens jedoch als eigenständige Bildung auf.

Schriftliche Überlieferungen zur Nutzungsgeschichte des Vorkommens

Jaspis von St. Egidien gehört neben Quarz und Amethyst von Wolkenstein und Wiesenbad bei Annaberg zu den am frühesten nachweislich genutzten sächsischen Schmucksteinen. Seine Verwendung lässt sich bis weit in die Renaissance zurückverfolgen. Im 16. Jahrhundert nennt Georgius Agricola in seiner *De natura fossilium* unter den Orten in Sachsen, an denen Jaspis in unterschiedlichen Ausbildungen gefunden wird, auch »ad pagum situm inter Kempnicium & Glaucam oppida, qui nostris Langouitium«.[3] Da sich dieser Ort zwischen Chemnitz und Glauchau als Langenlungwitz deuten lässt und 1590 von Petrus Albinus in seiner auf Deutsch verfassten Bergchronik auch so bezeichnet ist, wird der damalige Fundort häufig in der Nähe des Steinbergs im heutigen Ortsteil Oberlungwitz vermutet.[4] Aber ebenso findet sich die Angabe »bei Wüstenbrand« gelegentlich auf erhaltenen historischen Sammlungsetiketten und in älteren Beschreibungen. Allerdings gibt es bisher keine Geländenachweise für das Auftreten von Jaspis in diesen beiden Ortslagen, sodass der eigentliche historische Fundort wohl in der etwas weiteren Umgebung zu suchen ist.[5]

Tatsächlich können zahlreiche Lesesteinfunde westlich von Lungwitz, im Bereich südöstlich der Struktur des sogenannten Sattels von Kuhschnappel, nahe den Ortschaften St. Egidien, Kuhschnappel und Rüsdorf gemacht werden.[6] Eben dieses Gebiet rückte in den Mittelpunkt hoheitlichen Interesses, als

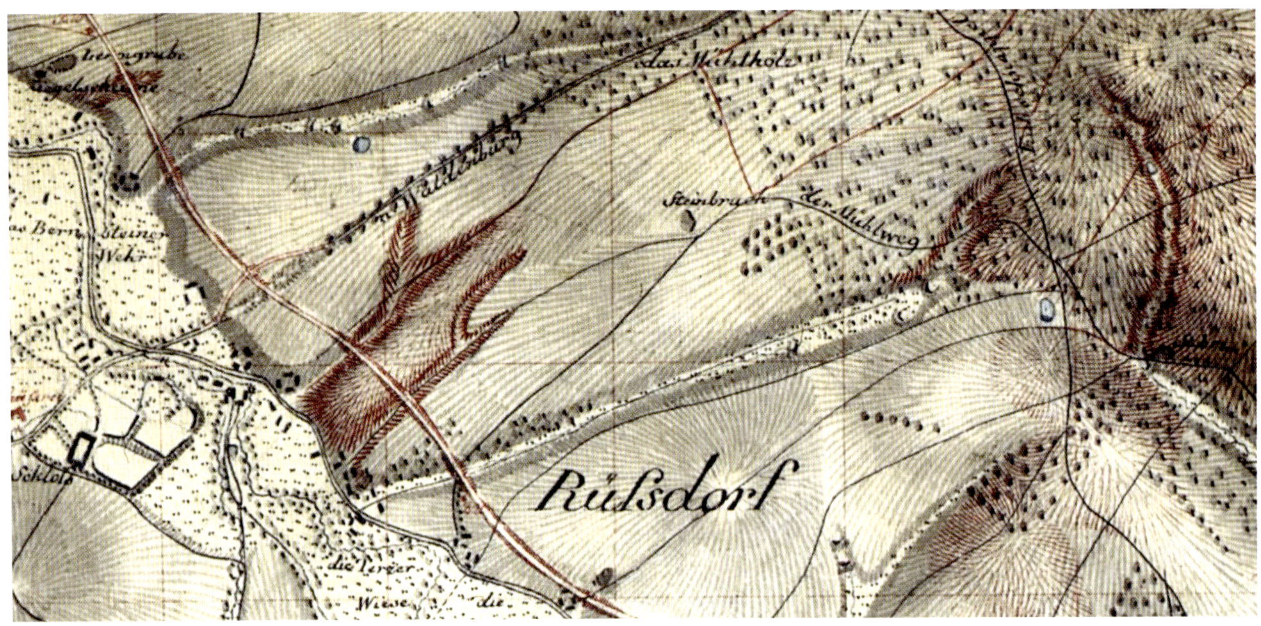

Abb. 1
**Sächsisches Meilenblatt Nr. 136 Hohenstein-Ernst-
thal,** Ausschnitt mit eingetragenem Steinbruch
zwischen Ortslage Rüsdorf und dem Rüsdorfer Wald,
Sächs. Ing.-Korps unter Ltg. von Friedrich Ludwig
Aster, Grundaufnahme 1792, Nachträge bis 1876,
Sächsisches Staatsarchiv, Bergarchiv Freiberg,
40044-4 Generalrisse, Nr. I 132 (MF 1553)

Anfang des Jahres 1713 auf Weisung von August dem Starken
aus ganz Sachsen Jaspisproben zur Begutachtung nach
Dresden geschickt werden sollten.[7] Am 1. August 1713 wurde
dann auf Anraten des Leiters der Dresdner Schleif- und
Poliermühle und Erfinders des sächsischen Porzellans
Johann Friedrich Böttger der Edelgesteininspektor Christian
Richter beauftragt, für die Einsendung dieser Gesteinsproben
nebst den entsprechenden Berichten zu sorgen.[8] Schon am
10. August 1713 schreibt Richter nach Dresden und meldet
unter anderem Funde von gelbem und rotem Jaspis in einem
Bruch bei St. Egidien und im Wald nördlich von Rüsdorf.[9]
Aufgrund positiver Gutachten Böttgers zu den eingesandten
Proben werden im Oktober und November Abbauversuche bei
St. Egidien durchgeführt und danach ungefähr 20 Zentner
Rohmaterial nach Dresden geschickt.[10] Auf Anforderung des
Kurfürstlichen Berggemachs folgt im Januar 1714 eine weitere Sendung.[11] Anzumerken ist in diesem Zusammenhang,
dass wiederholt von größeren Stücken gewinnbaren Jaspis
berichtet wird. So meldet Richter in einem Schreiben vom
23. Juni 1714 die Auffindung eines acht bis neun Zentner
schweren Blockes von wenn auch nicht fehlerfreiem, so doch
verwendbarem Jaspis bei St. Egidien.[12]

Wie bei praktisch allen Hartsteinvorkommen im Erzgebirge
stellten auch in diesem Fall die häufigen Risse im Jaspis für
die Nutzung als Schmuckstein ein Problem dar, da sie die
Möglichkeit der Gewinnung größerer Einzelstücke stark
einschränkten. Johann Carl Freiesleben berichtet, dass deshalb von August dem Starken am 2. September 1721 eine
Inspektion des Bruches durch den Vize-Oberhüttenvorste-
her Sebastian Heinrich Lippert angeordnet wurde. Nachdem
dieser ein negatives Gutachten abgegeben hatte, wurden die
Gewinnungsarbeiten für den Jaspis eingestellt.[13]

Die Lage des historischen Steinbruchs bei Rüsdorf

Über eine weitere Nutzung des Vorkommens sind bisher
keine Akteneinträge bekannt geworden. Allerdings legen
sowohl Begehungen vor Ort als auch die nachweisbare Verwendung des Rüsdorfer Jaspis in der zweiten Hälfte des
18. Jahrhunderts die Vermutung nahe, dass es vielleicht
einige Jahrzehnte später nochmals zu Abbauaktivitäten
gekommen sein könnte.

Die Lage des historischen Jaspisbruchs bei St. Egidien lässt sich
anhand der im Rahmen der kursächsischen topografischen
Landesaufnahme zwischen 1780 und 1825 entstandenen Mei-
lenblätter von Sachsen rekonstruieren. Davon existieren neben
dem sogenannten Dresdner Original noch zwei Kopien. Das
Berliner oder ursprüngliche »Königsexemplar« musste 1815
an Preußen abgegeben werden. Am sächsischen Oberbergamt
befand sich das dritte, sogenannte Freiberger Exemplar.[14]

Das *Sächsische Meilenblatt 136 Hohenstein-Ernstthal* wurde
1792 unter Leitung von Friedrich Ludwig Asterwar aufgenommen. Grundlage war eine Triangulation ausgehend von
der Basislinie auf der sogenannten »Ebenheit« zwischen
dem Sonnenstein bei Pirna und dem Königstein, wodurch
die Kartenblätter nicht eingenordet, sondern etwa 42 Grad
nach Westen geschwenkt sind. Das Freiberger Exemplar
besteht aus teils abgeänderten Kopien aus den Jahren 1819
bis 1834, in die noch bis circa 1876 nachträgliche Eintragun-
gen vorgenommen wurden. Deswegen ist unter anderem im
Bereich Rüsdorf der geplante Verlauf der Eisenbahnlinie
eingetragen. Die Kopie des Blattes 136 erfolgte nach 1821,
was anhand der Schraffen zur Darstellung des Reliefs, die
zurückhaltend in Grau dargestellt wurden, ablesbar ist.
Somit ist der Eintrag eines Steinbruchs in besagtem Gebiet
kein eindeutiger Beleg dafür, dass dieser bereits vor 1821
existiert haben muss. Nach der Freiberger Karte befand sich
der Bruch nahe dem Waldrand nördlich von Rüsdorf zwischen dem westlich gelegenen, heute nur noch rudimentär
existierenden Weg nach Waldenburg und dem langgezoge-
nen Bachlauf vom Waldrand bis in das südliche Haupttal
(Abb. 1). Damit wäre die Lage etwas weiter westlich eines
heute dort existierenden, deutlich größeren aufgelassenen
Steinbruchs. Allerdings muss berücksichtigt werden, dass
die Abweichungen in den Kartierungen von Asterwar im
Extremfall bis zu 300 Meter betrugen.

Bis Anfang des 20. Jahrhunderts nutzte man das Dresdner
Exemplar und nahm Änderungen darin vor. Für den Bereich
nördlich von Rüsdorf ist das Blatt deutlich ungenauer als das
Freiberger Exemplar. Auch hier ist ein Steinbruch (»alter
Steinbruch«) eingetragen, allerdings weiter westlich, nahe
dem Waldenburger Weg. Ein weiterer kleiner »alter Stein-
bruch« erscheint weiter südlich, westlich des Waldenburger
Weges in der Nähe des Bachlaufs an der heutigen Straße nach
Kuhschnappel.[15]

Das am besten erhaltene Berliner Königsexemplar der Mei-
lenblätter wurde gleich nach Fertigstellung der entsprechenden Originalblätter erstellt und hat keine Folgeeintra-
gungen. Auf dem Blatt Hohenstein-Ernstthal erscheint auch
hier nördlich von Rüsdorf ein einzelner bezeichneter Steinbruch, diesmal aber deutlich weiter östlich und ziemlich
genau an der Stelle des heute dort existierenden Bruches.
Zusammenfassend kann man sagen, dass der auf allen drei
sächsischen Meilenblättern verzeichnete Steinbruch 1792
existiert haben muss. Obwohl die Lage nicht in jedem Fall
exakt der Lage des heutigen, deutlich größeren Steinbruchs
entspricht, handelt es sich wohl immer um jeweils ein und
dasselbe Objekt. Der Eintrag »alter Steinbruch« in der
Dresdner Originalkarte legt nahe, dass er 1792 nicht mehr
betrieben wurde.

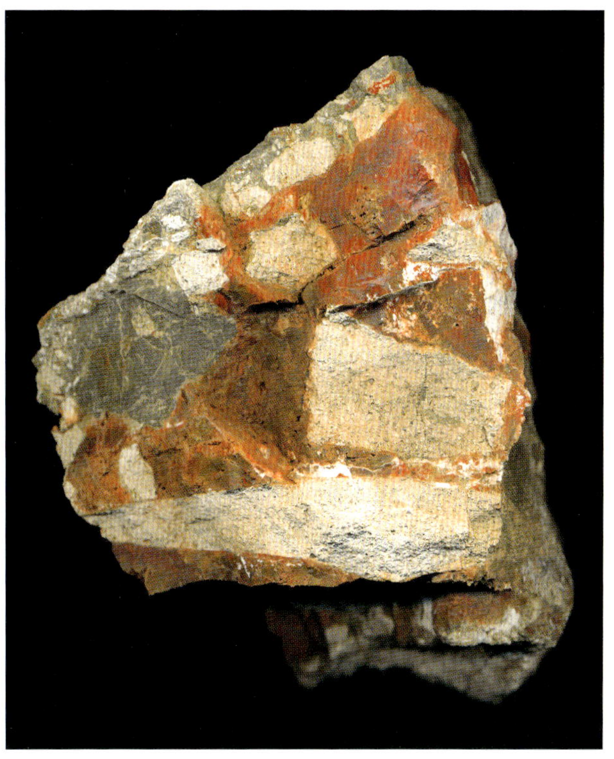

Abb. 2

Jaspis (rötlich bis gelblich-bräunlich und grün) bildet
Spaltenfüllungen in den Brekzien der vulkanischen
Tuffe (hell); historischer Steinbruch bei Rüsdorf
(Größe des Stücks ca. 11 × 11 cm)

Die Entstehung des Rüsdorfer Jaspis

Die Befahrung des Bruches als einen der sehr seltenen geologischen Aufschlüsse im Fundgebiet, in dem man das
Gestein direkt im Verband mit dem vulkanischen Tuff
betrachten kann, sowie die Aufsammlung von Lesesteinen
im Umfeld geben Hinweise auf die Entstehungsweise und
die Ausbildungsvielfalt des Rüsdorfer Jaspis. Wie in der Literatur erwähnt, sind die größeren Jaspisbildungen an Spalten
und Klüfte im Ignimbrit gebunden.[16] Die starke Brekziierung[17] des Materials und des umgebenden Nebengesteins
weisen darauf hin, dass es sich nicht um einfache Abküh-
lungs- oder Kontraktionsspalten handelt, sondern dass
sowohl die Bildung der Spalten als auch ihre Füllungen
Folgen eruptiver vulkanischer Aktivitäten im Untergrund
gewesen sein müssen (Abb. 2). Die Größe der aufgefundenen
Jaspisaggregate bewegt sich meist im Bereich von einigen
Zentimetern, kann selten aber auch bis zu 20 Zentimeter
und in Einzelfällen sogar noch deutlich mehr betragen.
Diese Geländebefunde stimmen gut mit den diesbezüglichen
Angaben vom Beginn des 18. Jahrhunderts überein.

Meist erscheint der Rüsdorfer Jaspis makroskopisch dicht tiefrot oder intensiv gelb, seltener orange, oft auch geflammt gefärbt, wobei häufige Wechsel und Vermischungen von Rot und Gelb vorkommen. Seltener zu beobachten sind massive oder kugelige tiefrote Aggregate, ähnlich wie sie bei dem bekannten, typischen »Korallenachat« von Halsbach nahe Freiberg auftreten (Abb. 3). Die häufig dendritische bzw. moosartige, oft erst unter dem Mikroskop erkennbare Ausbildung der Einschlüsse in den intensiv gefärbten Bereichen im Jaspis weist wie die Brekziierung auf eine turbulente, vulkanische Bildung des Gesteins hin.[18]

Zur Bestimmung von Rüsdorfer Jaspis

Es ist schwierig, geschnittenen und polierten Rüsdorfer Jaspis nur anhand seines allgemeinen äußeren Erscheinungsbilds zu erkennen. Zwar ist relativ schnell zu bemerken, dass es sich bei dem intensiv rot und gelb, manchmal auch orange gefärbten Gestein um Jaspis handeln muss. Auch die Ausbildung als Moosachat wird bei genauerem Hinsehen oder spätestens bei Betrachtung unter der Lupe bzw. unter einem Binokularmikroskop offensichtlich. Die bezeichneten Merkmale allein reichen jedoch nicht für eine Ansprache aus, da Jaspis in ganz ähnlicher Ausbildung auch von anderen mitteleuropäischen Fundorten bekannt ist. Im Kontext der Nutzung als Schmuckstein vom Beginn der Frühen Neuzeit bis Anfang des 19. Jahrhunderts sind hier insbesondere die Vorkommen von Jaspis aus dem Raum Idar-Oberstein im Saar-Nahe-Bergland und die Abbaue und Fundmöglichkeiten am und um den Ziegenberg/Kozákov bei Turnau/Turnov in Nordostböhmen zu nennen. Erschwerend kommt hinzu, dass der Jaspis in allen drei Fundgebieten Variationen in seiner konkreten Ausbildung zeigen kann. Es ist daher nicht in allen Fällen möglich, an kunsthistorischen Objekten eine genauere Zuordnung von derartigem Jaspis vorzunehmen. Für das Freiberger Ratskruzifix von vor 1605 (siehe Kat.-Nr. 2) wurde zunächst angenommen, dass der achtseitige Jaspissockel und der darüber befindliche Angriff aus Rüsdorfer Jaspis gefertigt sein könnten. Wegen der Größe der verwendeten Stücke konnten jedoch bei einer genaueren Evaluierung ausreichend viele Merkmale und Details festgestellt werden, die klar auf eine Herkunft aus dem Raum Idar-Oberstein verweisen.[19]

Der Jaspis vom Ziegenberg ist ebenso wie der Jaspis von Idar-Oberstein in siliziumärmeren, »basischen« Vulkaniten entstanden, während die Nebengesteine bei Rüsdorf extrem »sauer«, also siliziumreich sind. Bei der Bildung des Jaspis standen in den ersten beiden Fällen und insbesondere am Ziegenberg daher auch größere Mengen an Eisen bei höheren Ausgangstemperaturen zur Verfügung, die zur Bildung von grünen, eisenreichen Silikaten wie zum Beispiel Seladonit[20] geführt haben. Am Ziegenberg ist der Jaspis entsprechend häufig tief grün und nur stellenweise rot und/oder gelb gefärbt (Abb. 4).[21] Auch im Nahe-Gebiet kommt bei Pfeffelbach teils grünlicher, als Moosachat ausgebildeter Jaspis vor. In Rüsdorf trifft man hingegen nur einige separate, homogen hell- bis schmutzig grün gefärbte, dichte serizitreiche Bildungen an, die nicht als Schmuckstein verwendbar sind. Die Farbe des Japsis ist rot bis gelb.[22] Beim Auftreten typisch tiefgrüner Färbungen, verursacht durch Einschlüsse von Eisensilikaten im Jaspis, kann daher eine Herkunft aus Rüsdorf ausgeschlossen werden.[23] Der Jaspis vom Ziegenberg ist häufig lagig ausgebildet und die ihn rot, gelb und grün färbenden eingewachsenen Minerale zeigen eine unter dem Mikroskop sichtbare kranzförmig-feinstrahlige bis -plattige Ausbildung (Abb. 4).[24] Die Eisenoxide bzw. Hydroxide Hämatit und Goethit kommen dort oft gemeinsam auch in Form kleinster, fast staubartiger kugeliger Einschlüsse im Chalcedon vor.

Die Ausbildung von vergleichbarem rotem und gelbem Jaspis im Raum Idar-Oberstein weist eine sehr große Vielfalt auf, was wohl auch auf die deutlich größere Ausdehnung des Fundgebiets zurückzuführen ist. Wie am Ziegenberg kann Hämatit hier im Jaspis massivere Aggregate bilden, die nicht rot, sondern dunkel und metallisch glänzend erscheinen – ein Phänomen, das in Rüsdorf bisher nicht beobachtet wurde. Charakteristisch für Idar-Oberstein sind wurm- bis schlauchartige Bildungen oder viele kleine, tropfen- oder tellerförmige Einschlüsse von Hämatit im Chalcedon (»Stephanstein«), die häufig senkrecht zur Wachstumsbänderung des Chalcedons orientiert sind.[25] Die rot und gelb färbenden dendritischen Einwachsungen sind im Jaspis aus diesen Vorkommen meist sehr fein verästelt und häufig locker verteilt im Chalcedon angeordnet, sodass die Erkennung des Moosachats in der Regel bereits makroskopisch möglich ist. Tendenziell ist der Chalcedon von Idar-Oberstein eher trüb, während der Rüsdorfer Jaspis in der Regel eine durchsichtige bis durchscheinende Chalcedonmatrix aufweist (Abb. 4). Stellenweise sind in Letzterem kleinere, millimetergroße Bereiche frei von färbenden Einschlüssen, die dann makroskopisch wie ovale Quarzkörner wirken. Die Dendriten sind häufig klein und dicht angeordnet, sodass sie erst unter der Lupe oder dem Mikroskop sichtbar werden. Neben kürzeren, feinen moosartigen Verästelungen treten auch gröbere, längere und leicht gebogene Bildungen auf, die an die Schnitte von Muschelschalenresten in den klassischen antiken »Lumachella-«(Muschel-)Kalksteinen erinnern. Mithilfe der hier aufgezählten Merkmale ist es in einigen Fällen möglich, die Herkunft von buntem verarbeitetem Jaspis genauer zu bestimmen.

Abb. 3
Rüsdorfer Jaspis:

Links: Neufunde als Lesesteine, B. ca. 4 und 7 cm

Rechts: geschnittene und polierte historische Belege
No: 6 und No: 9, »Jaspis bei Zwickau«, Heinrich Taddel,
Dresden, vor 1757, Jaspis, 4,0 × 3,3 cm, Grünes Gewölbe,
SKD, Inv.-Nrn. I 15 b/6, I 15 b/9

Oben: typisch gelb-rote Ausbildung als Moosachat
Unten: kugelige rote Aggregate ähnlich wie bei dem
sogenannten Korallenachat von Halsbach bei Freiberg

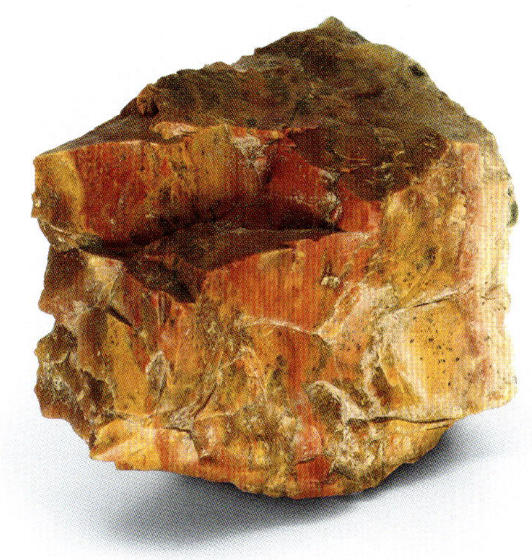

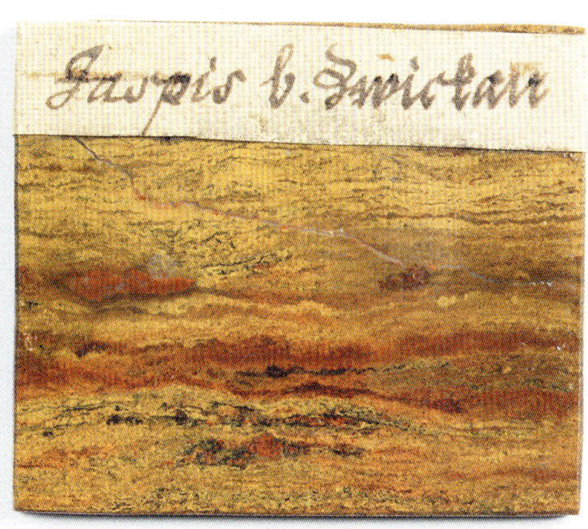

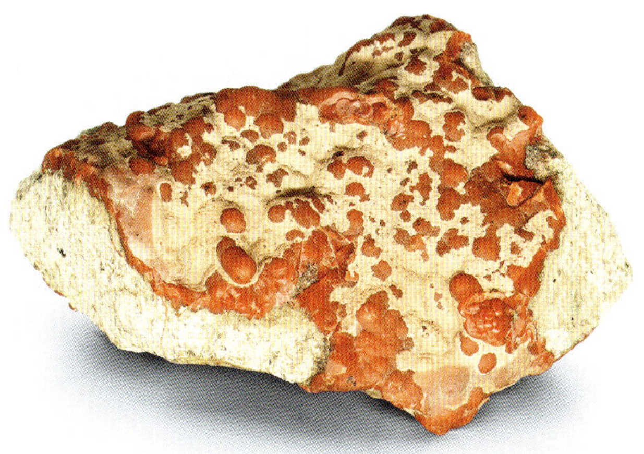

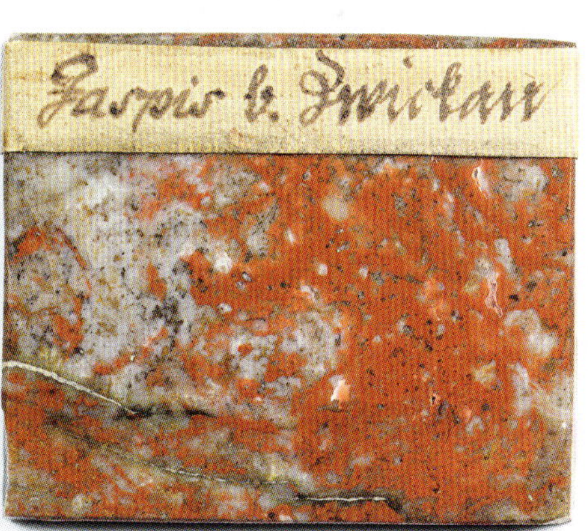

Abb. 4
Mikroskopische Aufnahmen von gelb-rotem Jaspis

1 Gelb-rote Partie in grünem Jaspis (unten rechts) von
Kozákov bei Turnov, Nordostböhmen, auf der Kuppa einer
Schale, Prag um 1600, Grünes Gewölbe, SKD, Inv.-Nr. V 97

2 Jaspis aus dem Raum Idar-Oberstein, nicht inventari-
sierter Dosendeckel aus dem Vorrat der Mineralogischen
Sammlungen der TU Bergakademie Freiberg

3 Tafel aus dem Steinkabinett von Heinrich Taddel,
No:10 »Jaspis bei Zwickau«, Grünes Gewölbe, SKD,
Inv.-Nr. I 15 b/10

4 Originaler Diamantquader zu den Nosseni-Stühlen,
Vorrat der Mineralogischen Sammlungen der TU Bergakademie Freiberg, Inv.-Nr. MiSa 85514

5 Tafel aus dem Steinkabinett von Heinrich Taddel,
No:5 »Jaspis bei Zwickau«, Grünes Gewölbe, SKD,
Inv.-Nr. I 15 b/5

6 Neufund von Rüsdorf, unbearbeitet (vgl. Abb. 2)

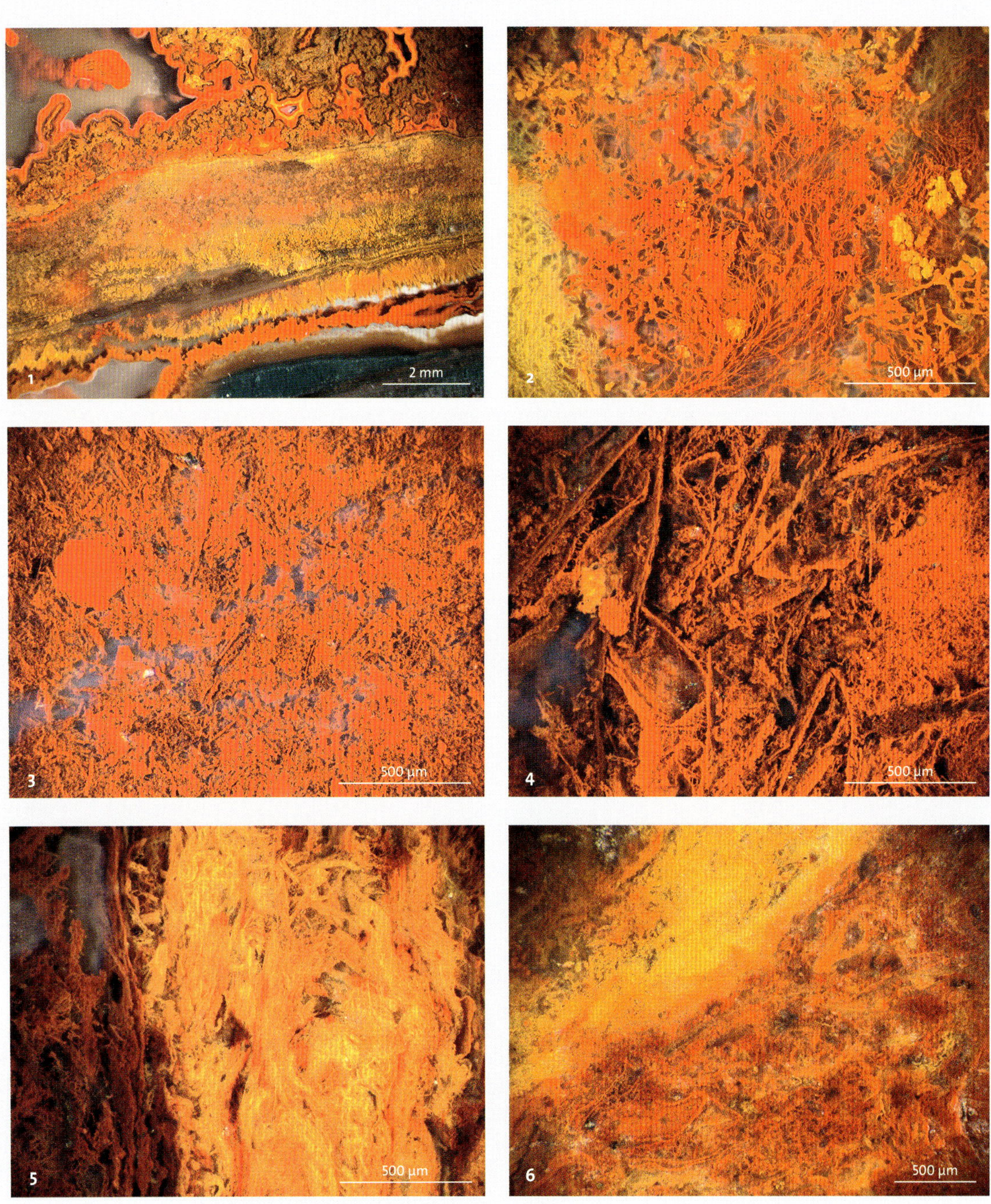
1
2 mm
2
500 µm
3
500 µm
4
500 µm
5
500 µm
6
500 µm

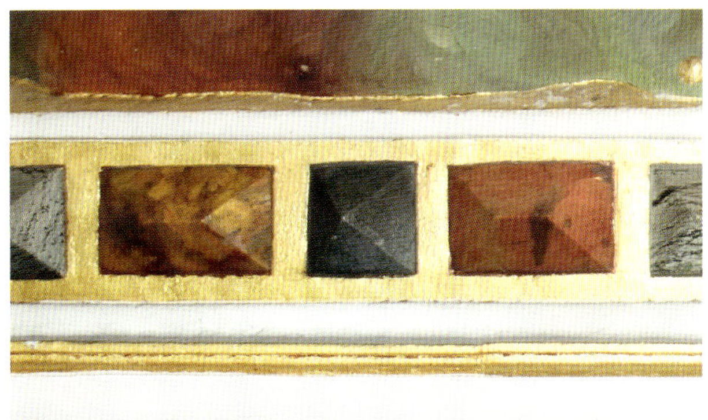

Im 16. Jahrhundert wurde der Rüsdorfer Jaspis ebenso wie
der Amethyst als wertvoller Edelstein betrachtet und in den
typischen Renaissanceformen zentimetergroßer Diamantquader (pyramidenförmiger Spitzsteine und länglicher
Dachsteine) oder als Cabochons geschnitten und poliert.[26]
Eines der frühesten bekannten Beispiele einer solchen Verwendung ist der von Christoph Walther II. aufgeführte, farbig gefasste Sandsteinaltar, der von Wolf II. von Schönburg-
Penig und seiner Frau Anna-Schenk von Landsberg für die
evangelische Stadtkirche von Penig *Unserer Lieben Frauen auf
dem Berge* gestiftet wurde. Der Altar ist inschriftlich auf 1564
datiert.[27] Das Mittelfeld und der untere Teil der Seitenfelder
sind durch längliche und pyramidenförmige Schmucksteine
gerahmt und dadurch besonders hervorgehoben. Um das
Mittelfeld wurde dabei Rüsdorfer Jaspis, um die Seitenfelder
Amethyst, wahrscheinlich aus Wiesenbad oder Wolkenstein
bei Annaberg, verwendet (Abb. 5).[28]

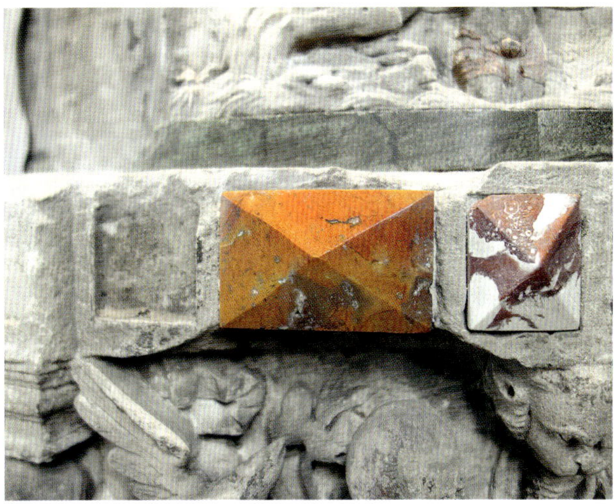

In der Zeit von 1575 bis 1591 wurden in Dresden nach Ent-
würfen von Giovanni Maria Nosseni zu zwei zwischen 1575
und 1580 entstandenen, mit Zöblitzer Serpentinit gerahm-
ten steinernen Kredenztischen insgesamt 24 Stühle gefertigt. Davon sind heute noch sieben in den Staatlichen Kunstsammlungen Dresden erhalten.[29] Offensichtlich sollten zwölf
der ursprünglich 24 Stühle an den Rückenlehnen die damals
europaweit populären römischen »zwölf Caesaren Suetons«, eine kanonisierte Abfolge antiker Kaiser, abbilden,
während bei den anderen zwölf Stühlen die Lehnen ornamental mit Pflanzenmotiven gestaltet wurden und, wie bei
den »Kaiserstühlen« auch, inschriftlich Kurfürst Christian
I. huldigen.[30] Dieser war seit 1586 Kurfürst von Sachsen, was
eine Entstehung der Prunkstühle zwischen 1586 und 1591
wahrscheinlich macht. Durch die an den Lehnen aller Stühle
vorn angebrachten Kurschwerter und die sächsischen
Wappen auf den Rückseiten wurden dynastische Beziehungen des Hauses Wettin zu den römischen Kaisern suggeriert.
Die aus Birnbaumholz gefertigten Stühle sind dunkel
gebeizt, um Ebenholz zu imitieren. Die Sitzflächen bestehen
aus Zöblitzer Serpentinit, während die Holzteile, insbesondere die Lehnen, überreich mit Schmucksteinen aus Rüsdorfer Jaspis besetzt sind (Abb. 6). Da im Lauf der Jahrhunderte viele der Diamantquader und Cabochons, insbesondere
an den Seiten und auf den Nutzflächen der Lehnen, verloren
gegangen sind, wurden sie 1976/77 zunächst teilweise durch
Kunststoffimitate aus Epoxidharz, 1987/88 dann auf Vor-
schlag von Bernd Lahl, der die Rohsteine besorgte, durch
von Erich Werner im damaligen Karl-Marx-Stadt (Chemnitz) geschnittene und polierte Stücke aus Rüsdorfer Jaspis

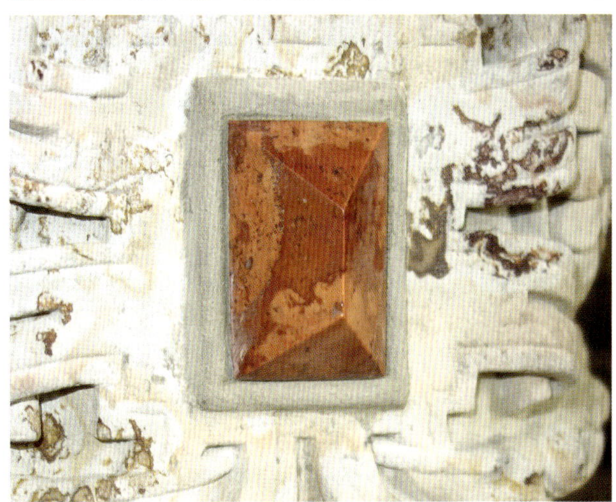

Abb. 5
Diamantquader in sächsischen Kirchen:

Oben: Rüsdorfer Jaspis und Zöblitzer Serpentinit
am Mittelbild des Altars in der Stadtkirche Penig,
Christoph Walther II., 1564

Mitte: Rüsdorfer Jaspis und ausgebleichter Kalk-
stein am Taufstein aus der Dresdner Sophienkirche,
Hans Walther II. zugeschrieben, 1558, Evangelisch-
Lutherische Landeskirche Sachsen

Unten: Kalkstein am Altar in der Stadtkirche
Bad Schandau, Hans Walther II., 1575–1579

Abb. 6
Nosseni-Stühle:

Oben: Lehne eines Schemelstuhls, Giovanni Maria
Nosseni (Entwurf), Benedikt Hertel, Walther
Werkstatt, Dresden, um 1580, Holz, Gesteineinlagen,
graugrüner Serpentinit, Kunstgewerbemuseum, SKD,
Inv.-Nr. 47718

Unten: Detailaufnahme mit Vergleich von originalen
und ersetzten (mit Pfeilen markierten) Diamantquadern und Cabochons aus Rüsdorfer Jaspis

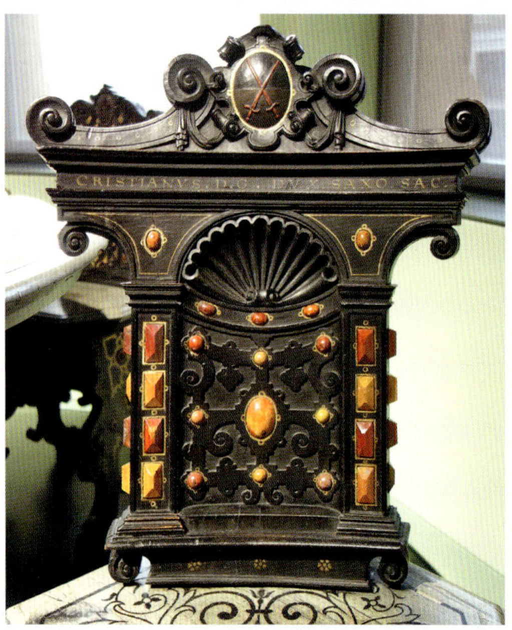

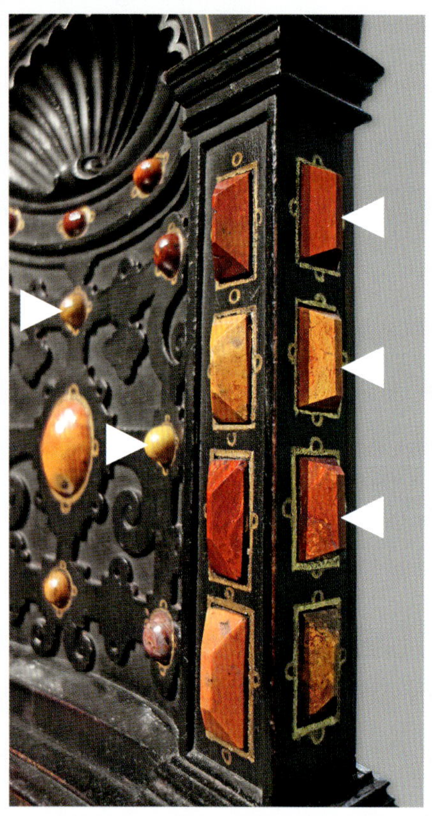

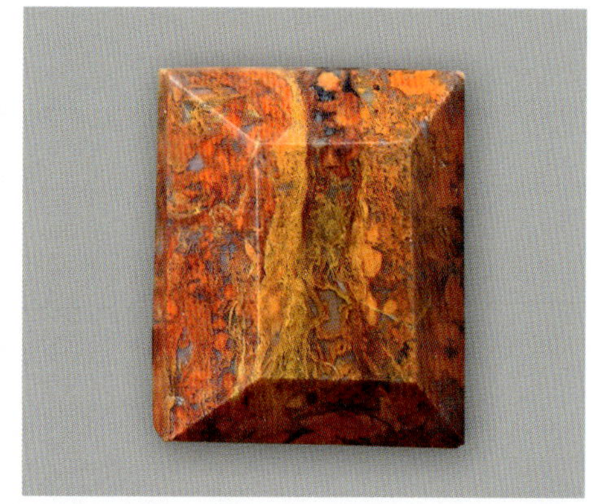

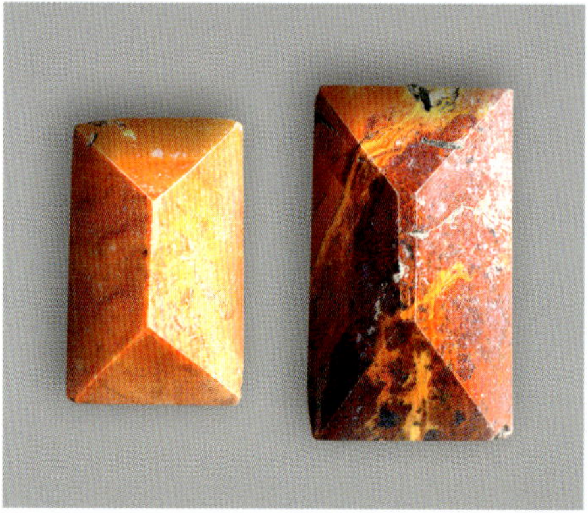

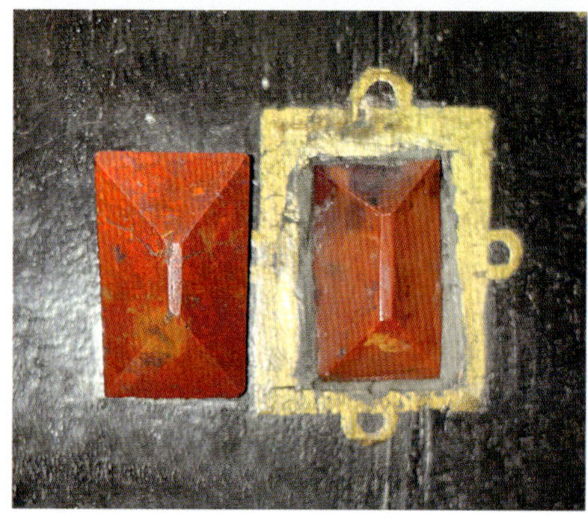

Abb. 7
**Diamantquader aus Rüsdorfer Jaspis
zu den Nosseni-Stühlen:**

Oben: Ersatzstein, Fundus Bernd Lahl

Mitte: Originalsteine aus dem Depot
der Rüstkammer, SKD

Unten: Vergleich des originalen Steines aus
den Freiberger Mineralogischen Sammlungen
(Inv.-Nr. MiSa 85514) mit einem Originalstein
an einem Stuhl, Kunstgewerbemuseum, SKD,
Inv.-Nr. 47717

ersetzt. Die Stühle erlauben somit einen direkten Vergleich der originalen Steine aus dem 16. Jahrhundert mit dem Material von Rüsdorf. Ebenso ist ein Abgleich mit den im Fundus von Bernd Lahl verbliebenen Ersatzsteinen möglich (Abb. 7 oben). Außerdem können für direkte mikroskopische Prüfungen zwei originale Steine genutzt werden, die bei einem früheren Restaurierungsversuch unter Beteiligung des Freiberger Steinschneiders Gottfried Schramm 1971 als Muster dienten. Diese beiden Stücke wurden danach nicht wieder an den Originalstühlen eingesetzt und befinden sich im Depot der Rüstkammer (Abb. 7 Mitte). Überraschend konnte noch ein weiterer, nicht etikettierter originaler Diamantquader von den Nosseni-Stühlen im Vorrat der Mineralogischen Sammlungen der TU Bergakademie Freiberg aufgefunden und identifiziert werden (Abb. 7 unten).[31] Die direkten Gegenüberstellungen und die mikroskopischen Untersuchungen belegen, dass es sich in allen genannten Fällen um Material vom Fundort Rüsdorf handelt (Abb. 4, 7).

Heute ebenfalls im Dresdner Residenzschloss ausgestellt ist ein weiteres Beispiel der Nutzung von Rüsdorfer Jaspis in der Renaissance. Es handelt sich um den fragmentarisch erhaltenen, 1988/89 teilrekonstruierten Taufstein aus der einstigen evangelischen Schlosskapelle, der sich ab 1738 in der Dresdner Sophienkirche befand und dort 1945 teilweise zerstört wurde.[32] Das hochrangige Kunstwerk wird Hans Walther II. zugeschrieben und ist inschriftlich auf 1558 datiert.[33] Diamantquader aus intensiv rot bis gelb gefärbtem Rüsdorfer Jaspis in Form von länglichen Spitzsteinen oder von mit einer Tafel versehenen dachförmigen Steinen wurden gemeinsam mit Spitzsteinen aus farbigem, jetzt stark ausgebleichtem Kalkstein und aus Zöblitzer Serpentinit in einem Fries unterhalb der vier zentralen Sandsteinreliefs eingesetzt. Von den ursprünglich acht spitz- und vier dachförmig gearbeiteten Steinen aus Rüsdorfer Jaspis sind nur fünf erhalten geblieben (Abb. 5).[34]

Weitere Beispiele für die Verwendung des Materials als Schmuckstein finden sich erst wieder in der zweiten Hälfte des 18. Jahrhunderts im Zusammenhang mit dem Schaffen der in Dresden ansässigen Goldschmiede Heinrich Taddel und Johann Christian Neuber. In dem Steinkabinett von Heinrich Taddel (siehe S. 36 – 54) gibt es insgesamt sieben Steintafeln mit der Bezeichnung »Jaspis bei Zwickau«, von denen sich fünf dem Fundort Rüsdorf zuordnen lassen (Abb. 3).[35] Vermutlich handelt es sich bei der Herkunftsbezeichnung »bei Zwickau« um die verkürzte Form der Ortsangabe »Tilgen bei Zwickau«, wie sie zum Beispiel von Abraham Gottlob Werner für »ockergelben Jasp'agat mit mehreren blutroten Streifen« aus der Sammlung des Berghauptmanns Papst von Ohain verwendet wurde.[36] An den größeren Werken von Neuber wie dem Tafelaufsatz für

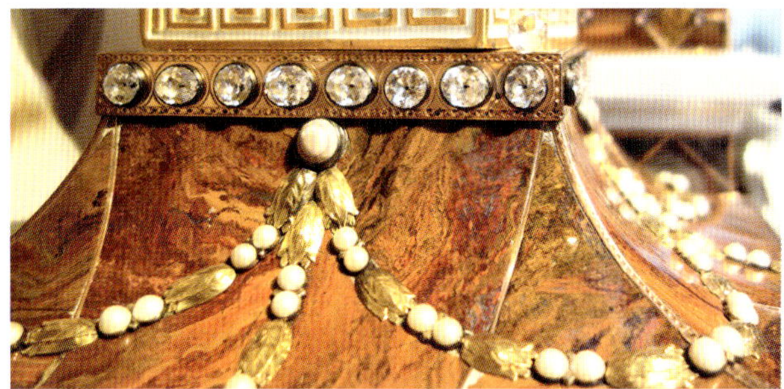

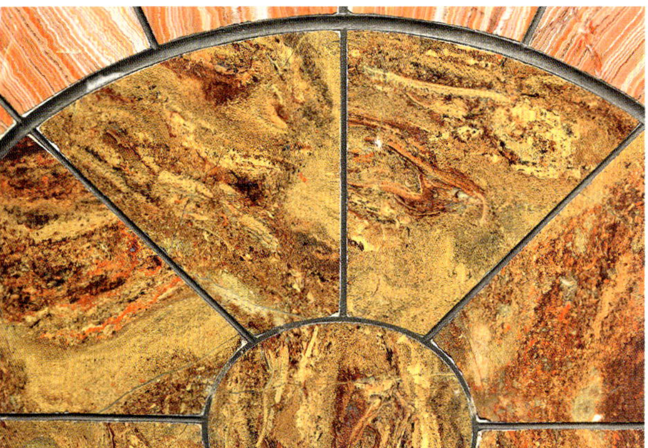

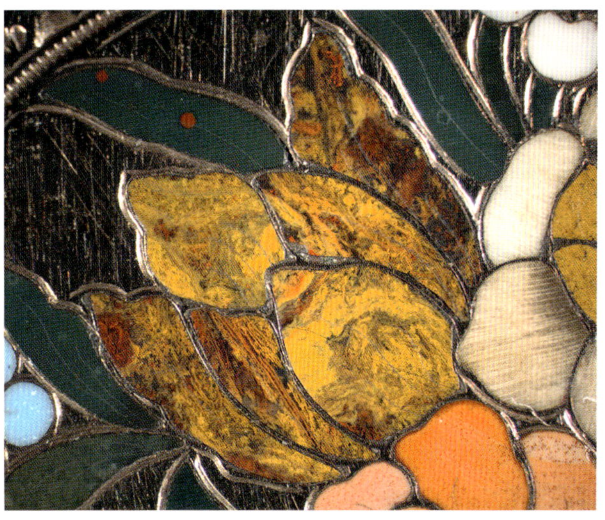

Abb. 8.

Rüsdorfer Jaspis an Kunstobjekten
von Johann Christian Neuber:

Oben: Postament einer Prunkvase am Kamin, Dresden, 1782, Grünes Gewölbe, SKD, Inv.-Nr. I 51

Mitte: Postament zur Porzellangruppe *Opfer der Freundschaft*, Dresden, 1783, Grünes Gewölbe, SKD, Inv.-Nr. 1931/2

Unten: Zentralmotiv einer Steinkabinettdose, Dresden, letztes Drittel des 18. Jahrhunderts, Grünes Gewölbe, SKD, Inv.-Nr. V 628

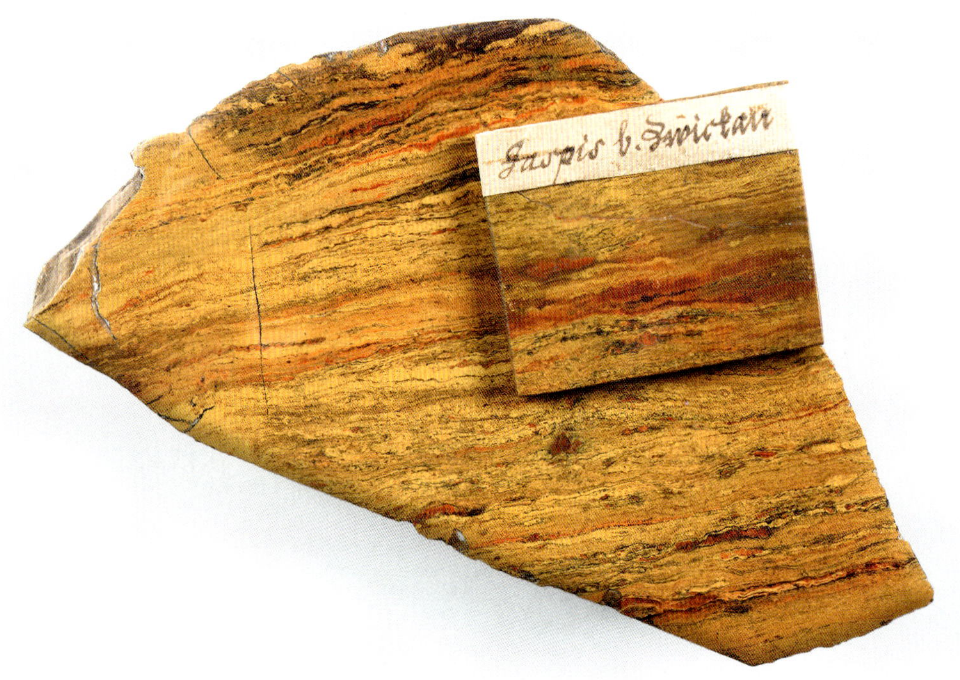

Abb. 9
Rüsdorfer Jaspis,
Verarbeitung aus der 2. Hälfte des 18. Jh.:

Hinten: Beleg aus der historischen »oryctognostischen«
Sammlung Werner, 11,0 × 8,0 cm, TU Bergakademie
Freiberg, Inv.-Nr. WeSa 101246 (Originalnummer: 1246)

Vorn: Tafel aus dem Steinkabinett von Heinrich Taddel,
4,0 × 3,0 cm, Grünes Gewölbe, SKD, Inv.-Nr. I 15 b/6

Kurfürst Friedrich August III. von 1776 (siehe Kat.-Nr. 9) und dem später dazu ergänzten Prunksockel für die Porzellangruppe *Opfer der Freundschaft* von etwa 1783 oder dem Prunkkamin von 1782 (siehe Kat.-Nr. 10) ist der Rüsdorfer Jaspis an zum Teil prominenten Stellen eingesetzt worden (Abb. 8).[37] Er findet sich auch unter den vielen sächsischen Steinsorten, die Neuber in seinen zahlreichen mit Verzeichnissen ausgestatteten Steinkabinettdosen verwendet hat. Merkwürdig erscheint dabei der Umstand, dass bei den Tabakdosen anstelle der mehr oder weniger korrekten Ortsangaben im Katalog der Sammlung von Heinrich Taddel Fundpunkte wie Zschopau, Annaberg und Schneeberg im Erzgebirge verzeichnet sind.

Eine größere polierte Platte aus demselben Rüsdorfer Material hat sich in der historischen »oryctognostischen« Sammlung von Abraham Gottlob Werner in Freiberg erhalten, wohin sie vermutlich nach der Versteigerung der Werkstatt von Neuber nach dessen Bankrott im Jahr 1795 gelangte (Abb. 9).

Insgesamt bleibt festzuhalten, dass nach der Nutzung des Rüsdorfer Jaspis in der zweiten Hälfte des 16. Jahrhunderts erst Anfang des 18. Jahrhunderts wieder eine Gewinnung des Gesteins fassbar ist. Gleichzeitig sind aber bisher keine Objekte belegbar, bei denen der Jaspis unter der Herrschaft Augusts des Starken auch tatsächlich verwendet worden wäre. Dafür gibt es einige bekannte derartige Kunstwerke vom Ende des 18. Jahrhunderts, obwohl für diese Periode keine Abbautätigkeit nachgewiesen ist. Auch fehlen Hinweise auf den Fundort nahe St. Egidien in der gedruckten mineralogischen Literatur dieser Zeit nahezu völlig. Es wäre daher denkbar, dass Taddel und Neuber überkommenes Material vom Anfang des 18. Jahrhunderts verwendet haben, so wie dies nachweislich für den Amethyst von Purschenstein im Erzgebirge oder den Achat von Wiederau bei Rochlitz geschehen ist. Das würde auch erklären, warum in den Verzeichnissen zu Neubers Steinkabinettdosen keine Fundortbezeichnungen auftauchen, die sich auf die Gegend um Rüsdorf beziehen. Solche auch für andere Gesteinsarten fassbaren Fehler in den Katalogangaben illustrieren, dass es Neuber bei den prunkvollen Tabakdosen nicht so sehr um eine geologisch exakte Beschreibung von Herkunft und Material der Schmucksteine ging, sondern vielmehr um die Befriedigung eines in den höheren gesellschaftlichen Kreisen dieser Zeit vorhandenen Bedürfnisses, seine Belesenheit und sein persönliches Interesse an Problemen der zeitgenössischen Naturkunde öffentlich zu demonstrieren.[38]

1 Als Ignimbrite werden extrem heiße, gasartige Lavaausflüsse bezeichnet, die sich sehr schnell ausbreiten und im Gelände auch größere Hindernisse überwinden können. **2** Lahl 1990, S. 64; Eulenberger/Löcse/Rößler 2015, S. 68–70. **3** Agricola 1558, S. 297. **4** Albinus 1590, S. 148. Albinus, der vor allem gedruckte Quellen auswertet, erwähnt Langenlungwitz auch im Zusammenhang mit einem um 1507 betriebenen »alten«, liegen gebliebenen Bergwerk (S. 24–25) und der Auffindung von farblosem bis grauem Chalcedon (S. 145). Er gibt außerdem an, dass der Jaspis zwar stark absätzig, aber auch in großen Stücken auftritt und als Paternosterstein sowie als Feuerstein verwendet wurde. Es bleibt unklar, ob von ihm mit den Paternostersteinen nur solche wie üblicherweise in Gebetsketten verwendete oder auch die nachweislich zur Ausschmückung von Altären eingesetzten geschliffenen Schmucksteine gemeint waren; vgl. z. B. Anonymus 1935, S. 1; Löcse 2012, S. 18–20. Diese populäre Darstellung zur Nutzungsgeschichte des Jaspis weist leider einige Ungenauigkeiten und Fehler auf. Dass der Jaspis von Langenlungwitz in der von Hofbildhauer und Hofmaler Giovanni Maria Nosseni in die Kunstkammer eingelieferten Sammlung sächsischer Dekorsteine enthalten war, lässt sich bisher nicht belegen. Eine Beschreibung der heute wohl verlorenen Sammlung im Kunstkammerinventar von 1587 listet an letzter Stelle »4 Stuffen Jaspis gepoliret, zur Langen Tauschwitz gebrochen« auf, vgl. Fischer 1939, S. 31–32, 199; Freiesleben zählt als Fundorte »Rusdorf, Wüstenbrand, Ernstthal, Mittelbach und Langlungwitz« auf, verortet das von Agricola erwähnte Vorkommen jedoch bei St. Egidien, vgl. Freiesleben 1829, S. 56. **5** Geländebegehungen durch verschiedene Bearbeiter in Oberlungwitz und Wüstenbrand ergaben bisher keine Hinweise auf das Auftreten von Jaspis. Entsprechende Annahmen bleiben daher vorerst spekulativ. Berücksichtigt werden muss außerdem, dass historische Angaben zu den Fundorten in der Regel relativ ungenau sind. **6** Löcse/Tunger/Rößler 2017, S. 97. **7** Sächsisches Hauptstaatsarchiv Dresden (im Folgenden: HStADD), 10036 Finanzarchiv, Rep. 09, Sect. 1, Loc. 36179, Nr. 2927, fol. 25. **8** HStADD, 10036 Finanzarchiv, Rep. 09, Sect. 1, Loc. 36179, Nr. 2927, fol. 28–30. **9** HStADD, 10036 Finanzarchiv, Rep. 09, Sect. 1, Loc. 36179, Nr. 2927, fol. 32–33. **10** HStADD, 10036 Finanzarchiv, Rep. 09, Sect. 1, Loc. 36179, Nr. 2927, fol. 37–38. **11** HStADD, 10036 Finanzarchiv, Rep. 09, Sect. 1, Loc. 36179, Nr. 2927, fol. 41; Lahl 1987, S. 4. **12** HStADD, 10036 Finanzarchiv, Rep. 09, Sect. 1, Loc. 36179, Nr. 2927, fol. 41. **13** Freiesleben 1829, S. 56; Anonymus 1935, S. 1. **14** Brunner 2005, S. 47–48. **15** Freiesleben erwähnt ohne Quellenangabe zwei ehemalige Jaspisbrüche bei »Rusdorf«: Freiesleben 1829, S. 56. **16** Lahl 1990, S. 64; Löcse 2012, S. 18. **17** Unter Brekziierung versteht man das natürliche mechanische Zerbrechen von Festgesteinen in einzelne scharfkantige Bruchstücke verschiedenster Größe, wobei Letztere durch neu gebildete Mineralisationen in den Spalten und Rissen (hier durch den Jaspis) danach wieder gemeinsam zu einem festen Gestein verbunden wurden. **18** Dendritisch = baumartig. Ein dendritisches Wachstum ähnlich wie bei Schneeflocken oder »gestricktem« Silber führt zu bizarren, gewächsartig verzweigten Mineralaggregaten. Wegen der Analogie zu Moosbildungen wird solcher Jaspis häufig auch als »Moosachat« bezeichnet. **19** Ratskruzifix, Stadt- und Bergbaumuseum Freiberg, Inv.-Nr. 50/238. **20** Bei Seladonit handelt es sich um einen im vulkanischen Bereich häufig auftretenden Eisenglimmer. **21** Vergleiche das Material vom Ziegenberg/ Kozákov der zwei Jaspisschalen: Grünes Gewölbe, SKD, Inv.-Nrn. V 28, V 97; siehe S. 119–126. **22** Serizit ist ein sekundärer, sehr feinschuppiger eisenarmer Glimmer (Muskovit) in hydrothermalen Bildungen. Der Nachweis von Seladonit und Serizit erfolgte mittels Röntgendiffraktometrie (XRD) durch Reinhard Kleeberg am Institut für Mineralogie in Freiberg und durch den Erstautor mithilfe der Ramanspektroskopie. **23** Kürzlich konnte gemeinsam mit Klaus Thalheim auf ähnliche Weise für eine auf dem historischen Etikett und im Inventar als Jaspis von Annaberg im Erzgebirge bezeichnete polierte Gesteinsprobe aus den Senckenberg Naturhistorischen Sammlungen Dresden eine Herkunft vom Ziegenberg/Kozákov nachgewiesen werden, vgl. Thalheim 1998 b, S. 188. **24** Für die Rotfärbung ist feinkörniger Hämatit (Fe_2O_3), für die Gelbfärbung ebensolcher Goethit (FeOOH) verantwortlich. **25** Diese Orientierung deutet auf die Ausbildung des Chalcedons als sogenannter »Quarzin« hin. **26** Die bisher bekannt gewordenen Beispiele wurden kürzlich von Heiner Siedel nochmals zusammengefasst und diskutiert: Siedel 2017, S. 123–135. **27** Dehio 1998, S. 796–797. **28** Als drittes Steinmaterial wurde nach den Angaben aus der Literatur in beiden Fällen Zöblitzer Serpentinit eingesetzt, was sich wegen der schwierigen Beleuchtungsverhältnisse in der Kirche durch uns nicht genauer

verifizieren ließ, vgl. Fischer 1939, S. 197; Beeger 1974, S. 48; Quellmalz/Karpinski 1990, S. 115, 180. **29** Rüstkammer, SKD, Inv.-Nr. B 0051; Kunstgewerbemuseum, SKD, Inv.-Nrn. 47717–47723. Der Tisch wurde bei der Bombardierung von Dresden 1945 stark beschädigt. Die sieben vorhandenen Stühle stammen aus dem Bestand des Schlosses Moritzburg, wo sie sich seit der Fürstenabfindung (1924, vier Stück) und nach Tausch (1926, zwei Stück) als Eigentum des Hauses Wettin oder als Leihgaben (ab 1931, zwei Stück) bis 1945 befanden und im Zuge der Bodenreform beschlagnahmt wurden. Die 16 anderen, im Bestand des damaligen Historischen Museums Dresden befindlichen Stühle wurden 1942 auf dem Königstein eingelagert, von wo sie nach dem Zweiten Weltkrieg in die Sowjetunion verbracht wurden. **30** Stupperich 1995, S. 39–58. Von den zwölf »Kaiserstühlen« sind noch vier in Dresden erhalten, die die Caesaren in der üblichen Reihenfolge wiedergeben: Julius Caesar (I), Caligula (IV), Otho (VIII) und Vespasian (X). **31** Der Diamantquader befand sich in einer Schachtel zusammen mit sechs Spielmarken aus Jaspis und Achat und einem Ringstein aus Karneol. Darüber, wann und wie der Stein von den Nosseni-Stühlen in die Freiberger Sammlung gekommen ist, lässt sich bisher nur spekulieren. **32** Leihgabe der Evangelisch-Lutherischen Landeskirche Sachsen in der Dauerausstellung *Weltsicht und Wissen*, im Residenzschloss Dresden. **33** Der erhaltene Steinbesatz von Kalkstein, Jaspis und Zöblitzer Serpentinit wurde kürzlich von Heiner Siedel ausführlich untersucht und dokumentiert: Siedel 2017, S. 123–135. **34** Häufig wird in der Literatur noch auf die Verwendung von Diamantquadern aus Rüsdorfer Jaspis am Altar der Stadtkirche von Bad Schandau verwiesen, vgl. Beeger 1974, S. 50; Eulenberger/Löcse/Rößler 2015, S. 68–69; Siedel 2017, S. 129. Eine genaue Betrachtung zeigt jedoch keine Übereinstimmung in Struktur und Farbe mit dem Rüsdorfer Material. Vielmehr legen die schwache Politur und die Verwitterungsanfälligkeit für die betreffenden insgesamt vier bräunlich-orangen Diamantquader rechts und links des zentralen Sandsteinreliefs die Vermutung nahe, dass es sich nicht um Jaspis, sondern um Kalkstein wie bei dem restlichen umfangreichen Steinbesatz handelt (Abb. 5). Der in reduzierter Form aufgestellte Altar wurde zwischen 1575 und 1579 von Hans Walther II für die Dresdner Kreuzkirche geschaffen, stand ab 1902 in der Annenkirche und wurde 1927 nach Bad Schandau gebracht, siehe: Dehio 1996, S. 13. **35** Für die anderen beiden Tafeln ist eine Herkunft aus dem Raum Idar-Oberstein wahrscheinlicher, wobei eine stark dem typischen braunen sogenannten Baumholder bzw. Panthera-Jaspis ähnelt. **36** Werner 1791, S. 275; »Tilgen« oder »Tilligen« ist eine alte Ortsbezeichnung für St. Egidien. **37** Grünes Gewölbe, SKD, Inv.-Nrn. 1931/1b, 1931/2, I 51. **38** Vgl. auch: Kempe/Massanek/Wagner/Hammer/Thalheim 2020, S. 329–330.

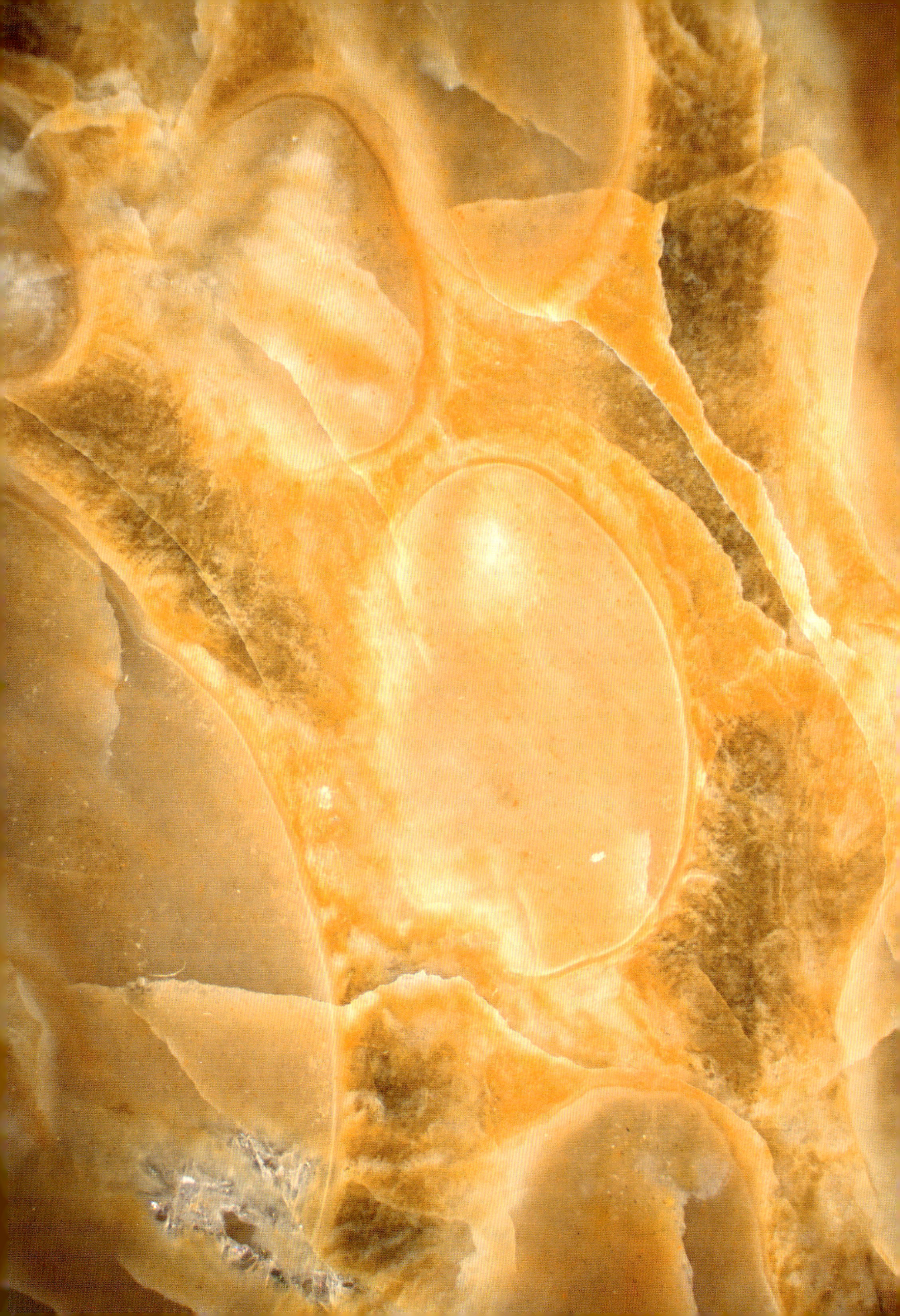

ULF KEMPE

Der »Tigerstein« von Korbitz bei Meißen

Auf Johann Christian Neubers Prunkkamin von 1782 (siehe Kat.-Nr. 10) findet sich an beiden Seiten des hohen gewölbten Sockels unter der zentralen Prunkvase, dort, wo zwei geflügelte weibliche Genien aus weißem Biskuitporzellan sitzen, ein eigentümlich getüpfeltes, bräunlich-gelbliches Gestein. Dieses wurde in quadratische, leicht gewölbte Tafeln geschnitten und mit Goldfassungen in sogenannter Zellmosaiktechnik zwischen ebenso geschnittene Platten aus hellbraun, rotbraun und grün gestreiftem »Gnandsteiner Bandjaspis« (siehe S. 147 – 150) gesetzt (Abb. 1).[1]

Für dieses ungewöhnliche Material sind die Gesteinsansprache und Herkunft zunächst völlig unklar. Von früheren Bearbeitern wurde es als gelb-braunes verkieseltes Holz aus Hilbersdorf bei Chemnitz bestimmt oder es wurden für das Kieselholz mehrere mögliche Fundorte wie Chemnitz, der Plauensche Grund bei Dresden oder Flusssedimente der Elbe und der Zschopau angegeben.[2] In der Mineralogischen Hauptsammlung der TU Bergakademie Freiberg konnte ein neuer Lesesteinfund desselben Materials aus dem Jahr 2002 ausfindig gemacht werden.[3] Er wird auf dem Etikett als Chalcedon bezeichnet, als Herkunftsort ist die sogenannte Ochsendrehe von Korbitz bei Meißen angegeben (Abb. 2 links).[4] Auch in der vor 1814 entstandenen, systematischen »oryctognostischen« Mineralsammlung von Abraham Gottlob Werner in Freiberg befindet sich eine geschnittene und polierte Platte aus diesem Schmuckstein (Abb. 2 rechts). Bei der Anfang des 19. Jahrhunderts erfolgten nachträglichen Aufnahme der Sammlung und der Erstellung eines ersten Katalogs wurde das Gestein auf einem beigelegten Etikett als Hornstein angesprochen und eine Herkunft aus dem Triebischtal bei Meißen vermutet. Die Ortsangabe stützte

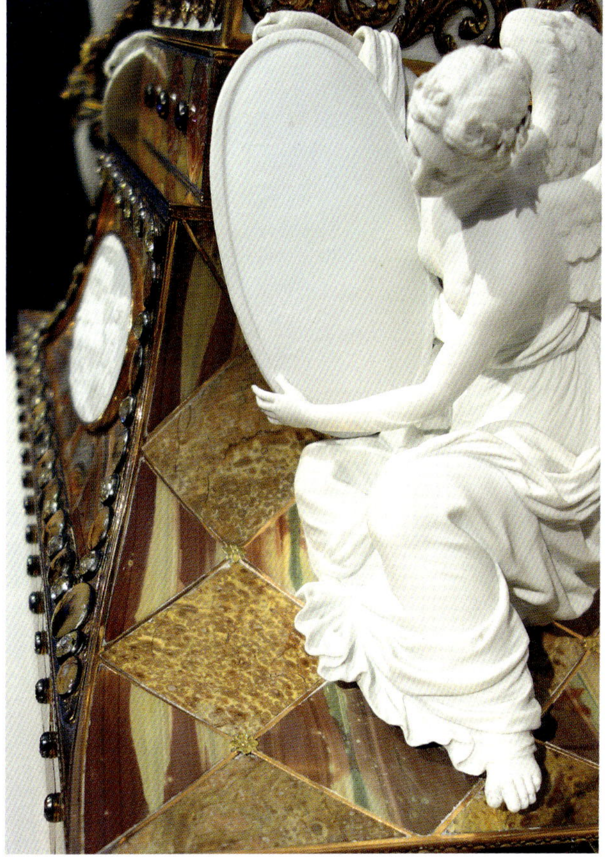

Abb. 1

Prunkkamin, Johann Christian Neuber, Dresden, 1782, verschiedene Gesteine, Porzellan, Gold, Grünes Gewölbe, SKD, Inv.-Nr. I 51 (Detail)

An den beiden Seiten des hohen Vasensockels kann der gelbliche »Tigerstein« zusammen mit dem »Gnandsteiner Bandjaspis« aus der Gegend von Kohren-Sahlis betrachtet werden.

Abb. 2

»Tigerstein«:

Links: etikettiert als Chalcedon von
der Ochsendrehe bei Korbitz, B. 11,5 cm,
Neufund von 2002, TU Bergakademie
Freiberg, Inv.-Nr. MiSa 81929

Rechts: »Tigerstein« aus der »oryctognostischen« Sammlung Werner, bezeichnet als Hornstein aus dem Triebischtal
bei Meißen, B. 11,0 cm, TU Bergakademie
Freiberg, Inv.-Nr. WeSa 100981 (Originalnummer: 981)

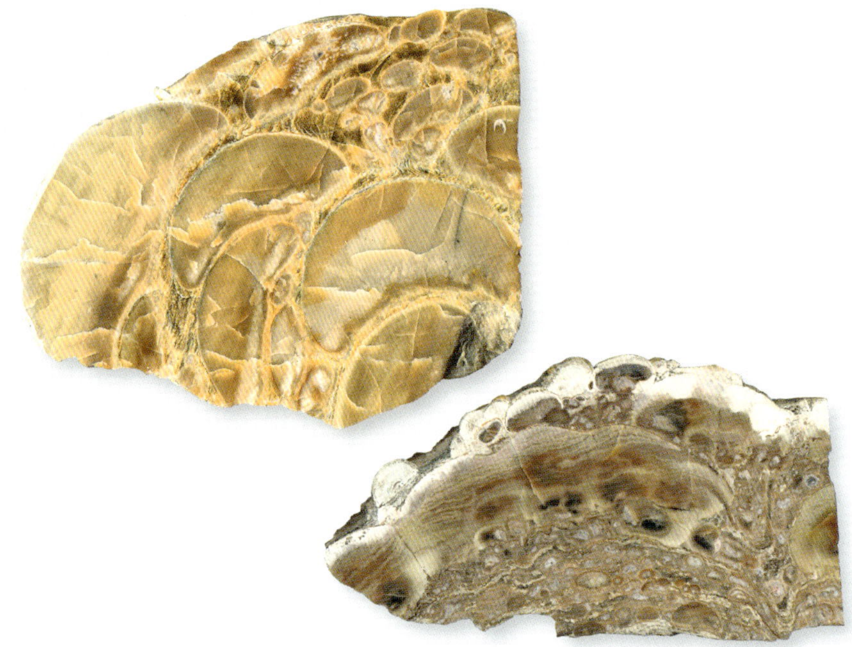

Abb. 3

»Tigerstein« zusammen mit rötlichem Achat
von Schlottwitz und gelbem »Kiesel von Moritz-
burg« sowie violettem Schlottwitzer Amethyst
auf dem Mittelteil eines runden Sockels zum
Tafelaufsatz für den sächsischen Kurfürsten
Friedrich August III. von 1776, Johann Christian
Neuber, Dresden, Grünes Gewölbe, SKD,
Inv.-Nr. 1931/1c (Detail)

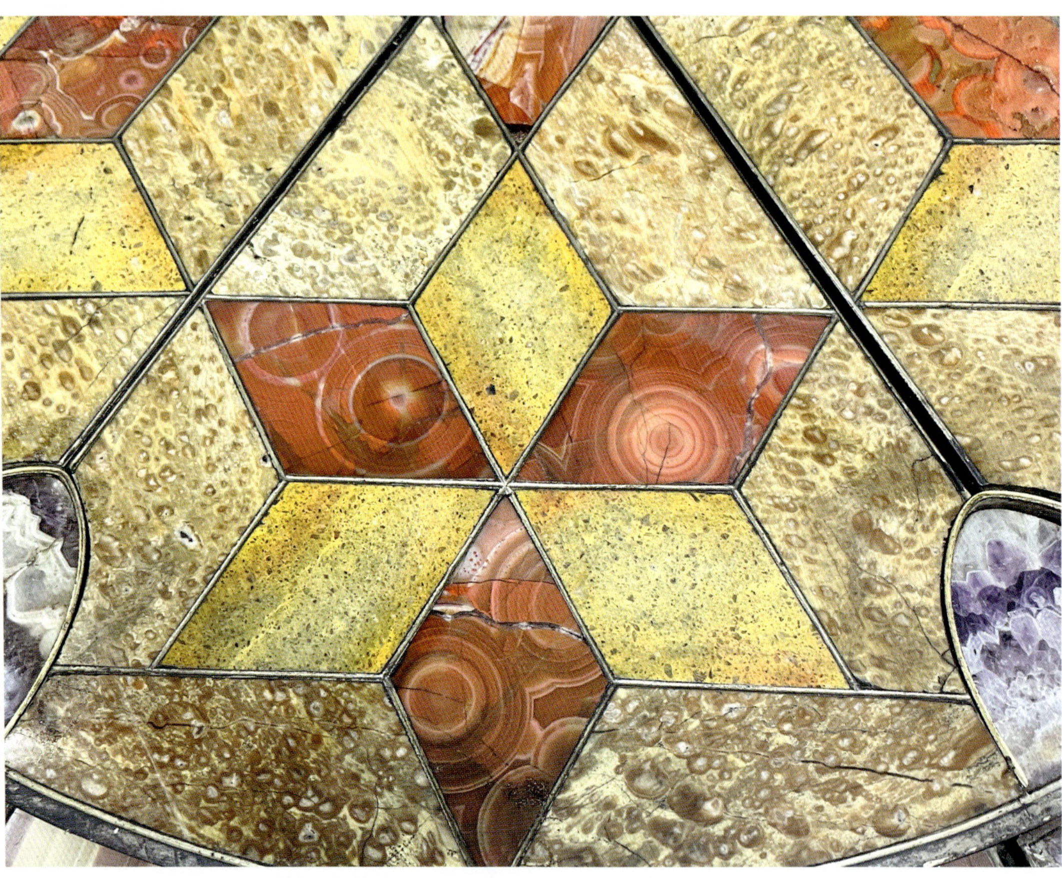

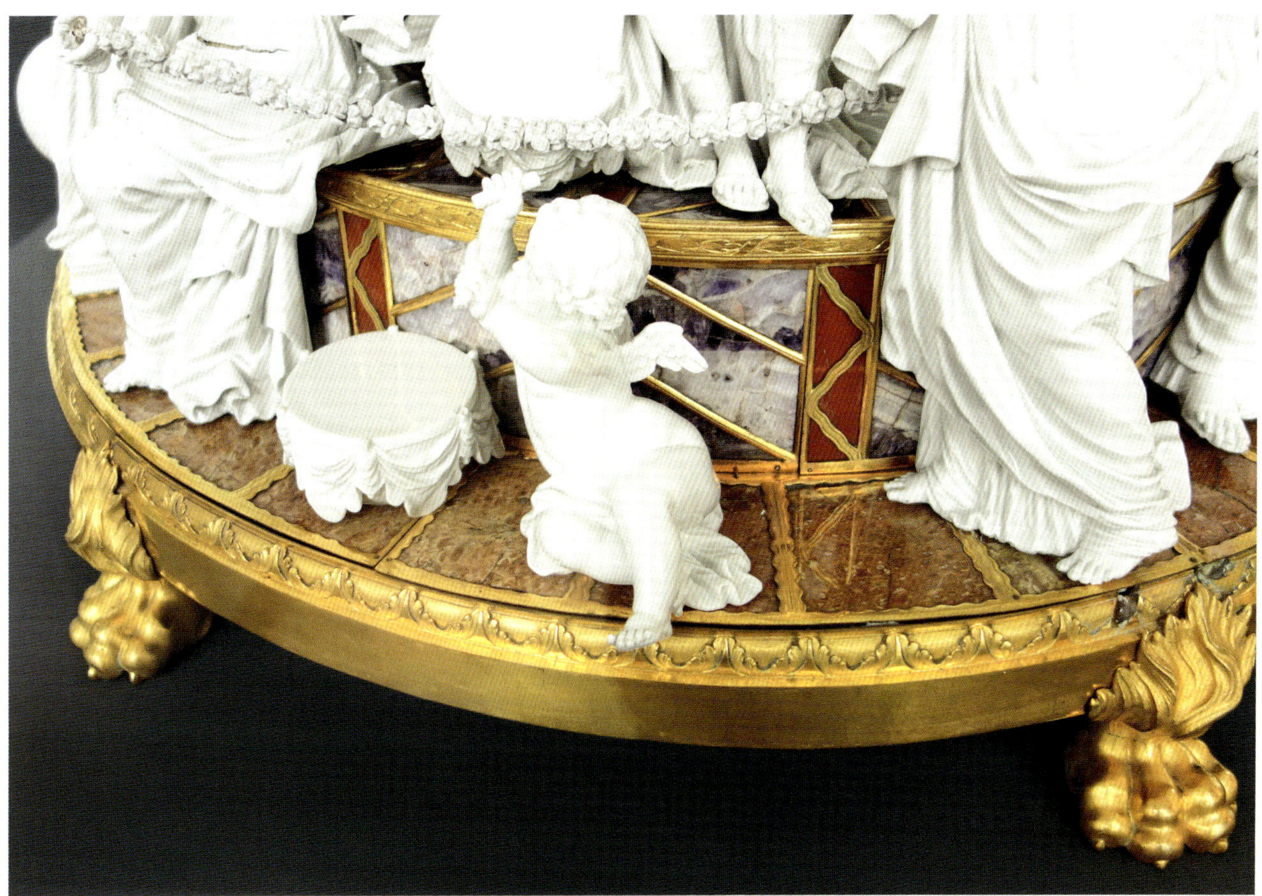

Zentraler Sockel zum Tafelaufsatz für Kurfürst Friedrich
August III., Johann Christian Neuber, Dresden, 1776,
verschiedene Schmucksteine, Bronze, Holzkorpus,
Spiegel, Grünes Gewölbe, SKD, Inv.-Nr. 1931/1a (Detail)

Die unterste Stufe ist durch »Tigerstein« verziert.
Dahinter sieht man roten Jaspis vom Geisingberg bei
Altenberg im Erzgebirge und violetten und weißen
Amethyst und Quarz von Schlottwitz im Müglitztal.

Als Kieselholz, Chalcedon oder Hornstein müsste das
Gestein chemisch gesehen zu deutlich mehr als 90 Prozent
aus Siliziumdioxid (SiO_2) und mineralogisch fast ausschließlich aus Quarz bzw. Chalcedon bestehen. Allerdings
ergibt eine Untersuchung unter dem Mikroskop, dass es sich
wohl weder um verkieseltes Holz noch um Chalcedon oder
Hornstein handeln kann. Es werden mikroskopisch keinerlei Spuren der für Kieselholz typischen Zellstrukturen sichtbar. Die Ausbildung entspricht auch nicht den üblicherweise
in Chalcedon oder Hornstein anzutreffenden makroskopischen und mikroskopischen Mustern.

sich wahrscheinlich auf die Beschriftung eines anderen Etiketts, das zu einem weiteren, aber unscheinbaren Rohstück
desselben Materials aus der Sammlung gehört. Die mit
brauner Tinte geschriebene Aufschrift auf einem der sehr
seltenen Originaletikette von Werner lautet: »Aus dem
Triebischthale bey Meissen«. Später wurde mit Bleistift von
anderer Hand noch zusätzlich die Bezeichnung »Hornstein« hinzugefügt.[5]

Bisher konnte das Gestein in seiner Verwendung als
Schmuckstein nur an Kunstwerken gefunden werden, die
direkt mit dem Schaffen von Johann Christian Neuber in
Verbindung stehen. Am neunteiligen Tafelaufsatz von 1776
(siehe Kat.-Nr. 9), dessen Sockel in der Werkstatt von
Neuber gefertigt wurden, ist das Material in bedeutenderem
Umfang sowohl am zentralen Teil als auch an den Untersät-
zen zu den zwei abschließenden Porzellanrundtempeln des
Ruhmes und der Tugend verwendet worden (Abb. 3).[6] Auf
dem dreistufigen Sockel des Mittelteils ziert der Schmuckstein die unterste Stufe (Abb. 4).

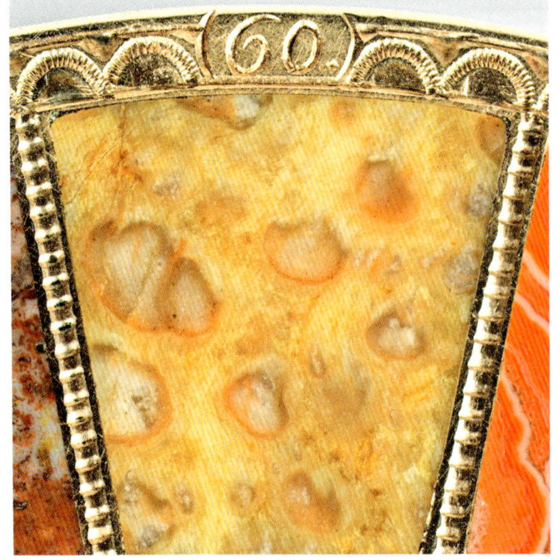

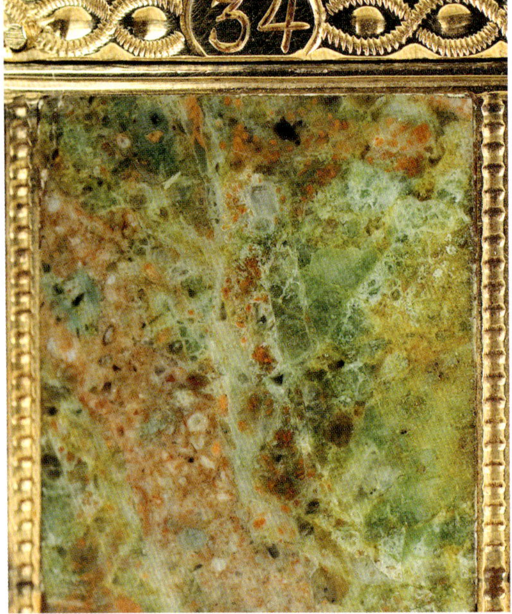

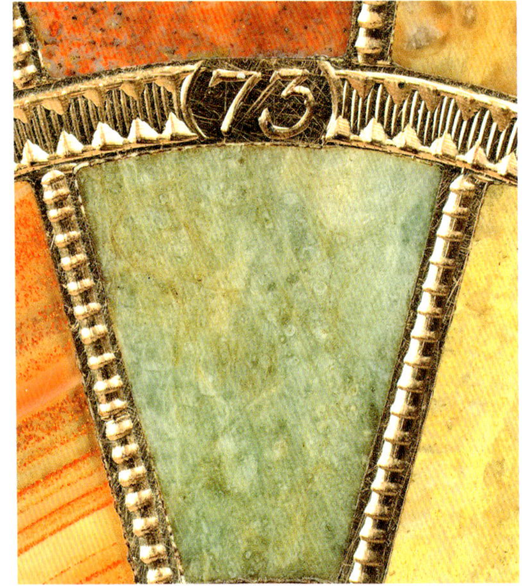

Abb. 5
»Tigerstein« (oben) und **Pechstein** (Mitte und unten) in
einer Steinkabinettdose, Johann Christian Neuber, Dresden,
Ende 18. Jahrhundert, Grünes Gewölbe, SKD, Inv.-Nr. V 628

In dem erhaltenen kleinen Katalog ist der »Tigerstein«
(No: 60) als ein »Agate de Misnie« (Achat von Meißen)
verzeichnet. Die Pechsteine (No: 34 und 73)
werden gleichfalls als »Agate de Misnie« bezeichnet.

Neuber ist vor allem für seine zahlreichen goldenen Tabatieren und andere Dosen mit Steineinlegearbeiten bekannt
geworden (siehe S. 28 – 31). Von ihm sind allein über 50
sogenannte Steinkabinettdosen überliefert, manche davon
auch noch mit dem in einem besonderen Fach beigelegten
Verzeichnis, in dem alle eingesetzten Schmucksteine und
deren Herkunft entsprechend den auf den Goldstegen der
Fassungen eingravierten Nummern verzeichnet sind.[7] Zwölf
derartige Dosen mit erhaltenen Verzeichnissen konnten
bisher genauer untersucht werden. In zehn von ihnen ist
auch ein Stück des hier betrachteten gelb-bräunlichen
Schmucksteins verwendet worden (Abb. 5). In den Originalverzeichnissen von Neuber werden diese meistens als
»Tigerstein von Meissen«, dreimal auch als »Achat von
Meissen« bezeichnet. In einem Fall ist als Fundort das
nahegelegene Siebeneichen angegeben.

Geländearbeiten belegen, dass der »Tigerstein« tatsächlich
südlich des ehemaligen Ritterguts Korbitz, an der Ochsendrehe und nahe der sogenannten Schwedenschanze auf dem
Questenberg bei Meißen vorkommt (Abb. 6). Geologisch
gesehen besteht das Gebirge im Untergrund hier wie im
weiteren Verlauf des Triebischtals nach Süden aus etwa 300
Millionen Jahre alten Vulkaniten. Unter diesen befindet sich
mit dem sogenannten Pechstein eine besonders bemerkenswerte geologische Bildung. Der Pechstein ist ein über den
langen Zeitraum von vielen Millionen Jahren weitestgehend
erhalten gebliebenes natürliches vulkanisches Glas. Die
ursprüngliche heiße Lava, aus welcher der Pechstein bei der
raschen Abkühlung in der Nähe der Erdoberfläche entstanden ist, drang dabei in ältere Vulkanite ein, bei denen es sich
meist um Quarzporphyre oder, wie am Questenberg, um
lagige Quarzporphyrtuffe handelt.[8] Das vulkanische Glas
wurde bis in das letzte Drittel des vergangenen Jahrhunderts
auch technisch genutzt und zur Herstellung von Flaschenglas in mehreren kleineren Steinbrüchen abgebaut. Störend
bei dieser Verwendung war das Auftreten von bis zu metergroßen, gerundeten Einschlüssen im Pechstein, die sich
nicht zusammen mit dem vulkanischen Glas aufschmelzen
ließen. Im Lauf der Zeit hat sich für diese Bildungen der
Begriff »wilde Eier« eingebürgert. Der »Tigerstein« von

174

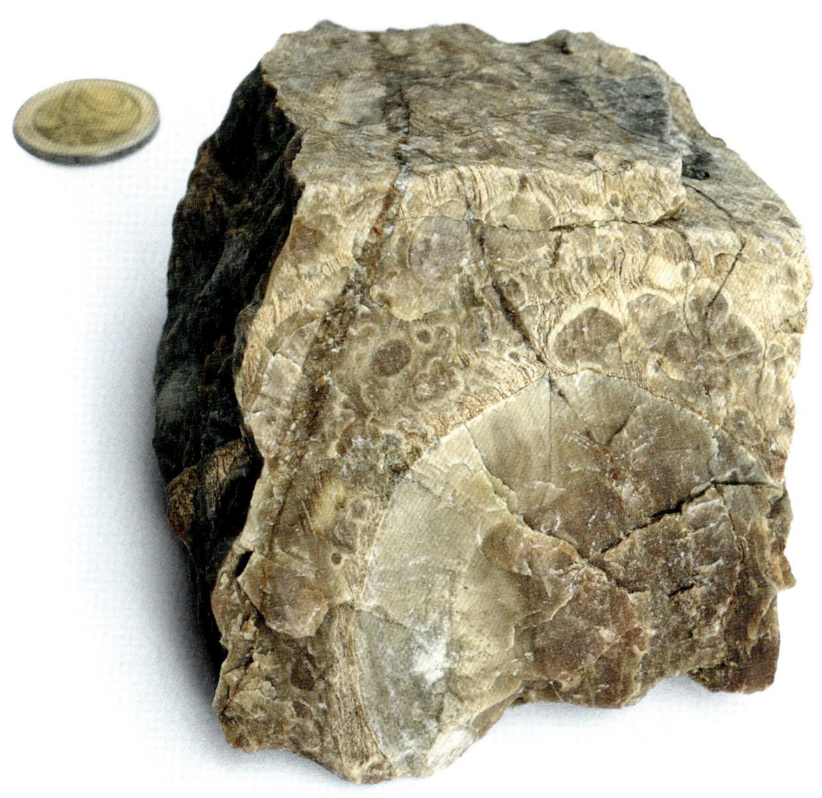

Neufund eines »Tigersteins«
am Questenberg bei Meißen
aus dem Jahr 2016

Abb. 7
»Wildes Ei« aus dem Stadtwald Meißen, ursprünglich
400 kg schwer, geschnitten, und poliert, heute öffentlich ausgestellt am Stadtmuseum Meißen (Detail).
Nur einige Bereiche des kugeligen Aggregats sind als
typischer »Tigerstein« ausgebildet.

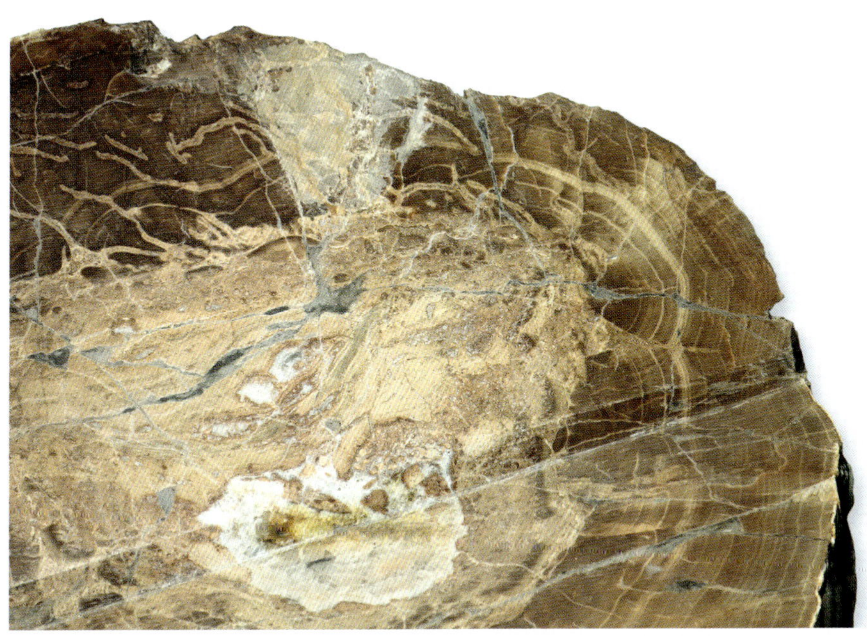

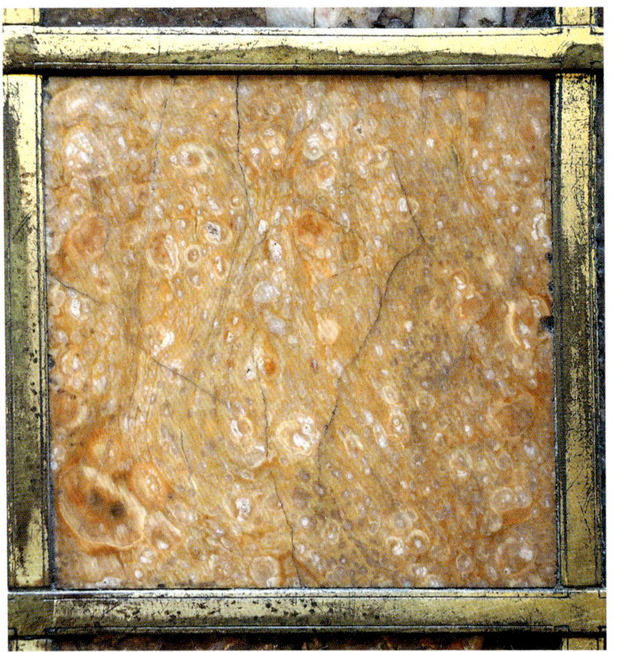

»Tigerstein« auf der Tischplatte eines Sammlungs-
tisches, Werkstatt Johann Christian Neuber, Dresden,
um 1795, 6,5 × 6,5 × 0,7 cm, Schloss Mosigkau,
Inv.-Nr. Mos 994 (Detail)

Korbitz erweist sich als eine Sonderform der »wilden Eier«, die praktisch nur innerhalb des Pechsteins am Questenberg auftritt. Ein besonders großes, herausgewittertes Exemplar wurde 2015 im Meißner Stadtwald gefunden und ist heute am Stadtmuseum Meißen ausgestellt (Abb. 7).[9]

Um die Natur der ungewöhnlichen Gesteinsbildungen im Pechstein zu klären, wurden an einigen Neufunden und den Sammlungsstücken umfangreichere analytische Arbeiten durchgeführt. Sowohl das Gesamtgestein als auch die hellen und dunkler gefärbten Bereiche des Materials waren Gegenstand dieser Untersuchungen.[10] Zum Vergleich sind der Pechstein und der Porphyrtuff vom Questenberg sowie Pechsteine und Quarzporphyre aus anderen Aufschlüssen im Triebischtal ebenfalls mit einbezogen worden.[11] Es zeigte sich, dass es sich bei dem »Tigerstein« um eine vulkanische Bildung handelt, die chemisch gesehen nicht dem einschließenden Pechstein, sondern den umgebenden älteren Vulkaniten nahesteht.[12] Es handelt sich bei den »wilden Eiern« vom Questenberg also um Einschlüsse des Nebengesteins, die in der Pechsteinlava bei hohen Temperaturen umgeschmolzen wurden. Mineralogisch besteht der »Tigerstein« in der Hauptsache zu etwa gleichen Teilen aus Quarz und Feldspat, wobei Kalifeldspat in der Form von Sanidin überwiegt. Natriumreiche Plagioklase spielen nur eine untergeordnete Rolle. Glimmer fehlen praktisch völlig. Die Korngrößen des Gesteins schwanken innerhalb einer Probe stark und können von unter einem bis zu einigen Hundert Mikrometern betragen.[13]

In der Zeit der allgemeinen Begeisterung für die Naturkunde am Ausgang des 18. Jahrhunderts zogen die ungewöhnlichen vulkanischen Bildungen im Triebischtal die Aufmerksamkeit der Naturforscher auf sich. Die erste genauere Beschreibung des Pechsteins von 1773 geht auf Christian Gottlieb Pötzsch zurück.[14] Es ist bemerkenswert, dass Johann Christian Neuber in seinen Werken neben dem »Tigerstein« auch Pechstein aus dem Triebischtal häufiger verwendet hat. Seine Steinkabinettdosen weisen bis zu sechs Stücke Pechstein in einer Dose auf, meist unter der Bezeichnung »Achat« (Abb. 5). In einem Fall wird der Pechstein als »Jaspis« bezeichnet. Neben Meißen werden Scharfenberg, Zehren und Bischdorff als Fundorte genannt.

In der Gesteinssammlung von Heinrich Taddel, die vor 1757 wohl für den Kurprinzen Friedrich Christian zusammengestellt wurde, fehlen noch sowohl der »Tigerstein« als auch der Pechstein. Offensichtlich hat Neuber den dekorativen Wert dieser neu bekannt gewordenen Gesteine sehr schnell erkannt, da er zum Beispiel den »Tigerstein« schon 1776 an den Sockeln für den erwähnten großen Tafelaufsatz in erheblichem Umfang einsetzte. Dass sich der »Tigerstein« ebenso auf einem der zwei Steinkabinetttische in Schloss Mosigkau findet (siehe Kat.-Nr. 11), ist im Licht der neueren Erkenntnisse über ihre Herkunft aus Neubers Werkstatt nur konsequent (Abb. 8).[15] Es wäre interessant zu klären, ob Neuber tatsächlich der einzige Künstler geblieben ist, der den »Tigerstein« und den Pechstein als Schmucksteine verwendet hat.

1 Bei dem »Bandjaspis« handelt es sich um ein vulkanisches Gestein aus der Gegend von Kohren in Westsachsen, nicht um Jaspis.   **2** Quellmalz/Karpinski 1990, S. 124 – 125, 181; Thalheim 2018 b, S. 79.   **3** Lesesteine sind lose im Gelände liegende Gesteinsstücke, die sich nicht mehr im ursprünglichen Gesteinsverband befinden. Sie stören besonders beim Ackerbau und werden deshalb von den Landwirten von den bestellten Flächen heruntergelesen und auf kleinen Halden an den Feldrainen gesammelt.   **4** TU Bergakademie Freiberg, Inv.-Nr. MiSa 81929; Tausch mit Herrn Ankermann, Coswig 2007.   **5** TU Bergakademie Freiberg, Inv.-Nr. WeSa 100981, originale Inv.-Nr. 981; aufschlussreich ist eine ausführlichere Beschreibung von 1828: »Der Porphyr des Triebischthales, namentlich bey Garsebach, Korbitz und Schlettau ohnweit Meissen, enthält lagen- und parthieenweise einen gelblichgrauen und lichte gelblichbraunen muschlichen Hornstein, mit rundlichen haar- und lederbraunen Flecken und Parthien, die bisweilen ringförmig einen grauen, quarzigen, runden Fleck umschließen. Diese Abänderung, die sich geschliffen recht gut ausnimmt, ist in der dortigen Gegend unter dem Namen Tygerstein und Tygerachat bekannt. Bey Korbitz liegt sie zwischen Thon- und Pechstein, an anderen Punkten aber mitten im Pechstein-Porphyr. In wie weit sie zum Muschlichen Hornstein zu rechnen ist, bedarf noch näherer Untersuchung; denn Herr Prof. Breithaupt rechnet sie, ihrer leichten Schmelzbarkeit und minderen Härte wegen, zum Dichten Feldspat«, in: Freiesleben 1828, S. 156.   **6** Porzellansammlung, SKD, Inv.-Nr. PE 1656, mit Sockel: Grünes Gewölbe, SKD, Inv.-Nr. 1931/1a, heute im Zwinger ausgestellt, vgl. Ausst.-Kat. Dresden 2012, S. 20 – 29.   **7** Die Mehrzahl dieser Dosen ist in dem von Alexis Kugel erstellten Katalog der Werke von Neuber aufgelistet: Kugel 2012, S. 360 – 370.   **8** Die Quarzporphyre sind überwiegend von SiO_2-reicher (»saurer«), dacitischer bis rhyolitischer Zusammensetzung. Die Porphyre sind ehemalige Lavaausflüsse, während die Tuffe bei den Ausbrüchen aus der Luft abgesetzt wurden.   **9** Das Stück wurde von dem Meißner Sammler Holger Sickmann entdeckt, von der Firma Teichmann geborgen und durch den Steinmetzbetrieb Voigt in Robschütz geschnitten und poliert. Das Gestein wird in der Beschreibung im Museum fälschlich als Jaspis bezeichnet.   **10** Die Untersuchungen umfassten Gesamtgesteinsanalysen, analytische Rasterelektronenmikroskopie, Röntgendiffraktometrie (XRD) und Ramanspektroskopie. Die Gesteinsanalysen wurden dankenswerterweise von Sascha Goldstein am Sächsischen Landesamt für Umwelt, Landwirtschaft und Geologie, die Röntgendiffraktometrie von Reinhard Kleeberg im Mineralogischen Institut der TU Bergakademie Freiberg ausgeführt. Zu den Methoden vgl. auch den entsprechenden Beitrag in diesem Band, S. 109 – 115.   **11** Die Pechsteine stammen vom Semmelsberg und dem Steinbruch Fichtenmühle. Quarzporphyre wurden an einem Straßenbauaufschluss nahe der Fichtenmühle und im Steinbruch Dobritz beprobt.   **12** Bei den Hauptelementen enthalten die Quarzporphyre und der Tigerstein mehr Silizium und Kalium, aber weniger Kalzium als die Pechsteine (SiO_2 75 – 80 gegen 70 – 72 Gew. %, K_2O 6,4 – 7,6 gegen 3,0 – 4,3 Gew. %, CaO 0,1 – 0,2 gegen 0,8 – 1,2 Gew. %. Deutlich unterscheiden sich auch die Spurenelementgehalte von Lithium (Li), Cäsium (Cs), Strontium (Sr) und Zink (Zn) in den beiden Gesteinsgruppen.   **13** Die Feldspäte im »Tigerstein« umfassen verschiedene Sanidine mit schwankenden Natriumgehalten und sehr wenig Orthoklas, sowie weniger als 15 Gew. % Plagioklas im Gesamtgestein mit Zusammensetzungen von reinem Albit bis Oligoklas. Die Plagioklase liegen vermutlich stets als nicht sichtbare Nanoperthite eingewachsen im Kalifeldspat vor, da sie sich weder rasterelektronenmikroskopisch noch in den Ramanspektren nachweisen lassen. Untergeordnet enthält der »Tigerstein« Hämatit. Mit dem Rasterelektronenmikroskop konnten einige wenige Glimmerplättchen gefunden werden. Durch die Verwitterung enthält das Gestein auch Tonminerale (Smektite und Illit, zusammen weniger als 5 Gew. %).   **14** Poetzsch 1779.   **15** Auch im Versteigerungskatalog nach dem offiziellen Bankrott Neubers von 1795 ist der »Tigerstein« verzeichnet, vgl. Anonymus 1795, nicht nummerierte dritte Seite: »17. eine Partie Tiegerkiesel«. Der Autor dankt Beata Heide für ihre Unterstützung bei der Suche nach dem Katalog.

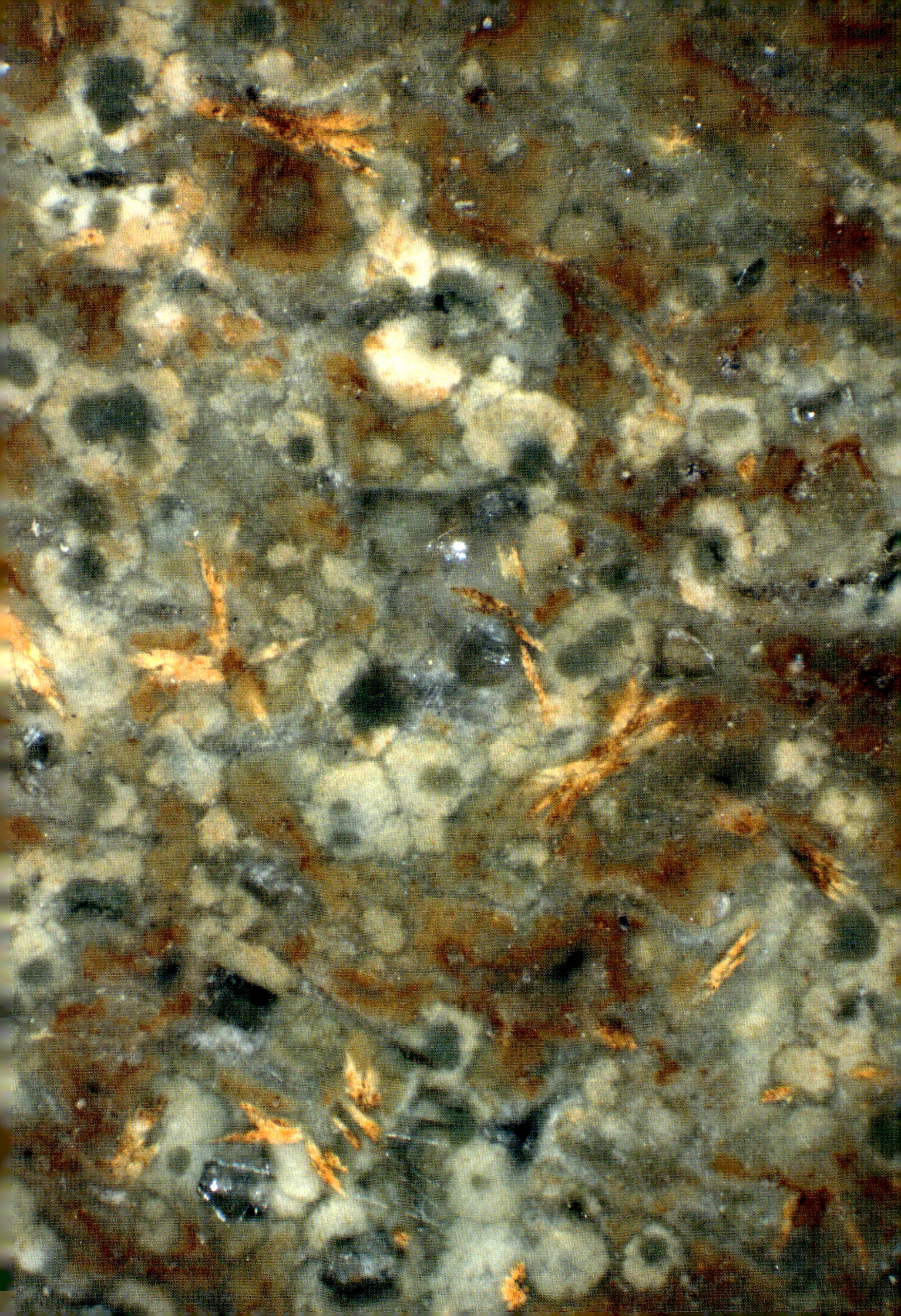

Klingstein (Phonolith) aus Teplitz als Schmuckstein

Ein Problem bei der Gesteinsbestimmung

Das Steinkabinett von Heinrich Taddel (siehe S. 36 – 54) vereint sächsische und ausländische Hartsteinsorten, die in der Zeit seiner Entstehung vor 1757 auch als Schmucksteine für Galanterien und andere Juwelierarbeiten Verwendung fanden. Bei dessen systematischer geowissenschaftlicher Untersuchung zur Bestimmung der einzelnen Gesteinsarten und deren Herkunft kam es zu einer überraschenden, sogar etwas kurios anmutenden Entdeckung. Es gab während der Bearbeitung des Kabinetts des Öfteren Schwierigkeiten, nach rein optischen makroskopischen und mikroskopischen Kriterien das Material der Gesteinstafeln eindeutig zu ermitteln. So auch im Falle eines Stückes, das im Originalkatalog unter der Nummer 94 als »bunder Kiesel bey Weisenstein [Weesenstein]« beschrieben wird. Der schichtartige Aufbau des Gesteins und die angegebene Herkunft aus den Geröllen (»Kieseln«) des Müglitztals suggerierten eine metamorphe Bildung wie zum Beispiel einen Gneis oder einen Schiefer. Allerdings widersprechen dieser Deutung die millimetergroßen Einschlüsse einiger gut ausgebildeter, farbloser und transparenter Kristalle, die eher an einen Porphyr erinnern, und sporadische Einwachsungen von ebenso kleinen länglichen, teils dendritisch bzw. baumartig geformten Mineralaggregaten (Abb. 1 oben).

Chemische Untersuchungen mit der Hand-RFA (Röntgenfluoreszenzanalyse) erbrachten ebenfalls keine hinreichenden Hinweise, um die Natur dieses Gesteins zu verstehen. Der festgestellte ungewöhnlich hohe Aluminiumgehalt von über 20 Gewichtsprozent Al_2O_3 konnte zum Beispiel auf ein lateritisches, aluminiumreiches Ausgangsgestein für die Metamorphose hindeuten.[1] Allerdings treten aluminiumrei-

che metamorphe Gesteine im Erzgebirge nur sehr lokal begrenzt auf, wie zum Beispiel in der Nähe von Bockau bei Schneeberg. Das dortige Korund-führende Gestein wurde in der Vergangenheit als wertvoller Schmirgel zum Polieren von Schmuck- und Edelsteinen verwendet.[2] Die mit der RFA in der Tafel gemessenen erhöhten Chlorgehalte von etwa 0,1 Gewichtsprozent Chlor waren zunächst ebenfalls nicht sicher zu deuten, da es sich dabei um eine mögliche Kochsalzkontamination der Probenoberfläche handeln konnte. Das zugehörige Natrium wird bei der hier verwendeten Untersuchungsmethode leider nicht miterfasst.

Bei der weiteren Bearbeitung des Steinkabinetts fiel jedoch auf, dass die besagte Tafel No: 94 der sächsischen Steine einer anderen Probe im Teil der nichtsächsischen, »ausländischen Steine« stark ähnelt (Abb. 1 Mitte). Diese zweite Tafel ist im Originalkatalog unter der Nummer 28 in der Gruppe der »Böhmischen Jaspise« verzeichnet. Von den insgesamt zehn Tafeln mit der Benennung »Böhmischer Jaspis« stammen acht von den bekannten Jaspisvorkommen am Ziegenberg/Kozákov bei Turnau/Turnov in Nordostböhmen. Einer weiteren Position konnte ein sogenannter Porzellanit, ein natürlich gebranntes Gestein aus der Gegend von Teplitz/Teplice oder Bilin/Bílina in Nordböhmen zugeordnet werden (Abb. 1 unten). Das Gestein unter Nummer 28 gehört zu keiner dieser beiden Gesteinsgruppen. Die RFA-Analyse lieferte auch für diese zweite Tafel ganz ähnlich auffällige Werte wie für die Tafel Nummer 94 der »sächsischen« Steine.

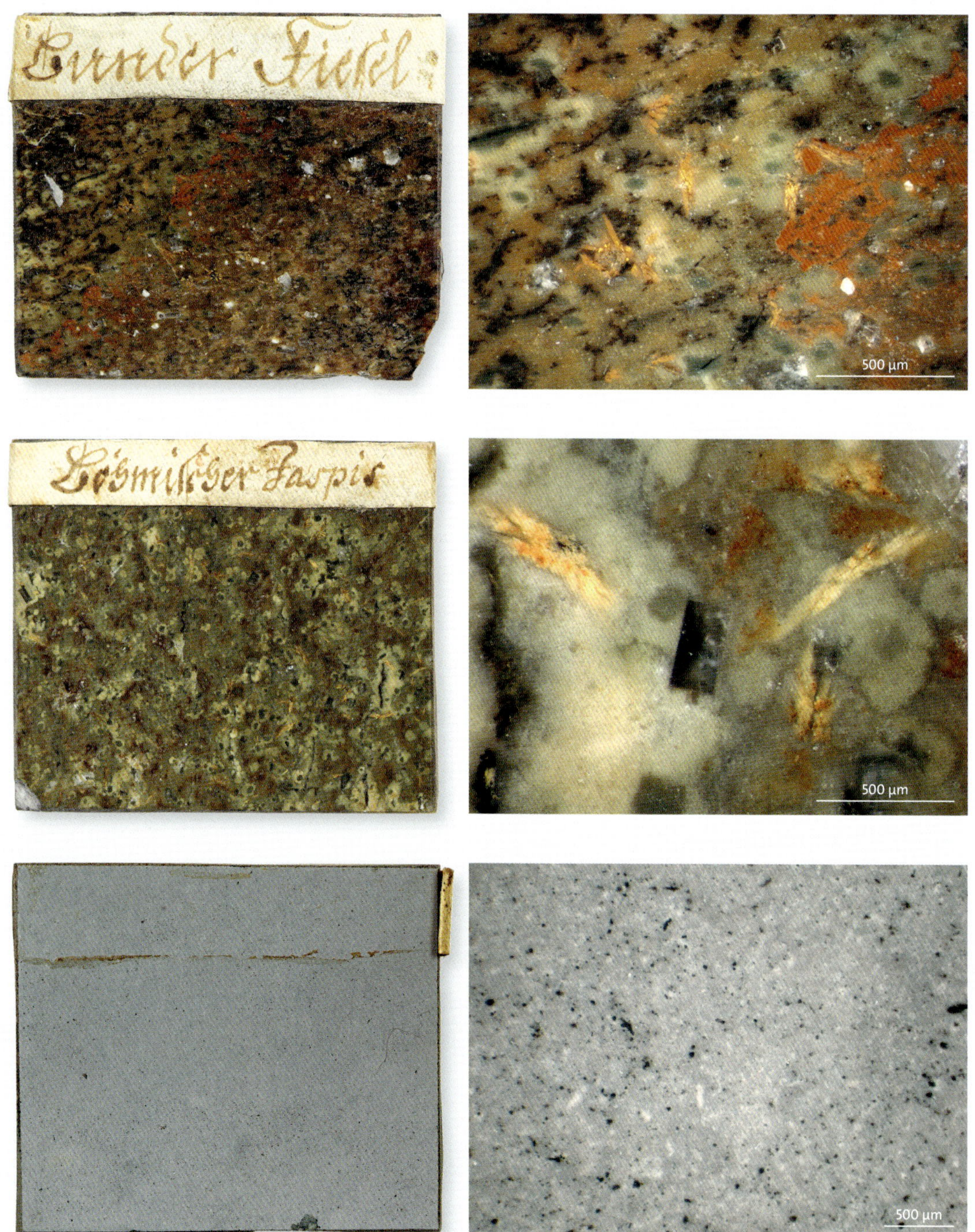

Abb. 1

Drei Tafeln aus dem Steinkabinett von Heinrich
Taddel (links) mit entsprechenden Detailaufnahmen
unter dem Binokular-Mikroskop (rechts):

Oben: No: 94 »Bunder Kiesel bei Weisenstein«

Mitte: No: 28 der »ausländischen« Steine,
»Böhmischer Jaspis«

Unten: sogenannter »Porzellanit« aus Teplitz oder
Bilin, zugeordnet zu No: 20 der »ausländischen«
Steine »Böhmischer Jaspis«

Grünes Gewölbe, SKD, Inv.-Nrn. I 15 b/94,
I 15 a/28, I 15 a/20

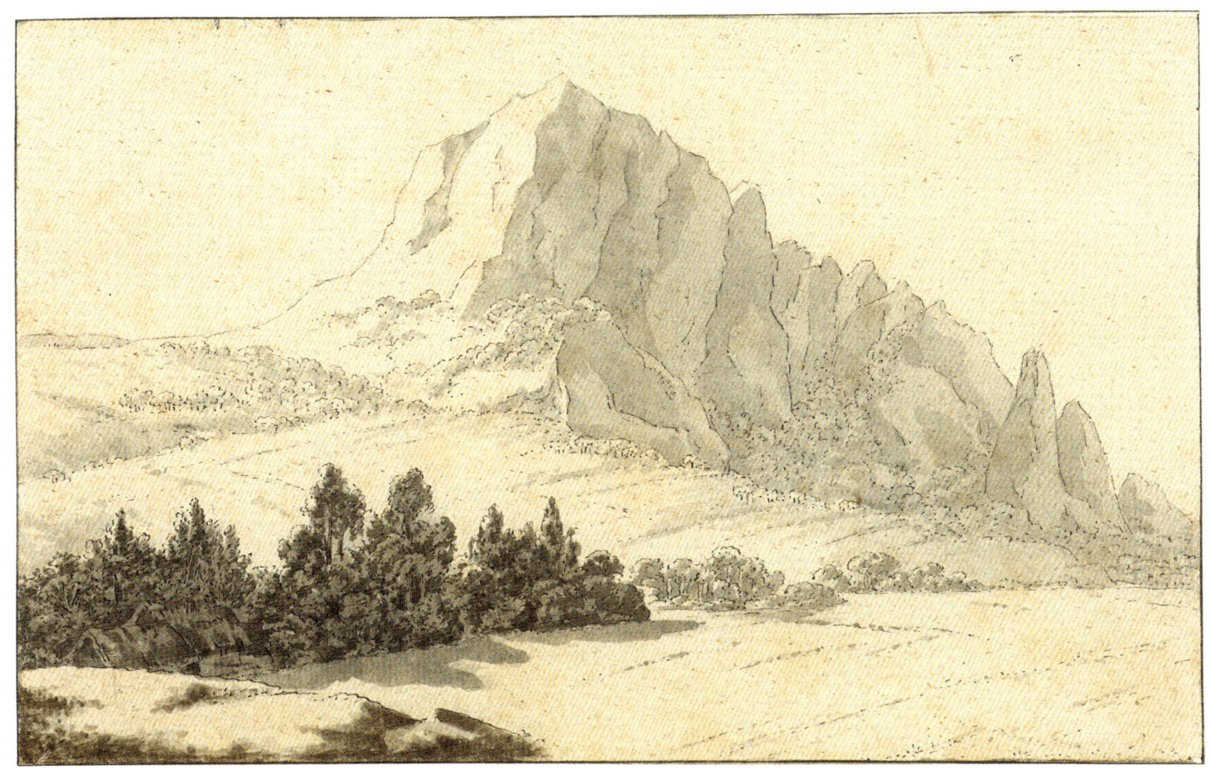

Abb. 2

Der Borschen bei Bilin, Blatt 20 des Albums der 22 Handzeichnungen von 1810, Johann Wolfgang von Goethe, 1810, Zeichnung auf Papier, 27,0 × 39,0 cm, Klassikstiftung Weimar, Inv.-Nr. GGz/2011

Die Bestimmung eines seltenen vulkanischen Gesteins

Die korrekte Gesteinsansprache für diese beiden Tafeln gelang erst mithilfe des analytischen Rasterelektronenmikroskops. Dabei konnten sowohl die chemische Gesamtgesteinszusammensetzung unter Einschluss der wichtigen Hauptelemente Natrium und Magnesium untersucht wie auch der Mineralbestand genauer bestimmt werden.[3] Schnell wurde klar, dass es sich hier nicht um ein metamorphes, sondern um ein magmatisches, genauer gesagt, um ein vulkanisches Gestein handeln muss. Die Hauptminerale sind in beiden Tafeln Feldspat (Alkalifeldspat) und Pyroxen bzw. Amphibol.[4] Quarz fehlt völlig, Glimmer sind extrem selten. Auch finden sich neben einigen anderen Mineralen größere Kristalle von ungewöhnlichen Phasen wie Analcim $(Na[AlSi_2O_6] \cdot H_2O)$ und Sodalith $(Na_8[AlSiO_4]_6Cl_2)$.[5] Der Sodalith ist für die gefundenen erhöhten Chlorgehalte in dem Gestein verantwortlich. Die makroskopisch auffälligen, kleinen, farblosen und transparenten Kristalle konnten als Nephelin $(Na[AlSiO_4])$ bestimmt werden.[6] Beide Tafeln lassen sich aufgrund der mikroskopischen Strukturen und des Mineralbestands als vulkanische Ergussgesteine, als sogenannte Phonolithe ansprechen. Genauer gesagt handelt es sich bei den Gesteinen um eine seltenere Art dieser Vulkanite, um Sodalith-Phonolithe. An der Wende vom 18. zum 19. Jahrhundert wurden Phonolithe auch als »Klingsteine« bezeichnet, weil sie unter dem Hammerschlag auffällige Töne hervorbringen.[7] Da Klingsteine neben Aluminium sehr viel Kalium und Natrium (also Alkalien) enthalten, werden sie heute der größeren Gesteinsgruppe der Alkaligesteine zugerechnet.[8]

Phonolithe haben normalerweise ein unauffälliges äußeres Erscheinungsbild und ähneln durch ihre homogene, dunkle grünliche Färbung und ihr Auftreten in Deckenergüssen den Basalten, mit denen sie auch zusammen vorkommen. Ende des 18. Jahrhunderts zogen diese merkwürdigen Bildungen zunehmend die Aufmerksamkeit der Naturforscher auf sich. Einer der ersten Lehrer an der neu gegründeten Bergakademie in Freiberg, Johann Friedrich Wilhelm von Charpentier,

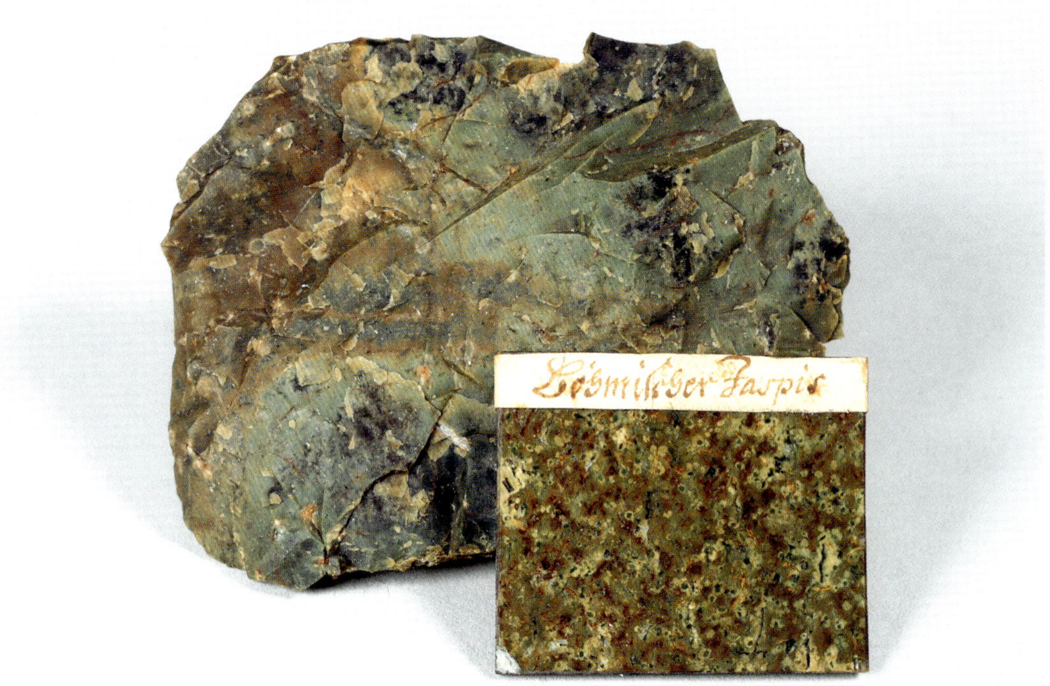

machte in seinem Hauptwerk, der *Mineralogischen Geographie der Kursächsischen Lande* 1778 als erster auf den Unterschied zwischen Basalt und Phonolith aufmerksam, den er
damals als »Hornschiefer« bezeichnete.[9] Phonolithe treten
in Sachsen in Hammerunterwiesenthal am Fichtelberg, aber
in weit größerem Umfang in der Oberlausitz auf, wo sie von
Charpentier eingehender beschrieben wurden. Noch häufiger sind Vorkommen von Phonolithen in dem von jüngerem,
siliziumarmem (»basischem«) Vulkanismus geprägten
Böhmischen Mittelgebirge südlich des Erzgebirges.[10]

Die Suche nach der geografischen Herkunft

Die sehr spezifische Ausbildung des Phonoliths in den
beiden Tafeln aus dem Taddelschen Steinkabinett und die
Besonderheiten in ihrer chemischen und der Mineralzusammensetzung erlauben eine genaue Bestimmung der
Herkunft des Gesteins. In den Petrologischen Sammlungen
der TU Bergakademie Freiberg sind die Vorkommen von
Phonolithen in Nordböhmen, in der Oberlausitz, bei Hammerunterwiesenthal und auch in der Rhön umfangreich
dokumentiert. Die Mehrzahl der Belege stammt dabei aus
dem 19. Jahrhundert. Eine systematische Durchsicht aller
Stücke unter Hinzuziehung einiger weiterer europäischer
Vorkommen zeigte sehr schnell, dass bei der sehr spezifischen Ausbildung der Phonolithe aus der Taddelschen
Sammlung für deren Herkunft nur das Gebiet um Teplitz
und Bilin infrage kommt. Hier bildet der Klingstein zum Teil
sehr markante Bergformationen wie zum Beispiel den
Schlossberg/Doubravská hora bei Teplitz oder den Bor-
schen/Bořeň bei Bilin. Johann Wolfgang von Goethe bestieg
im Jahr 1810 während eines Kuraufenthalts in Teplitz den
Borschen und war von der eigenwilligen Erscheinung dieses
Berges so stark beeindruckt, dass er ihn in mehreren Zeich-
nungen festhielt (Abb. 2). Nur in der Umgebung von Teplitz

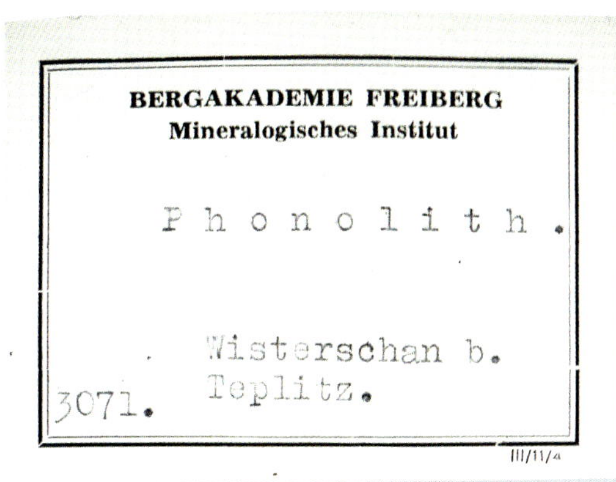

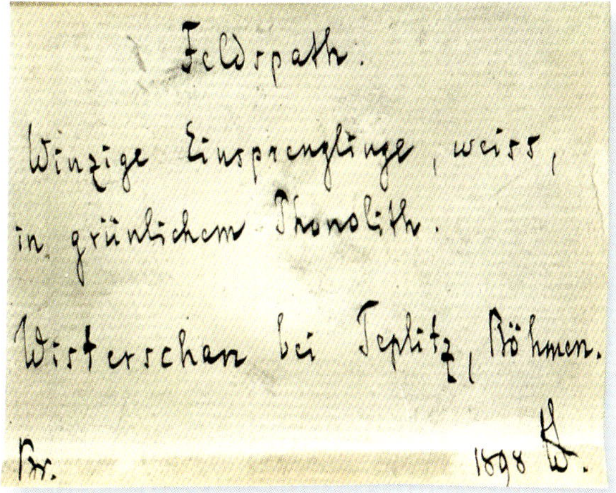

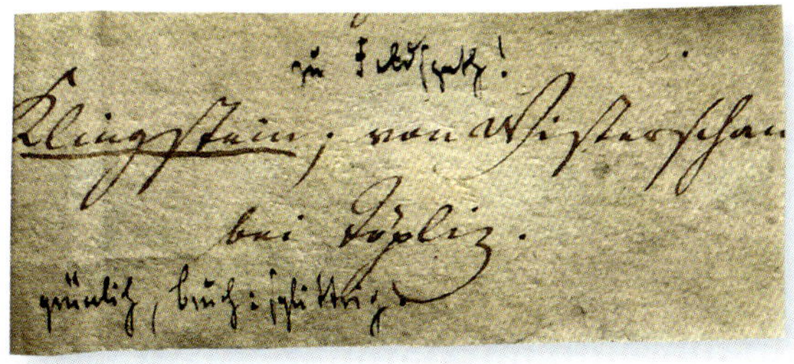

Abb. 4

Etiketten zum Belegstück PetSa 3071 aus den Sammlungen der TU Bergakademie Freiberg:

Oben: »modernes« Etikett aus den 1970er-Jahren

Mitte: historisches Etikett von Kustos Weisbach von 1898 mit Verweis auf ein wohl verlorenes Etikett von Kustos Breithaupt

Die eingesprengten farblosen Kristalle werden als Feldspat, das Gestein als Phonolith bezeichnet.

Unten: Etikett von Werner mit der Aufschrift »Klingstein von Wisterschan bei Töpliz« mit Ergänzungen von Weisbach

enthalten die Phonolithe millimetergroße, farblose und transparente Nephelinkristalle und sind gleichzeitig deutlich heterogen fleckig gefärbt. Ungewöhnlich gemusterte, farblich auffällige Strukturen wie in den beiden Tafeln der Taddel-Sammlung fanden sich wiederum nur bei zwei Belegstücken, für die auf den Originaletiketten die Fundorte Wisterschan/Byštrany bzw. Neuhof/Nové Dvory südlich von Teplitz angegeben sind (Abb. 3).[11] Dabei stammt die Probe von Wisterschan laut Handschrift auf dem historischen Etikett von Abraham Gottlob Werner (Abb. 4). Auch in der historischen systematischen »oryctognostischen« Sammlung von Werner an der TU Bergakademie Freiberg ist der Klingstein mit sechs Positionen prominent vertreten, von denen drei nordböhmischen Fundorten bei Teplitz zugeordnet wurden. Die Belege stammen vermutlich von der Reise Werners durch Böhmen im Jahr 1777. Die geologische Karte und Geländearbeiten zeigen, dass es südlich des Schlossbergs von Teplitz nur bei Neuhof südlich von Wisterschan ein Vorkommen von Phonolith gibt. Dieser kleinere Aufschluss bildet in der Landschaft einen flachen, an der Nordflanke etwas steileren Hügel. Das Gestein liegt auf den weiter östlich großflächig anstehenden, rötlichen Tonschiefern auf, die örtlich teils intensiv mit dem im flüssigen Zustand offensichtlich extrem beweglichen Phonolith durchmischt sind. Wahrscheinlich hat dieser Umstand der Ablagerung des Vulkanits in und auf den Tonschiefern zu der teils ungewöhnlich attraktiven optischen Ausbildung des Gesteins geführt. Durch die große Hitze ist der Tonschiefer in diesem Gebiet teilweise in gebrannte Gesteine, in den bereits vorher erwähnten »Porzellanit«, umgewandelt worden. Dabei könnten auch Erdbrände der in die Tonschiefer eingeschalteten Fettkohlen eine Rolle gespielt haben.[12]

Die mit der RFA bestimmte chemische Zusammensetzung der Tafeln deutet ebenfalls auf die Herkunft der Klingsteine aus der Taddel-Sammlung von den Aufschlüssen am Neuhof hin. Die böhmischen Phonolithe und mit ihnen verwandte Gesteine wie Trachyte und Trachyandesite sind in den letzten Jahren intensiv geowissenschaftlich untersucht worden.[13] Der Vergleich der insgesamt 88 veröffentlichten Gesamtgesteinsanalysen von Vulkaniten aus dem Böhmischen Mittelgebirge mit den Resultaten der RFA-Untersuchungen an den beiden Gesteinstafeln macht deutlich, dass sich der Phonolith, aus dem die beiden Stücke des Steinkabinetts geschnitten wurden, durch auffällig niedrige Kalziumgehalte von etwa 0,5 Gewichtsprozent CaO auszeichnet.[14] Nur fünf der Phonolithe aus Nordböhmen aus der Literatur zeigen derartig niedrige Kalziumwerte, darunter das Vorkommen von Neuhof. Die in den beiden Tafeln von Taddel außerdem gefundenen ungewömlich hohen Gehalte für die Spurenelemente Zirkonium, Niobium und Barium weisen jedoch eindeutig auf den Klingstein von Neuhof hin. Diese Schlussfolgerung konnte durch zusätzliche RFA-Messungen an den Taddelschen Proben und den beiden Belegstücken aus der Petrologischen Sammlung von Wisterschan und Neuhof weiter erhärtet werden.[15]

Phonolith als Schmuckstein?

Dass der Phonolith vom Neuhof bei Teplitz im Steinkabinett von Heinrich Taddel auftaucht, legt seine Verwendung als Schmuckstein im 18. Jahrhundert nahe. Bisher sind allerdings keine Kunstobjekte bekannt geworden, die eine solche Vermutung belegen könnten. In der Literatur gibt es jedoch einen Hinweis, der die Nutzung des Klingsteins ebenfalls wahrscheinlich macht. Um die Wende vom 18. zum 19. Jahrhundert beschäftigte sich der in Bilin tätige böhmische Badearzt Franz Ambrosius Reuß mit der geologischen Situation im Umfeld dieses Quellorts.[16] Seine Beobachtungen legte er in mehreren Druckschriften nieder. Später wurden seine Arbeiten von seinem Sohn August Emanuel Reuß weitergeführt. In dessen 1840 erschienenen *Geognostischen Skizzen aus Böhmen* findet sich wie in der bereits 1793 gedruckten *Mineralogischen Beschreibung des Leitmeritzer Kreises in Böhmen* seines Vaters eine sehr genaue Beschreibung der Verhältnisse am Neuhof: »Endlich muss noch des Keratitporphyrs von Neuhof bei Teplitz, als hierher gehörig, Erwähnung geschehen, da er offenbar den Phonolithen beigezählt werden muss. Er bildet einen nicht hohen, länglich-runden kahlen Hügel, dessen etwas vertiefter Gipfel einen Meierhof trägt; er zeigt keine Spur von regelmäßiger Absonderung und ist von zahlreichen ½ bis 1 Zoll starken Klüften durchzogen, die mit Eisenthon ausgefüllt sind. Seine Grundmasse besteht aus dichtem Feldstein von mannigfachen Farben, die fleckenweise miteinander wechseln. Meistens ist er licht berg- oder ölgrün, gelblich- und grünlichweiss, seltener schwärzlichgrün und lederbraun. Zunächst der Peripherie sind die Stücke oft braunroth gefärbt; auch ist er hie und da von zahlreichen feinen, sich vielfach verzweigenden rothen Streifen durchzogen, von denen die anders gefärbten Flecken gleich Inseln eingefasst erscheinen. Dadurch erhält er ein buntes, angenehm ins Auge fallendes Äusseres.« In der bereits vorher erschienenen Schrift des Vaters, Franz Ambrosius Reuß, von 1793 gibt es jedoch noch einen zusätzlichen, im hier interessierenden Kontext wichtigen Hinweis: »Da die wenigen Stücke dieses Porphyrs, welche nicht zerklüftet sind, eine sehr angenehme Farbe haben, weil sie meistentheils von der erwähnten erstern grünern Abänderung sind, so hat man hier vor ohngefähr 4 Jahren zwey eben nicht gar zu beträchtliche Tagebrüche am Fusse des Berges angelegt, welche beyde gegen Süden hineingehen und bald wieder liegen geblieben sind. Die gebrochenen Steine, welche man anfangs schleifen und verarbeiten wollte (daher auch diese beyden Brüche in dieser Gegend nur unter dem Namen *Marmorbrüche* bekannt sind,) liegen jetzt unbenutzt auf dem dem Fürsten *von Clary* zugehörigen Mayerhofe, welcher auf eben diesem Berge steht. Sie sind fürs Schleifen zu hart und zu spröde, zum Bauen aber zu klein und zu zerklüftet, und also vielleicht blos zum Pflastern zu benutzen.«[17]

Offensichtlich gab es wie bei den anderen als Schmucksteinen verwendeten Hartsteinen auch in diesem Fall Probleme bei der Bearbeitung, besonders wegen der Risse im Gestein. Dass sich der Klingstein trotzdem bearbeiten ließ, belegen die beiden Stücke in der Taddelschen Sammlung. Wenn die Zeitangaben von Reuß korrekt sind, dann muss es mehrere Versuche der Nutzung des Phonoliths von Neuhof gegeben haben. Es ist auf jeden Fall damit zu rechnen, dass dieser als Schmuckstein an Kunstobjekten in Sachsen oder Böhmen Verwendung gefunden haben kann.

Das Beispiel der beiden Gesteinstafeln aus dem sächsischen und dem »ausländischen« Teil des Steinkabinetts illustriert ein weiteres Mal, dass Heinrich Taddel bei dessen Zusammenstellung auf Gesteine zurückgegriffen hat, deren tatsächliche Herkunft ihm häufig völlig unbekannt war. Die Auffindung des Klingsteins in dieser Sammlung macht aber auch deutlich, dass die Naturforscher in jener Zeit sehr sorgfältig in ihren Beobachtungen waren und dabei aufmerksamer, als dies in unserer heutigen schnelllebigen Zeit häufig der Fall ist. Eine Ursache dafür ist vielleicht darin zu suchen, dass die Naturkunde damals in ihren Erkenntnissen weitgehend auf die genaue Beobachtungsgabe angewiesen war und nicht auf so zahlreiche Messverfahren zurückgreifen konnte wie wir heute. Auf jeden Fall gelangte der heute auch nicht mehr jeder Geowissenschaftlerin oder jedem Geowissenschaftler geläufige Phonolith ab dem Ende des 18. Jahrhunderts in den Mittelpunkt des allgemeinen naturkundlichen Interesses. Neben Goethe und Werner haben sich mehrere andere bekannte Naturforscher wie der Werner-schüler Johann Karl Wilhelm Voigt, einer der bedeutendsten Apotheker und Chemiker jener Zeit, Martin Heinrich Klaproth, und der bekannte Naturforscher und Forschungsreisende Alexander von Humboldt intensiv mit dem Klingstein beschäftigt.[18] Die beiden Tafeln aus Phonolith im Taddelschen Steinkabinett illustrieren darüber hinaus den damals noch sehr engen Zusammenhang zwischen Naturforschung und Ästhetik. Wenn bei der Erforschung der Natur ästhetisch ansprechende Objekte gefunden wurden, suchte man sie möglichst unmittelbar auch für die Fertigung von Kunstgegenständen oder direkt als solche zu nutzen.

1 Unter Lateriten versteht man Produkte langanhaltender tropischer Verwitterung.　**2** Körner 1761, S. 446–450; Anonymus 1830, S. 4643. Korund (Al_2O_3) ist ein sehr hartes Mineral, was darin nur noch von Diamant übertroffen wird. **3** Zur Rasterelektronenmikroskopie vlg. S. 109–116).　**4** In den Alkalifeldspäten sind zu etwa gleichen Teilen Natrium und Kalium enthalten. Bei den Pyroxenen handelt es sich um natriumreiche Aegirin-Augite. In der No: 94 konnte noch etwas Biotit, in der No: 28 ein nicht näher bestimmbarer Alkaliamphibol nachgewiesen werden.　**5** Akzessorisch treten Apatit, Calcit, Titanit, Seltenerdkarbonate und Zirkon auf.　**6** Die Identifizierung erfolgte durch den Autor mittels Ramanmikroskopie am Institut für Mineralogie der TU Bergakademie Freiberg. **7** »In dünnen Tafeln und Stücken, wenn man sie fallen läßt, oder mit einem Eisen an die dünnen Kanten schlägt, klingt er«, in: Reuß 1801, S. 342.　**8** Die Phonolithe wurden wegen ihrer Ähnlichkeit mit metamorphen Gesteinen zunächst als Hornschiefer, wegen der sichtbaren eingesprengten Kristalle später auch als Porphyrschiefer und die Phonolithe von Hammerunterwiesenthal durch Abraham Gottlob Werner als Wacke bezeichnet. Der Begriff »Klingstein« wurde 1801 von dem bedeutenden Berliner Chemiker Martin Heinrich Klaproth vorgeschlagen, findet sich aber auch auf einem Originaletikett von Werner. Wann sich der aus dem Französischen stammende, heute gebräuchliche Name »Phonolith« durchsetzen konnte, ließ sich bisher nicht zweifelsfrei klären.　**9** Charpentier 1778, S. 20–31.　**10** Geologisch werden diese Vulkanite mit einem Alter von etwa 30 bis 25 Millionen Jahren in das mittlere Oligozän bis späte Miozän gestellt.　**11** TU Bergakademie Freiberg, Inv.-Nrn. PetSa 3071 und 3972.　**12** Bis 1996 wurde der »Porzellanit« hier als Straßenschotter im Tagebau abgebaut. Die Brüche wurden inzwischen umfangreich rekultiviert.　**13** Ackerman/Ulrych/Řanda 2015.　**14** Für ähnliche Gesteine liegen die CaO-Gehalte sonst um 1,5 bis 3,5 Gew. %.　**15** Die gemessenen Gehalte betrugen für Kalzium 0,4 bis 1,2 Gew. %, CaO, Zirkonium 900 bis 2300 ppm Zr und Niobium 200 bis 600 ppm Nb. Nur in einem begrenzten Bereich der Probe 3071 wurden deutlich höhere Kalziumgehalte gefunden, was möglicherweise auf eine lokale sekundäre Umwandlung zurückzuführen ist. **16** Der naturkundlich interessierte Arzt hatte auch Vorlesungen über Geologie bei Abraham Gottlob Werner in Freiberg besucht. Ab 1780 legte er eine eigene Mineralsammlung an. 1808 wurde er zum kaiserlichen Bergrat ernannt. **17** Reuß 1793, S. 28. Die Nordseite am Fuß des Hügels ist heute dicht mit Wohnhäusern umbaut, die Gebäude des Meiserhofs sind verlassen.　**18** Voigt 1785, S. 46. Voigt arbeitete in Weimar mit Goethe zusammen und wurde zum Hauptopponenten von Werner im Streit zwischen Plutonisten und Neptunisten über die Entstehung der Basalte, vgl. dazu: Humboldt 1790, S. 525–526; Klaproth 1802, S. 229–244. Klaproth hebt in seiner Arbeit besonders den Natriumreichtum des Gesteins hervor.

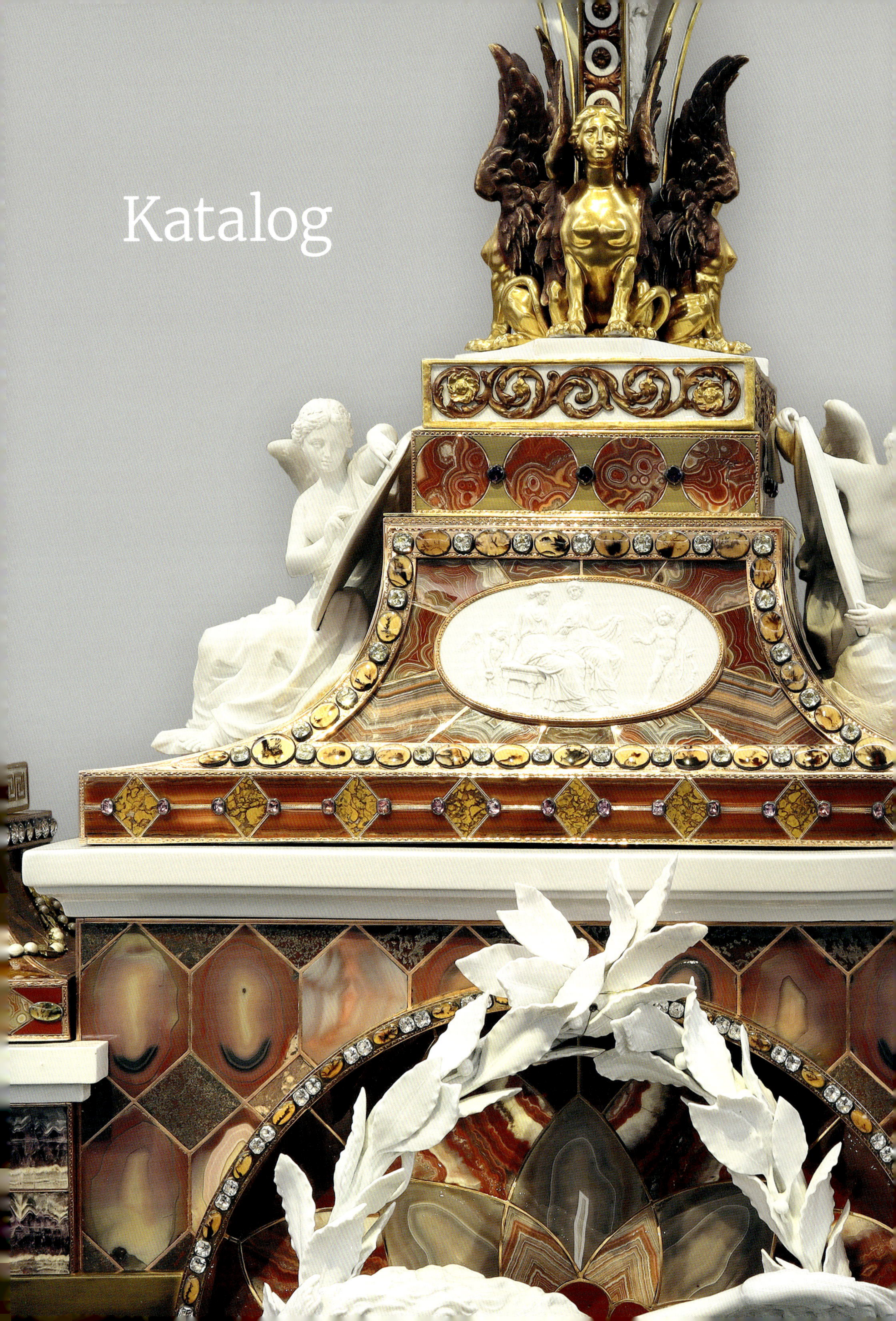
Katalog

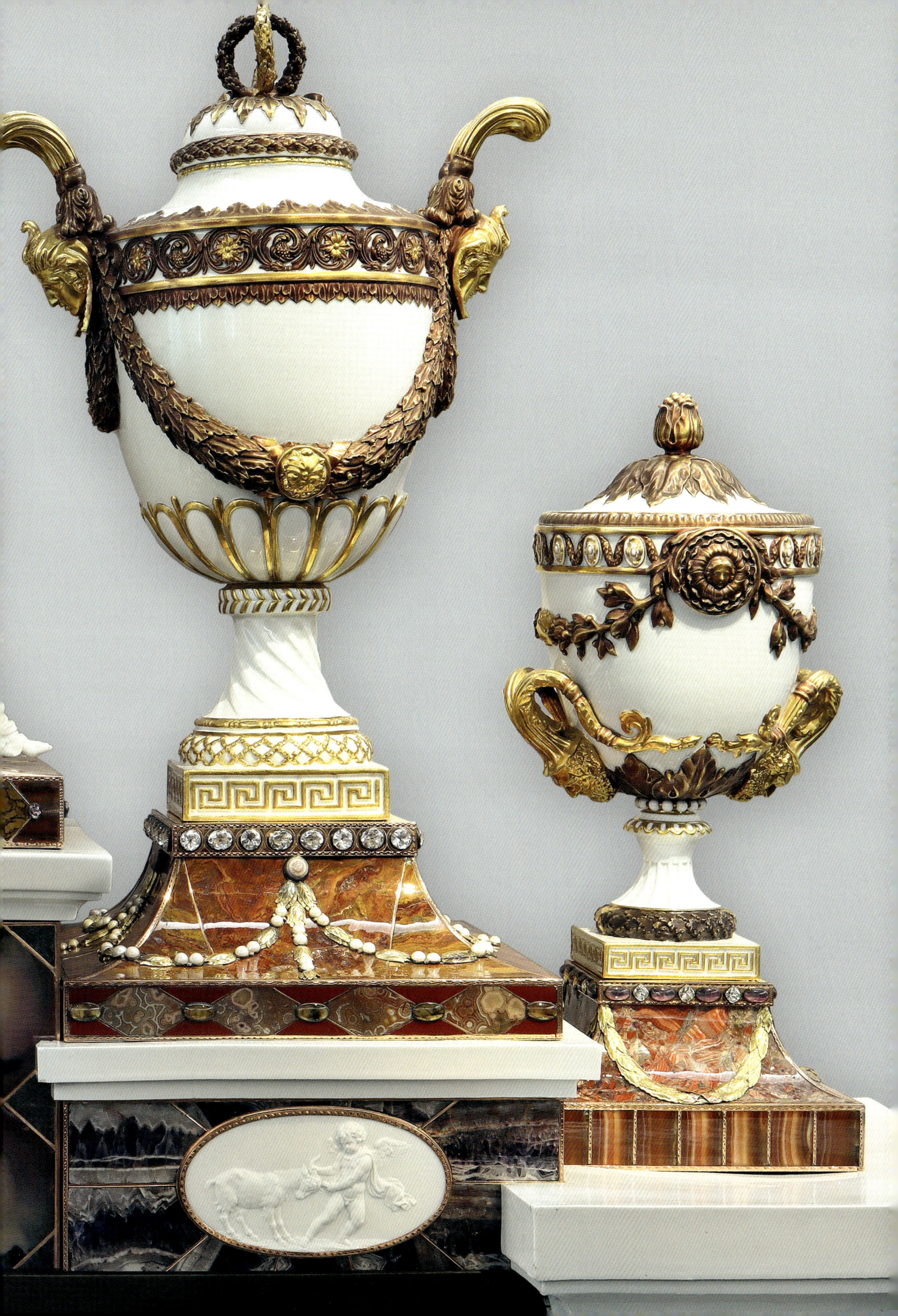

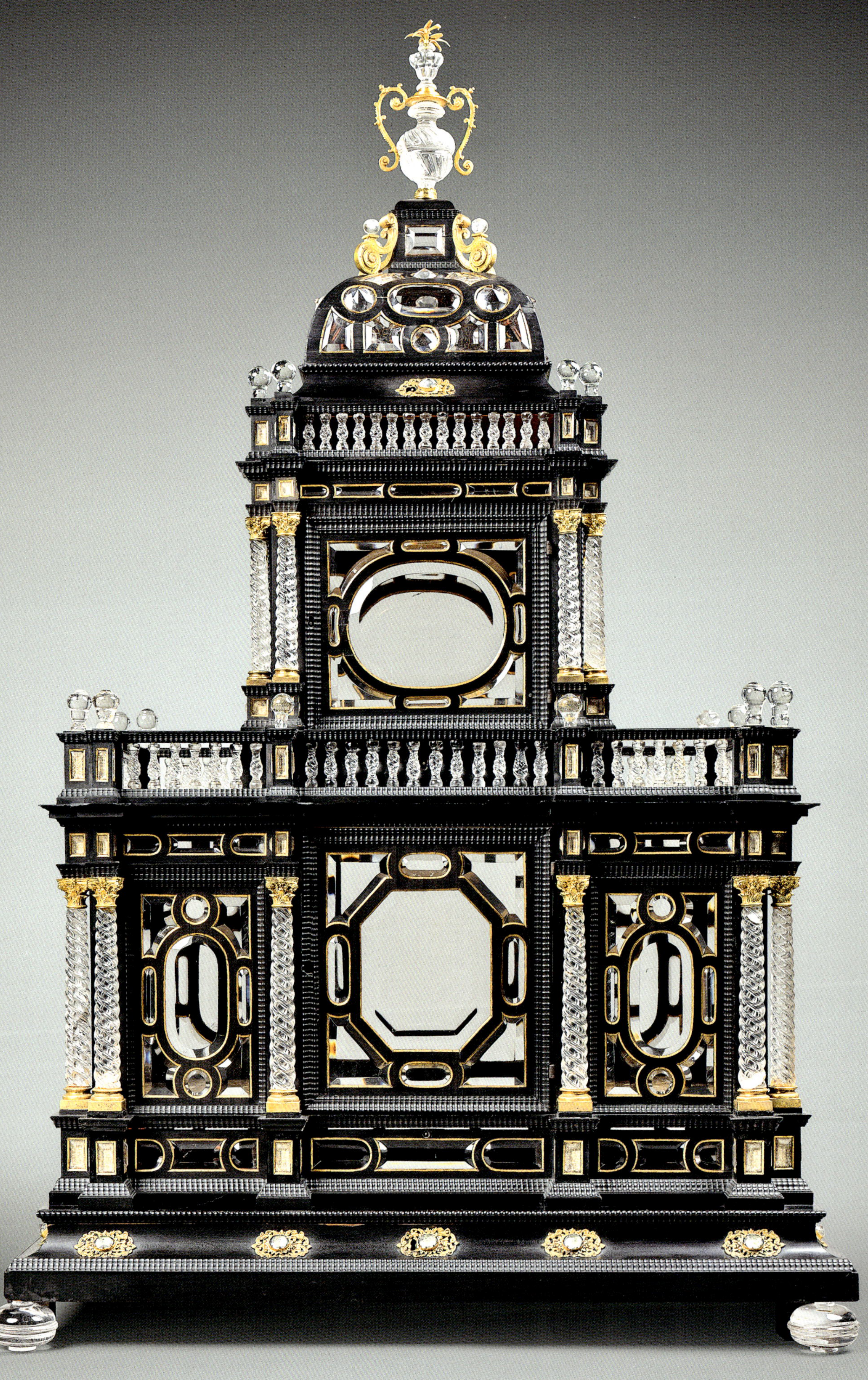

Kabinettschrank
mit Bergkristalleinlagen

Wohl nordalpin oder Venedig, 1. Hälfte 17. Jh.
Bergkristall, Ebenholz, Elfenbein, diverse Hölzer, Glas, Kupferlegierung,
vergoldet, Farbfassung, rote Seide mit Silberfäden | 116,0 × 73,0 × 43,0 cm |
Grünes Gewölbe, SKD | Inv.-Nr. I 15

Der Kabinettschrank von Ebenholz und Bergkristall auf dem zentralen Tisch vor der Ostwand im Pretiosensaal des Grünen Gewölbes gehört zu den außergewöhnlichen Stücken der Sammlung. Dennoch wurde ihm bislang von der Forschung nur wenig Beachtung geschenkt. Die Tradition kunstvoller Möbel hat ihren Ursprung erst Ende des 16. Jahrhunderts. Anfang des 17. Jahrhunderts entwickelte sich eine besondere Form des Schrankes für die Kunstkammer, geprägt insbesondere von Philipp Hainhofer. Diese sogenannten Kunstschränke waren Kunstkammern en miniature, denn sie bildeten eine feste Einheit mit der darin aufbewahrten Sammlung. Hinter den Türen verbarg sich eine Vielzahl kleinerer Fächer, die oft mit Gemälden, Schmucksteinen, Naturalien oder silbernen Beschlägen verziert waren. Später wurden diese dekorativen Elemente auch an der Außenseite angebracht. Zwei der bedeutendsten Produktionszentren für diese Art von Möbeln waren Augsburg und später Antwerpen.[1]

Der Kabinettschrank im Grünen Gewölbe weist mit seinem tempelartigen Aufbau sowie den gedrehten Säulen und Geländern viele stilistische Ähnlichkeiten mit Arbeiten aus der Mitte des 17. Jahrhunderts auf.[2] Im Unterschied zu diesen ist er aber zusätzlich mit Einlagen aus Bergkristall versehen und wird von einer Vase aus Bergkristall bekrönt. Die gedrehten Säulen und der Schnitt der facettierten Kristalleinlagen lassen sich mit einer Gruppe von Kassetten vergleichen, die um 1600 in Venedig hergestellt wurden (Abb. 1).[3] Allerdings hebt sich das Dresdner Möbel von diesen durch seine Größe und seine mehrstufige Struktur ab. Die überlieferten venezianischen Exemplare sind ebenfalls aufwendig mit goldenen blumenartigen Verzierungen versehen, während sich der Dresdner Schrank durch seine Kombination aus dunklem Holz und klarem Bergkristall auszeichnet.[4] Die transparenten Wände, die den Betrachtenden einen Blick ins Innere erlauben, legen die Vermutung nahe, dass der Schrank ursprünglich für die Aufbewahrung von Kunstgegenständen, Naturalien oder anderen Schätzen konzipiert war und demnach ein genuines Kunstkammermöbel darstellt.

Ein vergleichbares Objekt hinsichtlich sowohl der architektonischen Form als auch der Beschaffenheit mit den in ausgesprochen klarem Bergkristall ausgeführten Füllungen ist bisher nicht bekannt, vielmehr scheint es sich um ein singuläres Möbel zu handeln. Erstmals in der Dresdner Kunstkammer nachgewiesen ist der Kabinettschrank 1680, als ihn Anton Weck in seiner Chronik beschrieb. Demnach befand er sich im dritten Gemach: ein »künstlich Cabinet, von Berg-Cristall, […]/ welches von allen vier Seiten durchsichtig / und geöffnet werden kann.«[5] Ob sich darin oder in den versteckten Schubladen der horizontalen Architekturelemente Sammlungsgegenstände befunden hatten, wurde leider nicht mitgeteilt.

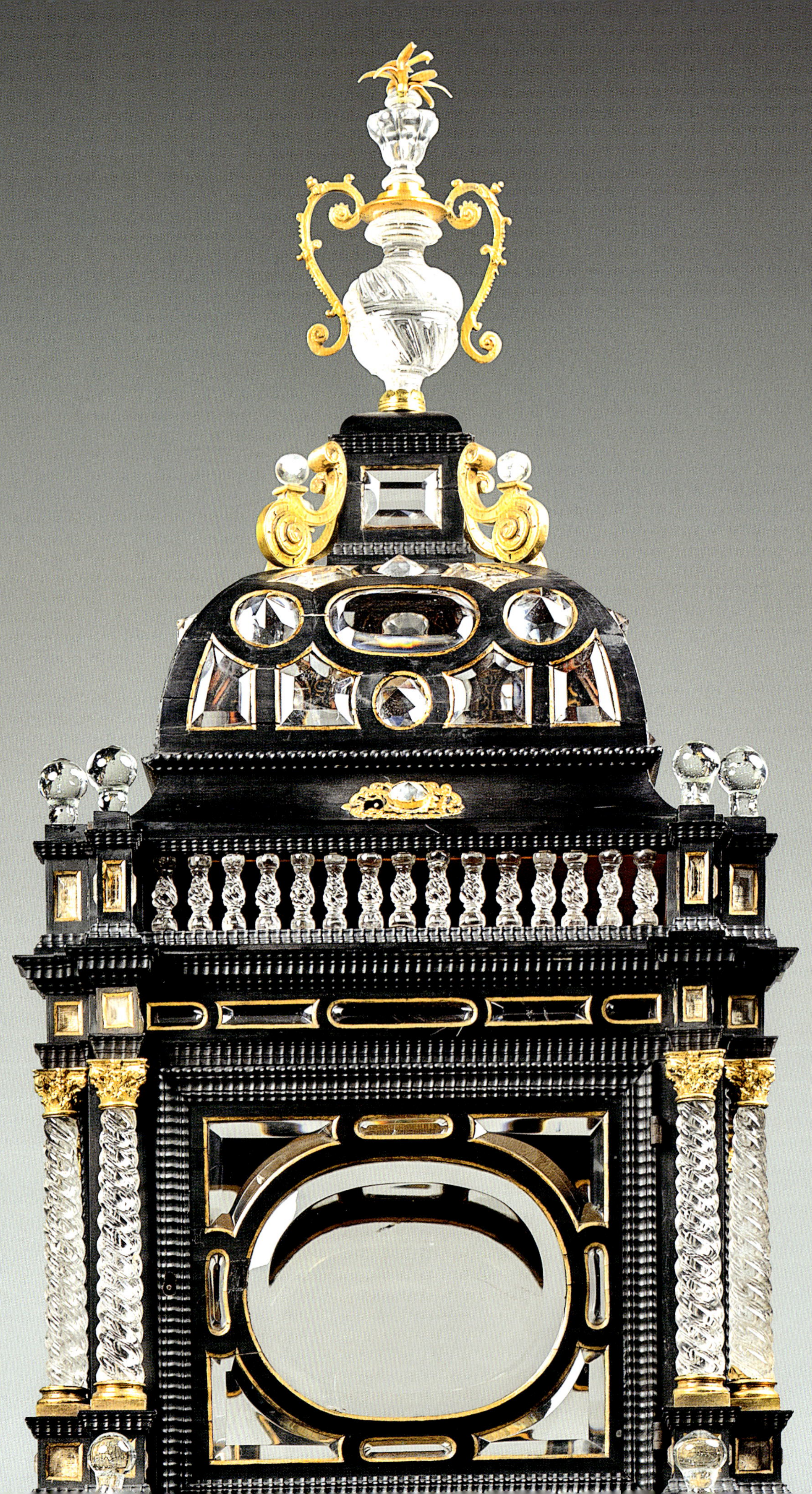

Knapp 80 Jahre später wurde dann die Sammlung von geschliffenen und polierten Steinproben Heinrich Taddels in den Schubladen des Kabinetts aufbewahrt, das sich inzwischen im Münzkabinett befand. Unter welchen Umständen dieser Transfer stattfand, bleibt ungeklärt. Zu dieser Zeit erfolgte auch die Umgestaltung der Schubladen zur Aufnahme der einzelnen Steintafeln. Sie wurden durch Stege in exakt angepasste rechteckige Fächer unterteilt (siehe S. 81). Das Möbelstück mit der Steinsammlung wurde – einem Nachtrag zum Inventar von 1741 folgend – 1815 wieder in die Kunstkammer zurückgebracht. Im Jahr 1832 gelangte es in das Grüne Gewölbe, wo es zunächst im Pretiosensaal und dann ab 1913 im Kaminzimmer Aufstellung fand. **MM**

Provenienz Ersterwähnung Kunstkammer: Weck 1680, S. 35; Akten das Münzkabinett betreffend 1708 – 1819, fol. 74 v – 127 r; Kunstkammerinventar 1741, S. 876, Nr. 3 (Nachtrag); 1832 aus der Kunstkammer zum Grünen Gewölbe gekommen; Inventar Pretiosenzimmer 1819, S. 198, Nr. 114 (Nachtrag); Inventar Pretiosenzimmer 1879, S. 279 – 281, Nr. 232 (ausgetragen); Inventar Kaminzimmer 1915, S. 9 – 10, Nr. 15

Literatur Sponsel 1919, S. 14; Sponsel 1921, S. 5; Ausst.-Kat. Dresden 1990, S. 63 – 65; Syndram/Kappel/ Weinhold 2006, S. 112 – 113

1 Als Vergleichsbeispiel für die in Augsburg um 1600 gefertigten Kunstkammerschränke dient das Exemplar von Matthias Walbaum, das ebenfalls einen dreistöckigen tempelartigen Aufbau aufweist: Grünes Gewölbe, SKD, Inv.-Nr. I 34; vgl. dazu: Baarsen 2000; Cornet 2016, S. 206 – 212, Taf. 62 – 68. **2** Ein weiterer, wahrscheinlich in Augsburg hergestellter Kunstkammerschrank mit Bergkristallsäulen und *pietre-dure*-Arbeiten wurde 2016 bei Christie's versteigert. Vergleichbar sind nicht nur die Säulen, sondern auch die wellenförmigen Elemente der Holzarbeiten. Vgl. URL: www.christies.com/en/lot/lot-6010076 (7. 2. 2023). **3** Diese Kassetten werden vor allem durch zwei zeitgenössische Quellen mit Venedig in Verbindung gebracht. Bei der ersten handelt es sich um eine Beschreibung eines solchen Werkes in der Werkstatt von Antonio Maria Fortana aus dem Jahr 1581 durch den Historiker Francesco Sansovino. Als zweite Quelle dient ein Gemälde nach Tizian, auf dem dessen Tochter Lavina anstelle der Obstschale auf dem Vorbild ein ähnliches Kästchen in den Händen hält. Vermutlich dienten die Kassetten als päpstliche Geschenke an die erstgeborenen katholischen Thronfolger. Vgl. Huth 1971, S. 7 – 11, Abb. I, 20 – 28; vgl. Saint Louis Art Museum, Inv.-Nr. 346:1958, URL: www.slam.org/collection/objects/3404 (7. 2. 2023). **4** Interessant ist auch der Vergleich mit dem Reliquienbehälter San Giovanni Buono in der Chiesa di San Pietro in Cattedral in Mantua, der ebenfalls aus dunklem Holz gefertigt ist und mit gedrehten Bergkristallsäulen und rechteckigen, facettierten Kristalleinlagen versehen ist. Der achteckige Schrank wird in dem Katalog als lombardische Arbeit beschrieben: Ausst.-Kat. Mantua 2009, S. 183, 288, Nr. 53. **5** Weck 1680, S. 35.

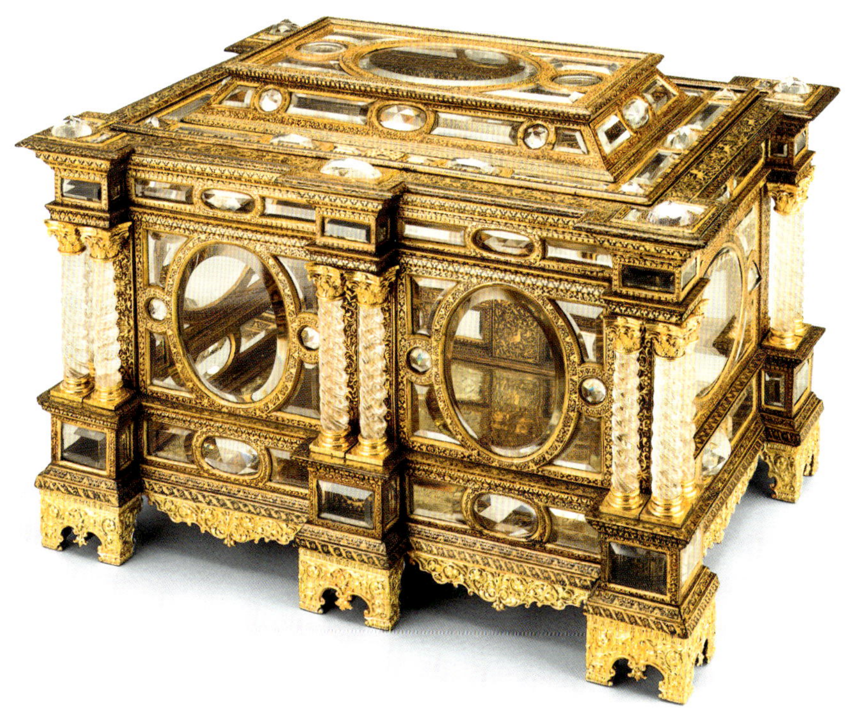

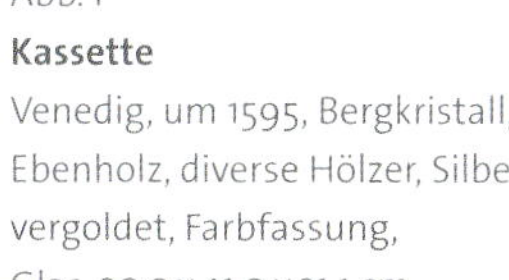

Abb. 1
Kassette
Venedig, um 1595, Bergkristall, Ebenholz, diverse Hölzer, Silber, vergoldet, Farbfassung, Glas, 30,0 × 41,0 × 31,1 cm, Chicago, The Art Institute, Inv.-Nr. 2019.186

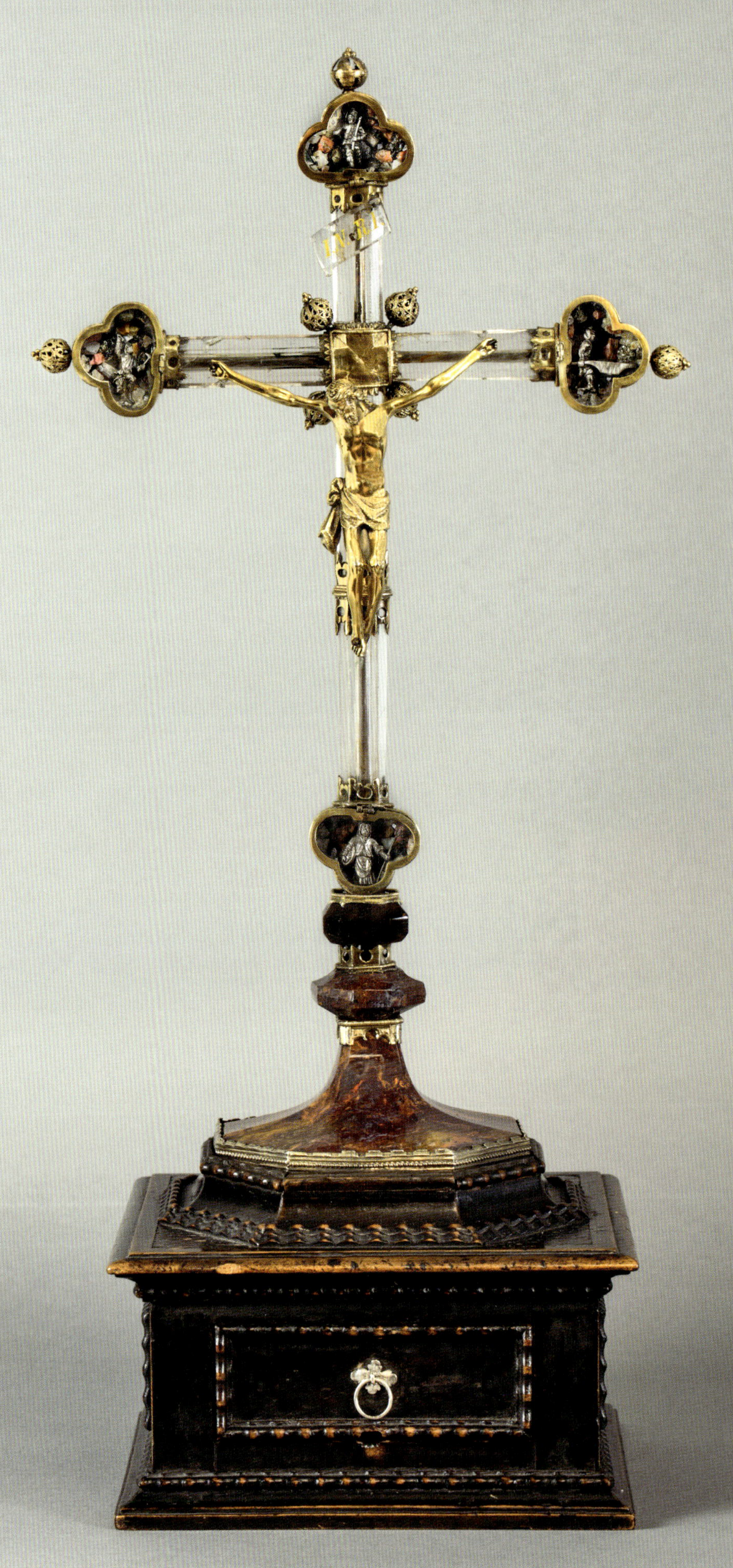

2

Freiberger Ratskruzifix

Vor 1605 | Grundsubstanz: Freiberg, um 1500 (?) | Ergänzung:
Corpus Christi, bergmännische Figuren: Freiberg, um 1605 oder früher |
Holzpodest: Freiberg (?), 17. – 19. Jh. |
Kreuz: Bergkristall, Jaspis, Rauchquarz bzw. Glas, Silber, vergoldet;
Corpus Christi: Silber, vergoldet; Kapseln: Silber, vergoldet,
Glas, Email, diverse Minerale/Gesteine;
Bergmannsfiguren: Silber; Sockel: Holz, Metallbeschlag |
Kreuz: 54,0 × 25,5 cm; Sockel: 10,0 × 20,2 × 20,2 cm |
Freiberg, Stadt- und Bergbaumuseum | Inv.-Nr. 50/238

Das sogenannte Freiberger Ratskruzifix aus dem ehemaligen Besitz des Freiberger Stadtrats verbindet auf einmalige Weise den Kreuzestod Christi mit der Freiberger Bergmannskultur des 16. bzw. 17. Jahrhunderts. Gleichzeitig bezeugen die vielen offensichtlichen Umarbeitungen verschiedene Phasen der Renovierung und Umdeutung des Objekts sowie seiner Materialien.

Auf einem dunklen Holzpodest mit Wellenleisten ist heute der Standfuß aus Jaspis montiert, gefolgt von einem ersten Nodus aus demselben Gestein. Es folgt ein zweiter Nodus aus einem dunkelbraunen, transparenten Werkstoff. Fuß und Nodi tragen das facettiert geschliffene, zusammengesetzte Bergkristallkreuz, das durch vergoldete Stifte gehalten und im Zentrum durch eine vergoldete Manschette gefasst wird. Die Kreuzenden werden jeweils von einer silbervergoldeten Kapsel mit Filigrankugel abgeschlossen. Während das Zentrum des Kreuzes vom Corpus Christi dominiert wird, sind hinter den Fenstern der dreipassigen Kapseln, umgeben von kleinen Gesteinsstufen, Bergleute bei der Arbeit zu erkennen. Deren Anordnung erlaubt es – vor dem Hintergrund der erzgebirgischen Bergwerks- und Predigtliteratur –, das Kruzifix gleichsam als »himmlisches Bergwerk« zu lesen.[1] Zuoberst steht ein Hutmann mit geschultertem Berghäckel dem Betrieb vor (Abb. 1). In der linken Kapsel ist ein Häuer mit Gezähe zu sehen, rechts schiebt ein dritter Bergmann eine Lauftruhe nach rechts. Unten steht ein Hüttenmann mit Fürkel und Erztrog und schließt den Bergwerksbetrieb ab. Die kleinen Silberfiguren sind detailliert gearbeitet und tragen die Bergmannstracht des 16. und frühen 17. Jahrhunderts: Gugel, Arschleder und Kniebügel, der Hüttenmann eine lange Schürze.

Bis heute liegt keine umfassende Arbeit zum Ratskruzifix vor. Jüngere Untersuchungen befassen sich in erster Linie mit Deutungen des Kunstwerks als Zeugnis evangelischer Frömmigkeit und bergmännischer Repräsentation im Erzgebirge des späten 16. und frühen 17. Jahrhunderts.[2] Gemeinsam mit schriftlichen Dokumenten lässt sich jedoch eine Objektbiografie erstellen, die nicht zuletzt wertvolle Hinweise zur sich wandelnden Wahrnehmung verwendeter Werkstoffe über die Jahrhunderte liefert.[3]

Der Stil der silbervergoldeten Steinfassungen und des Steinschliffs wirkt älter als die Christusfigur und die Bergleute. Es wird eine Entstehung des ursprünglichen Kreuzes bzw. dieser Elemente um 1500 angenommen.[4] Dies passt zur ersten schriftlichen Erwähnung von 1605/06 in den Freiberger Ratsakten, wo das Kreuz bereits als »alt« angesprochen und eine Renovierung dokumentiert wurde.[5] Eine sichere Datierung des Kreuzes in seiner ursprüngliche(re)n Form lautet demnach »vor 1605«.

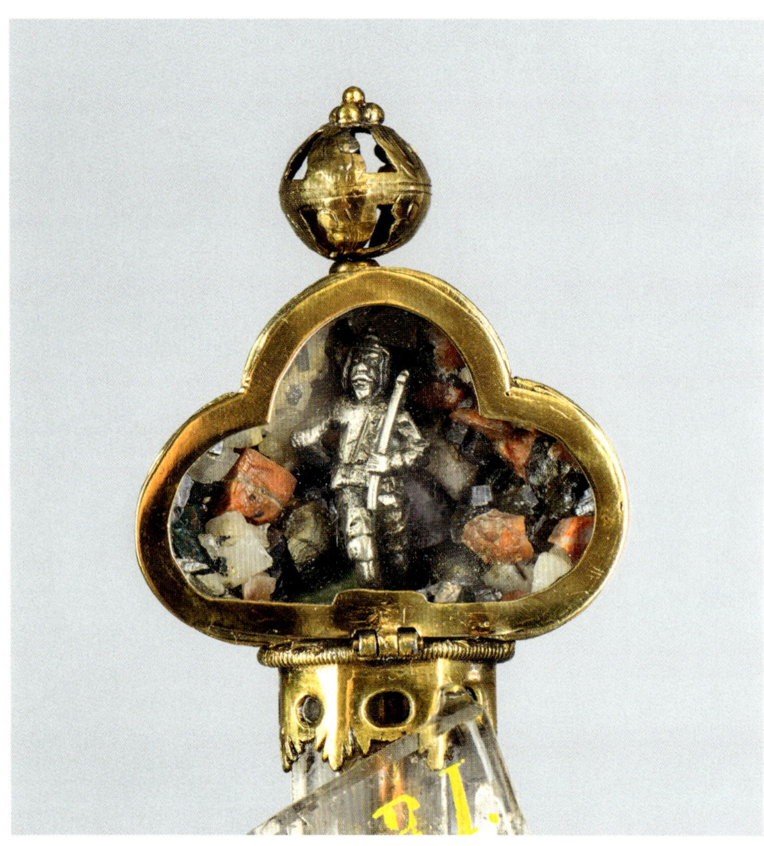

Abb. 1
Vorderseite der oberen dreipässigen Kapsel mit silbernem Bergmann und verschiedenen Mineralen und Gesteinen

Abb. 2
Rückseite der oberen Kapsel mit Email von Samuel Klemm von 1645 (Monogramm »S K« am unteren Rand) mit Verweis auf den Stifter Jonas Schönlebe

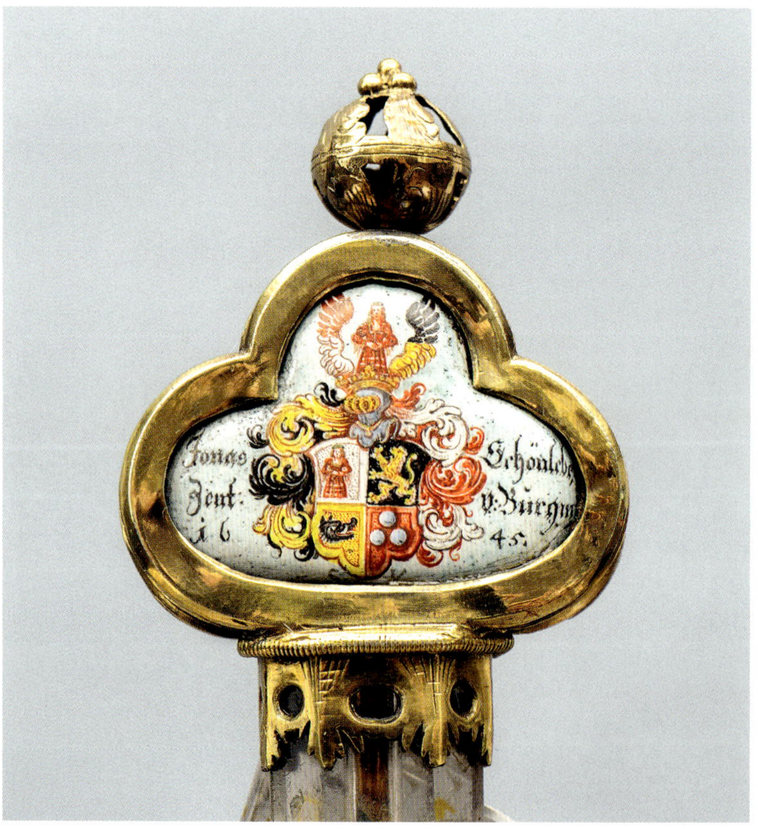

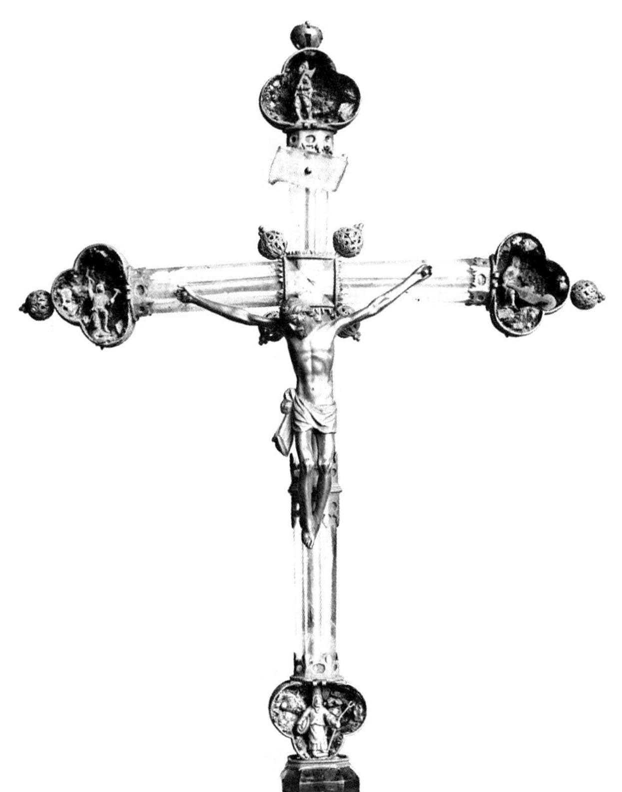

Bereits 1638 ist die nächste Erneuerung durch den Freiberger Goldschmied Samuel Linse dokumentiert.[6] Der Preis von 16 Gulden deutet auf größere Änderungen mit höherem Materialwert hin. Ob dies auf die Ergänzung durch die Bergmannsfiguren und/oder den Corpus Christi hinweist, muss offenbleiben. Stilistisch lassen sich diese bereits in das (spätere) 16. Jahrhundert datieren.[7]

Ein eingesetztes Email auf der Rückseite der obersten Kapsel belegt eine Umarbeitung oder Renovierung im Jahr 1645, mit großer Sicherheit durch Samuel Klemm,[8] beauftragt vom Freiberger Bürgermeister Jonas Schönlebe (Abb. 2). Neben der Signatur »S K« unterhalb des Schönlebe'schen Wappenschilds, die uns so auch auf der Bergbarte von Klemms Bergmannsgarnitur von 1676 begegnet,[9] entsprechen Technik und Stil des bemalten Emails den bekannten Arbeiten des Freiberger Goldschmieds und Emailleurs.

Wiederum in den Ratsakten wird eine weitere Erneuerung durch Samuel Linse 1653/54 bezeugt.[10] Eine Renovierung 1670 belegen die ziselierten Inschriften der Rückseiten der restlichen Kapseln, mit den bisher nicht aufzulösenden Monogrammen »C.L.S« und »B.V.BH« (Abb. 4).

Jüngere Veränderungen datieren von 1816, 1927 und 1953, in deren Zuge der silbervergoldete Stift im Querbalken des Bergkristallkreuzes durch unedles Metall getauscht wurde,[11] wohl auch die oberste Filigrankugel durch eine Durchbruchsarbeit[12] und 1927 die schon Anfang 1812 verlorenen Kapselfenster aus Bergkristall durch Glas ersetzt wurden.[13] Die Auskleidung der Kapseln mit den Berg- und Hüttenmännern durch Mineralstufen, die noch 1884 und 1895 explizit als aus gediegenem Silber bestehend bezeichnet sind, erscheinen nach ihrem wohl durch die fehlenden Fenster bedingten Verlust heute durch ein buntes Gemisch verschiedenster Gesteine und Minerale ersetzt (Abb. 3).[14] Zwischen Barock und Historismus dürfte der mit einer Schublade versehene Holzsockel einzuordnen sein, der erst ab dem 19. Jahrhundert Erwähnung in den Akten findet.[15] Materialbruch könnte die Ursache für die gleichsam leere Fassung zwischen den beiden Nodi sein.

Schwer wiegt der Verlust der gediegenen Silberstufen in den bergmännischen Kapseln: Die heutige bunte Mineralfüllung verzerrt den einstmals intendierten Blick auf eine Würdigung des Freiberger Silberbergbaus hin zu einer allgemeineren Bergbauthematik. Dies mag den auf den Silberrausch des 16. Jahrhunderts folgenden Niedergang, zwangsläufigen Wandel und die Diversifizierung des erzgebirgischen Bergbaus und seiner Repräsentation in der Kunst durchaus widerspiegeln.

Doch schon vor seiner bergmännischen Umdeutung lag die Besonderheit des Ratskruzifixes in seinen mineralischen Elementen: Die erste Nennung von 1605/06 in den Freiberger Ratsakten lautet entsprechend: »Hatt Ein Erbarn Rath durch Enoch Bachmann das alte Crucifix, so eine lange Zeit in der Rathsstuben aufn Tische gestanden, renoviren lassen, da dann befunden worden, das der Fuß von einem Edeln Jaspise, der obere Knopf ein Doppasius und das kreutze Cristalin, also das gantze Werk auf 100 Thlr. geschatzet worden, welches vorhin nicht eines Thalers wert geachtet ward.«[16]

Neueste Untersuchungen bestätigen für Standfuß und ersten Nodus die Benennung als Jaspis (vorwiegend ausgebildet als Mikromoosachat) und weisen auf eine mögliche Herkunft aus dem Raum Idar-Oberstein, wo die Gewinnung und Verarbeitung des Minerals seit etwa dem 15. Jahrhundert nachweisbar ist. Bei dem bisher als »Doppasius« (Topas), später als Rauchquarz angesprochenen zweiten Nodus könnte es sich auch um einen Glasschliff handeln.[17] Während die Qualität des verwendeten Bergkristalls aus heutiger Sicht nicht »perfekt« wirkt, zeugen die Längsbohrungen in den Kreuzarmen von fachmännischer Arbeit.[18] Darf die erste Werteinschätzung in den Freiberger Ratsakten auch als sprachliche Übertreibung verstanden werden, liegt hier doch die Betonung auf der hohen Achtung für die verwendeten Werkstoffe zu Beginn des 17. Jahrhunderts. AHy | UK

Literatur Steche 1884, S. 78–79; Knebel 1895, S. 41, 54, 58; Holzhausen 1958, S. 128–129; Menzhausen 1990, S. 326, Nr. 502; Heal 2014, S. 43–44, 49–51, 55; Hylla 2018, S. 132–133; Syndram 2022, S. 98–101, 412

1 Hylla 2018, S. 132–133. 2 Heal 2014, S. 43–59; Hylla 2018. 3 Eine detaillierte Auflistung würde den hier gegebenen Rahmen sprengen, doch haben sich einige Überlieferungsfehler in die Literatur eingeschlichen, die hier teils revidiert werden sollen. 4 Jüngst: Syndram 2022, S. 98–101, 412. Stilistisch weisen der Jaspissockel und die dreipässigen Kapseln an den Kreuzenden in die Spätgotik. 5 Nach Knebel 1895, S. 41. 6 Knebel 1895, S. 54. 7 Dem terminus post quem für die Bergmannsfiguren nach Holzhausen, der mit dem Fehlen der Knieleder bei Agricola (1556) argumentiert, kann aufgrund früherer Belege nicht gefolgt werden. Vgl. z. B. Melchior Baiers (?) Entwurf einer Deckelschale mit Bergmann von 1533 in der Graphischen Sammlung der Universität Erlangen-Nürnberg, Inv.-Nr. III A 9, vgl. Ausst.-Kat. Bochum 1990, S. 189–190, Nr. 21 (Rainer Slotta). Auch die vorgeschlagene Abhängigkeit des Corpus Christi vom Altarkreuz im Freiberger Dom scheint fraglich, vgl. Holzhausen 1958, S. 128–129, 189. 8 So bereits zugeschrieben bei Steche 1884, S. 78–79. 9 Vgl. Schnitzer/Kappel 2020, S. 12, Anm. 4. 10 Knebel 1895, S. 54. 11 Restaurierung von 1953 durch Goldschmied Johann Bauer und Steinschleifer Gottfried Schramm, Freiberg, vgl. Akten zum Objekt, Stadt- und Bergbaumuseum Freiberg. 12 Bei der Restaurierung von 1953 bereits vorhanden, als »Zinn« angesprochen, vgl. Akten zum Objekt, Stadt- und Bergbaumuseum Freiberg. 13 Restaurierung von 1927 durch die Firma Mau in Dresden, vgl. Akten zum Objekt, Stadt- und Bergbaumuseum Freiberg. 14 Restaurierung von 1927 und 1953, vgl. Akten zum Objekt, Stadt- und Bergbaumuseum Freiberg; Steche 1884, S. 78–79; Knebel 1895, S. 58. 15 Erstmals belegt durch den Vermerk Johann Gottlob Seeligers von 1816, der seine Restaurierung des Objekts auf einer Notiz im Schubfach des Sockels hinterlegte, vgl. Abschrift von 1927, Akten zum Objekt, Stadt- und Bergbaumuseum Freiberg, und Steche 1884, S. 78–79. 16 Zitat nach Knebel 1895, S. 41. 17 Ulf Kempe, Untersuchung vom 1. 11. 2022: Beobachtungen zu Farbverteilung, Glanz, Kratzern auf den polierten Oberflächen, gerundeten Kanten und der Form einer kleinen Abplatzung sprechen dafür. Quarz und Topas konnten bis in das 19. Jahrhundert nach äußeren Kennzeichen noch nicht immer eindeutig unterschieden werden, weshalb Rauchquarze häufig als »Rauchtopase« bezeichnet wurden. 18 Ulf Kempe, Untersuchung vom 1. 11. 2022.

Abb. 4

Ansicht von hinten. An den Kapseln der seitlichen Kreuzarme Monogramme »C. L. S« und »B. V. BH«, an der unteren Kapsel datiert auf die Renovierung von 1670 (Detail)

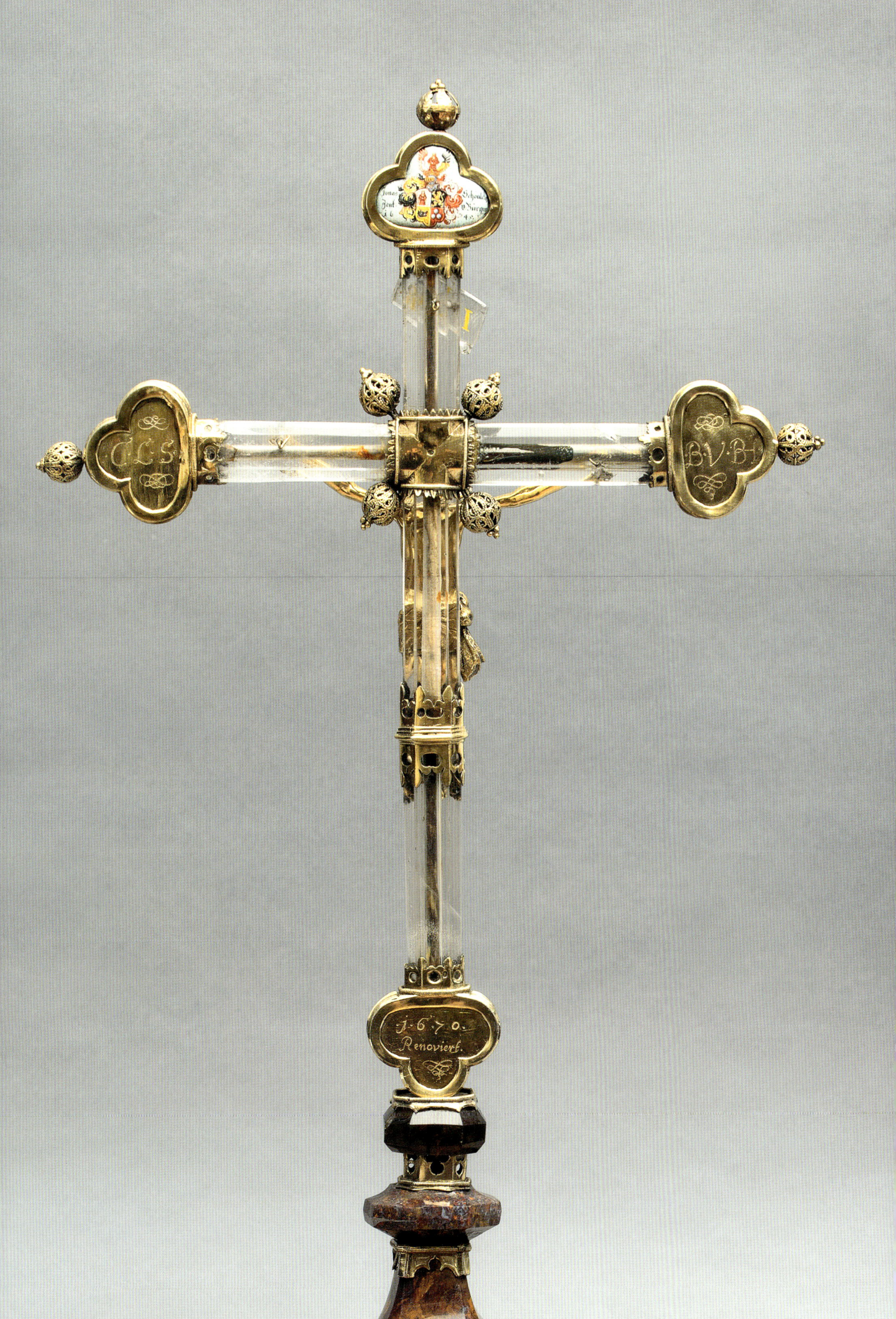

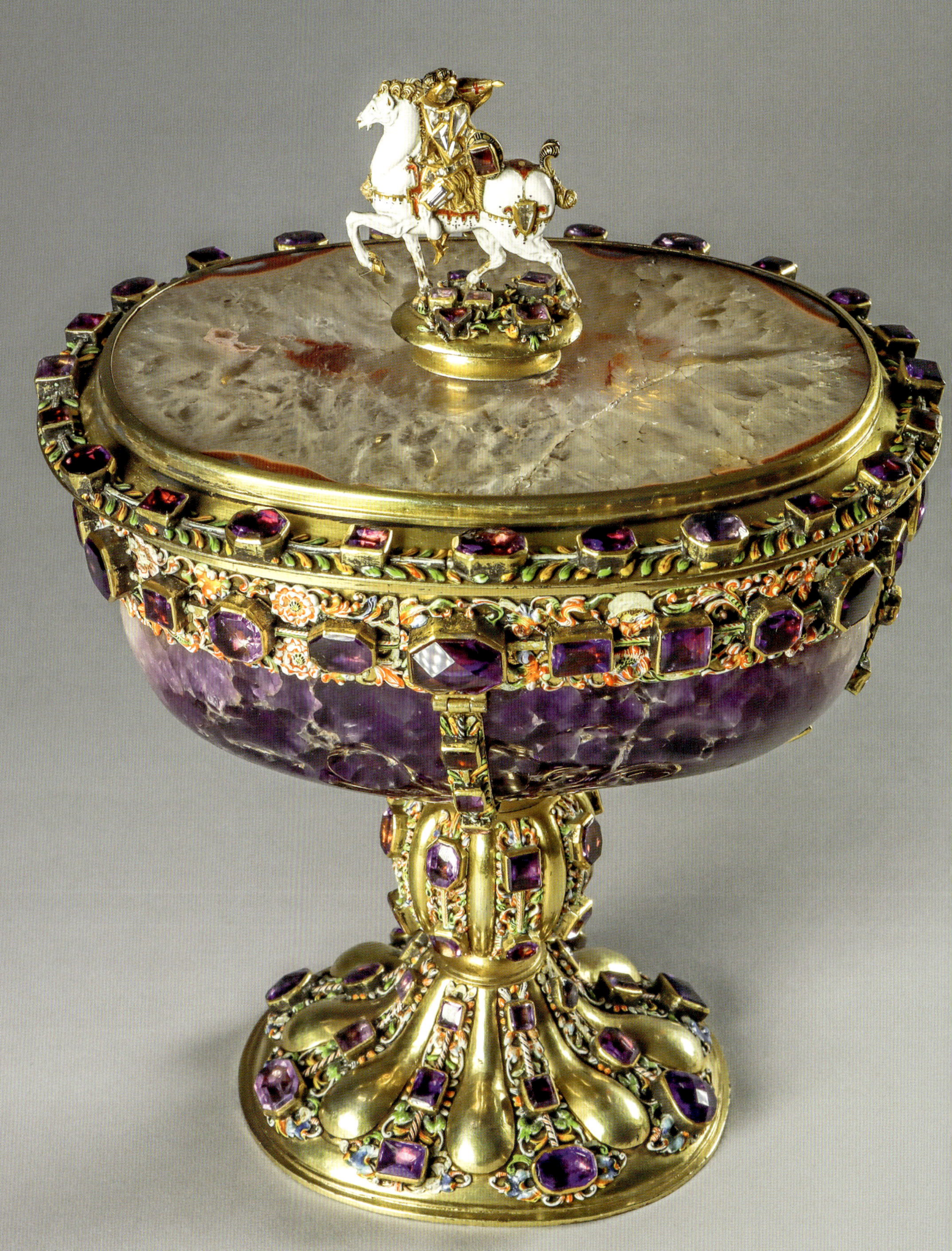

3

Deckelschale mit Reiter als Bekrönungsfigur

Steinschliff: spätmittelalterlich oder frühneuzeitlich
Bekrönungsfigur: 2. Hälfte 16. Jh.
Goldschmiedefassung: süddeutsch, 2. Hälfte 17. Jh.
Amethyst, Silber, vergoldet, Gold, Email, Diamanten, Amethyste, Rubin, Quarz |
21,2 × 16,1 × 13,0 cm | Grünes Gewölbe, SKD | Inv.-Nr. VI 20

Die ovale Schale, geschnitten aus einem außergewöhnlich großen Amethyst, lässt sich erstmals im Pretioseninventar des Grünen Gewölbes von 1725 nachweisen.[1] Vieles an diesem Schatzkammerobjekt wirkt rätselhaft und zuweilen uneinheitlich. Der Grund für diesen Eindruck ist der hybride Charakter der Komposition: Der auffällig flach gearbeitete Deckel, der mehrere Risse aufweist, hat seinen Ursprung im Gebiet um Idar-Oberstein. Er besteht aus durchsichtig-weißem Quarz grobkristalliner Struktur, der zum Rand hin von Chalcedon und einer roten Achatbänderung geprägt ist. Der Amethyst für die voluminös gearbeitete Schale stammt hingegen aus dem erzgebirgischen Wiesenbad[2] in der Nähe von Annaberg-Buchholz[3] und weist eine intensive Violettfärbung auf. Der Schliff, bei dem die Amethystkristalle senkrecht zur Wachstumsrichtung angeschnitten worden sind, lässt die kristalline, transluzide Struktur deutlich zutage treten und produziert bei Gegenlicht ein eindrucksvolles Farbspiel. Um diesen Effekt möglichst gut zur Geltung zu bringen und die Größe des Amethysts optisch zu betonen, wurden weiße Quarzeinlagerungen, wie sie an den Schmalseiten noch gut zu erkennen sind, an den großen Sichtflächen weitgehend herausgeschliffen. Dabei entstanden unregelmäßige Vertiefungen an den Seitenwandungen und im unteren Bereich der Schale. Die runden Mulden erinnern an mittelalterliche Zierschliffe, die zu dekorativen Zwecken üblicherweise jedoch in regelmäßigen Abständen in die Oberfläche steinerner Gefäße eingebracht worden sind. Neben der steilwandigen Gefäßform und der Dickwandigkeit führte vor allem die technische Umsetzung der Ausschliffe dazu, dass der Steinschnitt in das 13. oder 14. Jahrhundert eingeordnet wurde.[4]

Die Fassung der Schale ist in die zweite Hälfte des 17. Jahrhunderts zu datieren. Ob der Steinschnitt auch in dieser Zeit entstand oder möglicherweise deutlich früher geschaffen wurde, lässt sich nicht mit Sicherheit beantworten.[5] Eine Amethystschale des Kunsthistorischen Museums Wien weist auffällige Ähnlichkeiten zu dem Dresdner Stück auf.[6] Der außergewöhnlich große Stein stammt wahrscheinlich ebenfalls aus Wiesenbad im Erzgebirge. Die Schnittlage der Bearbeitung ist identisch, und Quarzeinlagerungen auf der Unterseite der Schale wurden auf die gleiche Art und Weise herausgeschliffen wie an dem Dresdner Stück.[7]

Eine Besonderheit der Dresdner Deckelschale sind die auffälligen historisierenden Elemente der Fassung. Vor allem der kugelförmige Nodus mit den acht herausgetriebenen Stegen sowie die zungen- bzw. birnenförmigen Buckel am Fuß können als Reminiszenz an Goldschmiedearbeiten aus der ersten Hälfte des 16. Jahrhunderts verstanden werden.[8] Zwischen den getriebenen Buckeln und den Stegen, aber auch am Mundrand wurden feinteilige Ornamentbänder im Ranken- und Blütendekor angebracht, die mit Reliefemail in prachtvoller Farbigkeit verziert wurden. Emailliert sind auch die Blattdekore auf den silbervergoldeten Spangen, die die Schale halten, sowie das umlaufende Band am Deckelrand. Auf die emaillierten Ornamentbänder wurden in regelmäßigen Abständen geschliffene Amethyste in unterschiedlich großen Kastenfassungen aufgebracht,

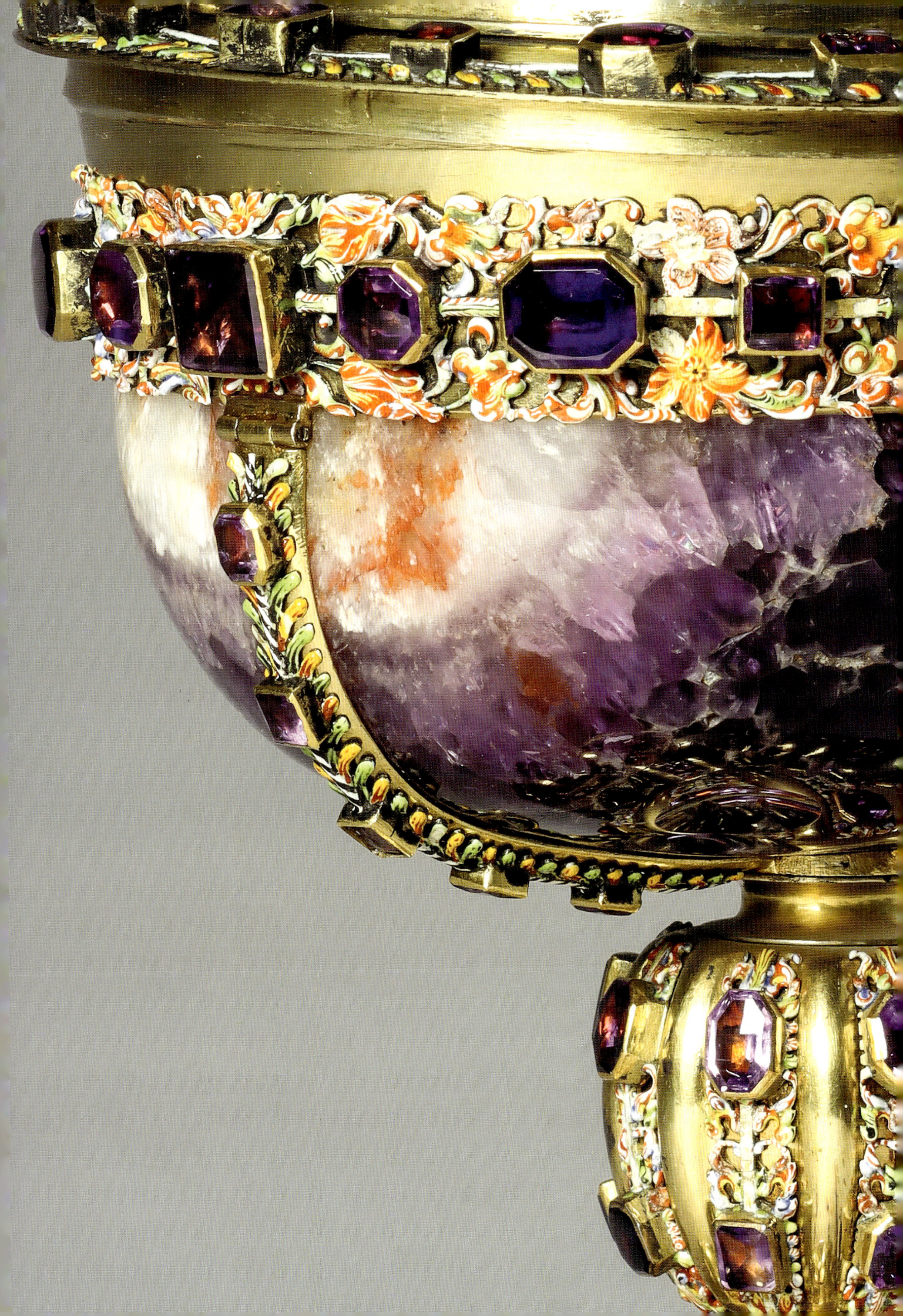

sodass die Gesamterscheinung der Schale von einem reichen Steinbesatz geprägt ist. Die silber-vergoldete Fassung ist nicht gemarkt, was einen Auftrag im höfischen Umfeld wahrscheinlich macht. Durch das Fehlen der Marken bleiben der Herstellungsort und der Goldschmied jedoch unbekannt. Art und Farbigkeit der Emaillierung weisen in den süddeutschen Raum (Augsburg?), doch sind derzeit keine direkt verwandten Vergleichsobjekte bekannt.

Den krönenden Abschluss der Deckelschale bildet eine Reiterfigur in antikisierender Rüstung. Sie sitzt auf einem ovalen Knauf aus vergoldetem Silber, der ebenfalls mit gefassten Amethysten und farbig emaillierten Blattranken verziert ist. Der geharnischte Reiter zu Pferd ist keine Arbeit des 17. Jahrhunderts. Er verweist vielmehr auf Schmuckanhänger des späten 16. Jahrhunderts.[9] Die äußerst qualitätvoll aus Gold gearbeitete Figurengruppe ist farbig emailliert. Zudem wurden sowohl die Vorder- als auch die Rückseite mit Diamanten im Facettenschliff verziert. In der rechten Hand hält der behelmte Krieger eine Fahnenstange mit Kreuzmotiv, die auf seiner Schul-ter aufliegt. Mit der Linken führt er einen Schild, der mit einem großen Rubin verziert ist. Die Darstellung des Ritters könnte auf den hl. Georg Bezug nehmen. Sie steht in stilistischer Hinsicht einem Anhänger mit Darstellung des hl. Georg im Grünen Gewölbe nahe.[10] Da der christliche Märtyrer zugleich der Namenspatron der sächsischen Kurfürsten Johann Georg (I.-IV.) war, scheint eine Deutung der Figur in diesem Sinne plausibel.[11] Die Wiederverwendung eines Kleinods aus dem 16. Jahrhundert unterstreicht zudem den historisierenden Charakter der Prunkschale. DW

Provenienz Inventar Eckkabinett 1879, S. 87; Inventar Pretiosenzimmer 1733, fol. 692 – 695

Literatur Sponsel 1921, S. 152; Sponsel 1929, Taf. 30; Syndram 1997, S. 145

1 Pretioseninventar 1725, fol. 5 r. 2 Der Nachweis über die Wiesenbader Herkunft der Dresdner Schale konnte durch ein analoges Stück Amethyst aus der historischen Wernersammlung, heute Geowissen-schaftliche Sammlungen der TU Bergakademie Freiberg (WeSa 100673), durch Klaus Thalheim und Ulf Kempe erbracht werden. 3 Der Amethystabbau im Erzgebirge um Annaberg-Bucholz lässt sich mindes-tens bis in die Mitte des 16. Jahrhunderts zurückverfolgen. Vgl dazu: Zierold u. a. 2019, S. 142 und 149 sowie Kunstkammerinventar 1587, fol. 265 v/300 v. 4 Menzhausen 1971, S. 165, Nr. 119; Syndram 1994, S. 130. Gefasste Amethystschalen mit muldenförmigen Kaschierungsschliffen sind in Florenz für das 14. bzw. 15. Jahrhundert nachweisbar. Möglicherweise sind die Amethystgefäße mit cabochonförmigen Vertiefun-gen aus dem Besitz der Medici gar in spätrömische Zeit zu datieren: Mosco/Casazza 2004, S. 38 – 39. Zu den Schliffmulden als Kaschierungstechnik im ausgehenden Mittelalter vgl. auch Hahnloser/Brugger-Koch 1985, S. 61. 5 Der für das 17. Jahrhundert altmodisch erscheinende, steilwandige Gefäßschliff könnte auch dem Versuch geschuldet sein, dem Mineralfund die maximale Größe abzugewinnen. 6 Kunsthis-torisches Museum Wien, Inv.-Nr. KK 1974, www.khm.at/de/object/87980 (11. 1. 2023). 7 Zuschreibung der Herkunft des Wiener Amethysts und Untersuchung der Schlifftechnik: Ulf Kempe 2017. Aufgrund der Seltenheit solch großer Amethystfunde im deutschsprachigen Raum ist davon auszugehen, dass die Objekte direkt in fürstlichen Besitz gelangten. 8 Vgl. dazu: Kohlhaussen 1968, S. 326, S. 406, und die Schalenentwürfe Albrecht Dürers, ebd., S. 358. 9 Zur Zweitverwendung eines Kleinods aus dem 16. Jahr-hundert als Bekrönungsfigur für die Amethystschale vgl. Nagel 2009, S. 34. 10 Grünes Gewölbe, SKD, Inv.-Nr. VIII 265; Nagel 2009, S. 34. 11 Durch die Datierung der Fassung in die zweite Hälfte des 17. Jahr-hunderts bleibt offen, um welchen der vier Kurfürsten mit Namen Johann Georg es sich gehandelt haben könnte. Die Regierungszeit aller vier Herrscher endete in der zweiten Jahrhunderthälfte.

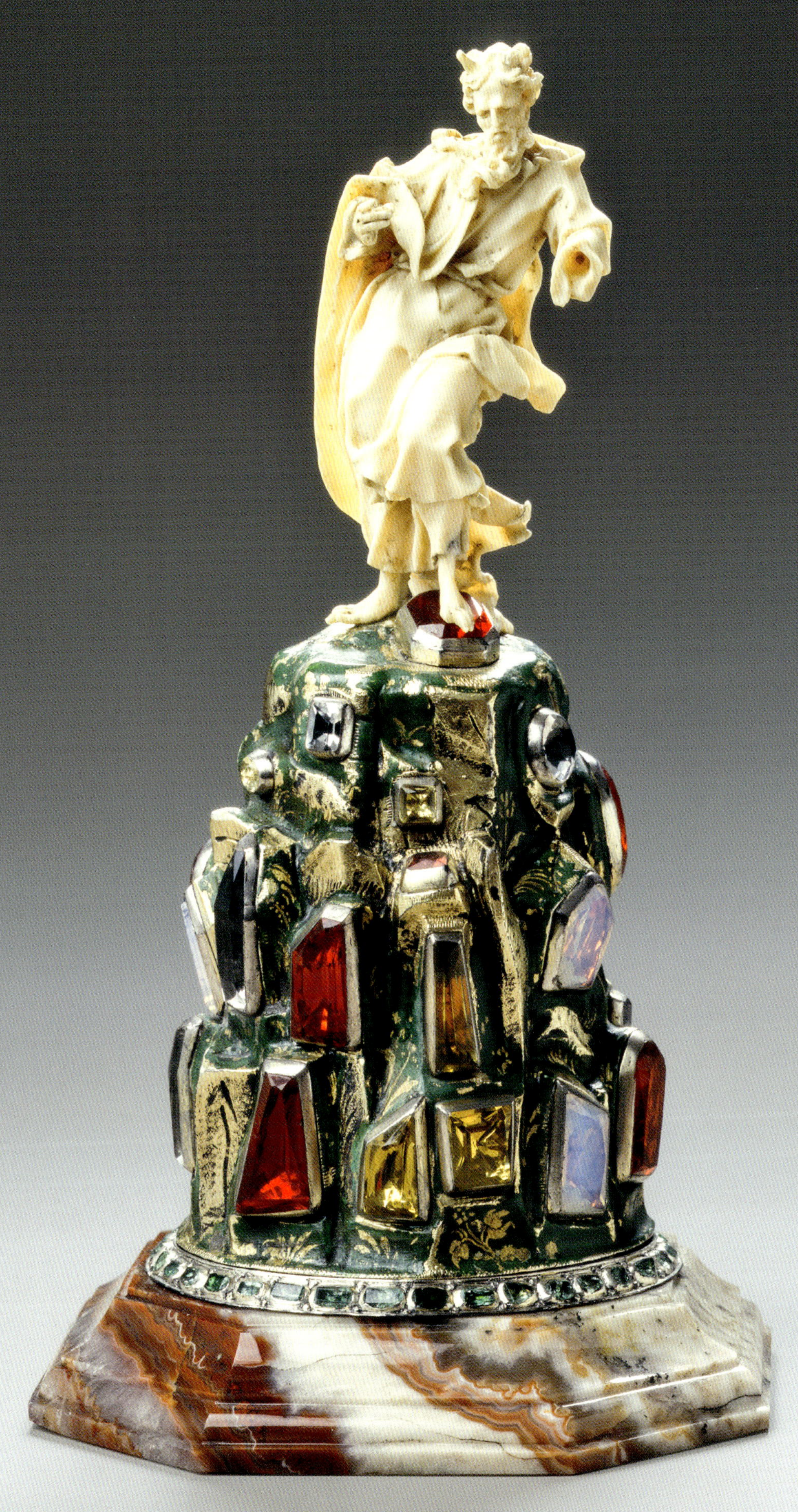

4

Moses auf dem Berge Sinai

Elfenbeinfigur: Paul Egell (zugeschrieben)
Sockelplatte aus Korallenachat: wohl Böttger-Schleifmühle, Dresden, zwischen 1713 und 1715
Goldschmiedearbeit: Johann Heinrich Köhler, Dresden 1717/18
Elfenbein, Silber, zum Teil vergoldet, Messing, Farbfassung,
farbiges Glas, Korallenachat, Edelsteinbesatz | H. 18,1 cm (mit Sockel) |
Grünes Gewölbe, SKD | Inv.-Nr. VI 222

Im Zuge des Forschungsprojekts *Goldschmiedekunst des 16. bis 18. Jahrhunderts am Dresdner Hof als Mittel der höfischen Repräsentation* wurden in einem Teilprojekt historische Farbfassungen an zahlreichen Goldschmiedewerken der Spätrenaissance und des Barock in der Sammlung des Grünen Gewölbes eingehend untersucht.[1] Dabei bot sich die Gelegenheit, auch die Elfenbeinstatuette des Moses auf dem Berg Sinai etwas näher zu betrachten.

Die sehr detailliert geschnitzte Skulptur, die dem Bildhauer Paul Egell zugeschrieben wird, stellt den gehörnten bärtigen Moses in langem Gewand dar. Dem Pretioseninventar von 1725 ist zu entnehmen, dass er in seiner rechten Hand ursprünglich »ein lang vergoldt Stäbgen« hielt, das vermutlich bis zu seinen Füßen führte. In seiner heute fehlenden Linken waren »Zwey Gesez Tafeln roth emaillirt«.[2] Aufgrund der lebendig anmutenden, leicht zur Seite geneigten Körperhaltung scheint es, als würde sich Moses an einen einst vorhandenen Gegenstand, etwa einen Baumstamm lehnen. Unterstrichen wird diese Vermutung durch einen locker auf einem Besatz aus Glasfluss abgestellten Fuß.

Der »grüne Berg«[3] Sinai, wo Moses nach biblischer Tradition von Gott die zehn Gebote empfing, ist mit seinen steilen Felswänden relativ schmal und hoch gearbeitet. Er ist in Silber gegossen, ziseliert, feuervergoldet und zusätzlich farbig gefasst. Zunächst vermutlich flächig angelegt, sind heute partiell Fehlstellen in der Farbfassung zu verzeichnen, dennoch ist die Gestaltung gut nachvollziehbar: Die grün-opake Fläche zeichnet sich durch eine Akzentuierung mit einer feinen, mit braunen Linien differenzierten Goldmalerei in Form von Blumen, Ranken und Gräsern aus.[4] Einige der floralen Elemente sind zusätzlich auf dem metallischen Untergrund ziseliert.

Außerdem dekorieren 30 mehrheitlich farbige, transparente Steinbesätze[5] unterschiedlicher Größe sowie teils unregelmäßiger Form die sehr plastisch ausgeführte felsige Erhebung. Für die Montage dieser Besätze verwendete Johann Heinrich Köhler Kastenfassungen[6]. Sie sitzen mitunter auf sehr markanten Erhöhungen und wurden hier in Aussparungen geklebt bzw. gekittet. Weitestgehend alle Steine sind mit einer silberfarbenen Folie hinterlegt, die ihre Leuchtkraft deutlich verstärkt.[7]

Bei den größeren Steinen handelt es sich vermutlich überwiegend um Glasfluss[8]. Hierfür sprechen ein feines Oberflächenkrakelee, das an Glaskorrosion erinnert, sowie leichte Fluoreszenzen von Hellrot, -gelb, Orange und Grünlich-Gelb. Zudem finden sich partiell kleine Bläschen im Inneren einzelner Steine. Bemerkenswert sind die drei einzigen opaleszierend und rötlich-bläulich changierenden Glasflüsse, da sie nicht durchscheinend sind. Überdies sind drei der kleineren farblosen Steine möglicherweise Minerale: sie besitzen einen höheren Glanz, nur wenige Einschlüsse und fluoreszieren nicht. Bei Betrachtung unter dem Stereomikroskop[9] hat ihre Oberfläche an manchen Stellen große Ähnlichkeit zu Kristallwachstumsflächen.[10]

Insgesamt scheinen die Steinbesätze gezielt nach farblichen Gesichtspunkten angeordnet und gruppiert, um die natürliche Kolorierung des Postaments aus rot-weiß gebändertem Korallenachat aufzunehmen.

Ebenfalls sehr plastisch, jedoch weitaus prunkvoller gestaltete Köhler den Berg des Altarkruzifixes, das er mit seinem Tod 1736 an seine Taufgemeinde St. Stephan in Bad Langensalza stiftete.[11]

Zwar erscheinen die Fertigung und Gestaltung beider Oberflächen zunächst eng verwandt, da der felsartige Charakter ebenso mittels Punzierungen und polierten Partien sowie einer Farbfassung, zahlreichen farbigen, relativ großen Steinbesätzen und zusätzlich emaillierten Blüten sehr aufwendig gestaltet wurde. Bei genauerer Betrachtung zeigen sich allerdings signifikante Unterschiede: Zum einen wurde der deutlich größere Berg Golgatha am Altarkreuz als elaborierte Treibarbeit gefertigt und seine Kastenfassungen sind für ihre Montage auf der Berginnenseite eingebunden.[12] Zum anderen ist zwar auch er mit einer opak-grünen Farbfassung sowie floralen Elementen versehen, jedoch offenbar unter bewusster Einbeziehung freigelassener Partien. Außerdem wurden die Pflanzen mit verschiedenen naturgetreuen Farben deutlich differenzierter dargestellt als bei der monochromen Goldmalerei auf dem Berg Sinai.

Eine ergänzte Gewindestange aus Messing gewährleistet eine sichere und verdeckte Montage von Berg und Sockelplatte des Moses. Als unterer Rand dient eine separat gefertigte silberne Smaragdkarmoisierung, die auf ein ansonsten ebenfalls verdecktes Messingblech gelötet ist. Auf diese Weise bildet die Karmoisierung den Übergang zur Sockelplatte aus Korallenachat, wovon üblicherweise nur der äußere Bereich sichtbar ist. Das Halsbacher Achatvorkommen nahe Freiberg wurde ab Ende des 17. Jahrhunderts von dem Naturforscher Ehrenfried Walther von Tschirnhaus als Schmucksteinvorkommen erschlossen. Es erhielt seinen Namen aufgrund der ähnlichen Farbe und an Korallenstöcke erinnernden Form der Aggregate. Tschirnhaus gründete 1697 in Dresden eine Schleif- und Poliermühle, deren Leitung 1708 Johann Friedrich Böttger bis zu seinem Tod 1719 übernahm.[13] In einem Bericht schrieb Tschirnhaus über das auch als »rother Kies« bezeichnete Material: »[…] Dieser Bruch ist von großer Weite, und lieffert große Stücke, ist aber Wenigen bekannt, wie Er zu brechen, daß nicht großer Schade geschiehet, undt die schönsten Stücke verlohren gehen.«[14] Welche Dimensionen diese als »groß« bezeichneten Segmente tatsächlich hatten, bleibt nur zu schätzen. Zumindest wird deutlich, dass ihre Förderung ohne Beschädigung herausfordernd war. Nach heutiger Einschätzung ist ein solch großes Exemplar wie am Moses auf dem Berge Sinai eher seltener. MWi

Provenienz Pretioseninventar 1725, fol. 91 r – 91 v

Literatur Sponsel 1921, S. 212; Ausst.-Kat. Wien 1988, Nr. 84; Kappel/Weinhold 2007, S. 220; Kappel 2017, S. 255 f., Nr. II. 63 (mit weiterführender Literatur); Weinhold/Witting 2018, S. 150 (Anhang 3); Ausst.-Kat. Dresden 2019, S. 148 – 149, Nr. 23

1 Weinhold/Witting 2018. **2** Pretioseninventar 1725, fol. 91 r – 91 v. **3** Pretioseninventar 1725, fol. 91 r – 91 v. **4** Willert/Herm/Hoblyn/Richter 2018, S. 48, 50. Untersuchungen an zwei Querschliffen ergaben die Verwendung eines Kupfergrünpigments, das in diesem Fall nicht näher bestimmt wurde. Vgl. Hoblyn/Herm/Richter/Hempel/Fuhrmann 2018, S. 162. **5** Eine naturwissenschaftliche Untersuchung der Besätze erfolgte nicht. Die Beschreibungen wurden nach Augenschein vorgenommen und stützen sich auf visuelle Kriterien. **6** Zargenfassung mit geschlossenem Boden. **7** Da bei Kastenfassungen weder ein seitlicher Lichteinfall noch eine Beleuchtung von unten möglich sind, werden auf diese Weise gefasste transparente Steine üblicherweise mit dünnen, teils polierten und gefärbten Metallfolien etwa aus Silber, Zinn oder Kupfer hinterlegt. So werden sowohl das Reflexionsvermögen erhöht bzw. die Farbwirkung beeinflusst, als auch die Innenseite der Kastenfassung kaschiert. **8** Zur Entstehungszeit des Objekts verstand man unter Glasflüssen im Regelfall Edelsteinimitationen aus gezielt eingefärbten Silikat- und Bleisilikatgläsern. Ihre höchst anspruchsvolle Herstellung zielte auf eine größtmögliche Übereinstimmung mit den stofflichen Eigenschaften der Edelsteine ab. Die bewusste Platzierung neben diesen verdeutlicht ihren hohen Wert, was sich an zahlreichen zeitgenössischen Objekten widerspiegelt. **9** Wild M3Z Heerbrugg Switzerland, 6-40x, Mikroskopkamera: Leica DFC 420. **10** Mdl. Mitteilung Dr. Ulf Kempe. **11** Vgl. Ausst.-Kat. Dresden 2019, S. 154 – 155, Nr. 25 (Susanne Thürigen); Willert 2019, S. 157 – 165. **12** Sogenannte »eingebundene Kastenfassungen«. **13** Quellmalz/Karpinski 1990, S. 12. **14** Sächsisches Hauptstaatsarchiv Dresden, 10026 Geheimes Kabinett, Loc. 1328/01, Die inländischen Marmor- und Edelsteinbrüche 1619 – 1714, Bericht vom 5. Juli 1708, fol. 1c – 1d, hier 1c.

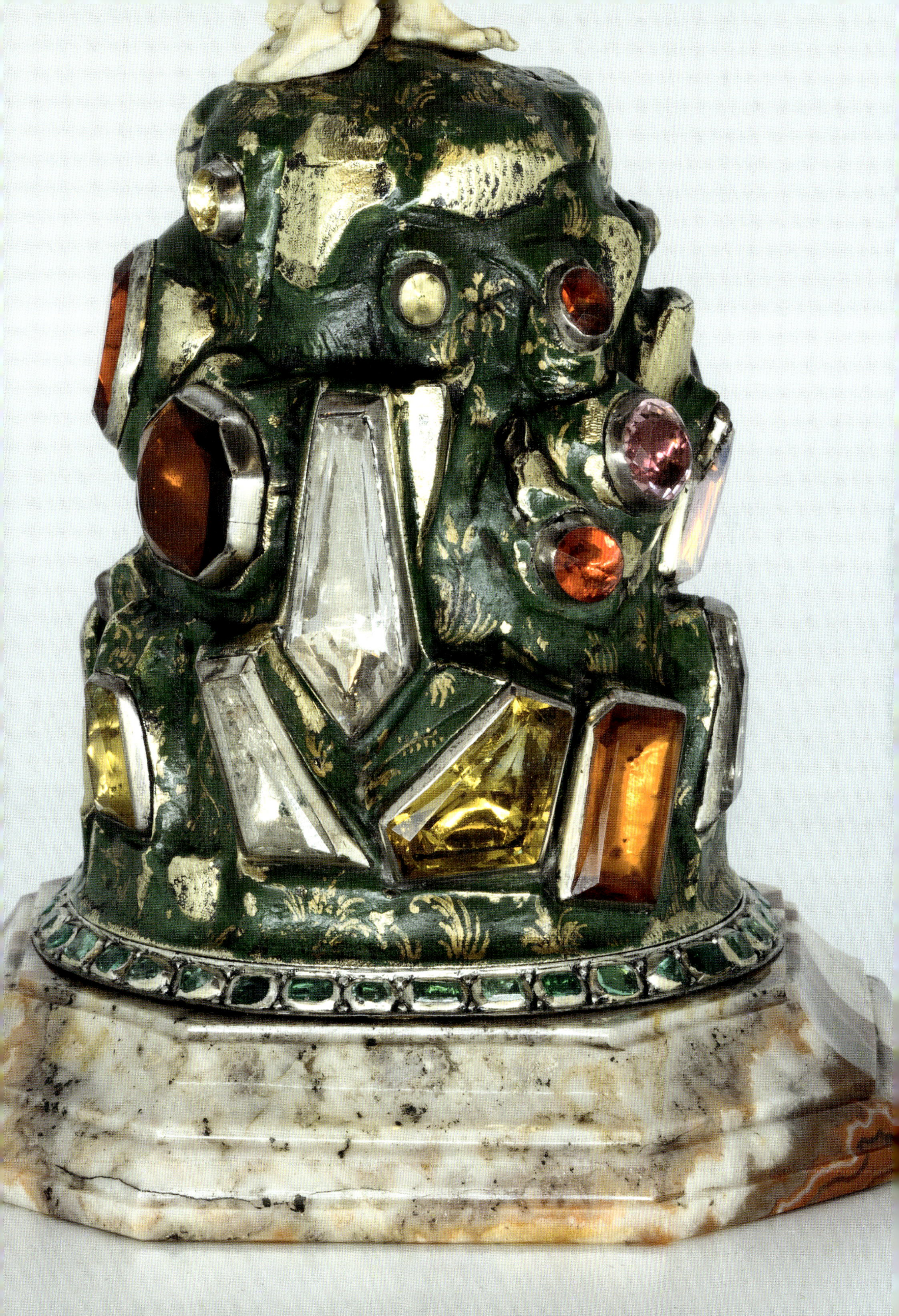

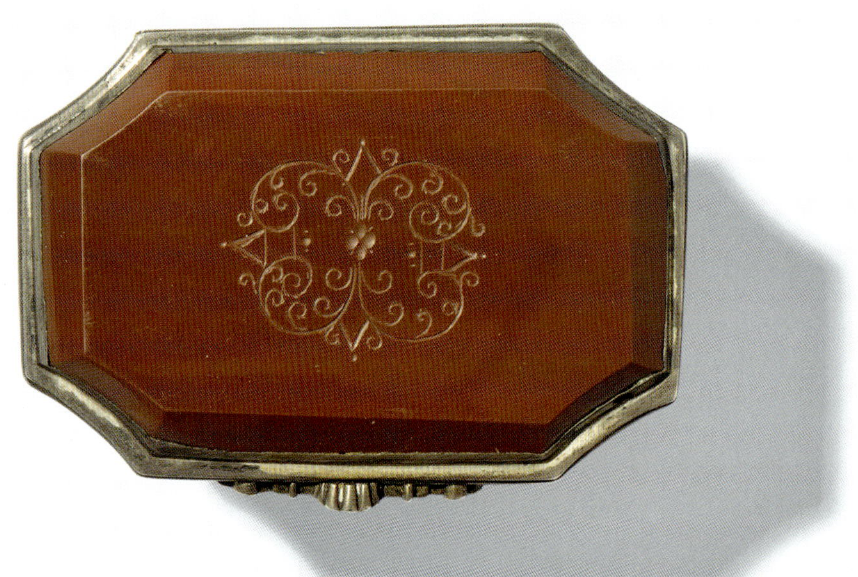

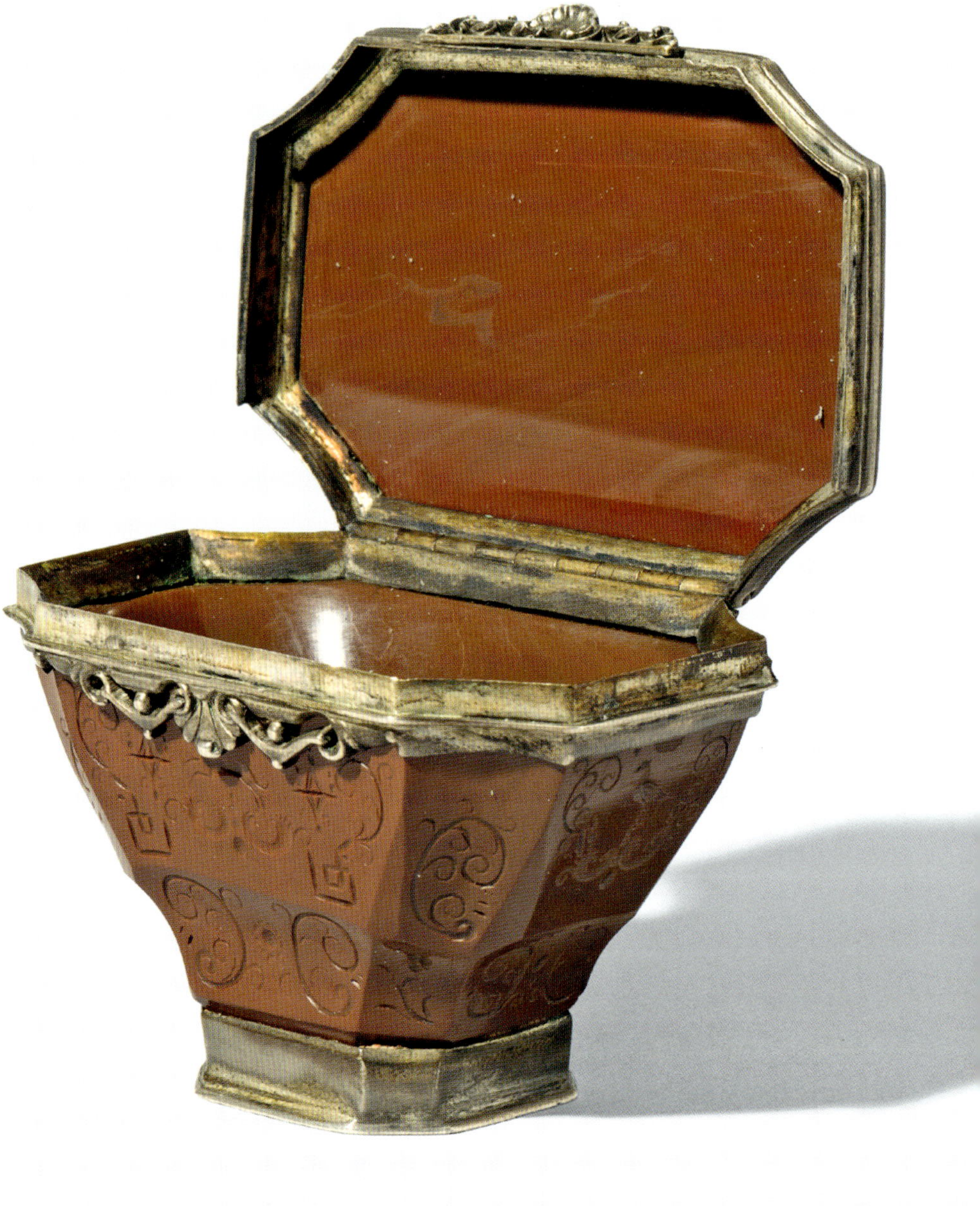

5

Tabatiere aus Jaspis

Sachsen, um 1700–1720 | Silbermontierung um 1806/07 in Krakau
zu Steuerzwecken repunziert | Sächsischer Jaspis aus Altenberg,
Silber | 4,8 × 6,7 × 4,7 cm | Porzellansammlung, SKD | Inv.-Nr. PE 833

Die ungewöhnliche Trichterform der Tabatiere ist sicher auf die natürliche Gestalt des besonders großen und ebenmäßig gefärbten Jaspis zurückzuführen, die bestmöglich ausgenutzt wurde. Das eingeschnittene Bandelwerk im Stil Jean Bérains erlaubt eine Datierung der Dose ins frühe 18. Jahrhundert, als August der Starke gezielt die Edelsteinvorkommen seines Kurfürstentums auskundschaften ließ. Ganz im Sinne des Merkantilismus suchte er nach bislang ungenutzten Bodenschätzen, um sie zu einzigartigen Kunstwerken verarbeiten zu lassen und zugleich die Einfuhr teurer Rohstoffe zu vermeiden.

1710 erteilte er dem Leiter der Meissener Porzellan-Manufaktur Johann Friedrich Böttger den Auftrag, eine Schleif- und Poliermühle einzurichten, die 1713 ihren Betrieb aufnahm. Unter den ersten Arbeitsproben für den König waren auch mehrere geschliffene und polierte Platten und Deckel aus sächsischen Halbedelsteinen, die zu Tabakdosen montiert werden konnten. Um das Potenzial der modernsten Produktionsstätte ihrer Art vor Augen zu führen, übersandte Böttger zudem vollendete Schalen und Dosen, darunter auch Tabatieren aus rotem Jaspis, die allerdings von Steinschneidern manuell ausgeführt worden waren. Für die geplanten Maschinen zum Drehen und Facettieren von Gefäßkörpern fehlten die Mittel. Schon 1715 wurde die Fabrik in eine Spiegelschleiferei umgewandelt.

Während Arbeiten aus sächsischem Jaspis eine Rarität blieben, erfreute sich August der Starke umso mehr an seinem einzigartigen »Jaspisporzellan«. Noch vor der sensationellen Nacherfindung des weißen Porzellans entdeckten Ehrenfried Walther von Tschirnhaus und Böttger die Rezeptur des »roten Porzellans« – eines besonders harten und dichten Feinsteinzeugs, das wie ein Edelstein poliert, geschliffen und mit eingeschnittenen Ornamenten verziert werden konnte. Dafür wurden spezielle sächsische Erden bei hohen Temperaturen in ein neuartiges Material verwandelt, das alle Eigenschaften eines natürlichen Steins besaß. Die Ähnlichkeit des »Jaspisporzellans« mit der tiefrotbraunen Färbung und dem starken Glanz des Jaspis ist so groß, dass diese Dose 1928 als eine Meissener Böttgersteinzeugarbeit erworben und über viele Jahrzehnte als solche angesehen wurde. Erst die jüngsten Untersuchungen identifizierten das Material als sächsischen Jaspis aus Altenberg (siehe S. 154). JW

Provenienz erworben 1928

Literatur Menzhausen 1982, S. 211–218; Beaucamp-Markowsky 1985, S. 25, Nr. 1; Boltz 2000, S. 95; Tardy 2000, S. 328; Dresden 2009, S. 146, Nr. 7

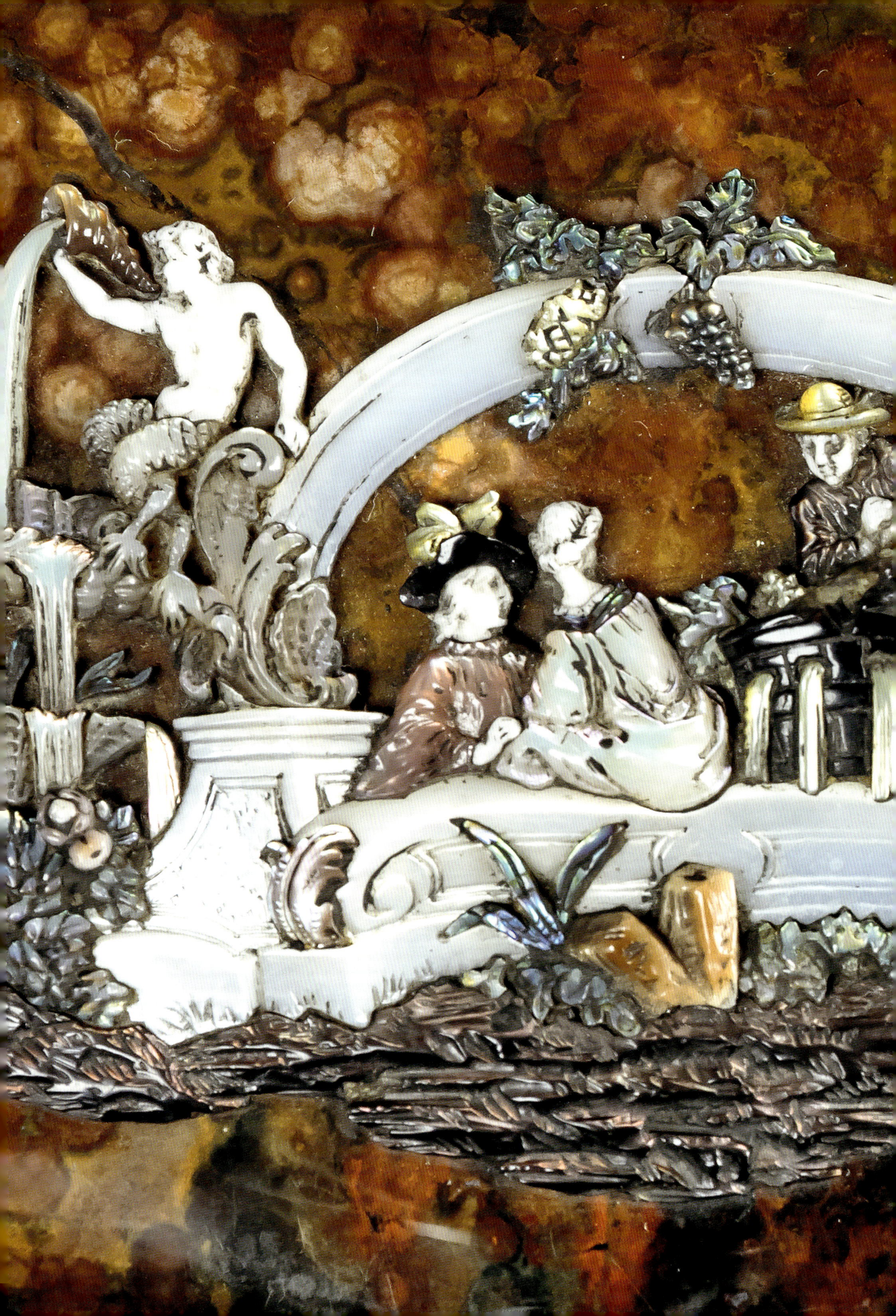

6

Tabatiere
mit Perlmuttrelief

Wohl Berlin, Mitte 18. Jh. | Relief: nach Vorlage von François de Cuvilliés
wohl Sizilianischer Jaspis; Goldmontierung mit Perlen, Rubinen und Smaragden;
aufgelegt Perlmutt und verschiedene Schalen von Weichtieren
7,9 × 6,3 × 4,2 cm | Kunstgewerbemuseum, SKD | Inv.-Nr. 17876

Die Tabatiere aus rotem Hartstein wurde nach ihrem Erwerb 1886 im Inventar als »Neubersche Dose« bezeichnet. Diese Zuschreibung beruht auf einer mündlichen Überlieferung, welche die weite Verbreitung der in Dresden hergestellten Steindosen Ende des 18. Jahrhunderts bezeugt. Allerdings gehört sie nicht zu Johann Christian Neubers Œuvre, das fast ausschließlich durch die Verwendung der Zellenmosaiktechnik und die mit dem Klassizismus assoziierte geometrische Formgebung geprägt ist. Vielmehr weisen die geschwungene Form und die bacchantische Szene auf dem Deckel auf die Stilrichtung des Rokoko hin, sodass sie wohl Mitte des 18. Jahrhunderts entstanden sein wird.

Deckel und Boden wurden aus einem einzigen Stück eines ungewöhnlichen Jaspis geschnitten.[1] Auf der Goldfassung sind zwischen den aufgesetzten dekorativen Blüten und Blättern kleine grüne und rote Steine inkrustiert. Auf dem Deckel befindet sich eine aus Schalen unterschiedlicher Weichtiere (Conchilien) ausgeführte Darstellung eines Liebespaars in einer Grotte. Unter einem geschwungenen Bogen beobachtet es, wie ein Bauer Weintrauben in eine Kelter schüttet. Links gießt ein auf dem Ornamentbogen sitzender Triton Wasser aus einem Schneckenhorn in einen großen zweistufigen Muschelbrunnen. Einschließlich des felsigen Bodens, einzelner Pflanzen und der vor der Architektur aufgestellten Weinkrüge und Fässer entspricht die Szene mit wenigen

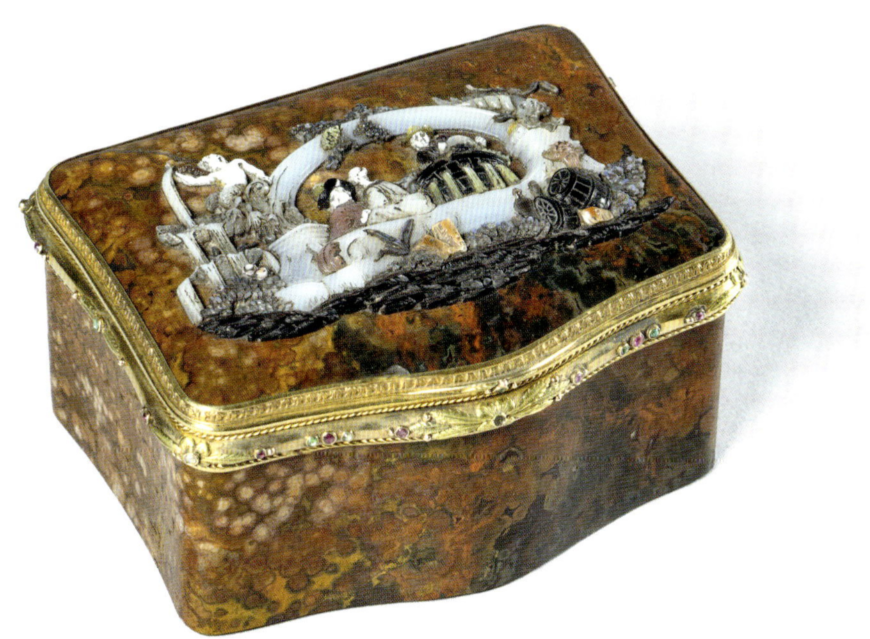

Ausnahmen der unteren Hälfte eines hochformatigen Ornamentstichs von Georg Siegmund Rösch nach einem Entwurf des Münchner Hofarchitekten François de Cuvilliés (Abb. 1).[2] Die fantastische kurvige Säulenstruktur mit einer darauf ruhenden mythologischen Figur, welche die Komposition der Grafik beherrscht, sowie die Berglandschaft und andere architektonische Elemente im Hintergrund wurden hingegen weggelassen. Der Künstler hat auch die Trophäe der Musikinstrumente auf dem Bogen durch einige Weinblätter und -trauben ersetzt und den Bauern hinzugefügt. Trotz der hohen Kunstfertigkeit und Detailgenauigkeit, die der Künstler bei den Inkrustationen erreichen konnte, geht dennoch das Gefühl von Monumentalität und Verspieltheit der Vorlage von Cuvilliés etwas verloren.

In Anbetracht ihres Erwerbs aus dem Kunsthandel Ende des 19. Jahrhunderts lässt sich nicht sicher nachweisen, dass die Tabatiere tatsächlich in Dresden entstanden ist. Das Fehlen der Goldschmiedemarke deutet eher auf einen höfischen als auf einen gewerblichen Kontext hin. Es ist daher nicht auszuschließen, dass sie in der Werkstatt von Heinrich Taddel gefertigt wurde, vielleicht in Zusammenarbeit mit dem Maler Johann Heinrici, der solche Inkrustationen auf Porzellanobjekten hergestellt haben soll.[3] Die Inkrustationen der anderen Dosen, die von Taddel signiert wurden oder ihm zugeschrieben werden, sind jedoch nicht reliefartig, sondern flach in einer mosaikartigen Technik ausgeführt. Auch ist zu bedenken, dass solche mehrfarbigen, gravierten, reliefartigen Perlmuttinkrustationen in der Mitte des 18. Jahrhunderts in Paris sowie von dem Berliner Hofgoldschmied Daniel Baudesson für Friedrich II. von Preußen geschaffen wurden.[4]

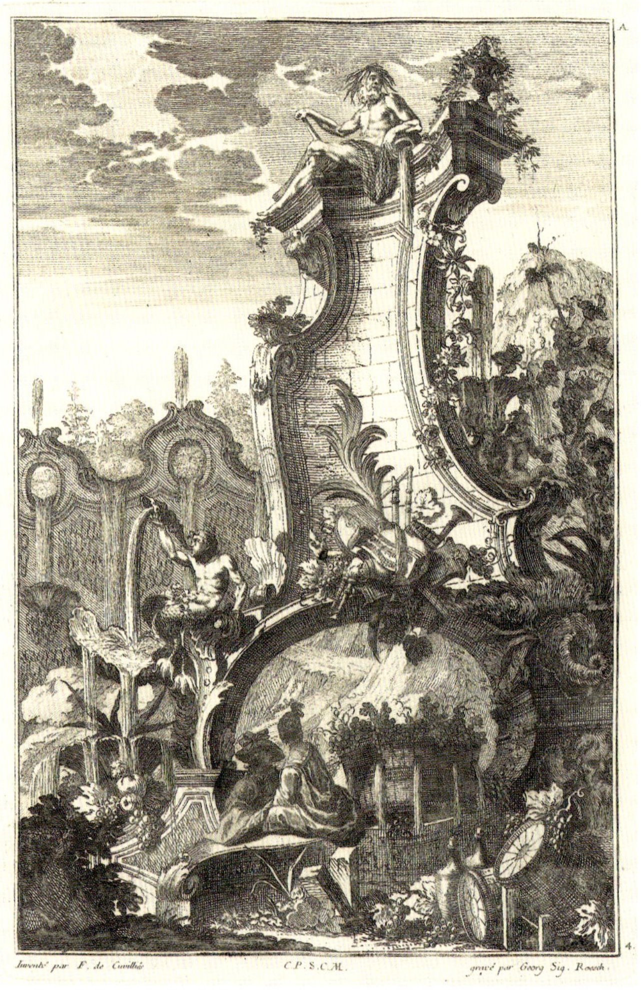

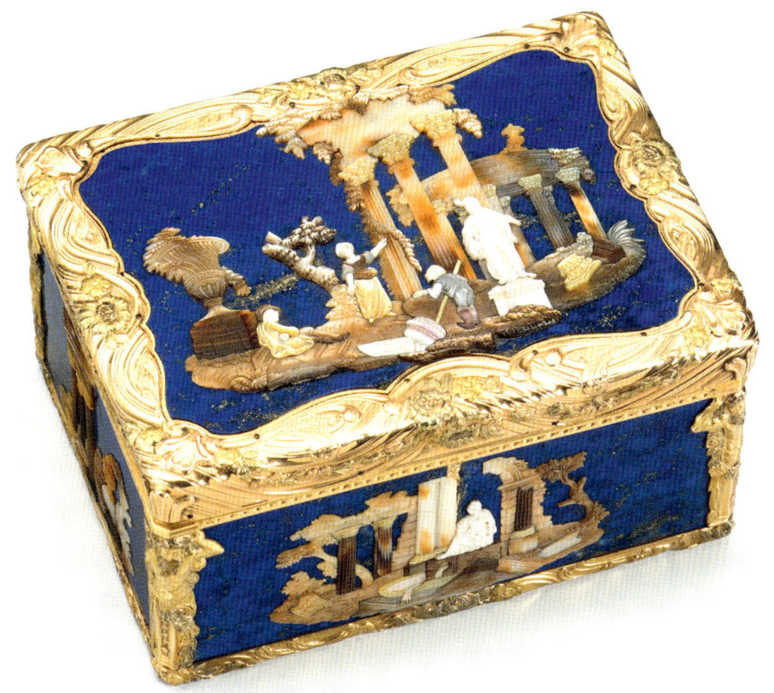

Eine zeitgenössische Quelle liefert Namen von Berliner Steinschneidern, die als Hersteller dieser Reliefschnitte infrage kommen, darunter Johann Carl Fischer, Isaac Barthélemy Reinel und Benjamin de Salviati.[5] Eine Berliner Dose aus Lapislazuli mit Perlmuttreliefs, die Figuren vor antiken Säulen zeigen, weist zum Beispiel technische und stilistische Ähnlichkeiten mit der vorliegenden Dose auf (Abb. 2). Besonders begehrt waren in der Mitte des Jahrhunderts friderizianische Tabatieren, die Landschaftsszenen mit Architekturelementen zeigen.[6] Die Herkunft dieser Tabatiere, die von einer engen Zusammenarbeit zwischen Goldschmied und Steinschneider in der Mitte des 18. Jahrhunderts zeugt, bleibt aber letztlich unbekannt. MM

Provenienz Ankauf von Antiquar Gerson, Dresden, 6. 7. 1886; Inventar Kunstgewerbemuseum 1886: »sog. Neubersche Dose«

Literatur Berling 1907, S. 28–29; Pichelkastner 1963, S. 89–91; Dresden 1967, S. 90, Nr. D 17; Haase-Messner/ Reinheckel 1978, S. 94, Nr. D 16; Haase/Jenzen/Richter 1996, S. 77, Nr. 43; Quellmalz/Karpinski 1990, S. 85, Abb. S. 153

1 Wegen der außergewöhnlichen Ausbildung ist es schwierig, die Herkunft des Gesteins zu bestimmen. Ähnlichkeiten in der gelb-grünen Farbigkeit in den Zwickeln und charakteristische Rissbildungen zeigen am ehesten Übereinstimmungen mit Sizilianischem Jaspis aus der Gegend von Giuliana. Untersuchung: Ulf Kempe, 2023. **2** Ob die signierte Vorlage von François de Cuvilliés dem Älteren oder dem Jüngeren geschaffen wurde, ist unklar. Erste Erwähnung des Stiches als Vorlage für die Dose von Pichelkastner, wobei der Stich nicht abgebildet wurde: Pichelkastner 1963, S. 89–91. **3** Heinricis Beteiligung an der Anfertigung solcher Inkrustationen ist in erster Linie durch schriftliche Quellen belegt, darunter ein Tractament aus dem Jahr 1745, in dem von seiner »Geschicklichkeit in Verfertigung der ausgelegten Arbeit von Gold und Silber, ingleichen Perlen=Mutter auf Porcelain« die Rede ist. In einem Brief aus dem Jahr 1760 wird außerdem erwähnt, dass Joseph Annival Heße »2 Tabattieren Deckel inwendig mit Portraits von H:[errn] Henrici angefangen« gefertigt hat. Rückert 1990, S. 155. **4** Für Pariser Beispiele vgl. Snowman 1990, S. 118–128, Abb. 208–210, 212, 217, 227, 240, 242; für zwei »DB« markierte Dosen, heute im Metropolitan Museum of Art, New York, vgl. Baer 1993, S. 1–18, Abb. 1, 3; zwei weitere unmarkierte Dosen mit reliefartigen blumenförmigen Perlmuttinkrustationen in: ebd., S. 39–40, Nrn. 27, 28. **5** »In erhobener und vertiefter Arbeit: Fischer […], Renel […], Salviati […] arbeiten und schneiden Muscheln und Steine,« in: Niçolai 1786, S. 578–579, zitiert nach: Baer 1993, S. 6–7. **6** Baer 1993, S. 3, Abb. 1, S. 34–35, Nr. 23; leider sind solche Dosen, wenn überhaupt, nur mit der Signatur oder dem Markenzeichen der beteiligten Goldschmiedewerkstatt versehen, sodass eine Zuordnung zu den anderen beteiligten Kunsthandwerkern und Spezialisten kaum möglich ist.

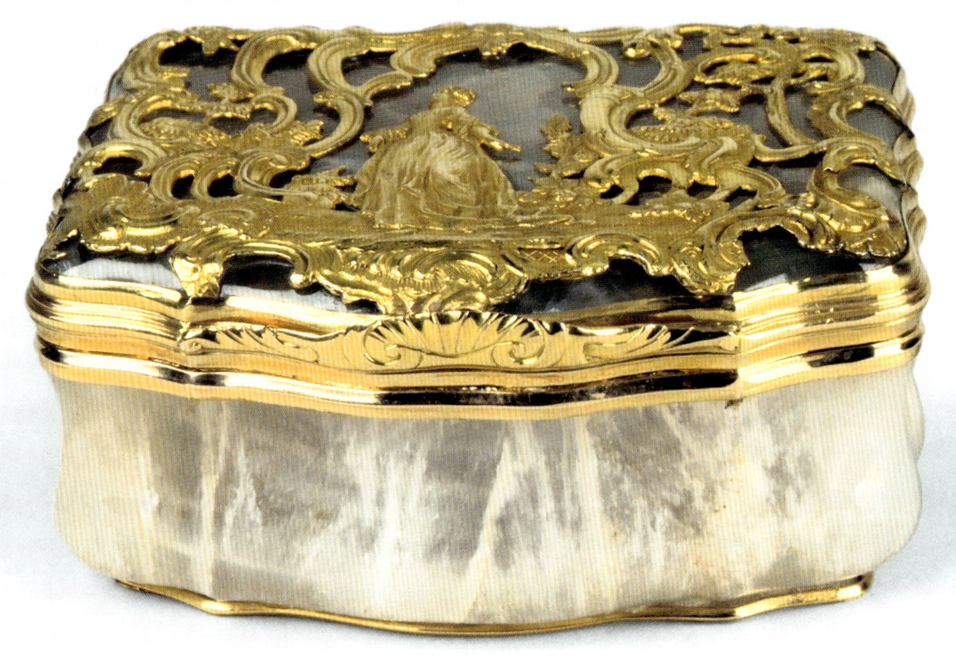

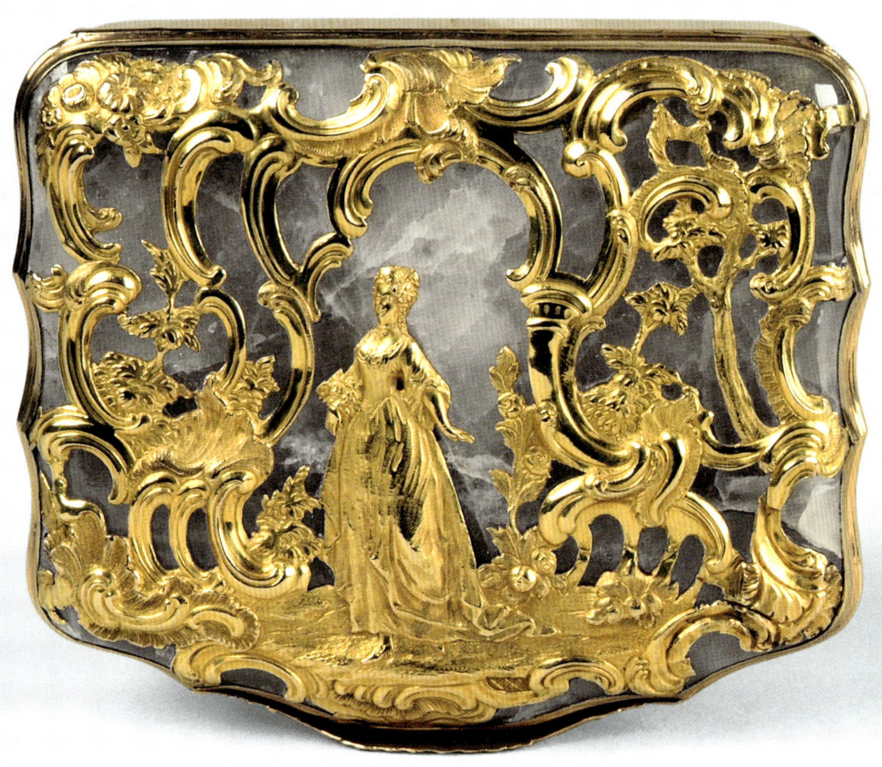

7

Tabatiere aus Gangquarz

Wohl Dresden, um 1750, sowie Hanau, um 1760 |
Gangquarz, Gold | 8,0 × 6,5 × 3,6 cm |
Grünes Gewölbe, SKD | Inv.-Nr. 2010/3

Die aus Gangquarz geschnittene, goldgefasste Tabatiere gelangte erst im Jahr 2010 als Schenkung aus Privatbesitz in das Grüne Gewölbe, ist also – wie die meisten Tabatieren in der Sammlung – nicht Teil des historischen Bestands (siehe S. 22).[1]

Die Dose zeichnet sich durch die kartuschenförmig geschwungene, rückseitig begradigte Kontur aus. Der etwas bauchige Dosenkörper sitzt auf einer umlaufenden dünnen Goldleiste. Blickfang ist die kunstvoll durchbrochen gearbeitete Goldauflage des Deckels. Sie zeigt eine elegant gekleidete weibliche Figur in einem Garten oder einer Landschaft, eingebunden in ein netzartiges Geflecht aus C-Schwüngen, Rocaillen und floralen Elementen, zwischen denen der Gangquarz zu sehen ist. Aufgrund der Hinterlegung des Deckels mit Gold wirkt der Stein hier allerdings deutlich dunkler als im unteren Teil der Dose. Auffallend ist die Verwendung von Gelbgold für den durchbrochenen Dekor der Oberseite und die von Rotgold für die Zarge.

Die im Innendeckel eingeschlagene Herstellermarke »F·S« im Rechteck wurde in den 2010er-Jahren im Rahmen intensiver Forschungen zur Hanauer Golddosenproduktion auf die einer Hugenottenfamilie entstammende Firma »Frères Souchay« bezogen.[2] Die beiden Brüder Esay und Marc André Souchay, von denen insgesamt 25 Golddosen bekannt sind, waren unter anderem für den Darmstädter und den Kasseler Hof tätig. Da auf der Montierung der Tabatiere des Grünen Gewölbes die 1764 in Hanau eingeführte Vogelkopfmarke noch fehlt, müsste sie vor diesem Zeitpunkt entstanden sein.[3]

Die mineralogische Untersuchung des verwendeten Quarzes ergab mittlerweile, dass es sich dabei nicht, wie ursprünglich vermutet, um Chalcedon, sondern um Gangquarz aus dem sächsischen Wiesenbad handelt[4] – eine Feststellung, welche eine Überprüfung der bisherigen Zuschreibung mit sich brachte. Ebenso wie andere Beispiele dieser Art ist die Dose aus einem einzigen Rohstein geschnitten, sodass Boden und Deckel die charakteristische Netzstruktur des Querschnitts der Kristalle, die Wandung hingegen »das [spezifische] feinfaserig-büschelige Makrogefüge« des Steins deutlich erkennen lassen.[5] Als Herstellungsort der aus Gangquarz gefertigten Tabatieren wird in den meisten Fällen Dresden oder Berlin, zuweilen auch England vermutet, während in Hanau Dosen dieser Art bislang nicht nachweisbar sind.[6]

Irritierend ist die Hinterlegung des Steindeckels mit einer massiven Goldplatte, die den reizvollen Effekt des leicht durchscheinenden Materials stark beeinträchtigt. Möglich wäre, dass damit Defekte in der Quarzplatte des Deckels kaschiert und dieser stabilisiert werden sollte. Die Platte unterscheidet sich im Ton des Rotgolds von der Dosenfassung und ist nicht mit dieser verlötet, was darauf hindeutet, dass es sich bei der Hinterlegung um eine nachträgliche Hinzufügung handelt. Da sich die Punzierung nur dort befindet, ist die Hanauer Marke möglicherweise ausschließlich auf diesen Eingriff zu beziehen.

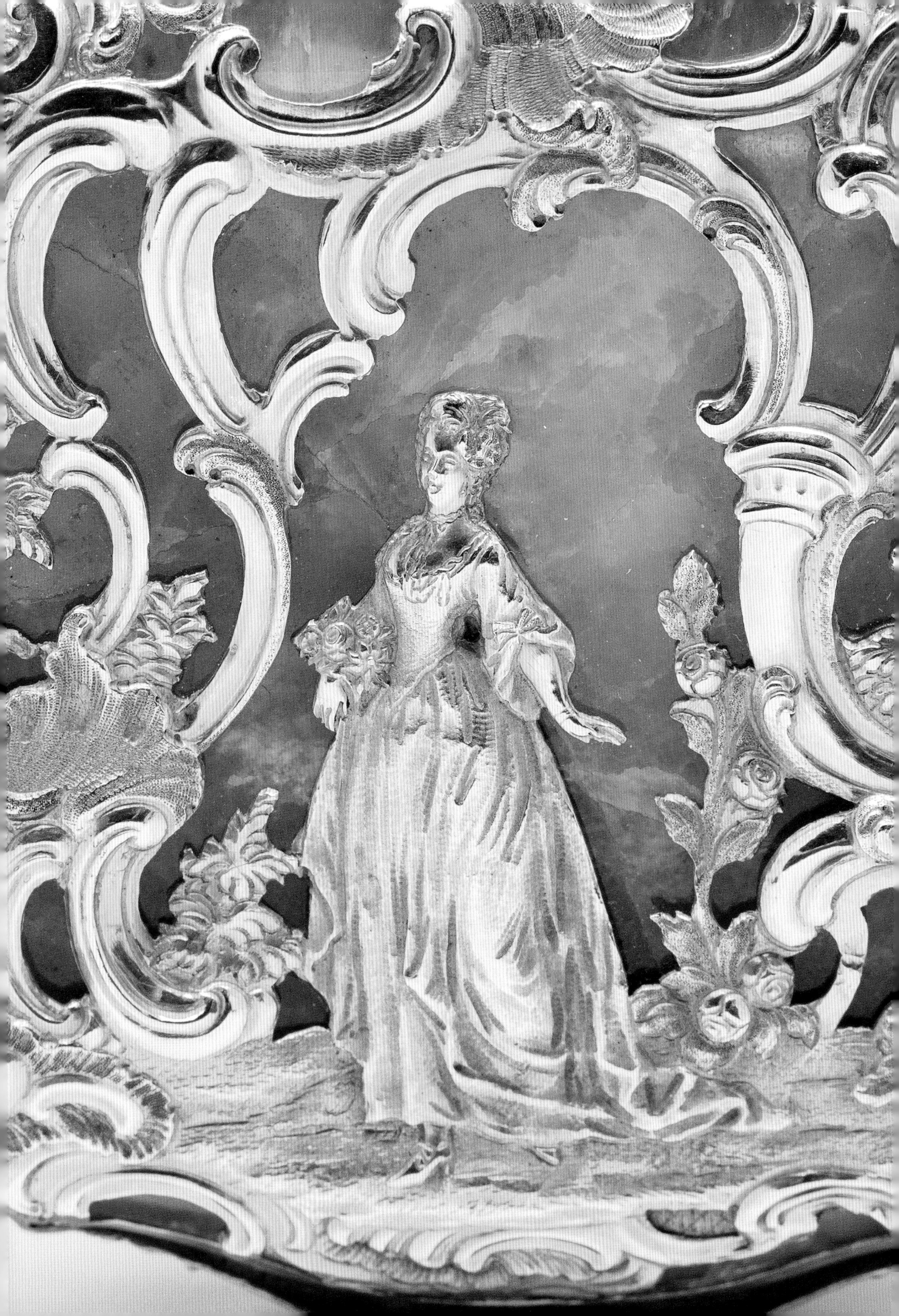

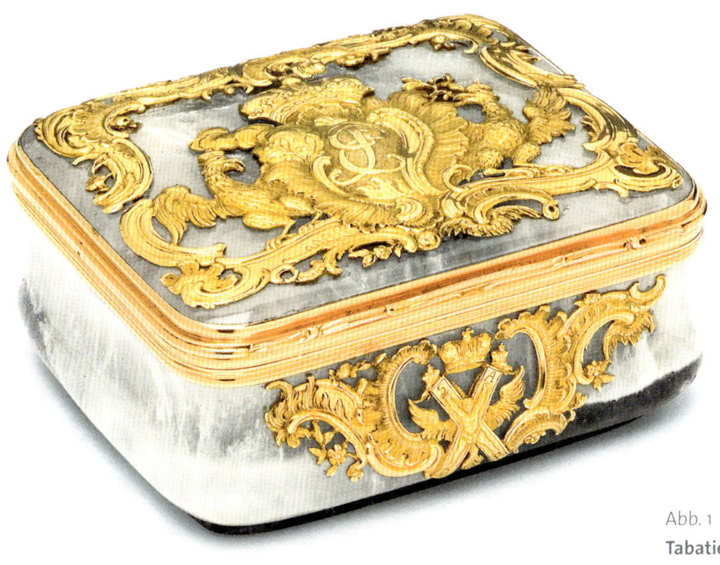

Abb. 1
**Tabatiere aus Amethystquarz
mit dem Porträt der Kaiserin
Elisabeth I. von Russland**
Wohl Dresden, um 1755,
Amethystquarz, Gold, Email-
malerei, 3,9 × 8,7 × 7,8 cm, London,
Victoria & Albert Museum,
Inv.-Nr. LOAN:GILBERT.427-2008

Die sächsische Herkunft des verwendeten Gangquarzes legt eine Entstehung sowohl des Steinschnitts als auch der Goldschmiedearbeit in Dresden nahe. Die Kombination des Rocailledekors
in Gelbgold mit der deutlich strenger gestalteten Montierung mit Rotgold wirkt nicht wie aus
einem Guss, was damit zu tun haben dürfte, dass die Herstellung derartiger Objekte nicht in einer
Hand lag und der fein ziselierte Golddekor von einem Spezialisten ausgeführt wurde.[7] Dieses
Merkmal begegnet uns auch bei einer Dose aus Jaspis[8] sowie einer Amethystdose mit dem Porträt
der Kaiserin Elisabeth I. von Russland, die etwa gleichzeitig mit der besprochenen Dose entstanden sein dürften (Abb. 1).[9] Beide sind aus demselben Gangquarz geschnitten, der hier aber jeweils
in der für das Vorkommen in Wiesenbad typischen Kombination mit tiefviolettem Amethyst
vorliegt. UW

1 Zu der Dose erschien 2013 eine Miszelle der Autorin: Weinhold 2013. **2** Vgl. Seelig 2014; Seelig 2015; Seelig 2018 (zu Esay und
Marc-André Souchay siehe S. 85–90). **3** Seelig 2015, S. 43–44. **4** Holzhey 2014. **5** Holzhey 2014, S. 23. **6** Holzhey 2014,
S. 18–19, Tabelle 1, S. 20. Viele Beispiele Hanauer Dosen bei Seelig 2018. **7** Für die Werkstatt der Frères Souchay vermutet Seelig
eine Kooperation mit dem Berliner Kupferstecher und Ziseleur Johann David Wenz, der zwischen 1758 und 1763 nachweislich
für die Brüder tätig gewesen war, Seelig 2015, S. 44. **8** Vgl. https://collections.vam.ac.uk/item/O78491/snuff-box-unknown/
?carousel-image=2006AM5494 (9.12.2022); bisher als englische Arbeit bezeichnet. **9** Vgl. https://collections.vam.ac.uk/item/
O156765/snuffbox-unknown (9.12.2022).

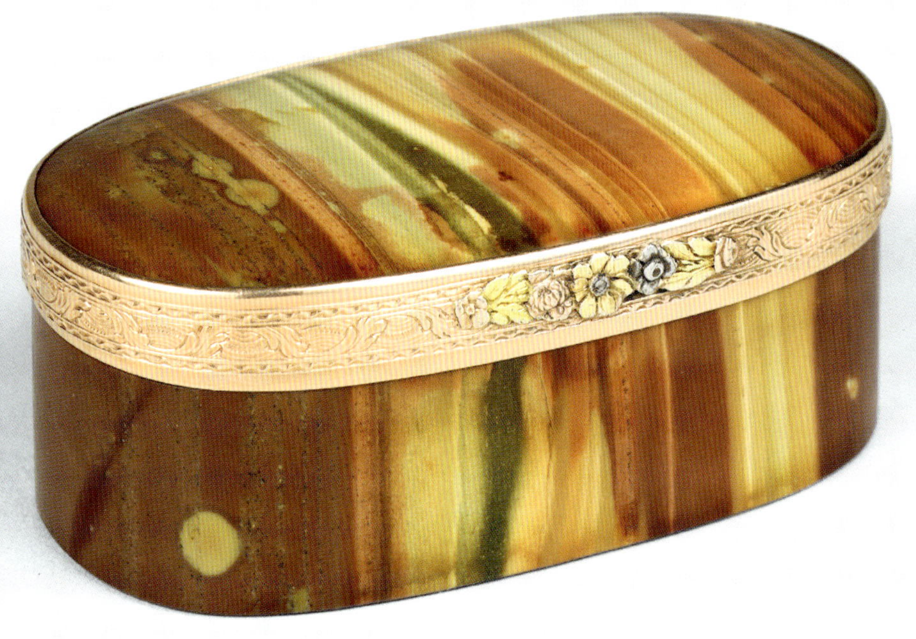
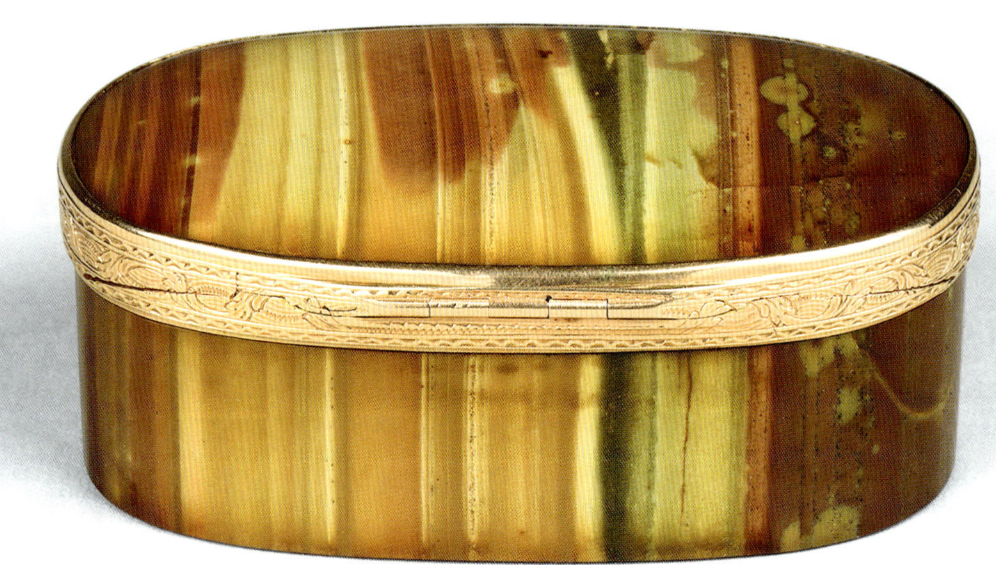

8

Tabatiere aus »Gnandsteiner Bandjaspis«

Werkstatt von Heinrich Taddel, Dresden, 1750 –1780
Verschweißter vulkanischer Aschetuff (»Gnandsteiner Bandjaspis«),
Gold | 3,2 × 8,0 × 4,4 cm | Grünes Gewölbe, SKD | Inv.-Nr. 2021/2

Bisher sind nur sehr wenige historische Tabatieren bekannt geworden, die in Gänze aus dem sogenannten »Gnandsteiner Bandjaspis« in der Nähe von Frohburg geschnitten wurden.[1] Auch andere Objekte aus diesem Schmuckstein sind in den Museen eher selten (siehe S. 147 – 149). Daher ist der Erwerb dieser Dose 2021 durch die Freunde des Grünen Gewölbes e. V. von besonderer Bedeutung.

Die Dose besteht aus einer hell-ockerfarbenen Varietät des »Bandjaspis«, die durch mehrere rötlich-bräunliche sowie einen grünlichen Streifen belebt wird. Deckel und Boden wurden aus einem einzigen Stück geschnitten. Die bereits klassizistisch anmutende, einfache und klare längsovale Form der Dose und die dezente Goldfassung unterstreichen den natürlichen Reiz des Steinmaterials. Hervorzuheben ist der sehr hochwertige Steinschnitt. Da »Bandjaspis« relativ spröde ist, stellte die exakte Ausarbeitung von Korpus und Deckel wegen der geringen Wandungsstärke von nur etwa drei Millimetern eine spezielle Herausforderung für den Steinschneider dar. Die ebenfalls qualitativ sehr hochwertige Politur wurde unter Verwendung ölhaltiger Substanzen ausgeführt. Diese drangen in die feinen Poren des Materials ein und verleihen dem »Bandjaspis« ein etwas dunkleres, elegantes Aussehen. Die Rotgoldfassung umschließt den Außenrand des Deckels und – verbunden über ein Scharnier – den im geschlossenen Zustand nicht sichtbaren oberen Dosenrand, wodurch ein für die Tabakaufbewahrung nötiges dichtes Schließen der Tabatiere gewährleistet wird. Die Fassung des Deckels ist mit fein gravierten Ornamenten verziert und wird an der montierten Griffleiste durch ein zentrales Blumenmotiv aus dreifarbigem Gold und Silber akzentuiert.

Abb. 1
Tabatiere mit Schornsteinfeger als Glücksbringer
Werkstatt Johann Christian Neuber zugeschrieben, Dresden, um 1765, Milchquarz, verschiedene eingelegte Hartsteine, Gold, 2,8 × 6,8 × 4,9 cm, London, Victoria & Albert Museum, Inv.-Nr. Loan: Gilbert.418-2008

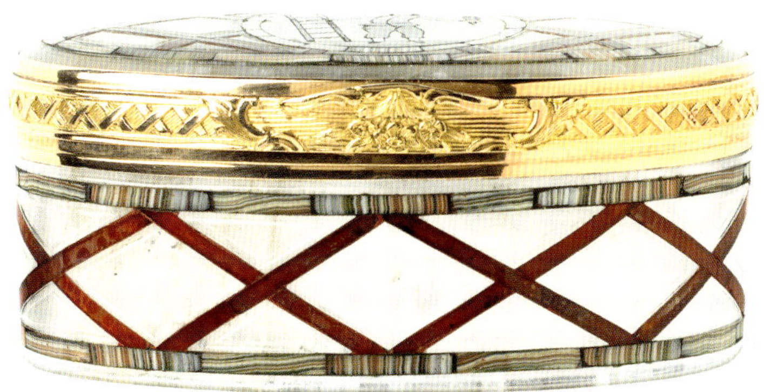

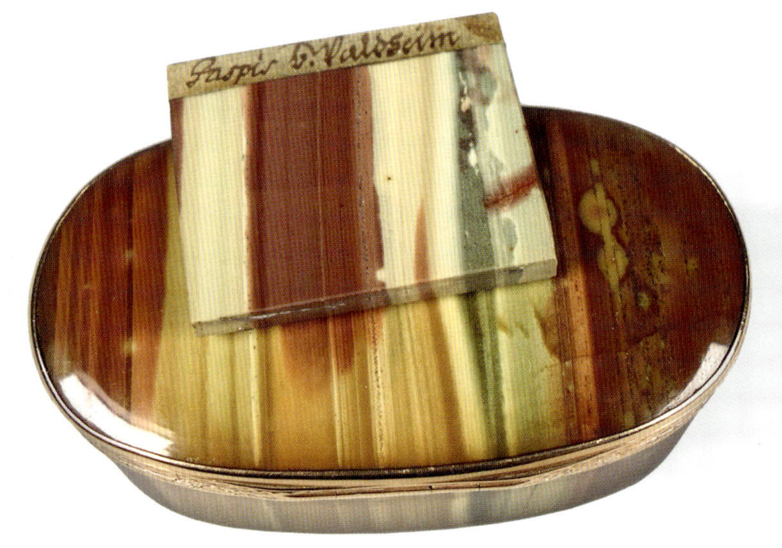

Eine genauere Betrachtung der Montierung und insbesondere des Steinmaterials gestattet zudem einige Aussagen zur ursprünglichen Herkunft der Tabatiere. So weist die Goldfassung viele Merkmale auf, die für die bekannten Golddosen aus dem Umfeld von Heinrich Taddel und Johann Christian Neuber typisch sind, auch wenn diese Kriterien noch keine Zuschreibung an diese eng miteinander verbundenen Goldschmiede gestatten. So sind die Dosen von Neuber und Taddel ebenso vorwiegend in Rotgold gefasst und die gravierten Ornamente weisen eine ähnliche Handschrift auf. Bei Tabatieren aus dem Umkreis von Neuber und Taddel tritt das Motiv der Wellenlinie besonders häufig auf. An dem vorliegenden Exemplar aus »Bandjaspis« schließt es die Gravur der Deckelfassung nach oben und unten hin ab. Eine weitere Analogie zu den Neuber zugeschriebenen oder von ihm signierten Dosen findet sich in der Gestaltung des Scharniers (Abb. S. 216 unten), wie ein Vergleich mit einer von ihm signierten Tabatiere mit Schäferszenen aus Hartsteinen in Zellmosaiktechnik zeigt.[2] Ein ähnliches Blumenmotiv wie an der hier besprochenen Dose findet sich an einer nicht signierten, aber Neuber zugeschriebenen Tabatiere in der Gilbert Collection im Victoria & Albert Museum London (Abb. 1).[3] Dort ist es jedoch einfarbig und einfacher gestaltet. Letztere weist zudem eine der aus »Gnandsteiner Bandjaspis« geschnittenen Dose ähnliche, jedoch fast elliptische Form auf. Die gravierte Rotgoldfassung beschränkt sich wiederum auf den Deckelrand und den oberen Rand des Korpus. Die aus milchig-trübem Quarz geschnittene Tabatiere wurde mit Einlagen aus Schlottwitzer Bandachat und aus rotem, vermutlich gebranntem Karneol versehen. Den Deckel ziert ein in Hartstein gearbeitetes, ovales Mikromosaik, das einen Schornsteinfeger als Glücksbringer darstellt.

Den entscheidenden Hinweis auf die Autorenschaft von Taddel und/oder Neuber liefert der direkte Vergleich des für die Tabatiere verwendeten Steins mit Material von nachweislich von Neuber und Taddel gestalteten Objekten mit »Gnandsteiner Bandjaspis« sowie mit Belegen dieses Schmucksteins aus den historischen sächsischen Mineralsammlungen in Freiberg und Dresden. Dabei stellt sich heraus, dass die Dose aus einem Stück »Gnadsteiner Bandjaspis« geschnitten wurde, das ursprünglich zu einem ungewöhnlich großen und qualitätvollen Rohstein gehört hat. Aus demselben Material wurde unter anderem ein Teil des Besatzes an den Vasensockeln des Neuber'schen Prunkkamins von 1782 (siehe Kat.-Nr. 10) geschnitten. Mehrere Reststücke desselben »Bandjaspis« lassen sich zudem im Altbestand der ehemals königlich-sächsischen Mineralsammlung in Dresden und in den historischen Wernersammlungen an der TU Bergakademie Freiberg nachweisen.[4] Besonders bemerkenswert ist jedoch der Umstand, dass auch zwei der Belege des »Gnandsteiner Bandjaspis« aus dem Steinkabinett von Heinrich Taddel von ein und demselben Rohstück stammen (Abb. 2).[5]

Ob die Dose eher Heinrich Taddel oder Johann Christian Neuber zuzuschreiben ist, lässt sich nicht mit Sicherheit sagen. Ebenso ist eine genauere Datierung schwierig. Am wahrscheinlichsten ist eine Herstellung nach 1763, jedoch vor 1780, da sich die meisten Parallelen zu um 1770 gefertigten Tabatieren finden lassen. Etwa in dieser Zeit war Neuber in der Werkstatt von Heinrich Taddel tätig, da er sich dort 1773 als Mitarbeiter nachweisen lässt.[6] Die Dose könnte aber auch schon vor dem Eintritt Neubers in die Werkstatt entstanden sein. Da das von Taddel zusammengestellte Steinkabinett nachweislich vor 1757 zu datieren ist, muss der Rohstein für die Dose zu diesem Zeitpunkt bereits vorhanden gewesen sein. Möglicherweise stammt er von einem Abbau im Jahr 1753.[7] Eine ähnlich gravierte Dosenfassung in Rotgold mit dem Motiv des Blumenbouquets aus mehrfarbigem Gold und Silber findet sich schon bei einer früheren Tabatiere aus Taddels Werkstatt, die ohne die Beteiligung von Neuber entstanden sein muss. Diese aus Bergkristall in quadratischer Form geschnittene Dose kam 2002 bei Christie's zur Versteigerung.[8] Sie ist mit teilweise bemalten Muschelinkrustationen geschmückt, die verschiedene chinoise Szenen darstellen.[9] Da ähnliche Tabatieren allgemein vor dem Siebenjährigen Krieg datiert werden, ist eine Entstehung des vorliegenden Exemplars in dieser Zeit wahrscheinlich, als Neuber seine Lehre noch nicht abgeschlossen hatte.[10] In ganz ähnliche Richtung weist eine weitere, unter Verwendung chinoiser Motive mit Muscheln, Perlmutt und Schmucksteinen inkrustierte und bereits erwähnte ovale Dose in Privatbesitz, gefertigt aus demselben großen Rohstück von »Gandsteiner Bandjaspis« (siehe S. 62). Auch hier findet sich wieder ein analoges, in Gold gefasstes Blumenmotiv an der Griffleiste.[11]

Somit lässt sich die vorliegende Tabatiere aus »Gnandsteiner Bandjaspis« in die frühe zweite Hälfte des 18. Jahrhunderts datieren und der Werkstatt von Heinrich Taddel unter einer möglichen Beteiligung von Johann Christian Neuber zuordnen. UK | MaW | MiW

Provenienz Inventar Dosensammlung Großherzog Friedrich I. von Baden 1883, Nr. 358: »Ovale Dose v. gestreiftem bunten Jaspis. Die Fassung mit graviertem Bandfries, vorn ein Bouquet in farbigem Gold. Rococo. Ende des 18. Jahrhdts. 3|4|8«; Verst.-Kat. Sotheby's, München, MM0037, 8. Dezember 1999, Lot 64; Verst.-Kat. Christie's, London, 6966, 7. Dezember 2004, Lot 7; 2004–2019 Sammlung Erika Pohl-Ströhler; Verst.-Kat. Sotheby's, London, L19301, 22. Mai 2019, Lot 475; 2019–2021 Privatbesitz Martin Wagner; 2021 erworben dank der Unterstützung durch den Verein der Freunde des Grünen Gewölbes e.V.

1 Eine aus »Gnandsteiner Bandjaspis« geschnittene Dose (s. S. 62, Abb. 11) wurde 1966 von Snowman publiziert: Snowman 1966, Abb. 508; Snowman 1990, S. 314, Abb. 650; eine weitere Dose mit in Goldstegen gefassten Tafeln aus »Gnandsteiner Bandjaspis« befindet sich im Thurn und Taxis Museum des Bayerischen Nationalmuseums in Regensburg, Inv.-Nr. 93/263 (Seelig 2007, S. 324–325, 417–418, Nr. 54). Hier wird das Gestein irrtümlich als verkieseltes Holz bzw. als verkieselter Kalkstein angesprochen. **2** Privatbesitz. Eine Abbildung mit dem Scharnier bei Kugel 2012, S. 337, Nr. 16, Abb. S. 130. Die Dose wird um 1770 datiert. **3** Zuschreibung durch Kugel 2012, S. 339, Nr. 27. Da sich die Dose stilistisch in die Zeit um 1765 datieren lässt, könnte sie auch Heinrich Taddel bzw. seiner Werkstatt unter möglicher Beteiligung von Neuber zugeschrieben werden. Auffällig ist die Fertigung als Einlegearbeit in einer Technik ähnlich den Florentiner Mosaiken anstelle der für Johann Christian Neuber typischen Art der sogenannten Zellmosaike mit Goldstegen zwischen den einzelnen Steinen. **4** Diese Sammlungsteile entstanden hauptsächlich in der zweiten Hälfte des 18. Jahrhunderts. Die königlich-sächsische Mineralsammlung ist heute im Bestand der Senckenberg Naturhistorischen Sammlungen Dresden aufgegangen. Abraham Gottlob Werner stellte während seiner Lehrtätigkeit an der Bergakademie Freiberg mehrere große Privatsammlungen zusammen, die 1814 durch Verkauf in den Besitz der Freiberger Universität übergingen (siehe S. 95–107). **5** Es handelt sich um die Nummern 1 und 160 (»Jaspis bei Waldheim«) der sächsischen Steine (siehe S. 103). **6** Kempe/ Enge 2020, S. 175. **7** Freiesleben 1829, S. 49–50. **8** URL: www.christies.com/lot/lot-a-saxon-gold-mounted-rock-crystal-and-burgau-lacquer-3879779/? (19. 7. 2022). **9** In der Literatur werden derartige Inkrustationen als »in der Art von Johann Martin Heinrici« bezeichnet. Heinrici lässt sich allerdings bisher nicht sicher als Autor für diese Gestaltungsweise fassen (siehe S. 63). **10** Truman 1991, S. 183. Sollten die Inkrustationen tatsächlich auf Heinrici zurückgehen, so würden seine Lebensdaten zusätzliche Hinweise zur Datierung liefern. 1757 verlässt Heinrici Dresden. Nach seiner Rückkehr 1761 war er nicht mehr wie bisher vorrangig als Hofmaler mit der künstlerischen Gestaltung von Porzellanobjekten befasst, sondern beschäftigte sich ab 1766 praktisch ausschließlich mit technischen Fragen wie der Entwicklung neuer Farben und Glasuren, weshalb er von der Malerei in das Laboratorium der Meissener Manufaktur versetzt wurde. **11** Snowman 1990, S. 314, Abb. 650.

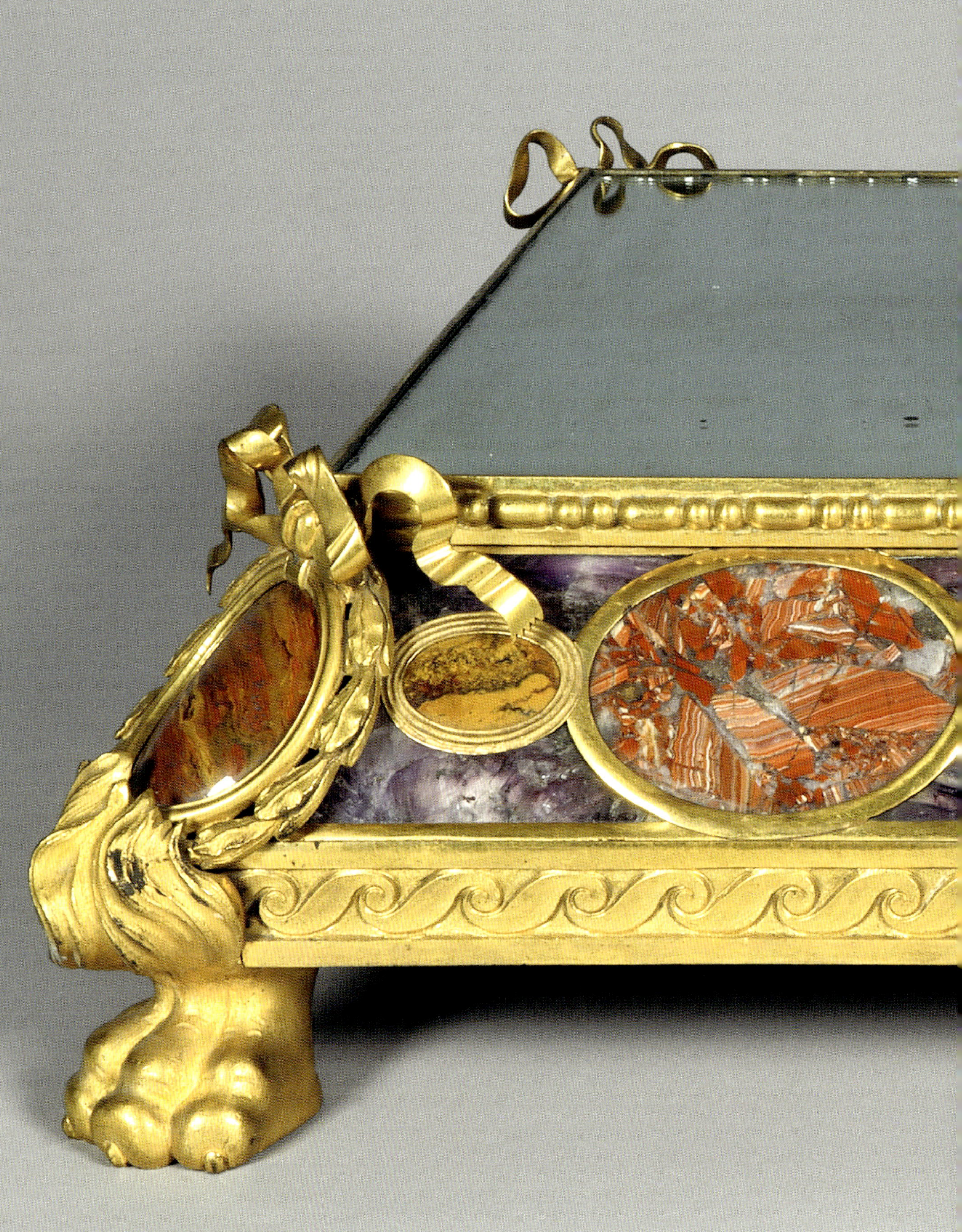

9

Rechteckiger Sockel zum Tafelaufsatz für Kurfürst Friedrich August III.

Johann Christian Neuber, Dresden 1775
Sächsische Schmucksteine (Trümmerachat aus Schlottwitz, purpurfarbener Amethyst
teilweise von Purschenstein, roter Jaspis von Rüsdorf und gelber Trümmerjaspis),
Bronze, Spiegelglas, Holzkorpus | 12,7 × 48,5 × 40,0 cm | Grünes Gewölbe, SKD | Inv.-Nr. 1931/1 b

Als Geburtstagsgeschenk für Kurfürst Friedrich August III. 1776 konzipiert, führt der Tafelaufsatz ebenso wie der etwas jüngere Prunkkamin (siehe Kat.-Nr. 10) die wertvollsten Materialien und modernsten Technologien Sachsens vor Augen: Meissener Porzellan und kunstvoll verarbeitete Edelsteine aus dem Erzgebirge. Bestehend aus mehreren Hauptteilen, darunter drei Figurengruppen und zwei Tempel aus Porzellan des Bildhauers Michel Victor Acier mit einem Sockel des Hofgalanteriearbeiters Johann Christian Neuber und rechteckigen verspiegelten Brückenteilen, erreicht der gesamte Tafelaufsatz eine imposante Länge von sieben Metern. Optisch bilden die verschiedenen Teile einen wirkungsvollen Kontrast, indem sich das Weiß des Porzellans von den kräftigen Farben und der einzigartigen Musterung der Steine abhebt. Sowohl der Aufbau als auch die allegorischen Szenen spiegeln das zentrale Thema wider, das durch die Materialwahl von Porzellan und Stein eingeführt wurde, nämlich die Würdigung der sächsischen Wirtschaft.

Auf dem Mittelteil (S. 20 – 21, Abb. 5) sitzen Tugendfiguren und Musen um den dreistufigen, mit Achat, Amethyst, »Tigerstein« und Jaspis verzierten Sockel von Neuber. Die Bedeutungen der Figuren lieferte Acier selbst in seinen Arbeitsberichten von 1775. Ganz oben kniet die Saxonia vor dem Kurfürsten, gekleidet nach römischer Art. An dessen Seite stehen zwei weitere weibliche Allegorien: Fürsorge und Gnade. Die Göttin der Weisheit und des Krieges, Minerva, hält ihren Schutzschild über seinen Kopf. Auf den unteren Stufen befinden sich die vier Kardinaltugenden und die neun Musen als Schutzgöttinnen der Künste.

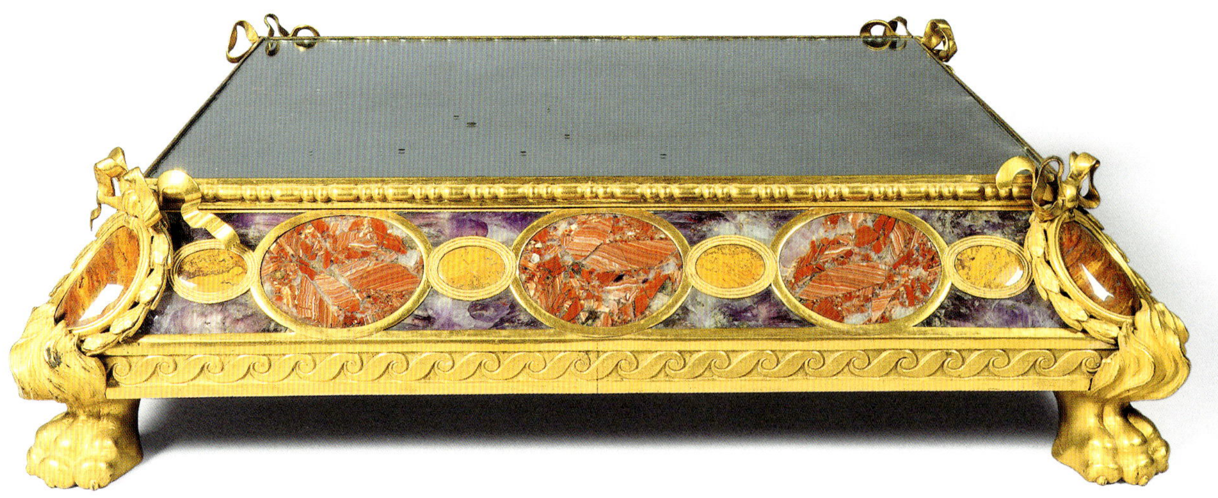

Der Mittelteil wird flankiert von zwei weiteren Figurengruppen, welche die zwei wichtigsten Träger der sächsischen Wirtschaft darstellen: die Manufaktur und den Handel. Der ausgestellte rechteckige Sockel gehört zu einer dieser Gruppen und ist mit Trümmerachat aus Schlottwitz, purpurfarbenem Amethyst (teilweise von Purschenstein), gelbrotem Jaspis von Rüsdorf und gelbem Trümmerjaspis – Steinen, die Neuber zum Teil auch für seinen Prunkkamin und andere Werke verwendet hatte – besetzt (siehe S. 95 – 107).

Die an beiden Enden stehenden Tempel sind dem Ruhm und der Ehre gewidmet. In seiner Gesamtheit stellt der Tafelaufsatz eine beeindruckende Inszenierung dar, die den Tisch bei Zeremonien oder diplomatischen Empfängen sinnreich geschmückt haben dürfte. MM

Provenienz durch Tausch aus der ehemaligen Hofsilberkammer des Hauses Wettin 1931 an das Grüne Gewölbe gekommen: Zugangsinventar seit 1875, fol. 41 v, Nr. 1931/1

Literatur Sponsel 1919, S. 21; Sponsel 1921, S. 176; Holzhausen 1935, S. 278 – 285; Ausst.-Kat. Dresden 2012, S. 21 – 30; Kugel 2012, S. 238 – 245

Abb. 1
Tafeldekoration mit dem Tafelaufsatz aus Meissener Porzellan von Acier und Sockeln aus sächsischen Schmucksteinen von Neuber
Aufnahme 1936

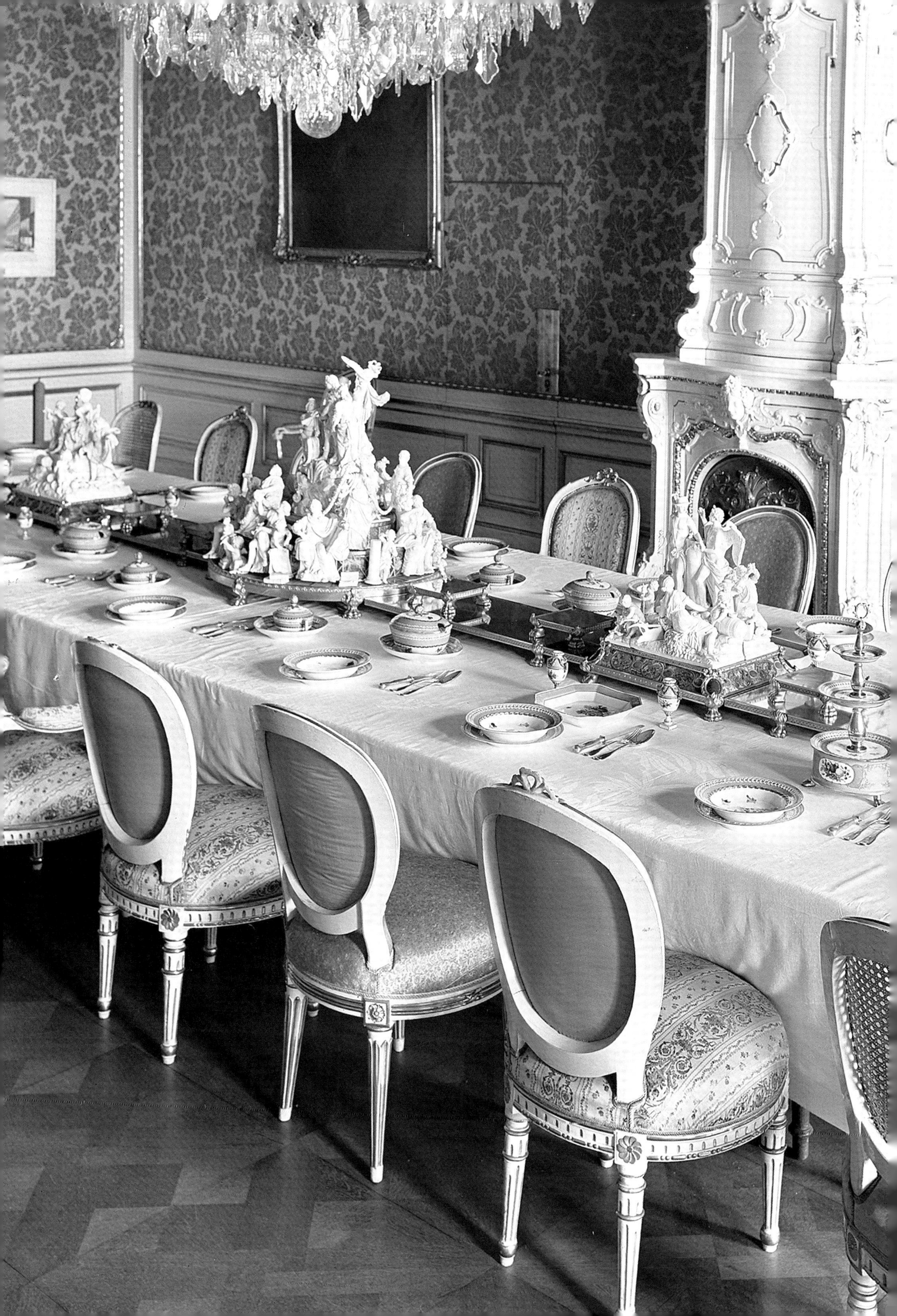

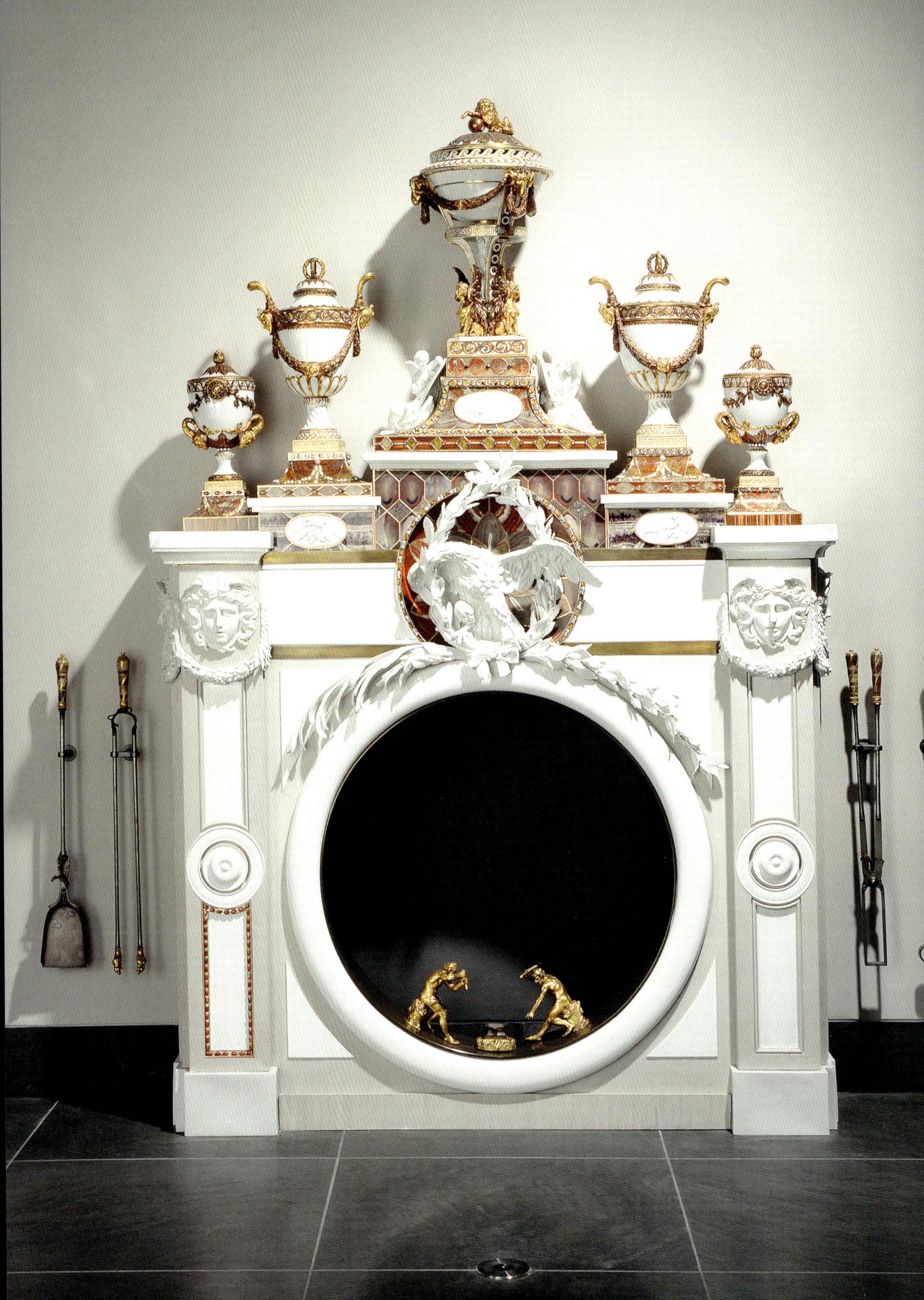

10

Prunkkamin

Entwurf: Johann Eleazar Zeissig, genannt Schenau; Juwelierarbeit: Johann Christian Neuber;
Modelle: Michel Victor Acier, Christian Gottfried Jüchzer, Johann Carl Schönheit | Dresden, 1782
Rekonstruktion der Trägerkonstruktion: Dresden, 2004
Schmucksteine vorwiegend aus Sachsen (Amethyst, Bergkristall, Jaspis, Achat und Tuff),
Perlimitationen, Porzellan, Gold, Bronze, teilweise vergoldet; Rekonstruktion der Träger-
konstruktion aus Holz | 238,0 × 152,0 × 36,0 cm | Grünes Gewölbe, SKD | Inv.-Nr. I 51

Der Prunkkamin ist das einzige Werk Neubers, das zu dessen Lebzeiten in das Grüne Gewölbe
gelangt ist, wo es seit seiner Teilrekonstruktion 2004 wieder präsentiert wird. 1780 beauftragt
von dem damaligen Direktor der Meissener Porzellan-Manufaktur, Camillo Graf Marcolini, war
der Kamin als diplomatisches Geschenk an den künftigen russischen Zaren Paul I. für dessen neu
errichtetes Schloss Pavlovsk bei St. Petersburg gedacht und sollte ihm wohl auf seiner Kavaliers-
tour überreicht werden. Da diese Reise dann aber nicht über Dresden führte und die Übergabe
nicht stattfand, verblieb das Geschenk dort und wurde nie benutzt. Der Kamin stellt auf ein-
drucksvolle Weise zwei der wertvollsten Ressourcen des Kurfürstentums im späten 18. Jahrhundert zur Schau: Porzellan aus Meissen und Schmucksteine aus dem Erzgebirge.
Die Entwürfe für den Kamin lieferte Johann Eleazar Zeissig, genannt Schenau, Maler und ab 1773
Direktor der Zeichenschule an der Meissener Porzellan-Manufaktur (Abb. 1). Über dem Kamingehäuse befinden sich fünf mit vergoldeten Dekoren geschmückte Vasen aus Porzellan. Ihre Sockel
wurden mit Einlagen sächsischer Schmucksteine von Johann Christian Neuber verziert. Dafür

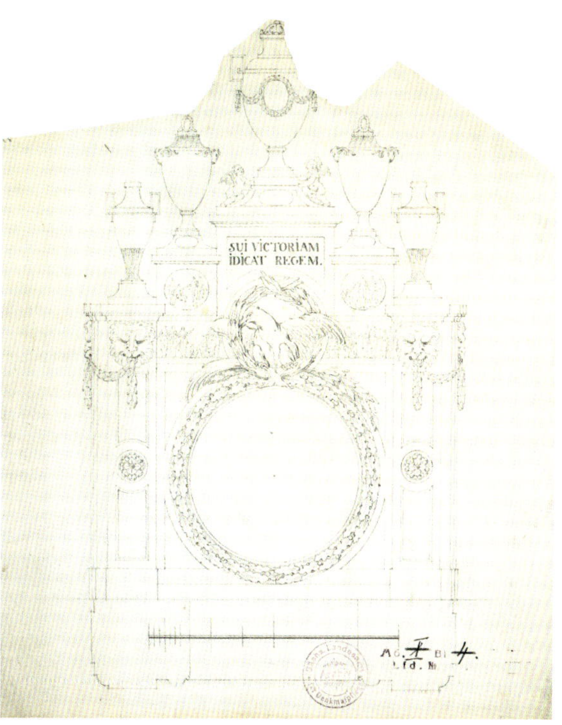

Abb. 1
**Entwurfszeichnung
für den Prunkkamin**
Johann Eleazar Zeissig,
genannt Schenau, Dresden,
kurz vor 1780, Landesamt
für Denkmalpflege Sachsen,
Dresden, Inv.-Nr. M6 X Bl. 4

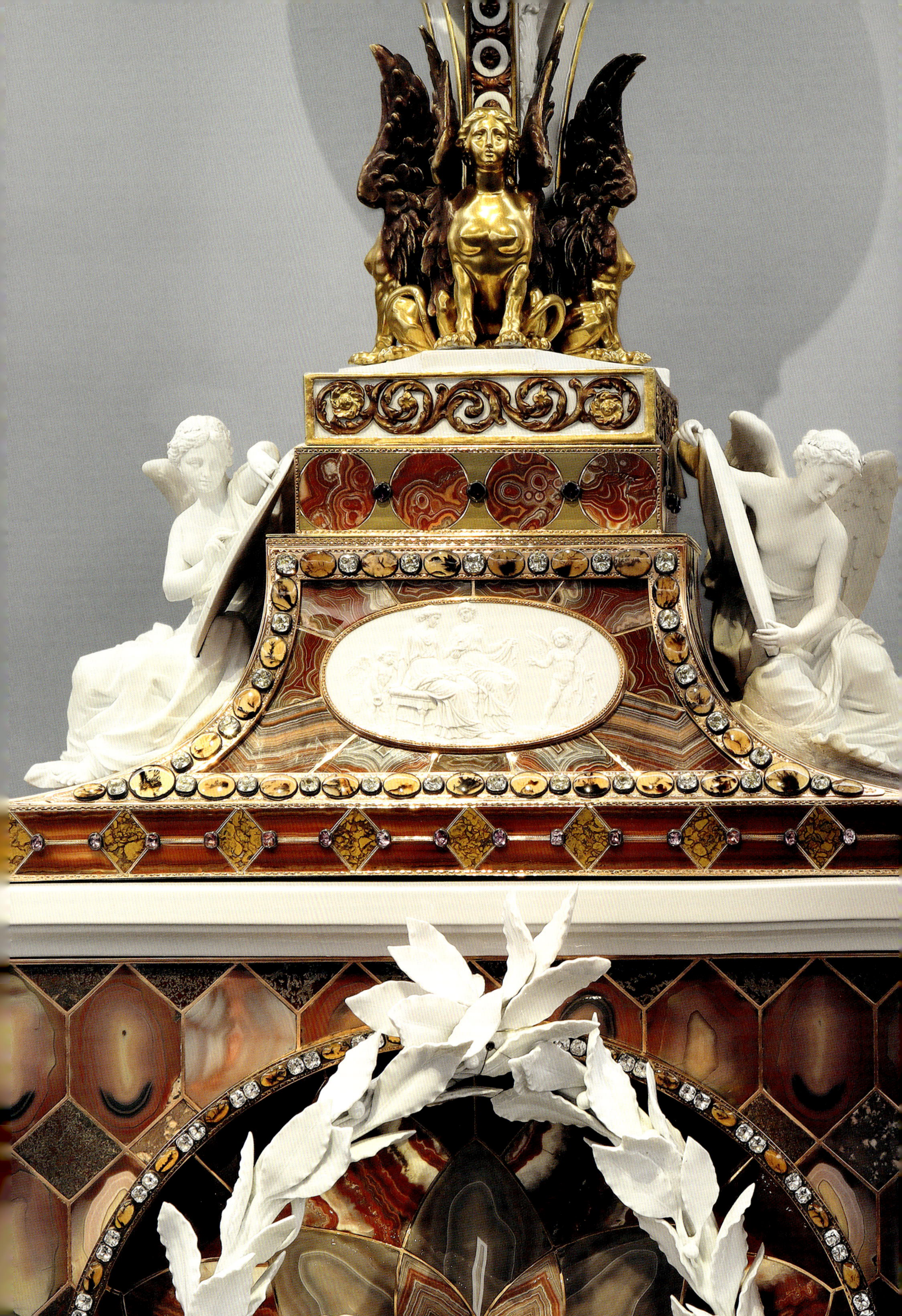

verwendete er überwiegend Material mit rötlichen und bräunlichen Farbtönen, wie Schlottwitzer Bandachat, »Tigerstein« von Korbitz und Altenberger Jaspis, welche einen reizvollen Kontrast zum Weiß des Porzellans bilden. Die Griffe des erhaltenen Kaminbestecks sind mit bräunlich gestreiftem »Gnandsteiner Bandjaspis« versehen (siehe S. 104).

Auf den ebenfalls mit Stein geschmückten Sockeln der Vasenaufsätze befinden sich drei ovale Reliefs mit Putten und zwei ebenfalls aus Porzellan modellierte plastische weibliche Engelsfiguren, die sich an die beiden Seiten des mittleren Sockels lehnen. An zentraler Stelle über der Feueröffnung ist ein Adler in einem Lorbeerkranz angebracht. Diese teils glasierten, teils unglasierten Porzellanelemente wurden von Michel Victor Acier begonnen und von Christian Gottfried Jüchtzer und Johann Carl Schönheit ausgeführt. Die abnehmbaren Teile des Kamins, darunter die Vasen und Sockel sowie die Feuergeräte, konnten rechtzeitig vor Beginn des Zweiten Weltkriegs ausgelagert werden und blieben erhalten, während das Kamingehäuse 1945 im Dresdner Residenzschloss verbrannte. Adler und Lorbeerkranz wurden 2003/04 in der Dresdner Manufaktur rekonstruiert. Vor seiner Zerstörung waren die Front und die Schmalseiten des Kamingehäuses ebenfalls mit Schmucksteinen verkleidet. An der Innenseite der dekorativen Feueröffnung befand sich die Signatur »Jean Christian Neuber à Dresde 1782«. MM

Provenienz Inventar Kaminzimmer 1818, fol. 1, Nr. 1; Inventar Kaminzimmer 1879, S. 237–243, Nr. 249 (ausgetragen); Inventar Kaminzimmer 1915, S. 87–91, Nr. 51

Literatur Sponsel 1921, S. 11–13; Arnold 1988; Ausst.-Kat. Idar-Oberstein u. a. 1998, S. 69–71; Kappel/Weinhold 2007, S. 302–303; Kappel 2012 c; Ausst.-Kat. Dresden 2012, S. 42–51; Thalheim 2018 b; Kempe/Massanek/Wagner/Hammer/Thalheim 2020

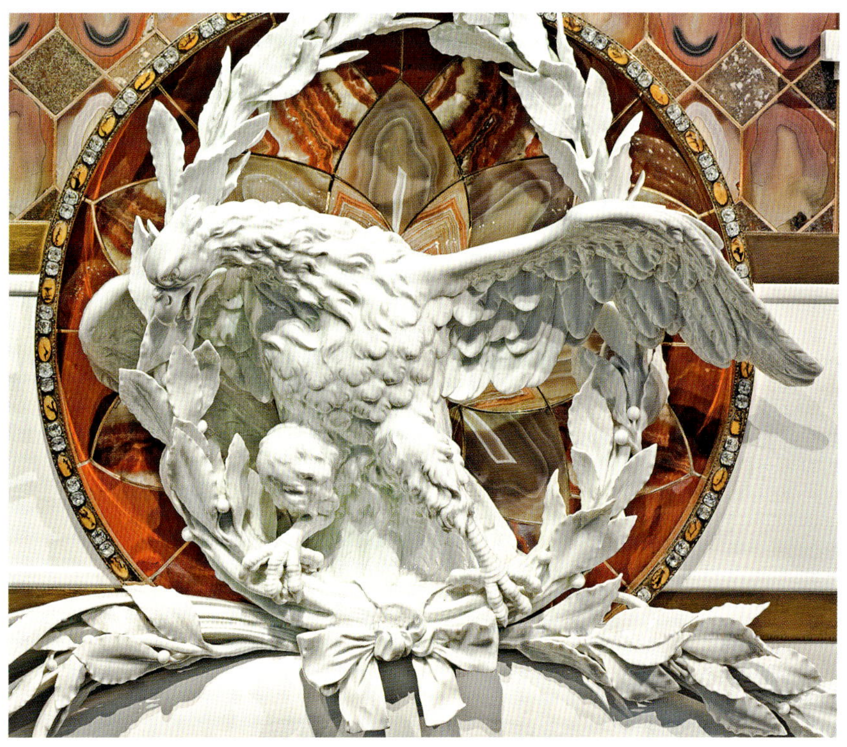

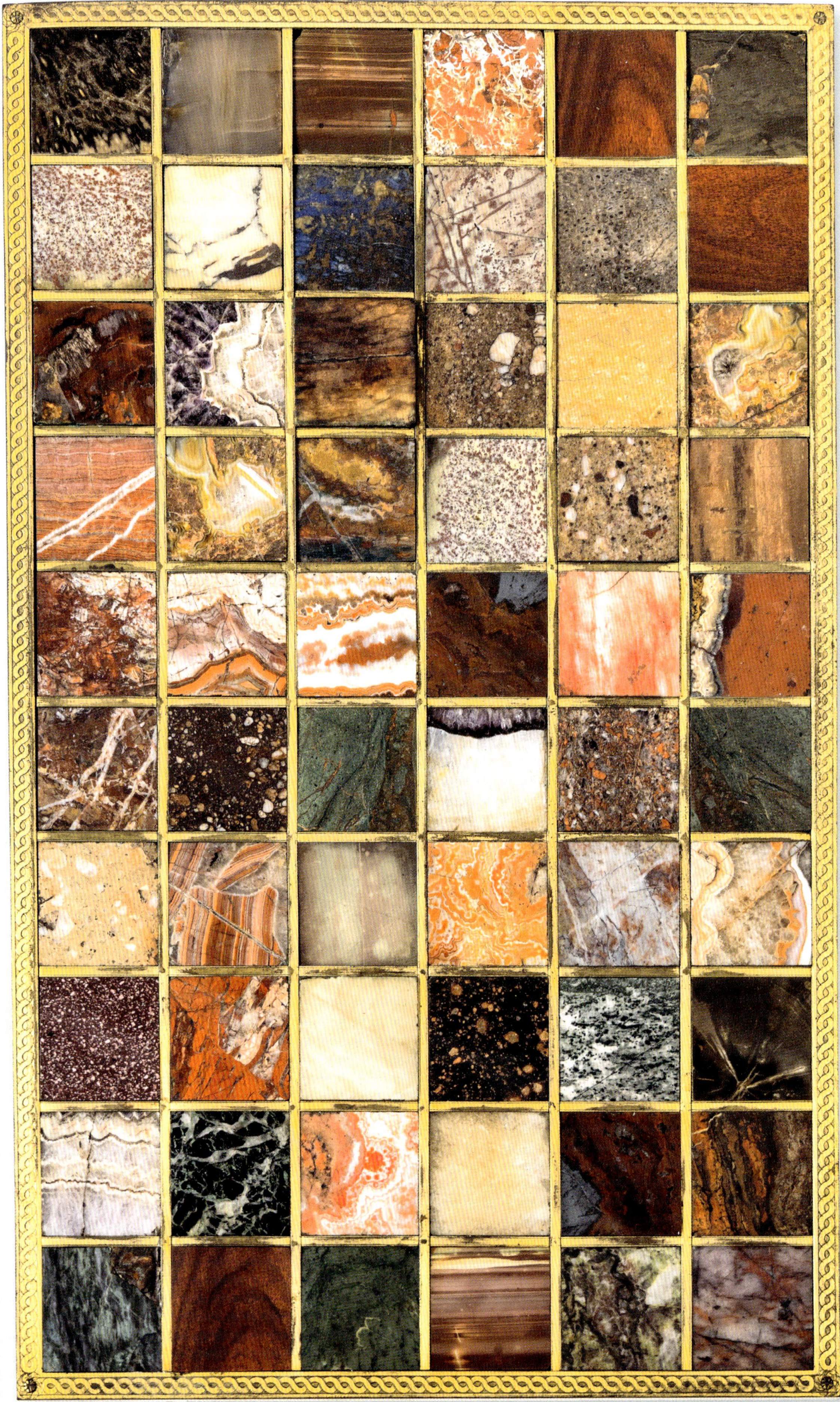

Steinkabinetttisch

Werkstatt von Johann Christian Neuber, vor 1795
Sächsische und andere Schmucksteine, Kalksteine und
Marmore, Birnbaumholz, Erlenholz, Nadelholz, Messing,
teils gegossen, teils graviert, vergoldet |
77,0 × 74,0 × 45,0 cm , Steintafeln: 6,5 × 6,5 × 0,7 cm |
Schloss Mosigkau, Kulturstiftung Dessau-Wörlitz |
Inv.-Nr. Mos 994

Im Rahmen der Forschungen zum Steinkabinett von Heinrich Taddel wurden auch zwei als Paar gefertigte Steinkabinetttische im Schloss Mosigkau bei Dessau untersucht (Abb. 1). Dabei lag der Fokus auf der Analyse des Steinbesatzes der Tischplatten. Die einzelnen Gesteinstafeln sind hier nicht wie sonst üblich fest in die Tischplatten integriert, sondern ließen sich mithilfe eines in der Tischzarge verborgenen Mechanismus und eines speziellen, heute verlorenen Hebelwerkzeugs zur Betrachtung einzeln herausnehmen (Abb. 2). Auf den Rückseiten der Platten waren Nummern angebracht, die einen Abgleich mit einem Verzeichnis oder Katalog erlaubten, zu deren Aufbewahrung zwei große Schubladen unter den Tischplatten dienen konnten. Auf jedem Tisch waren ursprünglich 60 Einzelplatten vorhanden. Davon sind heute noch insgesamt 110 Tafeln erhalten. Die Nummerierung der Steinproben lief über beide Tische von der Nummer 1 bis zur Nummer 120. Die Tafeln wurden in der Regel paarweise von jeweils demselben Rohstück gefertigt. Entsprechend stellen sie direkte Gegenstücke oder Parallelschnitte dar (Abb. 3).

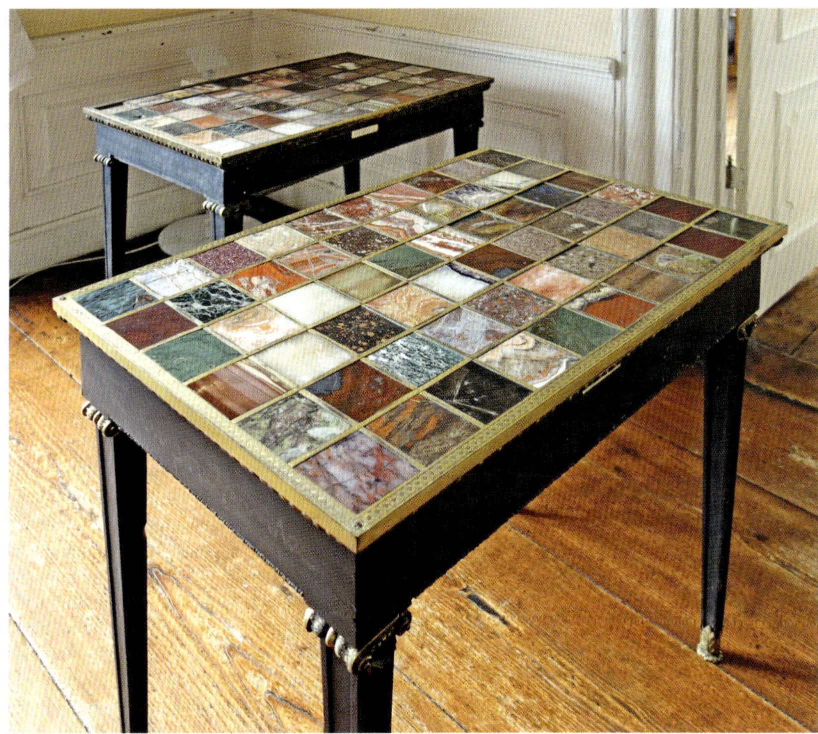

Abb. 1
**Die zwei als Paar
gefertigten
Steinkabinetttische in
den Ausstellungsräumen
Schloss Mosigkau,**
Inv.-Nrn. Mos 993,
Mos 994

Die Tischgestelle und -plattenböden bestehen aus Birne und Erle, die Blindböden sind aus Nadelholz gefertigt. Die sichtbaren Schauflächen wurden dunkel gebeizt, um Mahagoni zu imitieren. Aufwendig gestaltet sind die vergoldeten, teilweise gegossenen Messingbeschläge an den Füßen, den Übergängen zu den Zargen, an den Zargen selbst und auf den Tischplatten. Neben der Kubatur und der Tischkonstruktion sind es vor allem diese Beschläge mit ionischen Kapitellen, Eierstab- und Kymafriesen sowie gravierten Ornamentbändern, die eine Datierung der Sammlungstische in das späte 18. Jahrhundert erlauben.

Bisher wurden die Tische als Beistelltische mit antiken Marmorsorten beschrieben. Darunter sind alle polierfähigen Steine bis hin zu Granit und Basalt zu verstehen, die im alten Rom Verwendung fanden. Die Analyse der Schmucksteintafeln ergab, dass nur untergeordnet »antike« Gesteinssorten wie Carrara-Marmor, *Breccia di Settebasi* von der griechischen Insel Skyros, Lapislazuli aus Afghanistan, *Porfido rosso* aus Gebel Dokhan in Ägypten oder *Diaspro fiorito* aus Sizilien verwendet wurden. Die Mehrzahl der Gesteine sind Schmucksteine sächsischer Provenienz. Bei vielen handelt es sich um solche, die typischerweise auch in Werken von Heinrich Taddel und Johann Christian Neuber vorkommen (siehe S. 95–108), wie zum Beispiel Achat und Amethyst von Schlottwitz, »Gnandsteiner Bandjaspis« (vulkanischer Tuff; siehe S. 147–150), »Korallenstein« von Halsbach bei Freiberg (Achat), »Stahrstein« von Chemnitz (verkieseltes Holz), »Tigerstein« von Korbitz bei Meißen (eine vulkanische Bildung im Pechstein; siehe S. 171–178) oder auch Amethyst mit weißem Faserquarz von Wiesenbad bei Annaberg (Abb. 4).

Der von Taddel geförderte und ab 1785 als Hofgoldschmied am Grünen Gewölbe in Dresden nachweisbare Johann Christian Neuber hatte bereits von 1772 bis 1774 und von 1779 bis 1780 zwei größere Prunktische in Form von Steinkabinetten gefertigt. In beiden Fällen waren die deutlich kleineren, auf den Zwischenstegen nummerierten Gesteinsproben mithilfe der Goldfassungen fest in die Tischplatte integriert. Beigelegte Verzeichnisse gaben die Bezeichnung und Herkunft der ausschließlich sächsischen Schmucksteine wieder. Bei dem früheren der beiden, der ein Geburtstagsgeschenk der sächsischen Kurfürstin Maria Amalie Auguste an ihren Gemahl Friedrich August III. war, wurden 132 Gesteinssorten verwendet. Der chinois gestaltete Tisch mit einigen für den sogenannten Zopfstil typischen frühklassizistischen Elementen war ursprünglich im Fasanenschlösschen bei Moritzburg aufgestellt, wo Anfang der 1920er Jahre die Tischplatte vermutlich durch Diebstahl verloren ging.[1] Der zweite Tisch, seit 2015 im Louvre, wurde vom sächsischen Kurfürsten an den französischen Botschafter Baron de Breteuil aus Anlass des Friedens von Teschen 1779 als Dankesgeschenk übersendet. Auf diesem werden 128 sächsische Schmucksteine präsentiert.[2]

Insbesondere die breite Verwendung des Schlottwitzer Materials und des »Tigersteins« auf den beiden klassizistischen Sammlungstischen in Mosigkau weist auf eine Autorenschaft von Neuber hin. Dieser hatte auf kurfürstliche Weisung 1775 die ausschließliche Konzession zur Gewinnung von Achat und Amethyst im Müglitztal bei Schlottwitz übertragen bekommen und behielt diese 20 Jahre lang bis 1795.[3] Nach dem offiziellen Bankrott von Neuber im selben Jahr gingen die Gewinnungsrechte dann 1797 an die Bergakademie Freiberg über, um die Tätigkeit der dortigen kommerziellen Mineralienniederlage zu unterstützen.[4] Das Schlottwitzer Material hat Neuber sowohl in seinen zahlreichen Galanteriewaren als auch in seinen größeren Werken sehr umfangreich eingesetzt. Auf den beiden Sammlungstischen in Mosigkau machen Achat und Amethyst von Schlottwitz mindestens ein Fünftel der ursprünglich 120 Steintafeln aus.

Der »Tigerstein« aus dem Pechstein von Korbitz bei Meißen lässt sich als Schmuckstein bisher nur an Werken von Johann Christian Neuber nachweisen, unter anderem an dem Tafelaufsatz für den Kurfürsten Friedrich August III. von 1776 (siehe Kat.-Nr. 9), dem »Teschen-Tisch« von Breteuil, dem Prunkkamin von 1782 (siehe Kat.-Nr. 10) und an zahlreichen Steinkabinettdosen (siehe S. 28–31).

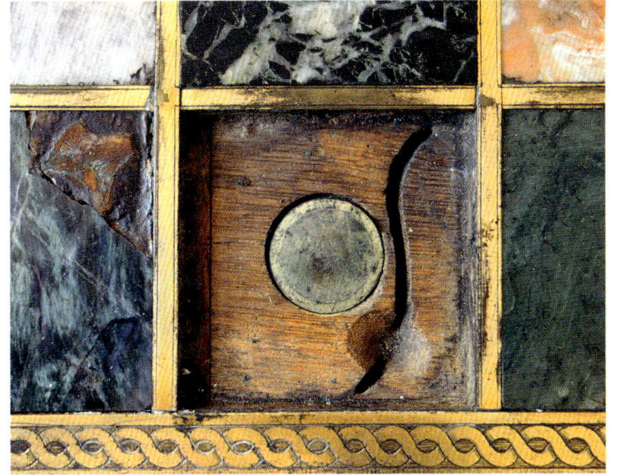

Abb. 2
Am rechten Tischrand kann eine der Gesteinstafeln mithilfe eines in der Zarge verborgenen Mechanismus herausgehoben werden, Inv.-Nr. Mos 994 (Detail)

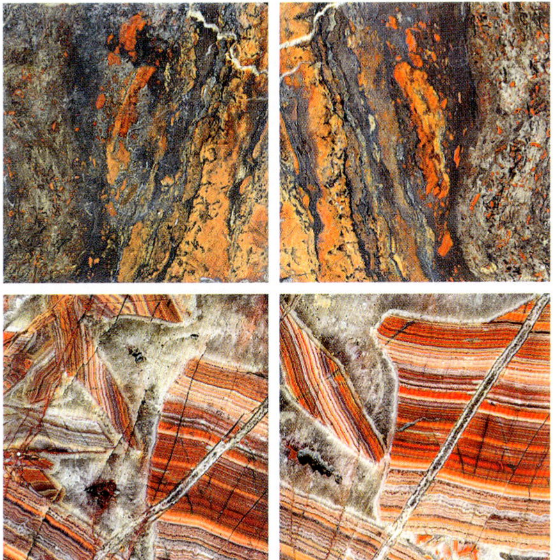

Abb. 3
Von einem Rohstück geschnittene Paare:

Oben: Jaspisbildungen (orange) in Kalkstein von einem unbekannten Fundort als direkte Gegenstücke

Unten: Trümmerjaspis von Schlottwitz im Erzgebirge als Parallelschnitte

Jeweils rechts: Inv.-Nr. Mos 994

Links: Inv.-Nr. Mos 993

Abb. 4
Typische sächsische Schmucksteine von den Tischplatten (von links oben nach rechts unten): »Gnandsteiner Bandjaspis«, »Korallenstein« von Halsbach bei Freiberg, Quarz und Amethyst von Wiesenbad bei Annaberg, »Tigerstein« von Korbitz bei Meißen, Prasem von Breitenbrunn im Erzgebirge, »Stahrstein« von Chemnitz

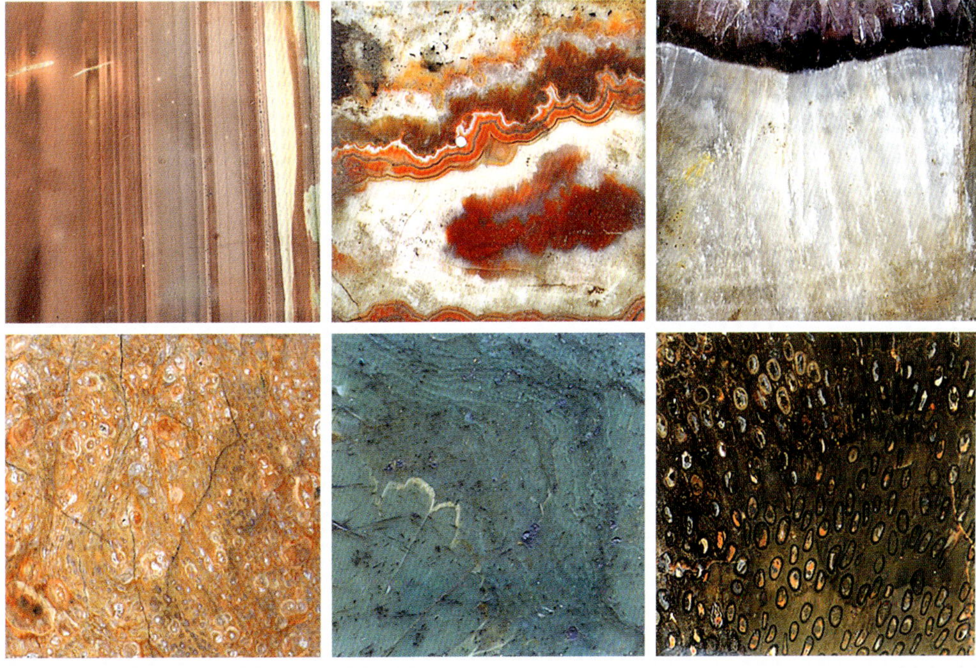

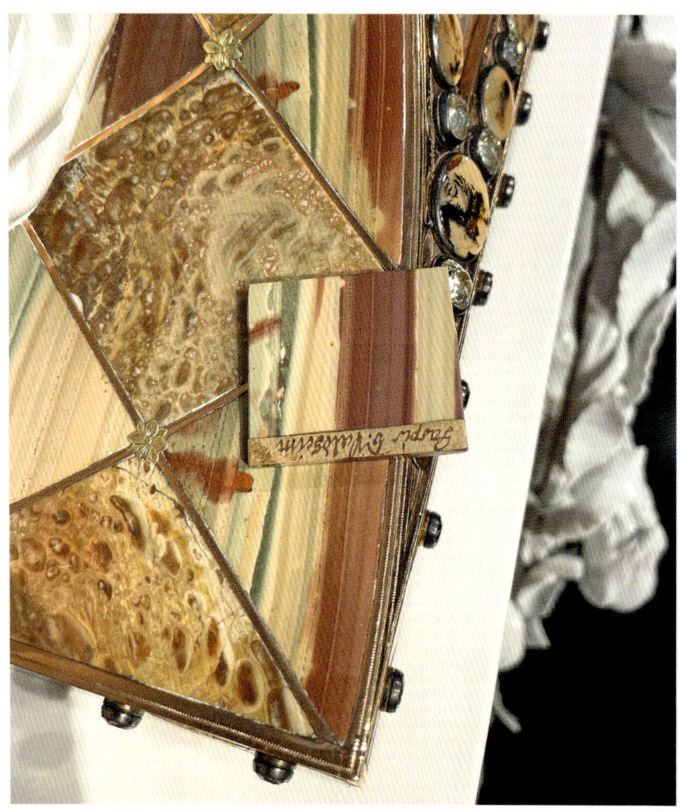

Abb. 5
Gegenstücke aus »Gnandsteiner Bandjaspis«
zusammen mit Meißner »Tigerstein« am zentralen
Vasenpostament des Prunkkamins, Johann
Christian Neuber, Dresden, 1782, Grünes Gewölbe,
SKD, Inv.-Nr. I 51; darauf Tafel No: 160, Steinkabinett
Heinrich Taddel, Grünes Gewölbe, SKD, Inv.-Nr.
I 15 b/160

Abb. 6
Gegenstücke von Schlottwitzer Bandachat:

Links: Steintafel vom Steinkabinetttisch,
Inv.-Nr. Mos 994

Rechts: (vorn) Beleg aus der »oryctognostischen«
Sammlung Werner, TU Bergakademie Freiberg,
Inv.-Nr. WeSa 101189 (Originalnummer: 1189)

Hinten: Bandachat an der Schale hinter dem
Porzellanadler am Prunkkamin, Johann Christian
Neuber, Dresden, 1782, Grünes Gewölbe, SKD,
Inv.-Nr. I 51

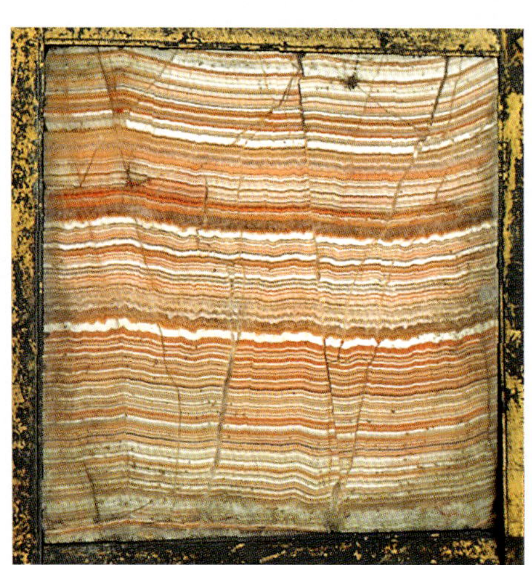

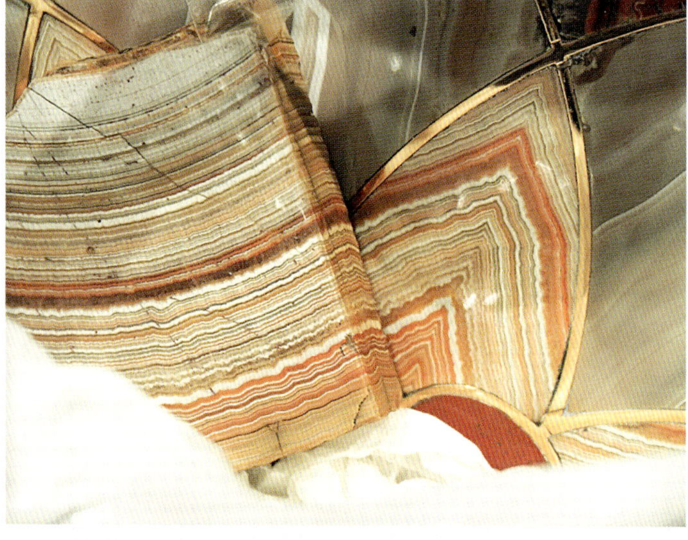

Eindeutig belegen lässt sich die Autorschaft von Neuber vor allem durch die direkte Gegenüberstellung von einzelnen Tafeln der Sammlungstische in Mosigkau mit Stücken aus dem Steinbesatz an seinen anderen Werken und mit Reststücken aus seinem Nachlass, die sich in den historischen sächsischen Mineralsammlungen erhalten haben. Nach dem Bankrott von Neuber im Juli 1795 gelangte im November desselben Jahres durch eine mehrere Tage andauernde Auktion eine beträchtliche Menge von bearbeitetem und unbearbeitetem Steinmaterial in die Freiberger Mineralienniederlage und von dort in die Sammlungen des bekannten Mineralogen Abraham Gottlob Werner. Weitere Stücke von Neuber kamen durch die Auktion oder auf anderem Weg in die Sammlung des Oberhofmarschalls Joseph Friedrich Freiherr zu Racknitz, die 1805/06 durch Ankauf in der Dresdner kurfürstlich-königlichen Mineraliensammlung aufging (siehe S. 101).[5]

Ein Paar aus »Gnandsteiner Bandjaspis« auf den Mosigkauer Sammlungstischen stammt von einem Rohstück, das Neuber bereits vorher in seinen Werken mehrfach verwendet hatte, so am Tafelaufsatz für Friedrich August III. von 1776 und am Prunkkamin von 1782. Zudem befinden sich bereits in dem von Heinrich Taddel vor 1757 angelegten Steinkabinett zwei Tafeln, die ebenfalls aus diesem Stück gefertigt wurden (Abb. 4, 5).

Ähnliches lässt sich für ein weiteres Paar geschnittener Tafeln aus Schlottwitzer Achat auf den Steinkabinetttischen sagen, ebenso wie für eine Platte aus Schlottwitzer Achat, deren Gegenstück wahrscheinlich verloren gegangen ist. Im ersten Fall handelt es sich um einen rot-weiß gefärbten Bandachat, der sich auch im Bestand des Taddelschen Steinkabinetts nachweisen lässt und von Neuber an mehreren Dosen sowie 1782 am Prunkkamin für den russischen Thronfolger verwendet wurde (Abb. 6). Mehrere geschnittene und polierte Reststücke gelangten später in die Sammlungen von Werner in Freiberg und von Racknitz in Dresden.

Die dritte Tafel aus Schlottwitzer Achat auf den Mosigkauer Tischen lässt sich einem größeren Reststück und einer kleineren Tafel aus der Sammlung von Racknitz zuordnen, die beide in den Senckenberg Naturhistorischen Sammlungen Dresden aufbewahrt werden. Zwei kleinere Stücke aus demselben Material befinden sich in der Edelsteinsammlung von Werner in Freiberg. Neuber hat diesen optisch attraktiven Achat nur sparsam an der vorderen Schauseite des zentralen Vasensockels am Prunkkamin von 1782 eingesetzt (siehe S. 101–103).

Die Untersuchung des Steinbesatzes der beiden Mosigkauer Tische erlaubt unter Berücksichtigung der heute bekannten historischen Umstände eine weitgehend sichere Zuschreibung der beiden Sammlungstische an die Werkstatt von Johann Christian Neuber. Da die Versteigerung des Rohmaterials in Dresden 1795 erfolgte und verschiedene Faktoren, wie zum Beispiel die untergeordnete Verwendung von nicht-sächsischem, »antikem« Material oder der Einsatz einer zusätzlichen dritten Tafel zu einem Paar aus dunklem verkieseltem Holz, auf größere Eile bei der Fertigstellung der beiden Prunkmöbel hinweisen, kann ihre Entstehung kurz vor dem Bankrott des Hofgoldschmieds, also kurz vor 1795, angenommen werden. UK | AM | MiW

Provenienz bis 1945 Schloss Hohenpriesnitz an der Mulde; im Zug der Schlösserbergung über die Sammelstelle der Galerie Moritzburg in Halle/Saale nach Schloss Mosigkau verbracht und dort inventarisiert

Literatur Büttner 2004, S. 85–87; Ausst.-Kat. Gotha 2018, S. 25–36, Nr. 46; Kempe/Wagner/Mehnert 2023 [im Druck]

1 Vgl. Wagner 2019. Weitgehend original erhalten ist heute das Gestell, das durch Nachbildungen einiger verlorener Teile und eine in Laserdrucktechnik gestaltete Imitation der Tischplatte wieder vervollständigt wurde (Galerie Kugel Paris). **2** Poindront/Constensoux 2012; Thalheim 2018a. **3** Sächsisches Hauptstaatsarchiv Dresden (im Folgenden: HStADD), 10026 Geheimes Kabinett, Sect. 1, Nr. 2469, fol. 24; HStADD, 10026 Geheimes Kabinett, Sect. 1, Nr. 2469, fol. 31; Quellmalz/Karpinski 1990, S. 71–72. **4** HStADD, 40006 Finanzarchiv, Sect. 14, Nr. 46, fol. 34. **5** Kempe/Thalheim/Wagner/Massanek 2021.

Anhang

Verzeichnis der kunsthistorischen Ausstellungsobjekte

Institutionen: SKD GG / Grünes Gewölbe, SKD · NMSB / Naturhistorisches Museum Schloss Bertholdsburg, Schleusingen

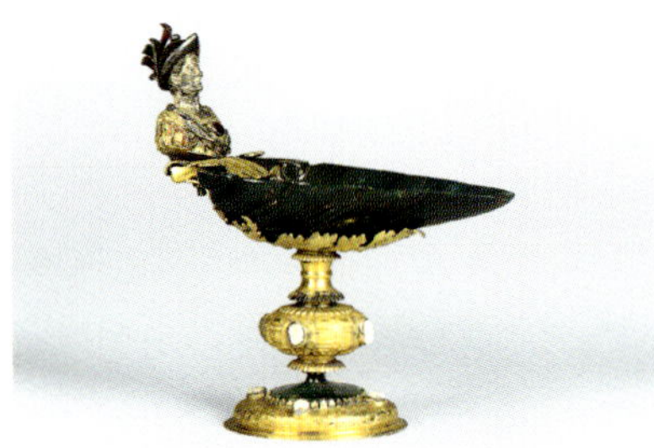

1
Gefußte muschelförmige Schale
Wohl Dresden, vor 1733
Heliotrop aus Indien, Silber, vergoldet, Kameen,
Farbfassung
15,3 × 16,5 × 7,5 cm
SKD GG, V 20

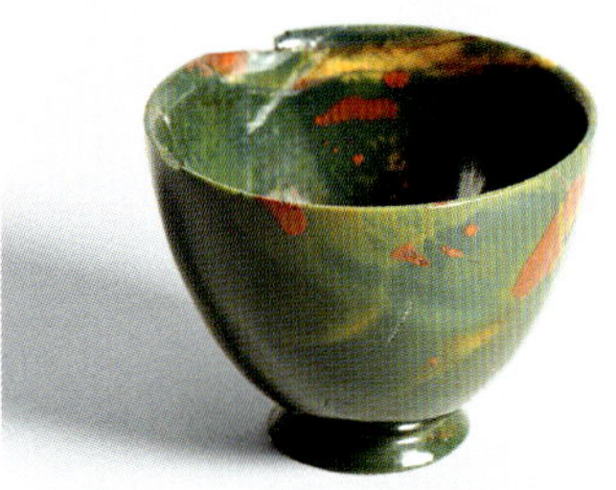

2
Koppchen
Unbekannt, vor 1819
Heliotrop aus Indien
H. 4,3 cm, Dm. 5,5 cm
SKD GG, V 29 a

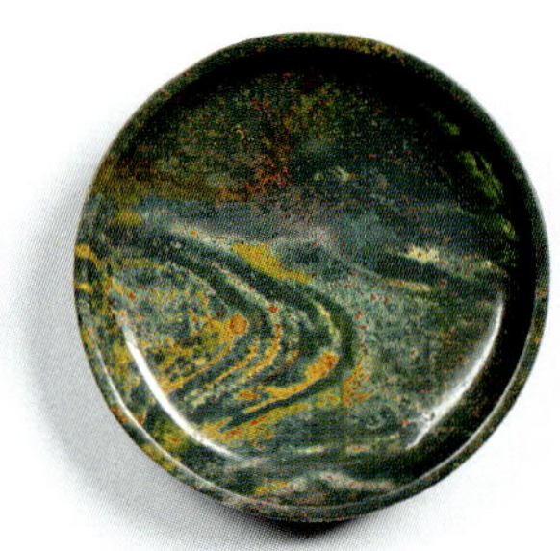

3
Unterteller
Unbekannt, vor 1819
Heliotrop aus Indien
H. 2,1 cm, Dm. 11,3 cm
SKD GG, V 29 b

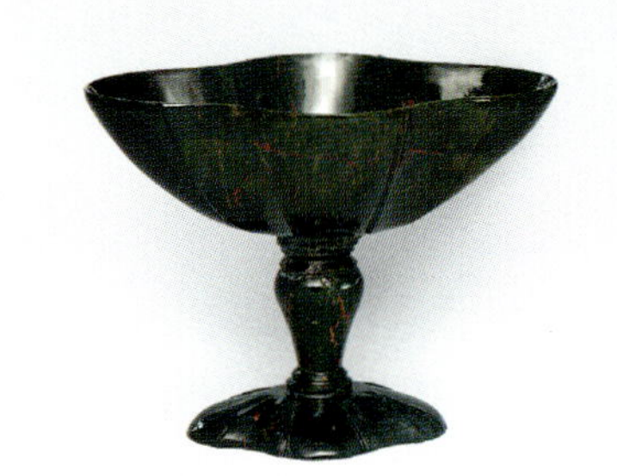

4
Ungefasste Heliotropschale
wohl italienisch, Mitte 17. Jh.
Heliotrop aus Indien
12,7 × 17,0 × 10,0 cm
SKD GG, V 30

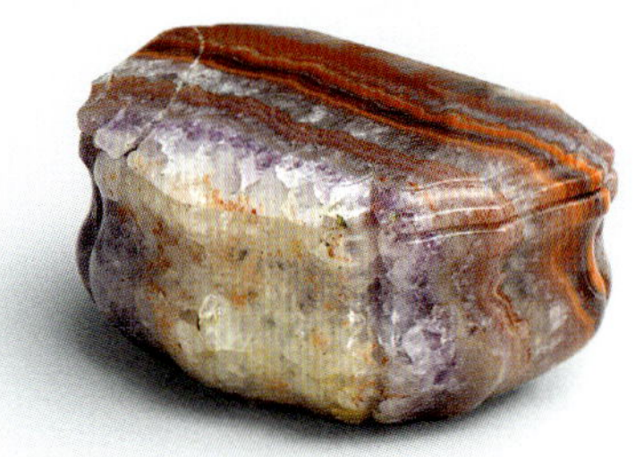

5
Ungefasste Dose mit Deckel
Dresden, 1. Hälfte 18. Jh.
Korallenachat aus Halsbach bei Freiberg
3,3 × 6,6 × 4,8 cm
SKD GG, 1939/1

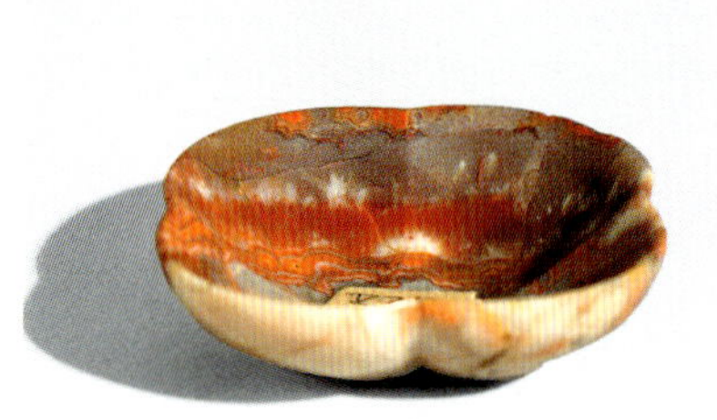

6
Vierpassige Schale
Dresden, 1. Hälfte 18. Jh.
Korallenachat aus Halsbach bei Freiberg
H. 2,1 cm, B. 7,8 cm
SKD GG, V 3 l

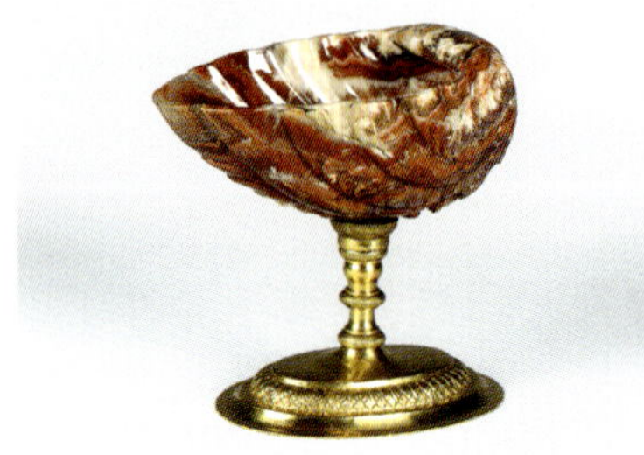

7
Schale
Dresden, vor 1714
Korallenachat aus Halsbach bei Freiberg
10,7 × 11,2 × 7,1 cm
SKD GG, V 520

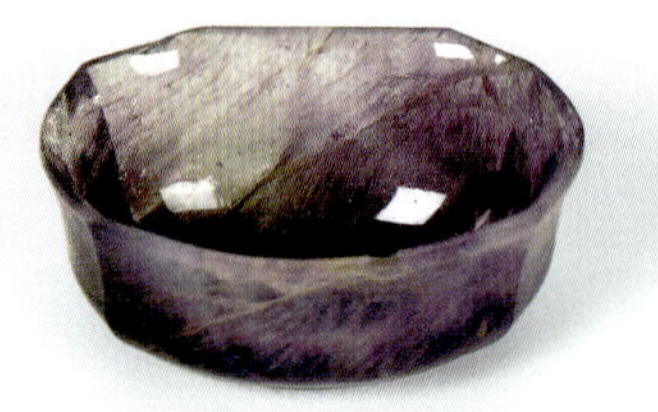

8
Kleine Schale
Dresden, nach 1727
Amethyst aus Purschenstein
3,0 × 6,4 × 4,5 cm
SKD GG, V 2 fff

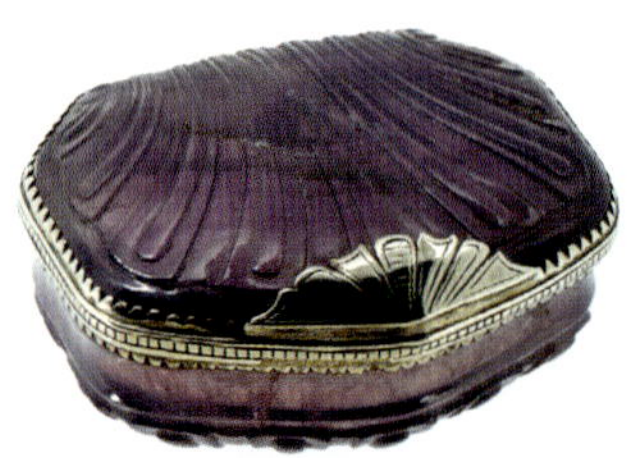

9
Tabatiere
Steinschnitt: Johann Caspar Schmieder, Dresden
oder Heidelberg bei Seiffen im Erzgebirge, um
1730; Fassung: 18. Jh.
Amethyst aus Purschenstein, Silber
6,0 × 5,0 × 2,8 cm
Privatbesitz

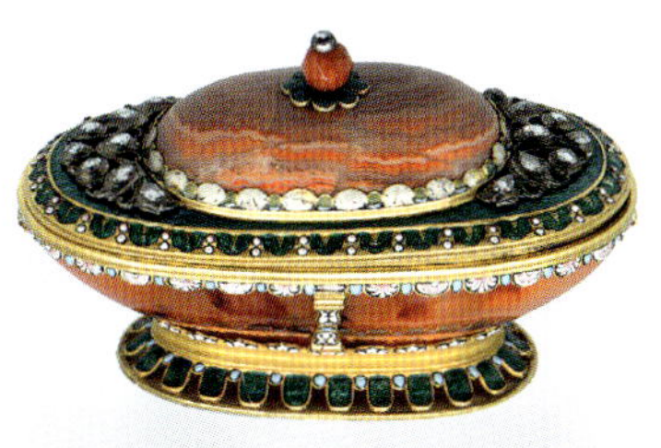

10
Ovale Dose
Johann Melchior Dinglinger
Dresden, 1721–1725
Unterteil: Gangquarz, Knauf: Karneol, Deckel: Achat
aus Schlottwitz; Gold, Email, Diamanten
4,6 × 7,8 × 4,3 cm
SKD GG, VI 7 cc

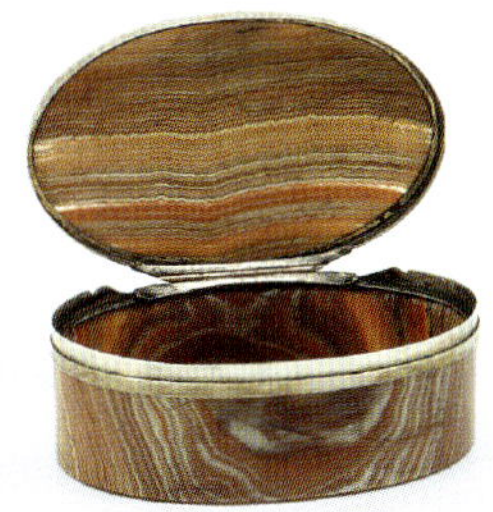

11
Tabatiere
Steinschnitt: Dresden, 2. Hälfte 18. Jh.
Fassung: Emmanuel Nicolas Bricart, Paris, 1809–
1819
Bandachat aus Schlottwitzer, Silber
9,0 × 5,7 × 3,5 cm
Privatbesitz

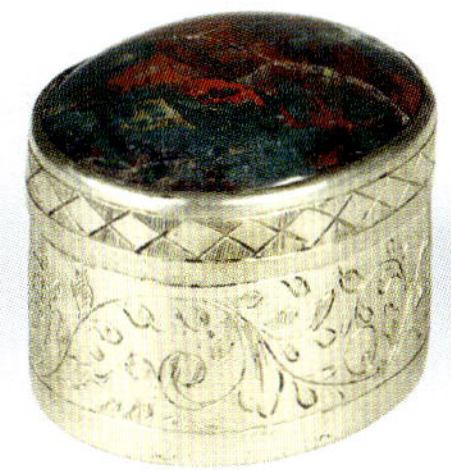

12
Ringdose mit Steinschnittdeckel
Schliff (Deckel): vielleicht Böhmen
Fassung: wohl süddeutsch, Ende 17. Jh.
Silber, graviert, böhmischer Jaspis aus Kozákov
2,8 × 3,7 × 3,1 cm
SKD GG, IV 51

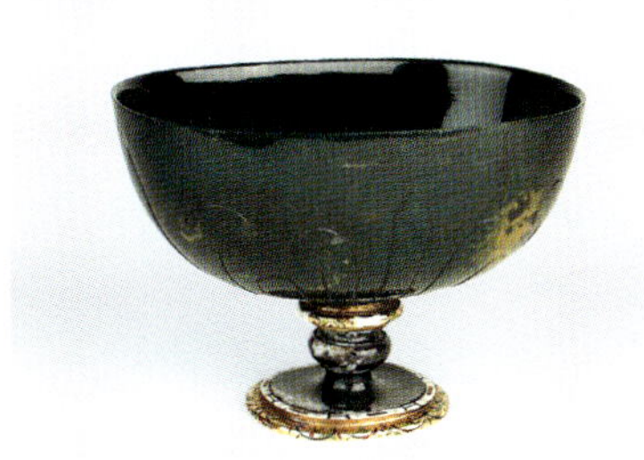

13
Tiefe Schale
Steinschnitt: Ottavio Miseroni
Goldschmiedearbeit: Jan Vermeyen
Prag, um 1600–1605
Gold, Email, Schale: sizilianischer Jaspis; Fuß: böhmischer Jaspis aus Kozákov
10,8 × 15,4 × 10,4 cm
SKD GG, V 19

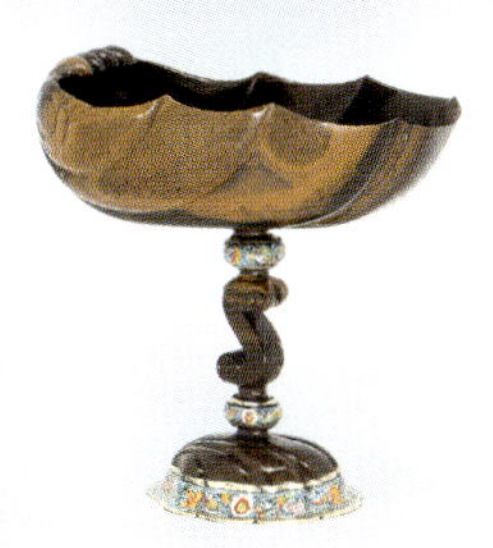

14
Muschelförmige Schale
Johann Daniel Mayer
Augsburg, 1665–1670
Sizilianischer Jaspis, Silber, teilweise vergoldet,
Email
17,0 × 17,4 × 8,4 cm
SKD GG, V 535

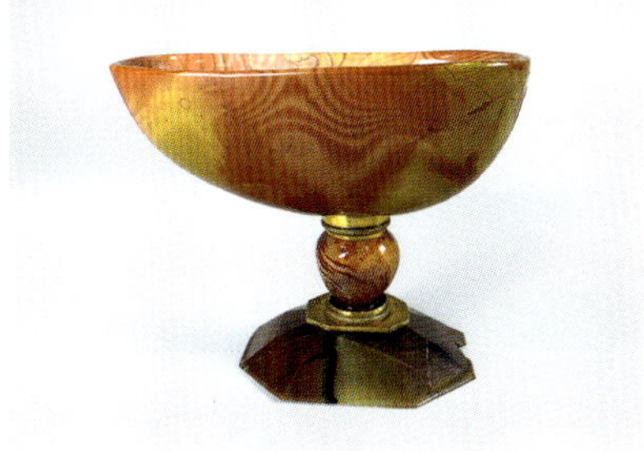

15
Gefußte Schale
Kuppa: süddeutsch, 2. Hälfte 17. Jh.
Kuppa: Hornstein; Schaft: Karneol; Fuß: Achat
10,1 × 15,0 × 8,6 cm
SKD GG, V 542

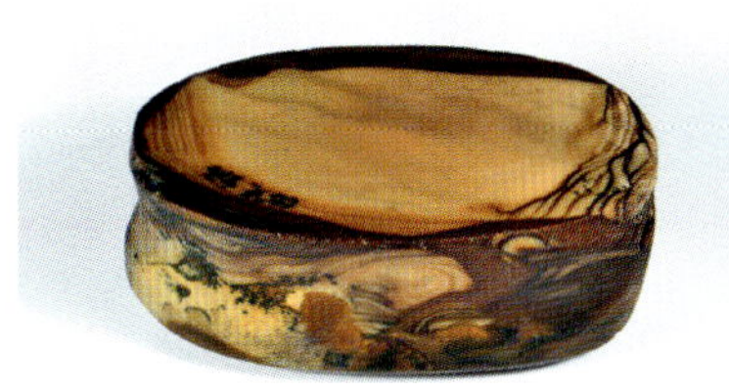

16
Ungefertigte Tabatiere
Schnitt Rohling: deutsch, 18. Jh.
Nilkiesel aus Ägypten
B. 6,9 cm
NMSB, AU 4517

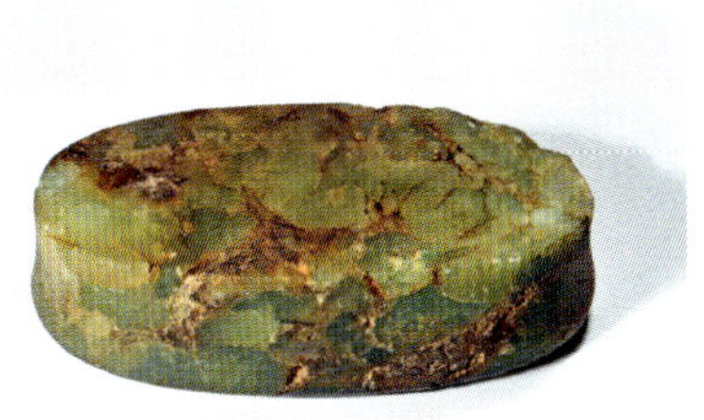

17
Ungefertigte Tabatiere
Schnitt Rohling: deutsch, 18. Jh.
Chrysopras aus Schlesien
B. 8,2 cm
NMSB, AU 4480

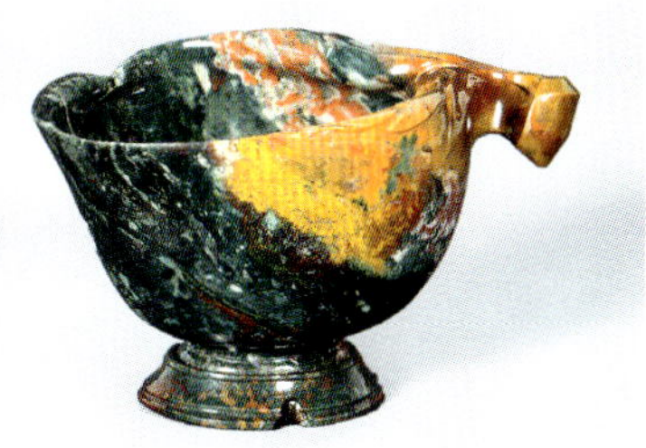

18
Blattartig geformtes Gefäß
Prag, um 1600
Böhmischer Jaspis aus Kozákov
H. 5,6 cm, B. 9,8 cm
SKD GG, V 28

Verzeichnis der mineralogischen Ausstellungsobjekte

Institutionen: SKD GG / Grünes Gewölbe, SKD · SNSD / Senckenberg Naturhistorische Sammlungen Dresden
TUBAF / Technische Universität Bergakademie Freiberg

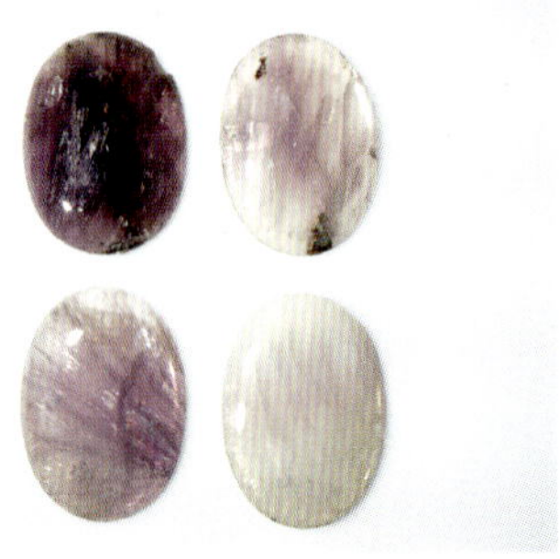

1
Amethyst, Purschenstein
je 6,0 × 4,5 × 0,5 cm
SNSD, Min 635 Sa

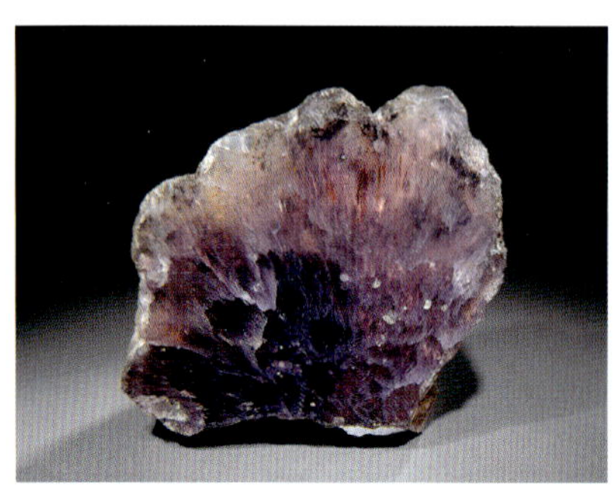

2
Amethyst, Purschenstein
6,0 × 5,2 × 1,3 cm
TUBAF, WeSa oryc 100687

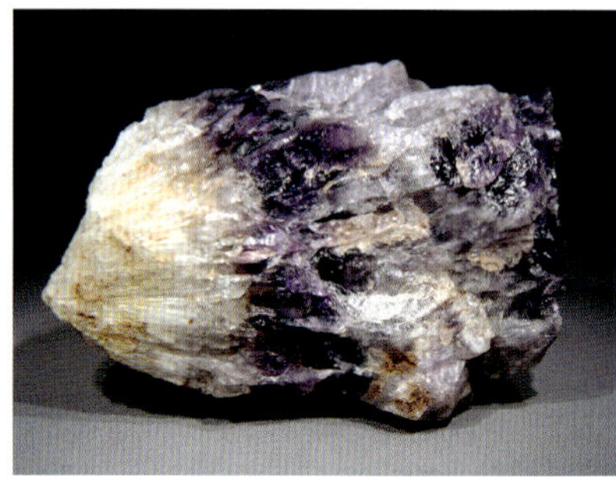

3
Amethyst, Wiesenbad bei Annaberg
9,0 × 6,2 × 3,2 cm
TUBAF, WeSa oryc 100673

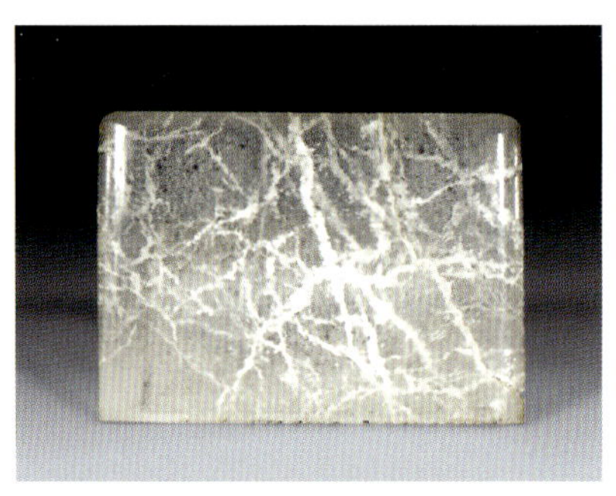

4
Dosendeckel aus Quarz, Wiesenbad bei Annaberg
6,0 × 4,0 × 0,2 cm
SNSD, Min 1231 Sa

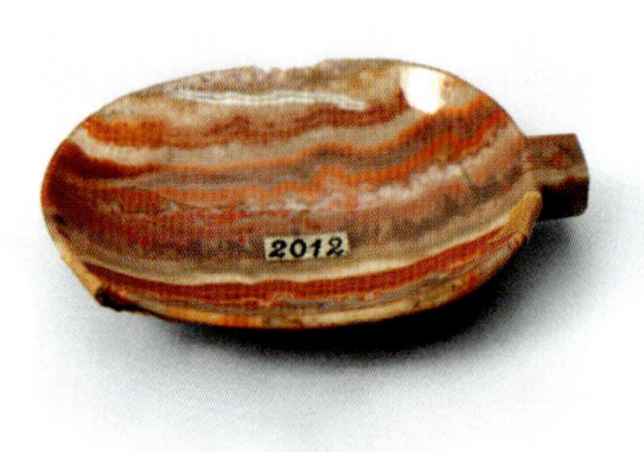

5
Laffe aus Korallenachat, Halsbach bei Freiberg
Dresden, 1713–1715
L. 7,5 cm · SKD GG, V 3 vvvv

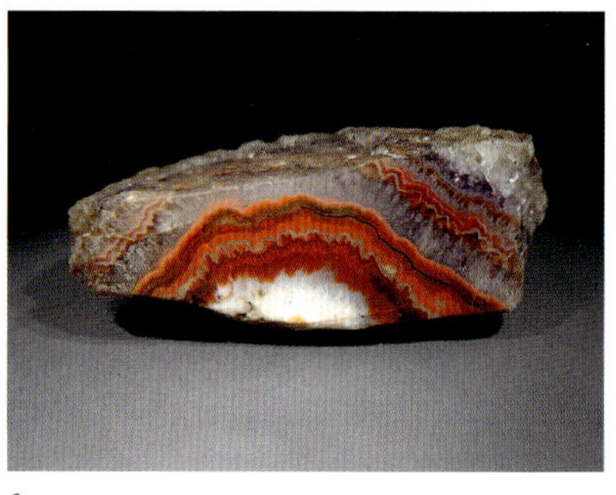

6
»Korallenachat«, Halsbach bei Freiberg
10,0 × 3,5 × 0,5 cm
TUBAF, WeSa oryc 101199

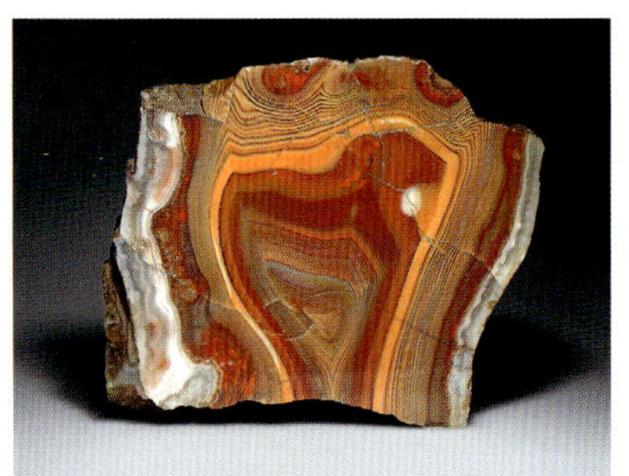

7
Achat, Wiederau bei Rochlitz
12,5 × 10,5 × 3,0 cm
SNSD, Min 6477 Sa

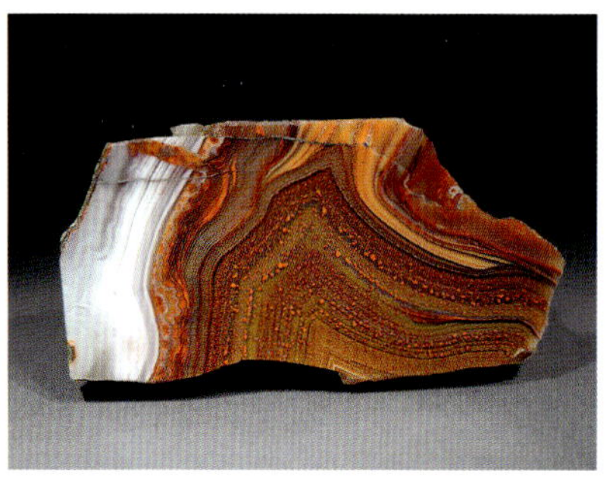

8
Achat, Wiederau bei Rochlitz
5,8 × 3,1 × 0,6 cm
TUBAF, WeSa Edel 109965

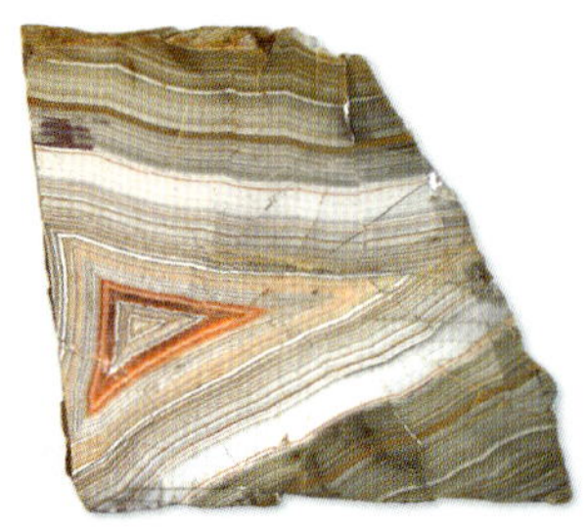

9
Achat, Schlottwitz
12,0 × 11,0 × 2,0 cm
SNSD, Min 4955 Sa

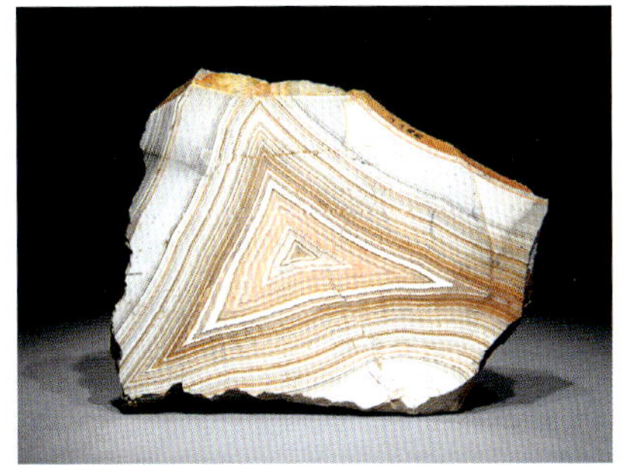

10
Achat, Schlottwitz
8,3 × 6,8 × 0,8 cm
TUBAF, WeSa oryc 101188

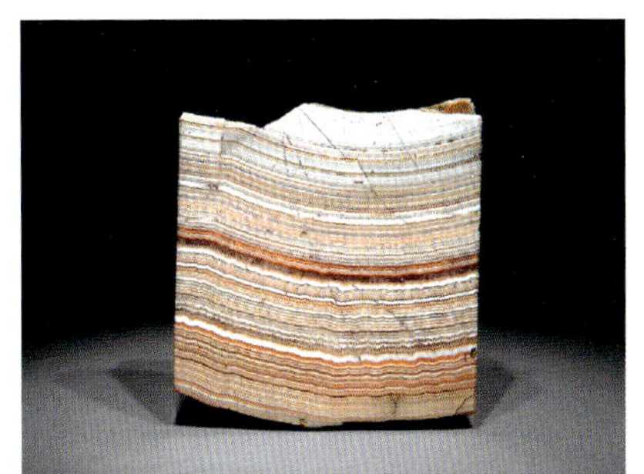

11
Achat, Schlottwitz
6,1 × 6,0 × 1,3 cm
TUBAF, WeSa oryc 101189

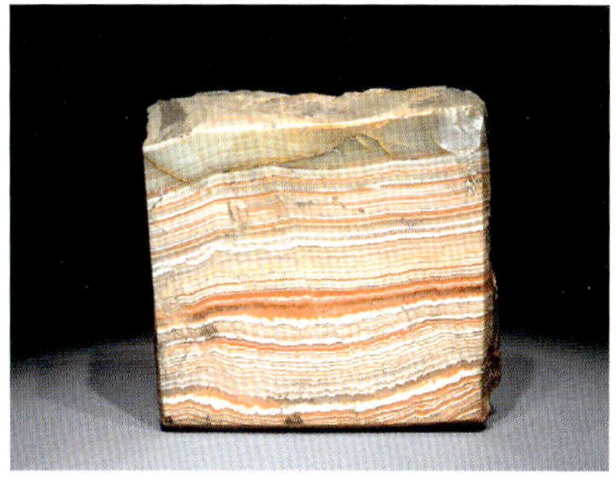

12
Achat, Schlottwitz
7,0 × 6,5 × 3,0 cm
TUBAF, MiSa 51064

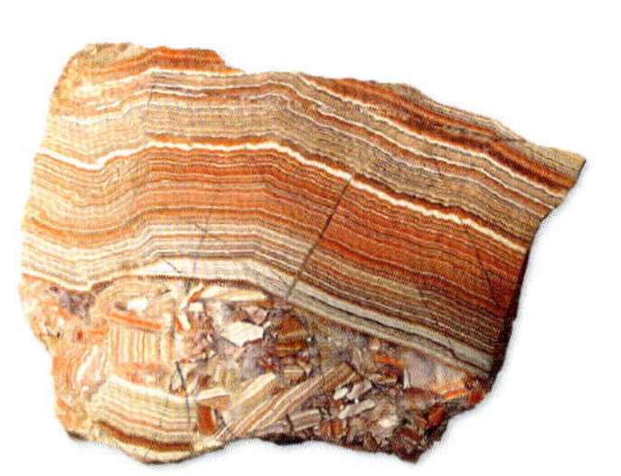

13
Achat, Schlottwitz
11,5 × 8,5 × 4,5 cm
SNSD, Min 4944 Sa

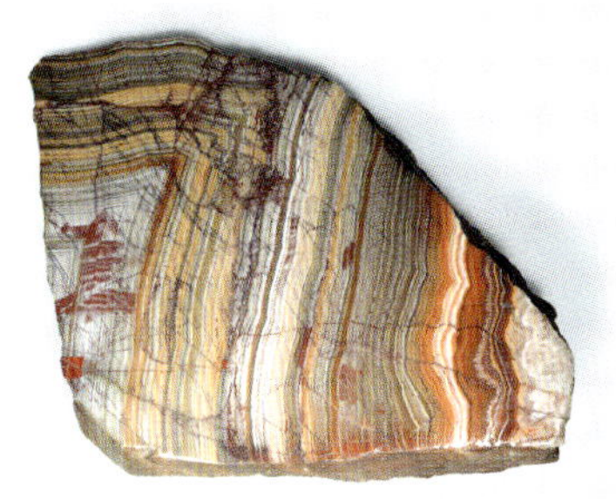

14
Achat, Schlottwitz
20,0 × 16,0 × 5,0 cm
SNSD, Min 4918 Sa

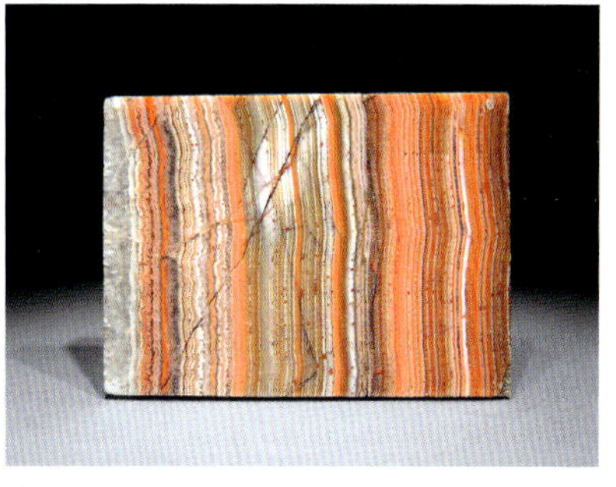

15
Achat, Schlottwitz
5,9 × 4,3 × 0,4 cm
TUBAF, WeSa Edel 109996

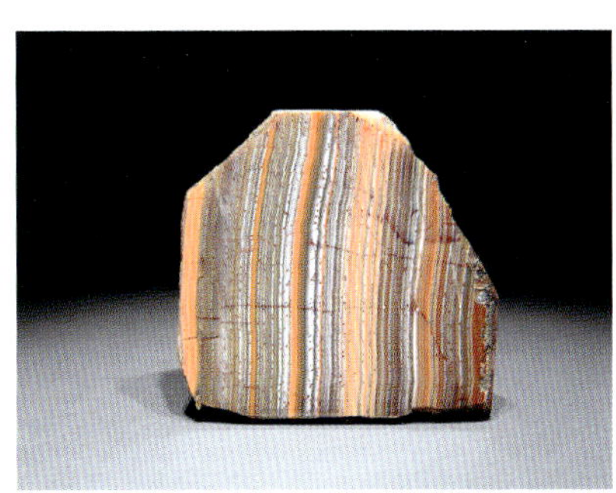

16
Achat, Schlottwitz
4,1 × 4,5 × 0,4 cm
TUBAF, WeSa Edel 109997

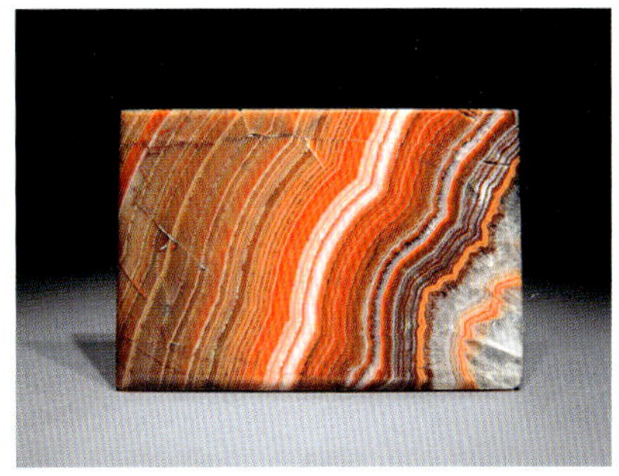

17
Achat, Schlottwitz
5,9 × 4,1 × 0,2 cm
TUBAF, WeSa Edel 110000

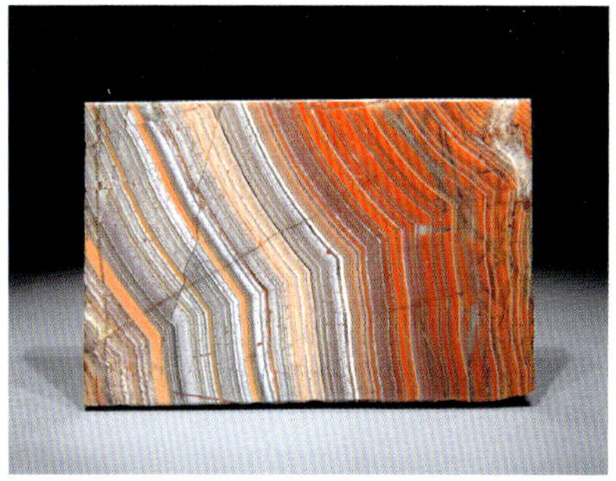

18
Achat, Schlottwitz
7,5 × 4,9 × 0,5 cm
TUBAF, MiSa 39486

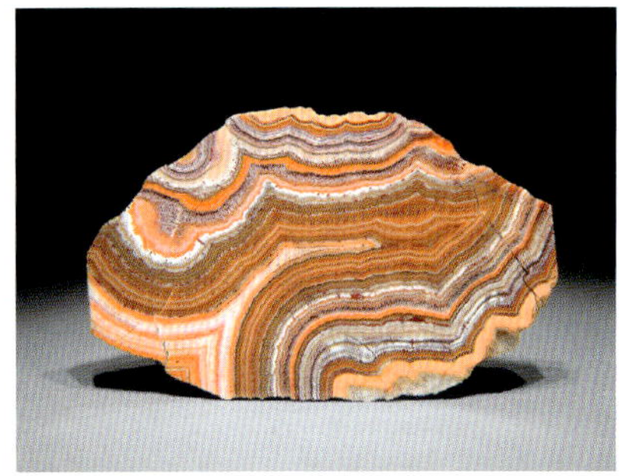

19
Achat, Schlottwitz
6,8 × 4,1 × 0,4 cm
TUBAF, WeSa Edel 110001

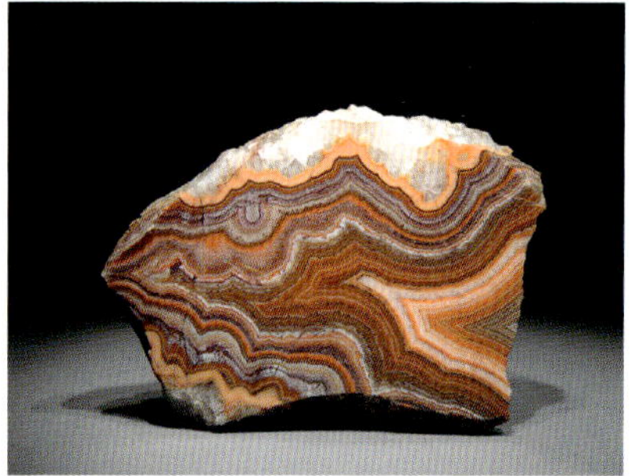

20
Achat, Schlottwitz
8,0 × 6,0 × 1,2 cm
TUBAF, WeSa oryc 101195

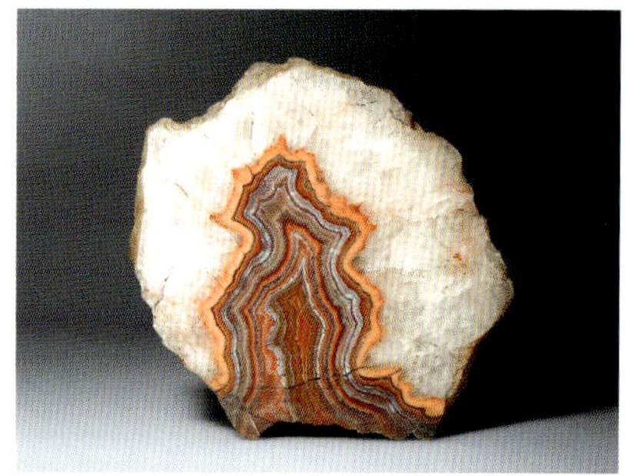

21
Achat, Schlottwitz
7,0 × 7,0 × 1,0 cm
SNSD, Min 4951 Sa

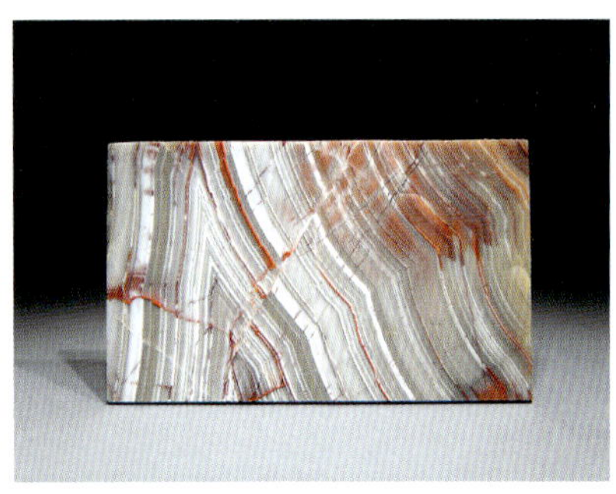

22
Achat, Schlottwitz
4,9 × 2,9 × 0,2 cm
TUBAF, WeSa Edel 109998

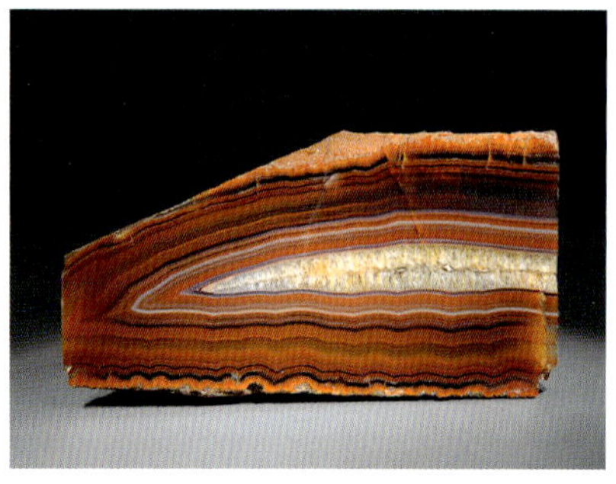

23
Achat, Chemnitz
14,0 × 7,3 × 0,2 cm
TUBAF, WeSa oryc 101193

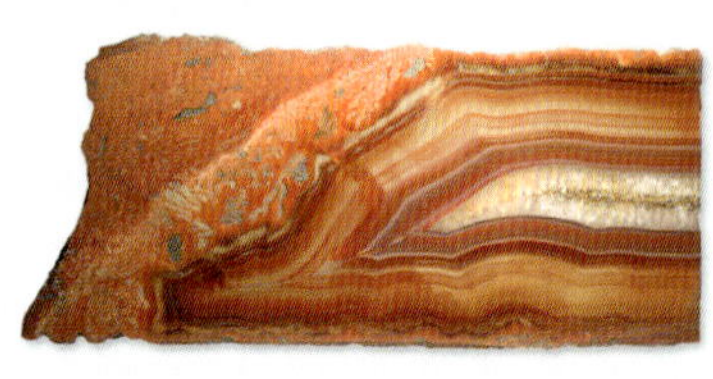

24
Achat, Chemnitz
16,5 × 7,5 × 0,4 cm
SNSD, Min 6698 Sa

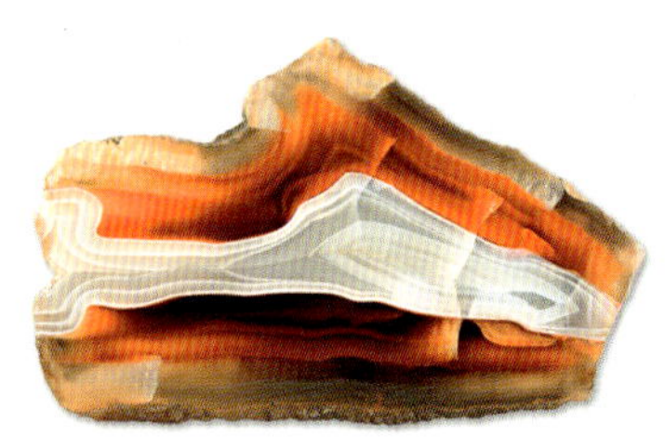

25
Achat, Chemnitz
10,0 × 6,0 × 2,0 cm
SNSD, Min 6700 Sa

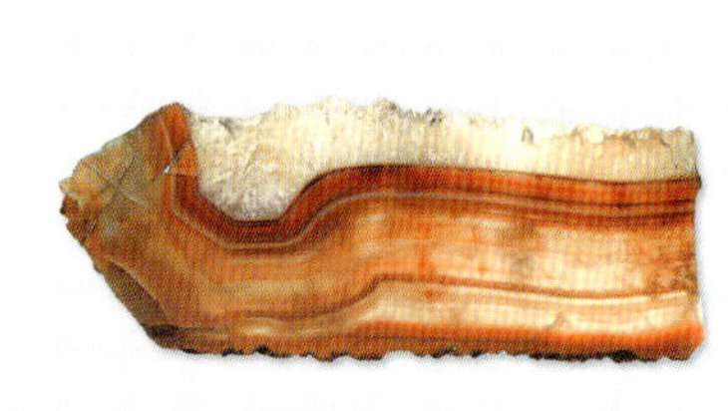

26
Achat, Chemnitz
12,0 × 5,0 × 1,0 cm
SNSD, Min 6701 Sa

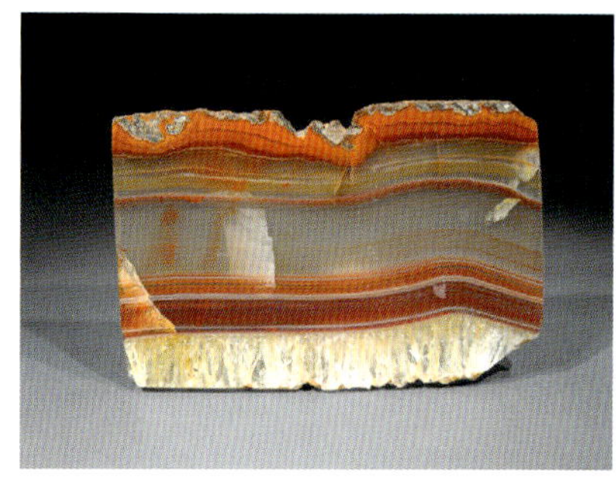

27
Achat, Chemnitz
6,8 × 4,3 × 0,2 cm
TUBAF, WeSa Edel 110003

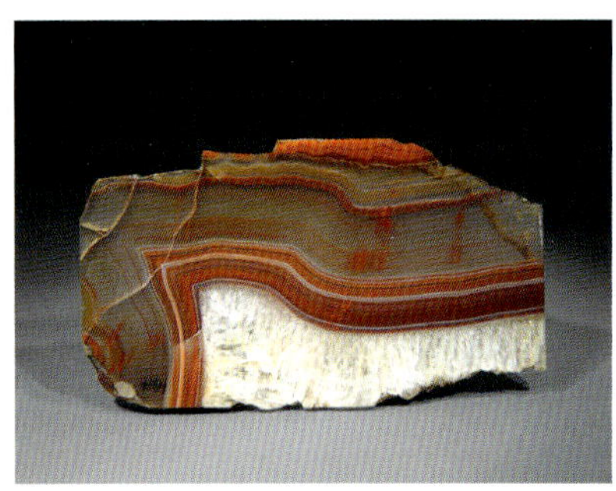

28
Achat, Chemnitz
8,5 × 4,7 × 0,3 cm
TUBAF, WeSa oryc 101194

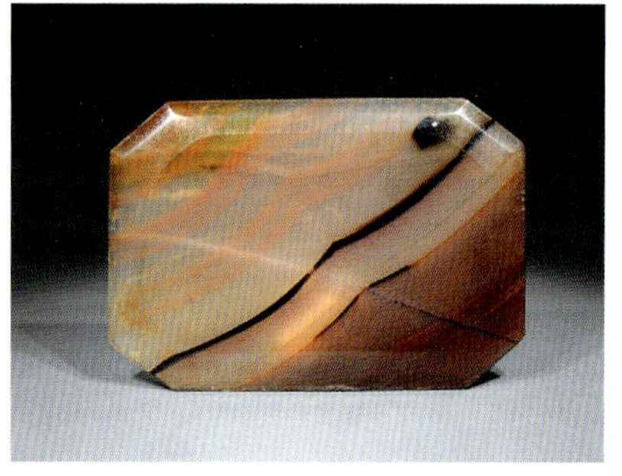

29
Deckel zu einer Dose aus Achat, Chemnitz
6,6 × 4,4 × 0,3 cm
TUBAF, WeSa Edel 110002

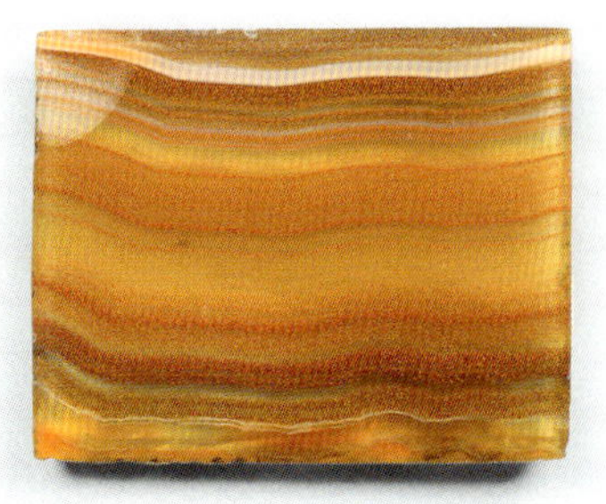

30
Steintafel vom Neuber-Kamin aus Achat, Chemnitz
Dresden, 1782
2,9 × 2,2 × 0,2 cm
SKD GG, Depot, zu I 51 gehörend

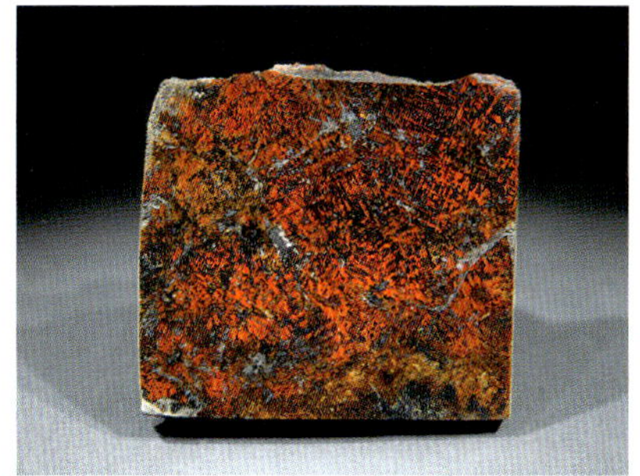

31
»Silberachat«, Johanngeorgenstadt
4,7 × 4,3 × 0,8 cm
TUBAF, WeSa Edel 110058

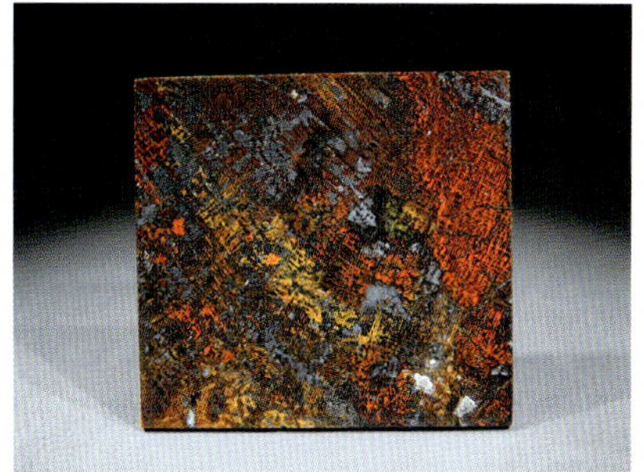

32
»Silberachat«, Johanngeorgenstadt
5,2 × 4,8 × 0,2 cm
TUBAF, WeSa Edel 110059

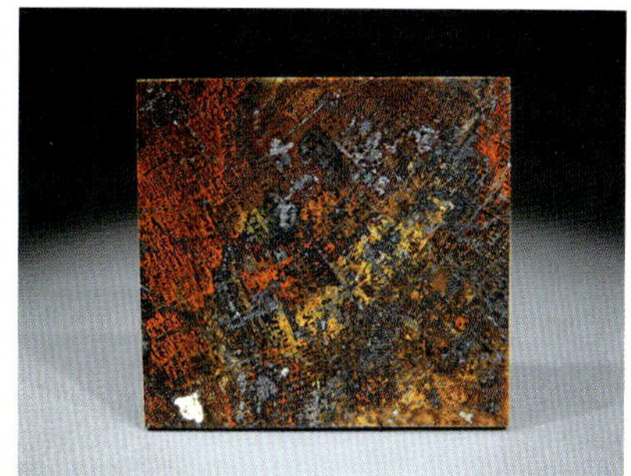

33
»Silberachat«, Johanngeorgenstadt
5,2 × 4,8 × 0,2 cm
TUBAF, WeSa Edel 110060

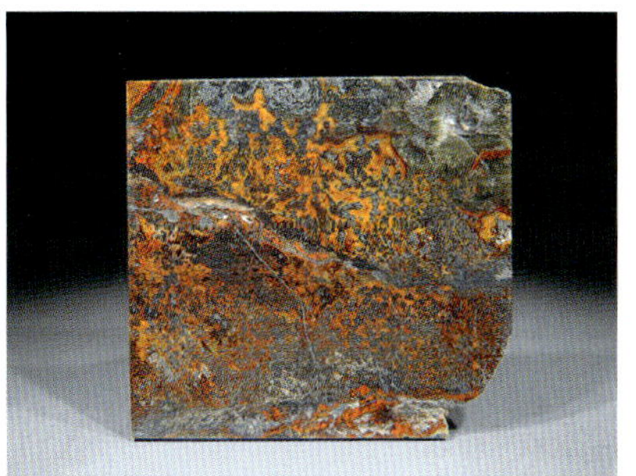

34
»Silberachat«, Johanngeorgenstadt
5,2 × 4,8 × 0,2 cm
TUBAF, WeSa Edel 110025

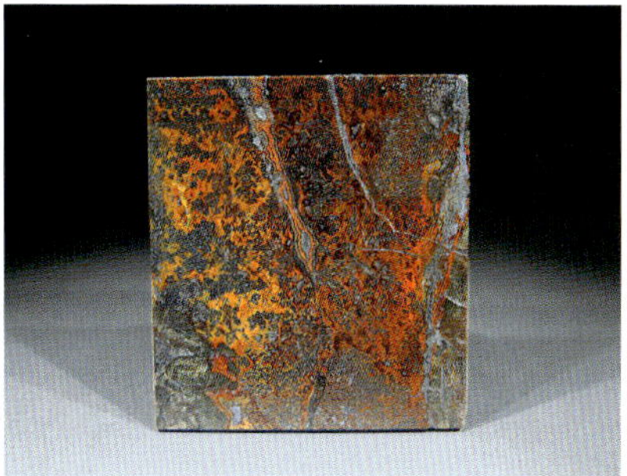

35
»Silberachat«, Johanngeorgenstadt
5,2 × 4,8 × 0,2 cm
TUBAF, MiSa 85501

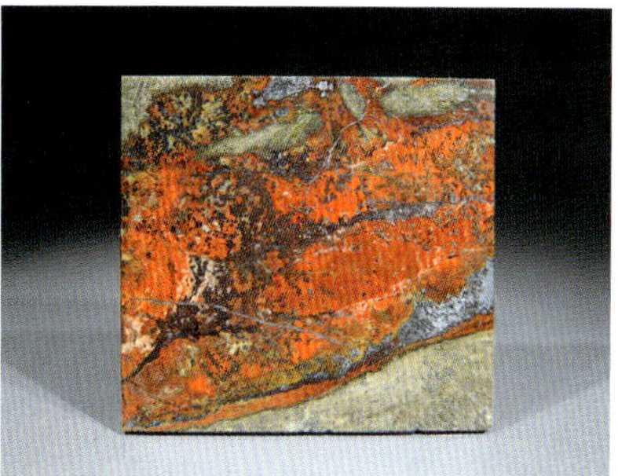

36
»Silberachat«, Johanngeorgenstadt
5,2 × 4,8 × 0,2 cm
TUBAF, MiSa 85498

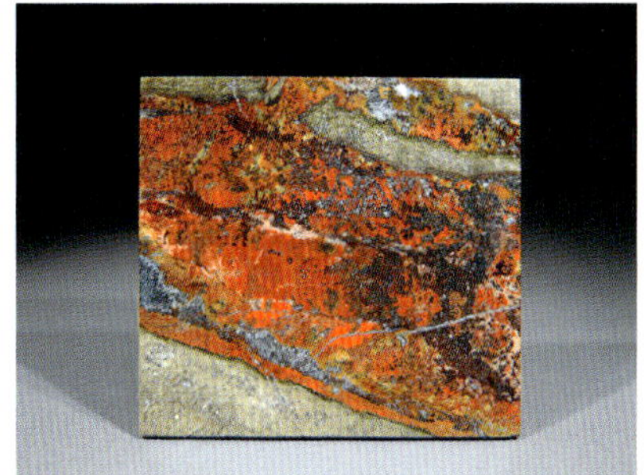

37
»Silberachat«, Johanngeorgenstadt
5,2 × 4,8 × 0,2 cm
TUBAF, MiSa 85499

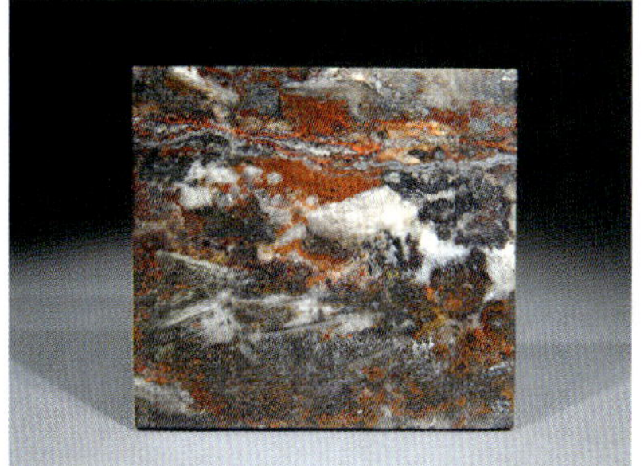

38
»Silberachat«, Johanngeorgenstadt
5,2 × 4,8 × 0,2 cm
TUBAF, MiSa 85496

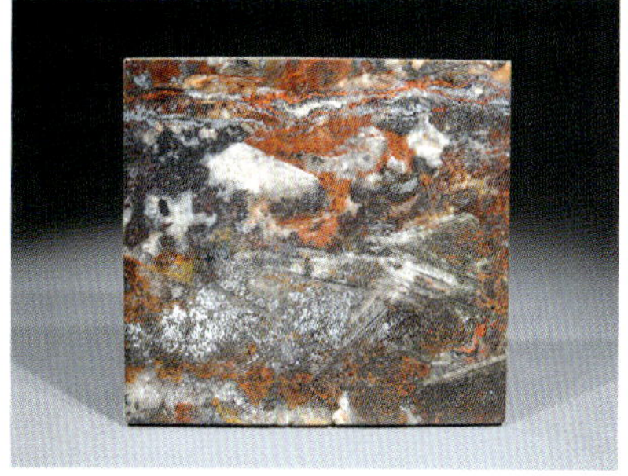

39
»Silberachat«, Johanngeorgenstadt
5,2 × 4,8 × 0,2 cm
TUBAF, MiSa 85497

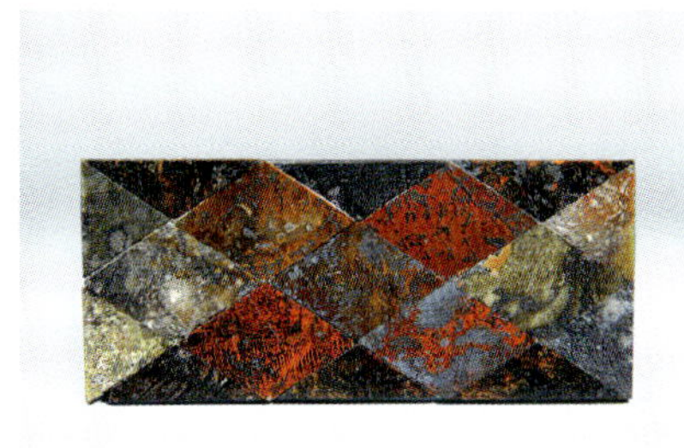

40
»Silberachat«, Johanngeorgenstadt
9,5 × 4,1 × 0,4 cm
TUBAF, WeSa Edel 110034 (1)

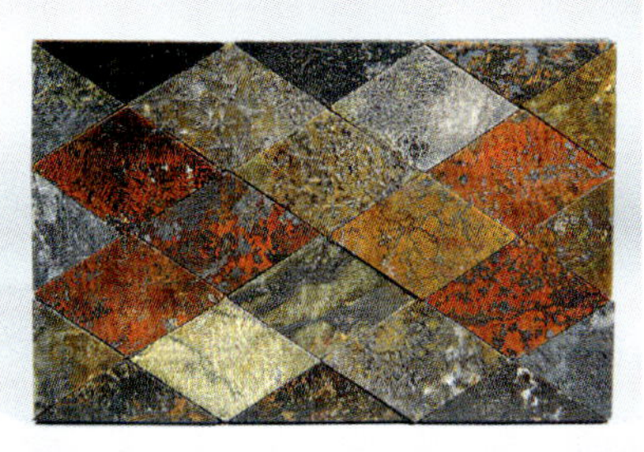

41
»Silberachat«, Johanngeorgenstadt
9,5 × 6,1 × 0,4 cm
TUBAF, WeSa Edel 110034 (2)

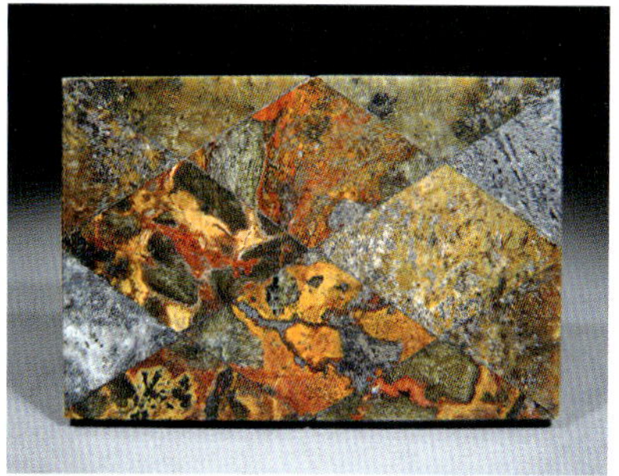

42
»Silberachat«, Johanngeorgenstadt
6,0 × 4,0 × 0,4 cm
TUBAF, WeSa Edel 110041 (1)

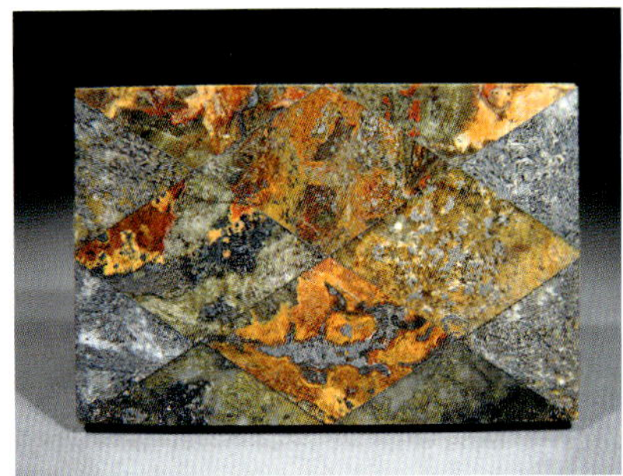

43
Glasplatte mit »Silberachat«,
Johanngeorgenstadt
6,0 × 4,0 × 0,4 cm
TUBAF, WeSa Edel 110041 (2)

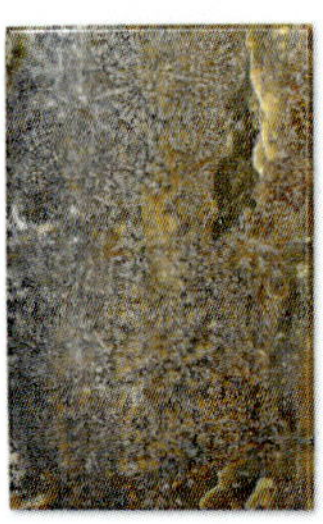

44
Teil einer Dose aus »Silberachat«,
Johanngeorgenstadt
7,5 × 4,3 × 0,3 cm
TUBAF, MiSa 836

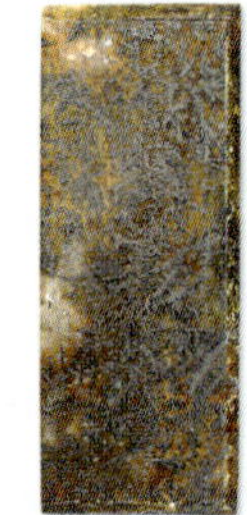

45
Teil einer Dose aus »Silberachat«,
Johanngeorgenstadt
7,4 × 2,9 × 0,3 cm
TUBAF, MiSa 838

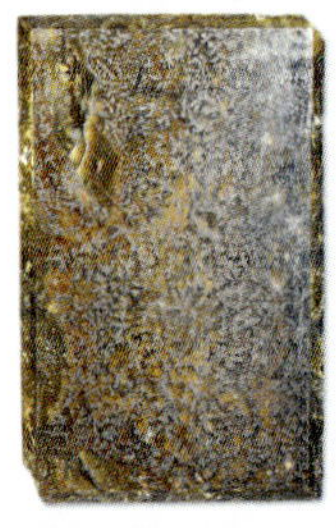

46
Teil einer Dose aus »Silberachat«,
Johanngeorgenstadt
7,4 × 4,2 × 0,3 cm
TUBAF, WeSa (ohne Inv.-Nr.)

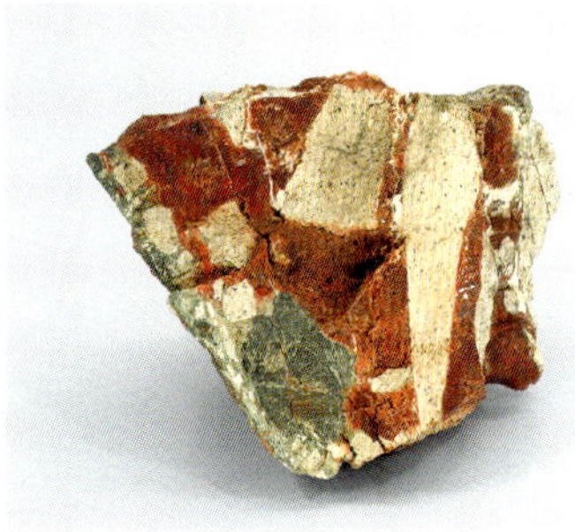

47
Tuffbrekzie mit Jaspis, Rüsdorf
11,7 × 11,2 × 10,7 cm
Privatbesitz

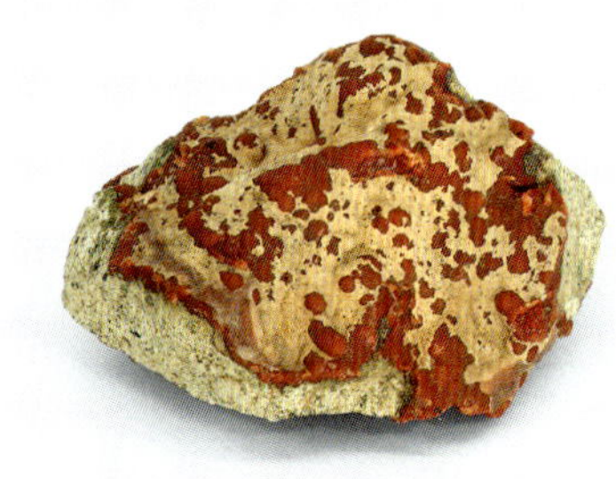

48
Jaspis als »Korallenstein«, Rüsdorf
6,9 × 4,8 × 3,5 cm
Privatbesitz

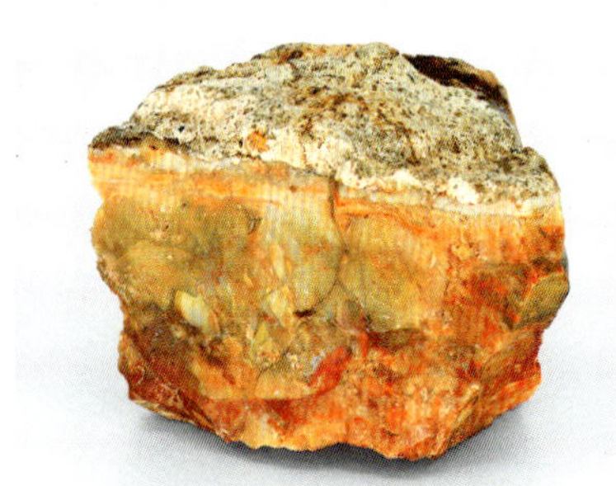

49
Jaspis, Rüsdorf
5,0 × 3,6 × 3,2 cm
Privatbesitz

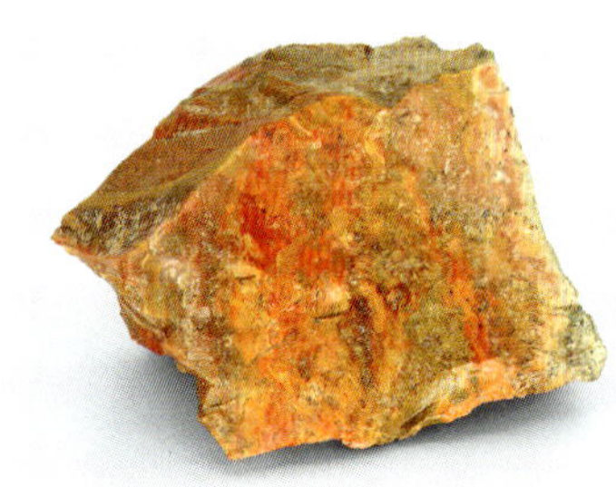

50
Jaspis, Rüsdorf
4,1 × 3,4 × 2,8 cm
Privatbesitz

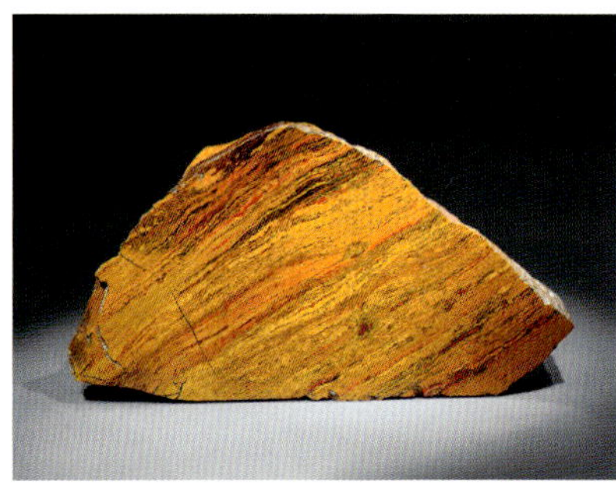

51
Jaspis, Rüsdorf
13,0 × 6,8 × 2,0
TUBAF, WeSa oryc 101246

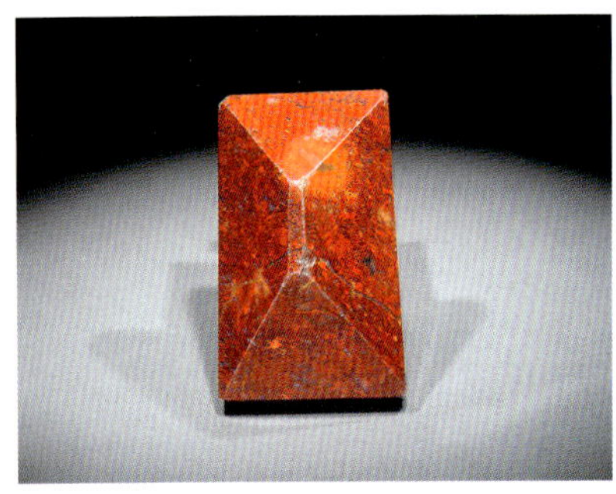

52
Diamantquader aus Jaspis von Rüsdorf
von einem Prunkstuhl
Dresden 1575–1591 · 3,1 × 2,0 × 1,2 cm
TUBAF, MiSa 85514

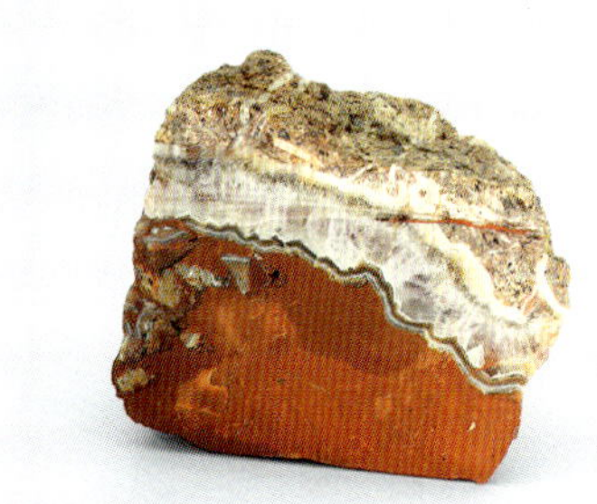

53
Jaspis, Altenberg
11,5 × 9,8 × 7,5 cm
Privatbesitz

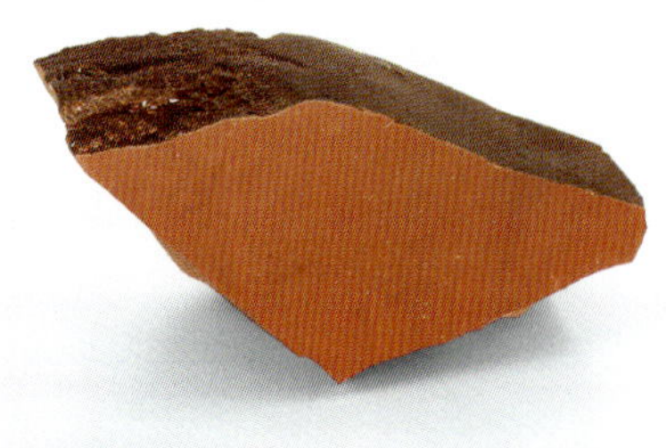

54
Jaspis, Altenberg
6,5 × 2,9 × 2,7 cm
TUBAF, ohne Inv.-Nr., MiSa Vorrat

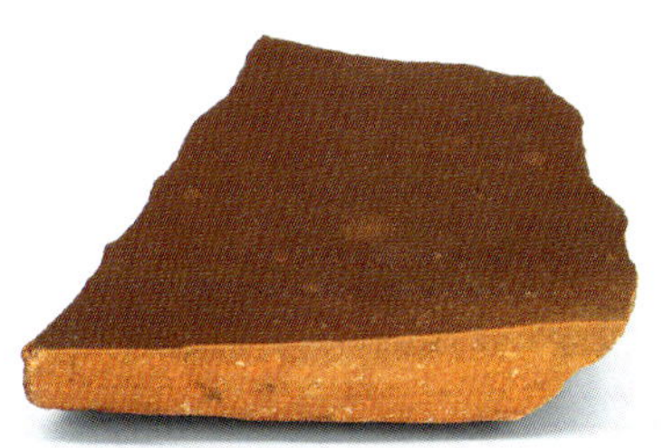

55
Jaspis, Altenberg
7,2 × 5,7 × 1,3 cm
TUBAF ohne Inv.-Nr., MiSa Vorrat

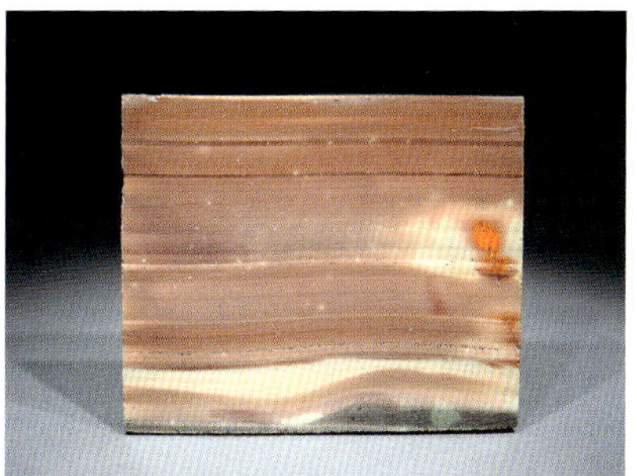

56
»Bandjaspis«, Gnandstein
5,9 × 4,7 × 0,6 cm
TUBAF, WeSa Edel 110050

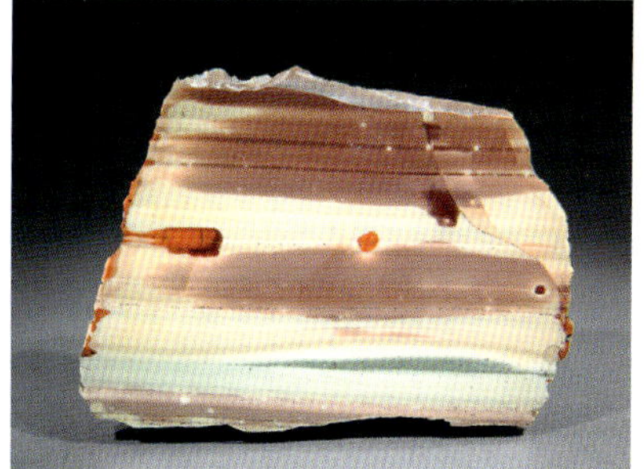

57
»Bandjaspis«, Gnandstein
9,3 × 6,5 × 1,3 cm
TUBAF, WeSa oryc 101395

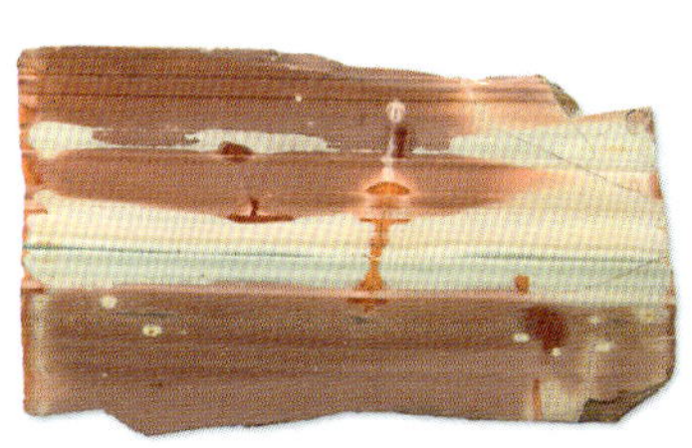

58
»Bandjaspis«, Gnandstein
15,0 × 8,5 × 3,0 cm
SNSD, Min 6495 Sa

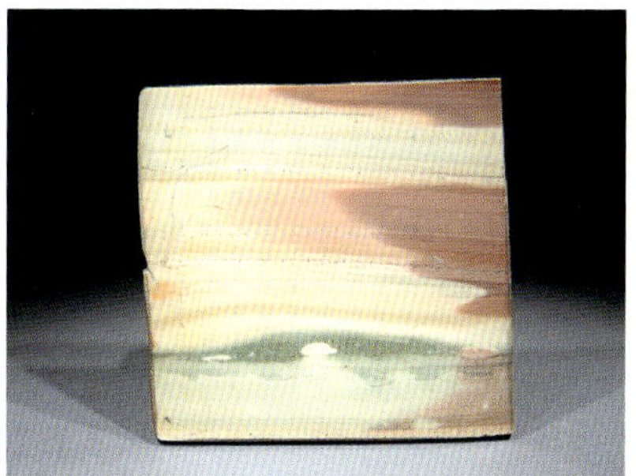

59
»Bandjaspis«, Gnandstein
5,0 × 4,7 × 0,5 cm
TUBAF, MiSa 85351

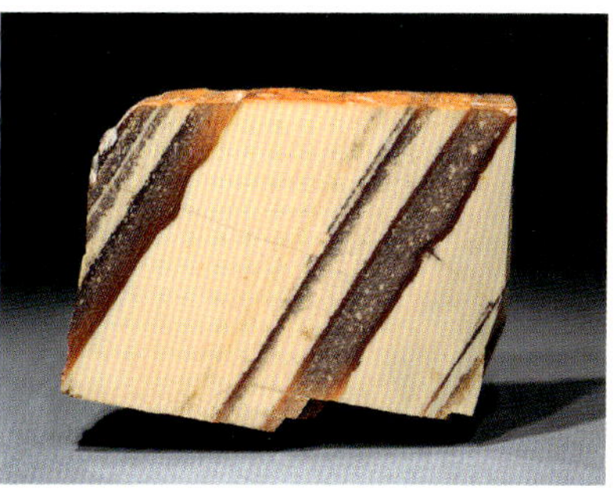

60
»Bandjaspis«, Gnandstein
4,2 × 3,1 × 0,8 cm
TUBAF, WeSa Edel 110055

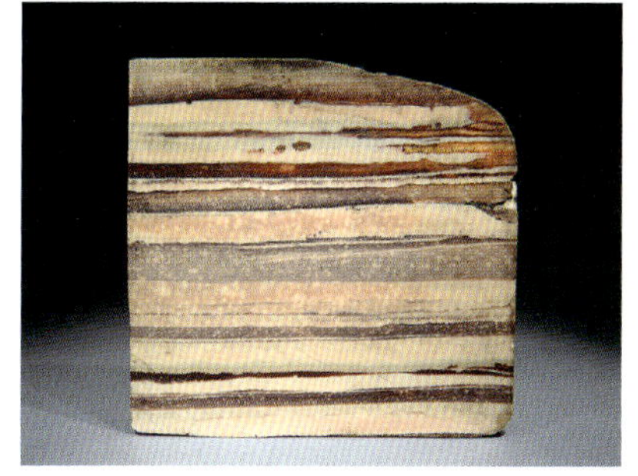

61
»Bandjaspis«, Gnandstein
9,0 × 8,4 × 0,4 cm
TUBAF, WeSa oryc 101393

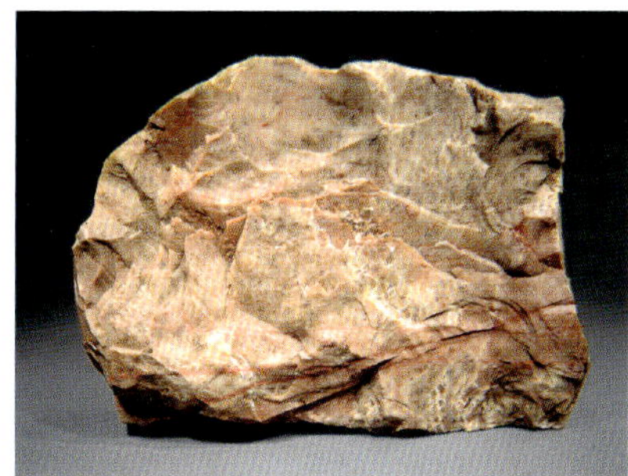

62
»Tigerstein«, Korbitz bei Meißen
8,5 × 6,0 × 3,5 cm
TUBAF, WeSa oryc 100976

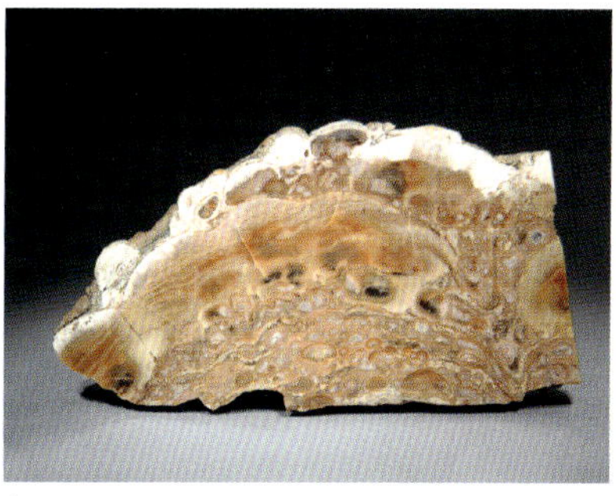

63
»Tigerstein«, Korbitz bei Meißen
11,0 × 5,5 × 8,0 cm
TUBAF, WeSa oryc 100981

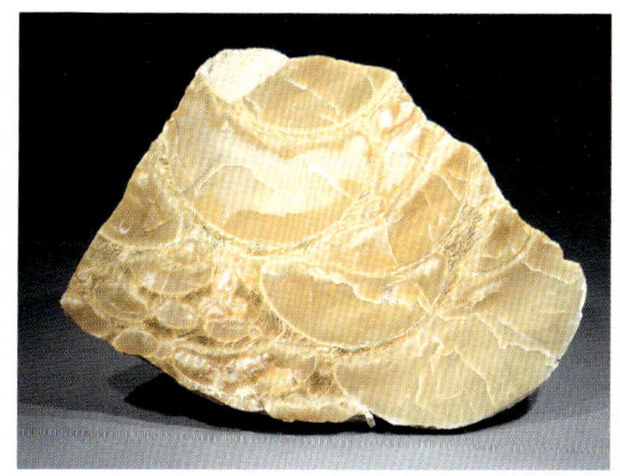

64
»Tigerstein«, Korbitz bei Meißen
11,5 × 7,5 × 3,0 cm
TUBAF, MiSa 81929

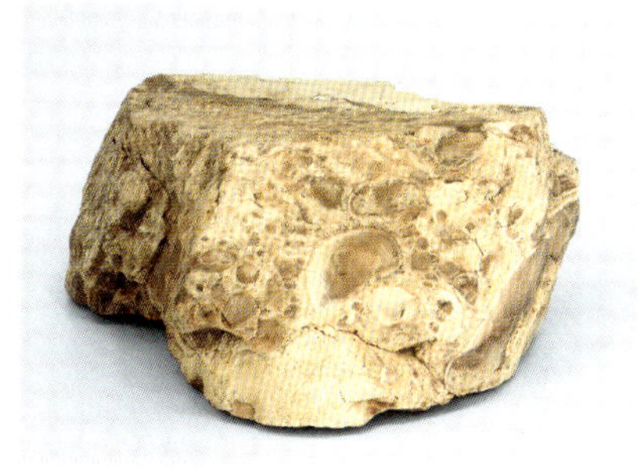

65
»Tigerstein«, Korbitz bei Meißen
13,9 × 11,2 × 5,8 cm
Privatbesitz

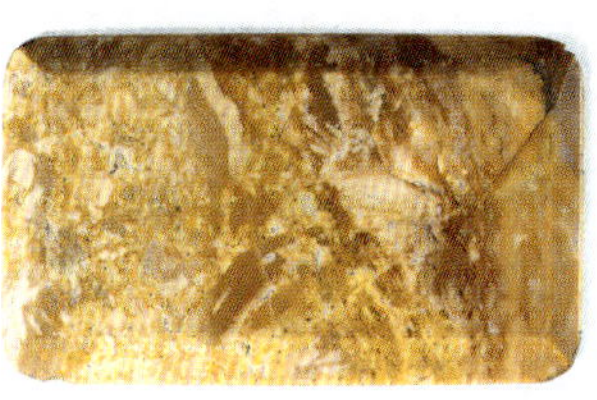

66
Dosendeckel aus Jaspis, Idar-Oberstein
8,1 × 4,6 × 0,3 cm
TUBAF, ohne Inv.-Nr.

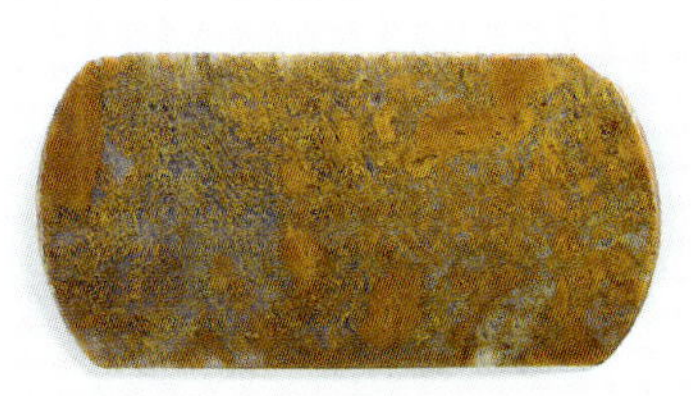
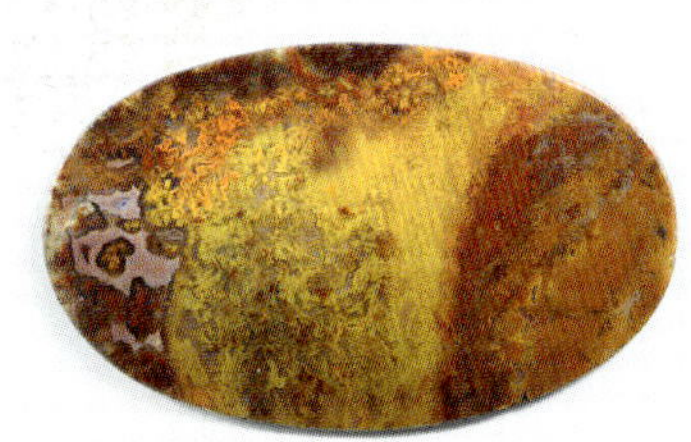
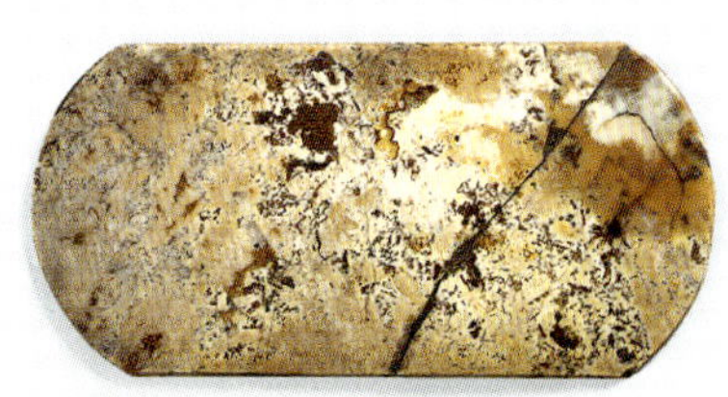

67
Dosendeckel aus Jaspis, Idar-Oberstein
8,2 × 3,9 × 0,3 cm
TUBAF, ohne Inv.-Nr.

68
Dosendeckel aus Jaspis, Idar-Oberstein
8,1 × 4,8 × 0,5 cm
TUBAF, ohne Inv.-Nr.

69
Dosendeckel aus Jaspis, Idar-Oberstein
8,8 × 4,1 × 0,3 cm
TUBAF, ohne Inv.-Nr.

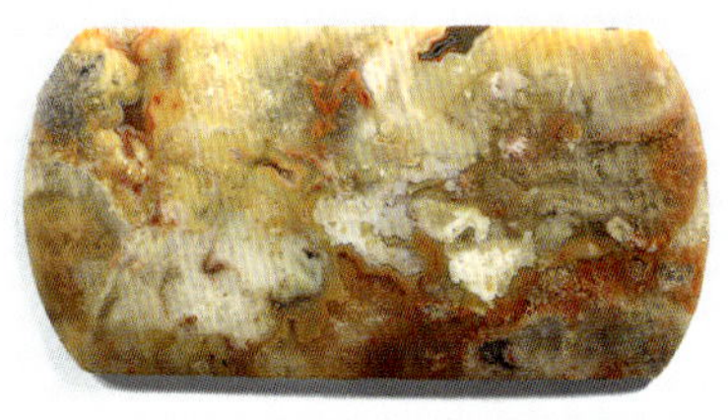
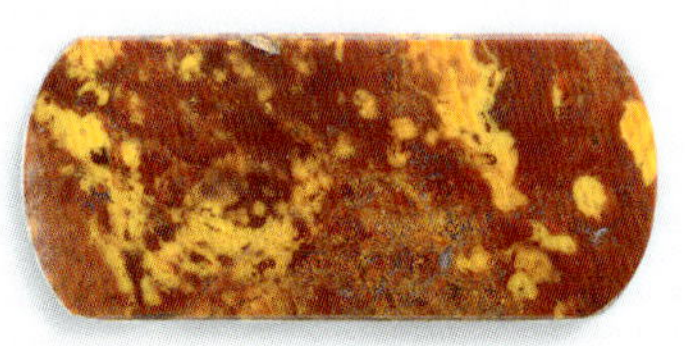
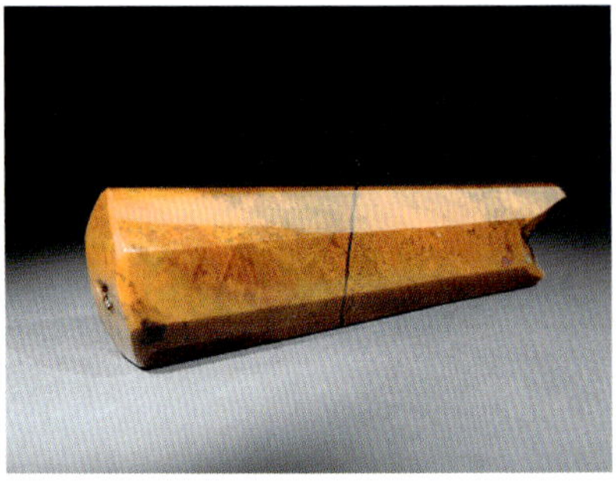

70
Dosendeckel aus Jaspis, Idar-Oberstein
9,3 × 4,6 × 0,4 cm
TUBAF, ohne Inv.-Nr.

71
Dosendeckel aus Jaspis, Idar-Oberstein
7,8 × 3,4 × 0,3 cm
TUBAF, ohne Inv.-Nr.

72
Besteckgriff aus Jaspis, Idar-Oberstein
10,3 × 3,2 × 2,0 cm
TUBAF, WeSa Edel 110024

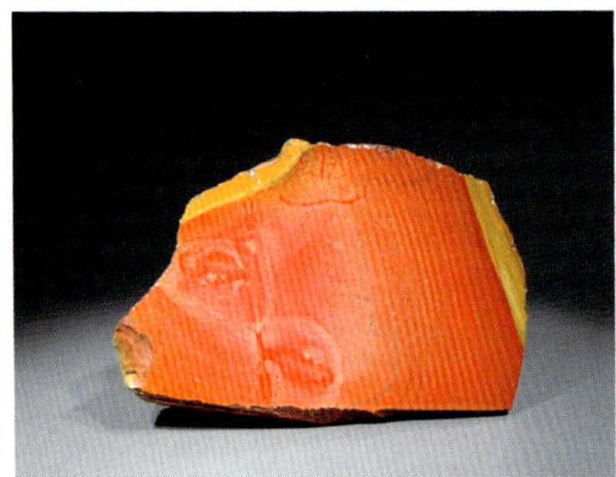
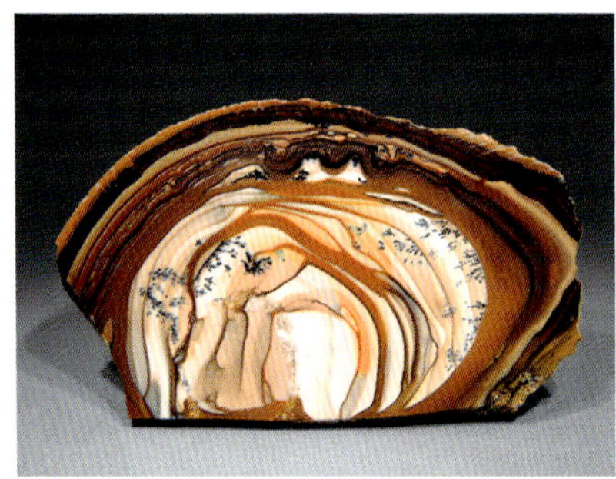
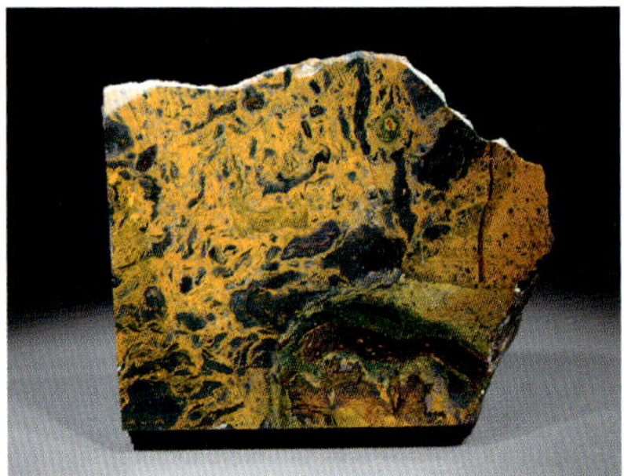

73
Hornstein, Südbaden
8,3 × 5,5 × 1,0 cm
TUBAF, WeSa oryc 101369

74
Hornstein (»Nilkiesel«), Ägypten
8,6 × 5,1 × 0,4 cm
TUBAF, WeSa oryc 101378

75
Jaspis, Giuliana, Sizilien
6,0 × 5,5 × 1,5 cm
TUBAF, WeSa oryc 101446

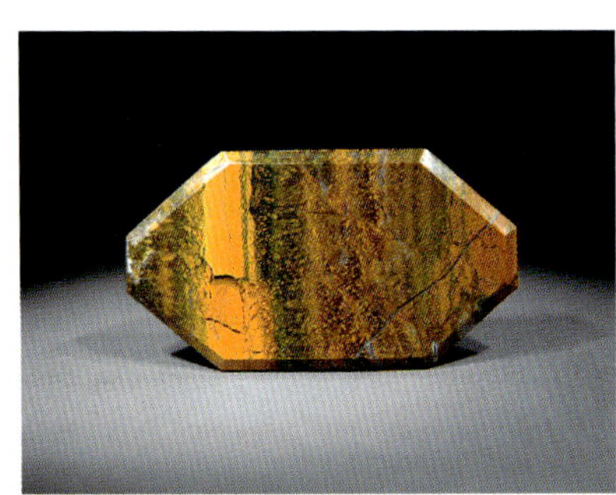
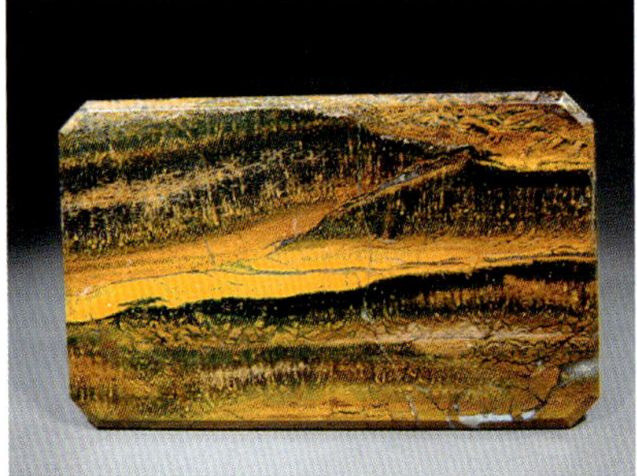
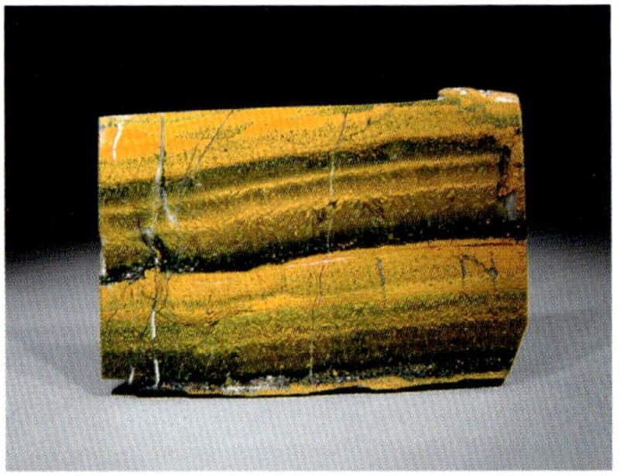

76
Deckel aus Jaspis, Giuliana, Sizilien
4,5 × 2,5 × 0,3 cm
TUBAF, MiSa 8270

77
Deckel aus Jaspis, Giuliana, Sizilien
9,0 × 5,5 × 0,5 cm
TUBAF, MiSa 85370

78
Jaspis, Giuliana, Sizilien
5,5 × 3,5 × 0,3 cm
TUBAF, WeSa Edel 110056

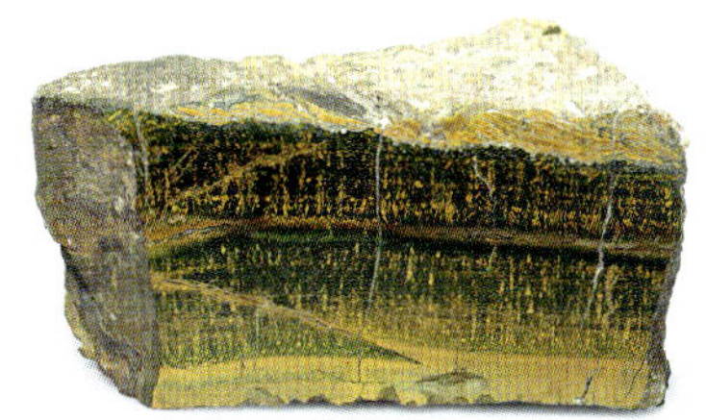

79
Jaspis, Giuliana, Sizilien
10,0 × 5,5 × 5,5 cm
SNSD, Min 3843 Sy

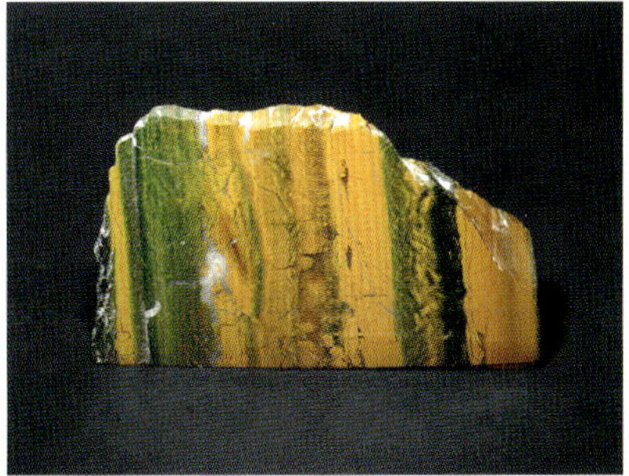

80
Jaspis, Giuliana, Sizilien
7,5 × 4,5 × 2,3 cm
SNSD, Min 3807 Sy

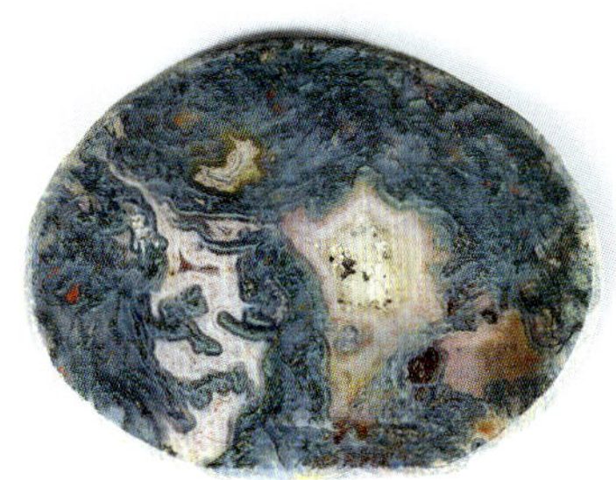

81
Dosendeckel aus Jaspis, Böhmen
6,0 × 4,4 × 0,3 cm
TUBAF, ohne Inv.-Nr.

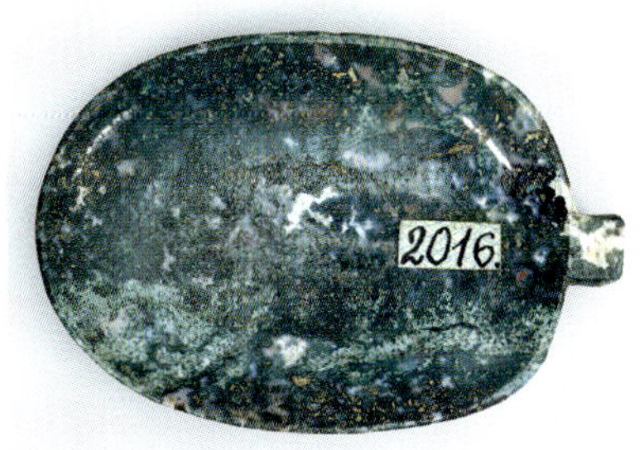

82
Laffe aus Jaspis, Kozákov
5,8 × 3,9 × 0,8 cm
SKD GG, V 2 e

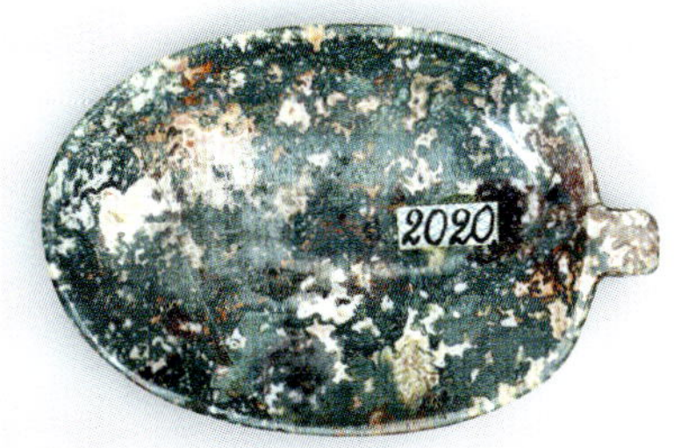

83
Laffe aus Jaspis, Kozákov
6,2 × 4,0 × 0,7 cm
SKD GG, V 2 sss/1

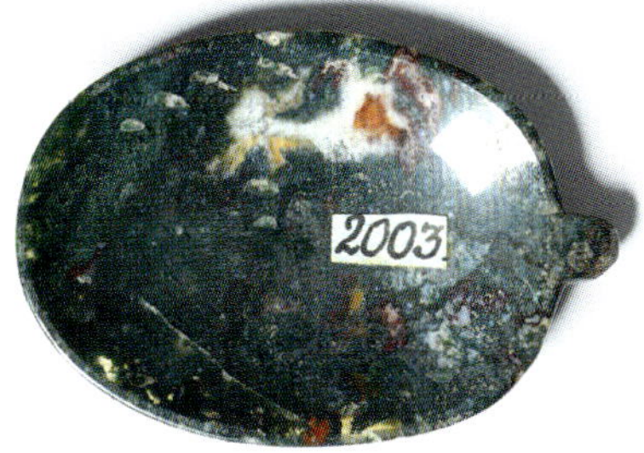

84
Laffe aus Jaspis, Kozákov
5,7 × 3,8 × 0,8 cm
SKD GG, V 2 sss/6

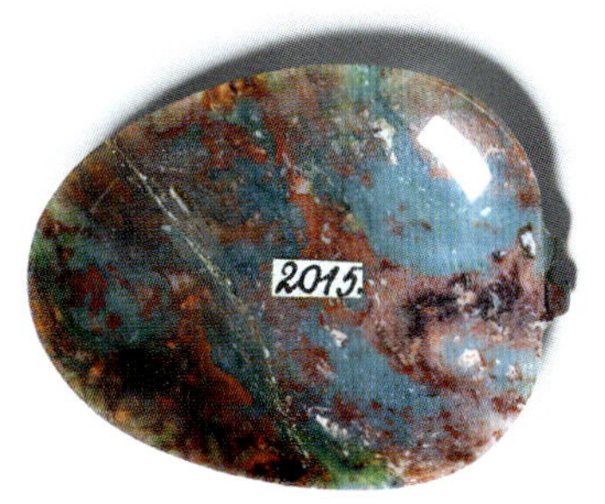

85
Laffe aus Jaspis, Kozákov
5,5 × 4,2 × 0,8 cm
SKD GG, V 2 sss/9

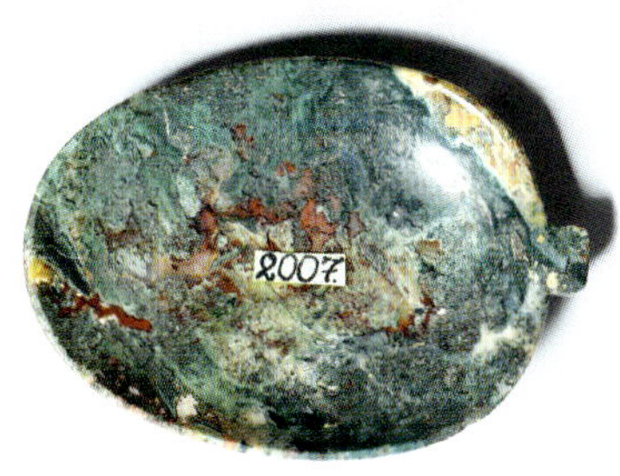

86
Laffe aus Jaspis, Kozákov
6,1 × 4,2 × 0,9 cm
SKD GG, V 2 sss/10

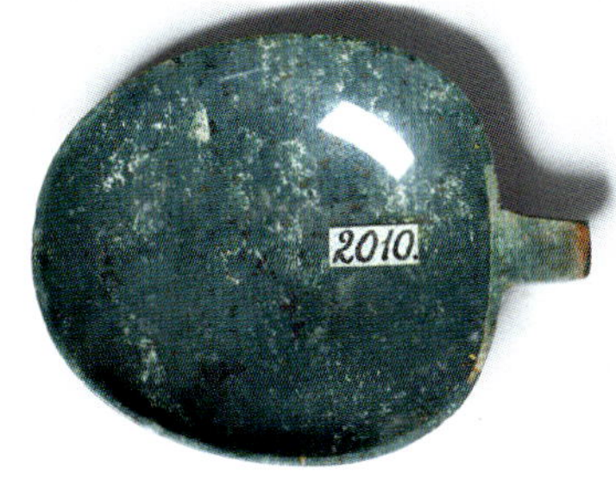

87
Laffe aus Jaspis, Kozákov
6,1 × 4,5 × 1,0 cm
SKD GG, V 2 sss/11

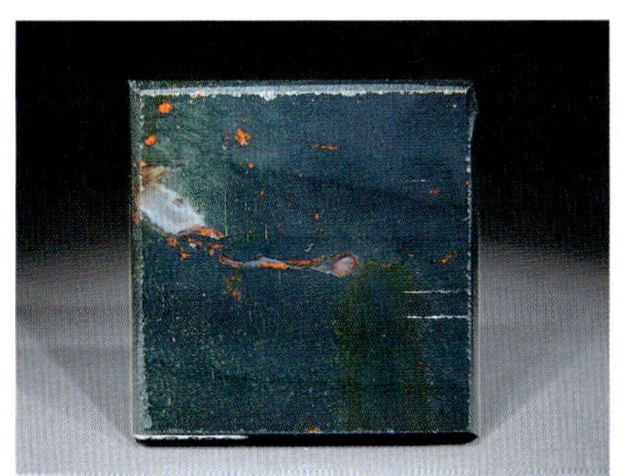

88
Platte zu einem Steinkabinetttisch
Heliotrop, Indien
4,8 × 4,8 × 0,5 cm
TUBAF, MiSa 49894

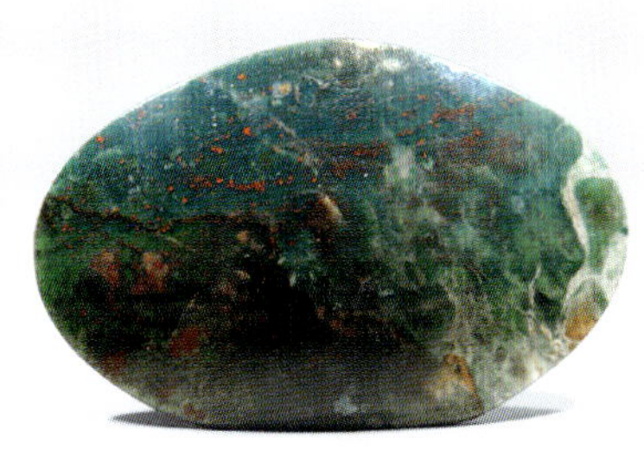

89
Dosendeckel aus Heliotrop, Indien
7,3 × 4,6 × 0,2 cm
TUBAF, MiSa 8738

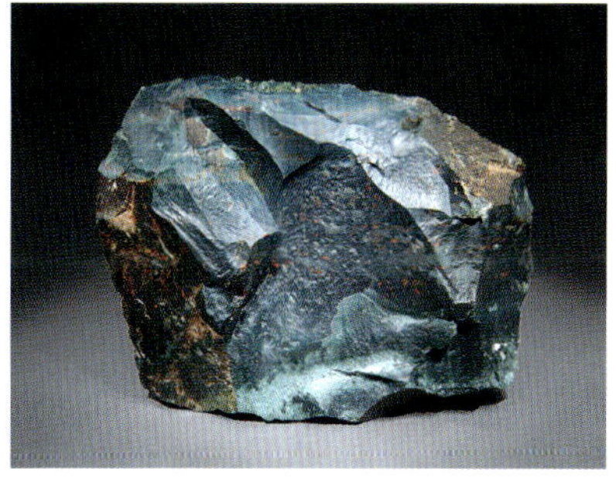

90
Heliotrop, Indien
11,0 × 8,0 × 2,5 cm
TUBAF, MiSa 8741

Quellen und Literatur

Die vollständigen Aktentitel der Inventare finden sich bei: Elfriede Lieber, Verzeichnis der Inventare der Staatlichen Kunstsammlungen Dresden 1568–1945, Dresden 1979 (abgekürzt: Lieber 1979). Transkriptionen der bedeutendsten Inventare der Dresdner Kunstkammer wurden jüngst publiziert von Martina Minning und Dirk Syndram (vgl. Syndram/Minning 2010).

Inventare der Dresdner Kunstkammer

Kunstkammerinventar 1587
HStADD, 10009 Kunstkammer, Sammlungen und Galerien, Nr. 1, Transkr. bei Syndram/Minning 2010, Bd. 1.

Kunstkammerinventar 1741
HStADD, 10009 Kunstkammer, Sammlungen und Galerien, Nr. 11, vollst. Transkr. bei Syndram/Minning 2010, Bd. 4.

Inventare des Grünen Gewölbes

Pretioseninventar 1725
HStADD, 10009 Kunstkammer, Sammlungen und Galerien, Nr. 30, vgl. Lieber 1979, Nr. 30.

Nachtrag zum Pretioseninventar 1725–1733
HStADD, 10009 Kunstkammer, Sammlungen und Galerien, Nr. 34, vgl. Lieber 1979, Nr. 34.

Inventar Pretiosenzimmer 1733
HStADD, 10009 Kunstkammer, Sammlungen und Galerien, Nr. 32, vgl. Lieber 1979, Nr. 32.

Inventar Kaminzimmer 1818
HStADD, 1009 Kunstkammer, Sammlungen und Galerien, Nr. 39, vgl. Lieber 1979, Nr. 39.

Inventar Pretiosenzimmer 1819
HStADD, 10009 Kunstkammer, Sammlungen und Galerien, Nr. 35, Vgl. Lieber 1979, Nr. 35.

Inventar Silberzimmer 1879
HStADD, 1009 Kunstkammer, Sammlungen und Galerien, Nr. 54, vgl. Lieber 1979, Nr. 54.

Inventar Kaminzimmer 1879
HStADD, 1009 Kunstkammer, Sammlungen und Galerien, Nr. 53, vgl. Lieber 1979, Nr. 53.

Inventar Kaminzimmer 1915
HStADD, 1009 Kunstkammer, Sammlungen und Galerie, Nr. 41, vgl. Lieber 1979, Nr. 41.

Zugangsinventar seit 1875
HStADD, 1009 Kunstkammer, Sammlungen und Galerie, Nr. 65, vgl. Lieber 1979, Nr. 65.

Weitere Quellen

Inventar über Schmuck und Silbergeschirr 1541–1662
HStADD, 10024 Geheimer Rat (Geheimes Archiv), Loc. 08694, Nr. 10.

Journal des Grünen Gewölbes 1733–1782
HStADD, 10009 Kunstkammer, Sammlungen und Galerien, Nr. 14.

Akten das Münzkabinett betreffend 1708–1819
Ältere Inventare der Staatlichen Kunstsammlungen Nr. 59, Dauerleihgabe des Sächsischen Hauptstaatsarchivs Dresden, ungebundene Akten das Münzkabinett betreffend (1708 bis 1819).

Inventar Dosensammlung Großherzog Friedrich I. von Baden 1883
Generallandesarchiv Karlsruhe, Bestand 47, Nr. 2301, Beschreibendes Inventar (Katalog) der Allerhöchsten Privatsammlung kunstgewerblicher Gegenstände (Zähringer-Museum). Ausgestellt in den Räumen des ehemaligen Graphischen Naturalienkabinettes. Im amtlichen Auftrag verfasst von Prof. Dr. Karl Koelitz, Karlsruhe 1883.

A

Ackerman/Ulrych/Řanda 2015
Lukáš Ackerman, Jaromír Ulrych, Zdeněk Řanda u.a., Geochemical characteristics and petrogenesis of phonolites and trachytic rocks from the České Středoří Volcanic Complex, the Ohře Rift, Bohemian Massif, in: Lithios 224/225 (2015), S. 256–271.

Agricola 1558
Georgius Agricola, De natura fossilium Lib. X, Basel 1546.

Agricola 1958
Georgius Agricola, De natura fossilium libri X, (übers. u. bearb. von Georg Fraustadt, Hans Prescher), Berlin 1958 (Erstausgabe: Basel 1546).

Albinus 1590
Petrus Albinus, Meißnische Land und Berg-Chronica, Dresden 1590.

Albrecht 2002
Helmut Albrecht (Hg.), Abraham Gottlob Werner and the foundation of the geological sciences. Selected papers of the International Werner Symposium in Freiberg 19th to 24th September 1999 (Freiberger Forschungshefte D 207 Geschichte), Freiberg 2002.

Anonymus 1773
Anonymus, Verzeichniß des Naturalien-Cabinets, der Bibliothek, Kupferstiche und Musikalien, ingleichen der mathematischen, physikalischen und optischen Instrumente des seligen Hofraths und Doct. Med. Herrn Georg Ernst Stahl, welche den 1. März 1773 und folgende Tage Nachmittags gegen baare Bezahlung verauctioniret werden sollen, Berlin 1773.

Anonymus 1774 a
Anonymus, Des Friedrich Heinrich Wilhelm Martini Verzeichniß einer auserlesenen Sammlung von Naturalien und Kunstsachen, auch physikalischen Instrumenten, nebst einer systematischen Tabelle und Erklärung von dessen Konchylienkabinette, Berlin 1774.

Anonymus 1774 b
Anonymus, Verzeichnis einer kleinen Sammlung von Mineralien, Conchylien, Curiosis, Kunstsachen, und Kupferstichen welche den 20 und 21 April a. c. in der Behausung des Herrn Otersen auf der neuen Burg durch eine öffentliche Auction verkauft werden sollen, Hamburg 1774.

Anonymus 1795
Anonymus, Verzeichnis an einem großen Prälatenkreuz, goldenen Taschenuhren, orientalischen Zahlperlen etc., Dresden 1795 (Versteigerungskatalog mit 36 nicht nummerierten Seiten).

Anonymus 1830
Anonymus, Allgemeines deutsches encyclopädisches Handwörterbuch etc., Bd. 29, Augsburg 1830.

Anonymus 1935
Anonymus, Auf der Suche nach Edelsteinen in
der Umgebung von Hohenstein-Ernstthal in
den Jahren 1713–1738, in: Beilage zum Hohen-
stein-Ernstthaler Tageblatt und Anzeiger, 10
(1935).

Arnold 1988
Ulli Arnold, Der Juwelier Johann Christian
Neuber (1736–1808), in: Dresdner Hefte 17
(1988), S. 59–65.

Arnold 2001
Ulli Arnold, Die Juwelen Augusts des Starken,
München/Berlin 2001.

Ausst.-Kat. Bochum 1990
Meisterwerke bergbaulicher Kunst vom 13. bis
19. Jahrhundert, Ausst.-Kat. Bergbau-Museum
Bochum, Schloss Cappenberg 1990, hg. v.
Rainer Slotta, Christoph Bartels, Bochum
1990.

Ausst.-Kat. Dresden 1990
Restaurierte Kunstschätze aus Dresdener
Museen, Ausst.-Kat. Staatliche Kunstsammlungen Dresden, Albertinum an der Brühl-
schen Terrasse, 1990, Dresden 1990.

Ausst.-Kat. Dresden 2006
Schatzkammer – Museum. Vom Mineralien-
kabinett zum Museum für Mineralogie und
Geologie, 275 Jahre naturwissenschaftliche
Sammlungen in Dresden, Ausst.-Kat. Museum
für Mineralogie und Geologie der Staatlichen
Naturhistorischen Sammlungen Dresden,
Zwinger, 2006, hg. v. Klaus Thalheim, Dresden
2006.

Ausst.-Kat. Dresden 2009
Böttgersteinzeug. Johann Friedrich Böttger
und die Schatzkunst, Ausst.-Kat. Grünes
Gewölbe, Dresden 2009, hg. v. Dirk Syndram,
Ulrike Weinhold, Berlin/München 2009.

Ausst.-Kat. Dresden 2012
Johann Christian »Neuber à Dresde«. Schatzkunst des Klassizismus für den Adel Europas,
Ausst.-Kat. Neues Grünes Gewölbe, Dresden,
2012, hg. v. Jutta Kappel, Dresden 2012.

Ausst.-Kat. Dresden 2019
Der Dresdner Hofjuwelier Johann Heinrich
Köhler. Dinglingers schärfster Konkurrent,
Ausst.-Kat. Grünes Gewölbe, Dresden, 2019,
hg. v. Dirk Syndram, Ulrike Weinhold, Dresden
2019.

Ausst.-Kat Düsseldorf/Dresden 1997
Frühes Meissener Porzellan. Kostbarkeiten aus
deutschen Privatsammlungen, Ausst.-Kat.
Hetjens-Museum, Düsseldorf, 1997/ Alberti-
num, Dresden, 1997, bearb. v. Ulrich Pietsch,
Kristian Jakobsen, München 1997.

Ausst.-Kat. Gotha 2018
»Gotha VorBildlich!« Modellsammlungen um
1800, Objektkatalog für den Ausstellungs-
rundgang, Ausst.-Kat. Herzogliches Museum,
Gotha, 2018, hg. v. Stiftung Schloss Frieden-
stein Gotha, Gotha 2018.

Ausst.-Kat. Idar-Oberstein u. a. 1998
Deutsche Steinschneidekunst aus dem
Grünen Gewölbe zu Dresden, Ausst.-Kat. Edel-
steinmuseum, Idar-Oberstein, 1998/Kunstge-
werbemuseum der Staatlichen Museen zu
Berlin, Berlin, 1999/Georgenbau des Dresdner
Schlosses, Dresden, 1999, hg. v. Jutta Kappel,
Dirk Syndram, Dresden 1998.

Ausst.-Kat. Idar-Oberstein 2016
Modeschmuck der Gründerzeit. Geschliffene
Preziosen aus Idar, Ausst.-Kat. Villa Bengel,
Idar-Oberstein, 2016, hg. v. Julia Wild, Hanau
2016.

Ausst.-Kat. Mantua 2009
Il Cammeo Gonzaga. Arti preziose alla corte di
Mantova, Ausst.-Kat. Fruttiere di Palazzo Te,
Mantua, 2009, hg. v. Ornella Casazza, Mantua
2009.

Ausst.-Kat. New York 2008
The Art of the Royal Court. Treasures in Pietre
Dure from the Palaces of Europe, Ausst.-Kat.
Metropolitan Museum of Art, New York, 2008,
hg. v. Wolfram Koeppe, Annamaria Giusti,
New Haven/London 2008.

Ausst.-Kat. Wien 1988
Ecclesia Triumphans Dresdensis. Christliche
Kunst am Hofe der sächsischen Könige von
Polen, Ausst.-Kat. Künstlerhaus Wien, Wien,
1988, hg. v. Bundesministerium für Wissenschaft und Forschung, bearb. v. Joachim Menzhausen u. a., Wien 1988.

Ausst.-Kat. Wien 2002
Die Kunst des Steinschnitts. Prunkgefäße,
Kameen und Comessi aus der Kunstkammer,
Ausst.-Kat. Kunsthistorisches Museum Wien,
2002/03, hg. v. Rudolf Distelberger, Wilfried
Seipel, Mailand 2002.

B

Baarsen 2000
Reinier Baarsen, 17th century cabinets,
Amsterdam 2000.

Baer 1993
Winfried Baer, Prunk-Tabatièren Friedrichs des
Großen, München 1993.

Bank 2004
Hermann Bank, Achate+Jaspis. Wurzeln der
Edelsteinindustrie in der Edelsteinregion
Idar-Oberstein, in: Achat – Jaspis. Wurzeln der
Edelsteinregion Idar-Oberstein, Ausst.-Kat.
Deutsches Edelsteinmuseum, Idar-Oberstein,

2004, hg. v. Stiftung Deutsches Edelsteinmuseum, Idar-Oberstein, Idar-Oberstein 2004,
S. 8–25.

Barnstedt 1832
August Erich Julius Barnstedt, Versuch einer
kurzen statistisch-topographischen Beschreibung des Großherzoglich Oldenburgischen
Fürstenthums Birkenfeld, Bd. 1, Birkenfeld
1832.

Barnstedt 1845
August Erich Julius Barnstedt, Geographisch-
historisch-statistische Beschreibung des
Großherzoglich Oldenburgischen Fürstenthums Birkenfeld, Birkenfeld 1845.

Baudot 1994
Jean-Claude Baudot, Jeux et divertissements
de salons, Paris 1994.

Beaucamp-Markowsky 1985
Barbara Beaucamp-Markowsky, Porzellan-
dosen des 18. Jahrhunderts, München 1985.

Beck/Dietze 1996
Werner Beck, Gerd Dietze, Der »Bandjaspis«
von Gnandstein, in: Der Aufschluss 47 (1996),
S. 289–300.

Beeger 1974
Dieter Beeger, Mineralien und Gesteine in den
Altären der Stadtkirchen zu Bad Schandau
und Penig, in: Abhandlungen der Staatlichen
Museen für Mineralogie und Geologie 21
(1974), S. 47–52.

Berling 1907
Karl Berling, Wegweiser durch das königliche
Kunstgewerbemuseum Dresden, Dresden
1907.

Boltz 2000
Claus Boltz, Steinzeug und Porzellan der Bött-
gerperiode, in: Keramos 167 (2000), S. 3–156.

Brink 2012
Claudia Brink, »auf daß Ich alles zu sehen be-
khomme«. Die Dresdner Kunstkammer und ihr
Publikum im 17. Jahrhundert, in: Dirk Syndram,
Martina Minning (Hg.), Die kurfürstlich-säch-
sische Kunstkammer in Dresden. Geschichte
einer Sammlung, Dresden 2012, S. 380–407.

Brunner 2005
Hans Brunner, Die sächsische Landesauf-
nahme von 1780 bis 1825, in: Atlas zur
Geschichte und Landeskunde von Sachsen.
Beiheft zu den Karten H 12.1 und H 12.2. Säch-
sische Akademie der Wissenschaften zu Leip-
zig und Landesvermessungsamt Sachsen,
Leipzig/Dresden 2005.

Brünnich 1770
Morten Threme Brünnich, Cronstedts Versuch
einer Mineralogie, Kopenhagen/Leipzig 1770.

Büttner 2004
Andreas Büttner, Beistelltisch mit verschiedenen Marmorproben, in: Ingo Pfeifer (Hg.), Sammeln um zu bilden – Bildung durch Anschauung ..., Dessau/Wörlitz 2004, S. 85–87.

C

Charpentier 1778
Johann Friedrich Wilhelm von Charpentier, Mineralogische Geographie der Chursächsischen Lande, Leipzig 1778.

Collini 1777
Cosimo Alessandro Collini, Tagebuch einer Reise welches verschiedene mineralogische Beobachtungen besonders über die Agate und den Basalt enthält: nebst einer Beschreibung der Verarbeitung der Agate, übers. v. Johann Samuel Schröter, Mannheim 1777.

Constensoux 2012
Benoit Constensoux, The Console of the Fasanenschlößchen, Moritzburg, in: Kugel 2012, S. 232–237.

Cornet 2016
Christine Cornet, Die Augsburger Kistler des 17. Jahrhunderts, Petersberg 2016.

D

Dalmer 1890
Karl Dalmer, Erläuterungen zur geologischen Specialkarte des Königreichs Sachsen, Blatt 119 Section Altenberg – Zinnwald, Leipzig 1890.

Dassdorf 1782
Karl Wilhelm Dassdorf, Beschreibung der vorzüglichsten Merkwürdigkeiten der Churfürstlichen Residenzstadt Dresden und einiger umliegender Gegenden, Dresden 1782.

de Boodt 1609
Anselmus Boetius de Boodt, Gemmarum et Lapidum Historia, Hanau 1609.

Dehio 1996
Dehio – Handbuch der Deutschen Kunstdenkmäler. Sachsen I. Regierungsbezirk Dresden, neu bearb. v. Barbara Bechter, Wiebke Fastenrath, München/Berlin 1996.

Dehio 1998
Dehio – Handbuch der Deutschen Kunstdenkmäler. Sachsen II. Regierungsbezirke Leipzig und Chemnitz, neu bearb. v. Barbara Bechter, Wiebke Fastenrath, Heinrich Magirius u. a., München/Berlin 1998.

Distelberger 1988
Rudolf Distelberger, Die Kunstkammerstücke, in: Prag um 1600. Kunst und Kultur am Hofe Rudolfs II., Ausst.-Kat. Kulturstiftung Ruhr, Villa Hügel Essen, 1988, Lingen 1988, S. 437–466.

Distelberger 2008
Rudolf Distelberger, The Castrucci and the Miseroni. Prague, Florence, Milan, in: Ausst.-Kat. New York 2008, S. 28–39.

Dr.-Erich-Krüger-Stiftung 2012
Dr.-Erich-Krüger-Stiftung (Hg.), Mineralogische Sammlung Deutschland. Das Krügerhaus in Freiberg (Edition Krüger-Stiftung), Salzhemmendorf 2012.

Dresden 1967
Kunsthandwerk des 18. Jahrhunderts. Staatliche Kunstsammlungen Dresden, Museum für Kunsthandwerk, Dresden 1967.

E

Emmerling 1793
Ludwig August Emmerling, Lehrbuch der Mineralogie, Teil 1, Gießen 1793.

Engelhardt/Engelhardt 1837
Carl August Engelhardt, August Moritz Engelhardt, J. F. Böttger. Erfinder des Sächsischen Porzellans, Leipzig 1837.

Eulenberger/Löcse/Rößler 2015
Sven Eulenberger, Frank Löcse, Ronny Rößler, Ein neuerlicher Bauaufschluss auf dem Grundstück des Edelgestein-Inspektors David Frenzel (1691–1772) in Chemnitz, in: Veröffentlichungen des Museums für Naturkunde Chemnitz 38 (2015), S. 47–72.

F

Fabri 1786
Johann Ernst Fabri, Nachricht von den in den Churf. Sächsischen Landen vorhandenen Mineralien und deren verschiedlicher Benutzung, in: Neues geographisches Magazin 3, Halle 1786, S. 95–124.

Ferber 1797
Gottlob Wolfgang Ferber, Dresden zur zweckmäßigen Kenntnis seiner Häuser und deren Bewohner, Dresden 1797.

Fischer 1939
Walther Fischer, Mineralogie in Sachsen von Agricola bis Werner, Dresden 1939.

Fischer 1971
Walther Fischer, Kaiser Rudolf II. Mineralsammler und Mäzen der Edelsteinbearbeitung, in: Der Aufschluss 22 (1971), Heft 1, S. 1–36.

Freiesleben 1828
Johann Carl Freiesleben, Magazin für die Oryctographie von Sachsen, Heft 2, Freiberg 1828.

Freiesleben 1829
Johann Carl Freiesleben, Magazin für die Oryctographie von Sachsen, Heft 3, Freiberg 1829.

Füssli 1813
Johann Heinrich Füssli, Allgemeines Künstlerlexicon, Zürich 1813.

G

Gehe 1845
Franz Eduard Gehe, Die Unterrichts- und Erziehungsanstalten in Dresden, Dresden 1845.

Gensichen 2008
Sigrid Gensichen, Die heilige Stiege und die Schlosskirche Zum Heiligen Kreuz an der Rastatter Residenz, in: Extra Schön. Markgräfin Sibylla Augusta und ihre Residenz, Ausst.-Kat. Schloss Rastatt, Rastatt, 2008, hg. v. Ulrike Grimm, Petersberg 2008, S. 75–89.

Gilbert 1792
Ludewig Wilhelm Gilbert, Handbuch für Reisende durch Deutschland, Leipzig 1792.

Gmelin 1777
Johann Friedrich Gmelin, Des Ritters Carl von Linné Königlich Schwedischen Leibarztes ec. ec. vollständiges Natursystem des Mineralreiches nach der zwölften lateinischen Ausgabe, Teil 1, Nürnberg 1777.

Grimm 2008 a
Ulrike Grimm, »… so mit Agatenen Täffeln und Steinen von Lapis lazuli in Gold gefasst verzieret ist.« Sybilla Augustas Begeisterung für Werke der Steinschneidekunst, In: Extra Schön. Markgräfin Sibylla Augusta und ihre Residenz, Ausst.-Kat. Schloss Rastatt, Rastatt, 2008, hg. v. ders., Petersberg 2008, S. 135–141.

Grimm 2008 b
Ulrike Grimm, »… auf Ihro Hochfürstliche Durchlaucht mir gnädigstes gegebenes Concept«. Sybilla Augusta von Baden-Baden als Bauherrin, in: Extra Schön. Markgräfin Sibylla Augusta und ihre Residenz, Ausst.-Kat. Schloss Rastatt, Rastatt, 2008, hg. v. ders., Petersberg 2008, S. 59–73.

H

Haase-Messner/Reinheckel 1978
Gisela Haase-Messner, Günter Reinheckel, Kunsthandwerk des 18. und 19. Jahrhunderts. Museum für Kunsthandwerk Dresden, Dresden 1978 (Erstausgabe: 1973).

Haase/Jenzen/Richter 1996
Gisela Haase, Igor A. Jenzen, Rainer G. Richter, Meisterwerke des 18. und 19. Jahrhunderts. Kunstgewerbemuseum Dresden in Schloss Pillnitz, Dresden 1996.

Haenel 1927
Erich Haenel, Das Grüne Gewölbe zu Dresden. Führer durch seine Geschichte und seine Sammlungen, Dresden 1927.

Haenel 1937
Erich Haenel, Das Grüne Gewölbe zu Dresden. Führer durch seine Geschichte und seine Sammlungen, Dresden 1937.

Hahnloser/Brugger-Koch 1985
Hans R. Hahnloser, Susanne Brugger-Koch, Corpus der Hartsteinschliffe des 12.–15. Jahrhunderts, Berlin 1985.

Hainhofer 1833/34
Philipp Hainhofer, Ludwig Karl von Medem (Hg.), Philipp Hainhofers Reise-Tagebuch, enthaltend Schilderungen aus Franken, Sachsen, der Mark Brandenburg und Pommern im Jahr 1617, in: Baltische Studien 2 (1833/34), Heft 1, S. 1–180.

Hainhofer 1901
Philipp Hainhofer, Oskar Doering (Hg.), Des Augsburger Patriciers Philipp Hainhofer Reisen nach Innsbruck und Dresden, in: Quellenschriften für Kunstgeschichte und Kunsttechnik des Mittelalters und der Neuzeit 10 (1901), S. 29–248.

Hamm 2001
Ernst Hamm, Unpacking Goethe's Collections. The Public and the Private in Natural-Historical Collecting, in: The British Journal for the History of Science (2001), Heft 34, S. 275–300.

Hasche 1783
Johann Christian Hasche, Umständliche Beschreibung Dresdens mit allen seinen äußren und innren Merkwürdigkeiten. Historische und architektonisch, mit zugegebenem Grundriß, Bd. 2, Leipzig 1783.

Heal 2014
Bridget Heal, Seeing Christ. Visual Piety in Saxony's Erzgebirge, in: Jeffery Chipps Smith (Hg.), Visual acuity and the arts of communication in early modern Germany, Surrey 2014, S. 43–59.

Heide/Baldauf/Massanek/Heide 2019
Beata Heide, Susanne Baldauf, Andreas Massanek, Gerhard Heide, Die Äußere-Kennzeichen-Sammlung von Abraham Gottlob Werner – Würde durch System, in: Marc Cluet (Hg.), Die Würde des Minerals: ein deutsches und zugleich universelles Anliegen, Würzburg 2019, S. 363–379.

Heide/Heide 2019
Gerhard Heide, Beata Heide, Kristallographie und Goethe, in: Kristen Knebel (Hg.), Abenteuer der Vernunft: Goethe und die Naturwissenschaften um 1800, Dresden 2019, S. 122–130.

Heide/Massanek/Heide 2018
Gerhard Heide, Andreas Massanek, Beata Heide, Die Farbe Blau in der Kennzeichensammlung von Abraham Gottlob Werner – Eine Bestandsaufnahme blauer Minerale um 1800, in: Internationale Novalis-Gesellschaft (Hg.), Blütenstaub –Jahrbuch für Frühromantik, Bd. 3, Würzburg 2018, S. 105–122.

Hildt 1787
Johann Adolph Hildt, Sächsische Steine, welche sowohl roh als verarbeitet im Handel vorkommen, in: Handlungs-Zeitung oder wöchentliche Nachrichten von Handel, Manufakturwesen und Oekonomie, 7. Stück, Gotha 1787, S. 49–52.

Hoblyn/Herm/Richter/Hempel/Fuhrmann 2018
Sylvia Hoblyn, Christoph Herm, Rainer Richter, Simone Hempel, Annegret Fuhrmann, Anhang 4. Materialanalysen an den Farbfassungen, in: Weinhold/Witting 2018, S. 152–167.

Hollstein 1906–1924
Staatsarchiv Dresden, Carl Hollstein, Historisches Häuserbuch der Stadt Dresden 1521–1847, (maschinenschriftliche Abschrift 1980), Dresden 1906–1924.

Holzhausen 1935
Walther Holzhausen, Johann Christian Neuber. Ein sächsischer Meister des 18. Jahrhunderts, Halbedelsteine und Porzellan in der Zeit Friedrich Augusts des Gerechten, Dresden 1935.

Holzhausen 1958
Walter Holzhausen, Die Blütezeit bergmännischer Kunst, in: Heinrich Winkelmann (Hg.), Der Bergbau in der Kunst, Essen 1958 (unveränd. Neuauflage 1971), S. 113–248.

Holzhausen 1960
Walter Holzhausen, De Dresdense barok in het Rijksmuseum, in: Bulletin van het Rijksmuseum 8 (1960), Heft 1, S. 12–22.

Holzhausen 1966
Walter Holzhausen, Prachtgefäße, Geschmeide, Kabinettstücke. Goldschmiedekunst in Dresden, Tübingen 1966.

Holzhey 2008
Gerhard Holzhey, Vorkommen von Achaten in rhyolitischen bis dacitischen Vulkaniten Deutschlands und deren historische Gewinnung sowie Nutzung, Teil 1, in: Gemmologie, Zeitschrift der Deutschen Gemmologischen Gesellschaft 57 (2008), Heft 3/4, S. 77–102.

Holzhey 2014
Gerhard Holzhey, Die Verwendung unterschiedlicher Milchquarz-Typen bei Tabatieren des 18. Jahrhunderts, in: Gemmologie, Zeitschrift der Deutschen Gemmologischen Gesellschaft 63 (2014), Heft 1/2, S. 13–34.

Huber/Huber 2012
Simone Huber, Peter Huber, A ‚Lithological Amusement.' Ringstein-Kabinette (cabinets of stones for rings), in: Kugel 2012, S. 90–99.

Humboldt 1790
Alexander von Humboldt, Ueber die metallischen Streifen im Unkeler Basalt, in: Crell Chemische Annalen, Zweyter Theil, Stück 12, Helmstedt/Leipzig 1790, S. 525–526.

Huth 1971
Hans Huth, Lacquer of the West. The History of a Craft and an Industry 1550–1950, Chicago/London 1971.

Hylla 2018
Alexandra Hylla, Himmlisches Erz. Silberschmiedekunst des 16. Jahrhunderts, in: Der Anschnitt 70 (2018), Heft 3/4, S. 119–138.

J

Jeckel 2010
Peter Jeckel, Ägyptischer Nilkiesel, in: Jaspis. Katalog der 10. Internationalen Achatbörse, Worms 2010, S. 60.

Jentsch/Riedel 1968
Frieder Jentsch, Lothar Riedel, Schmucksteingewinnung in Rottluff-Altendorf. Ein Beitrag zur Geologie, zum Bergbau und zur Stadtgeschichte von Karl-Marx-Stadt, in: Beiträge zur Heimatgeschichte von Karl-Marx-Stadt, Heft 28, Karl-Marx-Stadt 1968, S. 3–25.

Jerusalem 2003 a
Dieter Jerusalem, Wasserkraft – Mensch – Edelstein, in: WasserKraft und Edelstein, Ausst.-Kat. Deutsches Edelsteinmuseum, Idar-Oberstein, 2003, hg. v. dems., Manfred Wild, Idar-Oberstein 2003, S. 10–23.

Jerusalem 2003 b
Dieter Jerusalem, Die Erzeugnisse der Idar-Obersteiner Schleifmühlen vom frühen 17. Jhdt. bis zum Anfang des 20. Jhdt., in: WasserKraft und Edelstein, Ausst.-Kat. Deutsches Edelsteinmuseum, Idar-Oberstein, 2003, hg. v. dems., Manfred Wild, Idar-Oberstein 2003, S. 31–39.

Just 1967
Karlwilhelm Just, Das Geschlecht Weinlig um 1550 bis zur Gegenwart, Limburg 1967.

K

Kaiser 2003
Michael J. Kaiser, »… funff tusend Punder Korner«. Das Edelsteingewerbe in Freiburg und Waldkirch im Spiegel archäologischer und historischer Quellen, in: Fundberichte aus Baden-Württemberg 27 (2003), S. 1045–1172.

Kaiser 2009
Michael J. Kaiser, Geschliffen und poliert: Achat, Jaspis, Marmor und Serpentin. Edelsteinobjekte im Historischen Museum Basel, Jahresbericht Historisches Museum Basel (2009), S. 19–44.

Kaiser 2013
Michael J. Kaiser, Werkzeug – Feuerzeug – Edelstein. Die Silices des südöstlichen Oberrheingebietes und ihre Nutzung von den Anfängen bis zur Gegenwart, in: Materialhefte zur Archäologie in Baden-Württemberg 95 (2013), S. 1–401

Kandler 2020
Susanne Kandler (Hg.), Abraham Gottlob
Werner und die Geowissenschaften seiner
Zeit. Zum 200. Todestag des Geologen, Mine-
ralogen und Montanwissenschaftlers. Ausge-
wählte Vorträge des Internationalen Werner-
Symposiums vom 29. Juni bis 1. Juli 2017 (Frei-
berger Forschungshefte D 250 Geschichte),
Freiberg 2020.

Kappel 1994
Jutta Kappel, Der Blaue Raum, in: Dirk Syndram
(Hg.), Das Grüne Gewölbe zu Dresden. Führer
durch seine Geschichte und seine Sammlungen, München/Berlin 1994, S. 101–154.

Kappel 1998
Jutta Kappel, Gewinn und Verlust. Steinschnei-
dekunst in der Sammlungsgeschichte des
Grünen Gewölbes zwischen 1733 und 1877, in:
Ausst.-Kat. Idar-Oberstein u. a. 1998, S. 88–97.

Kappel 2004
Jutta Kappel, Sächsische Serpentindrechsel-
kunst, in: In Fürstlichem Glanz. Der Dresdner
Hof um 1600, Ausst.-Kat. Museum für Kunst
und Gewerbe, Hamburg, 2004, hg. v. Dirk Syndram, Antje Scherner, Mailand 2004, S. 198–200.

Kappel 2009
Jutta Kappel, Kunstschätze der Sekundogeni-
turen Zeitz, Merseburg und Weißenfels im
Grünen Gewölbe zu Dresden, in: Vinzenz
Czech (Hg.), Fürsten ohne Land. Höfische
Pracht in den Sächsischen Sekundogenituren
Weißenfels, Merseburg und Zeitz, Schriften
zur Residenzkultur 5, Berlin 2009, S. 102–114.

Kappel 2012 a
Jutta Kappel, Dem Landesherrn zu Ruhm und
Ehre. Der große Tafelaufsatz als Geburtstags-
geschenk für Friedrich August III. im Dezem-
ber 1776, in: Ausst.-Kat. Dresden 2012,
S. 21–28.

Kappel 2012 b
Jutta Kappel, Dem Frieden von Teschen 1779
gewidmet. Geschenke an Baron de Breteuil
und Fürst Repnin, in: Ausst.-Kat. Dresden 2012,
S. 31–42.

Kappel 2012 c
Jutta Kappel, A Chimneypiece without a Fire
by »Jean Christian Neuber á Dresde 1782«, in:
Kugel 2012, S. 247–255.

Kappel 2014
Jutta Kappel, Taddel, Stiehl and Neuber in Dres-
den. Three Makers of Gold Boxes during the
Second Half of the Eighteenth Century, in: Tessa
Murdoch, Heike Zech (Hg.), Going for Gold.
Craftsmanship and Collecting of Gold Boxes,
Brighton/Chicago/Toronto 2014, S. 106–121.

Kappel 2017
Jutta Kappel, Elfenbeinkunst im Grünen
Gewölbe zu Dresden. Geschichte einer Samm-
lung. Wissenschaftlicher Bestandskatalog –
Statuetten, Figurengruppen, Reliefs, Gefäße,
Varia, Dresden 2017.

Kappel 2019
Jutta Kappel, Moses auf dem Berge Sinai, in:
Ausst.-Kat. Dresden 2019, S. 148.

Kappel/Weinhold 2007
Jutta Kappel, Ulrike Weinhold, Das Neue
Grüne Gewölbe. Führer durch die ständige
Ausstellung, München/Berlin 2007.

Kempe/Enge 2020
Ulf Kempe, Dietmar Enge, Zabeltitzer Dia-
manten. Kiesel als Schmucksteine am Hof des
Prinzen Xaver von Sachsen, in: Dietmar Enge
(Hg.), Prinz Xaver von Sachsen. 250 Jahre
Administrator von Sachsen und Besitzer von
Zabeltitz, Großenhain 2020, S. 156–179.

Kempe/Massanek/Gäbelein/Kehrer 2023
Ulf Kempe, Andreas Massanek, Michael Gäbelein, Christin Kehrer, Kunsthistorische Objekte
in den geowissenschaftlichen Sammlungen
der TU Bergakademie Freiberg in Sachsen, in:
Der Aufschluss 74 (2023), S. 99–109.

**Kempe/Massanek/Wagner/Hammer/
Thalheim 2020**
Ulf Kempe, Andreas Massanek, Michael
Wagner, Vera Hammer, Klaus Thalheim,
Baumstein und Silberachat. Bergrat Abraham
Gottlob Werner und Hofjuwelier Johann
Christian Neuber: Gab es eine Verbindung? in:
Freiberger Forschungshefte D250 (2020),
S. 291–332.

Kempe/Thalheim/Wagner/Massanek 2021
Ulf Kempe, Klaus Thalheim, Michael Wagner,
Andreas Massanek, »Gemeiner Jaspis von
Herculanum«. Auf den Spuren der Antiken-
begeisterung des 18. Jahrhunderts in sächsi-
schen Kunst- und Mineralsammlungen, in:
Geologica Saxonica 67 (2021), S. 29–44.

Kempe u. a. 2021
Ulf Kempe, Michael Wagner, Rainer Richter,
Eve Begov, Andreas Massanek, Ulrike Wein-
hold, Andreas Frauendorf, Martin Wagner,
Michael Gäbelein, Gerhard Heide, Dirk
Syndram, Fünf Jahre Zusammenarbeit zwi-
schen den Staatlichen Kunstsammlungen
Dresden und der TU Bergakademie Freiberg
im Spannungsfeld zwischen Kunst und Geo-
logie, in: Acamonta 28 (2021), S. 110 f.

Kempe/Wagner/Massanek 2020
Ulf Kempe, Michael Wagner, Andreas
Massanek, Zur Herkunft des sogenannten
Blutjaspis oder Blutsteins (»bloodstone«).
Untersuchungen an einer Steinschale aus

»Böhmischem Heliotrop« im historischen
Grünen Gewölbe in Dresden, in: Geologica
Saxonica 65/66 (2020), S. 119–133.

Kempe/Wagner/Mehnert 2023 [im Druck]
Ulf Kempe, Michael Wagner, Andreas Mehnert,
Zwei klassizistische Sammlungstische in
Schloss Mosigkau bei Dessau als Beispiele der
späten sächsischen Steinkabinettskunst, in:
Tagungsband, Workshop des Sammlungs- und
Forschungsverbunds Gotha »Quadratisch –
praktisch – unbekannt. Geschnittene Steine in
Kunst- und Naturalienkabinetten«, 5. bis 7. Sep-
tember 2018, Forschungszentrum Gotha, im
Druck (voraussichtlich 2023).

Kempe/Wolf/Sala 1999
Ulf Kempe, Dieter Wolf, Manuel Sala, Members
of the philipsbornite – florencite and cherno-
vite – xenotime solid solution series in metaso-
matic altered granites of the Zinnwald tin
deposit (Erzgebirge, Germany), in: European
Journal of Mineralogy, Bd. 11, 1999, Beiheft 1,
S. 20.

Keyßler 1751
Johann Georg Keyßler, Neueste Reisen durch
Deutschland, Böhmen, Ungarn, die Schweiz,
Italien und Lothringen, Hannover 1751.

Kinne 2018
Andreas Kinne, Der Gnandsteiner Bandjaspis,
in: Archeo 15 (2018), S. 4–7.

Klaproth 1802
Martin Heinrich Klaproth, Beiträge zur
chemischen Kenntniss der Mineralkörper, Bd. 3,
Posen/Berlin 1802.

Knebel 1895
Konrad Knebel, Die Freiberger Goldschmiedeinnung, ihre Meister und ihre Werke, in: Mitteilungen des Freiberger Altertumsvereins 1895,
Heft 31, S. 1–116.

Köger 2008
Anette Köger, Spielkarten und Glücksspiel, in:
Volles Risiko! Glücksspiel von der Antike bis
heute, Ausst.-Kat. Badisches Landesmuseum,
Karlsruhe, 2008, hg. v. Ulrike Näther, Schoole
Mostafawy, Karlsruhe 2008, S. 62–84.

Körner 1761
Georg Körner, Alte und Neue Nachrichten
von dem Bergflecken Bockau bey Schneeberg
im meißnischen Obererzgebirge etc.,
Stück 10, Schneeberg 1761.

Kohlhaussen 1968
Heinrich Kohlhaussen, Nürnberger Gold-
schmiedekunst des Mittelalters und der
Dürerzeit 1240 bis 1540, Berlin 1968.

Kopplin 2008
Monika Kopplin, Europäische Lackkunst.
Ausgewählte Arbeiten, Münster 1998.

Kranke 2000
Kurt Kranke, Freimaurerei in Dresden. Aspekte ihrer äußeren Geschichte im 18./19. Jahrhundert – die Verschwörung zum Guten, in: Freimaurerei in Sachsen, Dresdner Hefte 64 (2000), S. 9–40.

Kugel 2012
Alexis Kugel (Hg.), Gold, Jasper and Carnelian. Johann Christian Neuber at the Saxon Court, London 2012.

L

Lahl 1987
Bernd Lahl, Marmor- und Edelsteingewinnung 1705–1720 in Sachsen und ihre Beziehung zum Bau des Marmorsaales im Dresdner Zwinger, unveröffentlichtes Manuskript, Karl-Marx-Stadt 1987.

Lahl 1990
Bernd Lahl, Achat und Jaspis zwischen St. Egidien und Hohenstein-Ernstthal in Sachsen, in: Lapis 15 (1990), S. 61–66.

Lange 1868
G. Lange, Die Halbedelsteine aus der Familie der Quarze und die Geschichte der Achatindustrie, Kreuznach 1868.

Lenz 1791
Johann Georg Lenz, Mineralogisches Handbuch, Hildburghausen 1791.

Lieber 1979
Elfriede Lieber, Verzeichnis der Inventare der Staatlichen Kunstsammlungen Dresden 1568–1945, Dresden 1979.

Löcse 2012
Frank Löcse, Die Jaspisvorkommen um Hohenstein-Ernstthal, in: Spuren zwischen Limbacher Land & Zwickauer Mulde (2012), Heft 2, S. 18–20.

Löcse/Tunger/Rößler 2017
Frank Löcse, Bernd Tunger, Ronny Rößler, Das Unterrotliegende des Chemnitzbeckens am SW-Rand des Sächsischen Granulitgebirges. Teil 1: Forschungsgeschichte und Kenntnisstandsanalyse, in: Veröffentlichungen des Museums für Naturkunde Chemnitz 40 (2017), S. 93–118.

M

Mäder 2000
Michael Mäder, unveröffentlichter Untersuchungsbericht IBA, Dresden 2000.

Meinecke 1805
Johann Ludwig Georg Meinecke, Ueber den Chrysopras und die denselben begleitenden Fossilien in Schlesien, Erlangen 1805.

Menzhausen 1971
Joachim Menzhausen, Grünes Gewölbe, in: Kunstschatze aus Dresden, Ausst.-Kat. Kunsthaus Zürich, 1971, hg. v. den Staatlichen Kunstsammlungen Dresden, Zürich 1971.

Menzhausen 1982
Joachim Menzhausen, Böttgers Schleif- und Poliermühle, in: Johann Friedrich Böttger zum 300. Geburtstag. Meißen, Frühzeit und Gegenwart, Ausst.-Kat. Albertinum, Dresden, 1982, hg. v. den Staatlichen Kunstsammlungen Dresden, Dresden 1982, S. 211–218.

Menzhausen 1990
Joachim Menzhausen, Sächsische Landedelsteine für Export und Staatsrepräsentation, in: Der silberne Boden. Kunst und Bergbau in Sachsen, Ausst.-Kat. Staatliche Kunstsammlungen Dresden, 1989, hg. v. Manfred Bachmann, Harald Marx, Eberhard Wächtler, Stuttgart/Leipzig 1990, S. 234–236.

Mosco/Casazza 2004
Marilena Mosco, Ornella Casazza (Hg.), The Museo degli Argenti. Collections and Collectors, Florenz 2004.

Mouquin 2012
Sophie Mouquin, Agate, Jasper and Sardonyx. Gemstones in French Mineralogical Collections of the Eighteenth Century, in: Kugel 2012, S. 44–89.

Mücke 2003
Panja Mücke, Johann Adolf Hasses Dresdner Opern im Kontext der Hofkultur, Dresdner Studien zur Musikwissenschaft Bd. 4, Laaber 2003.

N

Nagel 1993
Karl-Jürgen Nagel, 450 Jahre Gymnasium Prenzlau, in: Mitteilungen des Uckermärkischen Geschichtsvereins zu Prenzlau e. V. (1993), Heft 2, S. 21–33.

Nagel 2009
Christine Nagel, Schmuck der sächsischen Kurfürsten um 1600, Bd. 1, Berlin 2009.

Nemravová 2021
Lenka Nemravová, Kunst als Beute und Künstlermigration im Dreißigjährigen Krieg, in: Bellum et Artes. Sachsen und Mitteleuropa im Dreißigjährigen Krieg, Ausst.-Kat. Residenzschloss, Dresden 2021, hg. v. Theda Jürgens, Dirk Syndram, Dresden 2021, S. 87–104.

Neumann 1957
Erwin Neumann, Florentiner Mosaik aus Prag, in: Jahrbuch der Kunsthistorischen Sammlungen in Wien 53 (1957), S. 157–202.

Nicolai 1786
Friedrich Nicolai, Beschreibung der Königlichen Residenzstädte Berlin und Potsdam, aller daselbst befindlicher Merkwürdigkeiten, und der umliegenden Gegend, Bd. 2, Berlin 1786.

P

Parlett 1990
David Parlett, The Oxford Guide to Card Games, Oxford 1990.

Petzak 2020
Julia Petzak, Abraham Gottlob Werner als Gründer der Mineralienniederlage an der Bergakademie Freiberg, in: Freiberger Forschungshefte D250 (2020), S. 139–148

Peuckert 1883
Friedrich Adolf Peuckert, Die gereinigte und vollkommene Johannisloge zu den drei Schwertern und Asträa zur grünen Raute im Orient Dresden 1738–1882, Leipzig 1883.

Pichelkastner 1963
Eleonore Pichelkastner, Eine Achatdose und ihr Vorbild, in: Dresdener Kunstblätter 6 (1963), S. 89–91.

Poetzsch 1779
Christian Gottlieb Poetzsch, Ausführliche mineralogische Beschreibung der Gegend um Meissen, Dresden 1779.

Pohlack 2009
Rosemarie Pohlack, Geschichte und Baugeschichte des Dresdner Residenzschlosses, in: Angelica Dülberg, Norbert Oelsner, Rosemarie Pohlack, Das Dresdner Residenzschloss. Eine Einführung (Große DKV-Kunstführer), Berlin/ München 2009, S. 8–17.

Poindront 2012
Philippe Poindront, The Life of Johann Christian Neuber, in: Kugel 2012, S. 100–116.

Poindront/Costensoux 2012
Philippe Poindront, Benoit Constensoux, From Dresden to Breteuil. The Breteuil Table, in: Kugel 2012, S. 282–299.

Poindroint/Kugel 2012
Philippe Poindront, Alexis Kugel, Taddel and Stiehl, in: Kugel 2012, S. 220–225.

Price 2007
Monica T. Price, Decorative Stone. The complete sourcebook, London 2007.

Q

Quellmalz/Karpinski 1990
Werner Quellmalz, Jürgen Karpinski, Die edlen Steine Sachsens, Leipzig 1990.

R

Rehbein 1929
Karl Rehbein, Unser altes Gymnasium, in: Heimatkalender für den Kreis Prenzlau 1929, S. 49–57.

Reuß 1790
Franz Ambrosius Reuß, Orographie des Nordwestlichen Mittelgebirges in Böhmen, Dresden 1790.

Reuß 1793
Franz Ambrosius Reuß, Mineralogische
Beschreibung des Leitmeritzer Kreises in
Böhmen, Dresden 1793.

Reuß 1801
Franz Ambrosius Reuß, Lehrbuch der Mineralogie nach des Herrn O. B. R. Karsten mineralogischen Tabellen ausgeführt, Teil 2, Bd. 1, Leipzig 1801.

Reuß 1840
August Emanuel Reuß, Geognostische Skizzen
aus Böhmen. Die Umgebung von Teplitz und
Bilin in Beziehung auf ihre geognostischen
Verhältnisse, Prag/Leitmeritz/Teplitz 1840.

Rösler 1967
Hans-Jürgen Rösler (Hg.), Abraham Gottlob
Werner: Gedenkschrift aus Anlaß der Wieder-
kehr seines Todestages nach 150 Jahren am
30. Juni 1967 (Freiberger Forschungshefte
C 223 Geowissenschaften), Leipzig 1967.

Rößig 1787
Carl Gottlob Rößig, Die Chursächsische
Staatskunde nach ihren ersten Grundsätzen
entworfen, Leipzig 1787.

Rückert 1990
Rainer Rückert, Biographische Daten der
Meißner Manufakturisten des 18. Jahrhun-
derts, München 1990.

S

Scheffler 1980
Wolfgang Scheffler, Goldschmiede Mittel-
und Nordostdeutschlands: von Wernigerode
bis Lauenburg im Pommern. Daten, Werke,
Zeichen, Berlin 1980.

Scheppach 1812
August Scheppach, Dresdner Adreß-Kalender
auf das Jahr 1812, Dresden 1812.

Scheppach 1820
August Scheppach, Dresdner Adreß-Kalender
auf das Jahr 1820, Dresden 1820.

Schilka/Ehrt/Wenzel 2022
Werner Schilka, Eckard Ehrt, Hardy Wenzel,
Bergbaulexikon Zwitterstock Altenberg und
Umgebung, Manuskripte zum Montanwesen
um Altenberg und Zinnwald, Heft 5, Altenberg
2022.

Schmidt 2020
Ralf Schmidt, Edle Steine zu Tabatieren. Die
Schmucksteinsammlung des Herzogs Anton
Ulrich von Sachsen-Meinigen, Schleusingen
2020.

Schmidt 2022
Ralf Schmidt, Drei Mustertäfelchen-Suiten
des 18. Jahrhunderts im Naturhistorischen
Museum Schloss Bertholdsburg Schleusingen,
in: Semana, Naturwissenschaftliche Veröffentlichungen des Naturhistorischen Museums Schloss Bertholdsburg Schleusingen 37
(2022), S. 35–52.

Schnitzer/Kappel 2020
Claudia Schnitzer, Jutta Kappel, Mit der Wün-
schelrute zu Reichtum. Darstellung des Silber-
bergbaus und die »Bergmannsgarnitur« für
Johann Georg II. von Sachsen, in: Dresdener
Kunstblätter 64 (2020), Heft 2, S. 7–13.

Schröter 1774
Johann Samuel Schröter, Vollständige Einlei-
tung in die Kenntniß und Geschichte der Steine
und Versteinerungen, Bd. 1, Altenburg 1774.

Schwarzer 2016
Michael Schwarzer, Der Baryt-Achat-Amethyst
Gang von Schlottwitz im Osterzgebirge,
Dresden 2016.

Seelig 2007
Lorenz Seelig, Golddosen des 18. Jahrhunderts
aus dem Besitz der Fürsten von Thurn und
Taxis, München 2007.

Seelig 2014
Lorenz Seelig, Gold Box Production in Hanau.
The Extended Workbench of Frankfurt and its
Trade Fair, in: Tessa Murdoch, Heike Zech (Hg.),
Going for Gold. The Craftmanship and Collec-
ting of Gold Boxes, Brighton/Chicago/Toronto
2014, S. 74–91.

Seelig 2015
Lorenz Seelig, Eighteenth century Hanau gold
boxes, in: Silver Society of Canada Journal 18
(2015), S. 32–55.

Seelig 2018
Lorenz Seelig, Ignaz Peter Krafft und die
Hanauer Luxuswarenproduktion des 18. Jahr-
hunderts, in: Neues Magazin für Hanauische
Geschichte (2018), S. 62–103.

Siedel 2017
Heiner Siedel, Dekorationsgesteine und
Schmucksteine am Taufstein der Schlosskapelle in Dresden, in: Geologica Saxonica 63
(2017), S. 123–135.

Snowman 1966
A. Kenneth Snowman, Eighteenth century
gold boxes of Europe, London 1966.

Snowman 1990
A. Kenneth Snowman, Eighteenth century
gold boxes of Europe, Woodbridge 1990
(2., überarb. Auflage).

Sponsel 1915
Jean Louis Sponsel, Führer durch das Königliche Grüne Gewölbe zu Dresden, Dresden 1915.

Sponsel 1919
Jean Louis Sponsel, Christian Neuber und die
Wiederbelebung des Zellenmosaiks, in:
Berichte aus dem Knopfmuseum Waldes
(Prag), 4 (1919), 1/4, S. 1–26.

Sponsel 1921
Jean Louis Sponsel, Führer durch das Grüne
Gewölbe, Dresden 1921.

Sponsel 1929
Jean Louis Sponsel, Das Grüne Gewölbe zu
Dresden. Eine Auswahl von Meisterwerken der
Goldschmiedekunst in vier Bänden, Leipzig
1925–1932, Bd. 3, Leipzig 1929.

Steche 1884
Richard Steche, Beschreibende Darstellung der
älteren Bau- und Kunstdenkmäler des König-
reiches Sachsen. Heft 3, Amtshauptmann-
schaft Freiberg, Dresden 1884.

Stupperich 1995
Reinhard Stupperich, Die zwölf Caesaren
Suetons. Zur Verwendung von Kaiserporträt-
Galerien in der Neuzeit, in: Mannheimer
Historische Forschungen 6 (1995), S. 39–58.

Syndram 1994
Dirk Syndram, Das Grüne Gewölbe zu Dresden.
Führer durch seine Geschichte und seine
Sammlungen, München/Berlin 1994.

Syndram 1997
Dirk Syndram, Das Grüne Gewölbe zu Dresden.
Führer durch seine Geschichte und seine
Sammlungen, München 1997.

Syndram 2007
Dirk Syndram, Der Schatten des Kaisers. Zum
Einfluss Rudolfs II. auf die Dresdner Kunstkammer, in: Kaiser Rudolf II. zu Gast in Dresden,
Ausst.-Kat. Neues Grünes Gewölbe, Dresden,
2008, hg. v. Jutta Kappel, Sabine Haag, Mün-
chen/Berlin 2007, S. 19–29.

Syndram 2012
Dirk Syndram, The Tradition of Works
in Semi-Precious Stones at the Grünes
Gewölbe, in: Kugel 2012, S. 19–29.

Syndram 2021
Dirk Syndram, Der Traum des Königs. Die
Schätze des Grünen Gewölbes, Dresden 2021.

Syndram 2022
Dirk Syndram, Das Freiberger Ratskreuz, in:
Magie Bergkristall, Ausst.-Kat. Museum
Schnütgen, Köln, 2022, hg. v. Manuela Beer,
Köln 2022, S. 98–101, 412.

Syndram/Kappel/Weinhold 2006
Dirk Syndram, Jutta Kappel, Ulrike Weinhold,
Die barocke Schatzkammer. Das Grüne
Gewölbe zu Dresden, München/Berlin 2006.

Syndram/Minning 2010
Dirk Syndram, Martina Minning (Hg.), Die kur-
fürstlich-sächsische Kunstkammer in Dresden.
Das Inventar von 1587, Dresden 2010.

Syndram/Weinhold 2018
Dirk Syndram, Ulrike Weinhold,
Vorwort, in: Der Dresdner Hofjuwelier Johann
Heinrich Köhler – Dinglingers schärfster Kon-
kurrent, Ausst.-Kat. Grünes Gewölbe, Dresden,
2018, hg. v. Dirk Syndram, Ulrike Weinhold,
Dresden 2018, S. 8–9.

T

Tardy 2000
Tardy (Hg.), Les poinçons de garantie interna-
tionaux pour l'argent. Suivi d'une étude de
W. Van Dievoet sur les poinçons européens de
la Révolution et de l'Empire et des poinçons
actuels, 21. Ausgabe, Mayenne 2000.

Thalheim 1998 a
Klaus Thalheim, Die Suche nach »edlen Steinen«in Sachsen vom 16. bis zum 18. Jahrhundert, in: Ausst.-Kat. Idar-Obstein 1998, S. 11–25.

Thalheim 1998 b
Klaus Thalheim, Von Serpentinit bis Jaspis.
Gesteine und Minerale aus Sachsen, in:
Ausst.-Kat. Idar-Obstein 1998, S. 179–190.

Thalheim 2012
Klaus Thalheim, The Breteuil Table. A Saxon
Mineralogical Journey, in: Kugel 2012, S. 300–
333.

Thalheim 2016
Klaus Thalheim, Die «Silberachate« von
Johanngeorgenstadt in Sachsen, in: Minerali-
enwelt 27 (2016), Heft 5, S. 42–48.

Thalheim 2018 a
Klaus Thalheim, Das Schmucksteininventar
des Tisches von Teschen von Johann Christian
Neuber aus dem Jahr 1779/80, in: Geologica
Saxonica 63 (2018), S. 35–62.

Thalheim 2018 b
Klaus Thalheim, Das Schmucksteininventar
des Prunkkamins von Johann Christian
Neuber aus dem Jahr 1782, in: Geologica
Saxonica 63 (2018), S. 63–84.

Truman 1991
Charles Truman, The Gilbert collection of gold
boxes, Bd. 1, Los Angeles 1991.

TU Bergakademie Freiberg 2019
TU Bergakademie Freiberg (Hg.), Glanzlichter
aus der Welt der Mineralien: die Pohl-Ströher-
Mineraliensammlung Schloss Freudenstein
(Edition Schloss Freudenstein), Freiberg 2019.

V

Vogel 2015
Jakob Vogel, Stony Realms. Mineral Collections as Markers of Social, Cultural and Politi-
cal Spaces in the 18th and Early 19th Century,
in: Historical Social Research/Historische Sozi-
alforschung 40 (2015), Heft 1, S. 301–320.

Voigt 1785
Johann Karl Wilhelm Voigt, Drey Briefe
über die Gebirgs-Lehre für Anfänger und
Unkundige, Weimar 1785.

W

Wagner 2019
Martin Wagner, Sachsens Reichtum und der
Traum von China. Der Konsoltisch für das
Fasanenschlösschen in Moritzburg von
Johann Christian Neuber (1736–1808), in:
Denkmalpflege in Sachsen, Jahrbuch 2018,
Dresden 2019, S. 85–97.

Warncke 1988
Carsten-Peter Warncke, Johann Melchior
Dinglingers Hofstaat des Großmoguls. Form
und Bedeutung eines virtuosen Goldschmie-
dekunstwerkes, in: Anzeiger des Germani-
schen Nationalmuseums (1988), S. 159–188.

Weck 1680
Anton Weck, Der Churfl.-Sächs. weitberuffe-
nen Residentz und Hauptvestung Dresden
Beschreibung und Vorstellung, Dresden 1680.

Weinhold 2002
Günter Weinhold, Die Zinnerz-Lagerstätte
Altenberg/Osterzgebirge, Bergbaumonogra-
phie 9, Dresden 2002.

Weinhold 2013
Ulrike Weinhold, Eine Hanauer Tabatiere im
Grünen Gewölbe, in: Dresdener Kunstblätter
57 (2013), Heft 4, S. 60–64.

Weinhold/Witting 2018
Ulrike Weinhold, Theresa Witting (Hg.), Natürlich bemalt. Farbfassungen auf Goldschmiedearbeiten des 16. bis 18. Jahrhunderts am
Dresdner Hof, Dresden 2018.

Wenderholm 2019
Iris Wenderholm, Politik der Steine. Zur Mate-
rialsemantik der Pietra dura-Tischplatten, in:
Isabella Augart, Maurice Saß, Iris Wenderholm
(Hg.), Steinformen. Materialität, Qualität,
Imitation (Naturbilder 8), Berlin 2019, S. 221–
235.

Werner 1780
Abraham Gottlob Werner, Axel von Kronstedts
Versuch einer Mineralogie, Bd. 1, Teil 1, Leipzig
1780.

Werner 1787
Abraham Gottlob Werner, Kurze Klassifikation
und Beschreibung der verschiedenen Gebirgsarten, Dresden 1787.

Werner 1791
Abraham Gottlob Werner, Ausführliches und
sistematisches Verzeichnis des Mineralien-Ka-
binets des weiland kurfürstlich sächsischen
Berghauptmans Herrn Karl Eugen Papst von
Ohain, Bd. 1, Freiberg/Annaberg 1791.

Werthmann/Kurz 2014
Rainer Werthmann, Cornelia Kurz, Tisch mit
Marmorproben vom Forum Romanum, in:
Forum Romanum. Zeitreise durch 3 000 Jahre
Geschichte, Ausst.-Kat. Museumslandschaft
Hessen-Kassel, 2014, hg. v. Rüdiger Splitter,
Philipp Baas, Kassel 2014, S. 65.

Werthmann/Kurz 2023 [im Druck]
Rainer Werthmann, Cornelia Kurz, Hessen-
Kassel im 18. Jahrhundert. »Ein Tischblatt mit
eingelegten Marmor Mustern« vom Forum
Romanum und der Steinschnitt in Kassel, in:
Tagungsband, Workshop des Sammlungs-
und Forschungsverbunds Gotha »Quadratisch
– praktisch – unbekannt. Geschnittene Steine
in Kunst- und Naturalienkabinetten«, 5. bis 7.
September 2018, Forschungszentrum Gotha,
im Druck (voraussichtlich 2023).

Wiedeman 1760
Grigorius Wiedeman, Versuch einer neuen
Mineralogie, Kopenhagen 1760.

Willert 2019
Maria Willert, Das Altarkreuz aus der Bergkir-
che St. Stephan in Bad Langensalza. Objektbe-
schreibung und werktechnische Untersuchung,
in: Ausst.-Kat. Dresden 2019, S. 157–165.

Willert/Herm/Hoblyn/Richter 2018
Maria Willert, Christoph Herm, Sylvia Hoblyn,
Rainer Richter, Auswertung der werktechni-
schen und naturwissenschaftlichen Befunde,
in: Weinhold/Witting 2018, S. 48–63.

Z

Zaun 2015
Jörg Zaun (Hg.), Bergakademische Schätze.
Die Sammlungen der Bergakademie Freiberg,
Freiberg 2015.

Zierold u. a. 2019
Thorid Zierold, Jens Häusler, Wolfram Moda-
leck, Susanne Eberspächer, Alexandra Hellwig,
Bernd Lahl, Karl-Heinz Thuß, André Vorsatz,
Jochen Voigt, Klaus Thalheim, Ronny Rößler,
Brillant. Violett. Wandelbar. Amethyst aus
dem Herzen des Erzgebirges. Eine Ausstellung
des Museums für Naturkunde Chemnitz, in:
Der Aufschluss. Zeitschrift der Vereinigung der
Freunde der Mineralogie und Geologie e. V.,
Bd. 70 (2019), Heft 6, S. 358–374.

d. Ä. = der Ältere
d. J. = der Jüngere
geb. = geboren
gest. = gestorben
Hzg. = Herzog
Kf./Kfn. = Kufürst/Kurfürstin
Kg./Kgn. = König/Königin
r. = regiert

Aachen, Hans von (1552–1615)
Acier, Michel Victor (1736–1799)
Agricola, Georgius (1494–1555)
Albinus, Petrus (1543–1598)
Anning, Mary (1799–1847)
Anton Ulrich von Sachsen-Meiningen
(1687–1763), Hzg. v. Sachsen Meiningen
(r. 1743–1763)
Arcimboldo, Giuseppe (1526–1593)
Asterwar, Friedrich Ludwig (1732–1804)
August (1526–1586), Kf. v. Sachsen
(r. 1553–1586)
August II. (»der Starke«, 1670–1733),
Kg. v. Polen (r. 1697–1706, 1709–1733),
als Friedrich August I., Kf. v. Sachsen
(r. 1694–1733)
Bérains, Jean (1637–1711)
Berlepsch, Heinrich Moritz von (1736–1809)
Boodt, Anselmus de (1550–1632)
Böttger, Johann Friedrich (1682–1719)
Brahe, Tycho (1546–1601)
Breithaupt, Johann Friedrich August
(1791–1873)
Breteuil, Louis Charles Auguste Le Tonnelier,
Baron de (1730–1807)
Castrucci, Giovanni (gest. 1615)
Charpentier, Johann Friedrich Wilhelm von
(1738–1805)
Christian I. (1560–1591), Kf. v. Sachsen
(r. 1586–1591)
Christian II. (1583–1611), Kf. v. Sachsen
(r. 1591–1611)
Clairon, Claire Josèphe Léris (1723–1803)
Cuvilliés, François d. Ä. (1695–1768)
Cuvilliés, François d. J. (1731–1777)
Dalmer, Karl (1855–1908)
Dassdorf, Karl Wilhelm (1750–1812)
Dietrich, Wilhelm Ernst, genannt Dietricy
(1712–1774)
Dinglinger, Johann Melchior (1664–1731)

Elisabeth I. (1709–1762), Kgn. v. Russland
(r. 1741–1762)
Emanuel Philibert von Savoyen (1528–1580),
Hzg. v. Savoyen (r. 1553–1580)
Engelhardt, Carl August (1768–1834)
Fabri, Johann Ernst (1755–1825)
Falz, Ernst (1870–1950)
Fischer, Johann Carl (1733–1797)
Franz Xaver (1730–1806), Prinz v. Sachsen
und Polen, Regent des Kurfürstentums
Sachsens (r. 1763–1768)
Freiesleben, Johann Carl (1774–1846)
Friedrich II. (1720–1785), Landgraf
v. Hessen-Kassel (r. 1760–1785)
Friedrich II. von Preußen, (»der Große«,
1712–1786), Kg. in Preußen und Markgraf
v. Brandenburg (r. 1740–1786), Kg. v. Preußen
(r. 1772–1786)
Friedrich August I. (1750–1827), Kg. v. Sachsen
(r. 1806–1827), als Friedrich August III.,
Kf. v. Sachsen (r. 1763–1806)
Friedrich Christian (1722–1763), Kf. v. Sachsen
(r. 1763)
Friesen, Johann Georg Friedrich von
(1757–1824)
Füssli, Johann Heinrich (1741–1825)
Gerhard, Carl Abraham (1738–1821)
Gilbert, Ludwig (1769–1824)
Gmelin, Johann Friedrich (1748–1804)
Goethe, Johann Wolfgang von (1749–1832)
Hainhofer, Philipp (1578–1647)
Hildt, Johann Adolph (1734–1805)
Humboldt, Alexander von (1769–1859)
Johann Georg I. (1585–1656), Kf. v. Sachsen
(r. 1611–1656)
Jüchtzer, Christian Gottfried (1752–1812)
Karl III. (1716–1788), Kg. v. Spanien
(r. 1759–1788)
Karl IV. Theodor (1724–1799), Kf. v. Pfalz
(r. 1742–1799), als Karl II., Kf. v. Bayern
(r. 1777–1799)
Keppler, Johannes (1571–1630)
Keyßler, Johann Georg (1693–1743)
Kielmannsegge, Auguste Charlotte
(1777–1863)
Klaproth, Martin Heinrich (1743–1817)
Klemm, Samuel (Bürger 1644–1678)
Kronstedt, Axel von (1722–1765)
Landsberg, Anna Schenk von (1534–1568)
Lehmann, Johann Gottlob (1719–1767)

Leleu, Jean-François (1729–1807)
Linse, Samuel (Bürger 1634–1680)
Lipsius, Johann Gottfried (1754–1820)
Marcolini, Camillo Graf (1739–1814)
Meinecke, Johann Ludwig Georg (1781–1823)
Miseroni, Ottavio (1567–1624)
Moritz (1521–1553), Kf. v. Sachsen
(r. 1547–1553)
Neuber, Johann Christian (1736–1808)
Nosseni, Giovanni Maria (1544–1620)
Ohain, Papst von (1718–1784)
Osenbruck, Andreas (1570–1622)
Pötzsch, Christian Gottlieb (1732–1805)
Racknitz, Joseph Friedrich zu (1744–1818)
Reinel, Isaac Barthélemy (erwähnt 1751)
Reuß, August Emanuel (1811–1873)
Reuß, Franz Ambrosius (1762–1830)
Richter, Christian (1667–1737)
Rösch, Georg Siegmund (gest. 1766)
Rößig, Carl Gottlob (1752–1806)
Romanus, Karl Franz (1731–1787)
Rudolf II. (1552–1612), Kaiser HRR
(r. 1576–1612)
Salviati, Benjamin de (1751–1803)
Schenau, Johann Eleazar Zeissig (1737–1806)
Schlipalius, Johann Carl (1751–1813)
Schlözer, Dorothea (1770–1825)
Schneeweiß, Urban (1536–1600)
Schönburg-Penig, Wolf II. von (1532–1581)
Schönheit, Johann Carl (1730–1805)
Seyffert, Johann Heinrich (1751–1818)
Souchay, Esay (1723–1791)
Souchay, Marc André (1730–1811)
Sponsel, Jean Louis (1858–1930)
Spranger, Bartholomäus (1546–1611)
Sibylla Augusta von Sachsen-Lauenburg
(1675–1733), Markgräfin Baden-Baden
(r. 1707–1727)
Stiehl, Christian Gottlieb (1708–1792)
Taddel, Heinrich (1714–1794)
Tschirnhaus, Ehrenfried Walther von
(1651–1708)
Vermeyen, Jan (1559–1606)
Voigt, Johann Karl Wilhelm (1752–1821)
Vries, Adrian de (um 1545 oder 1556–1626)
Walther, Christoph II. (1534–1584)
Walther, Hans II. (1526–1586)
Weisbach, Albin Julius (1833–1901)
Werner, Abraham Gottlob (1749–1817)

Autorinnen und Autoren

Gerhard Heide
Mineraloge
TU Bergakademie Freiberg

Alexandra Hylla | AHy
Kunsthistorikerin
Salzburg Museum

Michael Kaiser
Archäologe, freiberuflich
Freiburg im Breisgau

Christin Kehrer
Geologin
TU Bergakademie Freiberg

Ulf Kempe | UK
Geochemiker
TU Bergakademie Freiberg

Reinhard Kleeberg
Mineraloge
TU Bergakademie Freiberg

Bernd Lahl
Geologe i. R.
Chemnitz

Andreas Massanek
Mineraloge
TU Bergakademie Freiberg

Meghan McNamee | MM
Kunsthistorikerin
Grünes Gewölbe, SKD

Andreas Mehnert | AM
Kastellan
Schloss Mosigkau

Klaus Thalheim
Geologe i. R.
Senckenberg Naturhistorische
Sammlungen Dresden

Martin Wagner | MaW
Mineraloge
TU Bergakademie Freiberg

Michael Wagner | MiW
Restaurator
Grünes Gewölbe, SKD

Dirk Weber | DW
Kunsthistoriker
Grünes Gewölbe, SKD

Julia Weber | JW
Kunsthistorikerin
Porzellansammlung, SKD

Ulrike Weinhold | UW
Kunsthistorikerin
Grünes Gewölbe, SKD

Maria Willert | MWi
Restauratorin, freiberuflich
Dresden

Marius Winzeler
Kunsthistoriker
Grünes Gewölbe und Rüstkammer, SKD

Impressum

Herausgeber
Staatliche Kunstsammlungen Dresden und
Technische Universität Bergakademie Freiberg
Gerhard Heide, Ulf Kempe, Michael Wagner
und Marius Winzeler unter Mitarbeit von
Meghan McNamee

PSF 120 551
01006 Dresden
Telefon: (03 51) 49 14 20 00
besucherservice@skd.museum
www.skd.museum

Redaktion
Meghan McNamee, Ulrike Weinhold,
Marius Winzeler, Grünes Gewölbe

Lektorat
Sina Volk, Sandstein Verlag

Gestaltung
Annett Stoy, Michaela Klaus,
Sandstein Verlag

Satz und Reprografie
Annett Stoy, Christian Werner,
Jana Neumann,
Sandstein Verlag

Sandstein Verlag
Goetheallee 6
01309 Dresden

Druck und Verarbeitung
FINIDR s.r.o.
Lípová 1965
737 01 Český Těšín

Schrift
Merriweather, The Sans

Papier
Magno Satin 150 g/m²

© 2023
Sandstein Verlag, Dresden

www.sandstein-verlag.de
ISBN 978-3-95498-751-1

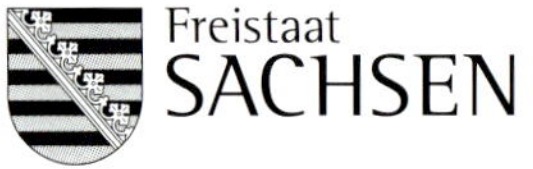

Bildnachweis

Amsterdam, Rijksmuseum S. 64

Bamberg, Privatbesitz S. 134 (Foto:
Heinz-Dietmar Richter, Viviane Kafitz)

Chicago, The Art Institute S. 191

Dessau-Wörlitz, Kulturstiftung
Dessau-Wörlitz S. 228 (Peter Dafinger) |
S. 24, 86, 229 (Ulf Kempe) | S. 96, 176,
231 (Michael Wagner)

Dresden, Evangelisch-Lutherische Landeskirche Sachsens S. 165 (Ulf Kempe)

Dresden, Landesamt für Denkmalpflege Sachsen, Plansammlung, S. 225

Dresden, Sächsische Landes- und
Universitätsbibliothek (SLUB) /
Deutsche Fotothek S. 58, 223 (Walter
Möbius) | S. 56 (Trinks und Co. GmbH
Leipzig) | S. 166 (Sächsisches Staats-
archiv, Bergarchiv Freiberg)

Dresden, Sächsisches Staatsarchiv –
Hauptstaatsarchiv Dresden S. 59, 83

Dresden, Senckenberg Naturhistorische
Sammlungen Dresden, Museum
für Mineralogie und Geologie (MMG),
62, 105, 238–245 (Jana Wazeck/Archiv
MMG)

Dresden, SKD, Grünes Gewölbe S. 12–13
(David Brandt) | S. 16–17, 19–21, 27,
29–30, 202, 212 (Jürgen Karpinski) |
S. 14, 54, 75, 93, 101–105, 118, 122, 132,
142–144, 148, 152–153, 164, 166, 167–
168, 171–173, 176, 180 (Ulf Kempe) |
Titelbild, S. 34–35, 82, 188, 190 (Paul
Kuchel/PYKADO photography) | S. 222
(Jürgen Loesel) | S. 36–47, 67, 74–77, 80,
88, 90–92, 98, 100, 103–105, 106, 111,
116–117, 120–121, 125, 154, 163, 166–167,
174, 180, 182, 186–187, 205, 214, 216, 218,
220, 224, 226, 232, 236–237, 238–245
(Michael Wagner) | S. 198, 200– 201,
208–209, 227 (Dirk Weber) | S. 88, 114
(Multispektralaufnahmen: Carsten
Wintermann)

Dresden, SKD, Kunstgewerbemuseum
S. 166 (Ulf Kempe)

Dresden, SKD, Kupferstich-Kabinett
S. 58 (3) (Andreas Diesend) | S. 58 (6)
(Caterina Micksch)

Dresden, SKD, Porzellansammlung S. 23,
236 (Jürgen Loesel) | S. 206 (Adrian
Sauer)

Dresden, Stadtarchiv Dresden S. 58

Freiberg, Stadt- und Bergbaumuseum
S. 195 | S. 192, 194, 197 (Frank Höhler,
foto+form, Dresden)

Freiberg, Technische Universität Bergakademie Freiberg S. 72, 94, 100–105, 108,
111–112, 114, 126, 127, 149, 153, 156, 164, 168,
172, 183 (Ulf Kempe) | S. 97, 128–129, 135,
238–245 (Andreas Massanek) | S. 97–98,
104, 106, 163, 182 (Michael Wagner)

Freiberg, Privatbesitz S. 155 (Foto: Ulf
Kempe, Fund: Thomas Schlothauer 2014) |
S. 161, 175 (Ulf Kempe) | S. 236, 237, (Michael
Wagner)

Heidelberg, Universitätsbibliothek S. 210

Kassel, Naturkundemuseum S. 27 (Peter
Mansfeld)

London, Victoria & Albert Museum, London
/ courtesy of The Rosalinde & Arthur Gilbert
Collection S. 61, 62, 215, 217

New York, Metropolitan Museum of Art
S. 211

Paris, Privatbesitz S. 124 (Guillaume Benoit)

Paris, RMN – Grand Palais (musée du
Louvre) S. 32 (Stéphane Maréchalle)

Rastatt, Staatliche Schlösser und Gärten
Baden-Württemberg S. 136–137
(Dirk Altenkirch) | S. 140 (Günter Bayerl)

Schleusingen, Naturhistorisches Museum
Schloss Bertholdsburg S. 139, 237 (Ralf
Schmidt)

St. Petersburg, The State Hermitage
Museum S. 60 (Leonard Kheifets, Yuri
Molodkovets, Vladimir Terebenin)

Stockholm, The Royal Court, Sweden S. 123
(Sanna Argus Tirén)

Weimar, Klassik Stiftung Weimar S. 181
(Olaf Mokansky)

Die Deutsche Nationalbibliothek verzeichnet diese Publikation in der Deutschen
Nationalbibliografie; detaillierte biblio-
grafische Daten sind im Internet über
http://dnb.dnb.de abrufbar.